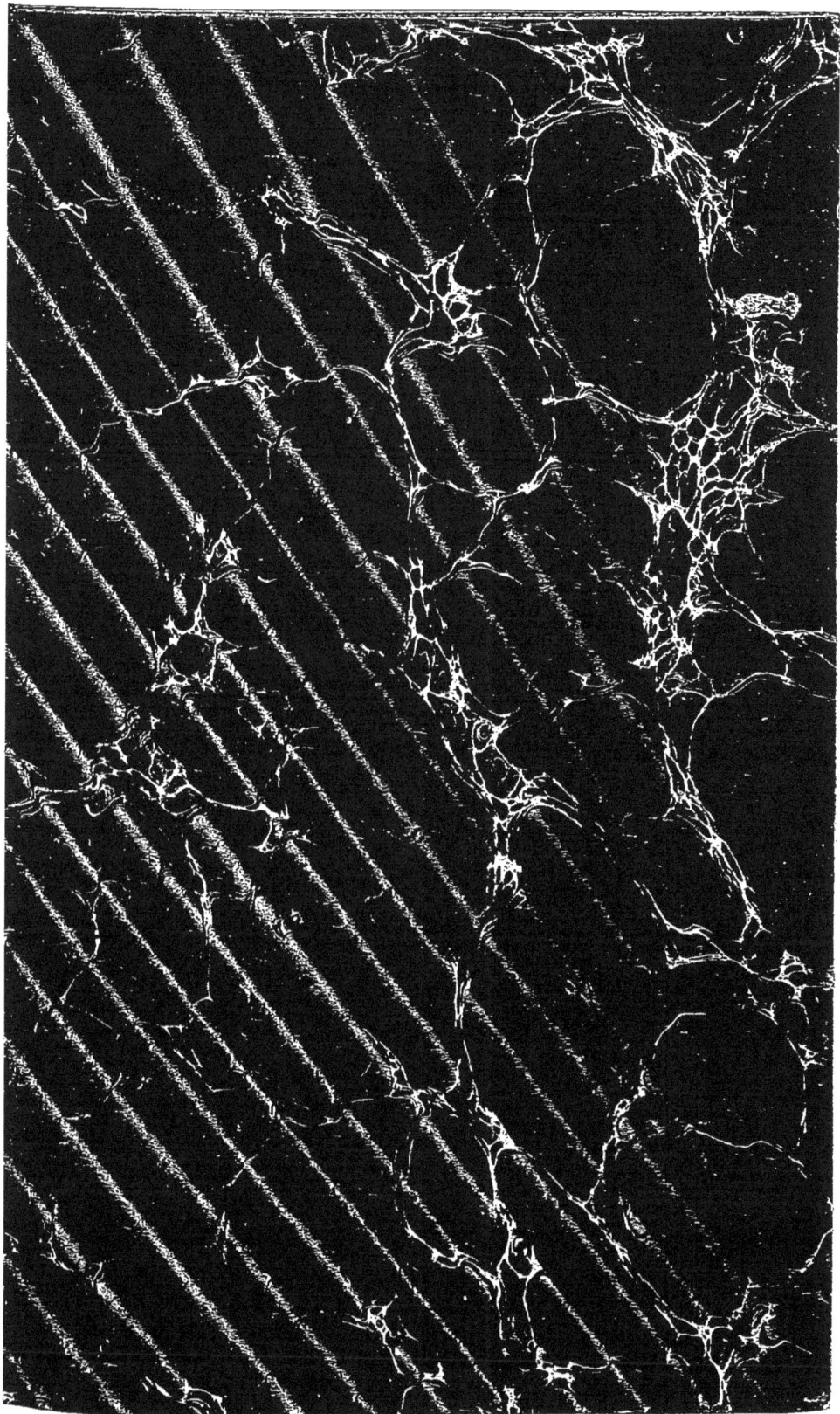

LA
SAINTE BIBLE

TEXTE DE LA VULGATE, TRADUCTION FRANÇAISE EN REGARD

AVEC COMMENTAIRES

THÉOLOGIQUES, MORAUX, PHILOLOGIQUES, HISTORIQUES, ETC., RÉDIGÉS D'APRÈS LES MEILLEURS TRAVAUX
ANCIENS ET CONTEMPORAINS

ÉVANGILE SELON S. MARC

INTRODUCTION CRITIQUE ET COMMENTAIRES

Par M. l'abbé L. CL. FILLION

Prêtre de Saint-Sulpice, professeur d'Écriture sainte au Grand Séminaire de Lyon

TRADUCTION FRANÇAISE

Par M. l'abbé BAYLE

Docteur en Théologie et professeur d'Éloquence sacrée à la Faculté de Théologie d'Aix.

Ignoratio Scripturarum, ignoratio Christi est.
S. Jérôme.

PARIS
P. LETHIELLEUX, ÉDITEUR
4, RUE CASSETTE, ET RUE DE RENNES, 75.

LA
SAINTE BIBLE

ÉVANGILE SELON S. MARC

P. LETHIELLEUX, ÉDITEUR, A PARIS

VOLUME NOUVEAU DE « LA SAINTE BIBLE » (20 Juillet 1879)

L'ÉVANGILE SELON SAINT MARC

Prix de ce volume, pour les souscripteurs, net **3.60** *séparément,* net **5.00**

N. B. — On est prié, pour éviter des frais de poste et d'écritures, de nous
envoyer ce prix à la réception du volume.

VOLUMES ANTÉRIEUREMENT PARUS

LE LIVRE DE JOSUÉ, *prix pour les souscripteurs,* net **1.80**		*séparément,* net **2.70**		
LES JUGES ET RUTH,	—	2.40	—	3.60
TOBIE, JUDITH ET ESTHER,	—	3.50	—	5.00
LES LIVRES DES ROIS, — Tome Ier	—	6.40	—	9.10
LES PROVERBES,	—	3.70	—	5.40
L'ECCLÉSIASTE,	—	2.40	—	3.60
LES PROPHÉTIES D'ISAÏE,	—	4.40	—	6.60
LES PROPHÉTIES DE JÉRÉMIE ET LES LAMENTATIONS, BARUCH,	—	6.60	—	9.40
L'ÉVANGILE SELON S. MATTHIEU,	—	9.00	—	13.00
LES ÉPITRES DE SAINT PAUL,	—	11.40	—	17.10
LES ÉPITRES CATHOLIQUES,	—	3.20	—	4.50
L'APOCALYPSE,	—	2.20	—	3.30

POUR PARAITRE PROCHAINEMENT

*Les trois derniers livres des Rois. — La Sagesse et l'Ecclésiastique. — Les Livres
des Machabées. — Ezéchiel et Daniel. — Les Paralipomènes. — L'Évangile selon
saint Luc, etc.*

AVIS

1° Nous accueillerons avec reconnaissance les notes qu'on voudra bien nous transmettre
soit pour l'amélioration, soit pour la correction des travaux.
2° Nous prions instamment le souscripteur *qui change de domicile,* de nous faire connaître
sa nouvelle résidence.

LA
SAINTE BIBLE

TEXTE DE LA VULGATE, TRADUCTION FRANÇAISE EN REGARD

AVEC COMMENTAIRES

THÉOLOGIQUES, MORAUX, PHILOLOGIQUES, HISTORIQUES, ETC., RÉDIGÉS D'APRÈS LES MEILLEURS TRAVAUX
ANCIENS ET CONTEMPORAINS

———◦◦◦———

ÉVANGILE SELON S. MARC

INTRODUCTION CRITIQUE ET COMMENTAIRES

Par M. l'abbé L. CL. FILLION

Prêtre de Saint-Sulpice, professeur d'Écriture sainte au Grand Séminaire de Lyon

TRADUCTION FRANÇAISE

Par M. l'abbé BAYLE

Docteur en Théologie et professeur d'Éloquence sacrée à la Faculté de Théologie d'Aix.

Ignoratio Scripturarum, ignoratio Christi est.
S. Jérôme.

PARIS
P. LETHIELLEUX, ÉDITEUR,
4, RUE CASSETTE, ET RUE DE RENNES, 75.

———

1879

IMPRIMATUR

† J. Hipp. Card. Guibert, archiepiscopus Parisiensis.

Parisiis, die 23 julii 1870.

Pour donner une idée de l'esprit dans lequel notre travail a été conçu et exécuté, nous ne croyons pas pouvoir mieux faire que d'emprunter à saint Bernard (Ép. CLXXIV, n. 9), la protestation suivante :

« *Romanæ præsertim Ecclesiæ auctoritati atque examini, totum hoc, sicut et cætera quæ ejusmodi sunt, universa reservo, ipsius, si quid aliter sapio, paratus judicio emendare.* »

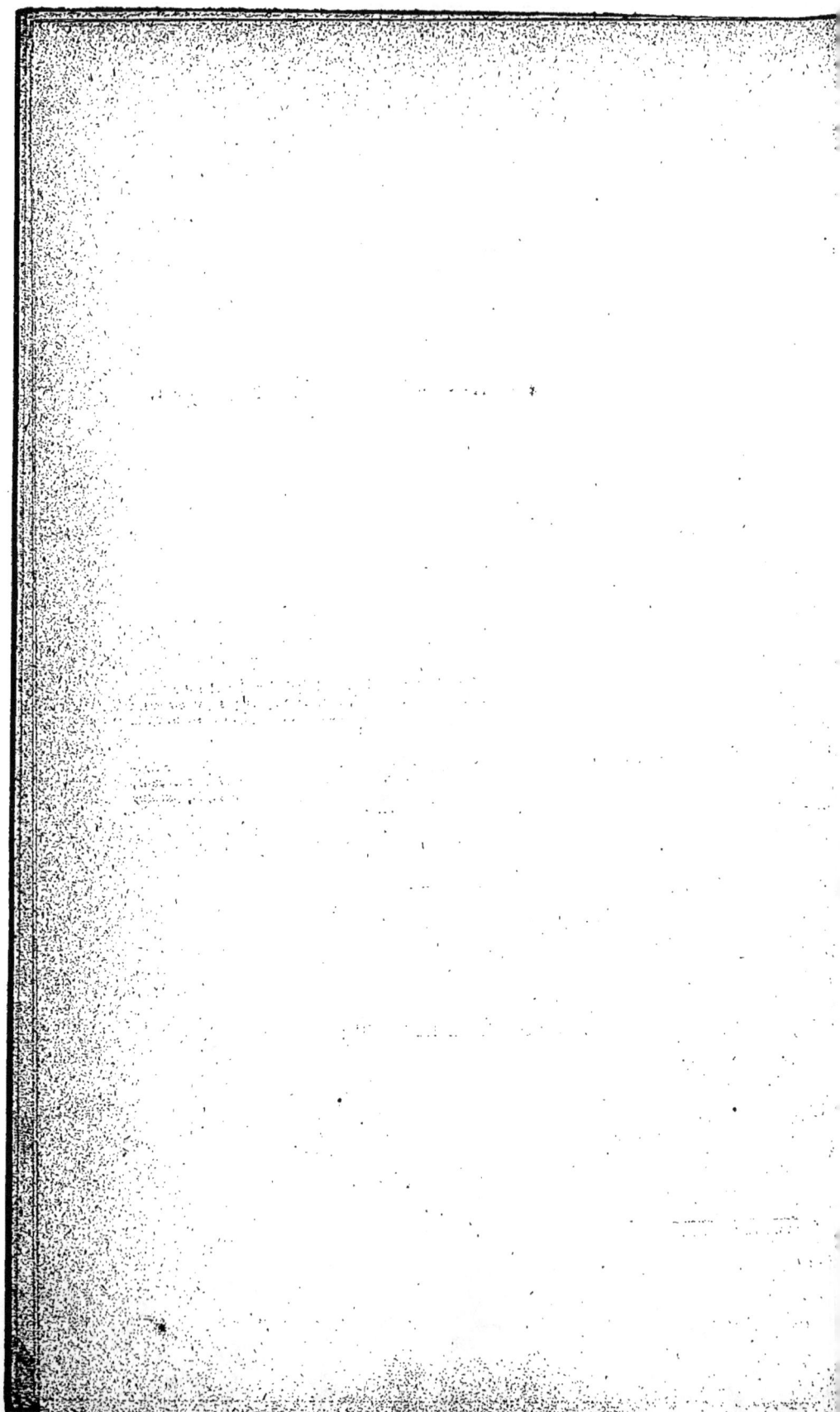

ÉVANGILE SELON S. MARC

—»>»◦◦◦◦«—

PRÉFACE

—»>»◦◦◦◦«—

§ I. — NOTICE BIOGRAPHIQUE SUR S. MARC

Quel est ce S. Marc, auquel la tradition a toujours unanimement attribué la composition du second Évangile canonique? La plupart des exégètes et des critiques contemporains (1) admettent qu'il ne diffère pas du personnage mentionné alternativement dans plusieurs écrits de la nouvelle Alliance sous les noms de Jean, Act. XIII, 5, 13; de Jean-Marc, Act. XI, 12, 25; xv, 37, et de Marc, Act. xv, 39; Col., IV, 10, etc. (2) Baronius (3), Grotius, Du Pin, Tillemont, D. Calmet, de nos jours Danko (4), le P. Patrizi (5), M. Drach (6), etc., nient au contraire cette identité. Pour eux, l'évangéliste S. Marc serait complétement inconnu; ou bien, il devrait se confondre avec le missionnaire apostolique que S. Pierre appelle « Marcus filius meus » dans sa première Épître, v, 13. D'autres auteurs (7), allant encore plus loin, distinguent l'évangéliste S. Marc, Jean-Marc et un autre Marc, parent de S. Barnabé. Cfr. Col. IV, 10. Mais ces multiplications ne reposent pas sur des fondements bien sérieux. Quoique plusieurs écrivains apostoliques des premiers siècles, en particulier Denys d'Alexandrie et Eusèbe de Césarée (8), semblent vaguement supposer l'existence de deux Marc distincts, dont l'un aurait été compagnon de S. Pierre, l'autre collaborateur de S. Paul, on ne saurait affirmer que la tradition se soit jamais prononcée à fond sur ce point. Aussi dirons-nous, en prenant Théophylacte pour guide : Ἦν μὲν γὰρ οὗτος ὁ Μάρκος Πέτρου μαθητής· ὃν καὶ υἱὸν αὐτοῦ ὁ Πέτρος ὀνομάζει... Ἐκαλεῖτο δὲ καὶ Ἰωάννης· ἀνεψιὸς δὲ Βαρνάβα. ἀλλὰ καὶ Παύλου συνέκδημος· τέως μέντοι Πέτρῳ συνὼν τὰ πλεῖστα, καὶ ἐν Ῥώμῃ συνῆν. Procœm. Comm. in Evang. Marci. Μάρκος... ἐκαλεῖτο δὲ ὁ Ἰωάννης, écrivait déjà Victor d'Antioche. Cfr. Cramer, Cat. I, p. 263; II, p. IV.

---

(1) Parmi les catholiques MM. Hug, Welte, Schwarz, A. Maier, Reithmayr, de Valroger, Reischl, Gilly, Dehaut, Allioli, Schegg, Bisping, etc.
(2) Voir Fritzsche, Evangelium Marci, Lips. 1830, p. XXIII et s.
(3) Annal., ann. 45, § 46.
(4) Historia revelationis N. T. Vindob. 1867, p. 274 et ss.
(5) In Marcum Comment. Rom. 1862, p. 233 et ss.; de Evangeliis libri tres, t. I, p. 35 et s.
(6) Comment. sur les Epîtr. de S. Paul, p. 503.
(7) Ap Cotelier, Constitut. apost. lib. II, c. LVI; Fabric. Lux evangel. p. 447.
(8) Voyez Patrizi, l. c.

Notre Évangéliste avait reçu à la circoncision le nom hébreu de Jean, יוֹחָנָן, *Jochanan*; ses parents y ajoutèrent, ou il adopta lui-même plus tard le surnom romain de Marc, qui, d'abord uni au « nomen », ne tarda pas à le remplacer complétement. C'est ainsi que S. Pierre et S. Paul, dans les passages cités, ne mentionnent que le « cognomen » (1). S. Marc était l'ἀνεψιός de S. Barnabé, c'est-à-dire le fils de la sœur de ce célèbre apôtre; Cfr. Col. iv, 10, et Bretschneider, Lexic. man. græco-latin. in libros N. T., s. v. ἀνεψιός. Peut-être était-il lévite comme son oncle; Cfr. Act. iv, 26 (2). Sa mère se nommait Marie et résidait à Jérusalem, Act. xii, 12, bien que la famille fût originaire de l'île de Chypre. Cfr. Act. iv, 36. Convertie au Christianisme, soit avant, soit depuis la mort du Sauveur, elle égalait en zèle pour la religion nouvelle les Marie de l'Évangile, car nous voyons les Apôtres et les premiers chrétiens se réunir dans sa maison pour la célébration des saints mystères, Act. xii, 12 et suiv. C'est là que S. Pierre, délivré de sa prison par miracle, alla directement chercher un refuge. Cette circonstance suppose qu'il existait déjà d'intimes relations entre le prince des Apôtres et la famille de S. Marc; elle explique en même temps l'influence exercée par S. Pierre et sur la vie et sur l'Évangile de Jean-Marc (3). Quant au nom de « fils » que Céphas lui donne dans sa première Épître, v, 13, il indique, selon toute probabilité, une filiation produite par la collation du baptême : ce n'est donc pas seulement un titre de tendresse (4).

S. Éphiphane, adv. Hær. li, 6, l'auteur des *Philosophoumena*, vii, 20, et plusieurs autres écrivains ecclésiastiques des premiers siècles (5) font de l'évangéliste S. Marc l'un des soixante-douze disciples. On a dit aussi qu'après s'être attaché de bonne heure à Notre-Seigneur Jésus-Christ, il fut l'un de ceux qui l'abandonnèrent après le célèbre discours prononcé dans la synagogue de Capharnaüm, Joan. vi, 66 (6). Mais ces deux conjectures sont réfutées par l'antique assertion de Papias : οὔτε ἤκουσε τοῦ κυρίου οὔτε παρηκολούθησεν αὐτῷ (7). Il est possible cependant, comme divers commentateurs l'ont pensé, qu'il ait été le héros de l'incident plein d'intérêt dont il a seul gardé le souvenir dans son Évangile, xiv, 51-52 (8).

Les Actes des Apôtres nous fournissent sur sa vie ultérieure des renseignements plus authentiques. Nous y lisons d'abord, xii, 25, que Saul et Barnabé, après avoir porté aux pauvres de Jérusalem les riches aumônes que leur envoyait l'Église d'Antioche, Cfr. xi, 27-30, emmenèrent Jean-Marc en Syrie; de là, il partit avec eux pour l'île de Chypre, quand

---

(1) Aujourd'hui, les Israélites reçoivent très habituellement deux prénoms, l'un emprunté à l'Ancien Testament, comme Abraham, Nathan, Esther, l'autre tiré du calendrier chrétien, par exemple Louis, Jules, Rose. Le premier n'apparaît guère que dans les actes civils ou religieux ; l'autre est employé dans les relations ordinaires de la vie, et il a pour but, sinon toujours de cacher entièrement l'origine juive, du moins de la dissimuler autant que possible.

(2) Voir le V. Bède, Prolog. in Marcum.

(3) Voir plus bas, § IV, nº 4.

(4) Plusieurs exégètes protestants, entre autres Bengel, Neander, Credner, Stanley, de Wette, Tholuck, prennent le mot « fils » à la lettre et supposent que S. Pierre parle de l'un de ses enfants. Mais cette hypothèse n'a pas le moindre fondement.

(5) Voyez Patrizi, de Évangel. t. I, p. 33.

(6) Orig., De recta in Deum fide; Doroth., in Synopsi Procop. diac. ap. Bolland. 25 april.

(7) Ap. Euseb. Hist. Eccl. iii, 39.

(8) Voir l'explication de ce passage.

Paul entreprit son premier grand voyage de missionnaire (an 45 après J.-C). Mais lorsque, après plusieurs mois de séjour dans l'île, ils arrivèrent à Perga, en Pamphylie (1), d'où ils devaient s'enfoncer dans les provinces les plus inhospitalières de l'Asie-Mineure, pour y accomplir un ministère pénible et dangereux, il refusa d'aller plus loin. Il les abandonna donc et rentra à Jérusalem. Cfr. Act. XIII, 13 (2). Néanmoins, au début de la seconde mission de S. Paul, Act. xv, 36, 37, nous le trouvons de nouveau à Antioche, résolu cette fois à affronter toutes les difficultés et tous les périls pour la diffusion de l'Evangile (an 52). Aussi son oncle proposa-t-il à Paul de le reprendre en qualité d'auxiliaire. Mais l'Apôtre des Gentils n'y voulut point consentir. « Paul lui représentait que celui qui les avait quittés en Pamphylie et qui n'était point allé avec eux à l'ouvrage ne devait pas être repris. Il y eut alors dissension entre eux. » S. Paul ne crut pas pouvoir céder aux instances de S. Barnabé; mais les Apôtres s'arrangèrent à l'amiable. Il fut entendu que Paul irait évangéliser la Syrie et l'Asie-Mineure avec Silas, tandis que Barnabé, accompagné de Marc, retournerait en Chypre. Ce dissentiment occasionné par Jean-Marc servit donc les plans de la Providence pour la propagation plus rapide de la bonne nouvelle.

A partir de cet instant, nous perdons de vue le futur évangéliste : mais la tradition enseigne, comme nous le verrons plus loin, qu'il devint le compagnon habituel de S. Pierre; Cfr. I Petr. v, 13. Toutefois, il ne fut pas à tout jamais séparé de S. Paul. Nous aimons à le trouver à Rome, vers l'an 63, auprès de ce grand apôtre qui s'y trouvait alors captif pour la première fois. Col. IV, 10; Philem. 24. Nous aimons à entendre Paul, durant sa seconde captivité, Cfr. II Tim. IV, 11 (vers l'an 66), recommander instamment à Timothée de lui conduire Marc, qu'il désirait voir encore avant de mourir. Heureux S. Marc, qui eut le bonheur d'avoir, pendant une partie notable de sa vie, des relations si choisies avec les deux illustres Apôtres Pierre et Paul!

Nous n'avons que de rares données sur le reste de ses travaux apostoliques et sur sa mort. Les Pères disent cependant en termes formels qu'il évangélisa la Basse-Egypte, et qu'il fonda l'Eglise d'Alexandrie, dont il fut le premier évêque (3). Cfr. Eusèbe, Hist. Eccl. II, 16; S. Jérôme, de Vir. illustr. c. VIII; S. Epiph. Hær. LI, 6. Suivant une conjecture très-vraisemblable de S. Irénée, adv. Marc. III, 1, sa mort n'aurait eu lieu qu'après celle de S. Pierre, par conséquent après l'an 67. Plusieurs écrivains anciens assurent qu'elle consista en un douloureux mais glorieux martyre, que lui fit subir le peuple d'Alexandrie. Cfr. Nicephor. Hist. Eccl. II, 43; Simeon Metaphr. in Martyr. S. Marci (4). L'Eglise a adopté ce sentiment, qu'elle a consigné dans le Bréviaire et le Martyrologe (ad diem 25

---

(1) Voir Ancessi, Atlas géograph. pour l'Etude de l'Anc. et du Nouv. Testam. pl. XIX; R. Riess, Bibel-Atlas, pl. V.

(2) Le motif de son départ n'est pas indiqué ; mais la conduite subséquente de S. Paul, Act., xv, 37-39, prouve suffisamment que Jean-Marc n'avait pas agi d'une manière irréprochable et qu'il avait momentanément fait preuve ou de faiblesse, ou d'inconstance et de légèreté. Cfr. S. Jean Chrysost. ap. Cramer, Caten. in Act. xv, 38.

(3) Une tradition qui semble légendaire lui fait gagner les bonnes grâces et l'admiration du célèbre Juif Philon. Cfr. Westcott, Introd. to the study of the Gosp. 5e éd., p. 230.

(4) Voir D. Calmet, Dictionn. de la Bible, au mot Marc I.

April.). Pendant de longs siècles, on conserva à Alexandrie le manteau de S. Marc, dont chaque nouvel évêque était solennellement revêtu au jour de son intronisation (1). Mais, tandis que la renommée de l'Evangéliste s'effaçait en Egypte, Venise la fit refleurir en Occident : cette ville a depuis longtemps choisi S. Marc pour son protecteur spécial, et a construit en son honneur une des plus belles et des plus riches basiliques du monde entier (2).

§ II. — AUTHENTICITÉ DU SECOND ÉVANGILE

« Libri authentia in dubium vocari nequit », dit très-justement le Dr Fritszche (3). Elle est tout aussi certaine que celle de l'Evangile selon S. Matthieu ; les Pères des premiers siècles affirment, en effet, d'un commun accord que S. Marc est vraiment l'auteur d'un Evangile, et il n'y a pas la moindre raison de douter que cet Evangile ne soit celui qui est parvenu jusqu'à nous.

1° Témoignages directs. — Ici encore, c'est Papias qui ouvre la marche. « Le prêtre Jean, dit-il (4), rapporte que Marc, devenu l'interprète de Pierre, consigna exactement par écrit tout ce dont il se souvenait ; mais il n'observa pas l'ordre des choses que le Christ avait dites ou faites, car il n'avait pas entendu le Seigneur, et ne l'avait pas suivi personnellement ». Dans ces lignes, nous avons ainsi deux autorités réunies, celle du prêtre Jean et celle de Papias.

S. Irénée : « Matthieu composa son Evangile tandis que Pierre et Paul prêchaient la bonne nouvelle à Rome et y fondaient l'Eglise. Après leur départ, Marc, le disciple et l'interprète de Pierre, nous livra lui aussi par écrit les choses qui avaient été prêchées par Pierre (5). »

Clément d'Alexandrie : « Voici quelle fut l'occasion de la composition de l'Evangile selon S. Marc. Pierre ayant publiquement enseigné la parole (τὸν λόγον) à Rome, et ayant exprimé la bonne nouvelle dans l'Esprit-Saint, un grand nombre de ses auditeurs prièrent Marc de consigner par écrit les choses qu'il avait dites, car il l'avait accompagné de loin et se souvenait de sa prédication. Ayant donc composé l'Evangile, il le livra à ceux

---

(1) Les Etudes religieuses des PP. Jésuites, 15e année, 4e série, t. V, p. 672 et ss., contiennent un article aussi intéressant que savant de M. Le Hir sur la chaire de S. Marc transportée d'Alexandrie à Venise.

(2) On y voit, entre autres richesses, le magnifique tableau de Fra Bartholomeo, qui représente notre Evangéliste. Le lion, emblème de S. Marc, est encore gravé sur les armes de la célèbre république. — Sur la vie de S. Marc, voir les Bollandistes au 25 avril ; Molini, De Vita et lipsanis S. Marci, Rom. 1864.

(3) Evangelium Marci, Lips. 1830, Proleg. § 5.

(4) Ap. Euseb. Hist. eccl. III, 39.

(5) Adv. Hær. III, 1, 1 ; ap. Euseb. Hist. Eccl. v, 8. Cfr. III, 10, 6, où le saint Docteur cite les premières et les dernières lignes de l'Evangile selon S. Marc : « Quapropter et Marcus, interpres et sectator Petri, initium evangelicæ conscriptionis fecit sic : Initium Evangelii Jesu Christi Filii Dei, quemadmodum scriptum est in Prophetis : Ecce ego mitto angelum meum ante faciem tuam qui præparabit viam tuam... In fine autem Evangelii ait Marcus : Et quidem Dominus Jesus, postquam locutus est eis, receptus est in cœlos, et sedet ad dexteram Dei ». Cfr. Marc. I, et ss. ; XVI, 19.

qui le lui avaient demandé. Quand S. Pierre l'apprit, il n'y apporta ni obstacle ni encouragement (1). »

Origène (2): « Le second Evangile est celui de S. Marc, qui l'écrivit sous la direction de S. Pierre. » Tertullien : « Marcus quod edidit Evangelium Petri affirmatur, cujus interpres Marcus (3). »

Eusèbe de Césarée ne se borne pas à signaler les assertions de ses prédécesseurs; à plusieurs reprises il parle en son propre nom, et tout à fait dans le même sens. Dans sa Démonstration évangélique, III, 3, 38 et suiv., il dit que sans doute le Prince des Apôtres n'a pas composé d'Evangile, mais qu'en revanche S. Marc a écrit τὰς τοῦ Πέτρου περὶ τῶν πράξεων τοῦ Ἰησοῦ διαλέξεις. Puis il ajoute : πάντα τὰ παρὰ Μάρκον τοῦ Πέτρου διαλεξέων εἶναι λέγεται ἀπομνημονεύματα (4).

S. Jérôme : « Marcus discipulus et interpres Petri, juxta quod Petrum referentem audierat, rogatus Romæ a fratribus, breve scripsit Evangelium ». De viris illustr. c. VIII. « Marcus,.. cujus Evangelium, Petro narrante et illo scribente, compositum est «, Epist. CXX, 10, ad Hedib.

Nous pourrions citer encore des affirmations identiques de S. Epiphane, de S. Jean Chrysostôme, de S. Augustin; mais les témoignages qui précèdent montrent suffisamment qu'il n'y eut qu'une seule voix dans l'Eglise primitive pour attribuer à S. Marc la composition du second de nos Evangiles.

2° Les témoignages indirects sont moins nombreux que pour les trois autres biographies de Jésus, et il n'y a en cela rien de surprenant. L'œuvre de S. Marc est en effet la plus courte de toutes. De plus, elle s'occupe d'une manière presque exclusive de l'histoire et des faits : elle n'a presque rien de didactique. Enfin, les détails qu'elle renferme sont pour la plupart contenus dans l'Evangile selon S. Matthieu. Pour tous ces motifs, les anciens écrivains l'ont citée plus rarement que les autres. Néanmoins elle n'a pas été oubliée. S. Justin (5) rapporte que le Sauveur donna à deux de ses Apôtres le nom de « Fils du Tonnerre » (Βοανεργές, ὅ ἐστιν υἱοὶ βροντῆς). Or, S. Marc seul a raconté ce fait, III, 17. Le même auteur (6) dit encore que les Evangiles furent composés par des Apôtres ou par des disciples des Apôtres: ce dernier trait s'applique nécessairement à S. Marc et à S. Luc. Comparez encore Apolog. I, c. 52, et Marc. IX, 44, 46, 48; Apol. I, c. 16, et Marc. XII, 30. Les Valentiniens prouvent aussi, par des citations indirectes, qu'il existait de leur temps un Evangile tout à fait semblable à celui que nous possédons actuellement sous le nom de S. Marc. Cfr. Iren. adv. Hær. I, 3; Epiph. Hær. XXXIII; Theodoti ecloge, c. IX (7). On trouve des réminiscences analogues dans les écrits de Porphyre (8). Enfin, nous savons que les Docètes préféraient cet Evangile aux trois autres (9).

---

(1) Apud Euseb. Hist. Eccl. VI, 14.
(2) Ibid. VI, 25.
(3) Contr. Marcion. IV, 5.
(4) Cfr. Hist. eccl. II, 15.
(5) Dial. c. Tryph. c. CVI.
(6) Ibid. c. CIII.
(7) Voir A. Maier, Einleitung, p. 80.
(8) Voir Kirchhofer, Quellensammlung, p. 353 et ss.
(9) « Qui Jesum separant a Christo et impassibilem perseverasse Christum, passum vero

Du reste, à défaut de tous ces témoignages directs et indirects, sa seule présence dans les versions syriaque et italique, composées au second siècle, serait une garantie suffisante de son authenticité. Aussi, pour nier qu'il fût l'œuvre de S. Marc, a-t-il fallu l'audace du rationalisme contemporain (1). Un mot de Papias avait amené nos hypercritiques modernes à soutenir que le premier Evangile était de beaucoup postérieur à l'ère apostolique (2); un mot du même Père leur a fait dire aussi que le second Evangile, sous sa forme actuelle, ne saurait avoir été écrit par S. Marc. Dans le texte que nous avons cité plus haut, Papias, décrivant la composition de S. Marc, signalait ce trait particulier : ἔγραψεν οὐ μέντοι τάξει. Or, objectent Schleiermacher (3), Credner (4), et les partisans de l'école de Tubingue, il règne un ordre remarquable dans le second Evangile tel que nous le lisons aujourd'hui; tout y est généralement bien agencé. Par conséquent, le livre primitivement écrit par S. Marc s'est perdu, et la biographie de Jésus qui nous a été transmise sous son nom lui a été faussement attribuée, car elle est d'une date beaucoup plus récente. — Pour peu qu'on lise avec attention le texte de Papias, répondrons-nous à la suite du Dr Reithmayr (5), on voit qu'il n'attribue pas un défaut d'ordre absolu à l'écrit de S. Marc. Voici la vraie pensée du saint évêque : Marc a écrit avec un grand soin et avec une grande exactitude ce que Jésus-Christ a fait et enseigné; mais il ne lui était pas possible de mettre dans son récit un ordre historique rigoureux, attendu qu'il n'avait pas été témoin oculaire. Il se borna à retracer de mémoire ce qu'il avait appris de la bouche de S. Pierre. Mais, quand le prince des Apôtres avait à parler des actions ou de l'enseignement de Jésus, il ne s'astreignait pas à un ordre fixe, il s'accommodait chaque fois aux besoins de ses auditeurs. Ainsi comprises, et tel est leur véritable sens, les paroles de Papias ne prouvent absolument rien contre l'authenticité du second Evangile. Il est bien certain, en effet, que la narration de S. Marc ne tient pas toujours compte de l'ordre chronologique. S. Jérôme l'affirmait déjà, « juxta fidem magis gestorum narravit quam ordinem (6) », et la critique négative est elle-même forcée d'admettre que le second Evangile intervertit plus d'une fois la suite réelle des événements. Les mots οὐ μέντοι τάξει du prêtre Jean et de Papias signifient donc « non ordine reali », et ils sont suffisamment justifiés même par l'état présent de l'écrit de S. Marc (7).

_____

Jesum dicunt, id quod secundum Marcum est præferentes Evangelium, cum amore veritatis legentes illud, corrigi possunt. » S. Iren. Adv. Hær. III, 11, 17; Cfr. Philosophum. VIII, 8. Au contraire, les Ebionites donnaient leurs préférences au premier Evangile et les disciples de Marcion au troisième.

(1) M. Renan, dans son récent ouvrage, les Evangiles et la seconde génération chrétienne, admet l'authenticité de notre Evangile. Cfr. p. 114.

(2) Cfr. notre Commentaire sur l'Evangile selon S. Matthieu, Préface, § II.

(3) Stud. und Krit. 1832, p. 758.

(4) Einleitung, I, p. 123.

(5) Einleitung, p. 384 et ss. M. Renan, loc. cit. p. 120, écrit à bon droit que « c'est bien à tort qu'on prétend que le Marc actuel ne répond pas à ce que dit Papias. »

(6) Comm. in Matth. Prœm.

(7) D'autres les traduisent par « incompleta serie », par allusion aux lacunes que l'on trouve dans le second Evangile plus encore que dans les trois autres; mais cette interprétation est moins naturelle, quoiqu'elle résolve très-bien aussi la difficulté.

Eichhorn (1) et de Wette (2) ont fait une autre objection. Après un calcul attentif, ils ont découvert que les détails particuliers à S. Marc ne remplissent pas au-delà de vingt-sept versets : tout le reste de l'Evangile qui porte son nom se retrouverait presque mot pour mot dans la rédaction de S. Matthieu ou dans celle de S. Luc. Evidemment, concluent-ils, ce n'est pas une œuvre originale, mais une fusion tardive des deux autres synoptiques. Pour toute réponse, nous renvoyons ces deux critiques aux assertions si claires, si nombreuses, de la tradition, qui attribuent à S. Marc, disciple et compagnon de S. Pierre, la composition d'un Evangile distinct de celui de S. Matthieu et de celui de S. Luc (3).

§ III. — INTÉGRITÉ

Si l'on a parfois émis quelques doutes relativement à l'authenticité des deux premiers chapitres de S. Matthieu (4), on a suscité une véritable tempête de protestations à propos des douze derniers versets de S. Marc, XVI, 9-20.

Voici les motifs sur lesquels on s'est appuyé pour les rejeter comme une interpolation.

Il y a d'abord les preuves extrinsèques, qui peuvent se ramener à deux principales, tirées, l'une des manuscrits, l'autre des anciens écrivains ecclésiastiques. — 1° Plusieurs manuscrits grecs, parmi lesquels le *Cod. Vaticanus* et le *Cod. Sinaiticus*, c'est-à-dire les deux plus anciens et les deux plus importants, omettent entièrement ce passage. De même le *Cod. Veronensis* latin. Parmi ceux qui le contiennent, il en est qui l'entourent d'astérisques, comme douteux (5); d'autres ont soin de noter qu'on ne le rencontre point partout (6). En outre, le texte est en assez mauvais état dans ce passage : les variantes y fourmillent, ce qui est loin d'être, nous dit-on, favorable à son authenticité. — 2° S. Grégoire de Nysse (7), Eusèbe (8), S. Jérôme (9), et d'autres écrivains anciens en assez grand nombre, assurent que, de leur temps déjà, le passage en question manquait dans la plupart des manuscrits, de sorte qu'il était regardé par plusieurs comme une addition relativement récente (10). Les premières *Catenæ* grecques ne commentent pas au-delà du ỷ. 8, et c'est aussi à ce verset que s'arrêtent les célèbres canons d'Eusèbe.

Aux preuves extrinsèques, on ajoute un argument intrinsèque, appuyé sur le changement extraordinaire de style qui se fait remarquer à partir du ỷ. 9. 1° Dans ces quelques lignes qui terminent le second Evangile, on ne rencontre pas moins de vingt-et-une expressions que S. Marc n'avait

---

(1) T. V, p. 495.
(2) Einleit. p. 175.
(3) Voir aussi ce qui sera dit plus bas, § VII, touchant le caractère du second Evangile.
(4) Voir notre Commentaire du premier Evangile, Préface, p. 9.
(5) Par exemple, les Codd. 137 et 138.
(6) V. g. les Codd. 6 et 10, où on lit la remarque suivante : ἐν τισι μὲν τῶν ἀντιγράφων ἕως ὧδε (c'est-à-dire jusqu'à la fin du ỷ. 8) πληροῦται ὁ εὐαγγελιστής.
(7) Orat. de Resurr.
(8) Ad Marin. quæst. I.
(9) Ad Hedib. iv, 172.
(10) Voir les citations dans Fritzsche, Evangel. Marci, Lips. 1830, p. 752 et ss.

jamais employées auparavant (1). 2° Les détails pittoresques, les formules
de transition rapide qui caractérisent, comme nous le dirons plus loin, la
narration de notre évangéliste, disparaissent brusquement après le ℣. 8.
Cette manière nouvelle supposerait donc, exigerait même un auteur distinct du premier.

  Telle est la conclusion que la plupart des exégètes protestants modernes et contemporains déduisent de ce double argument : l'œuvre originale de S. Marc s'arrêterait, suivant eux, au ℣. 8 (2). Ils admettent
pourtant d'une manière assez générale que les derniers versets remontent
jusqu'à la fin du premier siècle. Nous prétendons au contraire, avec tous
les commentateurs catholiques, que le passage incriminé est de S. Marc
aussi bien que le reste de l'Evangile, et il nous paraît assez facile de le
démontrer. 1° Si deux ou trois manuscrits l'omettent (3), tous les autres le
contiennent, en particulier les célèbres Codd. A. C. D., au témoignage des-
quels les critiques attachent tant d'importance (4). 2° On le trouve dans
la plupart des anciennes versions, spécialement dans l'Itala, la Vulgate,
la Peschito, les traductions de Memphis, de Thèbes, d'Ulphilas, etc. La
version syriaque dont le Dʳ Cureton a découvert d'importants fragments,
en contient les quatre derniers versets (5). 3° Plusieurs écrivains de
l'âge apostolique y font des allusions manifestes (6). S. Irénée le cite (7);
S. Hippolyte, Tertullien, S. Jean Chrysostôme, S. Augustin, S. Ambroise,
S. Athanase, et d'autres Pères le connaissent et le mentionnent aussi.
Théophylacte en a fait le sujet d'un commentaire spécial. Comment est-il
possible, demanderons-nous aux adversaires de son authenticité, qu'un
passage apocryphe ait réussi à se faire ainsi recevoir presque partout?
4° Comprendrait-on, demanderons-nous encore, que S. Marc ait terminé
son Evangile par les mots ἐφοϐοῦντο γάρ (xvi, 8), de la façon la plus abrupte?
« Sine his versibus (℣℣. 9-20) », dit fort bien Bengel (8), « historia Christi,
resurrectionis præsertim, abrupta foret, non conclusa. » 5° Le fond de ce
passage, quoi qu'on dise, « n'a rien qui ne soit dans la manière rapide et
brève de l'évangéliste (S. Marc); il résume encore S. Matthieu, et il y
ajoute quelques détails, xvi, 13, que S. Luc reprendra pour les étendre » (9).
6° Quant aux expressions « extraordinaires » employées ici par le narrateur, elles sont pour la plupart très-communes, ou bien elles proviennent
de la nature particulière du sujet. On en a donc exagéré singulièrement

---

  (1) Par exemple : ℣. 10, πορευθεῖσα, τοῖς μετ' αὐτοῦ γενομένοις; ℣. 11, ἐθεάθη, ἠπίστησαν; ℣. 12,
μετὰ ταῦτα; ℣. 17, παρακολουθήσει; ℣. 20, ἐπακολουθούντων, etc.
  (2) Bleek, Olshausen, Lachmann, J. Morison et quelques autres font exception et se décla-
rent favorables à l'authenticité des ℣℣. 9-40.
  (3) Il est à remarquer que le Cod. B laisse, entre le ℣. 8 et le début de l'Evangile selon
S. Luc, un vide suffisant pour recevoir au besoin les versets omis. Preuve que l' « amanuen-
sis » avait des doutes sur la légitimité de son omission.
  (4) Voir la nomenclature des principaux manuscrits de la Bible dans M. Drach, Epîtres de
S. Paul, p. lxxxvii et ss.
  (5) Cfr. Cureton, Remains of a very ancient recension of the four gospels in syriac, hitherto
unknown in Europe, Lond. 1858; Le Hir, Etude sur une ancienne version syiaque des Evangiles, Paris 1859.
  (6) Par exemple, l'Epître de S. Barnabé, § 15; le Pasteur d'Hermas, ix, 25.
  (7) Voir le § II, p. 4, note 5. Comp. S. Justin Mart. Apol. i, 45.
  (8) Gnomon, hoc loco. « On ne peut guère admettre que le texte primitif finit d'une manière aussi abrupte ». Renan, les Evangiles, 1878, p. 421.
  (9) Wallon, De la croyance due à l'Evangile, p. 223.

la portée (1). Plusieurs auteurs ont conjecturé que la mort de S. Pierre ou la persécution de Néron avaient bien pu interrompre subitement S. Marc, avant qu'il eût mis la dernière main à son Evangile, de sorte que la finale aurait été écrite un peu plus tard, ce qui expliquerait le changement de style (2); mais cette hypothèse paraît assez étrange (3). En tout cas, elle est dénuée de tout fondement extérieur. 7° Enfin deux raisons principales peuvent rendre compte de la disparition de nos douze versets dans un certain nombre de manuscrits. 1. Quelque copiste les oublia peut-être par mégarde dans un premier manuscrit, ce qui occasionna leur omission successive dans les copies auxquelles ce manuscrit servit plus tard de modèle : quand ils eurent ainsi disparu d'un certain nombre de *Codices,* on comprend qu'un mouvement d'hésitation se soit produit à leur égard ; 2. la difficulté de mettre le ꙳. 9 en harmonie avec les lignes parallèles de S. Matthieu, xxviii, 1, dut contribuer à jeter des doutes sur l'authenticité de tout le passage qu'il inaugure.

Ces preuves nous semblent largement suffire pour que nous soyons en droit d'admettre la parfaite intégrité de l'Evangile selon S. Marc (4).

§ IV. — ORIGINE ET COMPOSITION DU SECOND ÉVANGILE

Sous ce titre, nous traiterons brièvement des quatre points suivants : l'occasion, le but, les destinataires et les sources de l'Evangile selon S. Marc.

1. Dans des textes cités plus haut (5), Clément d'Alexandrie et S. Jérôme ont clairement indiqué, d'après la tradition, l'occasion qui inspira au second évangéliste la pensée d'écrire à son tour la biographie de Jésus. Les chrétiens de Rome l'ayant pressé de composer pour eux un abrégé de la prédication du Prince des Apôtres, il céda à leur désir et publia son Evangile.

2. Son but comme écrivain fut donc tout à la fois catéchistique et historique. Il voulut venir en aide à la mémoire de ces pieux solliciteurs et continuer ainsi auprès d'eux l'enseignement chrétien, et c'est par un rapide résumé des faits qui composent l'histoire du Sauveur qu'il entreprit de leur rendre ce double service. En réalité, « le caractère du second Evangile s'accorde parfaitement avec cette donnée, car on n'y aperçoit pas d'autre intention que celle du récit même ; il ne présente aucune partie didactique d'une longueur disproportionnée avec le reste de la narration » (6). A ce but catéchistique et surtout historique, S. Marc n'associa-t-il

---

(1) Cfr. Langen, Grundriss der Einleitung in das N. T. 1868, p. 40. Ajoutons que les ꙳꙳. 9-20 du chap. xvi contiennent plusieurs locutions que l'on regarde comme caractéristiques du style de S. Marc, v. g. ꙳. 12, ἐφανερώθη ; ꙳. 15, κτίσει; etc. Voyez le commentaire.

(2) Cfr. Hug, Einleitung, t. II, p. 247 et ss.

(3) Nous en dirons autant de celle de M. Schegg, Evangel. nach Markus, t. II, p. 230, d'après laquelle les ꙳꙳. 9-20 seraient un fragment d'antique catéchèse inséré par S. Marc lui-même à la fin de sa narration.

(4) Voyez sur cette question A. Maier, Einleitung, § 24, p. 80 et ss.

(5) § II, pp. 4 et 5.

(6) Wetzer et Welte, Dictionn. encyclop. de la théologie catholiq., s. v. Evangiles.

pas une légère tendance dogmatique? Divers auteurs l'ont pensé (1), et rien n'empêche de voir avec eux dans les premières paroles du second Evangile, « Initium Evangelii Jesu Christi *Filii Dei* », une indication de cette tendance. S. Marc, d'après cela, se serait proposé de démontrer à ses lecteurs la filiation divine de Notre-Seigneur Jésus-Christ. Mais ce dessein n'est accentué nulle part ailleurs : l'Évangéliste laisse parler les faits, il ne soutient pas une thèse directe à la façon de S. Mathieu ou de S. Jean (2). Il y a loin d'une tendance aussi simple au but étrange que plusieurs rationalistes contemporains (3) ont prêté à S. Marc. Suivant eux, tandis que les Evangiles selon S. Matthieu et selon S. Luc seraient des écrits de parti, destinés, dans la pensée de leurs auteurs, à soutenir, le premier la faction judaïsante (le *Pétrinisme*), l'autre la faction libérale (le *Paulinisme*), entre lesquelles, nous assure-t-on, se partageaient les membres du Christianisme naissant, S. Marc aurait pris dans sa narration une position intermédiaire, se plaçant à dessein sur un terrain neutre, afin d'opérer une heureuse réconciliation. D'un autre côté, Hilgenfeld (4) range S. Marc parmi les Pauliniens. On le voit, nous n'avons pas à réfuter ces hypothèses fantaisistes, puisqu'elles se renversent mutuellement (5).

3. S. Matthieu avait écrit pour des chrétiens sortis des rangs du Judaïsme, S. Marc s'adresse à des convertis de la Gentilité. Indépendamment des témoignages de la tradition (6), d'après lesquels les premiers destinataires du second Evangile furent les fidèles de Rome, qui avaient appartenu au paganisme en grande majorité (7), la seule inspection du récit de S. Marc nous permettrait de le conclure avec une très grande probabilité. 1° L'évangéliste prend soin de traduire les mots hébreux ou araméens insérés dans sa narration, par exemple *Boanerges*, III, 17, *Talitha cumi*, V, 41 ; *Corban*, VII, 11 ; *Bartimæus*, X, 46 ; *Abba*, XIV, 36 ; *Eloï, Eloï, lamma sabachthani*, XV, 34 : il ne s'adressait donc pas à des Juifs. 2° Il donne des explications sur plusieurs coutumes juives, ou sur d'autres points que des personnes étrangères au Judaïsme pouvaient difficilement connaître. C'est ainsi qu'il nous dit que « les Juifs ne mangent pas à moins de s'être lavé fréquemment les mains », VII, 3, Cfr. 4 ; que « la Pâque était immolée le premier jour des pains azymes », XIV, 12 ; que la « Parasceve » était « le jour qui précède le sabbat », XV, 42 ; que le mont des Oliviers est situé κατέναντι τοῦ ἱεροῦ, XIII, 3, etc. 3° Il ne mentionne pas même le nom de la Loi juive ; nulle part il ne fait, comme S. Matthieu, d'argumentation basée sur des textes de l'Ancien Testament. Deux fois seulement, I, 2, 3 et XV, 26 (8), il cite les écrits de l'ancienne Alliance en son propre nom. Ce sont là encore des traits significatifs relativement à la destination du second Evangile. 4° Le style de S. Marc a beaucoup

---

(1) Cfr. A. Maier, Einleitung, § 18, pp. 70 et 71.
(2) Voir nos Commentaires sur les Évangiles de S. Matthieu et de S. Jean, Préface.
(3) L'auteur anonyme de l'ouvrage intitulé : die Evangelien, ihr Geist, etc. Leipz. 1845, p. 327 et ss. ; Schwegler, Nachapostol. Zeitalter, p. 455 et ss. ; Baur, Krit. Untersuchungen über die kanon. Evangelien, p. 462 et ss.
(4) Die Evangelien, p. 41 et s.
(5) Voir A. Maier, Einleitung, § 18, p. 71 et 72.
(6) Voir plus haut, n° 1.
(7) Voir Drach, Epîtres de S. Paul, p. 3-5.
(8) Supposé que ce second passage soit authentique. Voir le commentaire.

d'affinité avec le latin. « Il semblerait dit M. Schegg (1), que c'est une
bouche romaine qui a enseigné le grec à notre évangéliste ». Des mots
latins grécisés reviennent fréquemment sous sa plume, v. g. σπεκουλάτωρ,
VI, 27; ξέστης (sextarius), VII, 4, 8; πραιτώριον, XV, 16; φραγελλόω (flagello),
XV, 15; κῆνσος, XII, 14; λεγεών, V, 9, 15; κεντύριων, XV, 39, 44, 45; κοδράντης
(quadrans), XII, 42; etc. (2). Après avoir mentionné une monnaie grecque,
λεπτὰ δύο, il ajoute qu'elle équivalait au « quadrans » des Romains; XII, 42.
Plus loin, XV, 21, il mentionne une circonstance peu importante en elle-
même « Simonem Cyrenæum, *patrem Alexandri et Rufi,* » mais qui s'explique immédiatement, si l'on se souvient que Rufus habitait Rome. Cfr.
Rom. XVI, 26. Ces derniers détails ne prouvent-ils pas que S. Marc a écrit
parmi des Romains et pour des Romains (3)?

4. Dans notre Introduction générale aux Saints Evangiles, nous avons
étudié la délicate question de la source commune à laquelle vinrent puiser
tour à tour les trois premiers évangélistes : il ne peut donc s'agir ici que
d'une source spéciale à S. Marc. Or, nous avons entendu les Pères affirmer
d'une voix unanime (4) que la catéchèse du Prince des Apôtres servit de
base à S. Marc pour la composition de son récit. « Ne rien omettre de ce
qu'il avait entendu, ne rien admettre qu'il ne l'eût appris de la bouche de
Pierre » : ainsi s'exprimait Papias (5). De là le titre d'ἑρμηνευτὴς Πέτρου, « interpres Petri », que notre évangéliste a porté depuis l'époque du prêtre
Jean : de là le nom de « Mémoires de Pierre » appliqué par S. Justin à
sa composition (6). Non pas, assurément, qu'il faille entendre ces expressions d'une façon trop littérale, et faire de S. Marc un simple « amanuen-
sis » auquel S. Pierre aurait dicté le second Evangile, de même que Jérémie avait autrefois dicté ses Prophéties à Baruch (7)! L'influence de
S. Pierre, selon toute vraisemblance, ne fut pas directe, mais seulement
indirecte, et elle n'empêcha pas le disciple de demeurer un historien
très-indépendant. Elle fut considérable pourtant, puisqu'elle a été si fréquemment signalée par les anciens écrivains. Elle a d'ailleurs laissé des
traces nombreuses et distinctes dans la rédaction de S. Marc. Oui, le
second Evangile est visiblement marqué à l'effigie du Chef des Apôtres :
tous les commentateurs le répètent à l'envi (8). Marc n'ayant pas été témoin oculaire des événements qu'il raconte, qui a pu donner à son Evangile cette fraîcheur de récit, cette minutie de détails, que nous aurons à
mentionner bientôt? Il n'avait pas contemplé l'œuvre de Jésus de ses

---

(1) Evangel. nach Markus, p. 12.
(2) Les autres écrivains du Nouveau Testament emploient parfois quelques-unes de ces
expressions; mais ils n'en font pas un usage constant, comme S. Marc.
(3) Cfr. Patrizi, de Evangel. lib: I, c. II, q. 3.
(4) Voir les textes cités en faveur de l'authenticité du second Evangile, § II.
(5) Loc. cit. : ἑνὸς γὰρ ἐποιήσατο πρόνοιαν, τοῦ μηδὲν ὧν ἤκουσε παράλιπεῖν, ἢ ψεύσασθαί τι ἐν
αὐτοῖς.
(6) Dialog. c. CVI : ἐν ἀπομνημονεύμασιν αὐτοῦ, scil. Πέτρου.
(7) D'après Reithmayr, le mot « interprète » signifierait que S. Marc traduisait en latin les
instructions grecques de S. Pierre; Cfr. de Valroger, Introd. t. II, p. 54. Selon d'autres, c'est
le texte *araméen* de S. Pierre que Marc aurait traduit en *grec*. Explications très invraisem-
blables, assurément.
(8) Voyez sur ce point de fines observations dans M. Bougaud, le Christianisme et les temps
présents, t. II, pp. 69 et ss. 2° édit.

propres yeux, mais il l'avait vûe pour ainsi dire par les yeux de S. Pierre (1). Pourquoi les renseignements relatifs à Simon-Pierre sont-ils plus abondants chez lui que partout ailleurs? Seul, il nous dit que Pierre se mit à la recherche de Jésus, le lendemain des guérisons miraculeuses accomplies à Capharnaüm, I, 56; Cfr. Luc. IV, 42. Seul, il rappelle que ce fut Pierre qui attira l'attention des autres Apôtres sur le dessèchement rapide du figuier, XI, 21; Cfr. Matth. XXI, 17 et ss. Seul, il montre S. Pierre interrogeant Notre-Seigneur Jésus-Christ sur le mont des Oliviers touchant la ruine de Jérusalem, XIII, 3; Cfr. Matth., XXIV, 1; Luc. XXI, 5. Seul, il fait adresser directement à Pierre par l'Ange la bonne nouvelle de la résurrection de Jésus, XVI, 7; Cfr. Matth. XXVIII, 7. Enfin il décrit avec une précision particulière le triple reniement de S. Pierre; Cfr. surtout XIV, 68, 72. N'est-ce pas de Simon-Pierre lui-même qu'il tenait ces divers traits? Il est vrai, d'un autre côté, que plusieurs détails importants ou honorables de la vie évangélique de S. Pierre sont complètement passés sous silence dans le second Evangile, par exemple sa marche sur les eaux, Matth. XIV, 28-31; Cfr. Marc. VI, 50, 51; son rôle proéminent dans le miracle du didrachme, Matth. XVII, 24-27; Cfr. Marc. IX, 33; sa désignation comme le roc inébranlable sur lequel l'Eglise serait bâtie, Matth. XVI, 17-19; Marc. VIII, 29, 30; la prière spéciale que Jésus-Christ fit pour lui afin d'obtenir que sa foi ne défaillît jamais; Luc. XXII, 31, 32 (2). Mais ces omissions remarquables ne prouvent-elles pas de nouveau, ainsi que le conjecturaient déjà Eusèbe de Césarée (3) et S. Jean Chrysostôme (4), la participation de S. Pierre à la composition du second Evangile, ce grand Apôtre ayant voulu par modestie qu'on laissât dans l'oubli des événements qui étaient si précieux pour sa personne? Nous l'admettons sans peine à la suite du plus grand nombre des exégètes (5).

Que penser maintenant de l'opinion de S. Augustin, opinion tout-a-fait isolée dans l'antiquité, mais souvent acceptée depuis, d'après laquelle l'Evangile selon S. Marc ne serait qu'un abrégé calqué sur celui de S. Matthieu? « Marcus Matthæum subsecutus tanquam pedissequus et breviator ejus (6)? » Elle est exacte, si elle affirme simplement qu'il existe une grande ressemblance, soit pour le fond, soit pour la forme, entre les deux premiers récits évangéliques; elle est fausse, au contraire, si elle prétend que S. Marc s'est borné à publier une réduction de l'œuvre de son

---

(1) « Omnia quæ apud Marcum leguntur, narrationum sermonumque Petri dicuntur esse commentaria ». Euseb. Dem. Evang. l. III, c. 5. « S. Marc, dit M. Renan, Vie de Jésus, 1863, p. XXXIX, est plein d'observations minutieuses venant sans nul doute d'un témoin oculaire. Rien ne s'oppose à ce que ce témoin oculaire, qui évidemment avait suivi Jésus, qui l'avait aimé et regardé de très-près, qui en avait conservé une vive image, ne soit l'apôtre Pierre lui-même, comme le veut Papias. » Cfr. Patrizi, de Evangel. lib. I, cap. II, quæst. 4.

(2) Comparez encore Marc. VII, 17 et Matth. XV, 15; Marc. XIV, 13 et Luc. XXII, 8.

(3) Dem. Evang. III, 3, 89.

(4) Hom. in Matth.

(5) Nous ne croyons pas qu'on puisse tirer une preuve péremptoire de certaines coïncidences de pensées et d'expressions qui existent entre les Epîtres de S. Pierre et divers passages du second Evangile (V. g. II Petr. II, 4, Cfr. Marc. XIII, 22; II Petr. III, 17, Cfr. Marc. XIII, 23; I Petr. I, 25, Cfr. Marc. XIII, 24; I Petr. II, 9, Cfr. Marc. XIII, 20; I Petr. II, 17, Cfr. Marc. XII, 17; I Petr. II, 25, Cfr. Marc. VI, 34; II Petr. III, 41, Cfr. Marc. XIII, 19; etc.): ces coïncidences n'ont en effet rien de caractéristique.

(6) De consens. Evang. l. I, c. II.

devancier. Les faits qu'il rapporte sont bien les mêmes pour la plupart (1), mais il les expose presque toujours d'une manière très-neuve, qui prouve sa complète liberté d'écrivain (2). Du reste, ce sentiment est aujourd'hui à peu près abandonné.

§ V. — LA LANGUE PRIMITIVE DU SECOND ÉVANGILE

S. Marc ayant composé son Evangile pour des Romains, il a semblé naturel à plusieurs critiques qu'il l'ait écrit primitivement en latin. Tel a été en particulier l'avis du savant Baronius (3). La Peschito syriaque et les suscriptions de plusieurs manuscrits grecs affirment sans doute que le second Evangile ἐγράφη ῥωμαϊστι; mais ces assertions anonymes perdent toute autorité devant les témoignages formels de S. Jérôme et de S. Augustin. « De novo nunc loquar Testamento, dit le premier de ces deux Pères (4), quod græcum esse dubium non est, excepto apostolo Matthæo, qui primus in Judæa Evangelium Christi hebraicis litteris edidit. » S. Augustin n'est pas moins clair : « Horum sane quatuor (Evangelistarum) solus Matthæus hebræo scripsisse perhibetur eloquio, cæteri græco (5). »

Pourquoi S. Marc, s'adressant à des Romains, n'aurait-il pas écrit en grec? N'est-ce pas dans cette langue que l'historien Josèphe composa ses ouvrages, précisément pour être compris des Romains? S. Paul (6) et S. Ignace n'écrivirent-ils pas aussi en grec leurs lettres à l'Eglise de Rome? « Pendant une partie notable des premiers siècles, dit M. Milman (7), l'Eglise de Rome et presque toutes les Eglises de l'Occident étaient en quelque sorte des colonies religieuses helléniques. Leur langage était grec, leurs écrivains étaient grecs, leurs livres sacrés étaient grecs, et de nombreuses traditions, comme de nombreux restes, prouvent que leur rituel et leur liturgie étaient grecs... Tous les écrits chrétiens connus de nous qui parurent à Rome ou en Occident sont grecs, ou l'étaient primitivement : et les épîtres de S. Clément, et le Pasteur d'Hermas, et les homélies Clémentines, et les œuvres de S. Justin martyr, jusqu'à Caïus, jusqu'à Hippolyte, auteur de la réfutation de toutes les héré-

---

(1) D'importantes omissions sont néanmoins à signaler, notamment Matth. III, 7-10 ; VIII, 5-13, etc.; x, 15-42 ; XI; XII, 38-45; XIV, 34-36 ; XVII, 24-27; XVIII, 10-35; xx, 1-16 ; XXI, 14-16, 28-32 ; XXII, 1-14 ; XXIII ; XXVII, 3-10, 62-67; XXVIII, 11-15, 16-20 ; etc., etc. Un simple « abbreviator » ne se serait pas ainsi comporté.
(2) Si l'on divise, avec M. Reuss, la matière contenue dans les trois premiers Evangiles en 100 sections ou paragraphes, nous ne trouvons dans S. Marc que 63 de ses sections, tandis que S. Matthieu en a 73, S. Luc 82. 49 sections sont communes aux trois Evangélistes, 9 à S. Matthieu et à S. Marc, 3 à S. Marc et à S. Luc; S. Marc n'en a que deux qui lui soient tout à fait spéciales. Mais combien de traits qu'on trouve seulement dans son récit! Cfr. II, 25; III, 20, 21 ; IV, 26-29; v, 4, 5 et ss.; VIII, 22-26 ; IX, 49; XI, 11-14 ; XIV, 51-52; XVI, 9-11, et cent autres passages que nous signalerons dans le commentaire.
(3) Annal., ad ann. 45, § 39 et ss. Voir la réfutation de Tillemont, Mémoires pour servir à l'Hist. eccl. S. Marc, note 4.
(4) Præf. in IV Evangel. ad Damasum.
(5) De Consens. Evangel. l. 1, c. IV.
(6) Voir Drach, Epîtres de S. Paul, p. 7.
(7) Latin Christianity, I, p. 34.

sies. » Rien ne s'opposait donc à ce que S. Marc écrivît en grec, bien qu'il destinât son récit à des Latins (1).

L'hypothèse de Wahl, d'après laquelle le second Evangile aurait été composé en langue copte mérite à peine une mention (2).

§ VI. — TEMPS ET LIEU DE LA COMPOSITION DU SECOND ÉVANGILE

1° La tradition ne nous fournit pas de données certaines relativement à l'époque où S. Marc écrivit son Evangile; ses renseignements sont même contradictoires. Ainsi, d'après Clément d'Alexandrie (3), le second Evangile aurait été publié du vivant de S. Pierre; tandis que, suivant S. Irénée (4), il n'aurait paru qu'après la mort du Prince des Apôtres, par conséquent après l'an 67. Les critiques se partagent entre ces deux sentiments. MM. Reithmayr et Gilly adoptent le premier, et placent la composition de notre Evangile entre les années 42-49 (5). MM. Langen, J.-P. Lange, et la plupart des autres exégètes contemporains, se rangent à l'opinion de S. Irénée, qui semble en effet plus probable. D'autres auteurs tâchent de concilier les témoignages patristiques, en admettant une double publication de l'œuvre de S. Marc, la première à Rome avant la mort de S. Pierre, la seconde en Egypte, après son martyre. « S. Marc, dit Richard Simon (6), a donné aux fidèles de Rome un Evangile en qualité d'interprète de S. Pierre, qui prêchait la religion de Jésus-Christ dans cette grande ville; et il l'a aussi donné ensuite aux premiers chrétiens d'Egypte, en qualité d'apôtre ou d'évêque. » Mais ce n'est là qu'un subterfuge sans fondement solide. Quoi qu'il en soit, il ressort clairement du ch. XIII, 14 et suiv., que l'Evangile selon S. Marc dût paraître avant la ruine de Jérusalem, puisque cet événement y est prophétisé par Notre-Seigneur, sans que rien vienne indiquer qu'il s'était accompli depuis (7).

2° Aucun doute ne saurait subsister à l'égard du lieu de la composition. Ce fut Rome, comme l'affirment, à part un seul, tous les Pères qui se sont occupés de cette question. Clément d'Alexandrie (8) rattache cette croyance à une antique tradition, παράδοσιν τῶν ἀνέκαθεν πρεσβυτέρων. S. Irénée, S. Jérôme, Eusèbe de Césarée la signalent comme un fait indubitable (9). S. Epiphane parle dans le même sens : Εὐθὺς δὲ μετὰ τὸν Ματθαῖον ἀκόλουθος γενόμενος ὁ

---

(1) Voir Richard Simon, Histoire critiq. du Nouv. Test. ch. XI; Cfr. Juven. Sat. VI, 2.

(2) Cfr. Magazin für alte, besond. oriental. und bibl. Literatur, 1790, III, 2, p. 8. Wahl allègue comme raison de la fondation de plusieurs chrétientés égyptiennes par S. Marc.

(3) Hypotyp. VI, ap. Euseb. Hist. Eccl. VI, 14.

(4) Adv. Hær. III, 1 : μετὰ τούτων (scil. Πέτρου καὶ Παύλου) ἔξοδον. Voir la citation complète au § II. Le mot ἔξοδον ne peut désigner raisonnablement que la mort des deux apôtres. « Post quorum exitum », disait déjà Ruffin. Toutes les autres interprétations sont arbitraires. Cfr. Langen, Grundriss der Einleitung, p. 87.

(5) Quelques manuscrits, Théophylacte et Euthymius, font écrire S. Marc dix ou douze ans après l'Ascension. Cfr. Baronius, Annal. ad ann. 45, § 29.

(6) Histoire critiq. du Nouv. Test. t. I, p. 107. Cfr. Bisping, das Evangel. nach Markus, p. 6.

(7) Voyez, sur l'époque de la composition du second Evangile, une savante dissertation du P. Patrizi, de Evangeliis, t. I, pp. 36-54.

(8) Ap. Euseb. Hist. Eccl. VI, 14.

(9) Voir les textes cités plus haut, § II, 1°.

Μάρκος τῷ ἁγίῳ Πέτρῳ ἐν Ῥώμῃ ἐπιτρέπεται τὸ εὐαγγέλιον ἐκθεσθαι (1). S. Jean Chysostôme au contraire assure que le second Évangile aurait été composé en Egypte. Λέγεται, dit-il dans ses Homélies sur S. Matthieu, καὶ Μάρκος δὲ ἐν Αἰγύπτῳ τῶν μαθητῶν παρακαλεσάντων αὐτὸν, αὐτὸ τοῦτο ποιῆσαι. Mais ce sentiment isolé ne saurait contrebalancer les témoignages si formels de tous les autres écrivains anciens (2). Du reste, le coloris latin et les expressions romaines que nous avons signalés plus haut (3) montrent bien que S. Marc dût écrire sur le territoire romain. D'un rapprochement établi entre S. Marc, xv, 21, et Act. xi, 20, M. Storr a conclu (4) que la ville d'Antioche avait été la patrie de notre Evangile; mais nous avouons ne rien comprendre à cette conclusion, qui est d'ailleurs universellement rejetée.

§ VII. — CARACTÈRE DU SECOND ÉVANGILE

On a souvent et très-justement proposé d'inscrire en tête de l'Evangile selon S. Marc les paroles suivantes de S. Pierre, qui en résument admirablement le caractère général (5) : « Vos scitis quod factum est verbum per universam Judæam : incipiens enim a Galilæa, post baptismum quod prædicavit Joannes, Jesum a Nazareth : quomodo unxit eum Deus Spiritu Sancto, et virtute, qui pertransiit benefaciendo et sanando omnes oppressos a diabolo, quoniam Deus erat cum illo ». Act. x, 37, 38. Nous y trouvons en effet un portrait frappant de Jésus de Nazareth. Toutefois, ce portrait n'est pas, comme dans le premier Evangile, i, 1, celui « du Fils de David et d'Abraham », c'est-à-dire du Messie; ni, comme dans le troisième Evangile, celui du « Fils d'Adam qui était Fils de Dieu », Luc, iii, 38 : c'est le portrait du Dieu Rédempteur, incarné pour notre salut, faisant le bien, opérant de nombreux miracles parmi les hommes, développant sa mission beaucoup plus par des œuvres que par des paroles.

Ce portrait semble à première vue notablement réduit. Le second Evangile est en effet le plus court de tous : « breve Evangelium », disait déjà S. Jérôme (6). Il n'a que seize chapitres, tandis que l'Evangile selon S. Jean en contient 21, celui de S. Luc 24, celui de S. Matthieu jusqu'à 28. Il tend sensiblement à la brièveté. Et néanmoins, comme il est bien rempli! Mais ce n'est pas une simple nomenclature d'incidents sèchement énumérés les uns à la suite des autres; ce sont des faits qui se reproduisent en quelque sorte sous le regard étonné du lecteur, tant la précision est grande dans les détails, tant le pittoresque abonde à chaque page. Aussi avons-nous là une photographie vivante du Sauveur. Sa personnalité humaine et divine est caractérisée d'une manière frappante. Non-seulement nous apprenons qu'il participait à toutes nos infirmités, telles que la faim, xi, 12, le sommeil, iv, 38, le désir du repos, vi, 31; qu'il était

---

(1) Hær. li, 6.
(2) Hom. i, 3.
(3) Voir le § IV, nᵒ 3, 4ᵒ.
(4) Zweck der evang. Gesch. § 59 et 60.
(5) Voyez M. Bougaud, l. c. p. 76 et s.
(6) De viris illustr. c. viii.

accessible aux sentiments et aux passions des hommes ordinaires, par exemple, qu'il pouvait s'attrister, VII, 34; VIII, 12, aimer, X, 21, s'apitoyer, VI, 14, s'étonner, VI, 61, être saisi d'indignation, III, 5; VIII, 12, 33; X, 14; mais nous le voyons lui-même avec sa posture, X, 32; IX, 35, son geste, VIII, 33; IX, 36; X, 16, ses regards, III, 5, 34; V, 32; X, 23; XI, 11. Nous entendons jusqu'à ses paroles prononcées dans sa langue maternelle, III, 17; V, 41; VII, 34; XIV, 36; bien plus, jusqu'aux soupirs qui s'échappaient de sa poitrine, VII, 34; VIII, 12. S. Marc nous rend également témoins de l'expression saisissante que Notre-Seigneur Jésus-Christ produisait, soit sur la foule, I, 22, 27; II, 12; VI, 2, soit sur ses disciples, IV, 40; VI, 51; X, 24, 26, 32. Il nous montre les multitudes se pressant autour de lui, III, 10; V, 21, 31; VI, 33; de manière parfois à ne pas lui laisser le temps de prendre ses repas, III, 20; VI, 31. Cfr. II, 2; III, 32; IV, 1. Parmi les Evangélistes, personne mieux que lui n'a pris soin de noter exactement les différentes circonstances de nombre, de temps, de lieux et de personnes. 1° Les circonstances de nombre : V, 13, « grex præcipitatus est in mare ad duo millia »; VI, 7, « cœpit eos mittere binos »; VI, 40, « discubuerunt in partes, per centenos et quinquagenos »; XIV, 30, « priusquam gallus vocem bis dederit, ter me es negaturus ». 2° Les circonstances de temps : I, 35, « diluculo valde surgens »; IV, 35, « et ait illis in illa die, quum sero factum esset »; VI, 2, « facto sabbato cœpit in synagoga docere »; XI, 11, « quum jam vespera esset hora, exiit in Bethaniam »; XI, 19, « quum vespera facta esset, egrediebatur de civitate »; Cfr. XV, 25; XVI, 2, etc. 3° Les circonstances de lieux : II, 13, « egressus est rursus ad mare »; III, 7, « Jesus autem secessit ad mare »; IV, 1, « iterum cœpit docere ad mare »; V, 20 », cœpit prædicare in Decapoli »; Cfr. VII, 31. XII, 41, « Sedens Jesus contra gazophylacium »; XIII, 3, « quum sederet in monte Olivarum contra templum »; XVI, 5, « viderunt juvenem sedentem in dextris »; Cfr. VII, 31; XIV, 68; XV, 39, etc. 4° Les circonstances de personnes : I, 29, « venerunt in domum Simonis et Andreæ cum Jacobo et Joanne »; I, 36, « et prosecutus est eum Simon, et qui cum illo erant »; III, 22, « Scribæ qui ab Jerosolymis descenderant »; XIII, 13, « interrogabant eum separatim Petrus, et Jacobus, et Joannes, et Andreas »; XV, 21, « Simonem Cyrenæum, patrem Alexandri et Rufi. » Cfr. III, 6; XI, 11; XI, 21; XIV, 65, etc. Il faudrait presque transcrire le second Evangile verset par verset, si nous voulions noter tous les détails de ce genre. Qu'il suffise d'ajouter avec Da Costa (1), que « si quelqu'un désire connaître un fait évangélique, non-seulement dans ses points principaux et dans ses lignes générales, mais aussi dans ses détails les plus minutieux, les plus graphiques, c'est à S. Marc qu'il doit recourir. » On conçoit aisément la fraîcheur, l'intérêt, les couleurs dramatiques que doit présenter une œuvre ainsi composée. Nous devons ajouter qu'elle a aussi une rapidité extraordinaire; car S. Marc ne se donne pas beaucoup de peine pour combiner entre eux les évènements qu'il raconte. Il ne les groupe point, comme S. Matthieu, d'après un ordre logique : il se contente de les rattacher l'un à l'autre, le plus souvent selon l'ordre historique, par les formules καὶ, πάλιν, εὐθέως. Cette dernière expression revient sous sa plume jusqu'à

---

(1) Four Witnesses, p. 88.

41 fois (1) ! Il vole d'un incident à un autre incident, sans prendre le temps de faire des réflexions historiques. Sans cesse la scène change de la façon la plus abrupte sous les yeux du lecteur.

Des faits, et des faits brièvement racontés, tel est donc le fond du second Evangile. S. Marc, qui est par excellence l'évangeliste de l'action, n'a conservé en entier aucun grand discours du Sauveur (2) : celles des paroles du divin Maître qu'il a insérées dans sa narration sont habituellement les plus brûlantes, les plus vives, et il a su, en les résumant, leur donner une tournure incisive et énergique.

Son style est simple, vigoureux, précis, et généralement plein de clarté ; il y règne pourtant quelquefois une certaine obscurité, qui provient de la trop grande concision. Cfr. I, 13 ; IX, 5, 6 ; IV, 10, 34. On y remarque — 1° le fréquent emploi du présent au lieu du prétérit : I, 40, « Un lépreux vient à lui » ; II, 3 (d'après le texte grec), « ils viennent à lui, portant un paralytique » ; XI, 1, « quand ils approchèrent de Jérusalem,..... il envoie deux de ses disciples » ; XIV, 43, « aussitôt, pendant qu'il parlait, se présente Judas » ; Cfr. II, 10, 17 ; XIV, 66, etc. ; — 2° le langage direct au lieu du langage indirect : IV, 39, « il dit à la mer : Paix ! sois calme ! » ; V, 9, « Il lui demanda : Quel est ton nom ? » V, 12, « les démons le suppliaient, disant : Envoie-nous dans les pourceaux » ; Cfr. V, 8 ; VI, 23, 31 ; IX, 25 ; XII, 6 ; — 3° la répétition emphatique de la même pensée : I, 45, « ille egressus cœpit prædicare et diffamare sermonem » ; III, 26, « non poterit stare, sed finem habet » ; IV, 8, « dabat fructum ascendentem et crescentem » ; VI, 25, « statim cum festinatione » ; XIV, 68, « neque scio neque novi quod dicas », etc. ; — 4° les négations accumulées : οὐκέτι οὐδείς, VII, 12 ; IX, 8 ; XII, 34 ; XV, 5 ; οὐκέτι οὐ μὴ, XIV, 25 ; μηκέτι μηδείς, XI, 14. — Outre les expressions latines et araméennes signalées plus haut, notons encore les locutions suivantes, dont S. Marc use volontiers : ἀκάθαρτον πνεῦμα onze fois, six fois seulement dans S. Matthieu, trois dans S. Luc ; ἤρξατο λέγειν, κράζειν, vingt-cinq fois ; les composés de πορεύεσθαι : εἰσπορ huit fois ; ἐκπορ onze fois ; παραπορ quatre fois ; ἐπερωτάω, vingt-cinq fois ; κηρύσσειν, quatorze fois ; les diminutifs, v. g. θυγατρίον, κυνάρια, κοράσιον, ὠτάριον ; certains mots peu usités, tels que κωμόπολις, ἀλαλάζειν, μεγιστᾶνες, νουνεχῶς, πλοιάριον, τρυμαλία, etc. (3).

Concluons ce paragraphe par une réflexion très-juste du Dr Westcott (4) : « Par le fond, et par le style, et par la manière de traiter les sujets, l'Evangile de S. Marc est essentiellement une copie faite sur une image vivante. Le cours et l'issue des événements y sont dépeints avec les contours les mieux marqués. Alors même que l'on n'aurait aucun autre argument pour combattre ce qui a été dit touchant l'origine mythique des Evangiles, ce récit vivant et simple, marqué à l'empreinte de l'indépendance et de l'originalité les plus parfaites, sans connexion avec le symbolisme de l'ancienne Alliance, dépourvu des profonds raisonnements de

---

(1) Fritzsche, Evangel. Marci, p. XLIV, en est offusqué : « Voces, scrit-il, ad nauseam usque iteratas et elegantiæ incuriam ». Elle est pourtant en général d'un très bon effet, et équivaut à l' « Ecce » de S. Matthieu.

(2) Voyez. dans le commentaire, le début des chap. IV et XIII.

(3) Voir Fritzsche, Evangelium Marci, p. XLIV et s. Kitto, Cyclopœdia of bibl. Literat. 3e édit. t. III, p. 72 ; Smith, Diction. of the Bible, s. v. Mark, Gospel of ; Credner, Einleit. p. 102 et s.

(4) Introduction to the study of the Gospels, p. 367.

la nouvelle, suffirait pour réfuter cette théorie subversive. Les détails qui furent primitivement adressés à la vigoureuse intelligence des lecteurs Romains sont encore remplis d'instruction pour nous (1). »

§ VIII. — PLAN ET DIVISION

1. Le plan de S. Marc est fort simple : il consiste à suivre pas à pas la catéchèse historique qui, nous l'avons vu (2), devait former le fond de son ouvrage. Or, cette catéchèse n'embrassait généralement que la Vie publique de Notre-Seigneur Jésus-Christ à partir de son baptême, avec la prédication de Jean-Baptiste en guise de préambule, et la Résurrection et l'Ascension du Sauveur pour conclusion (3), et telles sont précisément les grandes lignes suivies par notre évangéliste. Il omet donc entièrement les détails relatifs à l'Enfance et à la Vie cachée de Jésus, pour faire entendre immédiatement au lecteur la voix et les austères préceptes du Précurseur. Pour lui, comme pour les autres synoptiques, la Vie publique du Christ se borne au ministère exercé par Notre-Seigneur en Galilée; mais, au lieu de s'arrêter avec eux aux scènes de la Résurrection, il suit le divin Maître jusqu'à son Ascension, jusqu'aux splendeurs du Ciel, compensant, par cette heureuse addition faite à la Vie glorieuse, ce qu'il avait omis dans la Vie cachée. M. J. P. Lange a fait une ingénieuse remarque, qui peut servir à mieux caractériser encore le plan adopté par S. Marc. Partant de cette idée que Jésus, tel que le représente le second Evangile, est le Dieu Fort annoncé par Isaïe, IX, 6, le lion victorieux de la tribu de Juda dont parle l'Apocalypse, V, 5, il trouve dans la narration de S. Marc une succession perpétuelle de mouvements en avant et de mouvements en arrière, de charges et de retraites, comme il les nomme, qui ne sont pas sans analogie avec la marche du lion. Jésus s'avance avec vigueur contre ses ennemis; puis tout à coup il se retire pour emporter le butin conquis ou pour préparer une nouvelle charge. Dans le tableau analytique qui termine la Préface, nous ferons ressortir ces mouvements variés et pleins d'intérêt (4).

2. Nous avons divisé le récit de S. Marc en trois parties, qui correspondent à la Vie publique, à la Vie souffrante et à la Vie glorieuse de Notre-Seigneur Jésus-Christ. La première partie, I, 14-x, 52, raconte le ministère de Jésus à partir de sa consécration messianique jusqu'à son arrivée à Jérusalem pour la dernière Pâque. Elle est précédée d'un court préambule, I, 1-13, où le Précurseur et le Messie font tour à tour leur apparition sur la scène évangélique. Elle se subdivise en trois sections, qui nous montrent Jésus-Christ agissant d'abord dans la Galilée orientale, I, 14-vii, 23, puis dans la Galilée septentrionale, vii, 24-ix, 50, enfin en Pérée et sur la route de Jérusalem, x, 1-52. Dans la seconde partie, xi, 1-xv, 57, nous suivons jour par jour les événements de la dernière semaine de la vie du Sau-

---

(1) Voir aussi Alford, New Testam. for English readers, 3e édit. t. I, p. 39; M. Bougaud, l. c. pp. 75, 76 et 82.

(2) § IV, n° 2.

(3) Cfr. Act. I, 21, 22; x 37, 38; xiii, 23-25.

(4) Cfr. J. P. Lange, Theolog-homil. Bibelwerk, N. Test. 2. Th., das Evangelium nach Markus, 3e édit. p. 2 et 5.

veur. La troisième, XVI, 1-20, présentera à notre admiration les glorieux mystères de sa Résurrection et de son Ascension.

§ IX. — LES PRINCIPAUX COMMENTATEURS DU SECOND ÉVANGILE

Aucun Père latin n'a commenté l'Evangile selon S. Marc avant le Vén. Bède (1). Dans l'Eglise grecque, il faut descendre jusqu'au cinquième siècle pour trouver un écrivain qui l'ait expliqué; car les quatorze homélies « in Marcum », reproduites en langue latine parmi les œuvres de S. Jean Chrysostôme, ne sont pas authentiques. Victor d'Antioche est donc le plus ancien interprète de notre Evangile (2). Plus tard, Théophylacte et Euthymius le commentèrent dans leurs grands ouvrages sur le Nouveau Testament.

Au moyen âge, comme dans les temps modernes, ce furent généralement les mêmes exégètes qui entreprirent de commenter S. Marc et S. Matthieu : on trouvera donc leurs noms indiqués à la fin de la Préface de notre commentaire sur le premier Evangile (3). Qu'il suffise de rappeler les noms de Maldonat, de Fr. Luc de Bruges, de Noël Alexandre, de Corneille de Lapierre, de D. Calmet, de Mgr Mac Evilly, des docteurs Reischl, Schegg et Bisping parmi les Catholiques, de Fritzsche, de Meyer, de J. P. Lange, d'Alford, d'Abbott parmi les protestants. Nous n'avons qu'un très-petit nombre de Commentaires spéciaux à signaler :

Jac. Elsner, *Comment. crit.-philol. in Evangelium Marc.* Lugd. Batav. 1773. 3 tom. in-4°.

B. de Willes, *Specim. hermeneut. de iis quæ ab uno Marco sunt narrata aut copiosius et explicatius ab eo exposita.* Traject. 1811.

F. X. Patritii, S. J., *In Marcum Commentarium*, Rom. 1862.

Rev. G. F. Maclear, *The Gospel according to St. March, with notes and introduction*, Cambridge, 1877.

---

(1) Le commentaire publié sous le nom de S. Jérôme n'est pas de lui.

(2) Βίκτωρος καὶ ἄλλων ἐξηγήσεις εἰς τὸ κατὰ Μάρκον εὐαγγέλιον, edid. C. F. Matthæi, Mosq. 1775, 2 tom.

(3) Page 29.

DIVISION SYNOPTIQUE DE L'ÉVANGILE SELON S. MARC

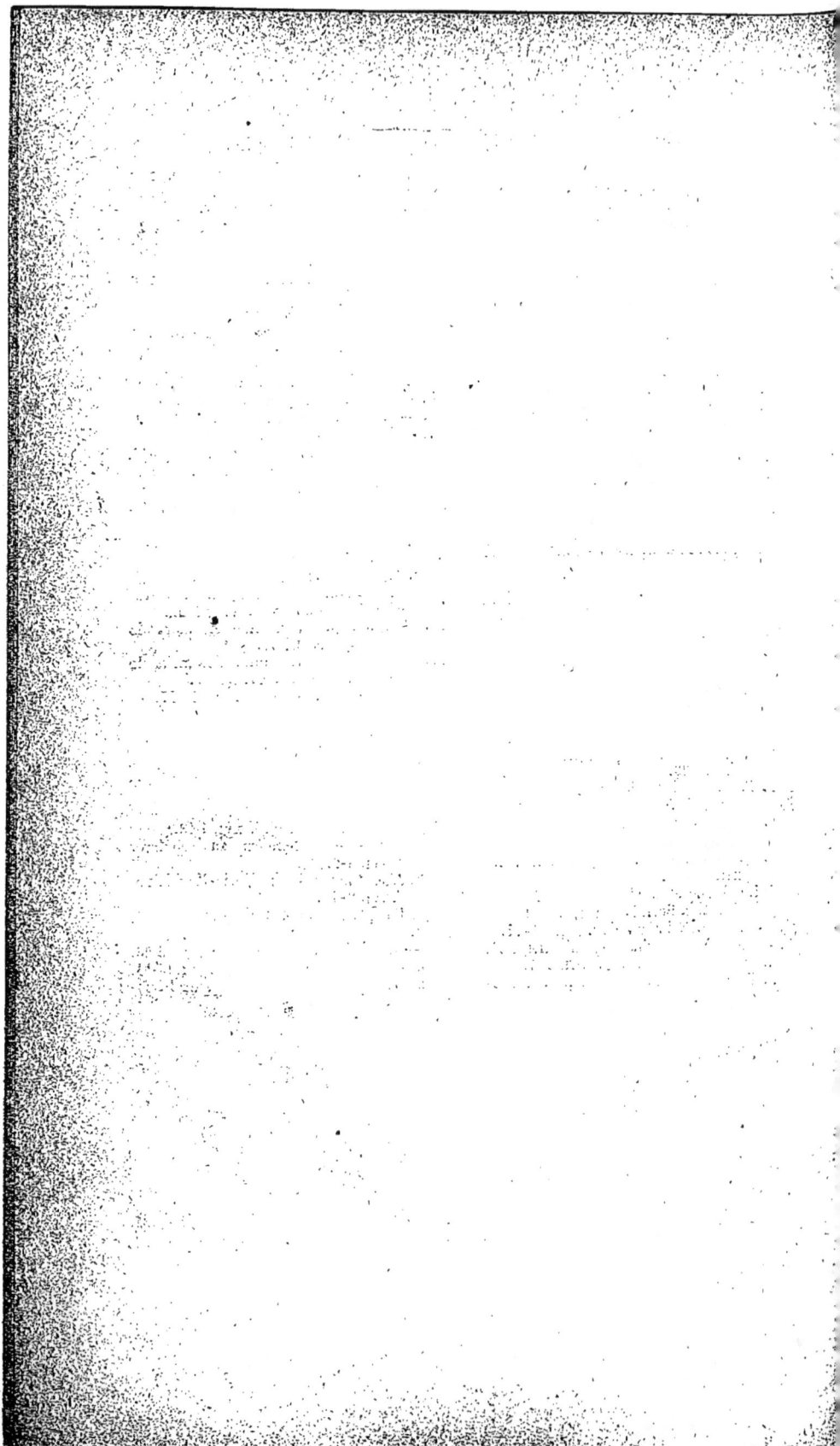

ÉVANGILE SELON S. MARC

CHAPITRE I

S. Jean-Baptiste remplit son rôle de Précurseur (vv. 1-8). — Baptême de Jésus (vv. 9-11).
— Sa tentation dans le désert (vv. 12-13). — Il commence à prêcher (vv. 14-15). — Vocation de S. Pierre et de S. André, de S. Jacques et de S. Jean (vv. 16-20). — Jésus prêche
dans la synagogue de Capharnaüm (vv. 21-22). — Il y guérit un démoniaque (vv. 23-28). —
Guérison de la belle-mère de S. Pierre et d'autres malades (vv. 29-34). — Prière solitaire
du Christ (vv. 35-37). — Sa première course apostolique (vv. 38-39). — Guérison d'un
lépreux (vv. 40-45).

1. Initium Evangelii Jesu-Christi, Filii Dei.

1. Commencement de l'Evangile de Jésus-Christ, Fils de Dieu.

PRÉAMBULE
I, 1-13.

Dans ce préambule, que les commentateurs s'accordent à trouver majestueux et saisissant malgré sa grande simplicité, nous voyons le Précurseur et le Messie faire tour à tour leur apparition sur la scène évangélique. Jean prêche et baptise dans le désert de Juda, vv. 1-8 ; Jésus inaugure sa vie publique par deux mystères d'humiliation, vv. 9-13.

1. — Le Précurseur. I, 1-8. — Parall. Matth. III, 1-12 ; Luc. III, 1-18.

CHAP. I. — 1. — *Initium.* S. Marc commence son récit de la façon la plus abrupte, nous conduisant aussitôt « in medias res ». Dès sa première ligne, il se montre à nous comme l'Evangéliste de l'action (Voir la Préface, § VII). Les deux autres synoptiques consacrent quelques pages aux origines humaines de Jésus ; Cfr. Matth. chap. I et II ; Luc. chap. I et II ; S. Jean, I, 1-18, raconte tout d'abord au lecteur la génération éternelle du Verbe : rien de semblable chez S. Marc. Prenant Notre-Seigneur Jésus-Christ dans la plénitude de sa vie, il passe directement aux faits qui préparèrent d'une manière immédiate le ministère messianique du Sauveur. Nous trouvons dès ce début tout ce qui le caractérise comme écrivain, c'est-à-dire la rapidité, la concision, le pittoresque. — Il règne parmi les exégètes le plus complet désaccord sur l'enchaînement et l'organisation intérieure des quatre premiers versets. Qu'il suffise de mentionner les trois opinions principales. 1° Théophylacte, Euthymius, Va-

table, Maldonat, etc., suppléent ἦν ou « fuit » à la fin du v. 1, qu'ils rattachent ainsi aux deux suivants. Une nouvelle phrase commence avec le v. 4. 2° D'autres critiques, tels que Lachmann, Mgr Mac-Evilly, le P. Patrizi (de Evangel. libri III, dissert. XLIV, 1-2 ; Cfr. In Marc. Comment. p. 4), sous-entendent les mots « fuit ita » après « Filii Dei » au v. 1 ; ils ouvrent ensuite une parenthèse dans laquelle ils placent les vv. 2 et 3. Le v. 4 se relie par là-même directement au v. 1, qu'il complète et explique. « Voici quel fut le début de l'Evangile... : Jean parut le désert... » 3° On isole tout à fait le premier verset des suivants, de manière à en faire une sorte de titre ; puis on traite les vv. 2, 3 et 4 comme une longue phrase conditionnelle, de sorte que le dernier membre, « Fuit Joannes... », retombe sur le premier, « Sicut scriptum est ». « Ainsi qu'il est écrit dans le prophète Isaïe... : Jean fut dans le désert baptisant et prêchant ». Cet arrangement nous paraît le plus naturel et le plus logique des trois. — *Evangelii.* Voyez l'explication de cette expression dans l'Introduction générale, chap. I. Evidemment, elle ne désigne pas ici le livre composé par S. Marc, mais la bonne nouvelle messianique dans toute son étendue. Quoique cette bonne nouvelle eût déjà été annoncée si fréquemment par les prophètes, quoique Dieu lui-même eût daigné en faire entendre les premiers accents à Adam et à Eve aussitôt après leur péché, Gen. III, 15 (les Pères ont justement nommé ce passage « le Protévangile »), néanmoins, à proprement parler, l'Evangile ne commence qu'avec la prédication

2. Ainsi qu'il est écrit dans le prophète Isaïe : Voilà que j'envoie devant ta face mon ange qui préparera ta voie devant toi;

2. Sicut scriptum est in Isaia propheta : Ecce ego mitto angelum meum ante faciem tuam, qui præparabit viam tuam ante te :

Mal. 3, 1.

de S. Jean-Baptiste. — *Jesu-Christi*. Nous avons expliqué l'étymologie et le sens de ces beaux noms dans notre commentaire sur S. Matthieu, p. 38 et 44. La manière dont ils sont rattachés au mot « Evangelium » (« genitiv. objecti » des grammairiens, l'Evangile concernant Jésus-Christ) indique que Jésus est l'objet de la bonne nouvelle que l'Evangéliste se propose de raconter tout au long. — *Filii Dei*. Ces mots ne sauraient être ici, comme le prétendent plusieurs rationalistes, un simple synonyme de « Messie » : on doit les prendre dans leur acception théologique la plus stricte et la plus relevée. S. Marc attribue à Notre-Seigneur Jésus-Christ, dès le début de sa narration, un titre dont toutes les pages suivantes prouveront la parfaite vérité, un titre que les premiers prédicateurs du Christianisme joignaient immédiatement à son nom dès qu'ils s'adressaient à un auditoire païen. S. Matthieu, écrivant pour des Juifs, commence au contraire par dire que Jésus est fils d'Abraham et de David : il ne parle qu'un peu plus tard de sa divinité. Quoique le but fût le même, la méthode variait suivant les circonstances. Cette appellation de « Fils de Dieu » est employée sept fois par S. Marc; S. Jean l'applique jusqu'à 29 fois à Jésus. Voilà, dès le début du second Evangile, trois noms qui contiennent tout le caractère et tout le rôle du Sauveur. Jésus, c'est l'homme ; Christ, c'est la fonction ; Fils de Dieu, c'est la nature divine.

2. — *Sicut scriptum est*. Anneau qui rattache le Nouveau Testament à l'Ancien, l'Evangile aux Prophètes, Jésus au Messie promis. En effet, dit Jansénius, « initium Evangelii non fortuitum, vel humani consilii, sed sicut antea prophetis dictum fuerat, Deo fidem suam liberante ». S. Matthieu cite à chaque instant les écrits de l'ancienne Alliance, pour prouver le caractère messianique du Sauveur ; S. Marc ne les rapproche de lui-même qu'à deux reprises (Cfr. xv, 26) des faits évangéliques. Voir la Préface § IV, 3. Mais le rapprochement actuel est significatif, comme le faisait remarquer S. Irénée, c. Hær., III, 40, 6 : « Marcus... initium evangelicæ conscriptionis fecit sic : Initium Evangelii..., manifeste initium Evangelii faciens sanctorum Prophetarum voces ». Il ajoute : « Unus et idem Deus et Pater, a Prophetis annuntiatus, ab Evangelio traditus, quem Christiani colimus et diligimus ex toto corde ». — *In Isaia*

propheta. Les textes grecs imprimés et la plupart des manuscrits ne mentionnent pas le nom d'Isaïe ; de plus, le mot prophète y est mis au pluriel, ἐν τοῖς προφήταις, « in prophetis », et de fait la citation appartient à deux prophètes, le ɤ. 2 à Malachie, III, 1, le ɤ. 3 à Isaïe, XL, 3. S. Irénée avait adopté cette leçon. S. Jérôme, in Matth. III, 3, regardait de son côté le nom d'Isaïe comme une interpolation : « Nos nomen Esaïæ putamus additum scriptorum vitio ». Cependant, plusieurs manuscrits grecs importants, B, D, L, Δ, Sinaït., et des versions assez nombreuses, telles que la copte, la syrienne, l'arménienne, l'arabe et la persane, portant ou ayant lu ἐν τῷ Ἰσαιᾳ τῷ προφητῇ comme la Vulgate, la plupart des critiques se décident à bon droit en faveur de cette variante. Il est vrai qu'elle crée une assez grande difficulté d'interprétation, puisque le passage cité par S. Marc, ainsi que nous venons de le dire, n'est pas seulement extrait de la prophétie d'Isaïe, mais encore de celle de Malachie. Toutefois ce fait même contient une raison favorable à l'authenticité, conformément aux principes de la critique littéraire. Du reste, les exégètes ne sont pas à court de moyens pour justifier la formule employée par S. Marc. 1o Isaïe serait seul mentionné parce qu'il était le plus célèbre et le plus ancien des deux prophètes ; 2o ou bien son nom représenterait le livre entier des prophéties de l'Ancien Testament, de même que le mot Psaumes servait parfois à désigner tous les Hagiographes ; Cfr. Patrizi, In Marc. Comment., p. 5. 3o Peut-être est-il mieux de dire que S. Marc use ici de la liberté que les écrivains de l'antiquité soit sacrée, soit profane, s'accordaient volontiers en fait de citations : « Quemadmodum Matthæus, c. XXI, ɤ. 5, unius prophetæ nomine Zachariam citat et quiddam ex Is. LXII, 11, adspergit, ac Paulus, Rom. IX, 27, Isaiam appellat, et quiddam ex Os. II, 1, sic Marcus duos allegat..., atque unum Isaiam prophetam appellat ». Bengel, Gnomon Nov. Test. h. l. Cfr. Act. XIII, 40. D'après un grand nombre de rationalistes modernes, S. Marc aurait été mal servi par sa mémoire ; d'après Porphyre, il se serait rendu coupable d'une grossière maladresse en nommant un prophète pour un autre! Cfr. Homil. de principio Evang. sec. Marc. inter opera S. Chrysost. — *Ecce ego mitto...* Nous avons vu dans le premier Evangile, XI, 10,

3. Vox clamantis in deserto : Parate viam Domini, rectas facite semitas ejus.

Isai. 40, 3; *Joan.* 1, 23; *Luc.* 3, 4; *Matth.* 3, 3.

4. Fuit Joannes in deserto baptizans, et prædicans baptismum pœnitentiæ in remissionem peccatorum.

5. Et egrediebatur ad eum omnis Judææ regio, et Jerosolymitæ uni-

3. Voix de celui qui crie dans le désert : Préparez la voie du Seigneur, rendez droits ses sentiers;

4. Jean était dans le désert, baptisant et prêchant le baptême de pénitence pour la rémission des péchés.

5. Et tout le pays de Judée et tous les habitants de Jérusalem allaient

---

Notre-Seigneur appliquer lui-même ces paroles de Malachie au saint Précurseur. — *Angelum meum*, c'est-à-dire, d'après l'étymologie du mot ἄγγελος, mon envoyé, mon messager. Jean-Baptiste n'a-t-il pas été le vrai πρόδρομος de Jésus ?

3. — *Vox clamantis...* Voir l'explication de cette prophétie dans l'Evangile selon S. Matth., p. 68. — *Parate viam.* « Quand un homme de qualité doit traverser une ville ou un village, on envoie un messager pour avertir les habitants qu'ils aient à préparer la route et à attendre ses ordres. On voit aussitôt les gens se mettre à balayer les chemins, d'autres qui étendent leurs vêtements sur le sol, d'autres qui coupent des branches d'arbre pour établir des guirlandes et des arcs de verdure partout où le grand homme doit passer », Roberts, Oriental illustrations of the sacr. Script. p. 555. — L'association des textes de Malachie et d'Isaïe, telle que nous la trouvons ici, est une des particularités de S. Marc. Les deux autres synoptiques rattachent bien la seconde citation à l'apparition du Précurseur, Cfr. Matth. III, 3 et Luc. III, 4-5 ; mais ils réservent la première pour une circonstance beaucoup plus tardive. Cfr. Matth. XI, 10, et Luc. VII, 27. Autre différence : dans notre Evangile, c'est l'écrivain sacré qui signale en son propre nom le rapport qui existait entre Jean-Baptiste et les divins oracles ; dans les deux autres narrations, c'est Jésus d'une part qui se sert de la prophétie de Malachie pour faire l'éloge de son Précurseur, c'est d'autre part S. Jean qui se sert de la prédiction d'Isaïe pour s'humilier profondément.

4. — *Fuit Joannes.* Voici l'ange annoncé par Malachie. La voix dont Isaïe avait parlé retentit enfin dans le désert ! *In deserto :* l'Evangéliste appuie sur cette expression, pour montrer la réalisation parfaite de la prophétie qu'il vient de citer. C'était le désert de Juda (Cfr. Matth. III, 1 et le commentaire), la contrée désolée qui avoisine la Mer Morte, et à laquelle les anciens Juifs avaient donné parfois le nom significatif de ישׁימון, l'hor-

reur. Cfr. I Reg. XXIII, 24. — *Baptizans et prædicans.* Nous avons, dans ces participes, l'indication des deux grands moyens par lesquels S. Jean accomplissait son rôle glorieux de Précurseur. 1° Il baptisait : il administrait, le plus souvent sur les rives du Jourdain, parfois en d'autres lieux, Cfr. Joan. III, 23, ce rite symbolique d'où lui est venu le surnom de Baptiste. Nous en avons expliqué la nature dans notre commentaire sur S. Matthieu, p. 70. 2° Il prêchait et, dans sa prédication, il recommandait vivement son baptême, autour duquel il groupait toutes les vérités qu'il annonçait, la nécessité de la pénitence, la rémission des péchés, l'avènement prochain du Christ (♈. 8). — *Baptismum pœnitentiæ*, c'est-à-dire « baptismum in ⲣœnitentiam ». Cfr. Beelen, Gramm. græcitat. N. T., p. 494. Ce nom, qu'on retrouve dans le troisième Evangile, III, 3, et au livre des Actes, XIX, 4, détermine très-bien le caractère du baptême de S. Jean : c'était un signe vivant de pénitence pour tous ceux qui le recevaient, car il leur montrait de la manière la plus expressive la nécessité où ils étaient de laver leurs âmes par le repentir, de même que leurs corps avaient été purifiés par l'eau dans laquelle ils s'étaient plongés. — *In remissionem peccatorum.* Le baptême du Précurseur n'avait pas une vertu suffisante pour remettre de lui-même les péchés, mais il disposait les cœurs à obtenir du Christ ce précieux résultat. — Sur le nom de S. Jean, voir l'Evangile selon S. Matth., p. 66 ; sur l'époque de son apparition, Luc. III, 1 et les notes.

5. — Après avoir décrit d'une manière générale S. Jean et son ministère, l'Evangéliste donne quelques détails particuliers sur ses auditeurs, ♈. 5, sur sa vie mortifiée, ♈. 6, et sur sa prédication, ♈♈. 7 et 8. Le tableau est concis, mais il est vigoureusement tracé, à la manière accoutumée de S. Marc. — *Et egrediebatur.* C'est l'auditoire qui est d'abord mis sous nos yeux. Les épithètes *omnis*, *universi*, bien qu'elles soient des hyperboles populaires, témoignent néanmoins d'un concours prodigieux, occasionné par un immense enthou-

vers lui et, confessant leurs péchés, ils étaient baptisés par lui dans le fleuve du Jourdain.

6. Or, Jean était vêtu de poils de chameau, et d'une ceinture de peau autour de ses reins, et il mangeait des sauterelles et du miel sauvage; et il prêchait, disant :

7. Un plus puissant que moi vient après moi, et je ne suis pas digne, me prosternant, de délier la courroie de ses chaussures.

versi, et baptizabantur ab illo in Jordanis flumine, confitentes peccata sua.

Matth. 3, 4.

6. Et erat Joannes vestitus pilis cameli, et zona pellicea circa lumbos ejus; et locustas, et mel sylvestre edebat. Et prædicabat, dicens :

Matth. 3, 4; Lev. 11, 22.

7. Venit fortior me post me : cujus non sum dignus procumbens solvere corrigiam calceamentorum ejus.

Matth. 3, 11; Luc. 3, 16; Joan. 1, 27.

---

siasme. La plupart des habitants de la Judée et de Jérusalem accouraient auprès du Précurseur. De fait, tout le pays, représenté par les différentes classes de la société, Cfr. Matth. III, 7; Luc. III, 10-14, se transportait sur les bords du Jourdain. — *Et baptizabantur.* Touchés par la prédication de S. Jean, tous recevaient avec empressement son baptême : le texte grec le dit formellement, και ἐβαπτίζοντο πάντες ἐν τῷ Ιορδάνῃ. Ce πάντες représente « universi » de notre texte latin. La Vulgate, guidée sans doute par d'anciens manuscrits, l'a rattaché à « Jerosolymitæ ». — *In Jordanis flumine.* Un de ces traits à peine perceptibles par lesquels on reconnaît la destination d'un ouvrage. S. Matthieu, du moins d'après les meilleurs manuscrits, ne dit pas que le Jourdain est un fleuve : aucun de ses lecteurs Juifs ne pouvait l'ignorer. Au contraire, les païens convertis pour lesquels écrit S. Marc ne connaissaient point la géographie de la Palestine; de là cette désignation particulière. — *Confitentes peccata sua.* Voyez quelques détails sur cette confession dans l'Evangile selon S. Matthieu, p. 70.

6. — En S. Jean, tout portait à la pénitence : son baptême, sa prédication, son aspect extérieur et sa vie. Nous trouvons ici des informations intéressantes sur ces deux derniers points. — *Vestitus pilis...* Pour l'aspect extérieur, le Baptiste ressemblait à Elie, son grand modèle : ils avaient l'un et l'autre le même costume, c'est-à-dire une tunique grossière de poils de chameau (צמר גמלים des Rabbins, litt. laine de chameaux) et une ceinture de peau pour la retrousser ; Cfr. IV Reg. VIII, 8. Voyez Jahn, Archæolog. bibl. § 120 et 121. — *Locustas et mel silvestre.* Jean ne soutenait sa vie qu'à l'aide des mets les plus vulgaires : l'Evangéliste signale ces deux principaux, les sauterelles et le miel sauvage, dont les Bédouins nomades font encore aujourd'hui leur nourriture dans les mêmes contrées. Voir Matth. III, 4 et le com-

mentaire; Burder, Oriental Customs, 6e éd. t. II, pp. 254 et suiv.

7. — S. Marc résume en deux versets tout ce qu'il a jugé à propos de nous conserver sur la prédication du Précurseur. S'il est beaucoup moins complet là-dessus que S. Matthieu, et surtout que S. Luc, il nous donne cependant une idée très-exacte de ce qu'était l'enseignement de S. Jean-Baptiste relativement à Jésus. La petite allocution qu'il cite contient trois idées : 1o Jean est le Précurseur de Jésus ; 2o Jean est bien inférieur à Jésus ; 3o le baptême de Jésus l'emportera de beaucoup sur celui de Jean. — *Venit fortior me...* C'est lui qui vient (ἔρχεται au présent) n'est pas nommé; mais tout le monde comprenait sans peine qu'il s'agissait du Messie, du Messie qui était alors chez les Juifs l'objet de l'attente universelle. S. Jean, divinement éclairé, voit donc en esprit le Christ qui s'avance, qui est « in via » pour se manifester. — *Post me.* Le Baptiste joue sur les mots. Habituellement, le plus fort précède le plus faible ; le plus digne a le pas sur l'inférieur : ici, c'est le contraire qui a lieu. — *Cujus non sum dignus...* Seconde pensée. Jean a déjà dit que le grand personnage dont il annonce la venue est son supérieur (ὁ ἰσχυρότερός, remarquez cet article plein d'emphase) ; mais il veut appuyer davantage sur cette idée importante, afin qu'il n'y ait pas de méprise possible, et il l'exprime au moyen d'une très-forte image, que nous avons expliquée dans nos notes sur S. Matthieu, p. 74. — *Solvere corrigiam.* De même S. Luc, III, 16, et S. Jean, I, 27. Le premier Evangéliste avait dit « portare »; mais ce n'est là qu'une nuance insignifiante, car l'esclave chargé de porter les chaussures de son maître avait aussi pour fonction de les lui mettre et de les lui ôter, par conséquent d'attacher ou de délier les cordons qui servaient à les fixer aux pieds. — *Procumbens.* Détail graphique qu'on ne trouve que dans S. Marc:

8. Ego baptizavi vos aqua; ille vero baptizabit vos Spiritu sancto.

Act. 1, 5 *et* 2, 4 *et* 11, 16 *et* 19, 4.

9. Et factum est, in diebus illis, venit Jesus a Nazareth Galilææ; et baptizatus est a Joanne in Jordane.

8. Moi, je vous ai baptisés dans l'eau, mais lui vous baptisera dans l'Esprit-Saint.

9. Or il arriva qu'en ces jours-là Jésus vint de Nazareth, ville de Galilée, et il fut baptisé par Jean dans le Jourdain.

---

c'est un de ces traits pittoresques qu'il a insérés en grand nombre dans son Evangile. — *Cujus... ejus* est un hébraïsme.

8. — *Ego baptizavi.* Troisième idée, qui établit une comparaison entre les deux baptêmes, pour relever celui du Christ aux dépens de celui du Précurseur. Les particules μὲν, δὲ (« ego quidem. ipse autem ») du texte grec rendent l'antithèse plus frappante : il est vrai qu'elles manquent dans les manuscrits B, L, Sinaït.—*Spiritu Sancto.* Il faudrait, d'après le grec, « *in* Spiritu Sancto »; la préposition ἐν montre que le Saint-Esprit est comme le fleuve mystique et vivifiant dans lequel les chrétiens sont plongés au moment de leur baptême. S. Matthieu et S. Luc ajoutent « et igni », mot important qui sert à mieux déterminer les effets supérieurs du baptême de Jésus. Ainsi donc, le Christ apportera au monde des bienfaits spirituels que le Précurseur était incapable de lui donner. — Quelle humilité dans S. Jean! Elle est au niveau de sa mortification. Rien de semblable n'avait été entendu depuis l'époque des Prophètes. Qui méritait mieux d'être, selon le langage de Tertullien, adv. Marc. IV, 33, « antecessor et præparator viarum Domini ? » Il est intéressant de rapprocher de la narration évangélique les lignes bien connues dans lesquelles l'historien Josèphe, Ant. XVIII, 5, 2, décrit le portrait moral et le ministère de S. Jean-Baptiste : « C'était un homme parfait (ἀγαθὸν ἄνδρα), qui ordonnait aux Juifs de s'exercer à la vertu, à la justice les uns à l'égard des autres, à la piété envers Dieu, et de se réunir afin de recevoir le baptême. En effet, disait-il, le baptême ne saurait être agréable à Dieu qu'à la condition qu'on évitera soigneusement tous les péchés. A quoi servirait-il de purifier le corps, si l'âme n'était auparavant purifiée elle-même par la justice? Un immense concours se faisait autour de lui et la foule était avide de l'entendre. »

2. — Le Messie. I, 9-13.

Après avoir ainsi rapidement décrit la personne et le ministère du Précurseur, S. Marc se hâte de passer au Messie. Il nous montre Jésus proclamé Christ et Sauveur par la voix céleste tandis que Jean le baptisait, et subissant ensuite l'épreuve de la tentation.

2. *Le baptême de Jésus.* I, 9-11. — Parall. Matth. III, 13-17; Luc. III, 21-22.

9. — *Et factum est.* C'est la formule hébraïque וַיְהִי, si fréquemment employée par les écrivains de l'Ancien Testament. Elle a ici un cachet tout à fait solennel, car elle introduit Notre-Seigneur Jésus-Christ sur la scène. — *In diebus illis :* autre tournure hébraïque, בַּיָּמִים הָהֵם, assez vague en elle-même, mais qui est habituellement déterminée par le contexte. Dans ce passage, elle désigne l'époque de la prédication de S. Jean-Baptiste dont il vient d'être question. C'est donc peu de temps après l'apparition de son Précurseur que Jésus commença lui-même sa Vie publique. D'après S. Luc, III, 23, il avait alors environ trente ans, l'âge auquel les Lévites entraient en fonctions suivant la Loi juive, Num. IV, 3. La 780e année depuis la fondation de Rome approchait de sa fin. Voir Wieseler, Chronol. Synopse der vier Evang., p. 470 et ss. — *A Nazareth Galilææ.* Tandis que les deux autres Synoptiques se contentent de mentionner ici la Galilée en général, S. Marc, en vertu de l'exactitude de détails qui le caractérise, nomme le lieu spécial d'où venait Jésus. Le Sauveur avait donc récemment quitté sa douce retraite de Nazareth, dans laquelle s'était écoulée toute sa Vie cachée. Sur cette bourgade privilégiée, voyez l'Evang. selon S. Matth. p. 63.—*Baptizatus est.* Notre Evangéliste omet le beau dialogue qui s'engagea entre le Baptiste et Jésus immédiatement avant l'administration du baptême, sur la signification duquel il jette de si vives lumières. (Cfr. Matth. III, 13-15 et le commentaire) ; il se borne à signaler simplement le fait. — *In Jordane.* Dans le grec, on lit εἰς τὸν Ἰορδάνην à l'accusatif : c'est peut-être une « enallage casus », figure très-usitée dans les écrits profanes et sacrés; ou bien, il y a construction prégnante pour κατέβη εἰς τὸν Ἰορδ. ἵνα βαπτισθῇ. — S. Jérôme raconte (Onomasticon, s. v. Jordanis) que, de son temps, un grand nombre de pieux croyants avaient la dévotion d'aller se faire baptiser dans les eaux du Jourdain : il leur semblait que leur régénération y serait plus entière. Aujourd'hui, les pèlerins aiment du moins à se baigner dans le fleuve sacré : c'est même pour les Grecs une cérémonie officielle, qui se renouvelle chaque année à la

10. Et aussitôt qu'il sortit de l'eau, il vit les cieux ouverts, et l'Esprit descendant comme une colombe et demeurant sur lui.

11. Et une voix des cieux se fit entendre : Tu es mon Fils bien-aimé; je me suis complu en toi.

12. Et aussitôt l'Esprit le poussa dans le désert.

10. Et statim ascendens de aqua, vidit cœlos apertos, et Spiritum tanquam columbam descendentem, et manentem in ipso.

Luc. 3, 22; Joan. 1, 32.

11. Et vox facta est de cœlis : Tu es filius meus dilectus, in te complacui.

12. Et statim Spiritus expulit eum in desertum.

Matth. 4, 1; Luc. 4, 1.

---

fête de Pâque au milieu d'un immense concours.

10 et 11. — Dans le récit des manifestations surnaturelles qui suivirent le baptême de Jésus, S. Marc ne diffère pas notablement de S. Matthieu. Il mentionne également trois prodiges, savoir : l'ouverture des cieux, la descente de l'Esprit-Saint sous la forme visible d'une colombe, et la voix du Père céleste qui se fait entendre pour ratifier la filiation divine de Jésus. (Voir l'explication de ces phénomènes dans l'Evang. selon S. Matth., p. 78 et s). Mais, selon sa coutume, il a rendu sa narration pittoresque et vivante. C'est ainsi 1° qu'il nous montre Jésus, à l'instant même où il sortait du Jourdain, voyant de ses propres yeux les cieux qui s'ouvraient au-dessus de lui : *statim ascendens... vidit.* (Comparez le vague « aperti sunt ei cœli » de S. Matthieu); 2° qu'il emploie une expression vraiment plastique pour décrire ce premier phénomène : σχιζομένους τοὺς οὐρανούς, littéralement, les cieux déchirés (Comparez Luc. v, 36; xxiii, 45; Joan. xxi, 11; Matth. xxvii, 51, où le verbe σχίζω est appliqué à un vêtement, un voile; un filet qui se déchirent, ou à un rocher qui se fend; *apertos* de la Vulgate, est donc une traduction imparfaite); 3° qu'il fait adresser la voix céleste directement à Jésus : *Tu es filius meus..., in te...* Cfr. Luc. iii, 22. S'il n'appelle pas la troisième personne de la Sainte Trinité l'Esprit de Dieu, comme le premier Evangéliste, ou l'Esprit-Saint, comme le troisième, il a soin de faire précéder son nom de l'article, τὸ πνεῦμα, pour indiquer qu'il veut parler de l'Esprit par excellence. — Il n'y a rien dans le texte grec qui corresponde à *et manentem* de notre édition latine : ces mots ont probablement été tirés de l'Evangile selon S. Jean, i, 33. Cette divergence en a créé une seconde; car, au lieu de l'ablatif *in ipso*, il faudrait *in ipsum* », κατεβαῖνον εἰς αὐτόν. La Vulgate a rattaché l'adverbe et le pronom à « manentem »; de là l'emploi d'un cas qui exprime le repos. Enfin la Recepta porte, au

ỳ. 11, ἐν ᾧ εὐδόκησα, « in quo complacui » : mais les manuscrits B, D, L, P, Sinait., etc., et plusieurs versions ont *in te* (ἐν σοί). Voyez Tischendorf, Nov. Testam. græce), comme la Vulgate. — M. Rohault de Fleury, dans ses belles Etudes iconographiques sur l'Evangile, Tours, 1874, t. I, pp. 102 et ss., reproduit un grand nombre de représentations artistiques relatives au baptême de Notre-Seigneur, et datant des douze premiers siècles. Elles contiennent des détails très-curieux.

b. *La tentation de Jésus.* I, 12-13. — Parall. Matth. iv, 1-11; Luc. iv, 1-13.

12. — Voilà Jésus consacré Messie; mais combien de sacrifices et d'humiliations lui vaudra ce rôle pourtant si glorieux ! Le baptême d'eau, reçu dans le Jourdain, appelle le baptême de sang qui lui sera conféré sur le Calvaire. En attendant cette épreuve suprême du Golgotha, il y a l'épreuve préliminaire de la tentation qui, dans les trois premiers Evangiles, est étroitement unie au baptême du Sauveur. Mais nulle part la liaison n'est mieux marquée que dans notre Evangile : *Et statim !* A peine baptisé, Jésus entre immédiatement en lutte avec Satan. Il était du reste très-naturel que son premier acte, après avoir reçu l'onction messianique, consistât à combattre les puissances infernales, puisque tel était un des buts principaux de son Incarnation. Cfr. I Joan. iii, 8. Considérant le baptême du Jourdain comme une céleste armure dont Jésus avait été revêtu, S. Jean Chrysostôme, Hom. xiii in Matth., crie à ce divin Capitaine : « Allez donc! car si vous avez pris les armes, ce n'est pas pour vous reposer, mais pour combattre » ? — L'adverbe « statim », que nous venons de rencontrer déjà pour la seconde fois (Cfr. ỳ. 10), est, comme nous l'avons vu dans la Préface, § VII, la formule favorite de S. Marc pour passer d'un fait à un autre : nous la retrouverons à chaque instant. Elle communique à sa narration beaucoup de vie et de rapidité. — *Spiritus expulit.* Quel profond mystère ! C'est

13. Et erat in deserto quadraginta diebus et quadraginta noctibus : et

13. Et il passa dans le désert quarante jours et quarante nuits, et

l'Esprit Saint lui-même qui conduit Jésus en face de son adversaire ! S. Matthieu et S. Luc avaient employé des expressions bien fortes pour représenter cette action du divin Esprit : ἀνήχθη, avait dit le premier ; ἤγετο, avait écrit le second ; mais le verbe ἐκβάλλει (au présent, temps aimé de S. Marc, Cfr. la Préface, I. c) que nous lisons ici, a une énergie plus grande encore. « Eodem sensu tres Evangelistæ loquuntur, sed Marcus aliquanto efficacius, et quia plus est ἐκβάλλειν quam ἄγειν, et quia præsens tempus majorem habet vim remque magis ante oculos ponit », Maldonat, Comm. in Marc. h. l. Jésus est donc pour ainsi dire chassé violemment dans le désert. — Quelques exégètes peu éclairés, ou désireux de mettre S. Marc en contradiction avec S. Matthieu et avec S. Luc, supposent que « Spiritus » désigne ici l'esprit mauvais. C'est un grossier contre-sens. — In desertum. Selon toute probabilité, c'est dans le désert de la Quarantaine qu'eut lieu la tentation du Christ. Voir l'Évang. selon S. Matth. p. 80.

13. — Et erat in deserto : dans le grec, ἐκεῖ ἐν τῇ ἐρήμῳ, « ibi in deserto », avec emphase. S. Marc est obscur dans ce verset, parce qu'il a voulu trop abréger. Heureusement, nous avons deux autres récits pour éclaircir et pour compléter le sien. S. Matthieu et S. Luc nous apprennent que Jésus, à peine arrivé dans le désert, se livra à un jeûne rigoureux qui ne dura pas moins de quarante jours consécutifs, qu'ensuite le Sauveur fut attaqué à trois reprises par l'esprit tentateur, mais qu'il repoussa victorieusement ce triple assaut du démon. Au lieu de ces détails intéressants, nous ne trouvons dans le second Évangile qu'une phrase assez vague : Tentabatur a Satana. Quel est le sens de cet imparfait, ou du participe présent qui lui correspond dans le texte grec (πειραζόμενος)? Ne dirait-on pas que, d'après S. Marc, Jésus fut tenté pendant tout le temps de son séjour au désert? seulement, que la tentation eut vers la fin des paroxysmes plus violents? Divers commentateurs l'ont pensé, entre autres S. Augustin, de Cons. Evang. l. II, c. 16, et Luc de Bruges, In Marc. Comm. « Ex hoc itaque loco intelligitur, dit ce dernier, Jesum non tantum peractis quadraginta diebus..., verum etiam labentibus, varie et frequenter a Satana fuisse tentatum ». Cfr. Maldonat, h. l. A première vue, la narration de S. Luc, IV, 2 et ss. (voir le commentaire), paraît favoriser ce sentiment. Néanmoins, la plupart des exégètes ont toujours enseigné que telle n'est pas la véritable interprétation, mais qu'on doit ramener les récits du second et du troi-

sième Évangile à celui de S. Matthieu, qui est le plus clair des trois. Or, le premier Évangéliste suppose formellement que la tentation ne commença qu'après les quarante jours de jeûne et de retraite : « Quum jejunasset quadraginta diebus..., postea esuriit. Et accedens tentator... » Matth. IV, 2-3. Du reste, dans le texte grec de S. Marc, le fait de la tentation n'est pas associé d'une manière aussi étroite aux quarante jours que cela a lieu dans la Vulgate. En effet, la conjonction καὶ n'existe pas devant πειραζόμενος ; les deux évènements, le séjour et la tentation, sont simplement notés l'un à la suite de l'autre : pourquoi vouloir établir entre eux des rapports de subordination, tandis que le texte peut s'expliquer au besoin par ceux d'une simple succession ? Voyez Cornel. a Lap. — Eratque cum bestiis. Malgré sa brièveté extraordinaire en ce passage, S. Marc a su pourtant nous apprendre deux choses nouvelles : la première consiste dans le nom de Satan, que nous lisions un peu plus haut, et qui est plus expressif que le « diabolus » des autres narrateurs ; nous trouvons la seconde ici même. Toutefois, ce trait pittoresque et vraiment digne du second Évangile devait être, malgré son apparente simplicité, une pomme de discorde pour les commentateurs. Combien d'opinion diverses n'a-t-il pas suscitées ! 1° D'après les uns, il exprimerait les dangers extérieurs que courait le divin Maître : si le démon tentait son âme, les bêtes féroces étaient là, menaçantes pour son corps. 2° Suivant les autres, ce ne serait pas une réalité, mais un pur symbole : les animaux du désert, qui sont censés entourer Jésus, figurent les passions et la concupiscence d'où provient habituellement la tentation. 3° D'autres voient dans ce curieux détail l'expression d'un type : S. Marc, en le notant, voulait établir un rapprochement entre le second Adam et le premier ; montrer Jésus, même après la chute, entouré de bêtes sauvages qui ne lui nuisent point, comme autrefois le père de l'humanité dans le paradis terrestre. 4° On admet plus communément, à la suite de Théophylacte et d'Euthymius, que c'est là un trait destiné à bien mettre en relief le caractère tout à fait sauvage du désert où résidait alors Jésus. Cfr., Maldonat, Luc de Bruges, D. Calmet, etc. Voyez aussi la description du désert de la Quarantaine dans l'Évang. selon S. Matthieu, p. 80. Telle est, croyons-nous, la véritable interprétation. Le P. Patrizi affaiblit cependant la pensée quand il dit : « Nihil aliud eo significatur quam Christum quadraginta illis diebus cum nemine esse conversatum ». In

il était tenté par Satan, et il était parmi les bêtes, et les anges le servaient.

14. Mais, après que Jean eut été livré, Jésus vint en Galilée, prêchant l'Evangile du royaume de Dieu,

tentabatur a Satana; eratque cum bestiis, et angeli ministrabant illi.

14. Postquam autem traditus est Joannes, venit Jesus in Galilæam, prædicans Evangelium regni Dei,

Matth. 4, 12; *Luc.* 4, 14; *Joan.* 4, 43.

Marc. Comm., p. 40. Ces animaux du désert étaient alors, comme aujourd'hui, les panthères, les hyènes, les ours et les chacals : plus d'un voyageur les a rencontrés ou a entendu leurs cris dans ces parages. — *Angeli ministrabant illi.* Les anges aussi sont aux côtés de Jésus, pour le servir comme leur Prince vénéré. Quelle étrange réunion autour du divin Maître! Satan, les bêtes fauves, les esprits célestes, c'est-à-dire l'enfer, la terre et le ciel! Il y a là de frappants contrastes, qui sont d'ailleurs très-nettement marqués par S. Marc. Le ẏ. 15 se compose en effet de deux phrases parallèles, ayant chacune deux membres qui se correspondent exactement, énonçant des idées d'abord connexes, puis opposées : Jésus était dans le désert et tenté par Satan ; il était avec les bêtes et servi par les anges. — Quoique la pensée exprimée par le verbe « ministrare » soit des plus simples, elle a été mal comprise et défigurée par plusieurs écrivains protestants, qui donnent aux anges la singulière mission de protéger Notre-Seigneur contre les attaques des animaux sauvages. Lightfoot aussi est tombé dans l'erreur quand il a regardé la présence des anges comme un second genre de tentation pour le Christ : d'après lui, le démon se serait dissimulé sous la forme angélique afin de mieux réussir à tromper et à vaincre Jésus ! Cfr. Hor. talm. in Marc. h. l. — Tel est donc le récit de la tentation du Christ d'après S. Marc : nous y voyons un remarquable exemple de l'indépendance des Evangélistes en tant qu'écrivains. — Nous avons à noter encore sur le ẏ. 13 que les mots *et noctibus* manquent dans le texte grec ; c'est probablement un emprunt fait à S. Matthieu par quelque copiste.

PREMIÈRE PARTIE

VIE PUBLIQUE DE NOTRE-SEIGNEUR JÉSUS-CHRIST. I, 44-x, 52.

D'après S. Marc, comme d'après les autres synoptiques, c'est dans la province de Galilée d'une manière à peu près exclusive que Jésus déploie son activité messianique pendant sa Vie publique : il était réservé à S. Jean de décrire le ministère du Sauveur à Jérusalem et en Judée. Nous avons vu dans la Préface,

§ VIII, que cette partie de l'existence du divin Maître d'après le second Evangile peut se partager en trois sections, dont la première nous montre Jésus agissant plus spécialement dans la Galilée orientale.

1re SECTION. — MINISTÈRE DE JÉSUS DANS LA GALILÉE ORIENTALE. I, 44-VII, 23.

1. — Les débuts de la prédication du Sauveur. I, 44-15. — Parall. Matth. IV, 12; Luc. IV, 44-15.

44. — *Postquam traditus est,* scil. « in carcerem ». Voyez l'Evang. selon S. Matth., p. 88. Nous trouverons plus loin, VI, 47-20, les détails de cet emprisonnement sacrilège. —Les évangélistes synoptiques sont unanimes pour rattacher l'activité messianique de Jésus à ce fait important, comme aussi pour en fixer le premier théâtre en Galilée. Le ministère auquel Notre-Seigneur s'était livré en Judée d'après S. Jean, III, 22, presque aussitôt après son baptême, doit être simplement envisagé comme une œuvre de préparation et de transition. En réalité, la Vie publique ne s'ouvre qu'au moment de l'arrestation du Précurseur, c'est-à-dire lorsque le héraut se retire pour faire place à son Maître. — *Venit... in Galilæam.* La Galilée était la plus septentrionale des trois provinces palestiniennes situées à l'Ouest du Jourdain. Voyez l'Atlas biblique de V. Ancessi, pl. XIII. De magnifiques promesses lui avaient été autrefois adressées au nom de Jéhova, Cfr. Is. VIII, 22; IX, 9, et Matth. IV, 44-46; Jésus vient actuellement les accomplir. Au reste, la Judée était alors peu disposée à recevoir l'Evangile : le Sauveur n'y trouvait presque personne à qui il pût se fier. Cfr. Joan. II, 24. La Galilée au contraire était un terrain fécond, sur lequel la bonne semence devait promptement germer et abondamment fructifier, comme nous le montrera la suite du récit. — *Prædicans Evangelium regni Dei.* Le mot « regni », qui fait défaut dans les manuscrits B, L, Sinaït., etc., dans Origène, dans les versions copte, arménienne et syriaque, est regardé par les meilleurs critiques comme une interpolation. La leçon primitive aurait donc été τὸ εὐαγγέλιον τοῦ Θεοῦ, l'Evangile de Dieu, et le mot « Dei » serait au cas nommé par les grammairiens

15. Et dicens : Quoniam impletum est tempus, et appropinquavit regnum Dei ; pœnitemini, et credite Evangelio.

16. Et præteriens secus mare Galilææ, vidit Simonem et Andræam

15 Et disant : Le temps est accompli et le royaume de Dieu est proche ; faites pénitence et croyez à l'Evangile.

16. Or, en passant le long de la mer de Galilée, il vit Simon et An-

---

« genitivus originis », pour signifier : l'Evangile dont Dieu est l'auteur. Peu importe du reste ; le sens est le même en toute hypothèse. — Voilà Jésus prêchant l'Evangile ! Comme la « bonne nouvelle » était bien placée sur ses lèvres divines !

15. — *Et dicens*. S. Marc donne à ses lecteurs un résumé vraiment saisissant de la prédication du Sauveur. Son style est ici rhythmé, cadencé à la façon orientale, plus encore qu'au y. 13. Nous avons de nouveau deux phrases composées chacune de deux propositions :

Le temps est accompli
et le royaume de Dieu est proche.
Faites pénitence
et croyez à l'Évangile.

La première phrase indique ce que Dieu a daigné faire pour le salut des hommes ; la seconde, ce que les hommes doivent faire à leur tour pour s'approprier le salut messianique. Voir Schegg, Evang. nach Markus, t. I, p. 35. — 1o L'œuvre de Dieu. *Quoniam impletum est tempus*. « Quoniam » est récitatif. « Tempus », en grec ὁ καιρός, le temps par antonomase, c'est-à-dire l'époque désignée de toute éternité pour l'accomplissement des divins décrets relatifs à la rédemption de l'humanité. « Completum est » : la plénitude des temps est arrivée, s'écriera plus tard S. Paul à deux reprises, Gal. IV, 4 et Eph. I, 10 ; les longs jours d'attente (Cfr. Gen. XLIX, 10) qui devaient précéder la manifestation du Christ sont enfin passés. Quelle nouvelle ! Et c'est le Messie lui-même qui l'apporte ! Mais qui mieux que lui pouvait dire : Les temps sont accomplis ! — *Appropinquavit regnum Dei*. Le royaume de Dieu, c'est le royaume messianique dans toute son étendue. Expression consacrée, dont nous avons expliqué l'origine et le sens dans notre Commentaire sur S. Matthieu, pp. 67 et 68. — 2o L'œuvre de l'homme, ou conditions d'entrée dans le royaume des cieux. *Pœnitemini*, μετανοεῖτε. On ne pensait guère alors à réaliser cette première condition, quoique le souvenir et le désir du Messie fussent dans tous les cœurs et sur toutes les lèvres. — Seconde condition : *Credite Evangelio*. Le grec est beaucoup plus énergique ; il dit : πιστεύετε ἐν τῷ εὐαγγελίῳ, littéralement : Croyez dans l'Evangile ! L'Evangile est pour ainsi dire l'élément dans lequel la foi devra naître et grandir ; la base

sur laquelle elle devra s'appuyer. Cfr. Eph. I, 1. Cette foi que Jésus exige rigoureusement des siens n'est donc pas un sentiment vague et général : son objet spécial, l'Evangile, par conséquent tout ce qui concerne la personne et l'enseignement de Notre-Seigneur, est déterminé de la façon la plus nette. — S'il est permis d'employer une expression qui est actuellement à la mode, nous dirons que tout le « programme » de Jésus est contenu dans ces quelques paroles. On y voit en premier lieu sa doctrine touchant l'ancienne Alliance : les divins oracles sont accomplis. On y voit ensuite l'idée fondamentale du Christianisme : le royaume de Dieu avec tout ce qu'il renferme. On y voit enfin les conditions préliminaires du salut : la pénitence et la foi.

2. — Les premiers disciples de Jésus. I, 16-20. Parall. Matth. IV, 18-22 ; Luc. V, 1-11.

16. — Dans cette touchante narration, qui nous révèle la puissance de Jésus sur les volontés et sur les âmes, S. Marc diffère à peine de S. Matthieu. Nous avons pourtant à signaler plusieurs traits caractéristiques, qui prouveront de nouveau l'indépendance des écrivains sacrés. — *Præteriens* : expression pittoresque, spéciale à notre Evangéliste. — *Secus mare Galilææ*. Le divin Maître a quitté Nazareth pour venir se fixer à Capharnaüm, Cfr. Matth. IV, 13-18 ; Luc IV, 31 ; V, 16, sur les bords du lac si charmant de Tibériade, que nous avons décrit en expliquant le premier Evangile, p. 84. Il est seul encore ; mais voici qu'il veut attacher définitivement à sa personne quelques disciples avec lesquels il a eu, vers l'époque de son baptême, des relations assez étroites, quoique temporaires, Joan. I, 35 et ss. Ils deviendront ses quatre principaux Apôtres. — *Simonem et Andream*. S. Matthieu et S. Luc, dans les passages parallèles, ajoutent au nom de Simon l'épithète de Pierre. S. Marc est le seul à ne pas mentionner ce surnom. Nous avons vu dans la Préface, § IV, 4, que ses rapports intimes avec le Prince des Apôtres ont visiblement influé sur sa narration toutes les fois qu'elle touche à ce saint personnage : tantôt elle est plus complète, tantôt elle est moins précise que les autres récits évangéliques, selon les circonstances. — *Mittentes retia*. Le grec, βάλλοντας ἀμφίβληστρον, détermine mieux la nature du filet dont se servaient alors les

dré, son frère, jetant leurs filets dans la mer, car ils étaient pêcheurs.

17. Et Jésus leur dit : Venez avec moi, et je vous ferai devenir pêcheurs d'hommes.

18. Et aussitôt, laissant leurs filets, ils le suivirent.

19. Et s'étant avancé un peu au-delà, il vit Jacques, fils de Zébédée, et Jean, son frère, qui raccommodaient leurs filets dans une barque.

20. Et aussitôt il les appela, et, laissant leur père Zébédée dans la barque avec les mercenaires, ils le suivirent.

fratrem ejus mittentes retia in mare, (erant enim piscatores) ;

Matth. 4, 18; Luc. 5, 2.

17. Et dixit eis Jesus : Venite post me ; et faciam vos fieri piscatores hominum.

18. Et protinus relictis retibus, secuti sunt eum.

19. Et progressus inde pusillum, vidit Jacobum Zebedæi et Joannem fratrem ejus, et ipsos componentes retia in navi ;

20. Et statim vocavit illos. Et relicto patre suo Zebedæo in navi cum mercenariis, secuti sunt eum.

---

deux frères. Ἀμφίβληστρον, c'est l'épervier, le filet que l'on jette, « jaculum » ou « funda » des Latins, et qui, lorsqu'il est adroitement lancé par dessus l'épaule, soit du rivage, soit du bateau, retombe circulairement (ἀμφιβάλλεται) sur l'eau, et alors, s'enfonçant rapidement par le poids des plombs qui y sont attachés, enveloppe tout ce qui est au-dessous de lui, » Trench, Synon. of the N. Test., § LXIV. — *In mare.* Le lac de Tibériade a toujours passé pour être un des plus poissonneux du monde.

17. — Prenant l'humble profession de Pierre et d'André pour point de départ, Jésus les appelle à de sublimes destinées, qui ne seront pas sans analogie, leur dit-il, avec leur métier de pêcheurs. Ils seront désormais *piscatores hominum.* Voir sur cette expression l'Evang. selon S. Matth., p. 98. (Le P. Curci, dans ses *Lezioni esegetiche e morali sopra i quattro Evangeli,* Firenze, 1874-1877, t. II, p. 139, fait à son sujet d'ingénieux et gracieux rapprochements). C'est ainsi que, dans le langage figuré du Sauveur, tout devient signe ou symbole de ce qui aura lieu dans son royaume. — *Faciam... fieri,* ποιήσω... γενέσθαι : singulier pléonasme. Le texte grec de S. Matthieu, IV, 19, porte simplement ποιήσω.

18. — Ce verset raconte la prompte obéissance des deux frères. S. Marc ne pouvait manquer d'employer ici son adverbe favori εὐθέως. Cfr. y. 20.

19 et 20. — A quelque distance de là (*pusillum* est une particularité de S. Marc), une scène identique se renouvelle pour un autre couple de frères, S. Jacques et S. Jean. — *Componentes retia.* Le verbe grec καταρτίζω serait mieux traduit par « sarcire, reficere ». Cfr. Matth. IV, 21. Tandis que les fils de Jona

étaient occupés à jeter leurs filets dans le lac, ceux de Zébédée raccommodaient les leurs dans la barque de leur père. Ils étaient les uns et les autres dans le plein exercice de leur métier. — *Et relicto patre suo.* Sacrifice aussi rapide et plus généreux encore, en un sens, que celui de Pierre et d'André ; car ceux-ci n'avaient pas eu à quitter un père bien-aimé : rien du moins ne l'indique dans le récit. — *Cum mercenariis.* S. Marc a seul mentionné cette circonstance qui, bien qu'elle semble insignifiante à première vue, a pour nous en réalité un grand intérêt : soit parce qu'elle prouve que Zébédée vivait dans une certaine aisance, puisqu'il faisait la pêche plus en grand ; soit surtout, comme beaucoup d'interprètes aiment à le dire, qu'elle nous montre que Jacques et Jean pouvaient se séparer de leur père sans blesser la piété filiale, attendu qu'ils ne le laissaient pas complètement seul. L'Evangéliste aurait donc noté ce détail pour adoucir ce que l'acte de Jésus ou des deux fils semblerait avoir de dur envers un père. Plus tard, probablement après la mort de Zébédée, nous verrons Salomé, mère des Fils du tonnerre, s'attacher elle-même à Jésus. Cfr. Matth. xx, 20 et ss. — Voilà donc quatre Apôtres conquis en un seul jour par le divin Maître ! Jésus est véritablement le Roi des cœurs ! Σαγηνεύει ἁλιεῖς, dit ingénieusement Théophylacte, ἵνα ἁλιεῖς ἀνθρώπων γένωνται.

3. — Une journée de la vie du Sauveur.
1, 21-33.

Le récit de S. Marc qui, jusqu'ici, avait suivi de près celui de S. Matthieu, l'abandonne maintenant pour se rapprocher davantage de la narration de S. Luc. C'est une journée à peu près complète de la Vie de

21. Et ingrediuntur Capharnaum ; et statim sabbatis ingressus in synagogam, docebat eos.

Matth. 4, 13 ; Luc. 4, 31.

22. Et stupebant super doctrina ejus : erat enim docens eos quasi potestatem habens, et non sicut scribæ.

Matth. 7, 28 ; Luc. 4, 32.

21. Et ils entrèrent dans Capharnaum, et aussitôt, entrant les jours de sabbat dans la synagogue, il les iustruisait.

22. Et ils s'étonnaient de sa doctrine, car il les enseignait comme ayant autorité, et non comme les Scribes.

Jésus au début du ministère galiléen qu'il décrit à partir de cet endroit jusqu'au ỳ. 39. La matinée se passe en grande partie dans la synagogue de Capharnaüm. Après le service religieux, le Sauveur se retire avec ses quatre disciples dans la maison de S. Pierre, où il demeure toute l'après-midi. Pendant la soirée et une partie de la nuit, il guérit les malades qu'on lui amène de tous côtés. Le lendemain, de grand matin, nous le voyons en prière sur le bord du lac, et c'est de là qu'il commence son premier voyage apostolique. Tous les détails de cette laborieuse journée du divin Maître peuvent être groupés sous trois chefs principaux : 1º la guérison d'un démoniaque à Capharnaüm, ỳỳ. 24-28 ; 2º la guérison de la belle-mère de S. Pierre et d'autres malades, ỳỳ. 29-34 ; 3º la prière solitaire auprès du lac et le départ pour la première mission, ỳỳ. 36-39.

a. *Guérison d'un démoniaque dans la synagogue de Capharnaüm.* 1, 21-28. — Parall. Luc. iv, 31-37.

21. — *Ingrediuntur Capharnaum.* Cette ville était située auprès du lac de Tibériade; et c'est dans son voisinage qu'avait eu lieu l'appel des quatre premiers Apôtres. Jésus y entre, suivi de ses heureux élus: Capharnaüm eut ainsi l'honneur de posséder immédiatement dans ses murs les prémices de la société chrétienne. — *Statim sabbatis.* L'adverbe εὐθέως ne signifie pas que l'entrée de la petite troupe dans la ville eut lieu en un jour de sabbat, mais seulement que Jésus profita du sabbat le plus prochain pour faire entendre la prédication messianique aux habitants de Capharnaüm. « Sabbatis », quoique au pluriel (de même en grec, τοῖς σάββασιν), a le sens du singulier. Voyez S. Matth., xii, 1 et l'explication. Il est bien évident que l'Évangéliste ne veut pas exclure les sabbats suivants, du moins pour ce qui regarde l'enseignement public de Jésus dans les synagogues; car ce fut à partir de ce moment une coutume régulière pour Notre-Seigneur de prêcher le samedi dans les maisons de prière des Juifs. — *Ingressus in synagogam.* C'était donc tout ensemble aux jours saints et dans les lieux saints que Jésus faisait entendre la divine parole : de même aujourd'hui les prédicateurs de l'Evangile. Sur les synagogues, voyez l'Evangile selon S. Matth., p. 94. — *Docebat eos*, scil. « Judæos. » On rencontre souvent, dans les écrits du Nouveau Testament, des pronoms employés de cette façon irrégulière et ne retombant sur aucun des substantifs qui précèdent. Nous en avons vu dans S. Matthieu, iv, 23, un frappant exemple. — Quoique Jésus ne fût pas un Docteur attitré, il n'est pas surprenant qu'il pût ainsi prêcher librement dans les synagogues. Les Juifs laissaient sous ce rapport à leurs coreligionnaires une assez grande latitude : les étrangers, les personnes pieuses ou instruites, étaient même fréquemment invités à édifier les assemblées par quelques bonnes paroles. Cfr. Act. xii, 15.

22. — *Stupebant super doctrina ejus.* S. Marc indique ici l'effet causé par la prédication du Sauveur et le motif qui le produisait. « Stupebant », ἐξεπλήσσοντο : les auditeurs étaient vivement impressionnés. Toutefois, leur étonnement n'avait rien d'extraordinaire, ajoutent de concert les deux Evangélistes (Cfr. Luc. iv, 32), car il enseignait avec autorité. — *Quasi potestatem habens.* C'est le Verbe divin, la Sagesse incarnée qui parle, c'est le Législateur céleste qui interprète ses propres lois ! Comment Jésus n'aurait-il pas trouvé le chemin des esprits et des cœurs? Ses ennemis eux-mêmes seront obligés d'avouer que « jamais homme n'a parlé comme cet homme. » « Ses paroles pleines de vigueur, de vérité, de grâce, convainquaient la raison et touchaient la volonté; elles éveillaient le repentir, la frayeur et l'amour. En même temps, elles donnaient la force de rechercher ce qu'on devait aimer, de fuir ce qu'on devait craindre, de quitter ce qu'on aurait pu regretter. » Schegg, Evang. nach Mark. p. 39. Voir les idées générales que nous avons exposées dans notre Commentaire sur S. Matth., p. 96 et suiv., touchant l'éloquence de Jésus-Christ. — *Et non sicut Scribæ.* Quelle différence profonde entre la méthode du Sauveur et celle de ces Légistes officiels ! Ces derniers n'étaient que les organes impersonnels de la tradition, et d'une tradition tout humaine :

23. Or, il y avait dans leur synagogue un homme possédé de l'esprit immonde, et il s'écria,

24. Disant : Qu'y a-t-il entre nous et toi, Jésus de Nazareth? Es-tu venu nous perdre? Je sais qui tu es : le Saint de Dieu.

23. Et erat in synagoga eorum homo in spiritu immundo ; et exclamavit,

Luc. 4, 33.

24. Dicens : Quid nobis et tibi, Jesu Nazarene? venisti perdere nos? scio qui sis, Sanctus Dei.

---

leur enseignement était froid, compassé, sans vie, aussi bien pour le fond que pour la forme. Qu'on lise de suite, si on le peut, quatre pages du Talmud, et l'on aura une juste idée de la prédication des Scribes. Le peuple est donc justement ravi dès qu'il a entendu Jésus : c'est un genre entièrement nouveau, approprié d'une façon admirable à ses besoins; aussi ne peut-il se lasser de l'entendre. Comparez Matth. VII, 28 et 29. Quel éloge parfait pour Jésus orateur, dans les trois lignes de ce verset!

23. — *Et erat in synagoga.* Mais voici un autre fait qui va redoubler, à un nouveau point de vue, l'admiration des habitants de Capharnaüm : c'est la guérison miraculeuse d'un de ces cas funestes, alors si nombreux en Palestine, connus sous le nom de possession. Le divin Orateur se transforme tout à coup en Thaumaturge, et il montre qu'il est supérieur aux démons les plus puissants. — Sur les démoniaques, voyez l'Évang. selon S. Matth., p. 465 et s. ; sur les miracles de Jésus en général, ibid., p. 451 et s. — *Homo in spiritu immundo.* « In », c'est-à-dire « au pouvoir de » ; cette locution est plus expressive que « cum spiritu », car elle indique mieux la puissance du démon sur le possédé, l'absorption de celui-ci par celui-là. Le démoniaque était comme plongé dans l'influence satanique. Comparez le nom grec d'énergumène (ἐνεργούμενος). L'épithète « immundus » est accolée vingt fois environ dans l'Évangile au nom des esprits mauvais. C'est une expression technique, empruntée au langage liturgique des Juifs, qui nommaient impur tout ce dont ils devaient éviter le contact. Qu'y a-t-il en effet de plus immonde que les mauvais anges? Leur désobéissance envers Dieu les a profondément souillés ; ils se sont depuis endurcis dans leur malice, et ils ne songent qu'à profaner les hommes en les portant au péché. — Nous ne devons pas être trop surpris de trouver un démoniaque dans la synagogue de Capharnaüm : quand les possédés étaient calmes, on ne leur interdisait pas l'entrée des lieux de prière. — Au figuré, le démon avait pénétré dans la synagogue, c'est-à-dire dans le Judaïsme ; Jésus vient pour le chasser. Hélas! il restera quand même, par suite de l'endurcissement des Juifs.

24. — Nous trouvons dans les versets 24-26 des détails dramatiques sur ce premier des prodiges de Jésus racontés par S. Marc. L'Évangéliste communique successivement à ses lecteurs les paroles du démoniaque, ỳ. 24, le commandement de Jésus, ỳ. 25, et le résultat de ce commandement, ỳ. 26. — 1º Le démoniaque, ou plutôt le démon par son intermédiaire, exprime trois idées de la plus parfaite vérité. Première idée : *Quid nobis et tibi?* Il n'y a rien de commun entre Jésus et le démon. La locution que le possédé emploie pour exprimer cette pensée (Cfr. Matth. VIII, 29) dénote une séparation entière de vie et de nature, une complète opposition d'intérêts et de tendances; Cfr. II Cor. VI, 14, 15. Le pluriel « nobis » désigne la solidarité qui existe entre tous les esprits mauvais : actuellement, c'est au nom de toute l'armée satanique que le démoniaque parle à Jésus. — Le mot ἔα, qu'on trouve dans la Recepta grecque aussitôt après λέγων (*dicens*), peut signifier : Laisse! c'est-à-dire laisse-moi! Selon plusieurs exégètes, ce serait l'exclamation hébraïque grécisée חֶאַח, *Heach,* le Vah! des Latins. Du reste, ἔα ne manque pas seulement dans la Vulgate, mais aussi dans la version syriaque et dans des manuscrits importants, tels que B, D, Sinaït. — *Jesu Nazarene :* telle était déjà, aux premiers temps de la Vie publique du Sauveur, sa dénomination courante et populaire. Quelques commentateurs supposent, mais sans raison suffisante, que le démon l'emploie ici avec un sentiment de dédain. — Deuxième idée : *Venisti perdere nos.* L'esprit mauvais ne pouvait pas mieux caractériser l'objet de la mission de Notre-Seigneur : Jésus est venu pour écraser la tête de l'antique serpent, pour ruiner l'empire de Satan sur la terre. Remarquons que le Sauveur n'a encore rien dit au possédé : sa seule présence suffit néanmoins pour faire trembler le démon qui prévoit sa prochaine défaite. — Troisième idée : Jésus est le Messie promis. *Scio qui sis,* s'écrie le démoniaque avec emphase, ou mieux encore, d'après le texte grec, « novi te qui sis », οἶδά σε τίς εἶ : le baptême et la tentation ont révélé aux démons le caractère messianique de Jésus. — *Sanctus Dei,* ὁ ἅγιος τοῦ Θεοῦ, le Saint par antonomase (« Ille Sanctus Dei », Erasme), comme le font

25. Et comminatus est ei Jesus, dicens : Obmutesce, et exi de homine.

26. Et discerpens eum spiritus immundus, et exclamans voce magna, exiit ab eo.

27. Et mirati sunt omnes, ita ut conquirerent inter se dicentes : Quidnam est hoc? quænam doctrina

25. Et Jésus le menaça, disant : Tais-toi, et sors de cet homme.

26. Et l'esprit immonde, en le torturant et en criant d'une voix forte, sortit de lui.

27. Et tous furent dans l'admiration, de sorte qu'ils s'interrogeaient entre eux, disant : Quelle est cette

---

justement observer les vieux interprètes grecs, Victor d'Antioche, Théophylacte et Euthymius. Ce titre, d'après plusieurs passages de l'Ancien Testament, Ps. xv, 10 ; Dan. ix, 24, équivaut à celui de Messie. Tertullien et d'autres exégètes à sa suite ont pensé que le démon l'adressait à Jésus par flatterie : il est préférable de croire qu'il le lui donne en toute sincérité, quoique malgré lui, Dieu permettant que l'enfer même rendit témoignage à son Christ.

25. — 2º Le commandement de Jésus. *Comminatus est ei*, ἐπετίμησεν. Les Evangélistes semblent avoir affectionné cette expression ; Cfr. Matth. viii, 26 ; xvi, 22 ; xvii, 18 ; xix, 13 ; Marc. iv, 29 ; viii, 34 ; ix, 25 ; x, 13 ; Luc. iv, 39 ; ix, 55 ; xviii, 15 ; etc. Elle convenait d'ailleurs parfaitement à la dignité et à la toute-puissance de Jésus, car elle suppose un ordre absolu, qui n'admet ni la résistance ni même une simple réplique. — *Obmutesce* ; littéralement, d'après le grec : Sois muselé ! C'est la première partie du commandement. Notre-Seigneur commence par imposer silence à l'esprit immonde : il ne veut pas qu'il y ait de relations entre le royaume messianique et l'empire des ténèbres. De plus, il y aurait des inconvénients à ce que son caractère fût ainsi divulgué ; aussi verrons-nous le divin Maître défendre habituellement aux malades guéris par lui de proclamer ses prodiges et sa dignité. — Seconde partie de l'ordre : *Exi de homine*. Jésus a pitié du pauvre démoniaque, et il expulse de lui l'esprit qui le possède.

26. — 3º Nous voyons ici l'admirable et prompt résultat du commandement du Sauveur. Toutefois, avant de quitter un séjour qui lui était cher, le démon manifeste sa rage de plusieurs manières. — *Discerpens eum*. Il tourmente une dernière fois le possédé, en le faisant entrer dans de violentes convulsions : c'est le trait du Parthe, trait impuissant toutefois, ajoute S. Luc, iv, 35. S. Grégoire, Hom. iv in Ezech., fait sur ce point de belles réflexions morales : « Mox ut animus, qui prius terrena sapuerat, amare cœlestia cœperit, antiquus adversarius acriores ei quam consueverat tentationes admovet, ita ut plerumque sic resistentem animam tentat,

sicut ante numquam tentaverat, quando possidebat. Unde et dæmoniacus qui a Domino sanatur ab exeunte dæmone discerpitur. » — *Exclamans voce magna*. Le démon pousse un cri de rage et de désespoir. Mais rien n'y fait : il est obligé de fuir et de se précipiter en enfer. — Aucun Evangéliste ne raconte autant de guérisons de démoniaques que S. Marc. Il aime à représenter Notre-Seigneur comme le vainqueur suprême des esprits infernaux. Cfr. Kœstlin, die Evangelien, p. 343.

27. — Les versets 27-28 décrivent l'impression profonde que produisit ce miracle soit sur ses témoins immédiats, y. 27, soit dans toute la province de Galilée, y. 28. — *Mirati sunt omnes*. D'après le texte grec, le sentiment qui saisit immédiatement l'assemblée fut l'effroi (ἐθαμβήθησαν, mot rare dans le Nouveau Testament), plutôt que l'admiration. A la suite de cette manifestation surnaturelle, tous les assistants furent en proie à une sainte frayeur. — Ils se communiquèrent alors mutuellement leurs pensées (*inter se* est une bonne traduction du grec πρὸς αὐτούς, qui signifie en cet endroit πρὸς ἀλλήλους. Cfr. Arnat, Comm. в pron. reflex. ap. Gr. usu, p. 12 et ss.; il est inexact de traduire avec Fritzsche par « apud animum suum, intra se »; le verbe composé « conquirere », συζητεῖν, s'y oppose). — *Quidnam est hoc?* De mémoire d'homme on n'avait rien vu de semblable ; de là cette première exclamation générale. — *Quænam doctrina hæc*... L'assistance spécifie ensuite les points qui excitaient le plus son étonnement. C'était d'abord la doctrine attestée par de pareils prodiges : chacun venait de l'entendre et avait pu se convaincre de sa nouveauté, Cfr. y. 22 ; mais elle avait spécialement cela de nouveau qu'elle s'appuyait sur des miracles de premier ordre. Ce n'étaient pas les Scribes qui auraient pu offrir rien de semblable ! — *Quia in potestate*. On admirait en second lieu la puissance merveilleuse de Jésus. Un mot de lui avait produit sur-le-champ le résultat le plus frappant. — *Etiam spiritibus immundis*... Cette puissance s'était en effet exercée dans les conditions les plus difficiles : Jésus avait montré qu'il était supérieur même aux démons. Il y a une grande

doctrine nouvelle? Car il commande avec puissance même aux esprits immondes, et ils lui obéissent.

28. Et sa renommée se répandit aussitôt dans tout le pays de Galilée.

29. Etant sortis ensuite de la synagogue, ils vinrent dans la maison de Simon et d'André.

30. Or, la belle-mère de Simon était au lit, ayant la fièvre, et aussitôt ils lui parlèrent d'elle.

31. Et, s'approchant et la prenant par la main, il la fit lever, et à l'instant la fièvre la quitta, et elle les servait.

hæc nova? quia in potestate etiam spiritibus immundis imperat, et obediunt ei.

28. Et processit rumor ejus statim in omnem regionem Galilææ.

29. Et protinus egredientes de synagoga, venerunt in domum Simonis et Andreæ, cum Jacobo et Joanne.

Matth. 8, 14; *Luc.* 4, 38.

30. Decumbebat autem socrus Simonis febricitans; et statim dicunt ei de illa.

31. Et accedens elevavit eam, apprehensa manu ejus : et continuo dimisit eam febris; et ministrabat eis.

---

force dans cet « etiam ». — Actuellement, on admire donc Jésus à cause de sa prédication nouvelle et de son empire irrésistible sur les esprits mauvais. Bientôt, quand les cœurs se seront retournés contre lui, on tirera de ces deux faits les griefs les plus graves pour les lui jeter à la face. — Nous avons suivi pour l'explication de ce verset le texte de la Vulgate, qui est du reste conforme à la Recepta grecque et qui donne un sens parfaitement acceptable. Toutefois, les critiques, s'appuyant sur les variantes qu'on rencontre dans les divers manuscrits, discutent longuement sur la véritable ponctuation, et sur les différentes nuances d'interprétation qu'il est possible d'adopter. Nous n'avons pas jugé qu'il fût bien utile d'entrer dans ces arides débats. Voir Schegg, Evang. nach Mark., t. I, p. 266 et suiv.

28. — *Processit rumor ejus;* en grec, ἡ ἀκοὴ αὐτοῦ, sa renommée. Le bruit de ce miracle se répandit d'abord dans la ville de Capharnaüm, et de là il fit rapidement (*statim* est emphatique dans ce passage) le tour de toute la Galilée. — Plusieurs commentateurs supposent à tort que les mots εἰς ὅλην τὴν περίχωρον τῆς Γαλιλαίας désignent les provinces voisines de la Galilée.

b. *Guérison de la belle-mère de S. Pierre et d'autres malades.* 1, 29-34. — Parall. Matth. VIII, 14-17; Luc. IV, 38-41.

29. — *Et protinus.* S. Luc, comme S. Marc, rattache très-étroitement ce miracle à la guérison du démoniaque : il y eut donc une connexion historique réelle entre les deux prodiges. Les récits des Synoptiques sont ici les mêmes quant à la substance : ils ne varient

guère que dans l'expression. Notre Evangéliste a cependant le mérite d'être le plus précis pour la plupart des détails. Tout est pris sur le vif dans son récit. On devine à quelle source il avait puisé. — *Egrediuntur.* Aussitôt après le miracle raconté au ỹ. 26, Jésus sortit de la Synagogue avec ses quatre disciples, et ils vinrent ensemble dans la maison de Pierre et d'André. S. Marc est le seul à mentionner en termes exprès S. André, S. Jacques et S. Jean.

30. — *Decumbebat autem socrus Simonis.* Pierre semble avoir ignoré cet accident, qui avait pu, du reste, survenir d'une manière très-rapide pendant son absence des jours précédents. Cfr. les ỹỹ. 16 et 21. Heureusement, Jésus est là pour consoler cette famille éplorée. — Sur la belle-mère et la femme de S. Pierre, voyez l'Evang. selon S. Matth. p. 459. Cfr. Eusèb. Hist. Eccl. III, 30. — *Dicunt ei de illa.* Expression délicate. On dit simplement au bon Maître que la belle-mère de son disciple est malade; on sait que sa miséricorde et sa puissance feront le reste. Les sœurs de Lazare se contenteront aussi de faire dire à Jésus : Seigneur, celui que vous aimez est malade!

31. — La confiance n'avait pas été vaine, car le Sauveur guérit sur-le-champ la malade. S. Marc raconte le prodige de la façon la plus graphique : chacun des gestes de Jésus est décrit dans sa narration. *Accedens,* il s'approche du lit de la malade; *apprehensa manu ejus,* il la prend par la main; *elevavit eam,* il la soulève doucement. A son divin contact, le mal disparait instantanément (*continuo,* c'est le troisième εὐθέως depuis le ỹ. 29 !) et la guérison est si décisive, que celle qui gisait naguère sur son lit de souffrance peut se lever aussitôt et vaquer à ses fonctions de maîtresse

32. Vespere autem facto, cum occidisset sol, afferebant ad eum omnes male habentes, et dæmonia habentes :

33. Et erat omnis civitas congregata ad januam.

34. Et curavit multos qui vexabantur variis langoribus, et dæmonia multa ejiciebat, et non sinebat ea loqui, quoniam sciebant eum.

Luc. 4, 41.

35. Et diliculo valde surgens, egressus abiit in desertum locum, ibique orabat.

32. Et, le soir venu, lorsque le soleil fut couché, ils lui amenèrent tous les malades et les possédés.

33. Et toute la ville était assemblée devant la porte.

34. Et il en guérit beaucoup qui étaient tourmentés par diverses maladies, et il chassa beaucoup de démons, et il ne leur permettait pas de dire qu'ils le connaissaient.

35. Et, se levant de grand matin, il sortit et alla dans un lieu désert, et là il priait.

---

de maison. — *Ministrabat eis.* Le verbe « ministrare » signifie en cet endroit servir à table. Cfr. Matth. iv, 11 et le Commentaire. Il s'agit du repas joyeux et solennel qui termine chez les Juifs la journée du Sabbat. Voyez Jos. *Vita*, § LIV. La belle-mère de S. Pierre, rendue complètement à la santé, eut assez de force pour le préparer elle-même. Puissions-nous, disent les moralistes, quand Dieu a guéri miséricordieusement les maladies de notre âme, employer de même notre vigueur spirituelle à servir le Christ et ses membres! Cfr. Gerhard, Harm. Evang., XXXVIII.

32. — *Vespere autem facto.* Ce miracle en amena un grand nombre d'autres, qui occupèrent Jésus une partie de la nuit. Quelle douce soirée pour lui et pour les habitants de Capharnaüm! Mais, par suite d'un respect exagéré pour le repos du Sabbat, Cfr. III, 1 et suiv., on ne conduisit les malades et les possédés au Sauveur qu'après le coucher du soleil, le saint jour ne finissant, d'après le rituel juif, qu'au moment où cet astre disparaissait au dessous de l'horizon.

33. — *Et erat omnis civitas...* Trait pittoresque, spécial à S. Marc : on voit qu'un témoin oculaire le lui avait communiqué. Voilà donc toute la ville qui assiège en quelque sorte l'humble maison de S. Pierre! Les mots *ad januam* désignent en effet le lieu où se trouvait alors Jésus et point, comme on l'a dit quelquefois, la porte de la cité. — Cet émoi se comprend sans peine. Notre-Seigneur avait opéré ce jour-là même deux grands miracles à Capharnaüm : le bruit s'en était promptement répandu, et chacun voulait profiter de la présence du Thaumaturge pour la guérison de ses infirmes.

34. — *Curavit multos..., dæmonia multa.* Est-ce à dire que Jésus aurait fait un choix parmi les malades et parmi les possédés? qu'il aurait guéri les uns et pas les autres?

Des exégètes anciens et modernes l'ont pensé : « Cur non dixit: Et sanavit omnes, sed pro eo multos posuit? Fortasse quibusdam infidelitas impedimento fuit ne sanarentur ». Poss. Cat., p. 33. Cfr. Meyer, Comm. h. l. La foi aurait donc manqué à un certain nombre des personnes présentées à Jésus; ou bien, a-t-on dit encore, le temps eût été insuffisant pour guérir tant de monde. Mais ce sont là des conjectures sans fondement, que réfutent les passages parallèles de S. Matthieu et de S. Luc. « Ejiciebat spiritus verbo, et OMNES male habentes curavit », Matth. VIII, 16. Non, il n'y a pas d'exception, et ce n'est pas un contraste que notre Evangéliste a voulu établir en se servant des expressions citées : il s'est plutôt proposé de montrer le nombre considérable des guérisons. Telle était déjà l'opinion de Théophylacte : πολλοὺς δὲ ἐθεράπευσεν ἀντὶ τοῦ πάντας· οἱ γὰρ πάντες πολλοί. — *Non sinebat ea loqui.* Comme dans la matinée, y. 25, il impose silence aux démons, dont les proclamations intempestives auraient pu nuire à son œuvre.

c. *Retraite de Jésus sur les bords du lac. Voyage apostolique en Galilée.* 1, 35-39. — Parall. Luc. IV, 42-44.

35. — *Diluculo valde.* Le texte grec est encore plus expressif : πρωὶ ἔννυχον λίαν. La nuit du samedi au dimanche s'achevait donc à peine, que Jésus était déjà debout, malgré les fatigues de la soirée précédente, et quittait sans bruit, à l'insu de tous, la maison hospitalière de Simon. Son but manifeste était d'échapper ainsi aux ovations de la foule enthousiasmée par ses miracles, et de se préparer, par une prière solitaire de quelques heures, à la mission qu'il allait bientôt commencer, y. 38 et s. — *Abiit in desertum locum.* « Un trait remarquable du lac de Gennésareth, c'est qu'il était entouré de solitudes désertes. Ces places solitaires, situées à proxi-

36. Et Simon le suivit, ainsi que ceux qui étaient avec lui.

37. Et quand ils l'eurent trouvé, ils lui dirent : Ils vous cherchent tous.

38. Et il leur dit : Allons dans les villages prochains et dans les villes, pour que j'y prêche aussi, car c'est pour cela que je suis venu.

36. Et prosecutus est eum Simon, et qui cum illo erant.

37. Et cum invenissent eum, dixerunt ei : Quia omnes quærunt te.

38. Et ait illis : Eamus in proximos vicos et civitates, ut et ibi prædicem; ad hoc enim veni.

---

mité, soit sur les plateaux, soit dans les ravins qui abondent près des deux rives, fournissaient d'excellents refuges pour le repos ou pour la prière... Jésus recherchait ces solitudes, tantôt seul, tantôt avec ses disciples. » Stanley, Sinai and Palestine, p. 378. Les montagnes, les déserts, les lieux retirés, Gethsémani, tels furent les principaux oratoires du Sauveur : il ne priait pas sur la place publique comme les Pharisiens. — *Ibique orabat*. Autre détail particulier à S. Marc : du reste tout ce récit est marqué au cachet distinctif du second Évangile. La scène est extrêmement pittoresque : le narrateur la met vraiment sous nos yeux. — Qu'il est beau de voir Jésus en oraison après et avant ses nombreux labeurs ! Sa vie se compose de deux éléments, les exercices du zèle et les exercices de religion, le côté extérieur et le côté intérieur. Telle doit être aussi la vie du prêtre.

36. — Le jour venu, Simon-Pierre remarqua le premier l'absence du bon Maître, et aussitôt il se mit à faire d'actives recherches pour le retrouver. Cet acte révèle l'ardeur de son tempérament et son vif amour envers Jésus. — *Prosecutus est*. Le grec porte κατεδίωξαν (au pluriel), expression d'une rare énergie, qui n'est employée qu'ici dans le Nouveau Testament. Elle est souvent prise en mauvaise part, pour désigner des poursuites hostiles; S. Marc, à la suite des Septante, la prend en bonne part, afin de caractériser le zèle avec lequel les disciples coururent en tous lieux pour chercher Jésus. — *Simon et qui cum illo erant*; c'est-à-dire les trois compagnons de S. Pierre : André, Jacques et Jean. Cette tournure est à remarquer. Il est évident que l'Évangéliste accorde ici à Simon une prééminence sur les autres amis de Jésus. C'est la primauté par anticipation. « Jam Simon est eximius. » Bengel. Cfr. Luc. VIII, 45; IX, 32. —

37. — *Quum invenissent eum*. Il leur fallut sans doute plusieurs heures avant de découvrir la retraite du bon Maître. — *Omnes quærunt te*. Ces paroles, qu'ils prononcèrent en l'abordant, prouvent que, dès l'aube du jour, le concours de la veille avait recommencé de plus belle. On voulait encore voir Jésus et

obtenir de lui de nouveaux bienfaits. Ce fut une grande déception quand on apprit qu'il avait disparu. Tous se mirent alors en quête pour le trouver. S. Luc, IV, 42, ajoute ici une ligne significative qui nous aidera à mieux comprendre la réponse subséquente du Sauveur, ỷ. 38 : « Turbæ requirebant eum et venerunt usque ad ipsum ; et detinebant illum ne discederet ab eis. » — La conjonction *quia* est récitative.

38. — *Eamus*. Jésus ne saurait entrer dans les désirs du peuple de Capharnaüm : il n'a pas le droit de restreindre à cette ville le don de sa présence, de ses miracles et sa prédication. D'autres cités, d'autres bourgades l'attendent, et il va sans plus tarder se diriger vers elles. — On lit dans plusieurs manuscrits grecs (B, C. L, Sinait.) ἄγωμεν ἀλλαχοῦ, allons ailleurs; mais d'autres manuscrits (A, D, E, etc.) ont simplement ἄγωμεν, comme la Vulgate. — Le substantif κωμοπόλεις, que notre version latine a traduit inexactement par *vicos et civitates*, ne se rencontre qu'en cet endroit. C'est une expression composée, qui équivaut littéralement à « bourgades-villes », et qui désigne les bourgs alors si nombreux de la Galilée, trop petits pour être appelés des villes, mais trop gros pour être simplement nommés villages. Cfr. Jos. Bell. Jud. III, 11, 1; Bretschneider, Lexic. man. N. T. t. I, p. 628. L'épithète *proximos* (ἐχομένας, à la forme moyenne), est très classique dans ce sens; voir les Lexiques. Comp. aussi Luc. XIII, 33; Act. XX, 15; Hebr. VI, 9) montre que Jésus commença son tour de missionnaire par les localités voisines de Capharnaüm : c'étaient Dalmanutha, Corozaïn, Bethsaïda, Magdala, etc. — *Ad hoc enim veni*. « Ad hoc », c'est-à-dire pour faire entendre la bonne nouvelle à toute la contrée, et pas seulement à une ville spéciale. Mais quelle est bien ici la signification du verbe « veni »? Quel est le point de départ auquel Jésus fait allusion? Il vient de Capharnaüm, répond de Wette. De la vie privée, dit Paulus. De sa retraite solitaire, ỷ. 35, écrit Meyer. Interprétations misérables, dignes du rationalisme! Comme si Jésus ne voulait point parler dans ce verset

39. Et erat prædicans in synagogis eorum, et in omni Galilæa, et dæmonia ejiciens.

40. Et venit ad eum leprosus deprecans eum; et genu flexo, dixit ei : Si vis, potes me mundare.

Matth. 8, 2; *Luc.* 5, 12.

41. Jesus autem misertus ejus, extendit manum suam; et tangens eum, ait illi : Volo, mundare.

42. Et cum dixisset, statim discessit ab eo lepra; et mundatus est.

39. Et il prêchait dans leurs synagogues et dans toute la Galilée, et il chassait les démons.

40. Or, un lépreux vint à lui en le suppliant, et, fléchissant le genou, il lui dit : Si vous voulez, vous pouvez me purifier.

41. Et Jésus, ayant pitié de lui, étendit sa main, le toucha et lui dit : Je le veux, sois purifié.

42. Et lorsqu'il eut dit ces mots, la lèpre aussitôt se retira de cet homme, et il fut guéri.

---

du but de l'Incarnation, par conséquent de sa mystérieuse sortie du sein du Père céleste ! Il n'est pas possible d'expliquer autrement notre passage. C'est ainsi du reste que l'ont compris les anciens interprètes : εἰς τοῦτο ἐξελήλυθα, τῆς θεότητος αὐτοῦ τὴν αὐθεντίαν ὑποδήλων, Poss. Cat. h. l.; τὸ δὲ Ἐξελήλυθα, ὡς θεός, Euthymius. Ajoutons que les paroles prononcées par Notre-Seigneur d'après la rédaction de S. Luc, IV, 44, ne permettent pas d'autre exégèse. Cfr. Joan. XVI, 28. — Le verbe grec ἐξελήλυθα serait mieux traduit par « exivi. » La Vulgate a dû lire ἐλήλυθα, de même que les versions copte, syriaque, arménienne et gothique.

39. — *Et erat...* Cette tournure est à remarquer : elle indique une continuité, une habitude régulière.— Jésus exécute immédiatement son dessein. Quittant Capharnaüm avec ses disciples, il se met en route à travers la Galilée, répandant en tous lieux les bonnes paroles, *prædicans,* et les bonnes œuvres, *dæmonia ejiciens.* S. Matthieu, IV, 43, est plus explicite relativement aux miracles du Christ pendant ce premier voyage apostolique : « Sanans omnem languorem et omnem infirmitatem in populo. » — Combien de temps dura la mission dont S. Marc nous donne un sommaire si rapide? Quelques mois probablement ; toutefois, les données évangéliques sont trop vagues pour qu'on puisse répondre d'une manière précise à cette question. Cfr. II, 1. — La conjonction *et,* placée par la Vulgate après *synagogis eorum,* n'existe pas dans le grec ; elle n'a du reste aucune raison d'être, car elle trouble plutôt le sens. La Galilée fut le théâtre général de l'apostolat de Jésus : les synagogues étaient le théâtre particulier de sa prédication.

4. — Guérison d'un lépreux. Retraite dans des lieux déserts. I, 40-45. — Parall. Matth. VIII, 2-5; Luc. V, 12-16.

40. — *Et venit.* Ce verbe est au présent, ἔρχεται. La scène se passa, d'après S. Luc,

dans une des villes évangélisées par Jésus durant la mission qui vient d'être si brièvement racontée. C'est un épisode intéressant, que les trois Synoptiques ont relevé de concert, à cause du grand exemple de foi que donna le lépreux. Le récit de S. Marc est de nouveau le plus complet, le plus vivant. — *Leprosus.* Sur cette terrible maladie de l'Orient, voyez l'Evangile selon S. Matth., p. 453. — *Genu flexo.* Belle attitude de supplication, qui manifeste déjà la foi du malade. — Sa prière, *Si vis, potes me mundare,* est d'une exquise délicatesse. Il appelle justement sa guérison une purification, car, aux termes de la loi juive, quiconque était atteint de la lèpre était impur par là-même. Cfr. Jahn, Archæolog. bibl. § 386.

44 et 42. — *Misertus ejus.* S. Marc seul mentionne ce sentiment du cœur de Jésus. Le bon Maître s'attendrit à la vue des souffrances de l'infortuné qui est agenouillé devant lui. — *Extendit manum.* « Manus illa extensa potentiæ et voluntatis est signum. » Fr. Luc. Cette main si pure et si puissante, Jésus ne craint pas de l'appliquer sur le corps du lépreux, *tangens eum,* malgré la susceptibilité de la Loi. Il n'avait pas à craindre de souillure, lui qui enlevait au contraire toute impureté physique et morale. — *Volo, mundare.* Dès qu'il eut prononcé ce mot majestueux, qu'il daignait emprunter à la prière même du lépreux, ẏ. 40, le malade fut guéri à l'instant ; ce qui donne occasion à S. Marc de répéter encore l'adverbe favori, εὐθέως, au moyen duquel il aime tant à accentuer la rapidité des prodiges de Jésus.

43 et 44. — Ces versets contiennent deux injonctions du Sauveur adressées à celui qu'il venait de guérir. *Et comminatus est ei*: l'expression grecque correspondante, ἐμβριμησάμενος αὐτῷ, est d'une force extraordinaire. Le verbe ἐμβριμάομαι, qu'on ne trouve qu'en cinq endroits du Nouveau Testament (Matth. IX, 30; Marc. I, 43; XIV, 5; Joan. XI, 33, 38), si

43. Et Jésus le menaça et le renvoya à l'instant,

44. Et lui dit : Prends garde de ne le dire à personne; mais va, montre-toi au prince des prêtres, et offre pour ta purification ce que Moïse a prescrit, pour que cela leur soit un témoignage.

45. Mais, étant parti, il commença à raconter et à publier partout la chose, de sorte que Jésus ne pouvait plus entrer publiquement dans

43. Et comminatus est ei, statimque ejecit illum;

44. Et dicit ei : Vide nemini dixeris; sed vade, ostende te principi sacerdotum, et offer pro emundatione tua quæ præcepit Moyses in testimonium illis.

Lev. 14, 2.

45. At ille egressus cœpit prædicare, et diffamare sermonem; ita ut jam non posset manifeste introire in civitatem, sed foris in desertis

---

gnifie tantôt être sous le coup d'une vive indignation, tantôt, et c'est ici le cas, donner un ordre sur un ton sévère et menaçant (μετὰ ἀπειλῆς ἐντελλόμενος, Hésychius; αὐστηρῶς ἐμβλέψας καὶ ἐπισείσας τὴν κεφαλήν, Euthym.) Sa racine βρεμ le rapproche d'une longue catégorie de mots latins (frem) et sanscrits (brahm) ayant une signification analogue. Voilà donc que Jésus, qui s'était attendri sur l'état du lépreux, le menace maintenant après l'avoir guéri! — *Statimque ejecit eum.* Encore εὐθέως! Jésus renvoie brusquement le lépreux, sans lui permettre de demeurer plus longtemps auprès de lui. Ces détails sont spéciaux à S. Marc. Le Sauveur, par cette conduite sévère, se proposait d'intimer avec plus d'énergie les ordres qu'il allait donner. — Premier ordre : *Nemini dixeris.* Dans le grec, il y a deux négations, μηδενὶ μηδὲν εἴπῃς, « ne cuiquam quidquam dicas », ce qui est conforme au genre de S. Marc. Cfr. la Préface, VII. Jésus redoute les agitations politiques de la foule : de là ces soins minutieux qu'il prend pour les empêcher. Il veut agir sur les esprits plutôt par le dedans que par le dehors, les convertir et non les éblouir : c'est pourquoi il recommande si souvent le silence à ceux qu'il a guéris. Voyez l'Évangile selon S. Matth., p. 154. — Second ordre : *Vade*, à Jérusalem, *ostende te principi sacerdotum*, ou mieux, d'après le grec, « sacerdoti », τῷ ἱερεῖ, au prêtre de semaine, *et offer...* — Le détail de ces sacrifices est indiqué tout au long dans le chap. XIV du Lévitique. Cfr. Jahn, Arch. bibl. § 386. — *In testimonium illis.* Les hommes sauront ainsi que tu es entièrement guéri, et ils t'admettront de nouveau dans les rangs de la société. Tel est probablement le véritable sens de ces mots sur lesquels on a beaucoup discuté. Voir notre Commentaire sur S. Matth. p. 155.

45. — *Egressus.* Le lépreux s'éloigne comme le voulait Jésus; bientôt sans doute il alla faire déclarer officiellement sa guérison par les prêtres. Quant à l'ordre qui lui enjoignait

le silence, il n'en tint aucun compte. Tout au contraire, *cœpit prædicare et diffamare sermonem.* Les sentiments de joie et de reconnaissance qui remplissaient son âme furent plus forts que son désir d'obéir au Sauveur. Du reste, il ne fut pas le seul à se conduire ainsi : plusieurs autres malades miraculeusement rendus à la santé par Notre-Seigneur agirent de même dans des circonstances analogues. Cfr. Matth. IX, 30 et suiv.; Marc. VII, 36. — Le texte grec ajoute πολλὰ après κηρύσσειν, « prædicare multa », c'est-à-dire, suivant l'excellente explication de Maldonat, « multa in laudem Christi dicere. » Le verbe « diffamare » doit évidemment se prendre en bonne part, car le grec διαφημίζειν signifie « longe lateque famam spargere », divulguer. « Sermonem » est un hébraïsme pour « rem »; דָּבָר est souvent employé de la même manière. — *Ita ut jam...* Le résultat de cette indiscrétion fut immense : il est décrit par l'Évangéliste d'une manière très pittoresque. — *Non posset manifeste...* Jésus perdit une grande partie de sa liberté d'action : il ne pouvait plus se montrer dans les villes sans exciter de vifs mouvements d'enthousiasme. Le trait raconté par S. Marc au début du chapitre suivant (II, 2) prouvera jusqu'à quel point allait cet enthousiasme. — *In civitatem*; dans quelque ville que ce fût, car il n'y a pas d'article dans le grec, εἰς πόλιν. — *Sed foris in desertis locis.* Le divin Maître fut donc obligé de se retirer dans les solitudes mentionnées plus haut (note du ỷ. 35; Cfr. Schegg, Gedenkbuch einer Pilgerreise, t. II, p. 300-302) et de vivre éloigné des hommes, contrairement à ses desseins apostoliques (ỷ. 38). « Foris », dehors par rapport aux villes. Le trait est par emphase que l'adjectif ἐρήμοις précède le substantif. Cfr. Beelen, Gramm. p. 216. — *Et conveniebant ad eum.* Autre trait charmant: Jésus a beau faire, la multitude qu'il a ravie sait le trouver quand même; ou plutôt, Jésus ne se propose pas de fuir, mais simplement d'éviter des manifestations aussi

locis esset; et conveniebant ad eum undique.

aucune ville, mais se tenait dehors en des lieux déserts, et l'on venait à lui de tous côtés.

CHAPITRE II

La guérison d'un paralytique est pour Jésus l'occasion d'un premier conflit avec les Scribes (ŷŷ. 1-12). — Vocation de Lévi (ŷ. 13). — Le repas donné à Notre-Seigneur par le nouvel Apôtre suscite un second conflit (ŷŷ. 14-22). — Troisième conflit, occasionné par la conduite des disciples en un jour de sabbat (ŷŷ. 23-28).

1. Et iterum intravit Capharnaum post dies;

Matth. 9, 1.

2. Et auditum est quod in domo esset, et convenerunt multi, ita ut

1. Et il entra de noùveau dans Capharnaüm après quelques jours.

2. Et l'on apprit qu'il était dans la maison, et ils accoururent en si

imprudentes qu'inutiles. Il se livrait donc à l'exercice de son ministère envers les bonnes âmes qui parvenaient à le rejoindre.

Ce premier chapitre de S. Marc nous a révélé de grandes choses sur Jésus. Nous l'avons vu faire majestueusement son apparition en qualité de Messie, précédé de son Précurseur, entouré de ses premiers disciples, parcourant la Galilée comme un conquérant pacifique des cœurs, excitant partout l'admiration par son enseignement et par ses miracles. Aucune intention hostile ne s'est encore manifestée contre lui. S'il était permis d'employer un pareil langage, nous dirions que c'est le beau, l'heureux temps du Sauveur, que S. Marc nous a décrit.

Ce chapitre nous a révélé en même temps le « genre » de notre Evangéliste. Le portrait de S. Marc en tant qu'écrivain, tel que nous l'avions tracé dans la Préface, s'est trouvé complètement justifié dès les premières lignes: briéveté, précision, animation, pittoresque, clarté, intérêt. A coup sûr cette narration nous a plu; suivons-la donc jusqu'à la fin avec amour.

5. — Premiers conflits de Jésus avec les Pharisiens et les Scribes. II, 1-III, 6.

Après les manifestations de l'amour, viennent les manifestations hostiles. Nous allons en effet assister aux premiers conflits de Jésus avec ses ennemis, les Scribes et les Pharisiens. L'Evangéliste va raconter successivement, dans ce second chapitre et dans les six premiers versets du troisième, quatre épisodes

qui décriront l'origine de la lutte en Galilée et les premiers combats.

a. *Le paralytique et le pouvoir de remettre les péchés.* II, 1-12. — Parall. Matth. IX, 1-8; Luc. V, 17-26.

CHAP. II. — 1. — *Et iterum...* Cet « iterum » fait allusion au ŷ. 21 du chapitre précédent. Jésus, après la grande course apostolique esquissée plus haut, regagne donc son centre d'action. Mais Capharnaüm se transforme aussitôt pour lui en un champ de bataille. — *Post dies*; en grec δι' ἡμερῶν, la préposition διά ayant le sens de « post ». Cette formule est très vague et indique simplement, sans rien préciser, qu'un certain nombre de jours s'étaient écoulés depuis que Jésus avait quitté sa ville d'adoption. Elle équivaut à la phrase latine « interjectis diebus ». C'est par suite d'une interpolation évidente que plusieurs manuscrits grecs et latins portent : Après huit jours. Ce serait une contradiction avec les détails donnés plus haut, I, 38, 39.

2. — *Auditum est...* Selon sa coutume, S. Marc, avant de raconter le fait principal, décrit d'abord en peu de mots les circonstances préliminaires. Il est vraiment dramatique dans ce verset, ou plutôt il l'est dans toute cette narration, car il dépasse S. Luc lui-même par la vivacité des couleurs. — Bien que Jésus eût affecté de voyager depuis quelque temps en secret, I, 45, et qu'il eût probablement choisi la nuit pour rentrer à Capharnaüm, le bruit de son arrivée ne tarda

grand nombre que l'espace même en dehors de la porte ne pouvait les contenir et il leur prêchait la parole.

3. Et on vint lui présenter un paralytique qui était porté par quatre hommes.

4. Et, comme ils ne pouvaient le lui présenter à cause de la foule, ils dénudèrent le toit au-dessus du lieu

non caperet neque ad januam; et loquebatur eis verbum.

3. Et venerunt ad eum ferentes paralyticum, qui a quatuor portabatur.

Luc. 5, 18.

4. Et cum non possent offerre eum illi præ turba, nudaverunt tectum ubi erat; et patefacientes, sub-

---

pas à se répandre. Un parfum peut-il rester caché? — *Quod in domo esset.* Plusieurs manuscrits grecs ont ἐν οἴκῳ (B, D, L, Sinaît.); la plupart ont néanmoins εἰς οἶκόν avec l'accusatif, et telle est selon toute apparence la leçon primitive. C'est là une sorte de construction prégnante équivalant à « quod in domum rediisset » (Voyez Winer, Gramm. des neutest. Sprachidioms, 6e éd. p. 369). Les classiques employaient aussi cette tournure, et les Allemands disent de même : Et ist in's Haus. — La maison en question était celle de S. Pierre, ou bien celle que Jésus, d'après divers exégètes, aurait louée à Capharnaüm pour y demeurer dans l'intervalle de ses voyages. — *Convenerunt multi.* Un grand concours se forme en un instant dans l'intérieur et aux abords de la maison. Un trait graphique, particulier au second Evangile, montre d'une manière saisissante jusqu'à quel point l'assemblée ainsi formée était nombreuse : *Ita ut non caperet...* La pensée est claire, bien que la phrase de la Vulgate soit à peu près incompréhensible dans ce passage. L'Evangéliste veut dire que non-seulement les appartements intérieurs furent bientôt envahis par la foule, mais que les alentours de la porte, à l'extérieur, regorgeaient eux-mêmes de visiteurs. Voici maintenant le texte grec : ὥστε μηκέτι χωρεῖν μηδὲ τὰ πρὸς τὴν θύραν, « ita ut jam non caperent nec quæ ad januam », ou plus littéralement encore en français : A tel point que les environs mêmes de la porte ne pouvaient plus contenir personne. L'expression τὰ πρὸς τὴν θύραν (sous-entendu μέρη) est synonyme de τὰ πρόθυρα, et désigne, d'après les anciens auteurs, le vestibule extérieur des maisons, une sorte de cour habituellement murée qui les séparait de la rue (« quæ sunt ante januam vestibula », Vitruve; « locus ante januam domus vacuus per quem a via aditus accessusque ad ædes est », Aul. Gell. XVI, 5). Il y a donc dans la description un « a fortiori » très-énergique; car si la cour extérieure était elle-même complètement remplie

par la foule, à coup sûr il ne devait pas y avoir une seule place libre dans les appartements. Comme Jésus était alors aimé de ce bon peuple!—*Loquebatur eis verbum*; en grec, τὸν λόγον avec l'article, la parole, c'est-à-dire la parole par excellence, l'Evangile. Et l'auditoire toujours grossissant écoutait avec ravissement.

3 et 4. — Après la mise en scène, nous passons à l'épisode proprement dit. Quatre hommes (détail omis par les autres Evangélistes) s'avancent, portant sur leurs épaules une couchette, sur laquelle est étendu un pauvre paralytique dont ils viennent demander la guérison au divin Thaumaturge. Mais l'entrée de la maison est entièrement obstruée par la foule; il leur est impossible de pénétrer jusqu'auprès de Jésus? Que faire? Attendre que la multitude se soit dispersée? Non, leur foi et celle du malade leur suggère un moyen plus rapide. — *Nudaverunt tectum.* Pour comprendre cette opération et celles qui vont suivre, il faut se souvenir que la scène se passe en Orient, et que les maisons orientales diffèrent notablement de nos habitations européennes. D'abord les toits sont plats et communiquent avec la rue par un escalier ou par une échelle. Ils sont formés d'une litière de roseaux ou de branchages étendus sur la charpente, d'une couche de terre jetée par dessus cette couche végétale, et enfin, le plus souvent du moins, quoiqu'il y ait des exceptions à cette règle, d'une garniture de briques reliées ensemble avec de l'argile ou du mortier. Ajoutons qu'habituellement ils sont peu élevés au-dessus du sol. Cela posé, il est facile de concevoir 1o comment les porteurs purent hisser le paralytique sur le toit; 2o la manière dont ils réussirent, sans faire de bien grands dégâts, à y percer une ouverture suffisante pour que le malade, toujours étendu sur son grabat, pût passer à travers; 3o comment il leur fut possible de descendre leur ami jusqu'aux pieds de Jésus. Voyez Thomson, The Land and the Book, Londres 1876, p. 358 et suiv. On lit dans le

miserunt grabatum in quo paralyti-
cus jacebat.

5. Cum autem vidisset Jesus fidem illorum, ait paralytico : Fili,
dimittuntur tibi peccata tua.

6. Erant autem illic quidam de
scribis sedentes, et cogitantes in
cordibus suis :

7. Quid hic sic loquitur? blasphemat. Quis potest dimittere peccata,
nisi solus Deus ?

Job. 14, 4; *Isai. 43, 25.*

où il était, et, faisant une ouverture, ils descendirent le grabat où
le paralytique gisait.

5. Lorsque Jésus eut vu leur foi,
il dit au paralytique : Mon fils, tes
péchés te sont remis.

6. Or, il y avait là quelques Scribes assis, qui pensaient dans leur
cœur :

7. Pourquoi celui-là parle-t-il
ainsi? Il blasphème. Qui peut remettre les péchés, si ce n'est Dieu seul?

Talmud de Babylone, Moed Katon, f. 25, 1, qu'un Rabbin étant mort, on ne put faire passer son cercueil par la porte de la maison. On fut contraint de le monter sur le toit, d'où on le descendit ensuite dans la rue. C'est le rebours de notre histoire, dont la possibilité se trouve par là-même confirmée. — *Ubi erat.* On a pensé parfois que ces mots désignaient l'ὑπερῷον ou chambre haute de la maison, parce que les Rabbins choisissaient volontiers cet appartement pour y donner leurs leçons; mais c'est une conjecture peu probable, soit parce que toutes les habitations n'étaient pas munies d'une chambre haute, soit parce qu'il est plus conforme au contexte de dire que Jésus était alors au rez-de-chaus-sée. — *Patefacientes* : le grec est plus éner-gique, ἐξορύξαντες, « quum effodissent ». *Submiserunt*, mieux « submittunt », χαλῶσι, au temps présent aimé de S. Marc. — *Gra-batum.* En grec κράββατον : c'est une de ces expressions latines grécisées par S. Marc, dont nous avons parlé dans la Préface, IV, 3. Les anciens appelaient grabat « un lit petit et bas du genre le plus commun (Cic. Div. II, 63; Virg. Moret. 5), semblable à ceux dont se ser-vait le pauvre peuple, n'ayant qu'un réseau de cordes étendu sur un châssis (Lucil. Sat. VI, 13; Petr. Sat. 97) pour supporter le ma-telas. » Ant. Rich, Diction. des Antiquités rom. et grecq. s. v. Grabatus.

5. — *Quum vidisset... fidem eorum.* Cette foi était vive et profonde, comme venait de le montrer la conduite qu'elle avait inspirée. Elle avait renversé tous les obstacles; aussi Jésus lui accorde-t-il aussitôt la récompense qu'elle méritait. — *Fili*, τέκνον, douce parole qui dût aller au cœur du malade, et lui an-noncer que ses vœux étaient exaucés. Elle ne prouve pas qu'il fût plus jeune que Jésus, car elle est prise ici au moral, de même qu'en un grand nombre de passages classiques. « Sæpius τέκνον est blandientis et excitantis vocabu-lum », Palairet, Observat. p. 33. Le mot de

S. Luc, ἄνθρωπε, est plus froid; S. Matthieu a τέκνον, comme S. Marc. — *Dimittuntur tibi peccata.* Voir dans l'Evang. selon S. Matth. p. 172, le motif spécial pour lequel Jésus tint au paralytique ce langage, qui semble tout d'abord ne pas se rapporter à la situation. Les anciens étaient d'ailleurs portés à regar-der le mal si terrible et si soudain de la pa-ralysie comme le châtiment de péchés secrets ou publics. — Ces mots du Sauveur forment le nœud de l'épisode, car ce sont eux qui vont occasionner le conflit avec les Scribes.

6 et 7. — *Erant autem illic...* D'après S. Luc, il y avait aussi des Pharisiens dans l'assemblée, indépendamment des Scribes. De plus, ils étaient venus les uns et les autres « ex omni castello Galilææ et Judææ et Je-rusalem. », Luc. v, 17. Ils étaient donc là d'une manière pour ainsi dire officielle, en vue d'épier le Sauveur. — *Cogitantes in cor-dibus suis.* Ils formèrent tous le même juge-ment téméraire; toutefois, il ne l'exprimèrent pas au-dehors. La promptitude avec laquelle Jésus répondit à leurs pensées les plus se-crètes ne leur laissa pas le temps de se les communiquer. Cfr. le v. 8. La locution « Cogi-tare in corde » est un hébraïsme : d'après la psychologie des anciens Hébreux, le cœur était regardé comme le siège et le centre des opé-rations intellectuelles. — *Quid hic sic loqui-tur*, οὗτός οὕτω. « Hic » est dédaigneux ; « sic » est pris en mauvaise part : de cette manière coupable. — *Blasphemat.* Les Rabbins juifs, s'appuyant sur le Lévitique, XXIV, 15 et 16, distinguaient deux sortes de blas-phème : le plus grief, qui était puni de mort, supposait une profanation ouverte du nom divin ; l'autre existait toutes les fois qu'on avait dit quelque chose d'outrageant pour Dieu, mais sans prononcer son saint nom. Cfr. Sanhedr. VI, 5. C'est de ce dernier blas-phème qu'ils durent accuser Jésus, puisqu'il n'avait proféré aucun des noms divins.

8. — *Quo statim cognito.* Le Sauveur se

8. Aussitôt Jésus, ayant connu par son esprit qu'ils pensaient ainsi en eux-mêmes, leur dit : Pourquoi pensez-vous ces choses dans vos cœurs?

9. Lequel est le plus facile, de dire au paralytique : Tes péchés te sont remis, ou de lui dire : Lève-toi, prends ton grabat, et marche?

10. Or, pour que vous sachiez que le Fils de l'homme a sur la terre le pouvoir de remettre les péchés, (il dit au paralytique) :

11. Je te le commande, lève-toi, prends ton grabat, et va dans ta maison.

12. Et aussitôt celui-ci se leva et, soulevant son grabat, s'en alla devant tout le monde, de sorte que

8. Quo statim cognito Jesus spiritu suo, quia sic cogitarent intra se, dicit illis : Quid ista cogitatis in cordibus vestris?

9. Quid est facilius dicere paralytico : Dimittuntur tibi peccata; an dicere : Surge, tolle grabatum tuum, et ambula?

10. Ut autem sciatis quia Filius hominis habet potestatem in terra dimittendi peccata, (ait paralytico :)

11. Tibi dico : Surge, tolle grabatum tuum, et vade in domum tuam.

12. Et statim surrexit ille : et sublato grabato, abiit coram omnibus; ita ut mirarentur omnes, et honori-

---

plaint d'abord de l'injustice de ses adversaires. Pourquoi formez-vous sans raisons de tels jugements? leur demande-t-il. Il ne l'ignorait point, le raisonnement qu'ils appuyaient sur ses paroles n'était nullement inspiré par un vrai zèle pour la gloire de Dieu, mais par la jalousie et le mauvais vouloir. — *Spiritu suo.* Expression emphatique : « per se, non alio eum docente », Patrizi. S. Marc a l'intention évidente de montrer que Jésus lisait au fond des cœurs et qu'il y découvrait les impressions les plus cachées. Les Prophètes avaient parfois une science semblable, mais elle leur était communiquée par l'Esprit de Dieu. Jésus la possède au contraire par son propre esprit : donc il est Dieu.

9-11. — Le divin Maître fait maintenant une argumentation invincible contre les Scribes. Ceux-ci lui ont fourni la majeure de son syllogisme : Qui, à part Dieu, est capable de remettre les péchés? Il pose lui-même la mineure : Moi, je puis remettre les péchés; et il la prouve par un grand miracle. La conclusion est évidente, bien qu'elle ne soit pas exprimée : Donc, j'agis au nom de Dieu, ou mieux encore : Donc, je suis Dieu. Cfr. Patrizi, In Marc. Comment. p. 18. Pour l'explication des détails, voir S. Matthieu, IX, 4-6, et le commentaire. — *Quid est facilius...* Voici une excellente pensée de Victor d'Antioche sur les paroles de Jésus : « Quel est le plus facile? dire ou agir? Le premier, évidemment, attendu que le résultat n'est pas soumis à aucun contrôle. Eh bien! puisque vous refusez d'ajouter foi à une simple assertion, j'y vais associer les faits, qui serviront de preuve à

ce qui ne tombe pas sous les sens ». — *Filius hominis.* Cette expression importante et mystérieuse est employée quatorze fois par le second Évangéliste. Son origine et sa signification ont été discutées dans l'Évang. selon S. Matth., p. 161 et s. Voir aussi une savante dissertation publiée par le Dr Krawutzcky dans la Theol. Quartalschrift de Tubingue, 1869, p. 600 et ss. — *Ait paralytico.* Parenthèse ouverte par S. Marc entre deux paroles de Jésus, afin de mieux éviter toute amphibologie. Le pronom *tibi* du ✝. 11 est ainsi nettement déterminé. Le Sauveur, qui s'était adressé aux Scribes dans les versets précédents, se retourne tout à coup vers le malade, pour prononcer la parole de salut que celui-ci attendait avec foi.

12. — *Et statim surrexit...* La scène est pour ainsi dire photographiée, tant elle est vivante et détaillée. On voit le paralytique se dresser sur son séant, sauter promptement à bas de sa couchette, la charger sur ses épaules et s'en aller *coram omnibus.* Comme tous les regards devaient être rivés sur lui! — *Ita ut mirarentur...* L'admiration est universelle, ou plutôt, suivant l'énergie du texte grec (ὥστε ἐξίστασθαι πάντας, Cfr. Luc. v, 26), c'est une sorte d'extase qui s'empare de toute l'assistance, tant le miracle a été frappant dans ses différentes circonstances! — *Et glorificarent Deum.* Du fait surnaturel dont elle vient d'être témoin, la pieuse foule remonte aussitôt à Dieu, l'auteur de tout don parfait. Ainsi donc, les Scribes accusaient Jésus de blasphème, et voilà qu'au contraire il avait porté le peuple à glorifier le Seigneur. — Les

ficarent Deum, dicentes : Quia nunquam sic vidimus.

13. Et egressus est rursum ad mare; omnisque turba veniebat ad eum; et docebat eos.

14. Et cum præteriret, vidit Levi Alphæi sedentem ad telonium, et ait illi : Sequere me. Et surgens secutus est eum.

Matth. 9, 9; Luc. 5, 29.

15. Et factum est, cum accumbe-

tous admiraient et glorifiaient Dieu, disant : Jamais nous n'avons vu rien de pareil.

13. Et Jésus se retira de nouveau près de la mer, et tout le peuple venait à lui, et il les enseignait.

14. Et, lorsqu'il passait, il vit Lévi, fils d'Alphée, assis au bureau de péage, et il lui dit : Suis-moi ; et, se levant, il le suivit.

15. Et il arriva qu'étant à table

Juifs se sont autrefois excusés, dans leur Talmud, de n'avoir pas cru en Jésus parce qu'il n'avait pas le pouvoir de remettre les péchés : « Penes eum non erat potestas remittendi peccata nostra, nos ergo eum repudiavimus », Sanhed. fol. 38, 2, Gloss. L'excuse est-elle bien valable? — Voyez dans les Études iconographiques de M. Rohault de Fleury, t. I, p. 471, d'anciennes représentations artistiques de la guérison du paralytique.

b. *Vocation de S. Matthieu.* II, 13-22. — Parall. Matth. IX, 9-17; Luc. V, 27-39.

Les trois synoptiques insistent sur ce fait, à cause de sa grande importance au point de vue du salut messianique. Il contenait une profonde leçon soit pour les juifs, soit pour les païens. Un publicain, un excommunié, Apôtre de Jésus! Personne ne doit donc désespérer d'être sauvé. — A la vocation de Lévi, S. Marc, de même que les auteurs du premier et du troisième Evangile, rattache un nouvel exemple de l'opposition maligne des Pharisiens contre Jésus. Il nous montre ces adversaires acharnés cherchant et trouvant partout des occasions de conflit.

1) Le publicain Lévi appelé par Jésus. II, 13-14.

13. — *Egressus est rursus.* Jésus sort de Capharnaüm où nous l'avions vu entrer au début de ce chapitre, ⅴ. 1. L'adverbe « rursus » retombe sur les mots suivants, *ad mare*, et nous rappelle qu'une fois déjà (Cfr. I, 16) Notre-Seigneur était allé sur le rivage du lac. Cette nouvelle sortie aura le même résultat que la première, car elle aboutira, elle aussi, au choix d'un nouvel apôtre. Il n'est question de la mer que dans le récit de S. Marc : le concours du peuple auprès de Jésus, les instructions que le divin Maître lui donna avec son zèle accoutumé, sont également des traits intéressants qui appartiennent en propre à notre Evangéliste.

14. — *Et cum præteriret.* Le sermon fini,

Jésus continue sa promenade sur les bords du lac, et il fait en un clin d'œil la conquête d'un Apôtre. — *Vidit.* Les hommes s'étudient mutuellement avant de s'unir par des liens durables ; à Jésus un regard suffit, ses yeux pénètrent jusqu'au fond des cœurs ! — *Levi Alphæi,* c'est-à-dire fils d'Alphée, selon le sens ordinaire de cette tournure hébraïque. La mention du père de Lévi est encore une particularité que nous devons à S. Marc. Qu'était cet Alphée? On l'ignore totalement : il paraît certain du moins qu'il ne faut pas le confondre, comme on l'a fait quelquefois, avec le père de S Jacques le Mineur. Voyez l'Evang. selon S. Matth. Préface, § I. Quant à Lévi, dont le nom était si célèbre chez les Hébreux (לוי, intimité, Cfr. Gen. XXVII, 34), on a toujours généralement admis qu'il ne diffère pas de S. Matthieu. Comparez Apost. Const. VIII, c. 22 ; Orig. Præfat. in Epist. ad Rom., Cat. in Matth.; August. de Cons. Evang. l. II, c. XVI ; Hieron. de Viris Illustr. c. III. L'identité des deux personnages n'a été que très-rarement contestée dans l'antiquité : elle l'est à peine de nos jours. Cfr. Matth. IX, 9 et le Commentaire, p. 175. Lévi était l'ancien nom, Matthieu fut la dénomination nouvelle, qui indique le grand changement par lequel le publicain avait été transformé tout d'un coup en Apôtre du Christ. — *Sequere me!* Jésus, dit admirablement Victor d'Antioche, reconnaît la perle qui gît dans la boue, il la ramasse et fait admirer au monde son éclat. — *Secutus est eum.* La perle, dirons-nous pour continuer cette belle image, se laisse volontiers enchasser par le divin joaillier.

2) Le repas chez Lévi et l'accusation des Pharisiens. II, 15-17.

15. — *Quum accumberet.* Peu de temps après sa vocation, Lévi, soit pour honorer son nouveau Maître, soit pour prendre congé de ses amis et de ses anciennes fonctions, fit un repas solennel auquel Jésus assistait avec

dans la maison de cet homme, beaucoup de publicains et de pécheurs y étaient en même temps avec Jésus et ses disciples, car il y en avait beaucoup qui le suivaient aussi.

16. Et les Scribes et les Pharisiens, voyant qu'il mangeait avec les Publicains et les pécheurs, disaient à ses disciples : Pourquoi votre maître mange-t-il et boit-il avec les Publicains et les pécheurs?

17. Jésus, l'ayant entendu, leur dit : Ce ne sont pas ceux qui ont

ret in domo illius, multi publicani et peccatores simul discumbebant cum Jesu et discipulis ejus; erant enim multi qui et sequebantur eum.

16. Et scribæ et pharisæi videntes quia manducaret cum publicanis et peccatoribus, dicebant discipulis ejus : Quare cum publicanis et peccatoribus manducat et bibit Magister vester?

17. Hoc audito, Jesus ait illis : Non necesse habent sani medico,

---

ses disciples. Cfr. Luc. v, 29. — *In domo illius.* Evidemment, il s'agit de la maison de S. Matthieu, ainsi qu'il ressort du contexte et des récits parallèles : quelques exégètes, abusant de l'ambiguïté de l'expression, ont à tort prétendu que le festin avait eu lieu dans la maison de Notre-Seigneur. — *Multi publicani et peccatores.* « Multi » est emphatique. Jésus et les siens n'étaient pas les seuls invités : Lévi, non sans raison, car il pensait probablement à leur bien spirituel, avait voulu mettre en contact avec le Sauveur tous ses collègues d'autrefois. Combien ne devait-il pas désirer qu'ils se convertissent à leur tour! — *Erant enim multi qui et...* « Hoc solus dixit Marcus, ut efficacitatem fructumque prædicationis Christi declararet, qua moti etiam multi publicani et peccatores eum tanquam magistrum discipuli sectarentur. Hanc vim habet particula illa, *et,* quasi dicat publicanos et peccatores multos non solum libenter audivisse Christum..., sed secutos etiam fuisse, quoque pergeret », Maldonat. Fort bien! Car cette dernière phrase du verset a réellement pour but, comme le montre la particule « enim », d'expliquer le « multi » qui précède. C'est donc par erreur que le P. Patrizi, In Marc. Comment. p. 20, rapporte les mots « erant enim... » aux disciples de Jésus : « De Christi discipulis Marcus duo narrat, eos et multos fuisse et magistrum sequi solitos. » On n'obtiendrait ainsi qu'un sens très-affaibli!

46. — *Scribæ et Pharisæi videntes.* Ce repas devait scandaliser doublement les Pharisiens. Premier scandale : Jésus ne craint pas de manger avec des publicains et des pécheurs! — *Videntes :* ils ne tardèrent pas à s'en apercevoir, attendu qu'ils épiaient constamment les démarches de Jésus pour trouver de quoi l'accuser. — *Dicebant discipulis ejus.* N'osant s'adresser directement au Maître, dont ils redoutent les vertes répliques, ils prennent les disciples à partie. — *Quare.* On lit dans

le grec τί ὅτι, « quid est quod? » — *Cum publicanis.* Ce nom désigne dans les Evangiles des fonctionnaires inférieurs, chargés de recueillir les impôts au nom des chevaliers romains, auxquels l'Etat les avait affermés : leur vraie dénomination serait plutôt « portitores ». Ils étaient généralement abhorrés à cause de leur odieuse rapacité. Aussi les épigrammes abondent-elles sur eux dans les ouvrages classiques. Suétone raconte, Vespas. I, que plusieurs villes érigèrent des statues à Sabinus « l'honnête publicain », et, comme on demandait à Théocrite quelles étaient les bêtes sauvages de la pire espèce, il répondit : « Sur les montagnes les ours et les lions ; dans les villes les publicains et les mauvais avocats. » Les Juifs avaient excommunié ceux des leurs qui se livraient à ce métier. Voyez l'Evang. selon S. Matth. p. 124. Les Pharisiens, c'est-à-dire les séparés, d'après l'étymologie de leur nom (Cfr. Ibid. p. 71), se seraient bien gardés d'avoir le moindre rapport avec ces hommes profanes et impurs, et voici que Jésus ne craignait pas de nouer avec eux les relations les plus intimes, *manducat et bibit!* C'était là un spectacle inouï en Israël, de la part d'un docteur et d'un saint. — La question ne fut sans doute posée aux disciples qu'après le festin ; car les Pharisiens et les Scribes n'entrèrent probablement pas dans la maison du publicain Lévi, surtout alors qu'elle était remplie de pécheurs.

47. — *Hoc audito Jesu.* Jésus prend lui-même la parole pour faire l'apologie de sa conduite. Dans sa réponse, il développe d'abord au moyen d'une image, puis au propre, l'idéal de son ministère parmi les hommes. — *Non necesse habent :* traduction littérale et assez peu latine des mots grecs οὐ χρείαν ἔχουσιν, pour « non opus habent ». — *Sani.* οἱ ἰσχύοντες, les gens robustes et bien portants. Le proverbe cité ici par Jésus se retrouve à peu près chez tous les peuples. Voyez l'Evang.

sed qui male habent : non enim veni vocare justos, sed peccatores.

II Tim. 1, 15.

18. Et erant discipuli Joannis et Pharisæi jejunantes; et veniunt, et dicunt illi : Quare discipuli Joannis et Pharisæorum jejunant, tui autem discipuli non jejunant?

19. Et ait illis Jesus : Numquid

bonne santé qui ont besoin de médecin, mais les malades; car je ne suis pas venu appeler les justes, mais les pécheurs.

18. Les disciples de Jean et les Pharisiens jeûnaient; ils vinrent donc et lui dirent : Pourquoi les disciples de Jean et ceux des Pharisiens jeûnent-ils, et vos disciples ne jeûnent pas?

19. Et Jésus leur dit : Est-ce que

---

selon S. Matth. p. 477. Le Sauveur daigne donc assurer qu'il est notre médecin aimable et tout-puissant. Quelle consolation pour un monde si malade que le nôtre ! « Jacet toto orbe terrarum, ab oriente usque ad occidentem, grandis ægrotus : ad sanandum grandem ægrotum descendit omnipotens medicus. » S. August. Serm. LXXXVII. — *Non veni vocare.* Dans le langage du Nouveau Testament, le verbe « vocare » est une expression technique pour désigner la vocation au salut messianique. — *Justos.* Théophylacte, et d'autres interprètes anciens et modernes, croient que Jésus appliquait ironiquement ce nom aux Pharisiens : ὁ δὲ κύριος, οὐκ ἦλθον, φησὶ, καλέσαι δικαίους, τουτέστιν ὑμᾶς τοὺς δικαιοῦντας ἑαυτοὺς (κατ' εἰρωνείαν γὰρ τοῦτό φησιν), ἀλλ' ἁμαρτωλούς. Les justes, c'est-à-dire vous qui vous croyez justes! — *Sed peccatores.* Belle antithèse, qui exprime à merveille le but de l'Incarnation du Verbe, et qui montre que, dans la circonstance présente, Jésus était tout à fait à sa place et dans son rôle. Aussi, comme le dit S. Thomas, 2ª 2ᵘˢ, quæst. 25, les Pharisiens se scandalisaient-ils d'une chose qui aurait dû au contraire les édifier et les porter à l'admiration! La Recepta grecque ajoute εἰς μετάνοιαν, « ad pœnitentiam »; mais il est probable que ces mots sont apocryphes. — Voir dans S. Matth. IX, 13, une troisième proposition, tirée de l'Ancien Testament, que Jésus joignit à sa réponse.

3) Les disciples de Jésus et la question du jeûne, II, 18-22.

18. — Second scandale : Les disciples du Sauveur négligent de jeûner. — *Erant discipuli Joannis...* S. Marc place en avant de cette nouvelle scène une note archéologique qui pouvait être utile à ses lecteurs romains et grecs, peu au courant des usages juifs. Elle nous apprend que les disciples du Précurseur et les Pharisiens étaient dans l'habitude de jeûner fréquemment : les premiers imitaient ainsi la vie sévère de leur Maître; les seconds suivaient en cela leurs traditions

humaines, qui leur recommandaient deux jeûnes par semaine, celui du lundi parce que Moïse était descendu ce jour-là du Sinaï, celui du jeudi parce qu'il en avait fait alors l'ascension. Cfr. Babyl. Bava Kama, f. 82. — La construction de la phrase est extraordinaire : « erant... jejunantes » (ἦσαν... νηστεύοντες), au lieu du simple imparfait. Mais cette tournure a été choisie à dessein par l'écrivain sacré, parce qu'elle exprime très-fortement une coutume fréquente, une chose qui a lieu d'une façon régulière. Comp. S. Matth. IX, 14; S. Luc, V, 33; Winer, Grammat. des neutest. Sprachid., p. 314. C'est donc par erreur que Maldonat et Meyer lui font signifier que les personnages en question étaient en train de jeûner ce jour-là même. — *Et veniunt et dicunt.* D'après S. Matthieu, la question aurait été posée par les seuls Joannites; les seuls Pharisiens la lui adressent dans le troisième Évangile : S. Marc fait la conciliation en la mettant sur les lèvres et des uns et des autres. Quelques-uns des disciples du Précurseur s'étaient rattachés aux Pharisiens après son emprisonnement, et ils avaient adopté la haine de la secte contre Notre-Seigneur. S. Jérôme, in Matth. IX, 14, réprouve par un blâme sévère, mais juste, la conduite qu'ils tinrent dans la circonstance présente : « Nec poterant discipuli Joannis non esse sub vitio, qui calumniabantur eum quem sciebant magistri vocibus prædicatum; et jungebantur Pharisæis quos a Joanne noverant condemnatos (Matth. III. 7). » — *Tui autem discipuli non...* Le contraste est habilement présenté. D'une part, la vie mortifiée des hommes qui étaient alors vénérés par tout le monde comme des saints; d'autre part, Jésus et les siens qui font de bons repas! Cfr. Matth. XI, 19.

19 et 20. — Le Sauveur répond plus longuement à cette objection qu'à la première, parce qu'elle était en apparence plus grave et plus spécieuse. Il la réfute à l'aide de trois images familières, qui lui servent en même temps à caractériser d'une manière admirable la diffé-

les fils des noces peuvent jeûner pendant que l'époux est avec eux? Aussi longtemps qu'ils ont avec eux l'époux, ils ne peuvent jeûner.	possunt filii nuptiarum, quamdiu sponsus cum illis est, jejunare? Quanto tempore habent secum sponsum, non possunt jejunare.
20. Mais viendront les jours où l'époux leur sera enlevé, et ils jeûneront en ces jours-là.	20. Venient autem dies cum auferetur ab eis sponsus; et tunc jejunabunt in illis diebus.
	Matth. 9, 15; *Luc.* 5, 35.
21. Personne ne coud une pièce de drap neuf à un vieux vêtement; autrement, le neuf emporte une partie du vieux et la déchirure devient plus grande.	21. Nemo assumentum panni rudis assuit vestimento veteri; alioquin aufert supplementum novum a veteri, et major scissura fit.

rence qu'il y a entre l'Ancien et le Nouveau Testament, entre la Loi et l'Evangile. Voir l'explication détaillée dans notre commentaire sur S. Matth. p. 178 et ss. — Première image, ℣. 19 et 20. Tant que durent les réjouissances données à l'occasion d'un mariage, aucun de ceux qui y participent ne saurait songer à jeûner : ce serait un vrai contresens. Mais, les fêtes nuptiales achevées, on peut se livrer au jeûne. Telle est la figure dans toute sa simplicité. Quelques expressions seulement demandent un commentaire rapide. — *Filii nuptiarum*; dans le grec, οἱ υἱοὶ τοῦ νυμφῶνος, les fils de la chambre nuptiale, hébraïsme pour désigner ce qu'on nomme chez nous les « garçons d'honneur ». Jésus, le divin *Sponsus*, venu du ciel pour célébrer ses noces mystiques avec l'Eglise, appelait ainsi ses disciples. L'application du reste de la figure se fait maintenant d'elle-même. — *Non possunt jejunare*. Ces mots n'expriment pas une impossibilité absolue, mais l'espèce d'inconvenance qu'il y aurait à jeûner en un pareil temps. — *Quum auferetur*. C'est la première allusion que Jésus fait à sa Passion et à sa mort. En effet, le mot ἀπαρθῇ, employé de concert par les trois synoptiques, indique une séparation violente. La prévision de sa fin douloureuse était donc longtemps d'avance présente à la pensée du Sauveur : il est vrai que ceux qui devaient plus tard le condamner à mort, les Pharisiens, sont actuellement occupés à lancer contre lui de perfides attaques. — *Tunc jejunabunt*. C'est la coutume chez les Hindous de se livrer à diverses manifestations de tristesse le lendemain d'un mariage, quand le nouvel époux a quitté la maison de son beau-père. Lorsque son céleste époux aura quitté la terre, l'Eglise pourra justement gémir et jeûner, exprimant ainsi la peine qu'elle aura de vivre loin de celui qu'elle aime par-dessus tout. — La rédaction de S. Marc, dans ce passage, se fait remarquer par plusieurs redondances pleines d'emphase. Au ℣. 19, la même phrase est répétée deux fois avec de légères variantes. Dans le ℣. suivant, nous trouvons trois expressions pour une seule idée : « dies... tunc... in illis diebus » (le singulier « in illa die », pour signifier : en ce triste jour! serait préférable, car la leçon ἐν ἐκείνῃ τῇ ἡμέρᾳ est beaucoup plus accréditée que celle du Text. Recept.).

21. — Ce verset contient la seconde image, qui est, au dire de S. Luc, v, 37, de même que la troisième, une sorte de petite parabole dans le sens plus large. Par ces deux comparaisons empruntées aux détails les plus pratiques de la vie de famille, Jésus se propose de démontrer, selon les uns, qu'un nouvel esprit se crée des formes nouvelles, c'est-à-dire que le Nouveau Testament peut se débarrasser de certaines observances cérémonielles de l'Ancien; simplement, selon les autres, que les disciples étaient encore trop faibles pour mener une vie austère et pénitente. Nous avons examiné ces deux opinions dans l'Evangile selon S. Matth. p. 180 et 181. — *Nemo assumentum...* Un sourire nous échappe malgré nous toutes les fois que nous lisons cette parole de Jésus, car elle nous rappelle un de nos condisciples de collège, dont les vêtements étaient toujours rapiécetés de la façon proscrite par le divin Maître. Mais ce procédé, nous nous en souvenons aussi, ne manquait pas de donner gain de cause à la parabole, car, sans parler de la bigarrure étrange produite par des morceaux d'étoffe neuve sur de vieux habits, bientôt « la pièce fraîche emportait une partie du vêtement, et il se faisait une plus grande déchirure. » — Il existe, relativement à la seconde partie de ce verset, un grand nombre de variantes dans les manuscrits grecs. La Vulgate a suivi la leçon conservée par le Cod. D et quelques manuscrits en lettres minuscules : αἴρει τὸ πλήρωμα τὸ καινὸν ἀπὸ τοῦ παλαιοῦ. Le Texte Recept. porte : αἴρει τὸ πλήρωμα αὐτοῦ τὸ και-

22. Et nemo mittit vinum novum in utres veteres, alioquin dirumpet, vinum utres, et vinum effundetur, et utres peribunt; sed vinum novum in utres novos mitti debet.

22. Et personne ne met du vin nouveau dans des outres vieilles; autrement, le vin rompra les outres, et le vin se répandra, et les outres seront perdues; mais le vin nouveau doit être mis dans des outres neuves.

23. Et factum est iterum, cum Dominus sabbatis ambularet per sata, et discipuli ejus cœperunt progredi, et vellere spicas.

Matth. 12, 1; *Luc.* 6, 1.

23. Et il arriva encore que lorsque le Seigneur passait un jour de sabbat le long des blés, ses disciples commencèrent tout en marchant à rompre des épis.

24. Pharisæi autem dicebant ei : Ecce, quid faciunt sabbatis quod non licet?

24. Et les Pharisiens lui dirent : Voyez, pourquoi font-ils le jour du sabbat ce qu'il n'est pas permis de faire?

νὸν τοῦ παλαιοῦ. On lit dans le manuscrit A : αἴρει ἀπ' αὐτοῦ τὸ πλήρωμα τὸ καινὸν τοῦ παλαιοῦ. La meilleure leçon semble être celle qu'ont adoptée Lachmann et Tischendorf à la suite des manuscrits B. L. etc. : αἴρει τὸ πλήρωμα ἀπ' αὐτοῦ τὸ καινὸν τοῦ παλαιοῦ. Voyez Schegg, Evang. nach Mark. p. 280 et s. Au fond le sens est le même dans tous les cas, malgré des nuances très-légères dans la pensée.

22. — Troisième image. *Nemo mittit vinum....* Un hymne d'Adam de S. Victor pour la fête de la Pentecôte abrège ainsi la comparaison du Sauveur :

Utres novi, non vetusti,
Sunt capaces novi musti.

Dans de vieilles outres, la peau est incapable de résister à une vive pression, telle qu'est celle du vin nouveau. Quiconque l'oublierait, perdrait tout à la fois le contenant et le contenu. Bengel, Gnomon N. T. in Matth. IX, apprécie très-bien les ɣɣ. 21 et 22, lorsqu'il dit : « Magna cum sobrietate et festivitate respondet Dominus; a vestibus et vino (quorum usus erat in convivio) parabolas desumit jucundas ad confutandam quærentium tristitiam. »

c. *Conflit à propos du Sabbat. Premier cas: Les épis.* II, 23-28. — Parall. Matth. XII, 1-8; Luc. II, 1-5.

23. — *Et factus est iterum.* Cfr. ɣ. 15. L'adverbe « iterum » n'est pas dans le texte primitif. Il introduit ici une nouvelle occasion de conflit entre Jésus et les Pharisiens. La date fixée par S. Luc, VI, 1, malgré l'incertitude qui règne autour d'elle, semble indiquer que l'épisode des épis n'eut pas lieu immédiatement après la vocation de Lévi, mais à une époque plus tardive. S. Marc au-

rait donc suivi en cet endroit l'ordre logique et non celui des faits. — Sabbatis : le pluriel pour le singulier. Voyez plus haut, I, 21 et l'explication. — Ambularet per sata. Le grec παραπορεύεσθαι *a plutôt le sens de « transire ». Cfr. Luc. VI, 1. Sur la construction* ἐγένετο... παραπορεύεσθαι αὐτόν, *voyez Winer, Gramm. p. 289. — Cœperunt progredi et vellere... La phrase grecque est autrement construite :* ἤρξαντο ὁδὸν ποιεῖν τίλλοντες τοὺς στάχυας. *Sa traduction littérale serait : « Cœperunt iter facere vellentes spicas. » Les mots* ὁδὸν ποιεῖν *ont reçu plusieurs interprétations. Quelques exégètes y ont vu que les Apôtres s'avançaient jusque dans les champs pour prendre des épis. Mais comment se seraient-ils permis un dégât aussi inutile, puisqu'ils avaient sur le bord du chemin plus d'épis qu'il ne leur en fallait? D'après Fritzsche, les disciples auraient pour ainsi dire marqué leur chemin en le jonchant des épis égrenés qu'ils rejetaient! Un tel commentaire est-il sérieux? Le vrai sens semble pourtant bien simple : on n'a qu'à faire une légère transposition,* ὁδὸν ποιούμενοι τίλλειν..., *et l'on obtient cette phrase très-claire : Chemin faisant, ils se mirent à arracher des épis. Que voulaient-ils faire de ces épis? Notre Évangéliste n'en dit rien ; mais le contexte le montre suffisamment ; Cfr. ɣ. 26. Du reste, les deux autres synoptiques le racontent en toutes lettres : « Vellebant... spicas, et manducabant confricantes manibus. » Luc. VI, 1 ; Cfr. Matth. XI, 1.*

24. — *Pharisæi autem...* Même dans le calme et la solitude de la campagne, Jésus n'est pas à l'abri de ses ennemis. Ils sont là pour incriminer aussitôt l'acte des disciples, dont ils rejettent sur lui toute la responsabilité. — *Quid faciunt... quod non licet?* D'après ces esprits étroits, arracher quelques

25. Et il leur dit : N'avez-vous pas lu ce que fit David quand il eut besoin et qu'il eut faim, lui et ceux qui étaient avec lui?

26. Comment il entra dans la maison de Dieu, au temps du grand-prêtre Abiathar, mangea les pains de proposition qu'il n'était permis qu'aux prêtres de manger, et en donna à ceux qui étaient avec lui?

27. Et il leur disait : Le sabbat

25. Et ait illis : Nunquam legistis quid fecerit David, quando necessitatem habuit et esuriit ipse, et qui cum eo erant?

I Reg. 21, 6.

26. Quomodo introivit in domum Dei sub Abiathar principe sacerdotum, et panes propositionis manducavit, quos non licebat manducare, nisi sacerdotibus, et dedit eis qui cum eo erant?

Lev. 24, 9.

27. Et dicebat eis : Sabbatum

épis équivalait à moissonner. « Qui sabbato frumentum metit ad quantitatem ficus, reus est. » Maimonid. in Schabb. c. vii. Les disciples avaient donc fait une œuvre servile, et violé par là-même le repos du Sabbat. Voyez à ce sujet l'Evangile selon S. Matth. p. 236 et s. Les Juifs dits orthodoxes ont encore aujourd'hui, relativement au respect dû au sabbat, toute la largeur d'idées des Pharisiens. Compar. Ed. Coypel. Le Judaïsme, p. 170 et ss.

25 et 26. — *Ait illis.* Dans le grec, αὐτὸς ἔλεγεν αὐτοῖς, « ipse ait illis. » Cet αὐτὸς est emphatique. Jésus s'empresse de défendre les Apôtres contre l'injuste accusation de ses adversaires. Son argumentation vigoureuse, à laquelle les délateurs n'eurent rien à répondre, se compose de deux parties, l'une historique, l'autre rationnelle. — Premier argument, v. 25 et 26. — *Numquam legistis?* Regarde, ἴδε, s'étaient écriés les Pharisiens. Lisez! s'écrie à son tour le divin Maître. Il renvoie ces Docteurs aux Saints Livres qu'ils étaient chargés d'interpréter. — *Quid fecit David.* Cfr. I Reg. xxi, 6. L'incident s'était passé à Nob, au temps où David fuyait la colère de Saül. Pressé un jour par le besoin (*necessitatem habuit,* ce détail est spécial à S. Marc : il est important pour ramener l'exemple de David au cas des disciples), le royal proscrit alla demander des vivres au grand-prêtre qui, n'ayant alors sous la main que les pains de proposition, n'hésita pas à les lui livrer, bien qu'il fût permis aux seuls prêtres de manger cette nourriture consacrée. — *Sub Abiathar,* c'est-à-dire durant le pontificat d'Abiathar. Nous disons dans le même sens : sous Pie IX, sous Léon XIII. La mention expresse du nom du grand-prêtre alors régnant est une nouvelle particularité du récit de S. Marc. Toutefois, elle crée une très-grande difficulté, puisque, d'après le premier Livre des Rois, xxi, 4 et ss., le grand-prêtre qui remit à David les pains de proposition ne

fut point Abiathar, mais son père Achimélech. Pour résoudre ce problème exégétique, on a inventé toute sorte d'hypothèses plus ou moins ingénieuses. Il suffira de citer les principales. 1º Abiathar serait une faute de copiste, pour Achimélech. 2º L'Évangéliste, mal servi par sa mémoire, aurait confondu les deux noms. 3º Le grand-prêtre d'alors se serait appelé en même temps Abiathar et Achimélech : de là l'emploi de noms différents par les deux écrivains sacrés. 4º Abiathar, comme précédemment les fils d'Héli, I Reg. iv, 4, aurait été le coadjuteur de son père dans les fonctions du souverain Pontificat : c'est pourquoi il put donner de ses propres mains les pains de proposition au prince fugitif. 5º Quoiqu'il ne fût pas alors grand-prêtre, Abiathar était néanmoins employé au service du tabernacle. On le nommerait ici de préférence à son père à cause de la célébrité qu'il acquit plus tard sous le règne et au service de David. Les deux dernières opinions sont les plus vraisemblables : la seconde est rationaliste ; la première et la troisième ne reposent sur aucun fondement solide. — Pour éviter la difficulté que nous venons de signaler, plusieurs manuscrits ont purement et simplement omis le v. 26. — *In domum Dei :* c'était alors un simple tabernacle. — *Et eis qui cum eo erant.* Plus exactement, d'après le récit du livre des Rois, le grand-prêtre remit les pains à David, qui s'était seul présenté dans le tabernacle. Les compagnons du prince étaient restés à quelque distance.

27. — *Et dicebat eis.* S. Marc signale par cette formule de transition le second argument de Jésus, compris dans les vv. 27 et 28. Ce nouveau raisonnement se compose de deux principes de la plus haute importance, non-seulement pour le point particulier à résoudre, mais encore d'une manière générale relativement aux observances religieuses. — *Sabbatum propter hominem...* Premier prin-

propter hominem factum est, et non homo propter sabbatum.

28. Itaque Dominus est Filius hominis etiam sabbati.

a été fait pour l'homme, et non l'homme pour le sabbat.

28. Ainsi donc, le Fils de l'homme est maître du sabbat même.

CHAPITRE III

Guérison d'une main désséchée (℣℣. 1-6). — Jésus se retire près du lac de Tibériade et opère de nombreux miracles (℣℣. 7-12). — Choix des douze Apôtres (℣℣. 13-19). — Les parents de Jésus et l'étrange opinion qu'ils ont de lui (℣℣. 20-21). — Accusé par les Scribes d'opérer ses miracles avec l'aide de Béelzébub, Jésus réfute cette odieuse assertion (℣℣. 22-30). — Quels sont les vrais parents de Notre-Seigneur (℣℣. 31-35).

1. Et introivit iterum in synagogam ; et erat ibi homo habens manum aridam.

1. Jésus entra une autre fois dans la synagogue, et il y avait là un homme ayant une main desséchée.

Matth. 12, 9; Luc. 6, 6.

---

cipe, qui ne se trouve que dans la rédaction de S. Marc. C'est là une vérité aussi profonde qu'elle est obvie : mais la « micrologie » pharisaïque l'avait complètement obscurcie, en faisant du sabbat un but, tandis qu'il n'était qu'un moyen. Ainsi donc, le sabbat a été établi en vue de l'homme, pour son bien spirituel et temporel : par conséquent, faire souffrir l'homme à cause du sabbat, c'est aller contre l'institution divine et renverser l'ordre naturel des choses. Plusieurs Rabbins l'avaient compris, entr'autres R. Jonatha ben-Joseph, qui disait : « Le sabbat a été livré entre vos mains, mais vous n'avez pas été livrés entre les siennes, car il est écrit : Le sabbat est pour vous (Ex. xvi, 29) ». Ioma f. 85, 2. Les contemporains de Jésus ne jugeaient pas de la même manière. — Voyez au second livre des Machabées, v, 19, un principe analogue à celui de Jésus : « Non propter locum, gentem, sed propter gentem locum Deus elegit. »

28. — Second principe, encore plus relevé que le premier : L'autorité du Christ est bien supérieure au sabbat. Jésus oppose donc maintenant son autorité messianique aux mesquines vexations des Pharisiens. — L'expression *itaque*, ὥστε, a été différemment comprise. Plusieurs interprètes la traduisent par « au reste, en fin de compte » (Cfr. Fr. Luc), parce que, disent-ils, elle n'introduit pas une conséquence rigoureuse des paroles qui précèdent, mais un argument nouveau et péremptoire. « Après tout (telle serait la

pensée de Jésus), je puis dispenser mes disciples de la loi du sabbat, en vertu des pouvoirs dont je jouis comme Christ. » Mais n'est-il pas plus naturel de conserver à ὥστε le sens de « igitur », et d'admettre une liaison réelle entre le ℣. 27 et le nôtre ? Si le sabbat est fait pour l'homme, comme Jésus vient de le dire, il est bien évident que le Fils de l'homme, c'est-à-dire le Messie, en est le Maître, et qu'il a le droit de dispenser à son sujet comme il lui plaît.

d. *Conflit à propos du Sabbat. Second cas : La main desséchée.* iii, 1-6. — Parall. Matth. xii, 9-14; Luc. vi, 6-10.

Chap. iii. — 1. — *Et introivit.* Dans cet épisode, comme dans celui qui précède, nous voyons Jésus ramener le sabbat à son véritable esprit, de même qu'il avait fait un peu plus haut pour le jeûne. Cfr. ii, 18-22. Ce n'était pas sans besoin, car peu de lois avaient été autant torturées par les Pharisiens, et par là-même autant éloignées des intentions que Dieu s'était proposées en les instituant. — *Iterum in synagogam.* « Iterum » nous reporte au ℣. 21 du chap. i, où nous avions déjà vu le Sauveur entrer dans une synagogue pour y opérer un grand miracle. Au point de vue chronologique, S. Luc, vi, 6, a ici une note importante : « Factum est... in alio sabbato. » D'après le récit de S. Marc, on pourrait croire que l'incident qui va suivre eut lieu le même jour que celui des épis. — *Manum aridam.* Cette expression désigne une paralysie locale,

2. Et ils l'observaient pour voir s'il le guérirait en un jour de sabbat, afin de l'accuser.

3. Et il dit à l'homme qui avait une main desséchée : Tiens-toi debout au milieu.

4. Puis il leur dit : Est-il permis, un jour de sabbat, de faire du bien ou du mal? de sauver la vie ou de l'ôter? Mais ils se taisaient.

5. Alors, les regardant avec co-

2. Et observabant eum, si sabbatis curaret, ut accusarent illum.

3. Et ait homini habenti manum aridam : Surge in medium.

4. Et dicit eis : Licet sabbatis benefacere, an male? animam salvam facere, an perdere? At illi tacebant.

5. Et circumspiciens eos cum ira,

---

qui privait le pauvre infirme de l'usage de sa main. Jéroboam avait été miraculeusement atteint d'un mal semblable pour sa conduite sacrilége. Cfr. III Reg. XIII, 4.

2. — *Observabant eum.* « Scribæ et Pharisæi », ajoute S. Luc, VI, 7. Le verbe est pris en mauvaise part (« observabant ex obliquo »), comme il ressort du contexte. Cfr. Luc. XX, 20; Act. IX, 24. En soi, παρατηρεῖν signifie simplement « curiosos oculos conjicere »; dans le cas présent, les Pharisiens observent parce qu'ils épient. — *Si sabbatis curaret.* D'après les prescriptions imposées par les Docteurs de la Loi, à part le cas d'extrême urgence, toute opération médicale était sévèrement interdite aux jours de sabbat. Voyez l'Évangile selon S. Matth. p. 240. Jésus se montrera-t-il docile aux traditions? Ses adversaires espèrent bien que non, car ils sont désireux de trouver contre lui quelque grave motif d'accusation : *ut accusarent.* Voilà leur but unique bien marqué.

3. — *Et ait homini...* Les regards scrutateurs de ses ennemis n'épouvantent pas Jésus. Au contraire, pour mieux attirer l'attention de toute l'assemblée, d'une voix ferme il commande à l'infirme de se placer au centre de la synagogue. Le divin Thaumaturge veut le grand jour pour ses actions. — *Exurge in medium;* construction elliptique, pour : « Surge et prodi in medium. »

4. — *Et dicit eis,* au présent, de même dans les ỹỹ. 3 et 5. S. Marc raconte la scène d'une façon vivante et dramatique : on croirait encore y assister. — *Licet sabbatis...* D'après S. Matthieu, ce seraient les Pharisiens qui auraient eux-mêmes demandé à Jésus : Est-il permis de guérir en un jour du Sabbat? L'accord se fait aisément entre les deux narrations, si l'on admet que le Sauveur répondit à leur question par une contre-question analogue. Il employait volontiers cette tactique pour mettre dans l'embarras ses interrogateurs insidieux. Mais la contre-question est arrangée de telle sorte qu'elle résout vraiment le problème proposé. — *Bene facere*

an male. Dilemne habile, proposé sous une forme abstraite : bien faire ou mal faire en général, ou mieux encore, faire du mal ou du bien. — *Animam salvam facere an perdere.* C'est la même alternative, exprimée sous la forme concrète, et plus directement appliquée à la situation actuelle. « Anima », de même que l'hébreu נֶפֶשׁ, ne désigne pas ici l'âme proprement dite, mais la vie, toute créature vivante. « Perdere », en grec ἀποκτεῖναι, tuer. Jésus va faire le bien et sauver ; les Pharisiens et les Scribes, en ce même jour (Cfr. ỹ. 6), vont former de noirs projets d'homicide. Qui d'entre eux profanera le Sabbat et son repos? Ainsi donc, d'après la vigoureuse argumentation du divin Maître, bien faire et mal faire sont des choses générales, indépendantes des circonstances de temps; guérir est une bonne œuvre, qui convient très-bien pour un jour sanctifié. « S'il est permis de faire le bien en un jour de sabbat, c'est en vain que vous m'épiez; si cela est défendu, alors Dieu transgresse ses propres lois, puisque, même aux jours de Sabbat, il permet au soleil de se lever, à la terre de tomber, à la terre de porter des fruits. » Cat. græc. in Marc. — *At illi tacebant.* Ils sont saisis entre les tenailles du dilemne, et, pour éviter de se compromettre en répondant, ils préfèrent garder un humiliant silence qui les condamne. S. Marc a seul noté ce trait saisissant. — Voir dans S. Matthieu, XII, 11 et 12, un argument « ad hominem » adressé par Jésus aux Pharisiens.

5. — Toute la première moitié de ce verset contient de nombreux détails particuliers à S. Marc. — *Circumspiciens eos,* περιβλεψάμενος αὐτοὺς. Jésus embrasse tous ses ennemis, l'un après l'autre, dans ce regard noble et ferme, devant lequel leurs propres yeux durent se baisser humblement. Notre Évangéliste aime à décrire les regards de Jésus. Cfr. III, 34; V, 32; X, 23; XI, 11. — *Cum ira.* Il aime à décrire aussi les sentiments humains qui agitaient son âme. Il signale ici un mouvement de sainte colère. C'est le seul endroit des Évangiles où il est dit que le Sauveur ait été

contristatus super cæcitate cordis eorum, dicit homini : Extende manum tuam. Et extendit; et restituta est manus illi.

6. Exeuntes autem Pharisæi, statim cum Herodianis concilium faciebant adversus eum, quomodo eum perderent.

Matth. 12, 14.

7. Jesus autem cum discipulis suis secessit ad mare; et multa turba a Galilæa et Judæa secuta est eum,

8. Et ab Jerosolymis, et ab Idu-

lère, contristé de l'aveuglement de leur cœur, il dit à cet homme : Etends ta main. Et il l'étendit, et sa main fut guérie.

6. Or les Pharisiens, étant sortis, tinrent aussitôt conseil contre lui avec les Hérodiens sur les moyens de le perdre.

7. Mais Jésus se retira vers la mer avec ses disciples, et une troupe nombreuse le suivit de la Judée et de la Galilée,

8. Et de Jérusalem et de l'Idu-

ému par cette passion. Ou plutôt, comme s'exprime Fr. Luc, Comment. in h. l., « ira nobis est passio, Christo tanquam actio erat : nobis sponte oritur; a Christo in se excitatur : orta in nobis, reliquas corporis animique vires turbat, nec pro arbitrio potest reprimi; a Christo excitata, movet quod ipse moveri velit, turbat nihil, denique quiescit pro voluntate ejus. » En effet, dit S. Léon, Epist. XI, « sensus corporei vigebant (in Christo) sine lege peccati, et veritas affectionum sub moderamine deitatis et mentis. » En Jésus, tout était pur et parfait. — *Contristatus.* Etrange association, ce semble : la tristesse et la compassion unies à la colère ! Et pourtant l'expérience, aussi bien que la psychologie, justifie ce mélange de sentiments qui ne sont en aucune façon contradictoires. Jésus s'irrite contre le péché, il s'apitoie sur les pécheurs; ou bien, sa colère ne dure qu'un instant, une vive et perpétuelle sympathie la remplace aussitôt. — *Super cæcitate cordis eorum.* Le substantif grec πωρωσις désigne plutôt l'endurcissement que la cécité du cœur : πωρόω signifie même pétrifier. Cfr. Marc. vi, 52; viii, 16; Joan. xii, 40; II Cor. iii, 14. Une haine implacable contre Jésus avait endurci le cœur des Pharisiens. — *Extende... et extendit... et restituta est :* le récit est aussi rapide que les faits. Jésus avait déjà opéré d'autres prodiges en des jours de Sabbat. Cfr. i, 21, 29. Il en opérera d'autres encore, Joan. v, 9; ix, 14; Luc. xiii, 14; xiv, 1. Ses ennemis ne lui pardonneront jamais cette sainte liberté; aussi les Evangiles apocryphes nous les montrent-ils lançant contre Jésus, à l'époque de son jugement, cette accusation avec une insistance particulière. Cfr. Thilo, Cod. Apocr. p. 502 et 558.

6. — *Exeuntes... statim.* Mais dès aujourd'hui nous les voyons, emportés par leur rage fanatique, ourdir les plus noirs complots. « Statim » : ils ne perdent pas un instant; la

haine qui les aiguillonne les rend prompts à agir. — *Cum Herodianis.* Sur le caractère et les tendances de ce parti, voyez l'Evangile selon S. Matth. p. 426. M. Schegg, Evang. nach Mark., h. l., dit avec esprit que c'étaient les « conservateurs-libéraux » du temps. Le Docteur juif Abr. Geiger suppose sans raison que le nom d'Hérodiens désignait une famille sacerdotale, et D. Calmet ne se trompe pas moins quand il fait de ces hommes des disciples du révolutionnaire Judas le Galiléen. Ils formaient un parti beaucoup plus politique que religieux : or, précisément au point de vue politique, la popularité croissante de Jésus pouvait les effrayer, d'autant mieux que la résidence du tétrarque Hérode Antipas était non loin de là, à Tibériade. De là leur alliance avec les Pharisiens, quoique les deux sectes fussent entre elles aussi peu homogènes que le blanc et le noir. — *Quomodo eum perderent.* L'alliance est conclue dans ce but : la clause en sera fidèlement exécutée des deux côtés, car, pendant la Semaine Sainte, xii, 13, nous trouverons les parties contractantes agissant de concert pour perdre Jésus. Le détail de cette convention inique est propre à notre Evangéliste.

6. Jésus se retire près du lac de Tibériade et opère de nombreux miracles. iii, 7-12. — Parall. Matth. xii, 15-21; Luc. vi, 17-19.

7 et 8. — *Jesus autem.* S. Marc trace en cet endroit un charmant petit tableau, qui nous donne une idée aussi nette que possible de ce que devait être la vie de Jésus à cette époque de son ministère public. Nous voyons le divin Maître entouré de foules sympathiques, sur lesquelles il déverse à profusion les témoignages de sa bonté : c'est encore le temps de sa popularité en Galilée, bien qu'il ait déjà, nous l'avons récemment appris, des ennemis altérés de son sang. L'Evangéliste semble insister avec amour sur l'intimité des rela-

mée, et d'au-delà du Jourdain; et une grande multitude des environs de Tyr et de Sidon, apprenant ce qu'il faisait, vint à lui.

9. Et il dit à ses disciples de mettre à sa disposition une barque, à cause de la foule, pour n'en être pas accablé.

10. Car il guérissait beaucoup de malades, de sorte que tous ceux qui avaient quelque mal se jetaient sur lui pour le toucher.

mæa, et trans Jordanem; et qui circa Tyrum et Sidonem, multitudo magna, audientes quæ faciebat, venerunt ad eum.

9. Et dixit discipulis suis ut navicula sibi deserviret propter turbam, ne comprimerent eum.

10. Multos enim sanabat, ita ut irruerent in eum, ut illum tangerent, quoquot habebant plagas.

---

tions qui existaient alors entre Jésus et la masse du peuple. Plusieurs de ces traits pittoresques dans lesquels il excelle animeront donc ici encore sa narration, qui ne ressemble d'ailleurs aux deux autres que d'une manière très-générale. — *Secessit ad mare.* « Jesus autem sciens recessit inde », lisons-nous dans S. Matthieu, XII, 15. C'est donc la connaissance des projets sanguinaires des Pharisiens, ℣. 6, qui engagea le Sauveur à se retirer, par mesure de prudence, dans les solitudes qui environnent le lac. Voyez I, 35 et le Commentaire. Toutefois, comme l'avait dit le Prophète, Is. XXXV, 1, « lætabitur deserta et invia, et exultabit solitudo, et florebit quasi lilium. » Voici que le désert s'anime et se peuple sous l'influence de l'affection qu'on porte à Jésus. — *Multa turba... secuta est eum.* Cette foule, attirée, dit le ℣. 8, par la renommée des œuvres de Notre-Seigneur, vient de toutes les régions de la Palestine : les habitants du Nord (a *Galilæa, qui circa Tyrum et Sidonem*) se rencontrent auprès de Jésus avec ceux de l'Est (*trans Jordanem*) et du Sud (*Judæa, ab Jerosolymis*), même du Sud le plus lointain (*ab Idumæa*), de manière à former, répète l'Evangéliste avec une certaine emphase, une immense multitude, *multitudo magna.* — La ville de Jérusalem, bien qu'elle fût comprise dans la Judée, est nommée à part à cause de son importance spéciale. Les mots « trans Jordanem » représentent la province de Pérée dans son étendue la plus vaste. Voyez l'Evang. selon S. Matth. p. 367. L'Idumée faisait alors partie de l'état juif, auquel elle avait été incorporée par les princes Asmonéens: ses habitants avaient dû adopter le culte mosaïque. Elle était gouvernée par Arétas, beau-père du tétrarque Hérode. C'est la seule fois que son nom apparaît dans les écrits du Nouveau Testament. Nous devons à S. Marc de contempler les descendants d'Esaü réunis, malgré des haines invétérées, aux fils de Jacob aux pieds du Christ. D'après cette énu-

mération, une seule province, la Samarie, n'était pas représentée auprès de Jésus : cela provenait de la profonde antipathie qui séparait les Samaritains des Juifs. Voyez l'Evang. selon S. Matth. p. 498.

9. — *Dixit*, c'est-à-dire « imperavit ». Ordre aussi intéressant en lui-même que dans son but. — *Ut navicula.* Le grec aussi a un diminutif, πλοιάριον, une petite barque, une nacelle. Voilà la flotte de Jésus ! — *Sibi deserviret.* H. Etienne, Thesaur., appendix, p. 1725, donne la définition suivante du verbe προσκαρτερέω, employé ici dans le texte primitif : « Cum tolerantia et perseverantia quadam insisto, incumbo, seu assiduus et multus sum in aliqua re. » Appliquant ensuite sa définition à notre passage, il traduit très-exactement les mots πλοιάριον προσκαρτερῇ αὐτῷ par « navicula sibi assidua comes sit ». Ce que Jésus demandait, c'était donc que la barque en question fût mise en réserve pour son usage, et qu'elle fût constamment à sa disposition au bord du lac. Grâce à ce moyen, il pouvait, d'une part, s'échapper de temps en temps et gagner les solitudes de l'Est, d'autre part, prêcher plus à l'aise de cette chaire improvisée, sans être trop pressé par la foule. — On a fait observer que Notre-Seigneur semble avoir aimé le lac et les montagnes, les deux spectacles de la nature qui renferment le plus de beautés et qui parlent le plus aux âmes vives et délicates.

10. — *Multos enim sanabat.* Il paraît y avoir eu dans la Vie publique du Sauveur des périodes plus spécialement consacrées aux miracles, d'autres en grande partie réservées à la prédication, quoique régulièrement ces deux choses fussent unies de manière à s'appuyer l'une l'autre. L'époque actuellement décrite par S. Marc fut un temps de nombreux prodiges. — *Ita ut irruerent in eum*, ὥστε ἐπιπίπτειν αὐτῷ; littéralement, au point qu'on tombait sur lui. Trait tout à fait graphique, qui reproduit la scène sous nos yeux. — *Ut illum tangerent.* Motif de cet empressement

11. Et spiritus immundi, cum illum videbant, procidebant ei; et clamabant dicentes :

12. Tu es Filius Dei. Et vehementer comminabatur eis ne manifestarent illum.

13. Et ascendens in montem vocavit ad se quos voluit ipse, et venerunt ad eum.

Matth. 10, 1; *Luc.* 6, 13 *et* 9, 1.

14. Et fecit ut essent duodecim

---

11. Et les esprits immondes, lorsqu'ils le voyaient, se prosternaient devant lui et criaient, disant :

12. Tu es le Fils de Dieu. Et il leur défendait avec de grandes menaces de le faire connaître.

13. Et étant monté sur une montagne, il appela à lui ceux qu'il voulut lui-même, et ils le suivirent.

14. Et il en choisit douze pour

---

des pauvres malades. Et le bon Jésus se laissait faire! — *Plagas*, en grec μάστιγας, des fouets, des coups de fouet. Ce mot, de même que l'hébreu שׁוֹט, III Reg. xii, 11, désigne au figuré toute sorte de souffrances physiques. Cfr. v, 29, 34; Luc. vii, 21. Son emploi dans cette acception provenait de l'antique croyance que les maladies étaient toujours des châtiments divins.

11. — *Spiritus immundi... procidebant ei.* Quel beau et frappant contraste! Les malades se jettent sur Jésus afin d'obtenir leur guérison; les possédés se prosternent devant lui, reconnaissant son caractère messianique, et le conjurant sans doute, comme en d'autres circonstances, de les laisser en paix. Remarquez qu'on parle des esprits immondes comme s'ils n'eussent fait qu'une seule et même chose avec les malheureux dont ils s'étaient emparés. Voyez notre commentaire sur S. Matthieu, p. 165. — *Cum illum videbant.* La conjonction a ici le sens de « quandocumque »; ὅταν, dit le texte grec. Les trois imparfaits de ce verset sont à noter : ils indiquent un fait habituel et constant.

12. — *Filius Dei*, c'est-à-dire le Messie en tant qu'il était censé avoir avec Dieu les relations les plus étroites. Il n'est pas probable que ce titre eût, dans la bouche des démons, le sens strict de « Filius Dei naturalis. » — *Vehementer comminabatur...* πολλὰ ἐπετίμα. Nous avons recherché plus haut (Comp. i, 25 et la note) les motifs pour lesquels Jésus-Christ imposait ainsi le silence aux démons. S. Matthieu, dans le passage parallèle, xii, 17-21, relève une belle prophétie d'Isaïe que Jésus réalisait à cette époque de la façon la plus parfaite.

7. — Les douze Apôtres. iii, 13-19. — Parall. Matth. x, 2-4; Luc. vi, 12-16.

13. — *Ascendens in montem.* La montagne témoin du choix des douze Apôtres fut très-probablement celle de Kouroun-Hattin, dont le lecteur trouvera la description dans l'Evangile selon S. Matthieu, p. 98. Elle était située

à une courte distance du lac, qu'elle surplombe de son double sommet. L'article du texte grec, τὸ ὄρος, suppose qu'il s'agit d'une montagne célèbre dans la contrée. C'est donc là que Jésus, après une prière mystérieuse et une veille solitaire, Luc. vi, 12, choisit parmi ses disciples, déjà nombreux, douze hommes spéciaux, destinés à un rôle supérieur, et dont il voulait dès lors faire l'éducation en vue de leur destinée si importante pour son œuvre. — *Vocavit ad se* : il proclama sans doute leurs noms devant l'assistance, les désignant un à un et les groupant à ses côtés. Ce fut un moment bien solennel : il est solennellement décrit dans la narration pourtant bien simple de notre Evangéliste. — *Quos voluit ipse.* Mot de la plus haute gravité, qui dénote de la part de Jésus un choix tout à fait libre, quoique basé sur les plans éternels de Dieu. Il appela ceux qu'il voulut! « Non vos me elegistis, dira-t-il plus tard aux Douze, Joan. xv, 16, sed ego elegi vos et posui vos ut eatis... » Les Apôtres eux-mêmes ne furent donc pour rien dans leur vocation, de même que leurs successeurs à divers degrés, Evêques ou Prêtres, ne doivent être pour rien dans la leur. « Nec quisquam sumit sibi honorem, sed qui vocatur a Deo, tanquam Aaron ». Hebr. v, 4. Non, personne, pas même le Christ, continue le grand Apôtre: « Sic et Christus non semetipsum clarificavit ut Pontifex fieret, sed qui locutus est ad eum :... Tu es sacerdos in æternum secundum ordinem Melchisedech ». — *Et venerunt ad eum.* Voilà donc le cercle intime des Douze définitivement constitué; les vocations antérieures dont les membres du Collège apostolique avaient été l'objet n'étaient que des degrés préliminaires et préparatoires à la grande installation faite en ce moment par Jésus.

14 et 15. — Dans ces deux versets, S. Marc détermine avec beaucoup de clarté l'office et le rôle des Apôtres. — *Fecit ut essent duodecim...* Le grec est autrement construit : καὶ ἐποίησε δώδεκα ἵνα ὦσι μετ' αὐτοῦ, « fecit duodecim ut essent cum illo », c'est-à-dire

être avec lui, et pour les envoyer prêcher;

15. Et il leur donna la puissance de guérir les maladies et de chasser les démons.

16. Simon, à qui il donna le nom de Pierre,

17. Et Jacques, fils de Zébédée, et Jean, frère de Jacques, auxquels il

cum illo; et ut mitteret eos prædicare.

15. Et dedit illis potestatem curandi infirmitates, et ejiciendi dæmonia.

16. Et imposuit Simoni nomen Petrus.

17. Et Jacobum Zebedæi, et Joannem fratrem Jacobi, et imposuit eis

---

« constituit duodecim... » car, tel est évidemment ici le sens du verbe ποιέω, qui est employé à la façon de l'hébreu עָשָׂה. La première note de l'Evangéliste est donc relative au nombre des Apôtres. Ce fut un nombre mystique : douze Apôtres, de même qu'il y avait eu douze patriarches. Voyez l'Evangile selon S. Matthieu, p. 494. — *Cum illo.* Second renseignement de S. Marc, relatif à l'un des principaux rôles des élus de Jésus : les Apôtres devaient vivre habituellement auprès du Maître, pour être témoins de sa prédication, de ses miracles, de sa conduite, et pour recevoir sa formation directe. Cfr. Act. i, 21. — *Et ut mitteret eos...* Troisième renseignement, qui détermine une autre fonction apostolique. Apôtre signifie envoyé : les Douze seront, comme leur nom l'exprime, les ambassadeurs de Jésus, ses légats « a latere »; il les enverra porter, d'abord dans la Palestine, puis sur toute la terre, la bonne nouvelle du salut. — *Et dedit illis potestatem...* Pour que ses Apôtres fussent capables d'exercer avec plus d'autorité le ministère de la prédication, Jésus les munit de pouvoirs extraordinaires, surnaturels, qui seront comme leurs lettres de créance. Ces pouvoirs ne diffèrent pas de ceux que nous avons vu le Sauveur lui-même exercer à différentes reprises d'après le récit évangélique. Ils sont de deux sortes : l'un permettra aux Apôtres de guérir les maladies, par l'autre ils pourront d'un mot expulser les démons. — Ici encore, la Vulgate a traduit plutôt le sens que la lettre même du texte original. Au lieu de « dedit illis », le grec porte καὶ ἔχειν, « et habere », infinitif qui dépend de ἐποίησε (ꝟ. 14) : « fecit ut essent..., et ut mitteret..., et habere... » Mais il faut reconnaître que la construction adoptée par notre version officielle est beaucoup plus latine.

16. — Après avoir signalé les pouvoirs conférés par Jésus à ses Apôtres, l'Evangéliste donne la liste complète des Douze, que nous nous contenterons de parcourir rapidement. On trouvera dans notre commentaire sur S. Matthieu, p. 492 et ss., d'assez nombreux détails sur les nomenclatures du même genre renfermées dans les écrits du Nouveau

Testament, sur leur organisation intérieure, sur chaque Apôtre en particulier et sur l'ensemble du collège apostolique. — *Et imposuit Simoni...* La liste commence d'une façon assez extraordinaire au point de vue du style. La construction régulière serait : « Simonem, cui imposuit nomen Petrum, et Jacobum, et Joannem... et Andream... et Judam Iscariotem », tous ces accusatifs dépendant du verbe « fecit » (ꝟ. 14). Cfr. Winer, Grammat. des neutest. Sprachidioms, p. 511. Quelques manuscrits grecs ont la variante πρῶτον Σίμωνα, « primum Simonem », qui semble être un emprunt fait à S. Matthieu, x, 2. — *Nomen Petrus,* ou plus correctement d'après le grec, « nomen Petrum ». Jusqu'ici, S. Marc a toujours donné au prince des Apôtres son nom primitif de Simon; désormais il l'appellera Pierre. Cette dénomination symbolique, qui fit de Simon le roc inébranlable sur lequel Jésus devait fonder son Eglise, avait été promise au fils de Jona dès sa première entrevue avec Notre-Seigneur, Joan. i, 42; mais il ne la reçut d'une manière définitive que durant la dernière période de la Vie publique, Matth. xvi, 18.

17. — *Jacobum Zebedæi,* ou S. Jacques le Majeur, le seul Apôtre dont le Nouveau Testament raconte la mort, Act. xii, 2. — *Joannem,* le disciple que Jésus aimait, Cfr. Joan. xiii, 23; xix, 26, et celui des Douze qui vécut le plus longtemps. — *Et imposuit eis...* Trait spécial à S. Marc. Ainsi donc, le Sauveur avait imposé des surnoms mystérieux à ses trois disciples privilégiés. — *Boanerges.* Ce mot n'a pas peu embarrassé les anciens philologues et commentateurs, qui ne trouvaient rien, dans la langue hébraïque, qui lui correspondit exactement. Ils le croyaient donc plus ou moins corrompu par son vêtement grec ou par les copistes. « Filii Zebedæi, disait déjà S. Jérôme, in Dan. c. 11, appellati sunt Filii Tonitrui, quod non ut plerique putant Boanerges, sed emendatius legitur Benereem. » Et ailleurs, Lib. de Nomin. : « Hebr. Benereem, Filii Tonitrui, quod corrupte Boanerges usus obtinuit. » Mais, quoique l'expression hébraïque la plus usitée pour désigner le tonnerre soit en effet רַעַם, *'re'em,* il en

nomina Boanerges, quod est, Filii tonitrui;

18. Et Andræam, et Philippum, et Bartholomæum, et Matthæum, et Thomam, et Jacobum Alphæi, et Thaddæum, et Simonem Cananæum,

19. Et Judam Iscariotem, qui et tradidit illum.

donna le nom de Boanergès, c'est-à-dire, fils du tonnerre,

18. Et André, et Philippe, et Barthélémi, et Matthieu, et Thomas, et Jacques, fils d'Alphée, et Thaddée, et Simon le Cananéen,

19. Et Judas Iscariote, qui le trahit.

---

existe deux autres plus rares et poétiques, רֶגֶשׁ, réghesch, et רֶגֶז, reghez (Cfr. Job. xxxvii, 2), qui ont le même sens (comparez le chaldéen et l'arabe) et qui auront pu servir l'une ou l'autre à former le surnom des fils de Zébédée. Il est vrai que בְּנֵי־רֶגֶשׁ, B'nè-réghesch, ou בְּנֵי־רֶגֶז, B'nè-reghez, diffèrent encore de Boanerges; mais l'accord devient aussi parfait que possible si l'on se souvient que, d'après la prononciation araméenne et galiléenne, le Scheva simple, ou e muet, devenait régulièrement oa. De la sorte nous obtenons, avec רֶגֶשׁ, Boanè-réghesch; avec רֶגֶז, Boanéreghez, et cette dernière expression est tout à fait identique au grec Βοανεργές. Voir Patrizi, In Marc. Comment. p. 29; Vorst., Hebr. 479; Rosenmüller, Scholia in h. l. — Quod est, ce qui signifie. — Filii tonitrui, c'est-à-dire « tonitruantes »; en effet, dans les langues sémitiques, en unissant les mots בְּרַ, בֵּן, à un substantif, on forme l'adjectif ou le nom concret correspondant. Cfr. Hoffmann, Grammat. syr., p. 287. Mais quelle est la signification de cet étrange surnom? Disons d'abord que Jésus, en l'imposant à Jacques et à Jean, ne songeait nullement à leur infliger une censure, ainsi qu'on l'a souvent répété à la suite d'Olshausen. Les anciens avaient mieux compris cet acte du divin Maître. Υἱοὺς δὲ βροντῆς, dit Théophylacte, ὀνομάζει τοὺς τοῦ Ζεβεδαίου ὡς μεγαλοκήρυκας καὶ θεολογικωτάτους. Cfr. Euthymius, Victor d'Antioche, etc. « Filios Zebedæi sic nominat propter hoc quod magna et clara divinitatis edicta debebant orbi terræ diffundere. » S. Jean Chysost. ap. Thom., Cat. in Marc. C'est donc un éloge délicat que Jésus adresse ainsi aux deux frères, une magnifique prophétie qu'il fait à leur sujet. Les classiques emploient aussi le mot tonnerre comme symbole d'une éloquence irrésistible. Pour Columelle, Démosthène et Platon sont des « tonantes »; Aristophane applique à Périclès les expressions ἀστράπτειν, βροντᾷν. Voyez Rosenmüller, Scholia, t. I, p. 593 et 594. Il est probable cependant que Jésus-Christ, par ce surnom, faisait en même temps allusion au caractère ardent, au zèle entreprenant des fils de Zébédée, zèle et caractère dont on aperçoit quelques traces dans les Evangiles.

Cfr. Luc. ix, 54; Marc. ix, 38; x, 37. L'épithète de Boanergès étant collective et ne pouvant servir à désigner isolément les deux frères, on conçoit qu'elle n'ait pas fait d'autre apparition dans le récit évangélique.

18. — Et Andream. Tandis que S. Matthieu, x, 2-4, et S. Luc, vi, 14-16, associent les Apôtres deux à deux, S. Marc les mentionne simplement les uns à la suite des autres, en séparant leurs noms par la conjonction καί. S. André ferme ici le premier des trois groupes apostoliques : nommé aussitôt après son frère dans les listes du premier et du troisième Evangile, il n'occupe dans celle du second que le quatrième rang. Cfr. Act. i, 13. — Et Philippum... S. Philippe, qui entendit le premier retentir à ses oreilles la belle parole « Sequere me », Joan. i, 43, bien qu'il n'ait reçu que plus tard l'appel proprement dit du Christ, S. Barthélemi que l'on confond généralement avec le bon Nathanaël, Joan. i, 45 et ss., S. Matthieu qui ne diffère pas du publicain Lévi, Cfr. ii, 14, et S. Thomas, nommé en grec Didyme, Joan. xi, 16; xxi, 2, constituent le second groupe. — Le troisième se compose de S. Jacques le Mineur (Jacobum Alphæi, scil. filium), de Thaddée, nommé encore Lebbée et plus communément S. Jude, de Simon le Cananéen, c'est-à-dire le Zélote, enfin du traître, auquel un verset spécial a été réservé.

19. — Judam Iscariotem. Judas, l'homme de Carioth (Voyez Matth. x, 4 et le Commentaire), clôt ignominieusement la liste, de même que Simon-Pierre l'ouvrait glorieusement. — Qui et tradidit. Cette note infamante est presque toujours ajoutée à son nom dans l'Evangile, comme une juste et perpétuelle flétrissure. Origène, ne pouvant s'expliquer le mystère de la vocation de ce misérable traître, imagina qu'il n'avait pas été réellement appelé par Jésus comme les autres Apôtres, mais qu'il s'ingéra de lui-même dans le collège apostolique, où il fut seulement toléré. Cette singulière opinion se trouve réfutée par le texte formel que nous lisions plus haut, ῥ. 13, et qui s'applique à Judas tout aussi bien qu'aux autres : « Vocavit ad se quos voluit ipse. » Si l'on s'étonne d'abord

20. Et ils vinrent à la maison, et la foule s'y assembla de nouveau, de telle sorte qu'ils ne pouvaient pas même manger du pain.

21. Et les siens, l'ayant appris,

20. Et veniunt ad domum; et convenit iterum turba, ita ut non possent neque panem manducare.

21. Et cum audissent sui, exie-

que Jésus ait pu choisir un traître pour le placer parmi ses Apôtres, on n'a qu'à se souvenir qu'il « ne l'avait pas choisi pour être un traître et qu'il lui avait donné toutes les grâces nécessaires pour répondre à sa vocation. Le Sauveur voulait nous apprendre qu'on peut se perdre dans les vocations les plus saintes, et qu'en permettant le mal, la Sagesse divine devait en tirer un plus grand bien et le faire servir à sa gloire. » Dehaut, l'Evangile expliqué, défendu. 5e édit. t. II, p. 196.

8. — Les hommes et leurs dispositions diverses relativement à Jésus. III, 20-25. — Parall. Matth. XII, 24-50; Luc. XI, 15-32; VIII, 19-21.

Dans ce paragraphe, l'Evangéliste décrit les dispositions de trois sortes de personnes à l'égard de Notre-Seigneur Jésus-Christ. Il nous montre d'abord, ℣℣. 20 et 21, les parents du Christ selon la chair formant à son sujet l'opinion la plus extravagante. Son tableau nous présente ensuite, ℣℣. 22-30, les sentiments de plus en plus hostiles des Pharisiens et des Scribes. Enfin, comme pour nous consoler, nous entendons Jésus lui-même, ℣℣. 31-35, exprimer, dans les termes les plus doux, les liens sacrés qui l'unissent aux âmes fidèles.

a. Les parents du Christ selon la chair. III, 20-21.

20. — *Et veniunt.* « Jesus cum familia nova », Bengel; c'est-à-dire avec les douze Apôtres qu'il venait de se choisir. — *Ad domum;* dans le grec, εἰς οἶκον sans article, dans une maison. C'était probablement à Capharnaüm. — *Convenit iterum turba.* La scène racontée au commencement du chap. II (℣. 2) se renouvelle une seconde fois, quoique d'une manière beaucoup plus pénible pour Jésus et pour ses disciples. Cette fois, en effet, le concours dura si longtemps, que le Sauveur et les Apôtres, attentifs aux besoins de la multitude qui accourait sans cesse, n'avaient pas même le temps de penser aux leurs. Quelle force dans ces mots : *ita ut non possent neque panem manducare!* Il est peu de détails aussi expressifs dans toute l'histoire évangélique, et c'est à S. Marc que nous devons cette ligne qui en vaut mille! — Sur la locution « panem manducare », Maldonat écrit avec justesse : « Hebraeorum phrasis est, qua panis pro omni sumitur cibo, et panem sumere est cibum sumere. » — D'après le récit de notre Evangéliste, il semble que ce fait eut lieu immédiatement

après le choix des douze Apôtres; mais, si nous ouvrons une Concorde évangélique, nous voyons qu'il existe en cet endroit du second Evangile une lacune considérable. En effet, entre les deux événements, doit se placer le Discours sur la Montagne, que S. Marc passe entièrement sous silence. Cfr. Matth. V-VII; Luc. VI, 20 et ss. Mais nous avons vu dans la Préface, § VII, qu'il s'inquiète beaucoup plus des actes que des discours : de là cette importante omission. « En grande partie d'ailleurs, dit très-bien M. Bougaud, Jésus-Christ, 2e édit., p. 79 et ss., le Sermon sur la Montagne est juif. Il traite de l'infériorité de la Loi, de la perversité des commentaires qu'y avaient joints les Pharisiens, et du couronnement de cette Loi en Jésus-Christ : toutes choses que les Romains n'étaient point préparés à comprendre. » Les points de morale universelle et éternelle que contient aussi ce discours, tels que « le sacerdoce qui est le sel de la terre, la lumière qu'il ne faut pas mettre sous le boisseau, la main droite qu'il faut couper si elle devient un scandale, l'unité et l'indissolubilité du mariage, la pureté du cœur, la prière, le pardon des injures », sont signalés en divers endroits par S. Marc, Jésus étant revenu plusieurs fois sur ces enseignements pleins de gravité.

21. — Ici encore, nous avons une note propre à S. Marc, note bien étrange, assez obscure, et différemment interprétée par les commentateurs. — *Cum audissent sui.* Qu'est-ce à dire, les siens? Le grec οἱ παρ' αὐτοῦ est assez ambigu et pourrait, au besoin, désigner les disciples, comme le veulent divers exégètes. Néanmoins, la plupart des versions anciennes et des critiques supposent à bon droit qu'il s'agit des parents du Sauveur. La Vulgate a donc bien traduit (Comparez le syriaque : ses frères). Le contexte, ℣℣. 31 et ss., confirme cette interprétation. — *Exierunt.* D'où viennent-ils? Selon les uns, de Capharnaüm, où ils se seraient fixés en même temps que Jésus; plus probablement, selon les autres, de Nazareth, où nous retrouverons bientôt les « frères » de Notre-Seigneur. Marc. VI, 3. Cfr. I, 9. — *Tenere eum.* Cette expression ne peut avoir qu'un sens : se saisir de lui bon gré malgré, le contraindre de les accompagner, et l'empêcher de se montrer en public. — *Dicebant enim...* C'est ici surtout qu'existent les divergences signalées plus haut. — Indiquons-en d'abord la cause

runt tenere eum; dicebant enim :
Quoniam in furorem versus est.

22. Et scribæ, qui ab Jerosolymis
descenderant, dicebant : Quoniam
Beelzebub habet, et quia in principe dæmoniorum ejicit dæmonia.

Matth. 9, 34 et 22, 24.

vinrent pour se saisir de lui, car ils
disaient : Il a perdu l'esprit.

22. Et les Scribes qui étaient des-
cendus de Jérusalem disaient : Il
est possédé de Béelzebub, et c'est
par le prince des démons qu'il chasse
les démons.

---

principale, en empruntant des paroles très-
sensées de Maldonat : « Hunc locum diffici-
liorem pietas facit : quia omnis animus hor-
ret, non solum credere, sed cogitare etiam,
Christi cognatos aut dixisse aut existimasse
eum esse furiosum, pioquodam studio nonnulli
rejecta verborum proprietate, alias quæ minus a pietate abhorrere viderentur interpre-
tationes quæsierunt. Nescio an, dum pias
quærerent, falsas invenerint. » Ce « nescio »
est un pur euphémisme. Les fausses hypothèses, qui se sont multipliées depuis le temps
de Maldonat, portent déjà sur le sujet de
« dicebant. » Malgré la grammaire et la logique, qui font dépendre ce verbe de οἱ παρ'
αὐτοῦ, de même que « audissent et exierunt »,
on l'a tour à tour appliqué aux hommes en
général (Rosenmüller), à quelques Juifs en-
vieux (τινες φθονεροί, Euthymius), aux disciples
de Jésus (Schœttgen, Wolf), aux messagers qui
seraient allés avertir les parents du Sauveur
(Bengel), etc. — Toutefois, on a erré davantage encore sur le sens du mot grec ἐξέστη,
que notre Vulgate a traduit par *in furorem
versus est.* D'anciens auteurs, mentionnés par
Euthymius, lui donnaient la signification
de ἀπέστη, il s'en est allé. Selon Kuinœl, il
équivaut à « maxime defatigatus est » ; d'après
Grotius, il représente un évanouissement momentané ; d'après Griesbach et Vater, il désigne une apparence d'insanité, produite par un
excès de fatigue. Schœttgen et Wolf lui con-
servent bien sa vraie signification de μαίνεται,
il a perdu l'esprit ; mais ce seraient, suivant
eux, les disciples qui auraient appliqué ce
jugement au peuple! etc. etc. Nous sommes
heureux de voir que ces interprétations erro-
nées sont pour la plupart le fait d'auteurs protestants, tandis que nos exégètes catholiques,
anciens et modernes, ont presque toujours
bien traduit et bien commenté le verbe ἐξέστη.
Voyez les commentaires du Vén. Bède, de
Théophylacte, de Corneille de Lap., de Franç.
Luc, de Noël Alexandre, de Jansénius, de
MM. Schegg, Reischl, Bisping, etc. Cfr. Act.
xxvi, 24; II Cor. v, 13. Les proches du Sauveur affirmaient donc hautement qu'il avait
perdu l'esprit, qu'il était devenu insensé par
suite de son enthousiasme religieux. Quelque
surprenante que paraisse d'abord leur conduite, elle devient plus explicable si l'on se
rappelle une grave déclaration de l'évangéliste

S. Jean. « Neque enim fratres ejus credebant
in eum », écrit-il du Sauveur, en parlant
d'une époque un peu plus tardive, vi, 5. En
ce moment, leur incrédulité commence. Ils
ne se rendent pas compte de la nature et du
rôle de Jésus : l'agitation qui se fait autour
de son nom les inquiète ; à plus forte raison
se troublent-ils en pensant aux nombreux
ennemis qu'il s'est suscités, et dont la haine
pourra retomber sur toute sa famille. C'est
alors qu'ils formulent le jugement odieux qui
nous a été conservé par S. Marc : ἐξέστη.
Rien n'empêche du reste d'admettre, à la
suite de quelques exégètes, qu'ils avaient au
fond de bonnes intentions, et, qu'en se montrant au dehors si sévères pour leur parent,
ils se proposaient de l'arracher par-là même
plus commodément aux dangers dont ils le
savaient entouré. Hâtons-nous d'ajouter que
tous les proches de Notre-Seigneur Jésus-
Christ ne participèrent point à cette appré-
ciation, et qu'on ne saurait, sans blasphème,
ranger sa très sainte Mère parmi ceux qui
avaient de lui une telle opinion.

*b. Jésus accusé par les Scribes d'être de connivence
avec Béelzebub.* III, 22-30.

22. — *Scribæ qui ab Jerosolymis...* Ces
Scribes étaient-ils les mêmes que ceux dont
il a été question dans la guérison miraculeuse du paralytique, II, 6. Cfr. Luc. v, 17?
ou bien formaient-ils une nouvelle députation? Les deux hypothèses sont soutenables.
Quoi qu'il en soit, ce sont des ennemis déclarés
de Jésus. Une malice infâme les anime contre
lui : il leur suffit d'ouvrir la bouche pour le
montrer. — *Dicebant : Quoniam Beelzebub...*
D'après S. Matthieu, xi, 22 et s., Cfr. Luc.
x, 14, le Sauveur avait guéri en leur présence un possédé qui était sourd et muet.
Bien loin de voir, comme la foule, le doigt de
Dieu dans ce prodige, ils osent profiter de cette
occasion pour formuler contre le Thaumaturge la plus noire calomnie : Il est possédé
de Béelzébub, et c'est au nom du prince des
démons qu'il expulse les démons! C'est ainsi
que, ne pouvant nier la réalité de ses miracles, ils font du moins tous leurs efforts
pour amener le peuple à croire qu'ils sont impurs et même sataniques dans leur source.
M. Schegg cite fort à propos en cet endroit
les deux proverbes : « Calumniare audacter,

23. Et, les ayant appelés, il leur dit en paraboles : Comment Satan peut-il chasser Satan ?

24. Si un royaume est divisé contre lui-même, ce royaume ne peut subsister.

25. Et si une maison est divisée contre elle-même, cette maison ne peut subsister.

26. Et si Satan se lève contre lui-

23. Et convocatis eis, in parabolis dicebat illis : Quomodo potest Satanas Satanam ejicere ?

24. Et si regnum in se dividatur, non potest regnum illud stare.

25. Et si domus super semetipsam dispertiatur, non potest domus illa stare.

26. Et si Satanas consurrexerit in

---

semper aliquid hæret. Gladius secat, calumnia separat amicos. » — Sur le nom de Béelzébub, appliqué au prince des démons, voyez l'Evangile selon S. Matth., p. 209. M. Reuss, Histoire évangélique, p. 282, propose une nouvelle étymologie, savoir les mots syriaques « Beël debôbo », maître de l'inimitié, c'est-à-dire l'ennemi par excellence. Nous nous en tenons à celle que nous avons précédemment adoptée. — L'expression « Beelzebub habet » est spéciale à S. Marc : elle a une très-grande énergie, et désigne une alliance intime de Jésus avec l'esprit mauvais. Elle dit beaucoup plus que la locution parallèle : être possédé de Béelzébub.

24. — *Et convocatis eis.* Jésus, attaqué dans sa sainteté, relève aussitôt le gant : il ne pouvait pas permettre que de pareilles accusations demeurassent sans réplique. Il commence donc une habile et vigoureuse plaidoierie, que nous avons étudiée à fond dans le premier Evangile. S. Marc, selon sa coutume, ne nous en donne qu'un résumé rapide, bien qu'il ait très-exactement reproduit les principaux arguments. — *In parabolis dicebat.* Il faut prendre ici le mot parabole dans le sens large, comme synonyme de figure, comparaison. Les images abondent en effet dans l'apologie du Sauveur. Cfr. ℣℣. 24, 25, 27. « Parabolas appellat, dit très-bien le cardinal Cajetan, in Marc. comm. c. III, rationes subjunctas ex similitudinibus; tum regni in se divisi, tum domus in se divisæ, tum fortis direpturi domum. » Le même auteur donne ensuite une excellente division du discours de Jésus tel que nous le lisons dans S. Marc. « Prima ratio ad manifestandum quod non ejicit dæmones in Beelzebub, se tenet ex parte dæmonis : ducendo ad inconveniens, scilicet, quod dæmones agerent ad desolationem proprii regni, hoc siquidem inconveniens infertur dicendo, Quomodo ergo stabit regnum ejus? Constat enim nullum quantumcumque tyrannum studere ad desolationem proprii regni, quia studet ad conservationem proprii boni. Secunda ratio ex parte ipsius Christi se tenet, scilicet quod ejicit dæmonia in digito Dei, et est probatio sumpta

ab effectu seu fructu, introducta tamen ex metaphora bellicæ direptionis. » — *Quomodo potest...* C'est la première preuve ; elle va jusqu'à la fin du ℣. 26, et démontre l'absurdité de l'accusation portée contre Jésus : Ce que vous affirmez est tout simplement une impossibilité. Vous prétendez que je chasse les démons parce que je suis de connivence avec Béelzébub, leur chef; mais cela revient à dire que Satan est en guerre ouverte avec lui-même, ce qui ne saurait être, car le démon ne luttera jamais contre le démon. La phrase « quomodo potest... » ne se trouve que dans notre Evangile.

24 et 25. — A l'appui de cette assertion, Notre-Seigneur apporte deux faits évidents empruntés l'un à la politique, ℣. 24, l'autre à la vie de famille, ℣. 25. — *Si regnum in se dividatur.* Un royaume divisé par des guerres intestines est un royaume ruiné. Satan ne l'ignore pas, et il se donnerait bien garde de partager ainsi son empire en accordant à quelqu'un, contre ses propres sujets, un pouvoir qui deviendrait bientôt désastreux pour l'enfer. Οὐκ εἰκὸς ἀρχὴν ἐπὶ ἀρχὴν στρατεῦσαι, dit pareillement Thucydide. — La préposition « in », de même que son corrélatif grec ἐπὶ, employée avec l'accusatif, a souvent le sens de « contra, adversus ». — *Et si domus super semetipsam...* ; plus correctement, d'après le texte primitif, « si domus in semetipsam dividatur »; car, à part οἰκία au lieu de βασιλεία, les mots sont tout à fait les mêmes qu'au ℣. 24. — C'est donc une histoire identique : maison divisée, maison ruinée, comme maint exemple historique le démontre.

26. — *Et si Satanas.* La préposition καὶ, répétée pour la troisième fois depuis le début de l'argument, a ici la signification de δὲ, « igitur » (Cfr. Matth. XII, 18 : εἰ δὲ καὶ); elle introduit la conclusion manifeste qui ressort des deux faits d'expérience signalés plus haut. Royaume divisé, royaume ruiné; famille divisée, famille ruinée : « a pari », Satan divisé, Satan ruiné, *finem habet* : c'en est fait de lui et de sa puissance. Quelle simplicité, et pourtant quelle force d'argumentation ! — L'expression ἀνέστη ἐφ' ἑαυτὸν, *consurrexerit in*

semetipsum, dispertitus est, et non poterit stare, sed finem habet.

27. Nemo potest vasa fortis ingressus in domum diripere, nisi prius fortem alliget, et tunc domum ejus diripiet.

28. Amen dico vobis, quoniam omnia dimittentur filiis hominum peccata, et blasphemiæ quibus blasphemaverint.

Matth. 12, 31; *Luc.* 2, 10; *Joan.* 5, 16.

29. Qui autem blasphemaverit in Spiritum sanctum, non habebit remissionem in æternum, sed reus erit æterni delicti.

30. Quoniam dicebant : Spiritum immundum habet.

même, il est divisé, et il ne pourra subsister et il prend fin.

27. Personne ne peut entrer dans la maison de l'homme fort et piller ses meubles, à moins qu'il n'ait auparavant lié l'homme fort; alors il pillera sa maison.

28. Je vous dis en vérité que tous les péchés seront remis aux enfants des hommes, ainsi que les blasphèmes qu'ils auront proférés;

29. Quant à celui qui aura blasphémé contre l'Esprit-Saint, il n'obtiendra jamais rémission, mais sera coupable d'un péché éternel.

30. Parce qu'ils disaient : Il est possédé d'un esprit immonde.

---

semetipsum, propre à S. Marc, est très pittoresque.

27. — *Nemo potest.* Nous passons à la seconde preuve, qui consiste en un nouvel exemple familier. Un guerrier armé de pied en cap monte la garde à l'entrée de sa maison. Pour qu'on y pénètre et qu'on la pille, que faudra-t-il? Il faudra vaincre tout d'abord et garrotter le propriétaire vigilant et robuste. Mais, cela fait, on en sera le maître absolu. Or, des deux guerriers de cette parabole, l'un *(fortem)* représente Satan, l'autre *(fortis)* est Jésus lui-même : la maison avec les objets qu'elle renferme figure les possédés que Jésus délivre du joug honteux des démons. La conclusion est claire, bien qu'elle ne soit pas exprimée : Donc, Jésus est plus fort que Satan; par conséquent, il n'a rien à recevoir de lui.

28 et 29. — Après avoir ainsi réfuté leur accusation aussi insensée qu'injurieuse, le divin Maître donne aux Pharisiens un avertissement des plus graves : Prenez bien garde à la faute que vous commettez en osant me calomnier ainsi : c'est un de ces péchés que la miséricorde de Dieu, pour infinie qu'elle soit, ne saurait pardonner. — *Amen dico vobis :* formule par laquelle Jésus aimait à attirer l'attention sur quelque point important de ses discours. Voyez l'Evangile selon S. Matth., p. 140. — *Omnia dimittuntur...* Les pécheurs contrits et humiliés, quels qu'aient été leurs méfaits, n'ont qu'à se présenter au divin tribunal : ce n'est pas un Juge sévère, mais un Père aimant, qui recevra ces prodigues. « Quiescite agere perverse, discite benefacere..., et venite, arguite me, dicit Dominus : si fuerint peccata vestra ut coccinum, quasi nix dealbabuntur ; et si fuerint

rubra quasi vermiculus, velut lana alba erunt ». Is. I, 16-18. — *Peccata* représente le genre; *blasphemiæ* une espèce particulière, en vue du crime impardonnable qui va être nommé. — *Blasphemaverit in Spiritum sanctum.* Sur la nature de ce péché, voir Matth. XII, 72 et notre commentaire, p. 247 et 248. Le blasphème contre l'Esprit-Saint est moins un acte qu'un état peccamineux, dans lequel on persévère sciemment et volontairement : c'est pour cela qu'il ne saurait être pardonné, le pécheur n'offrant pas les dispositions requises. — *Sed reus erit...* Ces mots qui terminent le ỳ. 29 n'ont été conservés que par S. Marc. Ils forment un « confirmatur » énergique de la pensée précédente : Non, les blasphémateurs impies du S. Esprit n'obtiendront jamais de pardon, mais ils expieront éternellement leur faute. Cet emploi d'une proposition affirmative à la suite d'une proposition négative, pour répéter la même idée en la renforçant, est quelque chose de tout à fait oriental. — *Æterni delicti.* La plupart des manuscrits grecs portent αἰωνίου κρίσεως, « æterni judicii » : quelques-uns ont néanmoins la leçon ἁμαρτήματος, qu'a suivie la Vulgate et que préfèrent plusieurs critiques (entre autres Tischendorf). Du reste ce n'est qu'une simple nuance, puisqu'un péché éternel est celui qui ne sera jamais pardonné, pour lequel, par conséquent, on subira un châtiment éternel.

30. — *Quoniam dicebant.* S. Marc fait ici une réflexion qui lui est propre, et il la fait en termes elliptiques. Il faudrait, pour que la pensée fût complète : « Sic loquebatur quoniam dicebant... » L'Evangéliste se propose donc d'indiquer brièvement le motif qui ins-

31. Sa mère et ses frères vinrent et, se tenant dehors, ils envoyèrent l'appeler.

32. Et la foule était assise autour de lui, et on lui dit : Voilà que votre mère et vos frères vous cherchent dehors.

33. Et, leur répondant, il dit : Quelle est ma mère et quels sont mes frères ?

34. Et, regardant ceux qui étaient assis autour de lui, il dit : Voilà ma mère et mes frères;

35. Car, celui qui fait la volonté de Dieu, celui-là est mon frère et ma sœur et ma mère.

31. Et veniunt mater ejus et fratres, et foris stantes miserunt ad eum vocantes eum.

Matth. 12, 46; *Luc.* 8, 19.

32. Et sedebat circa eum turba; et dicunt ei : Ecce mater tua et fratres tui foris quærunt te.

33. Et respondens eis, ait : Quæ est mater mea, et fratres mei?

34. Et circumspiciens eos qui in circuitu ejus sedebant, ait : Ecce mater mea, et fratres mei.

35. Qui enim fecerit voluntatem Dei, hic frater meus, et soror mea, et mater est.

---

pirait à Jésus un langage si sévère. — *Spiritum immundum habet.* En proférant ces affreuses paroles, les Pharisiens commettaient précisément, ou du moins ils couraient le risque de commettre le péché irrémissible : c'est pourquoi le Sauveur, toujours charitable, les avertissait du grand danger dans lequel ils étaient tombés au point de vue de leur salut.

c. Les parents du Christ selon l'esprit. III, 31-35.

31 et 32. — *Et veniunt.* Dans le grec, ἔρχονται οὖν, « veniunt igitur », ce qui rattache l'incident actuel au ỹ. 21. Marie accompagne les proches de Jésus ; mais il est inutile de répéter qu'elle n'entrait nullement dans leurs vues. — *Foris stantes.* S. Luc dit pourquoi ils restèrent ainsi en dehors de la maison où se trouvait alors Notre-Seigneur (Cfr. ỹ. 20) : « Non poterant adire eum præ turba ». — *Miserunt ad eum.* C'est là encore un de ces détails précis qui n'existent que dans le second Évangile. Il en est de même du suivant, qui est si pittoresque : *et sedebat circa eum turba.* — Après *fratres tui*, le texte grec ajoute χαὶ αἱ ἀδελφαί σου, et tes sœurs, ce qui serait une nouvelle particularité de S. Marc. Toutefois, ces mots manquent dans d'importants manuscrits, tels que B, C, G, K, Sinaït.

33 et 34. — *Quæ est mater mea...?* Par cette question, Jésus a pour but d'attirer l'attention de la foule sur la parole qu'il va prononcer. Cela fait, il jette sur tous ceux qui l'entourent un regard plein d'affection et de douceur, *circumspiciens eos;* puis il s'écrie : *Ecce mater mea !...* Il n'y a eu que Jésus au monde pour tenir un pareil langage. — La mention du regard est spéciale à S. Marc : S. Matthieu, XII, 45, avait signalé un autre

geste du Sauveur : « Et extendens manum in discipulos ». C'est ainsi que les Évangélistes se complètent, tout en gardant une parfaite indépendance. — Au lieu de la leçon περιβλεψάμενος τοὺς περὶ αὐτὸν κύκλῳ, qui a été suivie par la Vulgate (*circumspiciens eos qui in circuitu ejus*) et qu'on lit dans plusieurs manuscrits (B, C, L, Sinaït.; etc.), le grec ordinaire porte simplement περιβλεψάμενος κύκλῳ, ayant regardé en rond.

35. — *Qui enim fecerit.* Jésus explique son assertion si extraordinaire du verset précédent. Ce que l'identité du sang produit entre les proches, l'accomplissement parfait de la volonté divine l'opère entre tous les hommes sans distinction. C'est un lien qui les unit beaucoup plus étroitement les uns aux autres, et au Seigneur Jésus, que celui de la maternité, et de la fraternité proprement dite. « Non negans matrem hæc dixit, sed ostendens quod non propter nativitatem solum digna fuerit hoc honore, sed propter omnes alias virtutes quibus prædita fuit ». Euthymius. De la sorte, Marie était donc deux fois la mère de Jésus ! — Ces paroles et cette conduite du Sauveur enseignent admirablement au prêtre ce qu'il doit être dans ses relations de famille. Mais il y a là aussi pour lui un grand sujet de consolation, très bien exprimé dans les réflexions suivantes du vénérable Bède : « Mirandum valde est quomodo (is qui voluntatem Dei fecerit) etiam mater (Christi) dicatur... Sed sciendum nobis est quia qui Jesu frater et soror est credendo, mater efficitur prædicando. Quasi enim parit Dominum, quem cordi audientis infuderit. Et mater ejus efficitur, si per ejus vocem amor Domini in proximi mente generatur ». In Marc. Evang. Exposit. lib. I, c. III.

CHAPITRE IV

Jésus se met à enseigner sous forme de paraboles (ɤ̃ɤ̃. 1 et 2). — Parabole du Semeur (ɤ̃ɤ̃. 3-9). — Pourquoi les paraboles (ɤ̃ɤ̃. 11-12). — Explication de la parabole du Semeur (ɤ̃ɤ̃. 13-20). — Il faut écouter attentivement la parole de Dieu (ɤ̃ɤ̃. 21-25). — Parabole du champ de blé (ɤ̃ɤ̃. 26-29). — Parabole du grain de sénevé (ɤ̃ɤ̃. 30-32). — Autres paraboles de Jésus (ɤ̃ɤ̃. 33 et 34). — Miracle de la tempête apaisée (ɤ̃ɤ̃. 35-40).

1. Et iterum cœpit docere ad mare : et congregata est ad eum turba multa, ita ut navim ascendens sederet in mari, et omnis turba circa mare super terram erat.

Matth. 13, 1; *Luc.* 8, 4.

1. Il commença de nouveau à enseigner auprès de la mer, et une grande foule se rassembla autour de lui, de sorte que, montant dans la barque, il se tenait sur la mer, et toute la foule était à terre le long du rivage.

---

9. Les paraboles du royaume des cieux.
ɪᴠ, 1-34.

Malgré la réserve extraordinaire de notre Évangéliste toutes les fois qu'il s'agit de rapporter les discours du Sauveur, il fait néanmoins deux exceptions à la règle qu'il s'était imposée d'omettre presque entièrement les paroles pour aller droit aux actes. Nous trouvons ici même la première de ces exceptions : la seconde viendra au chap. xiii. Elles s'imposaient pour ainsi dire d'elles-mêmes à l'écrivain sacré; car il fallait bien, d'une part, qu'il signalât l'enseignement de Jésus sous la forme de paraboles, et comment le signaler sans en donner quelques exemples? Il fallait, d'autre part, qu'il transmît à ses lecteurs les graves prophéties du Sauveur relatives à la fin du monde. Néanmoins, même dans ces deux cas, il demeure fidèle à son rôle d'« Épitomator ». Ainsi, pour ce qui regarde les Paraboles du royaume des cieux, au lieu d'en citer jusqu'à sept, comme S. Matthieu, il se contente d'en relater trois, celle du Semeur, celle du champ de blé et celle du grain de sénevé. Et pourtant, selon sa coutume, tout en donnant si peu, il a su être original, puisque la parabole du champ de blé ne se rencontre nulle part ailleurs. Du reste, sa concision ne l'empêche nullement d'être complet jusqu'à un certain point, car ces paraboles nous représentent le royaume messianique dans ses phases principales et sous ses traits essentiels, comme on le verra par le commentaire.

a. *La parabole du semeur.* ɪᴠ, 1-9. — Parall. Matth. xiii, 1-9; Luc. viii, 4-8.

Chap. ɪᴠ. — 1. — *Et iterum cœpit...* La mise en scène est décrite dans ce premier verset d'une manière graphique, digne de

S. Marc. « Iterum », parce qu'à plusieurs reprises déjà, ii, 13; iii, 7, l'Évangéliste avait montré le divin Maître enseignant au bord du lac. « Cœpit », car à peine l'orateur avait-il pris la parole, qu'il se fit autour de lui un immense concours de peuple (*congregata est ad eum turba multa*) qui l'obligea d'interrompre momentanément son discours, afin de prendre quelques mesures, de manière à n'être pas trop comprimé par la foule. Au lieu de la leçon συνήχθη... ὄχλος πολύς, qu'on trouve dans la Recepta et dans la plupart des anciens témoins, plusieurs manuscrits importants (B, C, L, Δ) portent συνάγεται... ὄχλος πλεῖστος, « congregatur... turba maxima ». Cette variante a nos préférences, soit parce qu'elle est plus conforme au style de S. Marc où l'emploi du temps présent est si fréquent, soit parce que les deux autres synoptiques parlent aussi d'un rassemblement très considérable : « turbæ multæ, » Matth. xiii, 2; « quum turba plurima convenirent et de civitatibus properarent ad eum », Luc. viii, 4. — *Ita ut navim ascendens.* Il y a dans le grec τὸ πλοῖον avec l'article, pour montrer qu'il s'agit d'un bateau bien déterminé : c'était sans doute celui que Jésus s'était réservé précédemment, iii, 9, pour les occurrences de ce genre. — *Sederet in mari,* c'est-à-dire « in navi deducta in mare ». Comme tout est gracieux et populaire dans l'enseignement de Jésus! Comp. l'Évangile selon S. Matth. p. 97. — *Omnis turba circa mare.* « Versus mare » serait une traduction plus exacte du grec πρὸς τὴν θάλασσαν. Ces mots font tableau, et nous montrent le nombreux auditoire groupé sur le rivage et tourné du côté du lac, tandis que l'Orateur était assis dans sa barque à quelque pas de la rive.

2. — *Docebat eos.* D'après S. Matthieu,

2. Et il leur enseignait beaucoup de choses en paraboles, et il leur disait dans son enseignement :

3. Ecoutez! Voilà que le Semeur est sorti pour semer.

4. Et, pendant qu'il semait, une partie de la semence tomba le long du chemin, et les oiseaux du ciel vinrent et la mangèrent.

5. Une autre partie tomba sur un terrain pierreux, où elle n'eut pas beaucoup de terre, et elle leva bientôt parce qu'elle n'avait pas une terre profonde;

6. Et, quand le soleil se leva, elle fut échauffée, et, comme elle n'avait pas de racines, elle sécha.

2. Et docebat eos in parabolis multa, et dicebat illis in doctrina sua :

3. Audite : Ecce exiit seminans ad seminandum.

4. Et dum seminat, aliud cecidit circa viam, et venerunt volucres cœli, et comederunt illud.

5. Aliud vero cecidit super petrosa, ubi non habuit terram multam; et statim exortum est, quoniam non habebat altitudinem terræ.

6. Et quando exortus est sol, exæstuavit; et eo quod non habebat radicem, exaruit.

XII, 1, ce discours fut prononcé par Notre-Seigneur le même jour que son apologie contre les Pharisiens (III, 22 et ss.). Quel contraste entre les deux scènes et les deux modes d'enseignement! — *In parabolis multa*. Dans notre commentaire sur S. Matthieu, p. 257 et suiv., nous avons donné de longs détails sur les paraboles de Jésus : nous y renvoyons le lecteur. Clément d'Alexandrie définit la parabole : λόγος ἀπό τινος οὐ κυρίου μὲν, ἐμφερούς δὲ τῷ κυρίῳ, ἐπί τ' ἀληθὲς καὶ κύριον ἄγων τὸν συνιέντα, « oratio ab aliquo non proprio quidem sed quod est simile proprio, ad id quod verum et proprium deducens eum qui intelligit », Strom. VI. — Par l'adjectif « multa », et par les deux verbes mis à l'imparfait, S. Marc indique qu'à cette époque de sa Vie publique ce fut pour Jésus une coutume à peu près régulière de présenter sa doctrine sous forme de paraboles. — *In doctrina sua* équivaut à « inter docendum ».

3. — *Audite*. Le Sauveur commence la série de ses paraboles relatives au royaume des cieux par cette apostrophe vive et solennelle, qui n'a été conservée que par S. Marc. Ecoutez! Ce mot n'était pas de trop en pareille circonstance, puisque Jésus allait employer un discours voilé, figuré, dont l'intelligence présenterait de grandes difficultés. — *Exiit seminans*. Après avoir mis en quelque sorte sous les yeux l'auditoire et le Prédicateur, ₹. 1, après avoir précisé le genre d'enseignement adopté par ce dernier, ₹. 2, l'Evangéliste signale trois des paraboles proposées ce jour-là même par Jésus. La première, celle du Semeur, décrit les débuts pénibles du royaume de Dieu sur la terre : mille difficultés l'environnent alors, et empêchent son avènement dans un grand nombre

de cœurs. La seconde parabole, celle du champ de blé, montre comment, en dépit de ces difficultés, le royaume messianique se développe et croît sûrement, quoique d'une manière lente et silencieuse. La troisième enfin, celle du sénevé, nous présente l'empire du Christ parvenu à une merveilleuse diffusion et presque à un établissement parfait. — *Seminans*, ὁ σπείρων, le Semeur par excellence!

4. — *Et dum seminat*. A partir de ce verset jusqu'à la fin du huitième, il existe une coïncidence presque verbale entre le récit de S. Marc et celui de S. Matthieu. Il n'y a guère que trois variantes principales à signaler dans notre Evangéliste : 1° il parle de la semence au singulier, *aliud cecidit... illud*, etc., tandis que S. Matthieu emploie constamment le pluriel, « alia ceciderunt,... ea » etc.; 2° il ajoute, ₹. 7, les mots « et fructum non dedit »; 3° les participes « ascendentem et crescentem » du ₹. 8 sont de même une particularité de sa narration. — *Circa viam*. « Non ex intentione sator jacit semen secus viam et in petrosa, sed hoc contingit ex concomitantia actus seminandi per universum agrum ». Cajetan. — Les mots τοῦ οὐρανοῦ (*cœli* de la Vulgate) sont regardés par de nombreux critiques comme une interpolation, attendu qu'ils manquent dans presque tous les meilleurs manuscrits.

5-7. — Voyez l'explication détaillée dans l'Evangile selon S. Matth. p. 264. — *In spinas*, probablement le Nabk ou Nébek, plante épineuse qui abonde en Palestine et en Syrie. — *Suffocaverunt*, συνέπνιξαν. S. Matthieu avait exprimé la même idée avec une nuance, ἀπέπνιξαν. Le mot de S. Marc indique mieux que la croissance des épines et le dépérisse-

7. Et aliud cecidit in spinas; et ascenderunt spinæ, et suffocaverunt illud; et fructum non dedit.

7. Une autre partie tomba dans des épines, et les épines grandirent et l'étouffèrent, et elle ne donna point de fruit.

8. Et aliud cecidit in terram bonam, et dabat fructum ascendentem et crescentem; et afferebat unum triginta, unum sexaginta, et unum centum.

8. Une autre partie tomba dans une bonne terre, et donna du fruit qui monta et crût et rapporta l'un trente, l'autre soixante et l'autre cent.

9. Et dicebat : Qui habet aures audiendi, audiat.

9. Et il disait : Que celui qui a des oreilles pour entendre entende!

10. Et cum esset singularis, in-

10. Et, lorsqu'il fut laissé seul,

---

ment de la bonne semence furent deux faits simultanés. — *Et fructum non dedit.* Jésus n'avait rien dit de semblable pour les deux premières parties de la semence, parce qu'il était bien évident qu'elles ne pouvaient rien produire, vu les conditions dans lesquelles les semailles avaient eu lieu. Mais, cette fois, on aurait pu s'attendre à des fruits nombreux, la graine ayant d'abord crû à merveille; c'est pour cela que la stérilité est signalée en termes exprès.

8. — *Et aliud cecidit.* Théophylacte décrit fort bien les quatre destinées si différentes du grain jeté par le Semeur. Une première partie ne germa pas même, οὐκ ἀνέβαινε; une autre leva, mais pour périr aussitôt, ἀνέβαινε μὲν ἀλλ' οὐκ ηὔξανε; la troisième partie germa, grandit, mais demeura stérile, ἀνέβαινε καὶ ηὔξανεν, ἀλλὰ καρπὸν οὐκ ἔδωκε; la quatrième seule fut féconde, ἀνέβαινε καὶ ηὔξανε καὶ καρπὸν ἔδωκε... τέταρτον μόνον διασωθέν. On obtient donc ainsi une belle gradation, où l'on voit agir trois causes de stérilité, une seule de fertilité. — *Fructum ascendentem et crescentem*, Cfr. ⱴ. 4. Le mot « fructus » ne désigne pas les grains, dont il ne sera question qu'un peu plus bas, mais l'épi qui les contient, et dans lequel ils se formeront et mûriront peu à peu. Les classiques l'emploient également dans ce sens. Cfr. Hom. Il. I, 456; Xenoph. de Venat. v, 5. « Ascendentem », par opposition aux grains pour lesquels il n'y avait pas même eu de germination. « Crescentem », par opposition aux grains qui n'avaient eu qu'une croissance temporaire : on voit l'épi qui sort de sa gaîne, qui s'allonge et qui grossit. — *Unum triginta... sexaginta, centum.* La Vulgate a suivi la leçon ἐν τριάκοντα, καὶ ἐν ἑξήκοντα... On lit dans plusieurs manuscrits εἰς τριάκοντα, εἰς ἑξήκοντα... c'est-à-dire, jusqu'à trente, jusqu'à soixante, jusqu'à cent; et ailleurs, ἐν τριάκοντα, ἐν ἑξήκοντα... « in triginta, in sexaginta... » Il est moralement impossible de dire quelle dut être la forme primitive du texte. L'emploi de ἐν

semble plus conforme au style biblique. — S. Matthieu, XIII, 8, dans son énumération, était allé du plus grand nombre au plus petit : « aliud centesimum, aliud sexagesimum, aliud trigesimum »; S. Marc suit l'ordre contraire, qui est plus naturel et plus expressif. D'après ces chiffres, la quantité totale de la semence se divise donc, relativement au produit, en deux parts très distinctes, dont l'une fut tout à fait stérile, l'autre plus ou moins féconde. Dans chacune de ces parts, on distingue ensuite trois degrés soit de stérilité soit de succès.

9. — *Et dicebat.* « Clamabat », dit S. Luc, employant une expression très énergique. La parabole achevée, Jésus prononça donc à haute voix les paroles qui suivent. — *Qui habet aures audiendi,* ὦτα ἀκούειν, des oreilles pour entendre. Formule solennelle, que les trois synoptiques mentionnent ici de concert : Jésus la prononça en six occasions différentes : Matth. XI, 45; XIII, 43; Marc. IV, 9; IV, 23; VII, 16; Luc. XIV, 35. Elle est citée huit fois dans l'Apocalypse : II, 7, 44, 47, 29; III, 6, 43, 22; XIII, 9. — Le mot « audiendi » est important : car, si tous les hommes ont des oreilles au physique, combien en sont dépourvus au moral? « Plusieurs n'ont pas d'oreilles intérieures pour écouter les divines harmonies. »

b. *Pourquoi les paraboles?* IV, 10-12. — Parall. Matth. XIII, 10-17; Luc. VIII, 9-10.

40. — *Quum esset singularis.* En grec, καταμόνας, sous-entendu χώρας, seul, « seorsum » (לְבַדֹּד des Hébreux). Cfr. Bretschneider, Lexic. man. græco-lat. in lib. Novi Testamenti t. I, p. 564. Les détails du récit qui suivre, jusqu'au ⱴ. 25, sont donc racontés ici par anticipation. D'après l'ordre chronologique, leur vraie place serait entre les ⱴⱴ. 34 et 35. En effet, Jésus ne fut seul qu'à la fin de la journée, lorsqu'il eut achevé sa prédication et congédié le peuple. Comp. Matth. XIII, 40, 36, et le Commentaire. Néanmoins, l'ordre

les Douze qui étaient avec lui l'interrogèrent sur cette parabole.

11. Et il leur disait : A vous il a été donné de connaître le mystère du royaume de Dieu; mais, pour ceux qui sont dehors, tout se fait en paraboles ;

12. Afin qu'en voyant, ils voient et ne voient point, et qu'en entendant ils entendent et ne comprennent point, de sorte qu'ils ne se convertissent pas et que les péchés ne leur soient pas remis.

terrogaverunt eum hi qui cum eo erant duodecim, parabolam.

11. Et dicebat eis : Vobis datum est nosse mysterium regni Dei; illis autem qui foris sunt, in parabolis omnia fiunt :

12. Ut videntes videant, et non videant; et audientes audiant, et non intelligant; nequando convertantur, et dimittantur eis peccata.

Isai. 6, 9; Matth. 13, 14; Joan. 12, 40; Act. 28, 26; Rom. 11, 8.

---

logique demandait que le lecteur apprît immédiatement le motif pour lequel Jésus-Christ avait tout à coup transformé sa méthode d'enseignement, et que la parabole du semeur fût aussitôt suivie de son interprétation. — *Qui cum eo erant duodecim.* Cette traduction est inexacte, car il y a dans le texte grec οἱ περὶ αὐτὸν σὺν τοῖς δώδεκα, ceux qui l'accompagnaieut avec les Douze. S. Marc, à qui ce trait est spécial, suppose ainsi qu'outre les Apôtres il y avait alors auprès du Sauveur un certain nombre d'autres disciples. C'étaient, suivant Euthymius, οἱ τῆς ἑξδομηκοντάδος τῶν ἄλλων μαθητῶν. L'entourage intime de Jésus est surpris de voir que, contrairement à ses habitudes antérieures, il a employé d'une manière continue le langage figuré, et tous voudraient connaître le motif de cette innovation extraordinaire. — *Parabolam.* La leçon la plus accréditée du texte grec (Mss. B, C, L, Δ, et plusieurs versions anciennes) semble être τὰς παραβολὰς au pluriel ; ce qui est d'ailleurs plus naturel, puisque, d'après ce que nous venons de dire, la question des disciples, adressée seulement le soir à Jésus devait avoir un sens général et concerner toutes les paraboles du royaume des cieux. Cfr. Matth. xiii, 10. Mais, comme une seule parabole a été signalée, on comprend que le singulier se soit glissé dans le texte à la place du pluriel.

11. — *Vobis datum est.* Dans sa réponse, Jésus établit une distinction entre ceux qui croient en lui et les âmes incrédules. Aux premiers, qui sont désireux de connaître la vérité et qui prennent les moyens d'y parvenir, tout est révélé sans restriction; les autres n'ont pas le même bonheur, mais c'est leur faute. A « vobis », mis en avant avec emphase pour désigner tous les vrais disciples, présents et absents, le Sauveur oppose *qui foris sunt*, les personnes en dehors du cercle ami qui formait alors l'Eglise primitive. Cette expression énergique est propre à notre Evangéliste ; S. Paul l'emploiera plus tard à diffé-

rentes reprises pour représenter les païens. Cfr. I Cor. v, 12, 13; Col. iv, 5 ; I Thess. iv, 2. Jésus partage ainsi les Juifs en deux catégories, selon la nature des relations qu'ils avaient avec sa personne divine : οἱ περὶ αὐτὸν, ỿ. 10, et οἱ ἔξω. — Le verbe *nosse* est probablement une interpolation, car les meilleurs manuscrits l'omettent. — *Mysterium* (S. Matth. et S. Luc emploient le pluriel « mysteria ») désigne une série de vérités obscures ou ignorées jusqu'alors, spécialement les vérités évangéliques, et à la connaissance desquelles les hommes n'ont pu arriver qu'en vertu d'une révélation divine, « datum est ». — *Regni Dei* précise la nature des mystères dont parle Jésus. Le royaume messianique, comme tout autre royaume, a ses secrets d'Etat, que le Prince ne confie qu'à ses fidèles. Quant aux ennemis ou aux indifférents, on ne les leur mentionne que sous l'enveloppe et le voile des paraboles, *in parabolis*, de crainte qu'ils ne les profanent ou n'en abusent. — *Omnia fiunt*, τὰ πάντα γίνεται, c'est-à-dire « proponuntur ». Cfr. Hérod. ix, 46 : ἡμῖν οἱ λόγοι γεγόνασι.

12. — Après l'indication préliminaire contenue dans le ỿ. 11, Jésus entre au cœur même de sa réponse, et indique aux Apôtres la vraie cause pour laquelle il enseigne maintenant sous la forme de paraboles. S. Matthieu cite d'une manière beaucoup plus complète les paroles de Notre-Seigneur ; voyez xiii, 12-15 et le commentaire : S. Marc en donne du moins un bon résumé, sous une forme saisissante. — *Ut*, en grec ἵνα, comme dans le troisième Evangile, viii, 10, c'est-à-dire « afin que ». Divers interprètes, n'osant traduire ainsi, donnent à ἵνα le sens de « ita ut ». « Non causaliter, sed consecutive », écrit entre autres le Card. Cajétan. Mais nous croyons qu'il faut laisser à la conjonction sa signification accoutumée. Elle exprimerait donc ici une intention réelle de Jésus à l'égard des incrédules, le but qu'il se propose en s'exprimant d'une

13. Et ait illis : Nescitis parabolam hanc? et quomodo omnes parabolas cognoscetis?

14. Qui seminat, verbum seminat.

15. Hi autem sunt, qui circa viam ubi seminatur verbum; et cum audierint, confestim venit Satanas, et

13. Et il leur dit : Vous ne comprenez point cette parabole? Comment donc comprendrez-vous toutes les paraboles?

14. Celui qui sème, sème la parole.

15. Ceux qui sont le long du chemin où est semée la parole, sont ceux qui ne l'ont pas plus tôt en-

---

manière plus obscure qu'autrefois. Pourquoi ne le dirions-nous pas à la suite d'auteurs éminents? Oui, le divin Maître, par les paraboles, veut cacher la lumière à certains yeux, châtier certains esprits orgueilleux. Mais à qui la faute? Ne retombe-t-elle pas tout entière sur ces yeux qui se sont tout d'abord fermés eux-mêmes de la façon la plus coupable, sur ces esprits qui se sont volontairement endurcis? Pour eux, les paraboles ont donc un caractère pénal. « L'endurcissement des Juifs a deux causes. La première et la principale, c'est leur volonté perverse et corrompue, qui repousse la lumière; la seconde, qui découle de la première, c'est le juste jugement de Dieu qui les prive de grâces dont ils se sont rendus indignes. » Dehaut, l'Évangile expliqué, défendu, 5e éd. t. III, p. 389 et s. Sur la remarquable variante ὅτι de S. Matthieu, voyez le commentaire, p. 264. — Dimittantur... peccata. Ce dernier mot ne paraît pas avoir existé dans le texte primitif : les meilleurs manuscrits portent simplement : καὶ ἀφεθῇ αὐτοῖς, « et dimittatur eis. » Voilà donc une partie du peuple juif qui est exclue du salut, parce qu'elle l'a elle-même rejeté. — Bien que S. Marc ne mentionne pas le nom du prophète Isaïe, dont Jésus citait ici les paroles (Voyez S. Matth. l. c. et Is. vi, 8-10), il est aisé de reconnaître le passage prophétique sous cette forme condensée.

c. *Explication de la parabole du semeur.* IV, 13-20. Parall. Matth. XIII, 18-23; Luc. VIII, 11-15.

13. — *Et ait illis...* Les formules de ce genre indiquent habituellement dans le second Évangile un changement plus ou moins considérable de sujet. Jésus passe en effet à une autre pensée. Répondant d'une manière directe à la question de ses disciples, ẙ. 10, il leur explique la première parabole. — *Nescitis parabolam hanc?* Cette exclamation n'exprime pas, comme on l'a dit, un reproche sévère, mais une sorte de surprise et d'étonnement. Vous devriez comprendre, vous à qui les mystères du royaume ont toujours été révélés. — *Quomodo omnes...* S. Marc seul a conservé ces paroles du Sauveur. La parabole du Semeur était la première de celles

que Jésus avait proposées sur le royaume des cieux, et contenait jusqu'à un certain point la clef des autres; si les disciples ne l'ont pas saisie, comment auront-ils compris les suivantes? Τοῦτο δὲ εἶπεν, observe Euthymius, ἐγείρων αὐτοὺς καὶ διορατικωτέρους ποιῶν. Ce mot de Jésus jette de vives clartés sur l'état actuel de ses meilleurs disciples : ce sont des écoliers lents à saisir les choses; ils ont du moins la bonne volonté de s'instruire et ils prennent le bon moyen d'arriver à la lumière.

14. — *Qui seminat...* Pour le commentaire de la Parabole du Semeur, ẙẙ. 14-20, de même que pour son exposé, ẙẙ. 3-8, il existe entre les trois Évangiles synoptiques une coïncidence remarquable : et pourtant chacun des écrivains sacrés fait preuve, par quelques nuances dans les détails, d'une complète indépendance. Nous engageons le lecteur à faire cette intéressante comparaison. — Le Semeur de la Parabole représente d'abord Notre-Seigneur Jésus-Christ : « Quemadmodum Christus Medicus est et medicina, Sacerdos et hostia, Redemptor et redemptio, Legislator et lex, Janitor et ostium, ita Sator et semen. » Salmeron, Serm. in Parab. Evang. p. 30. Il figure aussi les Apôtres et tous leurs successeurs. Le plus humble prêtre qui, devant le plus humble auditoire, prêche la parole de Dieu, sème le bon grain dans les âmes, *verbum seminat.* S. Pierre et S. Jean signalent aussi le rapport qui existe entre la semence et la prédication. Cfr. I. Petr. I, 23; I. Joan. III, 9. Du reste les auteurs classiques ont très souvent comparé la parole en général au rôle du semeur. Voyez Grotius, Annotat. in h. l.

15. — De même que la graine, dans la parabole, a eu quatre destinées différentes, Jésus distingue de même, dans l'application, quatre sortes d'âmes relativement à la prédication de la parole divine. — 1o *Hi autem sunt...* Cette tournure est particulière à S. Marc : nous la retrouverons dans les versets 16, 18 et 20. Jésus mentionne en premier lieu les cœurs endurcis, sur lesquels la parole divine ne produit pas la moindre impression. « Via est cor frequenti malarum cogitationum transitu attritum et arefac-

tendue que Satan vient, et enlève la parole qui avait été semée dans leurs cœurs.

16. Et pareillement, ceux qui ont reçu la semence en des endroits pierreux, sont ceux qui, lorsqu'ils entendent la parole, la reçoivent d'abord avec joie;

17. Mais ils n'ont pas de racine en eux et n'ont qu'un temps; ensuite, la tribulation et la persécution survenant à cause de la parole, ils se scandalisent aussitôt.

18. Et les autres, qui reçoivent la parole parmi les épines, sont ceux qui écoutent la parole;

19. Mais les soucis du siècle et la déception des richesses et les autres concupiscences, entrant en eux, étouffent la parole, et elle est rendue infructueuse.

20. Enfin, ceux qui ont reçu la semence dans la bonne terre sont

aufert verbum quod seminatum est in cordibus eorum.

16. Et hi sunt similiter, qui super petrosa seminantur; qui cum audierint verbum, statim cum gaudio accipiunt illud;

17. Et non habent radicem in se, sed temporales sunt; deinde orta tribulatione et persecutione propter verbum, confestim scandalizantur.

18. Et alii sunt, qui in spinis seminantur : hi sunt qui verbum audiunt;

I Tim. 6, 17.

19. Et ærumnæ sæculi, et deceptio divitiarum, et circa reliqua concupiscentiæ introeuntes suffocant verbum; et sine fructu efficitur.

20. Et hi sunt, qui super terram bonam seminati sunt; qui audiunt

---

tum. » Hug. de S. Victor, Annot. in Matth. Quoique le succès de la semence dépende jusqu'à un certain point de la manière dont le semeur l'aura jetée en terre, il dépend surtout de la nature du terrain sur lequel elle tombe. La même chose a lieu au spirituel : les fruits de la parole de Dieu sont attachés avant tout aux dispositions des auditeurs.

16 et 17. — 2° *Similiter.* Après les cœurs endurcis dans lesquels le bon grain ne pénètre pas même, il y a les cœurs superficiels qui le reçoivent, il est vrai, mais qui ne lui permettent pas de se développer. — *Temporales sunt*, πρόσκαιροί εἰσιν; « ad tempus credunt », dit S. Luc. — *Orta tribulatione.* Le mot tribulation, dérivé de « tribulum », machine à triturer le blé, fait image et exprime énergiquement l'effet des afflictions que Dieu envoie aux hommes pour les éprouver. — *Scandalizantur.* « Ils se heurtent en quelque sorte contre la sainte parole et tombent par terre, comme celui qui donne contre une pierre ou un bois. » D. Calmet, Comm. littér. sur S. Marc, h. l. Et le scandale a lieu immédiatement, au premier choc, comme l'exprime l'adverbe favori de notre Évangéliste, εὐθέως.

18 et 19. — 3° *Alii sunt...* Ce sont les cœurs dissipés, qui reçoivent d'abord la bonne semence et lui permettent de croître pendant quelque temps, mais qui la laissent étouffer

ensuite par leurs nombreuses passions. — *Ærumnæ sæculi.* Jésus désigne par là tous les soucis mondains qui, d'après l'étymologie du mot grec μέριμναι (de μερίς, part), divisent un homme en plusieurs parties, le remplissent par conséquent de distractions fatales à la parole divine qu'il a entendue. On connaît le mot de Catulle : « Spinosas Erycina serens in pectore curas. » — *Fallaciæ divitiarum.* Après le genre, « les misères du siècle », nous trouvons plusieurs espèces, dont l'une consiste dans les richesses si trompeuses de ce monde. Les autres sont indiquées en bloc par l'expression *circa reliqua concupiscentia*, ou plus clairement, d'après le texte grec (οἱ περὶ τὰ λοιπὰ ἐπιθυμίαι), « concupiscentiæ quæ circa reliqua », les passions relatives aux autres points, par exemple l'ambition, la volupté, etc. Ce trait est spécial à S. Marc. — *Introeuntes* : tout cela entre dans le cœur, et étouffe la parole qui y avait pénétré auparavant.

20. — 4° *Et hi sunt.* La semence céleste, si malheureuse jusque-là, trouve pourtant des cœurs bien disposés, dans lesquels elle produit des fruits plus ou moins abondants, selon que le sol spirituel a été plus ou moins parfaitement préparé. Ce bon résultat fait oublier au prédicateur de l'Évangile tous ses insuccès antérieurs. « Non ergo nos, dilectis-

verbum, et suscipiunt et fructificant, unum triginta, unum sexaginta, et unum centum.

ceux qui écoutent la parole et la reçoivent et produisent du fruit, l'un trente, l'autre soixante et l'autre cent.

21. Et dicebat illis : Numquid venit lucerna ut sub modio ponatur, aut sub lecto? nonne ut super candelabrum ponatur?

Matth. 5, 15; *Luc.* 8, 16 *et* 11, 33.

21. Et il leur disait : Apporte-t-on la lampe pour la mettre sous le boisseau ou sous le lit? N'est-ce pas pour la mettre sur le candélabre?

---

simi, aut timor spinarum, aut saxa petrarum, aut durissima via perterreat : dum tamen seminantes verbum Dei ad terram bonam tandem aliquando pervenire possimus. Accipe verbum Dei, omnis homo, sive sterilis, sive fecundus. Ego spargam, tu vide quomodo accipias : ego erogam, tu vide quales fructus reddas. » Append. ad Oper. S. Aug. t. VI, p. 597, ed. Bened. — Les Rabbins, comme Jésus, divisaient en quatre catégories les auditeurs de la parole céleste. Leur classification est d'une curieuse originalité : « Parmi ceux qui écoutent les sages, il en est de quatre espèces, l'éponge, l'entonnoir, le filtre et le crible. L'éponge s'empare de tout; l'entonnoir laisse échapper par un bout ce qu'il reçoit de l'autre; le filtre abandonne la liqueur et ne garde que la lie; le crible rejette la paille pour ne garder que le froment. »

d. *Il faut écouter avec attention la parole de Dieu.*
IV, 21-25. — Parall. Luc. VIII, 16-18.

21. — « Possent videri quæ sequuntur ἀποφάσεις non tam cohærentes cum superioribus, atque etiam inter se, quam in unum locum a Marco congestæ... Sed... omnino arbitror ista cum superioribus cohærere. » Grotius, car ces lignes sont de lui, a parfaitement raison. Les ȳȳ. 21-25 ne sont pas le moins du monde une pure intercalation de hasard ou de fantaisie. S. Marc et S. Luc les placent en cet endroit, parce que les pensées qu'ils contiennent furent réellement exprimées par Jésus après l'explication de la parabole du semeur. Il est vrai que S. Matthieu les cite ailleurs, comme une partie intégrante du Discours sur la Montagne, ou de l'instruction pastorale adressée aux Douze (Cfr. v, 15; VII, 2; x, 26); mais rien n'empêche que le Sauveur n'ait prononcé plusieurs fois, en diverses circonstances, ces proverbes, qui contenaient des enseignements d'une grande importance. En tout cas, ils cadrent fort bien ici avec le contexte, comme le montrera le commentaire. D'un autre côté, ils s'enchaînent l'un à l'autre et s'expliquent mutuellement. — *Dicebat illis.* Voyez le ȳ. 13 et l'explication. Le pronom ne désigne que les disciples, et ne saurait s'appliquer à tout l'auditoire

décrit au commencement du chapitre, ȳ. 1 ; la suite des faits suppose que Jésus est seul avec les siens. Cfr. ȳ. 10. — *Numquid venit.* De même en grec, ἔρχεται, avec le sens de « infertur. » Quelques manuscrits portent cependant καίεται, « accenditur » : mais cette variante n'est pas pas suffisamment garantie. — *Lucerna.* « La *lucerna* (lampe qui brûle de l'huile, par opposition à *candela*, chandelle ou bougie) était faite généralement de terre cuite ou de bronze, avec une poignée d'un côté et de l'autre un bec pour la mèche, et au centre un orifice servant à verser l'huile dans la lampe... Il y avait bien des formes et des modèles différents de lampes; suivant la nature des matériaux dont elles étaient faites, et le goût de l'artiste qui mettait ces matériaux en œuvre; mais, quel que fût leur degré d'ornementation, quelque enrichies qu'elles pussent être d'accessoires et de détails capricieux, elles conservaient généralement... la forme caractéristique d'un vase en forme de bateau. » A. Rich. Dictionn. des Antiquités grecq. et rom. s. v. Lucerna. — *Sub modio.* Le « modius » était une mesure romaine équivalant à peu près à notre décalitre. — *Sub lecto.* Le substantif κλίνη du texte grec ne désigne pas le lit proprement dit, ou « lectus cubicularis », mais le « lectus tricliniaris », qui ne servait que pour les repas. Du reste, l'idée serait la même dans les deux cas. Ainsi donc, personne ne songe à placer une lampe allumée sous un boisseau ou sous un lit : ce serait une absurdité. — *Sed super candelabrum.* Nous citons encore A. Rich, ibid. p. 102. « Candelabrum, pied de lampe portatif, sur lequel on plaçait une lampe à huile. Ces pieds étaient quelquefois faits en bois (Petr. Sat. 95, 6); mais la plupart du temps ils étaient en métal (Cicer. Verr. II, 4, 26), et destinés à être placés sur quelque autre pièce du mobilier... Ils devaient se mettre sur une table ou reposer sur le sol; dans ce cas, ils étaient d'une hauteur considérable, et consistaient en une tige haute et élancée, imitant la tige d'une plante; ou bien encore c'était une colonne effilée, surmontée d'un plateau rond et plat sur lequel la lampe était placée. »

22. Car il n'y a rien de caché qui ne soit manifesté, et rien de fait en secret qui ne vienne au grand jour.

23. Si quelqu'un a des oreilles pour entendre, qu'il entende.

24. Et il leur disait : Prenez garde à ce que vous entendez. D'après la mesure avec laquelle vous aurez mesuré les autres, vous serez mesurés et il vous sera ajouté.

25. Car il sera donné à celui qui a, et à celui qui n'a pas sera ôté même ce qu'il a.

26. Et il disait : Il en est du

22. Non est enim aliquid absconditum, quod non manifestetur : nec factum est occultum, sed ut in palam veniat.

Matth. 10, 26 ; Luc. 8, 17.

23. Si quis habet aures audiendi, audiat.

24. Et dicebat illis : Videte quid audiatis. In qua mensura mensi fueritis, remetietur vobis, et adjicietur vobis.

Matth. 7, 2 ; Luc. 6, 38.

25. Qui enim habet, dabitur illi : et qui non habet, etiam quod habet auferetur ab eo.

Matth. 13, 12 et 25, 29 ; Luc. 8, 18 et 19, 26.

26. Et dicebat : Sic est regnum

Il y avait aussi le candélabre à suspension, qu'on attachait au plafond ou à la muraille ; voyez l'Evang. selon S. Matth. p. 108. — Maintenant, que signifie ce proverbe à la place que lui assigne S. Marc? Simplement, que les mystères du royaume des cieux ne sont pas destinés à demeurer cachés. Jésus les communique à ses disciples pour que ceux-ci les prêchent un jour sur les toits ; car la vérité ne doit pas et ne peut pas rester sous le boisseau.

22. — *Non est enim...* Même pensée exprimée d'une autre manière : Bien que je vous aie fait part de ces explications dans le secret, il faudra que vous les proclamiez ensuite hautement en tous lieux, car ma volonté est qu'elles soient partout divulguées. Dans le ỹ. 21, Jésus s'était servi d'une comparaison familière ; ici il emploie une forme paradoxale : ces deux vêtements donnent beaucoup de relief à l'idée.

24. — *Et dicebat illis.* « Familiaris est Marco ista transitio, qua vel diversos sermones, vel diversas ejusdem sermonis partes connectit », Rosenmüller. Scholia in Marc. c. III. — *Videte quid audiatis.* Comme Jésus insiste sur la nécessité de l'attention ! Ne venait-il pas, au ỹ. précédent, de répéter la formule déjà employée un peu plus haut, ỹ. 9? Cfr. ỹ. 3. Mais ce qu'il dit est de la dernière importance pour les siens. « Prædixerat sua omnia in lucem suo tempore proferenda et divulganda ; et quia mens ejus erat ut hoc fieret per discipulos, serio admonet eos ut doctrinam attentis animis quam diligentissime audirent. » Fr. Luc. — *In qua mensura...* Le Sauveur motive sa pressante invitation, et indique en même temps quelle grande récompense il tient en réserve pour

les prédicateurs diligents de la parole divine. « Quantum fidei capacis afferimus, tantum gratiæ inundantis haurimus ». S. Cyprien. Si les membres de l'Eglise enseignante sont attentifs à l'Evangile, ils sauront mieux le faire goûter aux fidèles, et plus leur zèle aura été actif, plus leur couronne sera belle dans le ciel. Employons donc de larges mesures, puisqu'elles serviront un jour à fixer notre part de gloire et de bonheur et d'amour !

25. — Quatrième proverbe, qui appuie et développe le troisième, de même que le second (ỹ. 22) avait prouvé et expliqué le premier (ỹ. 21). Sa signification est claire, et justifiée par mille faits d'expérience journalière. Voyez l'explication du premier Evangile, p. 264. Ajoutons une réflexion très-juste du P. Patrizi, In Marc. Comment. p. 46 et suiv. : « Ceterum, quum proverbia rei de qua agitur ita accomodentur ut illam potius oratorie exornent atque illustrent, quam omnimodis certam atque indubiam efficiant, eorum interpretatio non ad amussim, ut ita dicam, exigenda est, sed significationis summa quæ eidem illi rei respondeat colligenda. » D'après cette règle, voici quel nous semblerait être le sens spécial du proverbe dans notre verset : Quiconque est attentif croît chaque jour dans la connaissance des divins mystères et devient plus capable de la communiquer aux autres ; celui qui est inattentif oublie tout, car il perd bientôt le peu qu'il possédait. Avis aux prêtres qui seraient tentés de négliger l'étude de la parole de Dieu et de la théologie.

e. *Parabole du champ de blé.* IV, 26-29.

Comme nous l'avons dit, cette petite parabole n'a été conservée que par S. Marc, cir-

Dei, quemadmodum si homo jaciat sementem in terram,

27. Et dormiat, et exurgat nocte et die, et semen germinet, et increscat dum nescit ille.

28. Ultro enim terra fructificat,

royaume de Dieu comme de la semence qu'un homme jette dans la terre.

27. Qu'il dorme, qu'il se lève de nuit et de jour, la semence germe et croît sans qu'il le sache.

28. Car la terre produit d'elle-

---

constance qui lui prête un intérêt particulier. Les commentateurs de l'école de Strauss ont bien essayé de la confondre avec la parabole de l'ivraie, Matth. XIII, 24-30, que notre Evangéliste ou la tradition auraient défigurée; mais la différence des deux pièces est trop palpable pour que des critiques sérieux, sans préjugés, puissent jamais songer à admettre leur identité primitive. — 26. — *Et dicebat.* Cfr. ɣ. 24. Nous reprenons la suite du discours, qui avait été interrompu après le ɣ. 9, car le récit de S. Matthieu, XIII, 34 et 36, suppose clairement que la parabole du grain de sénevé, racontée par S. Marc après celle-ci (Cfr. ɣ. 30 et ss.), fut prononcée devant le peuple. — *Sic est regnum Dei.* Le royaume messianique, dans l'ensemble de ses phases terrestres et avant d'arriver à sa consommation dans le ciel (Cfr. ɣ. 29), a une ressemblance frappante avec le fait décrit par Jésus dans les lignes qui suivent. — *Quemadmodum si homo...* Quel est cet homme? C'est à coup sûr Notre-Seigneur Jésus-Christ, qu'on a si justement appelé le divin Semeur. Il est venu sur la terre, et il a répandu abondamment, surtout pendant sa Vie publique, la semence par excellence (il y a dans le grec τὸν σπόρον avec l'article), de laquelle devait sortir son royaume.

27. — *Et dormiat...* Quand un agriculteur a confié son grain à la terre, il revient chez lui et se livre à ses occupations accoutumées, abandonnant le reste aux forces mystérieuses de la nature et aux soins de la divine Providence. Il a fait tout ce qu'il a pu pour la réussite de son opération : le reste n'est plus son affaire. Il attend donc patiemment que la germination, puis la croissance, puis la maturité, aient lieu, sans aller comme les enfants (nous nous souvenons d'avoir agi ainsi plus d'une fois) remuer la terre de temps à autre, pour voir si les graines émettent un germe et des racines. — *Et exurgat nocte ac die.* Cette petite description est vivante et pittoresque. Naturellement, « nocte » retombe sur le verbe « dormiat », « die » sur « exurgat » : c'est une sorte d'hendiadys. — *Et semen germinet.....* Tandis que le semeur vaque à ses autres travaux, la graine, qui semble pourtant inactive, est l'objet d'opé-

rations aussi multiples qu'admirables. Doucement échauffée par les forces fécondantes du sol, humectée par la rosée ou par les pluies, elle éclate, émet en haut et en bas de petits organes qu'elle tenait soigneusement cachés dans son sein; bientôt elle finit par percer le sol. — *Dum nescit ille.* Assurément, le semeur n'est pas demeuré indifférent au sort du grain qu'il avait jeté en terre. Il y a souvent pensé avec le plus vif intérêt; néanmoins, à part une protection générale qui ne va pas bien loin, tout ce qui advient après les semailles est placé en dehors de son contrôle, comme aussi en dehors de sa science. Mais ce trait peut-il bien s'appliquer au Christ? Plusieurs auteurs, croyant qu'il était impossible de le concilier avec les perfections de sa nature divine, ont pensé à tort que la parabole ne le désignait nullement, et ils en ont aussitôt restreint l'application aux Apôtres et aux autres prédicateurs de l'Evangile. D'autres ont supposé que les détails contenus dans ce verset ne sont que des ornements accessoires, une sorte de draperie extérieure, et qu'ils n'ont aucune importance relativement à l'idée-mère. Mais tout ne peut-il pas s'expliquer sans exagération d'aucun genre? Jésus a semé, comme nous le disions en commençant, tant qu'il a vécu sur la terre : il posait ainsi les fondements de son royaume. Quand le moment fixé par son Père fut venu, il est remonté au ciel, pour n'en redescendre visiblement qu'à la fin du monde, quand il faudra faire la moisson universelle. Entre ces deux époques, malgré l'assistance qu'il donne perpétuellement à la divine graine, il ressemble à un agriculteur ordinaire, qui la laisse croître d'elle-même à travers mille chances bonnes et mauvaises. C'est en ce sens qu'il paraît dormir, ignorer.

28. — *Ultro enim terra.* Dans le grec, on lit αὐτομάτη, « sponte », qui est le mot important du récit. Dérivé de αὐτός, « ipse », et de l'antique verbe μάω, « desidero », il exprime admirablement bien la spontanéité avec laquelle le sein de la terre fait fructifier les semences qu'on lui confie. Aussi les classiques grecs et le juif Philon l'emploient-ils dans le même sens que notre Evangéliste, pour montrer qu'après les semailles la terre agit indépendamment de l'homme et de sa coopéra-

même du fruit, d'abord de l'herbe, puis un épi, ensuite dans l'épi un froment plein.

29. Et, lorsqu'elle a produit les fruits, il y met aussitôt la faucille, parce que c'est le temps de la moisson.

30. Et il disait : A quoi assimile-

primum herbam, deinde spicam, deinde plenum frumentum in spica.

29. Et cum produxerit fructus, statim mittit falcem, quoniam adest messis.

30. Et dicebat : Cui assimilabi-

---

tion. On ne le rencontre qu'en un seul autre endroit du Nouveau Testament, Act. XII, 10. — *Fructificat* ; de même en grec, καρποφορεῖ, avec le sens de « proferre ». — *Primum herbam, deinde...* Belle gradation, copiée d'après nature et qui nous montre les trois principaux états par lesquels passent les céréales et tous les autres végétaux du même genre, entre le temps des semailles et celui de la moisson. Il y a d'abord l'enfance représentée par le frais gazon qui sort de terre, la jeunesse que figure l'épi sortant vigoureux de sa gaîne, enfin la maturité, l'état parfait. Car, d'après le vieux proverbe, « natura nihil agit per saltum ». Il en est de même dans le règne spirituel.

29. — *Cum produxerit fructus.* D'après le grec (ὅταν δὲ παραδῷ ὁ καρπός), « fructus » est au nominatif singulier; « produxerit » a le sens de « se produxerit », ainsi que portent du reste quelques anciens manuscrits de la Vulgate. La Peschito syriaque traduit : « Quando autem pinguis redditus fuerit fructus », et la version de Philoxène : « Quum autem perfectus fuerit fructus ». Le récit suppose donc que le blé est parfaitement mûr et qu'il est temps de le moissonner. — *Mittit falcem*, ἀποστέλλει τὸ δρέπανον, latinisme de S. Marc, ou plutôt hébraïsme de Jésus lui-même. Cfr. Joel, III, 13 ; שִׁלְחוּ מַגָּל. La faucille est mentionnée encore dans un autre passage du Nouveau Testament, que nous citons en entier parce qu'il peut nous aider à mieux comprendre celui-ci : « Et je vis : et voilà une nuée blanche et, assis sur la nuée, quelqu'un de semblable au Fils de l'homme, ayant sur sa tête une couronne d'or, et en sa main une faux tranchante. Et un... ange sortit du temple, criant d'une voix forte à celui qui était assis sur la nuée : Lance ta faux et moissonne, car l'heure de moissonner est venue, parce que la moisson de la terre est sèche. Et celui qui était assis sur la nuée jeta sa faux sur la terre, et la terre fut moissonnée. » Apoc. XIV, 14-16. Dans notre parabole, comme dans ces lignes de l'Apocalypse, la moisson représente donc l'époque de la fin du monde. Voici maintenant la signification générale de cette gracieuse histoire de la semence qui croît secrètement. On peut sans

doute l'appliquer à chaque âme individuelle et à l'influence qu'y exerce la parole divine prêchée par les ministres de l'Evangile. Alors la morale serait : « Ego (Paulus) plantavi, Apollo rigavit, sed Deus incrementum dedit », I Cor. III, 6. Le prédicateur sème le bon grain, mais ce n'est pas lui qui le fait germer. Qu'il n'ait donc pas de préoccupation humaine au sujet de son développement : qu'il évite de s'inquiéter outre mesure, de s'impatienter, si la croissance n'est pas aussi rapide qu'il le souhaiterait, car « la semence se développe à son insu ». Ce premier sens est évidemment contenu dans la parabole, et il est à coup sûr très consolant pour nous, puisqu'il nous montre l'énergie secrète, énergie pourtant très réelle, de la parole divine, qui lui fait produire des effets merveilleux quoique invisibles. Toutefois, on doit admettre aussi un autre sens, plus universel, qui répond directement aux intentions premières de Jésus. En effet, puisque cette parabole est rangée parmi celles qui traitent du royaume des cieux, il est manifeste par là-même qu'elle doit s'appliquer avant tout à l'Eglise, à l'empire messianique considéré dans son ensemble. A ce point de vue, ainsi qu'il a été dit dans la note du ꙗ. 26, c'est par Notre-Seigneur Jésus-Christ lui-même que la semence a été jetée : c'est par lui que la moisson sera faite à la fin des temps. Entre ces deux époques, le grain qui représente l'Evangile se développe lentement, d'une manière indépendante de l'action humaine ; mais il se développe sûrement, il a ses évolutions successives, ses progrès magnifiques, qui font que l'Eglise du Christ, d'abord semblable à l'humble gazon qui sort timidement du sol, devient ensuite peu à peu un riche épi, qui se courbe sous le poids du blé qu'il contient. Ainsi comprise, cette parabole ajoute réellement une idée neuve aux sept autres (Voyez l'Evangile selon S. Matth. p. 284), et c'est pour cela que l'Esprit Saint nous l'a conservée par l'intermédiaire de S. Marc.

f. *Parabole du grain de sénevé.* IV, 30-32. — Parall. Matth. XIII, 31-32; Luc. XIII, 18-21.

30. — *Cui assimilabimus... aut cui parabolæ...* Ces formules sont destinées tout à la

mus regnum Dei? aut cui parabolæ comparabimus illud?

31. Sicut granum sinapis, quod cum seminatum fuerit in terra, minus est omnibus seminibus, quæ sunt in terra :

Matth. 13, 31; *Luc.* 13, 19.

32. Et cum seminatum fuerit, ascendit, et fit majus omnibus oleribus, et facit ramos magnos, ita ut possint sub umbra ejus aves cœli habitare.

33. Et talibus multis parabolis lo-

rons-nous le royaume de Dieu? Ou a quelle parabole le comparerons-nous?

31. Il est comme le grain de senevé qui, lorsqu'on le sème dans la terre, est la plus petite de toutes les semences qui sont dans la terre;

32. Et, lorsqu'on l'a semé, il monte et devient plus grand que toutes les plantes et pousse de grands rameaux, de sorte que les oiseaux du ciel peuvent habiter sous son ombre.

33. Et il leur annonçait la parole

---

fois à relever l'attention des auditeurs et à ménager une transition entre deux idées distinctes. Elles étaient fréquemment employées par les Rabbins. — La parabole précédente nous avait révélé la croissance imperceptible du royaume des cieux sur la terre, les révolutions intérieures produites par l'Evangile, soit dans le monde en général, soit dans chaque âme en particulier. Celle-ci nous fait assister à ses progrès extérieurs et visibles.

31 et 32. — Voyez les détails dans l'Evangile selon S. Matthieu, p. 272. S. Marc, bien que son récit soit conforme aux deux autres, a quelques petites variantes qui lui sont propres. Il dit que la graine fut semée *in terra;* S. Matthieu et S. Luc ont employé des expressions moins vagues : « *in agro suo* », « *in hortum suum* ». En revanche, il exprime par deux traits pittoresques le merveilleux développement de la plante; d'une part *facit ramos magnos;* de l'autre les oiseaux viennent se réfugier *in umbra ejus*. Nous avons vu de nos propres yeux, dans l'île d'Oleron, de nombreux échantillons de la « sinapis nigra » parvenus à des dimensions presque aussi surprenantes que celles qui ont été mentionnées dans le commentaire sur S. Matthieu, p. 272. « *Sicut granum sinapis prima fronte speciei suæ est parvum, vile, despectum, non saporem præstans, non odorem circumferens, non indicans suavitatem : at ubi teri cœperit, statim odorem suum fundit, acrimoniam exhibet, et tanto fervoris calore succenditur, ut mirum sit in tam frivolis (granis) tantum ignem fuisse conclusum... Ita ergo et fides Christiana prima fronte videtur esse parva, vilis et tenuis, non potentiam suam ostendens, non superbiam præferens, non gratiam subministrans* ». S. August. Sermo LXXXVII, Appendix. Les Pères aiment

en général à relever, à propos de cette parabole, la vertu âcre et brûlante de la graine de moutarde (τὸ πυῤῥακὲς καὶ αὐστηρόν, S. Irénée); Cfr. Tertull. adv. Marc. IV, 30. Néanmoins ce n'est pas sur ce point spécial que Jésus appuie dans sa comparaison, mais sur l'énorme différence qui existe entre une si petite graine et la plante vigoureuse qu'elle produit. Le divin Maître aurait pu choisir d'autres graines, celle du cèdre par exemple et signaler des disproportions encore plus étonnantes; toutefois il convenait mieux à son but de signaler l'un des végétaux les plus insignifiants. — Voir dans Didron, Iconographie chrétienne, p. 208, l'usage fréquent que l'art chrétien a fait de cette parabole. Supposant avec justesse que le grain de sénevé symbolisait Jésus lui-même, du sein duquel était sortie peu à peu l'Eglise entière, on se plaisait autrefois à représenter « le Christ dans un tombeau : de sa bouche sort un arbre sur les branches duquel sont les Apôtres. »

g. Autres paraboles de Jésus. IV, 33-34. — Parall. Matth. XIII, 34-35.

33. — S. Marc, de même que S. Matthieu, rattache à la parabole du grain de sénevé une réflexion générale, dans laquelle il fait ressortir la coutume que prit alors Notre-Seigneur d'enseigner sous forme de paraboles. Seulement, tandis que le premier Evangéliste, après avoir signalé cette circonstance, montre le rapport qu'elle avait avec une prophétie de l'Ancien Testament, le nôtre établit un contraste entre l'enseignement public de Jésus et son enseignement privé. Les deux narrations se complètent ainsi l'une l'autre. — *Talibus multis...* S. Marc insinue par là-même qu'il n'a communiqué à ses lecteurs qu'un simple extrait très abrégé des paraboles du Sauveur. — *Loquebatur eis.* Le pronom « eis »

avec beaucoup de paraboles semblables, selon qu'ils pouvaient l'entendre.

34. Car il ne leur parlait pas sans
paraboles, et en particulier il expli-
quait tout à ses disciples.

35. Et il leur dit ce même jour,
lorsque le soir fut venu : Passons à
l'autre bord.

36. Et, renvoyant la foule, ils
l'emmenèrent dans la barque tel
qu'il était, et d'autres barques le
suivaient.

quebatur eis verbum, prout poterant audire :

34. Sine parabola autem non loquebatur eis : seorsum autem discipulis suis disserebat omnia.

35. Et ait illis in illa die, cum sero
esset factum : Transeamus contra.

36. Et dimittentes turbam, assumunt eum ita ut erat in navi : et
aliæ naves erant cum illo.

Matth. 8, 23 ; *Luc.* 8, 22.

---

désigne la masse du peuple : cela ressort très
clairement du ɣ. 34, où ce même pronom est
mis en opposition avec « discipulis suis ». —
Prout poterant audire. « On explique ceci de
deux manières. Selon qu'ils pouvaient l'entendre, c'est-à-dire, selon leur portée. Jésus-
Christ se proportionnait à la capacité de ses
auditeurs, se rabaissant à leur peu d'intelligence pour leur être utile, et prenant ses
paraboles des choses communes et triviales.
D'autres l'expliquent dans un sens tout contraire : il leur parlait suivant leur disposition, il leur découvrait les vérités comme ils
étaient dignes de les écouter. Leur orgueil,
leur peu de docilité ne méritaient pas d'être
mieux traités, ni de recevoir une plus grande
intelligence. » D. Calmet, Comm. littér. sur
S. Marc. Le docte exégète dit ensuite, en parlant du second sentiment : « C'est la vraie
explication de cet endroit. » Nous le croyons
comme lui d'après le contexte, puisque Jésus
a dit nettement plus haut, ɣɣ. 11 et 12, que
la nouvelle forme donnée à son enseignement
avait un caractère pénal.

34. — *Sine parabola non loquebatur eis.*
Expression très-énergique : il ne faudrait
cependant pas en trop presser la signification,
car, selon la juste remarque de D. Calmet, l. c.,
toutes les fois qu'il s'agissait de vérités pratiques et morales, le divin Maître employait
toujours un langage clair et simple. Il semble
donc qu'il est bon de restreindre au dogme,
et plus spécialement au royaume des cieux,
à l'établissement de l'Église, la note de l'é-
crivain sacré. — *Seorsum autem discipulis...*
ϰατ' ἰδίαν τοῖς ἰδίοις μαθηταῖς, d'après les manuscrits B, C, L. Δ. Cette leçon, qui semble
authentique, joue sur les mots d'une manière
intéressante : en particulier à ses disciples
particuliers. — *Disserebat omnia.* Ici encore,
le texte grec emploie une expression qui mérite d'être signalée : c'est le verbe ἐπέλυε, « il
résolvait comme une énigme », qu'on ne
trouve nulle part ailleurs dans le Nouveau

Testament. Mais S. Pierre, dans sa seconde
Épître, i, 20, ayant à parler de l'interprétation, fait précisément usage du substantif
ἐπίλυσις, dérivé de ἐπιλύω. Les critiques n'ont
pas manqué de relever ces deux expressions,
pour montrer les ressemblances de style qui
existent entre l'Évangile selon S. Marc et les
écrits de S. Pierre.

10. — **La tempête apaisée.** iv, 35-40. — **Parall.**
Matth. viii, 23-27 ; Luc. viii, 22-25.

35. — *In illa die, cum sero esset factum.*
Tandis que les deux autres synoptiques ne
signalent que d'une manière très-vague la
date de ce prodige, S. Marc la précise avec
une grande netteté. C'était le jour même où
Jésus s'était défendu contre les Pharisiens de
chasser les démons grâce au concours de
Béelzébub, iii, 20 et ss., le jour même où il
avait inauguré son enseignement sous la
forme de paraboles, iv, 1 et ss. Cette journée avait été bien fatigante pour le divin
Maître ; néanmoins, le soir venu, il dit à ses
disciples : *Transeamus contra*, διέλθωμεν εἰς τὸ
πέραν, allons de l'autre côté du lac. Jésus
étant auprès de Capharnaüm quand il donna
cet ordre, et Capharnaüm étant situé sur la
la rive occidentale, cela revenait à dire :
Allons sur la rive orientale, en Pérée. Ce fut
là un voyage célèbre, accompagné de toute
espèce de miracles, bien qu'il n'ait duré
qu'un jour et une nuit. Jésus y trouva l'occasion de manifester sa puissance divine de
quatre manières différentes. Il montra d'a-
bord qu'il était le roi de la nature, iv, 35-40 ;
il se révéla ensuite tour à tour comme roi des
esprits, v, 1-20, comme roi des corps et
comme roi de la mort et de la vie, v, 21-43.

36. — *Et dimittentes turbam.* Les disciples
congédient doucement la foule, en lui disant
que le Maître va partir. Cela fait, *assumunt
eum ita ut erat*, c'est-à-dire, « sine ullo ad
iter apparatu, » Wetstein. « Elegans est dicendi genus, écrit Wolf au sujet de cette

37. Et facta est procella magna venti, et fluctus mittebat in navim, ita ut impleretur navis.

38. Et erat ipse in puppi, super cervical dormiens ; et excitant eum et dicunt illi : Magister, non ad te pertinet quia perimus ?

37. Et il s'éleva un grand tourbillon de vent, qui jetait les flots dans la barque, de sorte que la barque s'emplissait.

38. Et il était à la poupe, dormant sur un oreiller ; et ils le réveillent et lui disent : Maître, vous est-il indifférent que nous périssions ?

---

expression, quod de personis usurpari solet, quas significare volumus in eodem habitu quo tunc forte erant perseverasse. » Le départ fut donc immédiat. Du reste, Jésus était déjà tout embarqué d'après IV, 1. Plus loin, VI, 8, nous verrons le Sauveur recommander à ses Apôtres de se mettre en route sans aucun préparatif, quand ils entreprendront leurs premières missions : il commence par prêcher d'exemple. « Cœpit facere et docere. » — *Et aliæ naves...* Ces autres barques, qui se mirent à la suite de celle qui portait Jésus, contenaient des disciples désireux de ne pas se séparer du Sauveur. La petite flottille fut probablement dispersée par l'orage, car, au débarquement, Jésus paraît avoir été seul avec les Apôtres.

37. — *Et facta est procella...* Voyez l'Evangile selon S. Matthieu, p. 163 et ss. La description de la tempête est encore plus vivante dans le récit de S. Marc que dans les deux autres : surtout d'après le texte grec, où plusieurs des verbes sont au temps présent : καὶ γίνεται λαῖλαψ... ὥστε αὐτὸ (τὸ πλοῖον) ἤδη γεμίζεσθαι. Le mot λαῖλαψ, également employé par S. Luc, est très-expressif : Hésychius le définit ἀνέμου συστροφὴ μεθ' ὑετοῦ. Il désigne une de ces violentes tempêtes qui se déchaînent en un clin d'œil sur le lac de Gennésareth, « les gorges voisines servant comme de couloirs pour amener le vent des montagnes ». Tristram, Land of Israel, p. 43. — *Fluctus mittebat :* d'après le grec, il faudrait « fluctus sese mittebant... », les vagues battaient fortement la nacelle. Dans notre traduction latine, « fluctus » est à l'accusatif pluriel et le verbe « mittebat » dépend de « procella. »

38. — *Et erat ipse in puppi...* Comme S. Marc a bien noté toutes les circonstances ! S. Matthieu et S. Luc se contentent de mentionner le sommeil de Jésus ; mais, à ce fait principal, notre évangéliste a ajouté deux traits particuliers qui font revivre pour nous la scène entière. Il signale d'abord la partie de la barque où se trouvait Jésus : c'était la poupe qui est habituellement réservée aux passagers dans les bateaux de petite dimension, parce que le tangage s'y fait moins sentir. Il décrit ensuite l'attitude du divin Maître :

super cervical dormiens, en grec τὸ προσκεφάλαιον avec l'article, le coussin qui se trouvait dans la barque. Jésus, fatigué par ses travaux de la journée, a appuyé sa tête sur un coussin, et il s'est bientôt endormi. Quel doux tableau ! Michaelis l'a dépoétisé en supposant sans la moindre raison que le Sauveur s'était chargé du gouvernail, mais que le sommeil l'avait tout à coup gagné parmi ses fonctions de pilote. Jésus dormait pendant l'orage, Jonas aussi ; de là le rapprochement suivant établi par S. Jérôme, Comm. in Matth. VIII, 24 : « Hujus signi typum in Jona legimus, quando ceteris periclitantibus ipse securus est, et dormit, et suscitatur ; et imperio et sacramento passionis suæ liberat suscitantes. » Autre réflexion intéressante : « Hic ille unus Evangeliorum locus est in quo Jesum dormientem invenimus. Expedit quippe hujusmodi locos notare in quibus is humanum quid agens aut patiens invenitur. » Patrizi, in Marc. Comm. h. l. Nous aimons à nous rappeler encore l'interprétation mystique de quelques Pères, d'après laquelle le coussin de Jésus n'est autre que le bois sacré de la croix, sur lequel il s'endormit pendant sa Passion. Satan profita de ce sommeil pour susciter une tempête terrible contre l'Eglise naissante ; mais Jésus s'éveilla par la Résurrection, et fit immédiatement cesser l'orage. — *Et excitant eum.* Les disciples, se croyant perdus, ont recours à Celui dont ils connaissent déjà la toute-puissance. — *Magister, non ad te pertinet...* Ce cri indique de la part de ceux qui le poussaient un mouvement d'impatience causé par l'imminence du péril : S. Marc seul nous l'a conservé sous cette forme caractéristique. D'après S. Matthieu, les Apôtres auraient dit : « Domine, salva nos, perimus » ; d'après S. Luc, plus simplement encore : « Præceptor, perimus ». On le voit, ce ne sont pas uniquement des variantes dans les paroles, mais de vraies divergences dans le ton, dans les sentiments. Il est probable que les trois phrases furent prononcées en même temps, chaque disciple parlant alors d'après le sentiment qui dominait en lui.

39. — *Et exurgens comminatus est...* Quelle

39. Alors, se levant, il menaça le vent et dit à la mer : Tais-toi, silence! Et le vent cessa, et il se fit un grand calme.

40. Et il leur dit : Pourquoi êtes-vous effrayés? N'avez-vous point encore la foi? Et ils furent saisis d'une grande crainte, et ils se disaient l'un à l'autre : Qui penses-tu que soit celui-ci, puisque et le vent et la mer lui obéissent?

39. Et exurgens comminatus est vento et dixit mari : Tace, obmutesce. Et cessavit ventus, et facta est tranquillitas magna.

40. Et ait illis : Quid timidi estis? necdum habetis fidem? Et timuerunt timore magno, et dicebant ad alterutrum : Quis, putas, est iste, quia et ventus et mare obediunt ei?

---

majesté dans cette attitude de Jésus! Quelle majesté dans ses paroles! *Tace, obmutesce,* s'écria-t-il, parlant à la mer et employant deux verbes synonymes pour imprimer plus d'énergie à son commandement. S. Marc signale seul les paroles du Thaumaturge. Remarquons la gradation qui existe dans les ordres du Sauveur : il commence par menacer le vent, qui était cause de la tempête; il impose ensuite silence aux flots courroucés, les réprimandant comme un maître fait ses écoliers rebelles. Il y a là deux belles personnifications des forces de la nature. — *Cessavit ventus :* dans le grec, ἐκόπασεν, mot extraordinaire, qui n'est employé qu'à trois reprises dans le Nouveau Testament (ici, vi, 51 et Matth. xiv, 32) et qui indique un repos provenant d'une sorte de lassitude. — *Tranquillitas magna :* γαλήνη du grec s'applique spécialement au calme de la mer et des lacs. Le vent s'est soumis à la parole toute-puissante de Jésus : les flots obéissent à leur tour, et, contrairement à ce qui se passe d'ordinaire en pareil cas, reprennent aussitôt un équilibre parfait. Quand Jésus guérissait les malades, il n'y avait pas de convalescence; quand il apaise une tempête, il l'arrête brusquement sans transition.

40. — Les disciples méritaient aussi des reproches : Jésus les leur adresse pour leur instruction. — *Necdum habetis fidem?* La Recepta porte : πῶς οὐκ ἔχετε πίστιν; Comment n'avez-vous pas la foi? Mais les manuscrits

B, D, L, Sinaït., ont la variante οὔπω, que les versions copte et italique ont lue de même que la Vulgate. « Si les disciples avaient eu la foi, ils auraient été persuadés que Jésus pouvait les protéger, quoique endormi ». Théophylacte. — *Et timuerum timore magno...* Dans le texte grec, ces mots commencent un nouveau verset, qui est le 41e du chapitre iv. — La crainte envahit une seconde fois l'âme des Apôtres, mais c'est une crainte d'un autre genre : précédemment, ⸭. 38, ils avaient eu peur de l'orage qui menaçait de les engloutir; maintenant, le miracle si éclatant de Jésus les remplit d'un effroi surnaturel et, se faisant part de leurs impressions, ils se demandent les uns aux autres : *Quis, putas, est iste...* Précédemment, i, 27, après la guérison d'un démoniaque, les assistants s'étaient écriés : « Quidnam est hoc? » Aujourd'hui, l'attention est plutôt dirigée sur la personne même de Jésus : Que doit être celui qui opère de tels prodiges? — Tertullien, adv. Marc. iv, 20, rapproche ce miracle de plusieurs passages prophétiques : « Quum transfretat (Jesus), psalmus expungitur, Dominus, inquit, super aquas multas (Ps. xxviii, 3) : quum undas freti discutit, Habacuc adimpletur, Dispergens, inquit, aquas itinere (Hab. iii, 15) : quum ad minas ejus eliditur mare, Nahum quoque absolvitur, Comminans, inquit, mari et arefaciens illud (Nah. i, 4), utique cum ventis quibus inquietabatur. »

CHAPITRE V

Jésus passe dans la région des Gadaréniens, où il guérit un démoniaque au milieu de circonstances extraordinaires (ɣɣ. 1-17). — A son départ, il charge celui qu'il a guéri de prêcher l'Evangile dans la contrée (ɣɣ. 18-20). — Quand il débarque sur la rive occidentale, un chef de synagogue le supplie de rendre la santé à sa fille mourante (ɣɣ. 21-24). — En se rendant chez Jaïre, Jésus guérit l'hémorrhoïsse (ɣɣ. 25-34). — « Talitha cumi » (ɣɣ. 35-43).

1. Et venerunt trans fretum maris in regione Gerasenorum.

Matth. 8, 28; Luc. 8, 26.

2. Et exeunti ei de navi statim occurrit de monumentis homo in spiritu immundo,

1. Et ils vinrent, en traversant la mer, dans le pays des Géraséniens.

2. Et, comme il sortait de la barque, tout à coup vint à lui du milieu des tombeaux un homme possédé d'un esprit immonde,

---

11. — Le démoniaque de Gadara. ɣ, 1-20. Parall. Matth. viii, 28-34; Luc. viii, 26-39.

Nous trouvons ici la plus merveilleuse de toutes les guérisons de démoniaques opérées par Jésus. Le récit très détaillé de S. Marc renouvelle en quelque sorte sous nos yeux cet incident grandiose, où le caractère messianique et divin du Sauveur se manifeste avec tant d'évidence. Les traits propres à notre Evangéliste apparaissent presque à chaque verset. Bornons-nous à signaler les principaux. ɣ. 4 : « nemo poterat eum domare » ; ɣ. 5 : « in montibus erat, clamans et concidens se lapidibus » ; ɣ. 6 : « videns Jesum a longe, cucurrit » ; ɣ. 7 : « clamans voce magna » : « adjuro te per Deum vivum » ; ɣ. 10 : « deprecabatur eum multum ne se expelleret extra regionem » ; ɣ. 13 : « ad duo millia » ; ɣ. 20 : « cœpit prædicare in Decapoli. »

CHAP. v. — 1. — *Trans fretum maris :* sur la rive orientale ; ou mieux encore, d'après l'opinion commune, dans la contrée située au S.-E. du lac. — *In regionem Gerasenorum.* Nous avons fait connaître, dans notre commentaire sur S. Matth. p. 167, les différentes leçons du texte grec, les versions et des Pères relativement à ce nom propre, (Γαδαρηνῶν, Γερασηνῶν, Γεργεσηνῶν) et la grande difficulté qu'elles créent à l'exégète. Notre choix s'est alors porté sur Gadara. Il est venu depuis à notre connaissance que plusieurs commentateurs ou géographes (Weiss, Volkmar, Farrar, Tristram, Cook, Thomson) se viennent à l'opinion d'Origène, l'un d'eux, le Dr Thomson, ayant découvert auprès de l'ouadi Semak, en face de la plaine de Tibé-

riade, les ruines d'une ville que son guide arabe nomma Kersa ou Ghersa, et qu'il n'hésite pas à identifier avec l'antique Gergesa où Jésus, selon le grand interprète alexandrin, aurait guéri le démoniaque. Cfr. The Land and the Book, Lond. 1876, p. 375 et ss. « La ville est située à quelques mètres du rivage et, immédiatement au-dessus d'elle, se dresse une montagne énorme dans laquelle sont d'anciens tombeaux... Le lac est si rapproché de la base de la montagne, que les pourceaux, se précipitant en bas tout affolés, eussent été dans l'impossibilité de s'arrêter ; nécessairement ils devaient tomber dans le lac et s'y noyer. » Nous admettons sans peine que cette découverte semble favoriser l'opinion d'Origène, et que le site décrit par M. Thomson concorderait mieux que le territoire de Gadara avec la narration évangélique. Toutefois le texte sacré n'exige nullement que la ville fût tout à fait sur les bords du lac, et les guides arabes ont si fréquemment donné de fausses indications sur les vieilles localités de la Palestine, qu'il y a tout intérêt à ne pas se presser trop pour les adopter.

2. — *Exeunti ei.* D'après le grec, « egresso ei » (ἐξελθόντι αὐτῷ) : c'était donc quelques instants après le débarquement de Jésus et des Apôtres. — *Homo in spiritu immundo.* Cfr. i, 23 et l'explication. Un homme au pouvoir du démon, l'esprit immonde par excellence. S. Matthieu mentionne deux possédés (voir le commentaire, p. 167 et s.); S. Marc et S. Luc n'en présentent qu'un durant toute la scène qui va suivre : c'était probablement le plus célèbre. « Intelligas unum eorum fuisse personæ alicujus clarioris

3. Qui faisait sa demeure des tombeaux, et personne ne pouvait plus le lier avec des chaînes;

4. Car, souvent attaché avec des chaînes et des entraves, il avait rompu les chaînes et les entraves, et personne ne pouvait le dompter.

5. Et, le jour et la nuit, il était toujours dans les tombeaux et sur les montagnes, criant et se meurtrissant avec des pierres.

6. Or, voyant Jésus de loin, il accourut et l'adora.

7. Et, criant d'une voix forte, il dit : Qu'y a-t-il entre moi et toi,

3. Qui domicilium habebat in monumentis, et neque catenis jam quisquam poterat eum ligare,

4. Quoniam sæpe compedibus et catenis vinctus, dirupisset catenas, et compedes comminuisset, et nemo poterat eum domare.

5. Et semper die ac nocte in monumentis et in montibus erat, clamans, et concidens se lapidibus.

6. Videns autem Jesum a longe, cucurrit, et adoravit eum;

7. Et clamans voce magna, dixit : Quid mihi et tibi, Jesu Fili Dei al-

---

et famosioris, quem regio illa maxime dolebat. » S. August. de Cons. Evang. II, 24. Voyez dans Lightfoot, Horæ talm. in Marc. v, 4, un singulier essai de conciliation.

3-5. — Ces trois versets contiennent une description pittoresque du caractère sauvage et farouche de notre démoniaque. Sa vie était un perpétuel paroxysme de folie furieuse, ce qui faisait de lui un objet d'effroi et d'horreur pour toute la contrée. — *In monumentis.* Cfr. ℣. 5. Les vastes chambres sépulcrales creusées dans le roc aux environs de Gadara, tel était son domicile habituel ; preuve qu'il avait complètement abandonné la société des hommes. L'esprit impur qui le dominait lui faisait hanter les tombeaux. — *Neque catenis jam...* Ainsi portent les meilleurs manuscrits grecs, οὐδὲ... οὐκέτι. Cfr. Tischendorf, Nov. Testam. La « Recepta » a simplement οὔτε. Le contexte est favorable à la leçon de la Vulgate ; les détails suivants montrent en effet le motif pour lequel on avait « désormais » cessé d'enchaîner le démoniaque. Des expériences réitérées avaient prouvé que c'était inutile. — *Quoniam sæpe...* « Dans la civilisation si vantée de l'antiquité, dit justement M. Farrar, Life of Christ, t. I, p. 334, il n'y avait ni hôpitaux, ni établissements pénitentiaires, ni asiles ; et les infortunés de cette espèce, trop dangereux pour qu'on les tolérât dans la société, étaient simplement expulsés d'auprès de leurs semblables : pour les empêcher de nuire, on employait à leur égard des mesures à la fois insuffisantes et cruelles. » Il fallait le Christianisme, et surtout le Catholicisme, pour créer des refuges à ces êtres malheureux. — *Compedibus* désigne des entraves mises autour des pieds et des jambes, *catenis* des liens ou des chaînes qui attachaient les mains et les bras, peut-être aussi le corps. — *Dirupisset catenas...* Rendu

plus furieux encore par ce traitement, le possédé, dont le démon centuplait les forces musculaires, mettait en pièces chaînes et entraves. Ainsi donc, comme l'ajoute l'Évangéliste, « personne n'avait réussi à le dompter. » — *In montibus.* Quand il n'était pas caché dans les sépulcres, on le voyait courant comme un forcené à travers les montagnes qui bordent les rives orientales de la mer de Galilée. Alors il poussait de grands cris ; bien plus, il se déchirait le corps en se frappant avec des pierres. Affreux spectacle, qui prouve jusqu'à quel point ce malheureux était au pouvoir du démon. Un Évangile apocryphe, faisant allusion à cette lamentable histoire des possédés de Gadara, note un autre trait caractéristique : σαρκοφαγοῦντας τῶν ἰδίων μελῶν. Cfr. Thilo, Cod. Apocr. t. I, p. 808.

6 et 7. — Mais voici que le Libérateur se présente, et le démoniaque, un instant calmé par son influence qui se fait sentir au loin (*videns... Jesum a longe*), accourt au-devant de lui et se prosterne à ses pieds. — *Quid mihi et tibi?* Cfr. I, 24. Qu'avons-nous de commun ? Pourquoi ne me laissez-vous pas en paix ? On le voit, c'est le démon qui reprend son empire, et qui parle par la bouche du possédé. — *Jesu, Fili Dei altissimi.* C'est la première fois que Dieu reçoit ce nom dans les écrits du Nouveau Testament : mais il l'avait fréquemment porté sous l'ancienne Loi. Déjà, Melchisedech nous a été présenté, Gen. XIV, 18, comme prêtre אֵל עֶלְיוֹן, c'est-à-dire du Dieu très haut. Les prophètes et les poètes sacrés ont depuis répété sans cesse que le Seigneur est *El-Elyon.* Cfr. Deut. XXXII, 8 ; Is. XIV, 14 ; Thr. III, 35 ; Dan. IV, 47, 24, 32, 34 ; VII, 18, 22, 25 ; Ps. VII, 17 ; IX, 2 ; XVIII, 43 ; XLVI, 4, etc. A lui seul, l'auteur de l'Ecclésiastique a répété ce titre quarante fois au moins. Les démons le con-

tissimi? adjuro te per Deum, ne me torqueas.

8. Dicebat enim illi : Exi, spiritus immunde, ab homine.

9. Et interrogabat eum : Quod tibi nomen est? Et dicit ei : Legio mihi nomen est, quia multi sumus.

10. Et deprecabatur eum multum, ne se expelleret extra regionem.

11. Erat autem ibi circa montem grex porcorum magnus, pascens.

Jésus, fils du Dieu très-haut? Je t'adjure par Dieu, ne me tourmente pas.

8. Car il lui disait : Sors de cet homme, esprit immonde.

9. Et il l'interrogeait : Quel est ton nom? Et il lui dit : Mon nom est légion, parce que nous sommes plusieurs.

10. Et il le priait instamment de ne pas le chasser hors de ce pays.

11. Or, il y avait là, au pied de la montagne, un grand troupeau de porcs qui paissait.

---

naissent aussi et le donnent à Dieu. Cfr. Luc. VIII, 28 ; Act. XVI, 17. Ici, l'esprit impur ose même s'en servir pour adresser à Jésus une adjuration solennelle. — *Ne me torqueas.* C'est toujours Satan qui parle ; il sait que Jésus va l'expulser (ÿ. 8), et, par une humiliante supplication, il essaie d'échapper à ce sort qui l'effraie. Selon une belle pensée de S. Jérôme, les démons, semblables à des esclaves fugitifs, ne songent, lorsqu'ils aperçoivent leur Maître, qu'aux châtiments qui les attendent. Eux, qui tourmentent si cruellement les hommes, ils ont peur d'être tourmentés à leur tour.

8. — *Dicebat enim illi...* Motif de cette adjuration pressante du démon. En cet instant même, Jésus lui ordonnait de se retirer. Habituellement, quand le Sauveur donnait un ordre de ce genre, il était aussitôt obéi : dans la circonstance présente, il accorda un certain délai à son ennemi, afin de mieux accomplir ainsi ses miséricordieux desseins.

9. — *Quod tibi nomen est?* Ce n'est pas pour lui-même, assurément, c'est pour les assistants que Notre-Seigneur adresse cette question à l'esprit immonde : il se proposait par là de faire ressortir la grandeur du miracle qu'il allait accomplir. — *Legio mihi nomen.* Nom superbe, que le démon ose en ce moment pour braver Jésus. La légion romaine se composait d'environ 6000 hommes : les Juifs en avaient tous contemplé les rangs serrés et terribles. Aussi employaient-ils volontiers le mot לֶגְיוֹן (*léghion,* calqué sur le nom latin « legio ») pour exprimer un nombre considérable. Cfr. Buxtorf, Lexic. rabbin. p. 1123 ; Lightfoot, Hor. talm. in Marc. v, 9. Satan s'en sert de même pour montrer que le possédé par l'organe duquel il parlait était au pouvoir d'une multitude de démons inférieurs. — *Quia multi sumus.* Exégèse du nom que l'esprit mauvais venait de s'attribuer. Le pauvre démoniaque avait donc été transfor-

mé en un camp satanique où les démons tenaient pour ainsi dire garnison. Dieu aime à s'appeler le Seigneur des armées : le diable s'arroge ici par bravade un titre analogue ; mais la légion infernale n'effraiera point Jésus. — Les Evangiles nous offrent d'autres exemples de possessions multiples dans un même individu : Cfr. XVI, 9 ; Luc. VIII, 2 ; Matth. XII, 45.

10. — *Deprecabatur eum multum.* Le démon réitère maintenant sa supplique. Il y a ici, comme au ÿ. 9, un changement de nombre, qui, étrange en apparence, s'explique néanmoins fort bien par la circonstance indiquée ci-dessus. Les démons sont une légion : de là le pluriel « sumus », *se* (αὐτοὺς) ; c'est le principal d'entre eux qui a pris la parole au nom de tous : de là le singulier « mihi, deprecabatur. » — *Extra regionem.* Ils se plaisaient dans cette contrée à moitié païenne, où ils pouvaient mieux exercer leur puissance. « Amare videntur regiones illas præ aliis, in quibus mores hominum, propter longam consuetudinem, perspectiores habent, ac ubi major est eis nocendi occasio et spes. » Fr. Luc. Dans le troisième Evangile, VIII, 31, les démons « rogabant illum ne imperaret illis ut in abyssum irent. » Ce sont deux expressions différentes pour rendre une seule et même idée.

11. — *Grex porcorum magnus.* Sur la présence des porcs en Palestine, voyez l'Evang. selon S. Matth. p. 169. Nous avons ici un exemple intéressant de l'indépendance des trois synoptiques, malgré la grande ressemblance de leurs récits. S. Luc, pour désigner l'endroit où paissaient les pourceaux, emploie simplement le vague adverbe ἐκεῖ, là ; S. Matthieu dit que c'était μακρὰν ἀπ' αὐτῶν, à une assez grande distance du groupe formé par Jésus, ses disciples, le démoniaque et les autres témoins du prodige ; S. Marc concilie

12. Et les esprits le priaient, disant : Envoie-nous dans ces porcs, pour que nous entrions en eux.

13. Et Jésus aussitôt le leur permit. Et les esprits immondes, sortant *du possédé*, entrèrent dans les porcs, et le troupeau d'environ deux mille se précipita impétueusement dans la mer, et ils furent noyés dans la mer :

14. Mais ceux qui les faisaient paître s'enfuirent et répandirent cette nouvelle dans la ville et dans les champs. Et on sortit pour voir ce qui était arrivé.

15. Ils vinrent vers Jésus, et ils virent celui qui avait été tourmenté par le démon assis, vêtu et sain d'esprit, et ils furent saisis de crainte.

16. Et ceux qui avaient vu leur racontèrent ce qui était arrivé à celui qui était possédé du démon et aux porcs.

12. Et deprecabantur eum spiritus, dicentes : Mitte nos in porcos, ut in eos introeamus.

13. Et concessit eis statim Jesus. Et exeuntes spiritus immundi introierunt in porcos, et magno impetu grex precipitatus est in mare ad duo millia, et suffocati sunt in mari.

14. Qui autem pascebant eos, fugerunt, et nuntiaverunt in civitatem et in agros. Et egressi sunt videre quid esset factum.

15. Et veniunt ad Jesum, et vident illum qui a dæmonio vexabatur, sedentem, vestitum, et sanæ mentis; et timuerunt.

16 Et narraverunt illis, qui viderant, qualiter factum esset ei qui dæmonium habuerat, et de porcis.

---

les deux autres Evangélistes en nous montrant le troupeau ἐκεῖ πρὸς τῷ ὄρει, *ibi circa montem* : note toute graphique.

12. — *Deprecabantur.* Pour la troisième fois, le démon s'humilie et implore Jésus. Cfr. ⅛⅛. 7 et 10. Ne me tourmente pas, avait-il demandé tout d'abord. Précisant ensuite sa requête, il avait supplié le Sauveur de le laisser dans le pays. Maintenant il lui dit : *Mitte nos in porcos...* Il désire posséder les pourceaux, de même qu'il avait possédé jusque là le démoniaque auquel il se sentait forcé de renoncer. Sur le motif de cette singulière demande, voyez le comment. sur S. Matth. VIII, 31.

13. — *Concessit eis.* « Ite », répondit Jésus d'après S. Matthieu, avec un laconisme plein de majesté. — Les démons profitent aussitôt de la permission qui leur est accordée. *Exeuntes..... introierunt* : ils abandonnent l'homme créé à l'image de Dieu, et ils envahissent le troupeau de bêtes dénuées de raison. — *Et magno impetu...* Cette scène étrange est très bien décrite par les trois Evangélistes, qui emploient du reste à peu près les mêmes expressions. Les animaux, devenus furieux comme l'avait été autrefois le démoniaque, ⅛⅛. 3-5, se lancent à toute vitesse le long des flancs de la montagne sur laquelle ils paissaient. En un clin d'œil ils roulent dans le lac :

un immense tourbillon est produit, et bientôt l'abîme se renferme sur sa proie. — *Ad duo millia.* La région qui servit de théâtre à cet événement a toujours été célèbre par des troupeaux nombreux. Les bois de chêne qu'elle contient les rendaient spécialement propice à l'élevage des pourceaux.

14-17. — La nouvelle de cet éclatant prodige, mais aussi de cette perte considérable, fut portée sur-le-champ à la ville voisine et dans toute la contrée par les bergers épouvantés. Les habitants sortirent alors pour voir le Thaumaturge. Le contraste saisissant qui frappa leurs regards dès qu'ils s'approchèrent de Jésus est peint au vif par S. Marc. — *Sedentem, vestitum, sanæ mentis.* Autrefois, on voyait le possédé courir comme un fou à travers toute la contrée, maintenant il est assis aux pieds de Jésus et se tient aussi paisible qu'un petit enfant; autrefois, dit S. Luc, VIII, 27, « vestimento non induebatur », maintenant il porte les vêtements que Jésus et les Apôtres lui ont donnés; autrefois il agissait sous l'empire du démon, actuellement il est rentré dans la pleine possession de ses facultés. Après les mots « sanæ mentis », le texte grec ajoute avec emphase : τὸν ἐσχηκότα τὸν λεγεῶνα, celui qui avait eu la légion! — *Et narraverunt illis...* Au fur et à mesure que de nouveaux curieux arrivaient, les témoins

17. Et rogare cœperunt eum ut discederet de finibus eorum.

18. Cumque ascenderet navim, cœpit illum deprecari, qui a dæmonio vexatus fuerat, ut esset cum illo :

19. Et non dimisit eum, sed ait illi : Vade in domum tuam ad tuos, et annuntia illis quanta tibi Dominus fecerit, et misertus sit tui.

20. Et abiit, et cœpit prædicare in Decapoli, quanta sibi fecisset Jesus; et omnes mirabantur.

17. Et ils commencèrent à prier Jésus de s'éloigner de leurs confins.

18. Et, comme il montait dans la barque, celui qui avait été tourmenté par le démon commença à le prier pour rester avec lui.

19. Et il ne le lui permit pas, mais il lui dit : Va dans ta maison vers les tiens, et annonce leur tout ce que le Seigneur a fait pour toi, et comment il a eu pitié de toi.

20. Il s'en alla donc et commença à publier dans la Décapole tout ce que Jésus avait fait pour lui, et tous étaient dans l'admiration.

---

du miracle leur en exposaient les divers traits, parlant et du démoniaque *et de porcis*. Cette dernière expression forme, dans l'intention de l'écrivain sacré, une gradation manifeste. Les pourceaux, leurs pourceaux ! D'abord simplement étonnés, les Gadaréniens se désolent maintenant au sujet de la perte qu'ils ont subie et ils redoutent d'en éprouver d'autres encore. Aussi conjurent-ils Jésus de quitter leurs frontières. Ils ont bien mérité, par cette indigne conduite, que leur nom servît à stigmatiser quiconque refuse de prêter l'oreille à la saine doctrine! Cfr. Erasme, Adagia, p. 343.

18. — *Cumque ascenderet navim*. Au moment où Jésus allait s'embarquer pour retourner sur la rive occidentale du lac, il se passa une scène touchante. Celui qui avait été l'objet du miracle adresse, lui aussi, une prière au divin Maître. Mais que sa demande diffère de celle des Gadaréniens! « Rogare cœperunt eum ut discederet de finibus eorum », lisions-nous au verset précédent ; ici, au contraire, *cœpit eum deprecari... ut esset cum illo*. Il implorait donc la faveur d'être le compagnon habituel de Jésus, c'est-à-dire son disciple dans le sens strict de cette expression. « Si enim non tanquam discipulus, sed quemadmodum turba Christum sequebatur, eum sequi voluisset, ejus injussu facere potuisset, sicut multi alii faciebant: discipulus autem illius esse nisi eo approbante admittenteque non poterat. » Maldonat, h. l. Par cette offre, il témoignait sa profonde gratitude à l'égard de son libérateur. Théophylacte, Euthymius, Grotius, etc., supposent sans raisons suffisantes qu'il craignait le retour des démons, et qu'il désirait pour ce motif demeurer toujours auprès du Thaumaturge.

19. — *Non admisit eum*. Jésus refuse en apparence, mais de fait il accorde au suppliant un rôle plus méritoire et plus utile. —

Annuntia... Aux autres, Notre-Seigneur enjoignait le silence : il prescrit à celui-ci la publicité. C'est qu'en Pérée Jésus n'avait à craindre ni les mêmes inconvénients, ni les mêmes préjugés qu'en Judée ou qu'en Galilée. Dans cette lointaine province, il n'avait pas beaucoup d'ennemis, et l'enthousiasme messianique n'était guère à redouter. — Voilà donc l'ancien hôte du démon constitué Apôtre et missionnaire du Christianisme dans ce district! C'était une grande miséricorde de Jésus non-seulement pour lui, mais pour toute la contrée. « Repulsus a Gerasenis Dominus illos quidem in præsens, ut meruerunt, deseruit; quoniam autem nondum desponderi salus eorum potuit, reliquit eis Apostolum. » Fr. Luc.

20. — *Et abiit et cœpit prædicare*. Avec quel zèle ne dût-il pas s'acquitter de cette noble fonction! Il parcourut tout le territoire de la Décapole, racontant les merveilles qui avaient été accomplies en lui. — *Sibi fecisset Jesus*. Au verset précédent, selon la juste remarque d'Euthymius, Jésus avait dit : « Annuntia illis quanta tibi Dominus fecerit », rapportant ainsi par modestie toute la gloire du miracle à son Père; mais, dans sa reconnaissance, l'ancien démoniaque mentionne l'auteur immédiat de sa guérison : il attribue directement le prodige à Jésus. — *Omnes mirabantur*. Tout porte à croire que l'Evangéliste ne veut pas seulement parler d'une admiration stérile : dans beaucoup de ces cœurs sans doute l'étonnement fit place à la foi et à de sincères conversions. — Voir dans les Etudes archéologiq. et iconograph. de M. Rohault de Fleury, t. I, p. 167, d'anciennes et naïves représentations artistiques de ce miracle.

21. Jésus ayant de nouveau traversé la mer dans la barque, une grande foule s'assembla autour de lui, et il était près de la mer.

22. Or, un des chefs de la synagogue, nommé Jaïre, vint et en le voyant se jeta à ses pieds.

23. Et il le priait instamment, disant : Ma fille est à l'extrémité ; venez, imposez votre main sur elle, afin qu'elle soit guérie et qu'elle vive.

21. Et cum transcendisset Jesus in navi rursum trans fretum, convenit turba multa ad eum, et erat circa mare.

22. Et venit quidam de archisynagogis nomine Jairus : et videns eum, procidit ad pedes ejus.

Luc. 8, 41 ; Matth. 9, 18.

23. Et deprecabatur eum multum, dicens : Quoniam filia mea in extremis est ; veni, impone manum super eam, ut salva sit, et vivat.

---

12. — La fille de Jaïre et l'hémorrhoïsse.
v, 21-43. — Parall. Matth. ix, 18-26 ; Luc. viii, 40-56.

Ici, comme au paragraphe qui précède, le récit de S. Marc est encore le plus graphique et le plus complet.

a. *La requête de Jaïre.* v, 21-24.

21. — *Cum transcendisset.* Ce verset raconte l'occasion du double miracle opéré par Jésus presque aussitôt après qu'il eût franchi le lac et débarqué sur la rive occidentale. Sur l'ordre chronologique des faits, voyez l'Évangile selon S. Matth. p. 481. — *Convenit turba.* A peine le Sauveur avait-il mis pied à terre, que déjà une multitude considérable l'entourait. S. Luc, viii, 40, signale la raison de ce rapide concours : « Erant enim omnes exspectantes eum. »

22. — *Quidam de archisynagogis.* S. Matthieu avait simplement dit « princeps unus ». S. Marc et S. Luc relèvent la haute fonction ecclésiastique du suppliant. Chaque synagogue était gouvernée par un collège ou chapitre de notables, que présidait un chef nommé en hébreu הכנסת ראש, *Rosch-Hakkenéceth*, ἄρχων τῆς συναγωγῆς, comme traduit S. Luc. Cfr. Vitringa, de Synagoga, p. 584 et ss. Jésus avait bien peu d'amis et de disciples parmi ces chefs. Mais voici que le malheur lui en conduit un ! — *Nomine Jairus :* en grec Ἰάειρος, en hébreu יאיר ; Cfr. Num. xxxii, 41 ; Jud. x, 3 ; Esth. ii, 5. Les Évangélistes mentionnent rarement les noms des personnes qui furent l'objet des miracles du Sauveur : ils font une exception pour Jaïre, sans doute à cause de la grandeur du prodige qui eut lieu dans sa maison. — *Procidit.* Malgré sa dignité, il tombe aux pieds de Notre-Seigneur. Qu'on nous permette de citer une belle réflexion de M. Schegg à propos de cette prostration. « Jésus ne courait point au-devant des honneurs humains ; pourtant, nous ne lisons nulle part qu'il ait refusé des hommages de ce genre. Jamais, au moment de

pareilles scènes, il ne s'écria comme Paul et Barnabé : Hommes, pourquoi faites-vous cela ? Nous aussi, nous sommes des mortels comme vous ! Act. xiv, 14. Il avait remarqué sans peine que les Pharisiens en étaient scandalisés ; et néanmoins il laissait faire ce qu'il n'aurait pas pu empêcher sans témoigner contre la vérité. Cette conduite mérite notre pleine attention : il y a là une preuve en faveur de la divinité de Jésus-Christ. » Evangel. nach Mark. p. 154.

23. — *Deprecabatur... multum :* en grec, πολλὰ, « multa ». Expression emphatique, qui fait très bien ressortir le caractère pressant et l'ardeur des prières de ce père infortuné. Elle est spéciale à S. Marc. — *Filia mea ;* littéralement : « filiola mea », τὸ θυγάτριόν μου. Ce diminutif est tout à fait conforme aux mœurs du Levant, car les Orientaux emploient volontiers les appellations de tendresse. — *In extremis est.* La phrase du texte grec, ἐσχάτως ἔχει, a été quelquefois rangée parmi les latinismes du second Évangile : c'est par erreur, car elle a un cachet hellénique de bon aloi. Cfr. Fritzsche, Evangel. Marci, p. 178. Elle est synonyme de θανασίμως ἔχειν, être sur le point d'expirer. Touchant la contradiction apparente qui existe ici entre S. Marc et S. Matthieu, voyez notre commentaire sur le premier Évangile, p. 482. De fait, la jeune fille vivait encore lorsque Jaïre l'avait quittée pour courir à la rencontre de Jésus. — *Veni, impone...* Le texte grec offre ici une phrase singulière, qui ne se lie d'aucune façon avec les antécédents, bien qu'elle ait l'air de s'y rattacher : ἵνα ἐλθὼν ἐπιθῇς αὐτῇ τὰς χεῖρας, ὅπως σωθῇ καὶ ζήσεται, « ut veniens imponas ei manus, ita ut salva sit, et vivat ». Quelques exégètes sous-entendent les mots παρακαλέω σε, je te conjure ; d'autres voient dans cette tournure une manière délicate et polie d'inviter Jésus à venir au plus vite, sans paraître toutefois lui donner un ordre. Cfr. Beelen, Grammat. græcitatis N. T., p. 346. — *Salva*

24. Et il s'en alla avec lui, et une grande foule le suivait et le pressait.

25. Et une femme, qui avait un flux de sang depuis douze ans,

26. Et avait beaucoup souffert de plusieurs médecins et avait dépensé tout son bien, et n'en avait retiré aucun profit, mais se trouvait beaucoup plus mal,

27. Ayant entendu parler de Jé-

24. Et abiit cum illo, et sequebatur eum turba multa, et comprimebant eum.

25. Et mulier quæ erat in profluvio sanguinis annis duodecim,

26. Et fuerat multa perpessa a compluribus medicis et erogaverat omnia sua, nec quidquam profecerat, sed magis deterius habebat,

27. Cum audisset de Jesu, venit

---

sit et vivat. Pléonasme très expressif : du reste, il y a là deux idées distinctes, celle de la guérison et celle d'une longue vie après le rétablissement.

24. — Jésus accède aussitôt à la supplique de Jaïre. La foule se met à sa suite, espérant sans doute qu'elle serait témoin du miracle. — *Comprimebant eum :* συνέθλιβον αὐτόν, dit le texte grec, employant une expression très-énergique, qu'on ne trouve qu'ici et au ⚹. 31. Cela suppose que le divin Maître était à chaque instant heurté, coudoyé par la multitude.

b. Guérison de l'hémorrhoïsse. v, 25-34.

25. — Touchant récit d'un miracle enchâssé dans un autre. Voyez l'Évang. selon S. Matthieu, p. 183. S. Marc a une description très-vivante du triste état de l'hémorrhoïsse, ⚹⚹. 25 et 26. Il a condensé en quelques lignes divers traits spéciaux, bien capables de nous apitoyer sur cette pauvre femme. — *Quæ erat in profluvio.* La maladie consistait en une hémorrhagie d'un caractère humiliant, que la voix publique désignait autrefois comme la suite d'une conduite déréglée. — L'expression « esse in », εἶναι ἐν, pour désigner un état de maladie, est très classique chez les Grecs et chez les Latins. Cfr. Soph. Aj. v, 270 ; Cic. Tusc. III, 4.

26. — Ici, tous les mots portent. « Elle avait BEAUCOUP souffert de la part de NOMBREUX médecins ; elle avait dépensé TOUTE sa fortune ; elle n'en allait que BEAUCOUP PLUS MAL ! » S. Luc, VIII, 43, dira au fond la même chose ; mais, en sa qualité de « Doctor medicus », il parlera avec plus de ménagements, afin d'épargner, dirait-on, ses anciens collègues. — *Multa perpessa...* Dieu sait ce qu'était l'art médical dans ces temps reculés ! Le Talmud nous a conservé tout au long les prescriptions qu'enjoignait alors la Faculté pour guérir le genre de malaise dont souffrait l'héroïne de ce récit. Nous en signalons quelques-unes, qui commenteront à merveille notre verset : « Dicit Rabbi Jochanan : Adduc

gummi alexandrini pondus zuzæi, et aluminis pondus zuzæi, et croci hortensis pondus zuzæi. Conterantur hæc una et in vino dentur feminæ hemorrhoïssæ. — Quod si hæc non prosint : Recipe ceparum persicarum ter tria log. vino coquantur, atque inde eam potes, dicasque : Surge a profluvio tuo. — Quod si hoc non valeat : Siste eam in aliquo bivio, manuque teneat poculum vini ; a tergoque ejus veniat aliquis, eamque terreat dicens : Surge a profluvio tuo. — Si autem hoc non obtineat : Recipe manipulum cymini, et manipulum fœni græci. Hæc elixata vino, potanda ei dato, et dic : Surge a profluvio tuo ». Rab. Schabb. f. 110. Et cent autres doses analogues, dans le cas où les précédentes demeureraient sans effet. Voici l'une des recettes les plus énergiques : « Fodiant septem foveas, in quibus comburant sarmenta vitium non circumcisarum (c'est-à-dire ayant moins de quatre ans) ; accipiatque in manu sua poculum vini. Eam autem amoveant ab hac fovea, atque insidere faciant super illam ; atque ab illa amoveant atque insidere faciant super aliam, atque in unaquaque amotione dicendum est ei : Surge a profluvio tuo ! » Ibid. — *Erogaverat omnia sua :* dans le grec, τὰ παρ' αὐτῆς πάντα. Toutes ses ressources avaient été prodiguées en remèdes et en honoraires de médecins. Encore, si elle eût recouvré la santé à ce prix ! Mais, tout au contraire, *magis deterius habebat.* On connaît les satires mordantes lancées dans l'antiquité classique contre les médecins. Πολλῶν ἰατρῶν εἴσοδός μ' ἀπώλεσεν, Ménandre. « Hinc illa infelicis monumenti inscriptio : turba se medicorum periisse ». Pline, Hist. Nat. XXIV, 5. — Le rapport apocryphe envoyé à Tibère par Pilate décrit en ces termes l'état auquel l'hémorrhoïsse avait été réduite : ὡς πᾶσαν τὴν τῶν ὀστέων ἁρμονίαν φαίνεσθαι, καὶ ὑέλου δίκην διαυγάζειν. Thilo, Cod. Apocr. t. I, p. 808.

28. — *Cum audisset de Jesu.* L'heure du salut a sonné pour cette pauvre femme. Elle entend parler de Jésus, de sa puissance à laquelle aucune maladie ne résiste, de sa

sus, vint dans la foule par derrière et toucha son vêtement.

28. Car elle disait : Si seulement je touche son vêtement, je serai guérie.

29. Et aussitôt l'écoulement de sang fut séché, et elle sentit en son corps qu'elle était guérie de son mal.

30. Et à l'instant, Jésus connaissant en soi-même la vertu qui était

in turba retro, et tetigit vestimentum ejus.

28. Dicebat enim : Quia si vel vestimentum ejus tetigero, salva ero.

29. Et confestim siccatus est fons sanguinis ejus; et sensit corpore quia sanata esset a plaga.

30. Et statim Jesus in semetipso cognoscens virtutem quæ exierat

---

bonté qui ne rejette personne, et elle accourt auprès de lui. — *Vestimentum ejus.* S'étant mêlée à la foule qui accompagnait le Sauveur jusqu'à la maison de Jaïre, elle parvint à s'approcher de lui par derrière et à toucher le bord de son manteau, peut-être même, d'après le récit de S. Matthieu, ix, 20 (Voyez le commentaire, p. 183), les tzizzith ou franges de laine qui en ornaient les extrémités, conformément aux injonctions de la Loi mosaïque. Son acte était ainsi un mélange de hardiesse et de timidité.

28. — *Dicebat enim,* scil. « intra se », ἐν ἑαυτῇ, ainsi qu'on lit dans plusieurs manuscrits. Cfr. Matth. ix, 21. — *Quia* est récitatif. — *Si tantum tetigero...* C'était la conviction bien arrêtée de l'hémorrhoïsse, sa ferme foi, que, si elle pouvait réussir à toucher le vêtement de Jésus, cela suffirait pour la guérir entièrement. Peut-être s'était-elle répété longtemps à elle-même ces paroles avant d'oser mettre son projet à exécution. Cela semble du moins ressortir de l'imparfait (« dicebat »), dont l'emploi dénote souvent la continuité d'un acte.

29. — *Et confestim siccatus est...,* εὐθέως ἐξηράνθη ἡ πηγὴ τοῦ αἵματος αὐτῆς. Expression très élégante en grec et en latin. *Fons sanguinis* équivaut à la locution hébraïque מְקוֹר דָּמִים du Lévitique, xii, 7; xx, 18. — *Sensit corpore.* Ce fut une sensation de bien-être, de force intérieure, de renouvellement, qui lui fit comprendre d'une manière certaine qu'elle venait d'être guérie. Le grec dit avec une nuance : ἔγνω τῷ σώματι, « cognovit corpore ». Mais cette connaissance ne put provenir que de la sensation mentionnée par la Vulgate : la traduction latine est donc très exacte. — *A plaga,* ἀπὸ τῆς μάστιγος; littéralement : du coup de fouet. Cfr. iii, 10 et le commentaire. Quel bonheur pour cette pauvre femme, après douze ans de maladie!

30. — Les ɣɣ. 30-34 décrivent d'une façon dramatique une petite scène qui eut lieu aussitôt après ce grand prodige. — *Jesus in se-*

metipso cognoscens. L'hémorrhoïsse a senti qu'elle était guérie : Jésus aussi a éprouvé quelque chose de particulier, qui lui a fait connaître ce qui venait de se passer. Mais ce quelque chose n'était pas une sensation corporelle. C'était une perception intellectuelle, ἐπιγνοὺς ἐν ἑαυτῷ; c'était le regard divin et prophétique par lequel Jésus-Christ, en tant qu'Homme-Dieu, suivait jusque dans leurs derniers résultats ses opérations les plus secrètes. Voilà comment il sut que ce n'était pas la foule qui l'avait touché par mégarde, mais qu'il avait été l'objet d'un contact spécial, dont l'effet instantané avait été un miracle. Cfr. Luc. viii, 46. Y a-t-il en cela de quoi effaroucher les rationalistes? Où voient-ils, dans les récits parallèles de S. Marc et de S. Luc, des traces de ce magnétisme grâce auquel Jésus aurait accompli les cures les plus merveilleuses, parfois malgré lui et sans en avoir conscience? L'écrivain sacré distingue nettement la connaissance du miracle telle qu'elle fut produite dans l'esprit de la malade et dans la sainte âme de Jésus. La femme « connut par son corps », Jésus « connut en lui-même ». Pour lui, il n'est plus question de corps, et le verbe employé par l'Évangéliste, ἐπιγνοὺς, indique une perception tout intime, toute parfaite. — Il en est de même des mots suivants. *Virtutem* ne représente rien de magique, mais une force divine. *Exierat* est une figure qui dépeint très bien l'effusion de cette force, sans qu'il faille y voir le moins du monde je ne sais quelle émanation inconsciente. « Virtus manens in Christo, dit fort bien Corneille de Lapierre, operabatur effectum sanitatis in muliere. » Cfr. Luc. vi, 19; Jerem. xxx, 22; Ruth, i, 13. — *Conversus ad turbas.* Un de ces gestes du Sauveur si fréquemment notés dans le second Évangile. Jésus se retourne donc brusquement, et demande d'un air sévère : Qui m'a touché? Nul ne le savait mieux que lui; mais il voulait manifester la foi de l'hémorrhoïsse, lui accorder ouvertement ce qu'elle lui avait en quelque sorte dérobé à l'insu de toute

de illo, conversus ad turbam, aiebat : Quis tetigit vestimenta mea?

31. Et dicebant ei discipuli sui :
Vides turbam comprimentem te, et
dicis : Quis me tetigit?

32. Et circumspiciebat videre
eam, quæ hoc fecerat.

33. Mulier vero timens et tremens, sciens quod factum esset in
se, venit et procidit ante eum, et
dixit ei omnem veritatem.

34. Ille autem dixit ei : Filia,
fides tua te salvam fecit : vade in
pace, et esto sana a plaga tua.

---

sortie de lui, se tourna vers la foule
et dit : Qui a touché mes vêtements?

31. Et ses disciples lui disaient :
Vous voyez la foule qui vous presse,
et vous demandez : Qui m'a touché?

32. Et il regardait tout autour,
pour voir celle qui avait fait cela.

33. Or la femme, craintive et
tremblante, sachant ce qui s'était
passé en elle, vint et se prosterna
devant lui, et lui dit toute la vérité.

34. Mais il lui dit : Ma fille, votre
foi vous a sauvée. Allez en paix, et
soyez guérie de votre mal.

---

l'assistance par une pieuse fraude ; il voulait
par là même que la guérison de cette humble
femme devint pour un grand nombre l'occasion de croire en Lui et de s'attacher à Lui.

31. — *Dicebant ei discipuli.* Les disciples,
ignorant ce qui s'était passé, ne peuvent
comprendre cette question de leur Maître.
Ils en sont même tout étonnés. Comment
pouvez-vous adresser une pareille demande?
lui dirent-ils avec une certaine rudesse.
Quand on est pressé par la foule, comme vous
l'êtes en ce moment, est-ce bien le temps de
se plaindre d'avoir été légèrement touché par
quelqu'un? Les Apôtres appuient sur les
mots *comprimentem* et *tetigit*, entre lesquels
ils établissent un contraste. Les Pères aussi
se plaisent à relever la même antithèse, mais
dans un sens moral et mystique. Aujourd'hui
encore, disent-ils, beaucoup pressent Jésus,
nul ne le touche avec foi et respect. « Et tanquam diceret Dominus : Tangentem quæro,
non prementem. Sic etiam nunc est corpus
ejus, id est, Ecclesia ejus : tangit cam fides
paucorum, premit turba multorum... Caro
enim premit, fides tangit... Erigite oculos
fidei, tangite extremam fimbriam vestimenti ;
sufficit ad salutem. » S. August. Serm. LXII, 5.
Comparez S. Jean Chrysost. : Ὁ πιστεύων εἰς
τὸν σωτῆρα ἅπτεται αὐτοῦ· ὁ δὲ ἀπιστῶν θλίβει
αὐτὸν καὶ λυπεῖ. — S. Luc, VIII, 45, dit expressément que, dans cette circonstance
comme en tant d'autres, ce fut S. Pierre
qui prit la parole au nom des Douze.

32. — *Et circumspiciebat...* Autre geste
dont la mention est de nouveau spéciale à
S. Marc. Nous avons vu du reste que le second Évangéliste aime à signaler les regards
de Jésus. Cfr. III, 5 et la note. L'emploi de
l'imparfait indique un regard scrutateur et
prolongé. — *Videre eam quæ hoc fecerat.* L'hémorrhoïsse est désignée en cet endroit par
anticipation : le narrateur se place au point
de vue du lecteur, qu'il a déjà mis au courant

de la situation. Régulièrement, il faudrait :
« Videre quis hoc fecerat. »

33. — *Mulier vero...* S. Marc, dans ce verset, est un peintre plutôt qu'un écrivain. Il
retrace admirablement les sentiments intérieurs et la conduite extérieure de l'hémorrhoïsse, au moment où elle vit que son secret
était connu de Jésus. — 1° Ses sentiments
intérieurs furent ceux de la crainte, de la
terreur : *timens et tremens.* Elle est saisie
d'effroi pour avoir osé s'emparer en quelque
sorte, et sans permission, d'un bien appartenant à Jésus. Ἐδεδίει ἡ γυνή, ὡς κλέψασα τὴν ἴασιν,
Théophylacte ; Cfr. Orig. Caten. in Marc. Elle
tremble par suite de cet effroi. — 2° Sa conduite consista dans un humble et complet aveu
de ce qu'elle avait fait quelques instants auparavant. S'approchant du Sauveur, elle se
prosterna devant lui et lui confessa *omnem
veritatem :* expression emphatique, pour signifier qu'elle ne dissimula rien, qu'elle raconta
les moindres détails au Thaumaturge. Cfr.
d'autres circonstances intéressantes dans
S. Luc, VIII, 47. — Les anciens commentateurs remarquent à propos de ce verset qu'on
y trouve les trois qualités d'une bonne confession : « timorata, humilis, generalis. »

34. — *Filia.* Douce appellation, qui dut
rassurer et calmer sur-le-champ l'hémorrhoïsse. C'est la seule fois que nous voyons
Jésus donner ce nom à une femme dans l'E-
vangile. — *Fides tua...* Le Sauveur met en
relief la foi de la malade, qui avait été comme
l'instrument et le canal de la guérison. —
Vade in pace. Nous lisons dans le texte grec :
εἰς εἰρήνην, avec l'accusatif, « in pacem ». C'est-
à-dire : Entre dans la paix ! que la paix soit
désormais l'élément de ta vie ! Les Hébreux
disaient de même : לשלום. Cfr. I Reg. I, 17 ;
II Reg. XV, 9. On trouve pourtant aussi, en
divers écrits du Nouveau Testament, ἐν εἰρήνῃ,
à l'ablatif. Cfr. Jac. II, 46 ; Act. XVI, 36. On
lira avec intérêt l'article « In pace » dans le

35. Comme il parlait encore, on vint dire au chef de la synagogue : Votre fille est morte, pourquoi fatiguer davantage le Maître?

36. Mais Jésus, entendant proférer cette parole, dit au chef de la synagogue : Ne craignez point, croyez seulement.

37. Et il ne permit à personne de le suivre, si ce n'est à Pierre, à Jacques et à Jean frère de Jacques.

35. Adhuc eo loquente, veniunt ab archisynagogo, dicentes : Quia filia tua mortua est : quid ultra vexas magistrum?

36. Jesus autem, audito verbo quod dicebatur, ait archisynagogo : Noli timere ; tantummodo crede.

37. Et non admisit quemquam se sequi, nisi Petrum, et Jacobum, et Joannem fratrem Jacobi.

Dictionnaire des Antiquités chrétiennes de M. l'abbé Martigny. Cette formule, d'origine juive, inconnue aux païens, a été adoptée par les chrétiens pour exprimer des pensées variées. — *Esto sana...* Par ces mots, Jésus confirme la guérison de l'hémorrhoïsse ; il ratifie solennellement le bienfait qu'elle avait cherché à lui ravir d'une manière subreptice. « Esto » a le sens de : « Sis perpetuo », ce qui faisait dire à Bengel, Gnomon in Marc. VI, 34 : « Post longam miseriam, beneficium durabile. »

c. Résurrection de la fille de Jaïre. v, 35-43.

35. — *Adhuc eo loquente.* Cette transition nous ramène à Jaïre. Sa foi en Jésus, qui avait dû s'accroître à la vue du prodige auquel il venait d'assister, va être aussitôt soumise à une rude épreuve ; car, à peine Jésus achevait-il de consoler l'hémorrhoïsse, qu'on vint annoncer au malheureux père la mort de sa fille. — *Veniunt ab archisynagogo;* de même dans le texte grec : ἀπὸ τοῦ ἀρχισυναγώγου. Évidemment, cela doit signifier ἀπὸ τῆς οἰκείας τοῦ ἀρχισυναγώγου, selon la juste interprétation d'Euthymius, (« ab aedibus principis », comme traduit la version syriaque), puisque Jaïre était alors auprès de Jésus. Du reste, cette locution est très classique dans ce sens soit chez les Latins, soit chez les Grecs. Quelques vieux manuscrits latins portent : « Veniunt ad archisynagogum », ou « venerunt ad principem synagogæ. » Mais ce sont là des corrections maladroites. — *Quid ultra vexas...* « Ultra », encore, davantage. A quoi bon ennuyer le Rabbi, maintenant qu'il n'y a plus rien à faire? Ces mauvais conseillers supposent, dans l'imperfection de leur foi, que Jésus est incapable d'opérer une résurrection. Οἱ γὰρ περὶ τὸν ἀρχισυνάγωγον... ὑπελάμβανον ὅτι νοσήματα μὲν πάντα δύναται θεραπεύειν, ἀναστῆσαι δὲ νεκρὸν οὐ δύναται. Euthymius. — Le verbe σκύλλω, que la Vulgate traduit par « vexare », est très énergique. Il signifie proprement : enlever la peau, déchirer, puis, au figuré : fatiguer extrêmement, « metaphora

ducta ab eo qui alterum distorquet et vi trahit ut veniat, faciat aliquid. » Bretschneider, Lexic. man. in libr. N. T. t. II, p. 446. Cfr. Suicer, Thesaurus, s. v. σκύλλω.

36. — *Jesus autem audito...* Le grec ajoute εὐθέως, « statim », et il est regrettable que cet adverbe ait disparu dans notre version latine, car il exprime d'une manière très forte, et en même temps très délicate, la bonté prévenante du cœur de Jésus. Si le Maître prend immédiatement la parole, c'est pour empêcher le pauvre père de se laisser décourager par la triste nouvelle que lui ont apportée ses amis. Quelque pensée d'incrédulité aurait pu passer de leur esprit dans le sien : voilà pourquoi Jésus se hâte de jeter dans cette âme désolée une parole de vive espérance. Titus de Bosra (Cramer, Caten. in Luc.) exprime très bien cette idée : Ἵνα γὰρ μὴ εἴπῃ καὶ αὐτός· Ἐπίσχες, οὐ χρείαν σου ἔχω, Κύριε, ἤδη γέγονε τὸ πέρας, ἀπέθανεν, ἣν προσεδοκῶμεν ὑγιαίνειν... φθάνει ὁ Κύριος καὶ φησι· Μὴ φοβοῦ, παύσων τῆς ἀπιστίας τὰ ῥήματα. — Au lieu de la leçon ἀκούσας, qu'on lit dans la Recepta et dans la plupart des anciens témoins, les manuscrits B, C, L, Δ, Sinait., etc., ont le verbe composé παρακούσας, que plusieurs critiques croient avoir existé dans le texte primitif. Il signifie « entendre par accident des paroles destinées à d'autres », ou bien « ne pas faire attention. » — *Tantummodo crede.* « Tu contra audentior ito. » Jésus soutient ainsi la foi de Jaïre, la maintenant à flot parmi les vagues qui menaçaient de la faire sombrer. D'après les intentions du Sauveur, le miracle devait être la récompense de cette foi : c'est par elle qu'il devait être en quelque sorte gagné.

37. — *Et non admisit...* Arrivé à la maison de Jaïre, Notre-Seigneur en interdit l'entrée à la foule. Indépendamment du père et de la mère de la jeune fille, il n'y aura auprès de lui au moment du prodige que ses trois disciples privilégiés, Pierre, Jacques et Jean. Ce petit nombre de témoins suffisait largement pour prouver la vérité de la résurrection. —

38. Et veniunt in domum archisynagogi, et videt tumultum, et flentes et ejulantes multum.

38. Et ils vinrent à la maison du chef de la synagogue, et il vit beaucoup de tumulte et des gens qui pleuraient et poussaient de grands cris.

39. Et ingressus, ait illis : Quid turbamini, et ploratis? puella non est mortua, sed dormit.

39. Et, étant entré, il leur dit : Pourquoi vous troublez-vous et pleurez-vous? La jeune fille n'est pas morte, mais elle dort.

40. Et irridebant eum. Ipse vero, ejectis omnibus, assumit patrem et matrem puellæ, et qui secum erant, et ingreditur ubi puella erat jacens.

40. Et ils se riaient de lui. Mais lui, les ayant tous renvoyés, prit le père et la mère de la jeune fille et ceux qui étaient avec lui, et entra dans le lieu où la jeune fille était couchée.

41. Et tenens manum puellæ, ait illi : Talitha cumi, quod est interpretatum : Puella (tibi dico) surge.

41. Et, prenant la main de la jeune fille, il lui dit : Talitha cumi; ce qui est ainsi interprété : Jeune fille, (je te le dis), lève-toi.

Nisi Petrum... C'était la première fois que le fils de Jona et les fils de Zébédée recevaient une pareille marque de distinction : mais ce ne sera pas la dernière.

38. — *Veniunt in domum.* En Orient, quand on pénètre dans l'habitation d'une personne riche ou aisée, on trouve habituellement, après avoir franchi le seuil, une grande salle qui sert aux réceptions : les appartements privés sont rangés de chaque côté de cette espèce de salon. — *Videt tumultum.* Quoique la mort de l'enfant datât à peine d'une demi-heure, la maison offrait déjà un étrange aspect. Au lieu du recueillement et du silence qui conviennent dans ces tristes circonstances et auxquels chacun se conforme de nos jours en Occident, nous y trouvons le tumulte et les démonstrations bruyantes de l'Orient ancien et moderne. — *Flentes et ejulantes.* Ces mots désignent les pleureurs à gages, dont le métier consiste à faire entendre, dans les maisons mortuaires et pendant l'enterrement, des lamentations lugubres. Voir le commentaire sur S. Matth. p. 184; Burder, Oriental Customs, t. II, p. 256 et ss. de la 6e édit. Le premier Évangile mentionnait aussi les joueurs de flûte.

39. — *Et ingressus.* Le narrateur décrit graduellement l'entrée du Sauveur. Le ℣. 37 signalait son approche vers la maison ; le ℣. 38 le montrait arrivant jusqu'à la porte et jetant un coup d'œil dans l'intérieur de la salle principale ; celui-ci l'introduit d'une manière définitive. Le récit est dramatisé par là-même. — *Non est mortua, sed dormit.* La jeune fille était bien morte en réalité : Cfr. S. Luc, VIII, 53; mais Jésus, en tenant ce langage, voulait simplement indiquer qu'il

allait lui rendre la vie aussi aisément et aussi promptement qu'on éveille une personne endormie. Sa mort aurait duré si peu de temps, qu'elle ressemblerait à un sommeil passager. Sur l'usage de cette locution et sur l'abus qu'en ont fait les rationalistes, voyez l'Évangile selon S. Matthieu, pp. 184 et 185.

40. — *Irridebant eum.* Jésus, qui n'avait pas encore vu l'enfant, qui ne faisait même que d'entrer dans la maison, affirmait que la fille de Jaïre n'était pas morte : eux, au contraire, ils l'avaient contemplée et touchée. Ils se moquent donc ouvertement du Sauveur. — *Ejectis omnibus.* Admirons la sainte autorité de Jésus : d'un mot, « recedite » (Matth. IX, 24), il fait sortir toute cette foule aussi bruyante qu'inutile, et il pénètre, avec les témoins qu'il avait choisis, dans la chambre de la défunte. — Le mot ἀνακείμενον *(jacens* de la Vulg.), qu'on lit dans la Recepta à la fin du verset, est probablement une interpolation.

44. — *Et tenens manum puellæ.* Jésus avait fait de même pour la belle-mère de S. Pierre. Cfr. I, 34. — A ce geste, il joignit quelques paroles que S. Marc seul nous a conservées dans la langue araméenne, telles par conséquent qu'elles furent proférées par le divin Maître, car c'est cet idiôme qui était alors généralement parlé dans toute la Palestine. *Talitha,* טְלִיתָא, contraction de *tal'yeta,* est la forme féminine de טְלִי, *tali,* jeune, qui est en croissance. Cfr. Buxtorf, Lexic. chald. p. 875. *Cumi,* ou mieux *koumi,* קוּמִי, est à la seconde personne du singul. fémi n. de קוּם, *koum,* forme Kal. Nous verrons en d'autres endroits encore, VII, 34 ; XIV, 36, S. Marc insérer dans son récit les « ipsissima

42. Et aussitôt la jeune fille se leva et marcha; or elle avait douze ans. Et tous furent grandement frappés de stupeur.

43. Et il leur commanda avec force que personne ne le sût, et il dit de lui donner à manger.

42. Et confestim surrexit puella, et ambulabat : erat autem annorum duodecim : et obstupuerunt stupore magno.

43. Et præcepit illis vehementer ut nemo id sciret; et dixit dari illi manducare.

CHAPITRE VI

Jésus, méprisé à Nazareth par ses compatriotes, se retire dans les bourgades voisines (ɣɣ. 1-6). — Instructions pastorales données aux douze Apôtres (ɣɣ. 7-13). — Martyre de S. Jean-Baptiste (ɣɣ. 14-29). — Première multiplication des pains (ɣɣ. 30-44). — Jésus marche sur les eaux (ɣɣ. 45-52). — Il guérit de nombreux malades dans la plaine de Gennésareth (ɣɣ. 58-56).

1. Étant parti de là, il s'en alla

1. Et egressus inde, abiit in pa-

verba. » de Jésus. Il les tenait sans doute de S. Pierre. — *Quod est interpretatum*. L'Evangéliste traduit pour ses lecteurs romains et grecs les expressions syro-chaldaïques qu'il vient de citer. — *Puella*, (dans le grec τὸ κοράσιον, au nominatif avec l'article, pour remplacer le vocatif (Cfr. Winer, Grammatik, 6e édit. p. 165; Beelen, Grammatica græcit. N. T. p. 182), correspond à Talitha, *surge* à Cumi. La parenthèse *tibi dico* a été ajoutée par S. Marc, « ut sensum vocantis atque imperantis exprimeret. » S. Jérôme.

42. — *Et confestim*, εὐθέως. L'adverbe favori de S. Marc ne pouvait manquer de faire son apparition à cet endroit du récit. Jésus est la Résurrection et la Vie, Joan. xi, 25 : il n'a qu'à prononcer une parole, et la mort s'enfuit soudain. — *Et ambulabat*. Trait spécial à S. Marc, destiné à prouver la réalité et la promptitude de la résurrection. Le Prophète, Is. xxxv, 6, avait prédit que, sous l'ère du Christ, on verrait les boiteux marcher; et voici que ce sont les morts eux-mêmes qui marchent! — *Erat... annorum duodecim*. Ce détail a pour but d'expliquer la parole qui précède. A plusieurs reprises, dans le récit, la jeune fille avait été appelée θυγάτριον, παιδίον: l'Évangéliste indique ici son âge exact, afin de montrer que ce n'était plus une enfant, et qu'elle pouvait se lever et marcher sans aide. — *Obstupuerunt stupore...* En grec : ἐξέστησαν ἐκστάσει μεγάλῃ. Expression emphatique et d'une grande énergie, qui est du reste calquée sur l'hébreu. Le juif Philon, Lib. Quis rer. div. hæres, p.515, définit ainsi

l'ἔκστασις : ἡ σφόδρα κατάπληξις ἐπὶ τοῖς ἐξαπιναίως καὶ ἀπροσδοκήτως συμβαίνειν ἐιωθόσιν, « une grande frayeur qui s'empare de ceux auxquels il arrive quelque chose de subit et d'inopiné. » On comprend après cela l'effroi des cinq témoins du prodige.

43. — *Præcepit illis*, c'est-à-dire aux parents de la jeune fille et à ses trois disciples, plus spécialement aux premiers. Cfr. Luc. viii, 56. Néanmoins, il était impossible que le secret fût gardé, puisqu'il y avait à la porte de la maison une foule nombreuse qui attendait l'issue de cette scène. Aussi S. Matthieu ajoute-t-il, ix, 26, que « le bruit de ce miracle se répandit dans toute la contrée. » — *Dari illi manducare*. Ordre singulier en apparence, mais qui avait sa raison d'être dans le cas actuel : Jésus, en le donnant, se proposait de montrer que la jeune fille était rendue non-seulement à la vie, mais encore à la santé. « Graviter ægroti, observe justement Grotius, vix solent cibum sumere ». La ressuscitée ne sortait donc pas de léthargie, comme le prétendent les rationalistes. — Les guérisons de femmes sont relativement rares dans l'Evangile : ce jour-là, Notre-Seigneur en opéra deux, qui se suivirent de très près.

13. — Jésus à Nazareth. vi, 1-6. — Parall. Matth. xiii, 54-58.

Chap. VI. — 1. — *Egressus inde*. L'adverbe « inde » ne désigne point, comme le veut Meyer, la maison de Jaïre, dans laquelle nous avons vu Jésus vers la fin du chapitre v, mais la ville de Capharnaüm, par opposition à « la

triam suam : et sequebantur eum
discipuli sui :

Matth. 13, 54; *Luc.* 4, 16.

2. Et facto sabbato, cœpit in synagoga docere : et multi audientes admirabantur in doctrina ejus, dicentes : Unde huic hæc omnia? et quæ
est sapientia, quæ data est illi, et
virtutes tales, quæ per manus ejus
efficiuntur?

3. Nonne hic est faber, filius Ma-

dans sa patrie, et ses disciples le
suivirent.

2. Et le jour du sabbat étant venu,
il commença à enseigner dans la
synagogue, et beaucoup, en l'entendant, s'étonnaient de sa doctrine,
disant : D'où lui viennent toutes ces
choses? Et quelle est la sagesse qui
lui a été donnée? et quels sont ces
prodiges qui se font par ses mains?

3. N'est-ce pas là ce charpentier,

---

patrie » du Sauveur, dont il sera question dans
un instant. Désormais Notre-Seigneur mènera
presque toujours la vie d'un missionnaire.
Capharnaüm ne cessera pas d'être son domicile de droit; mais il n'y résidera que par
intervalles, entre ses différentes courses apostoliques. — *In patriam suam.* C'est-à-dire à
Nazareth, à deux petites journées de Capharnaüm (Voir l'Atlas géograph. de M. Ancessi,
pl. xvi). « Diximus, écrit très bien Maldonat,... ex Scripturæ et bonorum auctorum
observatione, triplicem Christo fuisse patriam,
Bethlehem nativitatis, Nazareth educationis,
Capernaum commorationis et prædicationis.
Hoc loco neque Bethlehem, quæ nusquam, ut
opinor, in Scripturis ejus vocatur patria,
neque Capernaum, quia ibi erat, cum dicitur
in patriam abiisse, sed solam Nazareth in-
telligere debemus, ubi ejus fratres et sorores
erant, ut dicitur infra ». C'était la seconde
fois que Jésus venait à Nazareth depuis le
début de sa Vie publique (Cfr. les commentaires sur S. Matth. xiii, 54, et sur S. Luc,
iv, 46 et ss.) Mal reçu lors de sa première
visite, il veut essayer de toucher les cœurs
de ses compatriotes. Hélas! sa tentative sera
vaine. Les habitants de Nazareth demeure-
ront incrédules. Cette fois du moins, ils n'auront plus recours à la violence ouverte : ils
se contenteront de mépriser Jésus. — Sur
Nazareth, voyez l'Evang. selon S. Matth., p. 63.
— *Et sequebantur eum...* Précieuse notice,
spéciale à notre Evangéliste. Elle nous apprend que les disciples furent témoins de
cette nouvelle humiliation de leur Maître.
2. — *Facto sabbato.* Autre détail spécial à
S. Marc. A Nazareth, Jésus demeure fidèle
à la coutume qu'il avait adoptée dès les premiers jours de son ministère (Cfr. i, 21 et ss.) :
il choisit, pour faire entendre la divine parole,
le jour du sabbat et la synagogue, un temps
sacré et un lieu sacré. Au pieux pèlerin qui
visite la patrie du Sauveur, on montre encore
l'emplacement de la synagogue où prêcha
Notre-Seigneur. — *Multi audientes.* Les meil-

leurs manuscrits grecs ont οἱ πολλοὶ avec l'article, c'est-à-dire « plerique », la plus grande
partie de la population. — *Admirabantur.*
L'expression du texte grec, ἐξεπλήσσοντο, serait mieux traduite par » obstupescebant,
percellebantur » : elle dénote un très vif
étonnement. Les habitants de Nazareth, com-
parant le passé de Jésus à sa situation présente, ne pouvaient comprendre comment le
jeune charpentier était devenu en si peu de
temps un puissant thaumaturge et un docteur célèbre. De là pour eux une profonde
stupéfaction. — Les mots *in doctrina* (hébraïsme pour « super doctrinam ») et *omnia*
un peu plus bas manquent dans le texte grec.
— *Unde huic...?* Cette délibération intéressante des concitoyens du Sauveur nous a été
conservée d'une manière beaucoup plus complète dans le second Evangile que dans le premier. Au lieu d'une simple et froide mention
de la sagesse et des miracles de Jésus (Cfr.
Matth. xiii, 54), nous avons ici une description pittoresque. Cette sagesse, il l'a reçue
d'ailleurs, *quæ data est illi.* D'où? C'est précisément la question. Ces miracles, on les
voit en quelque sorte s'échapper des mains
de l'humble ouvrier, habituées jusqu'alors à
manier de grossiers outils, à accomplir de
rudes travaux. — Notons que le mot *virtutes,*
δυνάμεις du grec, est une des quatre expressions qui servent à désigner les miracles dans
l'Evangile. Nous le trouvons encore employé
en plusieurs autres passages de S. Marc :
v, 30; vi, 2, 14; ix, 39. Notre Evangéliste
ne se sert qu'une fois, xiii, 22, du mot « portenta » (τέρατα). « Signa » (σημεῖα) revient
plusieurs fois sous sa plume : Cfr. xiii, 22;
xvi, 17, 20. Il n'emploie nulle part la quatrième expression, « opera » (ἔργα).
3. — *Nonne hic est faber.* Nous lisons dans
S. Matthieu : « Nonne hic est fabri filius? »
S. Marc fait dire aux habitants de Nazareth,
avec une légère variante : Celui-ci n'est-il
pas un τέκτων, un pauvre ouvrier? Il suit de
là que Notre-Seigneur Jésus-Christ avait lui-

fils de Marie, frère de Jacques, de Joseph, de Jude et de Simon? ses sœurs aussi ne sont-elles pas ici parmi nous? Et ils se scandalisaient de lui.

4. Et Jésus leur disait : Un prophète n'est sans honneur que dans son pays et dans sa maison et dans sa parenté.

riæ, frater Jacobi, et Joseph, et Judæ, et Simonis? nonne et sorores ejus hic nobiscum sunt? Et scandalizabantur in illo.

Joan. 6, 42.

4. Et dicebat illis Jesus : Quia non est propheta sine honore nisi in patria sua, et in domo sua, et in cognatione sua.

Matth. 13, 57; Luc. 4, 24; Joan. 4, 44.

---

même exercé durant sa Vie cachée le dur métier de son père adoptif. Cfr. S. Just. Dial. c. Tryph. 88 ; Fabricius, Cod. apocr. N. T. t. I, p. 200. Le Verbe incarné, après avoir autrefois créé le monde d'une seule parole, Joan. 1, 2, 10, n'a donc pas dédaigné de travailler péniblement à la sueur de son front! Grande consolation que le prêtre doit souvent offrir aux artisans, cette partie si nombreuse et si intéressante de nos populations, qu'on égare par de fausses doctrines. Combien ils gagneraient à contempler Jésus ouvrier! — Sur le sens des mots τέκτων, « faber », voyez l'Evangile selon S. Matth. p. 283. Aujourd'hui, le bois de charpente fait complètement défaut à Nazareth et aux alentours : les maisons y sont pour la plupart voûtées. Ainsi donc le Sauveur ne pourrait plus guère exercer dans sa patrie sa profession de charpentier. Hélas! par les rationalistes modernes, comme alors par ses compatriotes, Notre-Seigneur Jésus-Christ n'est regardé que comme un simple artisan! — *Filius Mariæ*. De l'omission du nom de S. Joseph, on a justement conclu qu'à cette époque le père nourricier de Jésus avait sans doute cessé de vivre. — *Frater Jacobi...* Les noms sont les mêmes que dans le premier Evangile. Seulement, Simon, à qui S. Matthieu attribue la troisième place, occupe ici la quatrième. Celui que la Vulgate appelle *Joseph* est nommé tour à tour Ἰωσῆ et Ἰωσῆφ dans les manuscrits grecs. — *Sorores ejus*. La légende réduit le plus souvent à deux le nombre des « sœurs » de Jésus: elles se seraient appelées Esther et Thamar (ou Marthe selon d'autres). — Nous avons prouvé dans notre commentaire sur S. Matthieu, pp. 283 et ss., que les personnes désignées dans l'Evangile, d'après la coutume orientale, sous l'appellation de frères ou de sœurs de Jésus, étaient simplement ses cousins et ses cousines, issus, selon l'opinion la plus probable, du mariage de Cléophas avec Marie, sœur, ou du moins belle-sœur de la Très Sainte Vierge. Voir l'intéressante dissertation du P. Corluy intitulée : Les Frères de Notre-Seigneur Jésus-Christ

(Etudes religieuses rédigées par des Pères de la Compagnie de Jésus, 1878). M. Renan, après avoir audacieusement affirmé, Vie de Jésus, 13e édit., p. 27, que « Jésus avait des frères et des sœurs, dont il semble avoir été l'aîné », se corrige à moitié quand il écrit dans son récent ouvrage (Les Evangiles, 1878, p. 537-549) : « Seulement, il est possible que ces frères et ces sœurs ne fussent que des demi-frères, des demi-sœurs. Ces frères et ces sœurs étaient-ils aussi fils ou filles de Marie? Cela n'est pas probable ». D'après le professeur du Collège de France, les « frères » et les « sœurs » de Jésus seraient nés d'un mariage antérieur de S. Joseph. — *Et scandalizabantur in illo*. Triste conséquence des raisonnements tout humains que nous venons d'entendre. Celui qui apportait aux habitants de Nazareth des paroles de salut devenait ainsi pour eux une occasion involontaire de ruine spirituelle. Mais pourquoi fermaient-ils les yeux à la lumière? Pourquoi commettaient-ils de gaieté de cœur le « péché contre l'Esprit-Saint? »

4. — Les Nazaréens n'étaient ni les premiers ni les derniers à traiter dédaigneusement un prophète sorti de leurs rangs. Notre-Seigneur leur rappelle ce triste fait, dont on trouve un exemple dans les fastes sacrés. « Il est presque nécessaire que des concitoyens se jalousent entre eux. Sans regard pour les œuvres actuelles d'un homme, ils n'ont de lui que le souvenir de sa fragile enfance. » V. Bède. « On estime toujours plus ce qui est absent que ce qu'on ne connaît que par la réputation, ce qu'on n'a pas que ce qu'on a. Quelque mérite qu'ait un homme, dès qu'on s'accoutume à le voir souvent et familièrement, on l'estime moins. Notre Sauveur, qui avait dans lui-même un fond infini de mérite, et qui n'avait pas l'ombre du moindre défaut, n'a pas laissé d'éprouver cet effet de la bizarrerie de l'esprit de l'homme » Calmet. — La conjonction *quia* est récitative — *Sine honore*, ἄτιμος, est l'opposé de εὔτιμος « in pretio habitus. » — Les mots *et in cognatione sua* sont propres au second Evangile

5. Et non poterat ibi virtutem ullam facere, nisi paucos infirmos impositis manibus curavit.

6. Et mirabatur propter incredulitatem eorum, et circuibat castella in
circuitu docens.

7. Et vocavit Duodecim : et cœpit
eos mittere binos, et dabat illis potestatem spirituum immundorum.

Matth. 10, 1; Sup. 13, 3; Luc. 9, 1.

5. Et il ne put faire là aucun miracle, si ce n'est qu'il guérit quelques malades en leur imposant les
mains.

6. Et il s'étonnait de leur incrédulité, et il parcourait les villages
d'alentour en enseignant.

7. Et il appela les Douze et commença à les envoyer deux à deux,
et il leur donna puissance sur les
esprits immondes.

Ils représentent toute la parenté, tandis que *in domo* ne désigne que le cercle plus restreint de la maison paternelle.

5. — *Et non poterat...* S. Marc emploie ici une expression très forte, pour indiquer le fâcheux résultat produit par l'incrédulité des compatriotes du Sauveur. Tandis que S. Matthieu, xiv, 58, se borne à mentionner simplement le fait, notre Evangéliste semble dire que les mains du divin Thaumaturge étaient liées. Mais on comprend sans peine sa pensée : « Non poterat igitur illic virtutes facere, non quod ipsi vis, sed quod ejus civibus fides deesset... In operationibus miraculorum duobus opus est, virtute in auctore, et fide in illis quibus præstantur; quarum alterutra deficiente altera non sufficit. » Vict. Antioch. ap. Caten. græc. Patr. ed. Possin. Cfr. Théophylacte et Euthymius, h. l. Les miracles de Jésus étaient en effet des actes moraux, qui supposaient dans les cœurs de bonnes dispositions. Ainsi donc,

Talibus indignans pressit sua munera Christus.
Juvencus.

— *Nisi* est pour « tantum » ou « attamen ». L'évangéliste corrige en quelque sorte son assertion précédente, pour dire que si Jésus n'opéra pas alors à Nazareth des prodiges insignes (*virtutem ullam*), tels que la résurrection des morts, l'expulsion des démons, les guérisons à distance au moyen de sa seule parole, il y accomplit cependant des miracles de second ordre, en rendant la santé à quelques infirmes par l'imposition de ses mains divines.

6. — *Et mirabatur.* Plusieurs manuscrits grecs ont ἐθαύμαζον au pluriel (mirabantur), comme si c'étaient les habitants de Nazareth qui se fussent étonnés. Mais c'est là évidemment une correction malheureuse, émanée d'un copiste peu intelligent auquel il avait été impossible de comprendre que le sentiment de l'admiration pût trouver place dans l'âme de Jésus. Oui, le Sauveur s'étonne! il est surpris en face de la réception qui lui est

faite par les siens! Toutefois, notons-le bien, son étonnement n'est pas la suite de l'ignorance (« non quasi inopinata et improvisa miratur qui novit omnia », Bède), il provient au contraire, de sa parfaite connaissance des cœurs. Les Nazaréens avaient tant de motifs de croire! N'était-il pas étrange qu'ils demeurassent incrédules? Les saints Evangiles ne nous montrent qu'en deux endroits Notre-Seigneur Jésus-Christ livré à l'étonnement, ici et Matth. viii, 10, à l'occasion de la foi si vive du centurion. Quel contraste entre les deux faits! — *Circuibat castella.* Le divin Maître ne s'éloigne, dirait-on, qu'à regret de sa patrie. Il demeure dans le voisinage, cherchant des cœurs mieux disposés. Les bourgades qu'il parcourut en y répandant ses bienfaits durent être Dabrat, Naïm, Gath-Hepher, Rimmon, Endor, Japhia, etc. Voyez le Bibel-Atlas de R. Riess, pl. iv, et l'Atlas géogr. de M. Ancessi, pl. viii.

14. — **Mission des Douze.** vi, 7-13. — **Parall.** Matth. x, 1-15; Luc, ix, 1-6.

7. — *Vocavit duodecim.* Le verbe grec est composé et au temps présent, προσκαλεῖται, « advocat ». L'occasion de cette réunion solennelle, et du discours plus solennel encore que Jésus y prononça, a été fidèlement décrite par S. Matthieu, ix, 35-38. Avec son cœur et ses yeux de bon Pasteur, le divin Maître a reconnu la misère morale dans laquelle ses pauvres brebis sont plongées. Il se dispose à les secourir, et c'est pour s'associer en vue de ce grand œuvre des collaborateurs zélés et intelligents, qu'il transforme pour la première fois les Douze en prédicateurs de l'Evangile. — *Cœpit* n'est nullement un pléonasme, ainsi qu'on l'a prétendu. En ce moment, Jésus entreprend une chose nouvelle : il « commence » très-réellement à envoyer ses disciples en qualité de missionnaires. S. Marc a eu raison de noter cette nuance. — Seul aussi il a noté une circonstance importante de cette première mission des Apôtres, en disant que le Sauveur les avait envoyés

8. Et il leur commanda de ne rien porter en chemin qu'un bâton seulement, ni sac, ni pain, ni argent dans leur ceinture,

9. Mais de se chausser de sandales et de ne point se munir de deux tuniques.

8. Et præcepit eis ne quid tollerent in via, nisi virgam tantum; non peram, non panem, neque in zona æs;

9. Sed calceatos sandaliis, et ne induerentur duabus tunicis.

Act. 12, 4.

---

prêcher deux à deux, *binos* (δύο δύο du texte grec est un hébraïsme pour κατὰ δύο, ou ἀνὰ δύο. Cfr. Winer, Grammat. des neutest. Spsarchidioms, p. 223, et Gen. vii, 9). Jésus agit ainsi soit pour que ses missionnaires pussent se soutenir mutuellement, soit pour donner plus de poids à leur parole. Voici la manière dont les Douze semblent avoir été associés, d'après la liste que S. Matthieu nous fournit à propos de cet incident : Pierre et André, les deux fils de Zébédée, Philippe et Barthélemi, Thomas et Matthieu, Jacques-le-Mineur et Thaddée, Simon-le-Zélote et Judas. — *Dabat illis potestatem.* Tout en les séparant de lui momentanément afin de leur apprendre à voler de leurs propres ailes, Jésus demeure néanmoins d'une certaine manière avec eux en leur léguant son autorité, spécialement celle qu'il exerçait sur les esprits infernaux. — Sur le génitif irrégulier *spirituum immundorum*, au lieu de « adversus spiritus... » voir Winer, Grammat. cap. iii, § 30. Cfr. Luc. ix, 4.

8. — Les ϒϒ. 8-11 contiennent des règles tracées par le Sauveur à ses Apôtres concernant la conduite qu'ils auraient à tenir pendant leurs courses apostoliques. Jésus ne dédaigna pas d'entrer dans les détails les plus minutieux aux Douze, au moyen d'exemples concrets et pratiques, jusqu'où ils devaient porter l'esprit de pauvreté et de détachement. Il est question du viatique dans les ϒϒ. 8 et 9, du logement dans les ϒϒ. 10 et 11. — *Præcepit eis.* Les prescriptions données en ce jour par Notre-Seigneur remplissent un long chapitre du premier Évangile (ch. x) et concernent les missions de tous les temps. S. Marc, fidèle à son plan, d'après lequel il transcrit des faits plutôt que des discours, s'est borné à consigner ici quelques avis relatifs à la mission actuelle, qui devait se passer tout entière sur le territoire de la Palestine, en plein pays juif. — *Ne quid tollerent...* Aucune provision n'était permise aux Douze. Le Vén. Bède indique fort bien le motif de cette injonction : « Tanta enim prædicatori in Deo debet esse fiducia, ut præsentis vitæ sumptus quamvis non provideat, tamen hos sibi non deesse certissime sciat, ne dum mens ejus occupatur ad temporalia, minus aliis provideat æterna. » Au

reste, nous avons dit dans notre commentaire sur S. Matthieu, p. 200, que, dans cette contrée hospitalière, les Apôtres n'avaient pas un besoin urgent de viatique. — Nous avons signalé aussi au même endroit, p. 201, la divergence qui existe, à propos des mots *nisi virgam*, entre S. Marc et les deux autres synoptiques (« Nolite possidere aurum..., neque virgam », Matth.; « Nihil tuleritis in via, neque virgam », Luc.), et la solution de ce petit problème exégétique. Les deux rédactions sont exactes; mais elles ont été faites à divers points de vue, et renferment plutôt la pensée que les « expressions mêmes » de Jésus. — *Non peram.* La « pera » des Latins, la θήκη des Grecs, était une sorte de petit havresac, habituellement en peau, dans lequel les voyageurs plaçaient leurs provisions pour la route, le pain en particulier; de là les mots suivants *neque panem.* — Rien pour porter les vivres, pas de vivres, pas d'argent. non plus pour s'en procurer, *neque in zona æs.* On revient aujourd'hui à la coutume antique de porter l'argent dans des ceintures de cuir ou d'étoffe. — Petit trait digne de remarque : S. Marc, qui écrit pour des Romains, emploie l'expression χαλκόν, l'équivalent de « æs », qui servait souvent à désigner l'argent monnayé; S. Luc, qui écrit pour des Grecs, a ἀργύριον; S. Matthieu mentionne les trois métaux usités dans tous les temps pour servir de monnaie, l'or, l'argent et le billon. — Au lieu des ablatifs « in via, in zona », il faudrait, d'après le grec, « in viam, in zonam »: rien pour la route, de l'argent destiné à être mis dans la ceinture.

9. — *Calceatos sandaliis.* Le lecteur a dû remarquer le brusque changement qui a lieu ici dans la construction, et l'agencement singulier de toute cette phrase. Les mêmes irrégularités existent dans le texte grec. C'est ce que les grammairiens nomment « oratio variata ». Cfr. Winer, Grammat. p. 507. — Nouvelle divergence dans ce passage, le Sauveur ne permettant pas à ses apôtres, selon la rédaction de S. Matthieu, de porter des chaussures avec eux. On peut choisir entre deux solutions : 1º d'après le premier Évangéliste, Notre-Seigneur interdit aux disciples les ὑποδήματα, sorte de brodequins montants qui couvraient tout le pied

10. Et dicebat eis : Quocumque introieritis in domum, illic manete donec exeatis inde;

11. Et quicumque non receperint vos, nec audierint vos, exeuntes inde, excutite pulverem de pedibus vestris in testimonium illis.

Matth. 10, 14; *Luc.* 9, 5; *Act.* 13, 51 *et* 18, 6.

12. Et exeuntes prædicabant ut pœnitentiam agerent :

10. Et il leur disait : En quelque maison que vous entriez, demeurez-y jusqu'à ce que vous partiez de ce lieu;

11. Et lorsqu'on ne vous recevra pas et qu'on ne vous écoutera pas, sortez de là, et secouez la poussière de vos pieds en témoignage contre eux.

12. Et, s'en allant, ils prêchaient qu'on fît pénitence.

---

et n'étaient guère portés que par les riches; S. Marc nous montre les Douze simplement chaussés de sandales, c'est-à-dire d'une semelle de cuir attachée aux pieds par des lacets ou des courroies (On trouvera dans le dictionnaire des Antiquités rom. et grecq. d'Ant. Rich, aux mots Calceolus et Calceus, de curieuses représentations des chaussures usitées à l'époque du Sauveur). 2° Dans S. Matthieu, il s'agirait de souliers de rechange; dans S. Marc, de ceux que les Apôtres avaient aux pieds au moment de leur départ. — *Et ne induerentur* : la construction change encore brusquement, pour reprendre, du moins dans la Vulgate, la forme qu'elle avait au ÿ. 8. De nombreux manuscrits grecs ont ἐνδύσησθε, « induamini », au lieu de ἐνδύσασθαι, « indui », de la Recepta.

10. — Jésus trace maintenant aux nouveaux missionnaires les règles qu'ils devront suivre à propos de leur séjour et de leur logement, dans les lieux où ils s'arrêteront pour prêcher l'Evangile. S. Marc a seulement noté deux de ces règles. La première, ÿ. 10, recommande aux Apôtres la stabilité; la seconde, ÿ. 11, leur indique ce qu'ils auront à faire quand ils trouveront des maisons inhospitalières où on refusera de les recevoir. — *Et dicebat eis.* Le discours, qui avait été indirect dans les deux versets précédents, devient tout-à-coup direct. L'Evangéliste cite au lieu de raconter. — *Quocumque introieritis...* En Palestine, « lorsqu'un étranger arrive dans un village ou dans un camp, les voisins, l'un après l'autre, sont tenus de l'inviter à manger avec eux. L'étiquette est très-sévère sur ce point, et elle exige un grand déploiement d'ostentation et de courtoisie; le moindre oubli dans les formes est vivement ressenti et occasionne souvent de l'inimitié ou des luttes entre voisins. Ce système d'hospitalité consume aussi beaucoup de temps, cause une grande dissipation d'esprit, conduit à la légèreté, et en un mot nuit de toutes manières au succès d'une mission spirituelle. Les Apôtres étaient envoyés, non pour être fêtés

et honorés, mais pour inviter les hommes à la pénitence, pour préparer les voies du Seigneur, pour proclamer que le royaume des cieux était proche. Ils devaient donc chercher tout d'abord une habitation convenable, et demeurer là jusqu'à ce que leur œuvre fût accomplie dans la localité ». Thomson, *The Land and the Book,* p. 347. — *Illic,* c'est-à-dire « in hac domo »; *inde,* de la ville ou de la bourgade.

11. — *Quicumque non receperint.* La Recepta grecque a la même leçon que la Vulgate; mais de nombreux manuscrits portent ὃς ἂν τόπος μὴ δέξηται, variante qui a de grandes chances d'originalité. — *Excutite pulverem...* Voyez l'Evang. selon S. Matth., p. 203. Par ce geste symbolique, les Apôtres éconduits montraient 1° qu'ils rompaient toute communion avec ceux qui les traitaient d'une façon si brutale, et qu'ils ne voulaient avoir absolument rien de commun avec eux; 2° qu'ils déclinaient toute responsabilité dans leur refus obstiné de recevoir l'Evangile. « Pulvis nimirum ille argumentum erat et signum viæ in gratiam contumacium istorum a Christi discipulis frustra peractæ. » S. Cyrille, cité par Patrizi. — La Recepta ajoute après le pronom *illis :* ἀμὴν λέγω ὑμῖν, ἀνεκτότερον ἔσται Σοδομοῖς ἢ Γομόρροῖς ἐν ἡμέρα κρίσεως ἢ τῇ πόλει ἐκείνῃ. Mais c'est là vraisemblablement une glose insérée dans le texte et empruntée au passage parallèle de S. Matthieu, x, 15.

12. — *Exeuntes prædicabant.* Ainsi invités à négliger à peu près totalement les moyens humains pour ne s'appuyer que sur Dieu, les Douze partent deux à deux, et s'en vont porter la bonne nouvelle dans les régions que leur Maître leur avait désignées. S. Marc décrit fort bien le résultat de leurs premiers efforts. — *Pœnitentiam agerent.* La prédication des Apôtres ne différait pas de celle du Précurseur (Cfr. i, 4), car elle était simplement préparatoire, comme la sienne. Toutefois, le verset suivant nous dira qu'ils faisaient des miracles aussi bien que leur Maître, ce qui les distinguait de Jean-Baptiste. —

13. Et ils chassaient beaucoup de démons, et ils oignaient d'huile beaucoup de malades et les guérissaient.

14. Or le roi Hérode entendit *parler de Jésus* (car son nom avait été manifesté), et il disait : Jean-

13. Et dæmonia multa ejiciebant, et ungebant oleo multos ægros, et sanabant.

Jac. 5, 14.

14. Et audivit rex Herodes, (manifestum enim factum est nomen ejus), et dicebat : Quia Joannes Ba-

---

L'omission du sujet devant « agerent » est un hébraïsme : il faut sous-entendre « homines ».

13. — S. Marc mentionne deux catégories de prodiges opérés par les Apôtres durant cette mission : ils chassaient les démons, ils guérissaient les malades. Jésus leur avait précisément conféré ce double pouvoir au moment où il les éloignait de lui. Cfr. Matth. x, 1. Mais quel est le sens de cette onction mystérieuse que les Douze pratiquaient sur les infirmes auxquels ils voulaient rendre la santé? Les mots *oleo ungebant* ont suscité autrefois de longues et vives discussions parmi les exégètes. L'huile et les onctions ayant toujours joué un très grand rôle dans la médecine orientale (Comp. Lightfoot, Horæ talm. h. l. Cfr. Is. 1, 6; Jer. viii, 22; Luc. x, 34, et les termes ἔγχριστα φάρμακα, ἰατραλείπται, si usités chez les Grecs), nos rationalistes ont prétendu que les Apôtres les employaient tout bonnement comme des remèdes naturels. C'est là un contre-sens grossier, puisqu'il s'agit dans tout ce verset d'une puissance surnaturelle ou miraculeuse. D'un autre côté, Maldonat (sa longue et savante dissertation sur ce point est à lire), Fr. Luc et d'autres ont pensé, à la suite du V. Bède et de Nicolas de Lyre, qu'il est ici question à n'en pas douter du sacrement de l'Extrême-Onction. Mais ce sentiment est à bon droit rejeté par la plupart des commentateurs catholiques. Pour le réfuter, il suffit de rappeler que l'Extrême-Onction requiert le caractère sacerdotal dans celui par qui elle est administrée, et le baptême dans le sujet : or, à cette époque, il n'existait pas encore de prêtres chrétiens, et rien ne montre que les Apôtres avaient d'abord baptisé les malades sur lesquels ils pratiquaient l'onction signalée par S. Marc. La vérité consiste à dire que cette onction était un symbole du divin pouvoir exercé par les Douze, en même temps qu'une cause médiatrice de la guérison. Néanmoins, il serait téméraire de n'y pas voir, selon les paroles de Bellarmin, « adumbratio quædam et figura sacramenti. » Cfr. Conc. Trid. Sess. XIV de Sacram. extr. unct. c. 1 : « Instituta est hæc unctio infirmorum tanquam vere et proprium sacramentum Novi Testamenti a Christo Domino nostro, APUD MARCUM QUIDEM INSINUATUM, per Jaco-

bum autem... promulgatum. » — Evidemment, les Apôtres ne songèrent pas d'eux-mêmes à oindre ainsi les malades pour les guérir : c'est de leur Maître qu'ils tenaient cette pratique, comme le disait déjà Euthymius.

15. — Le martyre de S. Jean-Baptiste. vi, 14-29. — Parall. Matth. xiv, 1-12; Luc. ix, 7-9.

Les trois synoptiques sont très inégaux dans leurs récits de ce douloureux événement. S. Luc se borne à faire connaître d'un mot la décollation du Précurseur, en relatant l'opinion qu'Hérode s'était formée au sujet de Jésus. S. Matthieu abrège, ainsi qu'il lui arrive presque toujours quand il passe des discours à des faits. Notre Evangéliste au contraire a une narration parfaite à tous les points de vue et pleine de détails pittoresques.

a. Jésus dans l'opinion d'Hérode. vi, 14-16.

14. — *Et audivit.* Le complément, quoique omis, se supplée sans peine. Ce qu'Hérode apprit, ce furent, directement, les miracles accomplis par les Apôtres à travers les bourgades galiléennes, puis, à cette occasion, les œuvres de Jésus lui-même, que chacun savait être leur Maître. Toute la contrée retentissait donc alors de son nom béni. Sa réputation franchit jusqu'au seuil de la cour! — *Rex Herodes.* S. Matthieu et S. Luc disent plus exactement « Herodes tetrarcha » ; car cet Hérode, dont le « cognomen » était Antipas, ne fut jamais roi d'une manière proprement dite, malgré l'ardent désir qu'il avait d'en porter le nom, malgré les démarches officielles qu'il fit à Rome dans ce but : tétrarque, tel était son vrai titre. Mais S. Marc l'appelle roi dans le sens large et populaire de cette expression : de fait, Antipas exerçait vraiment en Galilée une autorité royale. C'est le second des Hérodes mentionnés dans le Nouveau Testament (Voir l'Evang. selon S. Matth. p. 49): il était fils d'Hérode-le-Grand. — *Dicebat.* C'est à ses courtisans, à ses serviteurs, qu'il communiqua le sentiment que nous allons entendre. Cfr. Matth. xiv, 2. — *Baptista resurrexit.....* Devenu depuis quelque temps le meurtrier de Jean-Baptiste, le tétrarque avait l'imagination hantée constamment par le spectre de sa victime. Il est

ptista resurrexit a mortuis : et propterea virtutes operantur in illo.

Matth. 14, 1, 2; *Luc.* 9, 7.

15. Alii autem dicebant : Quia
Elias est. Alii vero dicebant : Quia
propheta est, quasi unus ex prophetis.

16. Quo audito, Herodes ait : Quem
ego decollavi Joannem, hic a mortuis resurrexit.

17. Ipse enim Herodes misit, ac
tenuit Joannem, et vinxit eum in
carcere propter Herodiadem uxorem
Philippi fratris sui, quia duxerat
eam.

Luc. 3, 19.

18. Dicebat enim Joannes Herodi :
Non licet tibi habere uxorem fratris
tui.

Lev. 18, 16.

Baptiste est ressuscité d'entre les
morts, et voilà pourquoi des miracles
sont opérés par lui.

15. Mais d'autres disaient : C'est
Elie. Et d'autres : C'est un prophète,
pareil à un des prophètes.

16. L'ayant entendu, Hérode dit :
Ce Jean que j'ai décapité est ressuscité d'entre les morts.

17. Car cet Hérode avait envoyé
se saisir de Jean et l'avait enchaîné
en prison à cause d'Hérodiade,
femme de Philippe, son frère, parce
qu'il l'avait épousée.

18. Car Jean disait à Hérode : Il
ne t'est pas permis d'avoir la femme
de ton frère.

---

donc naturel qu'au seul bruit des miracles de
Jésus, il se soit persuadé que Jean était ressuscité d'entre les morts et, sous une forme
nouvelle, revenu en Galilée pour y continuer
son ministère avec une puissance encore plus
grande qu'avant sa mort. — *Operantur* est
employé au sens neutre, comme le montre le
texte grec, ἐνεργοῦσιν : des forces miraculeuses
sont énergiques en lui, agissent par lui.

15. — De l'opinion d'Hérode, S. Marc rapproche les sentiments divers qui avaient cours
parmi le peuple touchant le Précurseur. —
Elias est, disaient les uns. En le confondant
ainsi avec le grand prophète de Thisbé, ils
n'étaient pas loin de la vérité. Cfr. Matth.
XI, 14 ; Luc. I, 17; etc. — *Propheta est*, disaient les autres d'une manière moins déterminée. L'article manquant dans le texte grec,
il n'est point permis de traduire : C'est le
Prophète, le prophète par antonomase, le
Messie! Le véritable sens est précisé par les
mots *quasi unus ex prophetis.* Donc : C'est un
prophète, semblable aux anciens prophètes.
La leçon de la Recepta, ὅτι προφήτης ἐστίν, ἢ
ὡς εἷς τῶν προφητῶν, a contre elle les meilleurs
manuscrits; il faut lire, comme a fait la Vulgate,
ὅτι προφήτης ὡς εἷς τῶν προφητῶν.

16. — *Quo audito.* « Quo », c'est-à-dire
ces différentes opinions. Hérode n'en admet
aucune, mais il s'en tient fortement à celle
qu'il a déjà énoncée lui-même, ỳ. 14. Remarquons l'assurance avec laquelle il affirme
la résurrection du Baptiste : c'est un effet de
ses craintes, de ses remords, du ver qui le
ronge intérieurement. *Ego* et *hic* sont emphatiques. — N'est-ce pas une allusion à ces

terreurs d'Hérode, devenues célèbres dans tout
le monde romain, que l'on croirait lire dans
les vers suivants de Perse ?

At quum

Herodis venere dies, unctaque fenestra
Dispositæ pinguem nebulam vomuere lucernæ,
Portantes violas, rubrumque amplexa catinum
Cauda natat thynni, tumet alba fidelia vino :
Labra moves tacitus, recutitaque sabbata palles. —
Tunc nigri lemures, ovoque pericula rupto.

Sat. v, 169-185.

b. La décollation de Jean-Baptiste. vi, 17-29.

17. — *Ipse enim Herodes.* « Marc l'Evangéliste, à l'occasion de ce qu'il vient de raconter, rappelle ici la mort du Précurseur. »
Théophylacte. S. Matthieu avait fait de même,
signalant d'abord l'idée singulière qu'Antipas
s'était faite de Jésus, et revenant ensuite sur
ses pas, afin de décrire les circonstances
parmi lesquelles S. Jean avait été arrêté, puis
décapité par le tétrarque voluptueux et cruel.
— *Misit ac tenuit.* Hébraïsme. Voyez, sur cet
emploi du verbe « mittere », le Thesaurus phil.
de Gesenius, au mot שלח, p. 1411. — *In car-*
cere. S. Jean fut incarcéré à Machéronte, « la
forteresse noire », citadelle bâtie par Hérode-
le-Grand dans la province de Pérée, vers le
N.-E. de la mer Morte, pour tenir en respect
les tribus de pillards arabes domiciliées à
l'Est du Jourdain. Voir l'*Atlas géograph.* de
M. Ancessi, pl. XVI. — *Propter Herodiadem.*
Nous trouvons ici le motif de cet emprisonnement injuste et sacrilège. C'était moins
Hérode qui l'avait décrété, que sa nièce et
belle-sœur Hérodiade, devenue récemment
son épouse, en dépit des lois divines et

19. Or Hérodiade lui tendait des embûches et voulait le faire périr, et ne pouvait pas.

20. Car Hérode craignait Jean, le sachant un homme juste et saint, et il le gardait et faisait beaucoup de choses après l'avoir entendu, et l'entendait volontiers.

21. Mais un jour opportun arriva; Hérode, le jour de sa naissance,

19. Herodias autem insidiabatur illi : et volebat occidere eum, nec poterat.

20. Herodes enim metuebat Joannem, sciens eum virum justum et sanctum : et custodiebat eum, et audito eo multa faciebat, et libenter eum audiebat.

21. Et cum dies opportunus accidisset, Herodes natalis sui cœnam

---

humaines. En effet, d'une part, la femme légitime du tétrarque était encore vivante : d'autre part, Philippe, mari d'Hérodiade et frère d'Hérode, vivait aussi. Il y avait donc trois ou quatre empêchements au mariage. Mais la passion des deux conjoints avait impudemment franchi tous les obstacles. Pour les détails, voyez l'Evang. selon S. Matth. pp. 253 et 254, 288-89.

18. — *Dicebat enim Joannes.* Le nouvel Elie rappela énergiquement à Hérode les droits de la morale outragée. L'imparfait « dicebat » montre qu'il ne se borna pas à dire une seule fois au coupable : Non licet, mais qu'il lui donna sur ce point des avertissements réitérés.

19. — *Herodias autem.* Les transitions sont très élégamment ménagées dans tout ce récit, à l'aide des particules γὰρ, δὲ, que nous rencontrons presque à chaque verset. Voici donc la Jézabel du Nouveau Testament qui apparaît sur la scène évangélique. Elle agira d'une manière digne de sa conduite antérieure. — *Insidiabatur illi.* Nouvel imparfait, qui exprime une série interminable d'embûches et de machinations perfides, telles que les femmes savent les dresser. Le verbe grec ἐνεῖχεν serait peut-être mieux traduit par « elle lui en voulait. » On comprend sans peine pourquoi l'épouse adultère était si profondément hostile à S. Jean. « Timebat enim Herodias ne Herodes aliquando resipisceret..., atque illicitæ nuptiæ repudio solverentur. » Bède. — *Volebat occidere eum :* ses souhaits de vengeance allaient jusqu'à l'homicide. Il lui fallait la tête de l'audacieux qui l'avait attaquée. Et pourtant, *non poterat.* Le ɣ. 20 nous montrera d'où provenait cette impuissance surprenante.

20. — Tous les détails que nous lisons ici appartiennent en propre à S. Marc. C'est une profonde étude psychologique. — *Herodes metuebat Joannem* : il le craignait d'une crainte religieuse, car il savait, *sciens*, l'ayant appris par sa propre expérience, que c'était un homme de Dieu. *Virum justum et sanctum* : magnifique éloge du Précurseur, venant d'un homme tel qu'Hérode. La première épithète, comme le fait remarquer la « Glossa ordina-

ria », concerne les rapports de Jean avec les hommes, la seconde ses rapports avec Dieu. Avec tous il était parfait. — *Custodiebat eum.* Le verbe grec συνετήρει a une signification douteuse. Les uns le traduisent comme la Vulgate par « garder en prison », et cette interprétation semble autorisée par plusieurs passages du Nouveau Testament, Act. iv, 3; v, 18, où le substantif τήρησις a le sens de « carcer ». D'autres lui font signifier tantôt « observer », tantôt « avoir en haute considération », tantôt « protéger ». Nous nous en tenons à notre version latine. — *Audito eo multa faciebat.* « Multa » est pris en bonne part : beaucoup d'excellentes choses. Hélas ! que ne commençait-il par la plus nécessaire de toutes, par celle que le Précurseur lui conseillait le plus vivement ? Le livre des Actes, xxiv, 26, nous montrera le proconsul Félix s'inspirant de même des conseils d'un autre prisonnier non moins illustre. — Au lieu de ἐποίει, « faciebat », le Cod. sinaît. a une curieuse variante : ἠπόρει, il était dans l'embarras. Si cette leçon était authentique, elle exprimerait un fait très naturel, nous montrant Hérode, au sortir des entretiens qu'il avait avec Jean-Baptiste, déconcerté, embarrassé sur une foule de points, c'est-à-dire agité par de légitimes scrupules à propos de la plupart de ses actes. Quoi qu'il en soit, *libenter eum audiebat,* la vérité gardant par intervalles toute sa puissance, même sur cette âme corrompue. Hérode, dans les cachots de Machéronte, écoutant son prisonnier avec une respectueuse attention : quel beau sujet pour un peintre chrétien !

21. — Cependant l'âme mobile du tétrarque subissait encore un autre ascendant que celui du Précurseur, et c'est du côté du crime qu'Hérode finira par tomber. — *Dies opportunus.* Hammond, Paulus, Kuinœl, etc., donnent à cette locution le sens du יום טוב hébreu, « jour de fête »; d'autres exégètes pensent que l'Evangéliste a plutôt voulu parler d'un jour opportun pour la réalisation des sanglants desseins d'Hérodiade. Selon M. Schegg, il s'agirait simplement d'un jour convenable pour la célébration de l'anniversaire du té-

fecit principibus, et tribunis, et primis Galilææ :

22. Cumque introisset filia ipsius Herodiadis, et saltasset, et placuisset Herodi simulque recumbentibus, rex ait puellæ : Pete a me quod vis, et dabo tibi :

23. Et juravit illi : Quia quidquid petieris dabo tibi, licet dimidium regni mei.

Matth. 14, 7.

24. Quæ cum exisset, dixit matri suæ : Quid petam ? At illa dixit : Caput Joannis Baptistæ.

25. Cumque introisset statim cum festinatione ad regem, petivit di-

donna un festin aux premiers de sa cour, et aux tribuns et aux principaux de la Galilée.

22. Et lorsque la fille d'Hérodiade fut entrée, eut dansé, et eut plu à Hérode et à ses convives, le roi dit à la jeune fille : Demande-moi ce que tu veux, et je te le donnerai.

23. Et il le lui jura : Je te donnerai tout ce que tu demanderas, fût-ce la moitié de mon royaume.

24. Lorsqu'elle fut sortie, elle dit à sa mère : Que demanderai-je ? Et celle-ci lui dit : La tête de Jean-Baptiste.

25. Etant rentrée aussitôt en grande hâte près du roi, elle fit sa

---

trarque. Le contexte favorise ce sentiment. — *Natalis sui cœnam;* les « natalitiæ dapes » des Romains. « Soli mortalium Herodes et Pharao (in Scriptura) leguntur dies natalis sui gaudiis festivis celebrasse; sed uterque rex infausto auspicio nativitatem suam sanguine fœdavit. Verum Herodes tanto majore impietate, quanto sanctum et innocentem doctorem veritatis occidit, et hoc pro voto ac petitione saltatricis. » V. Bède. — *Principibus...* S. Marc seul mentionne les trois catégories de convives invités par Hérode. La première, nommée en grec μεγιστᾶνες, se composait des officiers de la cour; la seconde (*tribunis,* χιλίαρχοι), des principaux chefs de l'armée, Cfr. Act. xxi, 31; xxvi, 26; la troisième (*primis Galilææ*), d'un certain nombre de notables du pays. Ce détail nous donne une idée de la magnificence avec laquelle Antipas célébrait son anniversaire. Aussi le « Herodis dies » était-il proverbial à Rome. Cfr. Pers. Sat. loc. cit.

22. — *Filia ipsius Herodiadis.* Le pronom est emphatique : ce fut la fille d'Hérodiade « elle-même », et non une danseuse de profession, qui, sur la fin du repas, vint égayer les convives par un de ces ballets en général très-licencieux qui ont toujours été l'accompagnement obligatoire des fêtes orientales. On y représente par des poses variées des caractères, des situations morales, des passions. Cfr. Ambr. de Virgin. lib. iii, c. 6. — La fille d'Hérodiade s'appelait Salomé. Cfr. Jos. Ant. xviii, 5, 4. — Le verbe *introisset* suppose qu'elle n'assistait pas au festin : en effet, les femmes en Orient ne prennent qu'en de très rares occasions leurs repas avec les hommes.

23. — *Quidquid petieris dabo.* Le prince échauffé par la volupté et par le vin, promet à la jeune danseuse, sous le sceau du serment, de lui octroyer tout ce qu'elle lui demandera, dût-elle exiger la moitié de son royaume. Cette locution, *dimidium regni,* dans la bouche du roi, était proverbiale pour signifier qu'il était disposé à ne rien refuser, quelque extravagant que pût être le désir. Cfr. Esth. v, 3; vii, 2; et chez les classiques, Hygin. Fab. 84; Hom. Il. x, 602.

24. — *Quæ cum exisset.* Embarrassée d'une telle promesse, la jeune fille sort (trait spécial à S. Marc) pour aller consulter sa mère; car Hérodiade non plus n'assistait pas au banquet. — *Caput Joannis.* Celle-ci n'hésita pas un instant. Profitant habilement d'une situation qu'elle ne retrouverait peut-être jamais, tirant parti de l'imprudence royale qui la rendait elle-même toute-puissante, elle veut que sa fille demande la tête du Précurseur.

25. — *Quumque introisset.* Quelle vie, quel pittoresque dans ce récit tragique! La scène tout entière est mise sous nos yeux. — *Statim cum festinatione.* Des appartements d'Hérodiade, Salomé revient en courant à la salle du festin; pas une minute n'est perdue par cette digne fille de sa mère. Elles avaient en effet l'une et l'autre mêmes raisons de haïr et de redouter Jean-Baptiste. La conversion du roi eût été pour toutes deux le renvoi de la cour et le retour à une position relativement humble et pauvre. — *Volo.* Elle appuie sur ce mot : Je veux, vous m'avez donné le droit d'être absolue dans ma volonté. — *Protinus* (en grec ἐξ αὐτῆς, sous-entendu ὥρας, sur l'heure), immédiatement, car elle ne veut pas laisser à Hérode le temps de se repentir. —

demande, disant : Je veux qu'à l'instant tu me donnes dans un plat la tête de Jean-Baptiste.

26. Et le roi fut affligé ; à cause du serment et à cause des convives, il ne voulut pas la contrister.

27. Mais, envoyant un de ses gardes, il lui ordonna d'apporter la tête de Jean dans un plat.

28. Et, on apporta la tête dans un plat et il la donna à la jeune fille, et la jeune fille la donna à sa mère.

29. Ses disciples, l'ayant appris,

cens : Volo ut protinus des mihi in disco caput Joannis Baptistæ.

26. Et contristatus est rex : propter jusjurandum, et propter simul discumbentes, noluit eam contristare,

27. Sed misso spiculatore præcepit afferri caput ejus in disco. Et decollavit eum in carcere,

27. Et attulit caput ejus in disco, et dedit illud puellæ, et puella dedit matri suæ.

29. Quo audito, discipuli ejus ve-

Mihi : dans ses propres mains, de crainte qu'on ne la trompe. Quel langage, et dans quelles circonstances !

26. — *Contristatus est rex*. Le texte grec est très expressif : περίλυπος γενόμενος, étant devenu très affligé. S. Matthieu, XXVI, 38, et S. Marc, XIV, 34 emploient l'adjectif περίλυπος pour décrire la tristesse qui envahit la sainte âme de Jésus à Gethsémani. — Hérode regrette sa parole imprudente. Il pourrait, il est vrai, la rétracter ; mais son serment le retient, *propter jusjurandum*, comme si un pareil serment eût été obligatoire ! Ce qui le retient encore davantage, c'est l'assistance, *propter simul discumbentes*. Il croirait forfaire à l'honneur en retirant la promesse faite devant une si honorable assemblée. Ce faux honneur mondain a fait commettre bien des crimes ! — *Noluit eam contristare*. Le verbe ἀθετῆσαι devrait être traduit par « rejicere, repudiare ». Le tétrarque n'osa donc pas renvoyer Salomé sans l'exaucer.

27. — *Misso spiculatore*. Nous lisons le même mot (σπεκουλάτορα) dans le texte grec : c'est là une des expressions latines grécisées par S. Marc. Cfr. la Préface. § IV, 3. Le substantif « spiculator », dérivé suivant les uns de « spiculum », selon les autres de « speculari », avait primitivement la signification de sentinelle. Les écrivains latins contemporains de S. Marc l'emploient pour désigner des soldats auxquels on confiait les fonctions d'éclaireurs ou d'aides de camp. Voir Ant. Rich, Dict. des antiq. rom. et grecq. s. v. Speculatores. Cfr. Suéton. Calig. c. XLIV ; Tacit. Hist. XI, 73. Mais il indiquait aussi les exécuteurs des hautes œuvres (Cfr. Senec. de Benef. III, 25 ; de Ira, I, 46 ; Jul. Firmicus, VIII, 26) et tel est ici son véritable sens. Σπεκουλάτωρ ὁ δήμιος λέγεται, στρατιώτης, ὃς πρὸς τὸ φονεύειν τέτακται. Théophylacte. Les Rabbins, du reste, l'avaient fait passer dans la angue hébraïque et s'en servaient aussi pour

nommer le bourreau הירג ספקלטור למלך הסחוריים מיתה. Gloss. ad Tanch. f. 72, 2. « Le *spiklator* exécute ceux qui ont été condamnés à mort par le roi. » Cfr. Lightfoot, Horæ hebr. h. l. ; Buxtorf. Lexic. talm. p. 1533.

28. — *Et attulit caput*. Chef sacré, que l'on vénère aujourd'hui dans l'église d'Amiens. — Hérode n'eut pas honte de le faire porter tout sanglant devant ses hôtes : Salomé le saisit sans frémir pour le présenter à sa mère. Mais les cours orientales étaient accoutumées à de pareils spectacles ! « De cet horrible exemple, dit pieusement le V. Bède, nous devons conclure qu'il vaut bien mieux nous rappeler le jour de notre mort dans la prière et la chasteté, que de célébrer le jour de notre naissance par la luxure. » Citons une autre belle réflexion de S. Grégoire, Moral. III, 5. « Je ne puis sans un profond étonnement me souvenir que cet homme, rempli de l'esprit de prophétie dès le sein de sa mère, lui qui n'eut pas plus grand que lui parmi les fils de la femme, ait été jeté par des pervers dans une prison, décapité pour payer la danse d'une jeune fille, et que cet homme d'une telle austérité soit mort sous le rire des êtres les plus vils. Pouvons-nous admettre qu'il y ait eu dans sa vie quelque chose qui excuse sa mort ?... D'où vient que le Dieu tout-puissant a pu abandonner d'une manière si terrible ceux auxquels il a accordé une élection si sublime avant le commencement du monde ? A moins que ce ne soit, ainsi qu'il paraît évident à la piété des fidèles, que Dieu brise en les faisant tomber si bas ceux qu'il sait devoir récompenser en les portant sur les hauteurs. Au dehors, il les laisse déchoir jusque dans l'abjection, parce qu'au dedans il les fait pénétrer jusque dans une gloire incompréhensible. » Voir aussi un beau passage de S. Ambroise, de Virgin. l. IV (leçons du 2º Noct. dans le Brév. Rom. pour le 29 août).

29. — Malgré sa lâche cruauté, Hérode

nerunt, et tulerunt corpus ejus, et posuerunt illud in monumento.

Matth. 14, 12.

30. Et convenientes apostoli ad Jesum, renuntiaverunt ei omnia quæ egerant, et docuerant.

31. Et ait illis : Venite seorsum in desertum locum, et requiescite pusillum. Erant enim qui veniebant et redibant multi : et nec spatium manducandi habebant.

Matth. 14, 13; *Luc.* 9, 10.

32. Et ascendentes in navim, abierunt in desertum locum seorsum.

---

vinrent, et prirent son corps et le déposèrent dans un tombeau.

30. Or les apôtres, revenant auprès de Jésus, lui rendirent compte de tout ce qu'ils avaient fait et enseigné.

31. Et il leur dit : Venez à l'écart en un lieu désert, et reposez-vous un peu. Car ceux qui allaient et venaient étaient nombreux, et ils n'avaient pas même le temps de manger.

32. Et, montant dans une barque, ils s'en allèrent à l'écart en un lieu désert.

---

permit cependant aux disciples du Précurseur de donner à leur Maître une sépulture honorable. D'après la tradition, ils l'enterrèrent à Sébaste en Samarie, auprès des tombeaux d'Elisée et d'Abdias. Puis, ajoute S. Matthieu, XIV, 12, « venientes nuntiaverunt Jesu. »

16. — Première multiplication des pains. VI, 30-44. — Parall. Matth. XIV, 13-21; Luc. IX, 10-17. Joan. VI, 1-13.

a. *Retour et retraite dans le désert.* VI, 30-31.

30. — *Convenientes Apostoli.* Cependant, la courte mission des Apôtres est achevée, et ils reviennent, au temps qui leur avait sans doute été fixé, rejoindre le Sauveur à Capharnaüm. « Discamus et nos, cum in ministerium aliquod mittimur, non elongari, et ultra commissum officium non efferri, sed mittentem visitare, et renuntiare ei omnia quæ egimus et docuimus. » Théophylacte. S. Marc et S. Luc mentionnent seuls le retour des Douze auprès de Jésus, et le compte-rendu détaillé qu'ils lui firent de leur prédication et de leurs œuvres.

31. — Les détails pleins d'intérêt que contient ce verset sont propres au second Evangile. Ils consistent en une touchante invitation adressée par Jésus à ses disciples, et en une réflexion pittoresque du narrateur. — 1° La parole de Jésus : *Venite seorsum...* Le texte grec est beaucoup plus énergique : Δεῦτε ὑμεῖς αὐτοὶ κατ' ἰδίαν, « illuc vos ipsi seorsum »; c'est-à-dire : Vous seuls, et pas d'autres, venez avec moi dans une retraite solitaire. — *Requiescite pusillum.* Quel bon Maître ! Lui qui ne s'accordait pas un seul instant de repos, il songe à procurer quelques jours de récréation et de vacances à ses Apôtres après leurs labeurs évangéliques. Il est vrai, comme le font remarquer les anciens exégètes, que ce ne de-

vaient pas être des vacances complètement oisives, mais une sorte de retraite spirituelle, Jésus voulant apprendre ainsi aux Douze, et à tous les missionnaires ou prédicateurs apostoliques, qu'un pasteur des âmes ne doit pas s'oublier dans la vaine contemplation du bien qu'il a pu faire, mais qu'il a des obligations importantes à remplir envers soi-même. — 2° La réflexion de l'Evangéliste : *Erant enim qui veniebant...* Cette réflexion pittoresque, qui montre si bien au lecteur le prodigieux concours dont le Sauveur était alors le centre, renferme en même temps le motif pour lequel Jésus voulait conduire les siens dans la solitude. L'affluence était telle sur la rive occidentale du lac, qu'il eût été impossible, en y restant, de trouver une seule minute de repos. La sainte troupe n'avait pas même le temps de prendre ses repas ! s'écrie pour la seconde fois S. Marc. Cfr. III, 20. « Heureux temps ! où tel était le zèle des auditeurs, et le travail de ceux qui enseignaient ! » Bède. C'était la proximité de la Pâque qui attirait alors à Jésus un si grand nombre de visiteurs. Cfr. Joan. VI, 4. Les pèlerins, accourus en foule de toutes les contrées septentrionales, se groupaient à Capharnaüm et partaient de là en longues caravanes pour gagner la capitale juive.

32. — *Abierunt in desertum.* M. Stanley, dans son bel ouvrage sur la Terre-Sainte (Sinai and Palestine, p. 278 de la 9e édit.), relève le caractère solitaire et l'aspect désert de la contrée située au N.-E. du lac de Tibériade. Moins arrosée, moins fertile, elle avait beaucoup moins d'habitants : elle convenait donc à merveille pour le but que se proposait Notre-Seigneur. C'est là qu'il se rendit avec les Douze, après avoir franchi le lac de l'ouest à l'est. Cfr. Joan. IV, 4.

33. Mais beaucoup les virent partir ou le surent et ils accoururent à pied de toutes les villes et arrivèrent avant eux.

34. Et, en sortant de la barque, Jésus vit une grande foule et il eut pitié d'eux, car ils étaient comme des brebis sans pasteurs, et il commença à leur enseigner beaucoup de choses.

35. Et comme l'heure était déjà fort avancée, ses disciples s'approchèrent, disant : Ce lieu est désert et déjà l'heure s'est écoulée.

36. Renvoyez-les, afin qu'ils ail-

33. Et viderunt eos abeuntes, et cognoverunt multi : et pedestres de omnibus civitatibus concurrerunt illuc, et prævenerunt eos.

34. Et exiens vidit turbam multam Jesus : et misertus est super eos, quia erant sicut oves non habentes pastorem, et cœpit illos docere multa.

Matth. 9, 36 et 14, 14.

35. Et cum jam hora multa fieret, accésserunt discipuli ejus, dicentes : Desertus est locus hic, et jam hora præteriit :

36. Dimitte illos, ut euntes in

---

b. *La foule rejoint Jésus qui l'instruit.* VI, 33-34.

33. — Description plastique et vivante, même pour S. Marc où tout est si vivant! — *Viderunt eos abeuntes.* Le sujet de « viderunt » n'est pas exprimé, mais on le devine aisément. C'est la foule mentionnée au ɤ. 31 qui vit partir Jésus avec les siens. La nouvelle passe de bouche en bouche (*cognoverunt multi*), et suggère aussitôt à ce bon peuple une résolution admirable, qui nous montre jusqu'à quel point il aimait le Sauveur. — *Pedestres... concurrerunt.* De toutes les villes et bourgades bâties au N.-O. du lac, sortent des centaines d'hommes, de femmes et d'enfants, tous désireux de rejoindre l'orateur, le thaumaturge si populaire. La barque qui le porte est là-bas sur les eaux; tandis que tous les regards suivent sa direction, les pieds marchent au plus vite, de crainte qu'il n'aborde et ne s'enfonce dans les terres avant qu'on ait pu l'atteindre. — *Prævenerunt eos.* Comme il est moralement impossible, à moins de circonstances extraordinaires qu'il n'y a pas lieu de supposer ici (des vents contraires par exemple), que des piétons, partis de Capharnaüm et des alentours, mettent moins de temps à contourner la mer de Galilée jusqu'au delà de l'embouchure du Jourdain qu'un bon canot n'en mettrait à parcourir en droite ligne la distance qui sépare ces deux points (Voyez la carte n° XVI dans l'Atlas géogr. de M. Ancessi), nous inclinons à adopter la leçon « venerunt ad eos » qu'on rencontre dans plusieurs manuscrits. De la sorte toute difficulté disparaît.

34. — *Exiens.* C'est-à-dire, ayant débarqué; ou bien, selon d'autres (compar. S. Jean, VI, 3), ayant quitté le sommet d'une petite colline sur laquelle il était monté avec ses disciples tandis que la foule approchait.

Voilà Jésus et les Douze frustrés de la retraite et du repos qu'ils s'étaient promis! Mais le bon Pasteur s'oublie lui-même pour ne penser qu'à ses pauvres brebis! — *Misertus est,* ἐσπλαγχνίσθη: son divin cœur est saisi d'une indicible pitié au souvenir des misères morales du peuple qui l'entoure. Ces misères sont décrites brièvement, mais vivement, à l'aide d'une réflexion propre à S. Marc, quoique S. Matthieu l'ait aussi faite en un autre endroit, IX, 36. (Voyez le commentaire, p. 489). — *Oves non habentes pastorem.* Rien ne montre mieux que cette image le triste état moral dans lequel était alors la nation théocratique. « Les Pharisiens, ces loups dévorants, ne nourrissaient pas le peuple; au contraire, ils le dévoraient. » Théophylacte. Plaise à Dieu que les brebis du Christ n'aient à leur tête que des pasteurs fidèles! — *Docere multa.* « Loquebatur illis de regno Dei », dit S. Luc, IX, 11, et il ajoute : « Et eos qui cura indigebant sanabat. »

c. *Préliminaires du miracle.* VI, 35-40.

35 et 36. — *Hora multa fieret.* C'est-à-dire « vespere facto », Matth. XIV, 15. Les heures s'écoulèrent vite pour la foule émue, attentive, comme pour le divin orateur. Il y avait de part et d'autre tant de charmes soit à distribuer soit à goûter la nourriture spirituelle! Voici pourtant que le besoin d'une autre nourriture, plus grossière mais non moins nécessaire, menace de se faire sentir d'une manière embarrassante, et les disciples s'approchent de Jésus pour le lui rappeler respectueusement. En ce lieu désert, lui disent-ils, il est impossible de se procurer des vivres, et voilà que la nuit approche (dans le texte grec on lit de nouveau « hora multa », au lieu du simple *hora* de la Vulgate). Il est donc temps de congédier cette foule, si vous

proximas villas et vicos, emant sibi cibos, quos manducent.

Luc. 9, 12.

37. Et respondens ait illis : Date illis vos manducare. Et dixerunt ei : Euntes emamus ducentis denariis panes, et dabimus illis manducare?

38. Et dicit eis : Quot panes habetis? ite, et videte. Et cum cognovissent, dicunt : Quinque, et duos pisces.

39. Et præcepit illis ut accumbere facerent omnes secundum contubernia super viride fœnum.

Joan. 6, 10.

40. Et discubuerunt in partes, per centenos et quinquagenos.

---

lent dans les villages et les bourgs voisins acheter des aliments qu'ils mangeront.

37. Et il leur répondit : Donnez-leur vous-même à manger. Et ils lui dirent : Allons-nous acheter pour deux cents deniers de pain afin de leur donner à manger ?

38. Et il leur dit : Combien de pains avez-vous? Allez et voyez. Et, lorsqu'ils se furent informés, ils dirent : Cinq, et deux poissons.

39. Et il leur commanda de les faire tous asseoir par troupes sur l'herbe verte.

40. Et ils s'assirent par troupes de cent et de cinquante.

---

voulez qu'elle n'aie pas à souffrir de la faim. — Le mot *villas* désigne les métairies isolées (ἀγροὺς du texte grec a ici la même signification. Cfr. Bretschneider, Lexic. man. in lib. N. T. t. II, p. 13) ; *vicos* représente les bourgs et les villages. — *Emant sibi cibos.* Beaucoup sans doute n'avaient pas pris de provisions au moment de se mettre en route, car ils ne songeaient qu'à rejoindre Jésus : les autres avaient consommé celles dont ils s'étaient munis le matin. Au lieu de « cibos », le grec porte ἄρτους, « panes », ce qui constitue un hébraïsme, le mot pain, chez les Hébreux, servant à indiquer toute sorte de nourriture. Le Cod. sinaït. a pourtant βρώματα. — 37. — *Date illis vos.* « Vos » est emphatique. A quoi bon me donner ce conseil? Vous, ne pourriez-vous point trouver des aliments pour cette foule? — Les voilà tout troublés par la réflexion de leur Maître. Aussi répondent-ils avec une légère pointe d'ironie : *Euntes emamus...?* S. Marc et S. Jean ont seuls conservé cette réponse des Douze, mais avec une divergence que les rationalistes se hâtent de nommer contradiction. S. Augustin expose en quelques mots la difficulté et la solution : « Hoc Philippus apud Joannem (VI, 7) respondet, sed Marcus a discipulis responsum esse commemorat, volens intelligi hoc ex ore cæterorum Philippum respondisse ; quamquam et pluralem numerum pro singulari usitatissime ponere potuerit. » De cons. Evang. l. II, c. XLVI. — *Ducentis denariis.* Le denier était, comme l'on sait, la plus petite monnaie d'argent des Romains : il servait souvent d'unité quand on avait à supputer une somme. Il avait cours dans toute la Palestine. Sa valeur était d'environ 85 de nos

centimes : 200 deniers équivalaient par conséquent à 170 francs, ce qui était un chiffre élevé pour cette époque. — 38. — Le dialogue se poursuit entre le Maître et les disciples. La demande de Jésus, *Quot panes habetis?* et l'injonction rapide qui la suit, *Ite et videte*, n'ont été relatées que par S. Marc. — *Cum cognovissent.* Les Apôtres n'avaient avec eux aucune sorte de viatique ; mais, comme le raconte S. Jean, VI, 8, avec plus de détails, ils surent bientôt qu'un jeune homme mêlé à la foule possédait cinq pains d'orge et deux poissons. 39. — *Præcepit illis...* Jésus, ayant à sa disposition cette modeste base du festin miraculeux qu'il allait donner à des milliers de convives, s'occupe, comme un maître de maison, de placer convenablement ses hôtes. Notre narrateur redouble ici de pittoresque et d'exactitude. — *Secundum contubernia :* dans le grec, συμπόσια συμπόσια, ce redoublement imité de l'hébreu donnant à l'expression le sens distributif de « catervatim, per ordines ». C'est comme s'il y avait ἀνὰ συμπόσια. Voyez Bretschneider, l. c., t. II, p. 453 ; Lightfoot, Hor. hebr. in Marc., h. l. — *Super viride fœnum.* Le frais gazon qui abonde dans la plaine d'El-Batihah était alors en pleine croissance, car le printemps avait déjà commencé. Cfr. Tristram, Land of Israel, p. 439. Il remplaça les divans usités aux repas des Juifs. 40. — *Discubuerunt per partes.* Nouvelle réduplication distributive dans le texte grec, πρασιαί πρασιαί, c'est-à-dire, par groupes, ou très gracieusement d'après toute l'énergie de l'expression, « areolatim », comme les carrés d'un parterre. Πρασιαὶ γὰρ λέγονται τὰ ἐν τοῖς

41. Et, ayant pris les cinq pains et les deux poissons, levant les yeux au ciel, il bénit et rompit les pains et les donna à ses disciples pour qu'ils les missent devant eux tous, et il partagea les deux poissons entre tous.

42. Et tous mangèrent et furent rassasiés.

43. Et ils emportèrent les restes, des fragments remplissant douze corbeilles, et des poissons.

44. Or ceux qui mangèrent étaient au nombre de cinq mille hommes.

45. Et aussitôt il obligea ses dis-

41. Et acceptis quinque panibus et duobus piscibus, intuens in cœlum, benedixit, et fregit panes, et dedit discipulis suis, ut ponerent ante eos ; et duos pisces divisit omnibus.

42. Et manducaverunt omnes, et saturati sunt.

43. Et sustulerunt reliquias fragmentorum, duodecim cophinos plenos, et de piscibus.

44. Erant autem qui manducaverunt quinque millia virorum.

45. Et statim coegit discipulos suos

κήποις διάφορα κόμματα, ἐν οἷς φυτεύονται διάφορα πολλάκις λάχανα. Théophylacte. Si l'on se souvient que les Orientaux, fussent-ils très pauvres, aiment à se couvrir de vêtements multicolores, on comprend mieux encore cette ingénieuse comparaison, communiquée selon toute vraisemblance à notre narrateur par S. Pierre, sa source vivante, qui avait été témoin du fait. — *Per centenos et quinquagenos.* Indication un peu obscure, qui a été diversement interprétée. D'après quelques auteurs, elle signifierait simplement que les convives avaient été partagés en groupes de cent, qui alternaient avec des groupes de cinquante. L'opinion de M. Schegg est plus compliquée. Selon ce savant exégète, les hôtes de Jésus, distribués comme le raconte l'Evangéliste, auraient formé un quadrilatère composé de cinquante files qui contenaient cent hommes. Nous préférons nous représenter l'assemblée divisée en une vingtaine de groupes dont chacun avait, comme les tables des anciens, la forme d'un fer à cheval et contenait 250 hommes, deux lignes de 100 réunies par une ligne de 50. Quoi qu'il en soit, le but de ce placement est facile à comprendre. Jésus voulait d'une part rendre la distribution des vivres plus facile, d'autre part éviter la confusion qui n'eut pas manqué de se produire si chacun des 5000 convives avait été abandonné à sa propre inspiration.

d. Le miracle. vi, 41-44.

41. — Quelle simplicité dans le récit de cet étonnant prodige ! On croirait que les Evangélistes racontent la chose la plus simple et la plus naturelle. — *Benedixit.* Ce mot désigne probablement la prière que le père de famille, chez les Juifs, récitait au nom de tous avant le repas. — *Dedit,* en grec ἐδίδου à l'imparfait ; ce qui suppose que le Sauveur ne remit pas en une seule fois tous les pains aux Apôtres, mais qu'il leur donnait, par des actes répétés, les fragments qui se multipliaient entre ses mains divines.

42-44. — Détails qui ont tous pour fin de rehausser la grandeur du miracle. 1° ⱴ. 42. Non seulement tous mangèrent, mais tous furent rassasiés. 2° ⱴ. 43. Après que chacun eût mangé selon son appétit, les Apôtres, sur l'ordre de Jésus, Joan. vi, 12, ramassèrent douze corbeilles pleines de restes, c'est-à-dire plus de douze fois la quantité de pain qui avait servi de matière au prodige. 3° ⱴ. 44. Les convives étaient au nombre de cinq mille ; sans compter les femmes et les enfants, ajoute S. Matthieu, xiv, 22. « C'était là l'œuvre d'une puissance surabondante... Si Moïse donnait la manne, il n'en donnait à chacun que le nécessaire... Elie, nourrissant la veuve, ne lui donnait non plus que le nécessaire. Jésus seul, comme Seigneur, agit d'une manière surabondante. » Théophylacte. Elisée pourtant, IV Reg. iv, 42-44, avait opéré un jour un miracle analogue à celui du Sauveur ; mais il avait eu vingt pains à sa disposition et seulement cent hommes à nourrir.

17. — Jésus marche sur les eaux. vi, 45-52. Parall. Matth. xiv, 22-33 ; Joan, vi, 14-21.

Le récit de ce miracle, dans le second Evangile, suit de très près celui de S. Matthieu ; mais il l'emporte de nouveau par la vivacité des couleurs et le grand nombre des détails.

45. — *Et statim* : immédiatement après le prodige de la multiplication des pains. Le moindre délai aurait pu avoir des conséquences fâcheuses, et permettre à la foule enthousiasmée de s'entendre avec les Apôtres, pour exécuter le plan qu'elle avait conçu de s'emparer du Sauveur et de le proclamer Roi-Messie. Cfr. Joan. vi, 14 et 15, et l'Evang.

ascendere navim, ut præcederent eum trans fretum ad Bethsaidam, dum ipse dimitteret populum.

46. Et cum dimisisset eos, abiit in montem orare.

47. Et cum sero esset, erat navis in medio mari, et ipse solus in terra.

48. Et videns eos laborantes in remigando (erat enim ventus contrarius eis), et circa quartam vigiliam noctis venit ad eos ambulans supra mare : et volebat præterire eos.

Matth. 14, 25.

ciples à monter dans la barque, pour le précéder de l'autre côté de la mer, à Bethsaïda, pendant qu'il renverrait le peuple.

46. Et, lorsqu'il l'eut renvoyé, il alla sur la montagne pour prier.

47. Et quand le soir fut venu, la barque était au milieu de la mer, et lui était seul à terre.

48. Et les voyant se fatiguer à ramer, car le vent leur était contraire, vers la quatrième veille de la nuit il vint à eux marchant sur la mer; et il voulait les devancer.

---

selon S. Matth. p. 295. Sachant bien que les Douze n'auraient que trop secondé ce dessein du peuple, Jésus les força, en quelque sorte malgré eux (*coegit*), de s'embarquer en toute hâte, et de se diriger vers la rive occidentale. Comparez le ỷ. 32 et l'explication. — *Ad Bethsaidam.* C'est là, dans la patrie de trois d'entre eux, Simon-Pierre, André et Simon-le-Cananéen, qu'il leur fixait un prochain rendez-vous. Et pourtant, d'après S. Luc, ix, 10, le lieu désert dans lequel venait d'avoir lieu le festin merveilleusement improvisé par Notre-Seigneur s'appelait aussi Bethsaïda : « Assumptis illis (Apostolis) secessit seorsum in locum desertum, qui est Bethsaidæ. » Que conclure de là ? Que le second et le troisième Évangéliste sont en désaccord ? Nullement, mais qu'il existait dans la Palestine du Nord deux cités du même nom, dont l'une, celle que les disciples quittaient, surnommée Julias en l'honneur de la fille d'Auguste, était située à l'Est du Jourdain, à peu de distance de l'endroit où ce fleuve pénètre dans la mer, tandis que l'autre, celle où ils se rendaient, s'élevait à peu de distance de Capharnaüm, au N.-O, du lac de Tibériade. Voyez le Bibel-Atlas de R. Riess, pl. iv ; l'Atlas géogr. de M. Ancessi, pl. xvi ; Raumer, Palæstina, 4° éd. p. 122 ; Porter, Handbook for Travellers in Syria and Palestine, 1875, p. 407 ; parmi les auteurs plus anciens, Reland, Palæstina ex monum. veterib. illustrata, p. 654.

46 et 47. — *Dimisisset eos.* Le pronom désigne la foule et non les disciples. Dans le texte grec, le verbe n'est pas le même qu'au ỷ. 45. Là nous avisons ἀπολύων, tandis qu'ici on lit ἀποταξάμενος, ayant dit adieu. — *Sero* représente les premières lueurs de la nuit, puisque, dès le ỷ. 35, il était déjà tard, « hora multa ». — *In medio mari.* Le verset

suivant nous indiquera le motif pour lequel les Apôtres n'avaient pas encore pu franchir la distance assez courte qui sépare les ports des deux Bethsaïda : ils avaient « vent debout », comme disent les marins, et ne pouvaient avancer que très-lentement. — *Ipse solus in terra.* Beau contraste, qui fait tableau : d'une part Jésus, complètement seul, priant au sommet d'une colline dans le silence du désert et de la nuit; de l'autre les Douze, dans un frêle esquif violemment agité par les vagues en furie, et ramant de toutes leurs forces.

48. — *Videns eos.* Jésus aperçut ses disciples soit d'une manière surnaturelle, soit plus vraisemblablement de ses propres yeux, du bord du rivage : la nuit pouvait être claire, malgré le vent, et l'on nous a dit que les Apôtres n'avaient pu réussir à s'éloigner beaucoup. — *Laborantes in remigando.* L'expression grecque traduite par ces mots est d'une rare énergie : βασανιζομένους ἐν τῷ ἐλαύνειν; littéralement : torturés à ramer. Plus d'une fois, porté nous-même sur un léger canot au milieu des flots de l'Océan que soulevait un vent contraire, nous avons pu voir combien était pénible en de telles conditions l'action de ramer, de « nager », comme disent familièrement les matelots. Le mot de S. Marc est donc plein de couleur locale : S. Pierre, qui le lui avait sans doute suggéré, se souvenait encore, après de longues années, des rudes labeurs de cette nuit orageuse. — *Circa quartam vigiliam.* La première des quatre subdivisions (appelées veilles) dont se composait alors la nuit chez les Juifs commençait à 6 h. du soir, la seconde à 9 h., la troisième à minuit, la quatrième à 3 h. du matin. Il était par conséquent de 2 à 4 h. quand Jésus s'avança vers ses disciples en marchant sur les eaux du lac, affirmant ainsi

49. Mais eux, lorsqu'ils le virent marcher sur la mer, crurent que c'était un fantôme, et ils jetèrent des cris.

50. Car tous le virent et ils furent épouvantés. Et aussitôt il leur parla et leur dit : Ayez confiance, c'est moi, ne craignez point.

51. Et il monta auprès d'eux dans la barque et le vent cessa. Et ils étaient bien plus stupéfaits intérieurement.

52. Car ils n'avaient pas compris au sujet des pains; en effet, leur cœur était aveuglé.

49. At illi, ut viderunt eum ambulantem supra mare, putaverunt phantasma esse, et exclamaverunt.

50. Omnes enim viderunt eum, et conturbati sunt. Et statim locutus est cum eis, et dixit eis : Confidite, ego sum, nolite timere.

51. Et ascendit ad illos in navim, et cessavit ventus. Et plus magis intra se stupebant.

52. Non enim intellexerunt de panibus : erat enim cor eorum obcæcatum.

---

sa royauté sur la nature, dont il renversait par un éclatant prodige les lois accoutumées. — *Volebat præterire eos.* C'est-à-dire, « præ se ferebat quasi vellet eos præterire ». Fr. Luc. Cfr. August. de Cons. Evang. l. II, c. 47; Corn. a Lap. h, l., etc. S. Marc parle au point de vue des apparences extérieures. De fait, Notre-Seigneur, s'approchant de la barque et faisant quelques pas sur les flots dans une direction parallèle à celle qu'elle suivait, semblait vouloir la dépasser. C'était une manière d'éprouver la foi des Douze : plus tard, il éprouva d'une façon analogue les deux pèlerins d'Emmaüs, Luc. XXIV, 28. Il n'y a donc pas la moindre contradiction entre le récit de S. Marc et celui de S. Jean. Voyez Joan. VI, 14-21 et le commentaire.

49 et 50. — Deux scènes rapides et touchantes. La première est une scène d'effroi, la seconde une scène d'encouragement et de reconfort. — *Putaverunt phantasma esse.* Dès qu'ils aperçurent cette forme majestueuse qui glissait sur les flots, les Apôtres supposèrent que c'était un de ces fantômes dont se repaît l'imagination populaire, ou l'âme d'un mort. ou en général quelque apparition dangereuse. Ils poussèrent alors une exclamation de frayeur. Plus tard encore, après sa Résurrection, ils prendront Jésus pour un fantôme. Cfr. Luc. XXIV, 36 et 37. — *Et statim locutus est.* Leur effroi ne dura qu'un instant, car le bon Maître se hâta de les rassurer en se faisant connaître. — S. Marc passe entièrement sous silence un incident qui se produisit alors, et dont S. Pierre fut le héros. Cfr. Matth. XIV, 28-31 et le commentaire. Sur les motifs de cette omission, voyez la Préface, § IV, 4.

51. — *Cessavit ventus.* Cet apaisement subit, qui coïncida avec l'entrée de Jésus dans la barque, doit être regardé comme le résul-

tat d'un nouveau miracle. Cela ressort du contexte d'une manière très évidente. Pourquoi en effet la recrudescence d'admiration de la part des disciples, signalée immédiatement après par l'Évangéliste, s'il ne se fût agi que d'un fait naturel? On sait du reste qu'un vent violent ne cesse pas tout d'un coup, mais qu'il lui faut un certain temps pour se calmer. — *Plus magis... stupebant.* Nous avons à noter ici deux expressions très fortes du texte grec, par lesquelles l'écrivain sacré a voulu mettre en relief le caractère extraordinaire de l'étonnement des Douze. C'est d'abord la locution adverbiale λίαν ἐκ περισσοῦ, « valde supra modum », à peine traduisible en français. C'est ensuite le verbe ἐξίσταντο, qui dénote une sorte d'extase, de ravissement, et qui est encore corroboré par un autre verbe, ἐθαύμαζον. On dirait que S. Marc, ne sachant comment exprimer la stupéfaction des Apôtres, accumule les synonymes pour en donner au moins une idée.

52. — *Non enim...* Les deux « enim » que nous rencontrons coup sur coup dans ce verset, montrent que l'Évangéliste se propose d'expliquer pourquoi les disciples, habitués cependant à tant de miracles, avaient été si frappés de ceux qu'ils avaient vus en dernier lieu. C'est là une note spéciale à S. Marc : elle nous ouvre un horizon des plus instructifs, non toutefois des plus consolants, sur l'état moral du collège apostolique à cette époque de la vie de Jésus. — *Non... intellexerunt.* Ils n'avaient donc pas compris le premier des trois prodiges récemment opérés par leur Maître. L'Évangéliste semble vouloir insinuer que leur peu d'intelligence sur ce point provenait du défaut de réflexion. S'ils eussent réfléchi, il leur eût été aisé de comprendre que rien n'était impossible à Notre-Seigneur, et aucun miracle ne les aurait

53. Et cum transfretassent, venerunt in terram Genesareth, et applicuerunt.

Matth. 14, 34.

54. Cumque egressi essent de navi, continuo cognoverunt eum :

55. Et percurrentes universam regionem illam, cœperunt in grabatis eos, qui se male habebant, circumferre, ubi audiebant eum esse.

56. Et quocumque introibat, in vicos, vel in villas, aut civitates, in plateis ponebant infirmos, et deprecabantur eum, ut vel fimbriam ves-

53. Et après avoir traversé la mer, ils vinrent dans le pays de Gennésareth et abordèrent.

54. Et, lorsqu'ils furent sortis de la barque, *les gens du pays* aussitôt le reconnurent.

55. Et, parcourant toute cette contrée, ils commencèrent à lui apporter dans leurs grabats ceux qui étaient malades, là où ils entendaient dire qu'il était.

56. Et partout où il entrait, dans les bourgs, dans les villages ou dans les villes, on mettait les malades sur les places publiques, et on

---

étonnés de sa part. — *Erat enim...* Stupéfaits parce qu'ils n'ont pas compris, ils n'ont pas compris parce qu'ils ont un cœur lent à percevoir, « endurci ». Tel est en effet le sens du participe πεπωρωμένη, que la Vulgate a traduit par *obcœcatum.* Ce sont d'ailleurs deux images également exactes. S. Paul ne parle-t-il pas, Eph. I, 18, des « yeux illuminés du cœur » ?

18. — Miracles de guérison dans la plaine de Gennésareth. vi, 53-56. — Parall. Matth. xiv, 34-36.

On admire de nouveau, dans cette petite narration, la richesse de détails et la vie de notre Évangéliste.

53. — *In terram Genesareth.* La terre de Gennésareth, mentionnée ici seulement et dans le passage parallèle de S. Matthieu, est une belle plaine en forme de croissant, située à l'Ouest du lac de Tibériade auquel elle a parfois prêté son nom. Josèphe, Bell. Jud. III, 10, 8, là compare à un paradis à cause de sa fertilité. — *Applicuerunt,* προσωρμίσθησαν: terme nautique qu'on ne trouve qu'en cet endroit du Nouveau Testament.

54. — *Continuo cognoverunt eum.* A peine débarqué, Jésus fut reconnu par les habitants du lieu, car le jour avait lui dans l'intervalle. Cfr. ỳ. 48. Le divin Thaumaturge, si populaire dans toute la Galilée, ne pouvait plus cacher sa présence, surtout à une si courte distance de Capharnaüm. Ses traits, une fois contemplés, se gravaient dans la mémoire d'une manière ineffaçable.

55. — *Et percurrentes...* Série de traits extrêmement pittoresques. Nous voyons pour ainsi dire ces bons Galiléens courir à travers la grande plaine d'El-Ghuvéir, pour répandre dans les moindres hameaux la nouvelle de

l'arrivée de Jésus, revenir portant des malades sur leurs épaules, puis, ne trouvant plus le Sauveur où ils l'avaient laissé, parce qu'il s'était avancé plus loin, s'informer de sa nouvelle résidence, et s'y rendre toujours chargés de leur pieux fardeau, qu'ils promenaient ainsi forcément en divers lieux (*circumferre*). — *Ubi audiebant eum esse.* La phrase grecque est moins obscure : ὅπου ἤκουον ὅτι ἐκεῖ ἐστί; ils portaient les malades « là où ils apprenaient qu'il se trouvait. » C'est du reste un hébraïsme manifeste : כי שמעו אשר שם הוא. Sur les grabats, voyez ii, 4 et l'explication. — « Vide quanta fides sit hominum terræ Genesareth, ut non præsentium tantum salute contenti sint, sed mittant ad alias per circuitum civitates, quo omnes currant ad medicum. » Bède.

56. — Autre exemple de cette foi admirable. — *In vicos, vel in villas, vel in civitates.* Le grec dit, avec une légère modification, εἰς κώμας, ἢ πόλεις, ἢ ἀγρούς, ne mentionnant les métairies qu'après les villes. Cette nomenclature, où nous trouvons réunis presque tous les noms qui servent à désigner les différentes agglomérations d'habitations humaines, suppose, et c'était vrai, que la plaine de Gennésareth nourrissait une population considérable. — *Ut vel fimbriam.* Les malades étant sans doute trop nombreux pour que Jésus leur imposât individuellement les mains, on conjurait le bon Maître de leur laisser au moins toucher ses tzizzith, c'est-à-dire les franges de son manteau. Voyez l'Évang. selon S. Matth. p. 439. On savait apparemment que l'hémorrhoïsse avait été guérie par leur contact, v, 27 ; Cfr. Matth. ix, 20. — *Salvi fiebant.* L'imparfait sert à indiquer une coutume, un fait qui se renouvelait sans cesse. Jésus dût passer quelques jours de paix

le priait de les laisser au moins toucher la frange de son vêtement, et tous ceux qui le touchaient étaient guéris.

timenti ejus tangerent : et quotquot tangebant eum, salvi fiebant.

CHAPITRE VII

Des Pharisiens et des Scribes de Jérusalem accusent les disciples de violer les traditions juives (vv. 1-5). — Jésus, prenant la défense des siens, montre le caractère irréligieux de ces traditions humaines (vv. 6-13). — Grand principe du pur et de l'impur (vv. 14-16). — Explication de ce principe (vv. 17-23). — Jésus se retire sur la frontière de la Phénicie (v. 24). — Il guérit la fille de la Chananéenne (vv. 25-30). — Il revient en Galilée après avoir franchi tout le Nord du pays (v. 31). — Guérison d'un sourd-muet (vv. 32-37).

1. Et les Pharisiens et plusieurs Scribes venus de Jérusalem s'assemblèrent auprès de Jésus.

2. Et comme ils virent quelques-uns de ses disciples manger du pain avec des mains impures, c'est-à-dire non lavées, ils les blâmèrent.

1. Et conveniunt ad eum Pharisæi, et quidam de Scribis, venientes ab Jerosolymis.

2. Et cum vidissent quosdam ex discipulis ejus communibus manibus, id est non lotis, manducare panes, vituperaverunt.

Matth. 15, 2.

---

et de bonheur au milieu de cette population respectueuse et aimante.

19. — Conflit avec les Pharisiens à propos du pur et de l'impur. vii, 1-23. — Parall. Matth. xv, 1-20.

CHAP. vii. — 1. — *Conveniunt ad eum.* Les jours de bonheur dont nous parlions plus haut ne furent pas de longue durée. Voici déjà que les Pharisiens et les Scribes se chargent de les interrompre. Au reste, les conflits vont désormais se multiplier entre Jésus et ses adversaires : le divin Maître en profitera pour mettre ses disciples en garde contre la corruption morale et l'hypocrisie des Pharisiens. Le verbe « conveniunt » désigne une réunion officielle. — *Ab Jerosolymis.* S. Marc, comme S. Matthieu, semble appuyer sur le nom de Jérusalem. Les nouveaux arrivants n'étaient pas les premiers venus, mais bien des Docteurs de la capitale! On admet généralement qu'ils avaient été délégués tout exprès pour aller épier et attaquer Jésus. Les Pharisiens de Galilée, ne se sentant pas capables de tenir tête à Notre-Seigneur, avaient demandé du renfort à leurs amis de Jérusalem, et ceux-ci leur envoyaient en ce moment leurs Scribes les plus habiles.

2. — Le fait signalé dans ce verset, et les

notes archéologiques qui leur servent de commentaires dans les deux suivants, forment une de ces nombreuses spécialités qu'on rencontre à chaque page du second Évangile. Ce fait et ces notes contiennent un document important pour l'histoire de l'époque où vivait Notre-Seigneur. — *Cum vidissent quosdam...* Telle fut l'occasion du conflit. Remarquons bien que ce n'étaient pas tous les disciples de Jésus, mais seulement quelques-uns d'entre eux, qui s'étaient donné la liberté incriminée par les Scribes, ce qui n'empêchera pas ces rigoristes de généraliser l'accusation, v. 5, et de parler comme si les partisans du Sauveur omettaient régulièrement les ablutions traditionnelles. — *Cum munibus manibus*; de même en grec, κοιναῖς χερσί. « Les Hébreux appelaient communes, dit fort bien D. Calmet, h. l., les choses qu'on employait à des usages communs, parce qu'on présumait qu'étant touchées indifféremment par toutes sortes de personnes, il est moralement impossible qu'elles ne contractent quelques souillures, au lieu que les choses et les personnes saintes et pures étaient séparées de tout usage commun et profane ». Cfr. I Mach. i, 47, 62 ; Act. x, 14, 28 ; xi, 8 ; Rom. xiv, 14 ; Hebr. x, 29 ; Apoc. xxi, 27. « Avec des mains profanes »,

3. Pharisæi enim, et omnes Judæi, nisi crebro laverint manus, non manducant, tenentes traditionem seniorum :

4. Et a foro, nisi baptizentur, non comedunt : et alia multa sunt, quæ tradita sunt illis servare, baptismata calicum, et urceorum, et æramentorum, et lectorum.

3. Car les Pharisiens et tous les Juifs ne mangent point sans se laver souvent les mains, gardant la tradition des anciens.

4. Et, en revenant de la place publique, ils ne mangent pas sans s'être lavés ; et il y a beaucoup d'autres choses qui leur ont été transmises et qu'ils observent, le lavage des coupes et des vases de terre et d'airain et des lits.

---

tel est donc le sens de cette expression technique. D'ailleurs, le narrateur l'explique pour ses lecteurs non-juifs, en ajoutant aussitôt : *id est non lotis.* — Le verbe ἐμέμφαντο de la Recepta grecque (*vituperaverunt* de la Vulgate) est omis par quelques manuscrits et par quelques versions. Peut-être serait-il apocryphe. Dans ce cas, la phrase, entr'ouverte après *panes* pour recevoir la parenthèse formée par les ỳỳ. 3 et 4, ne s'achèverait qu'au ỳ. 5.

3 et 4.— Nouvelles explications, en faveur des chrétiens romains pour lesquels écrivait S. Marc. Il y est fait mention de trois espèces d'ablutions usitées chez les Juifs, et regardées comme strictement obligatoires par le parti pharisaïque. — 1º *Les ablutions des mains avant les repas. — Pharisæi et omnes Judæi.* Restreintes d'abord à la secte, elles étaient devenues peu à peu, grâce à son influence, d'un usage presque général chez les Juifs contemporains de Notre-Seigneur. Elles avaient lieu fréquemment, *crebro,* et sur le moindre prétexte, mais tout spécialement avant les repas. Y être fidèle s'appelait « tenir (le grec κρατοῦντες est d'une grande énergie) les traditions léguées par les Anciens. » Cfr. II Thess. II, 14. — Nous venons de traduire la locution πυγμῇ à la façon de la Vulgate (« crebro »), de la version copte et de la version gothique (ufta = « oft » des Allemands), qui auront sans doute lu πυκνά (c'est la leçon du Codex Sinaït.). Mais telle n'est pas, selon toute vraisemblance, sa véritable interprétation. Les exégètes anciens et modernes ont vivement discuté à son sujet. D'après Théophylacte et Euthymius, le substantif πυγμή aurait servi à désigner tout l'avant-bras (πυγμή λέγεται τὸ ἀπὸ τοῦ ἀγχῶνος ἄχρι καὶ τῶν ἄκρων δακτύλων, Théophyl.). Par conséquent, πυγμῇ νίπτεσθαι signifierait : se laver la partie du bras comprise entre le coude et l'extrémité des doigts. L'emploi du datif rend cette explication peu probable. Du reste, le vrai sens de πυγμή est plutôt « pugnus, pugillus », (πυγμή, ἤγουν τὸ συγκεκλεῖσθαι τοὺς δακτύλους,

Hésychius) ; de là cette traduction que l'on trouve dans quelques manuscrits de l'Itala ; « nisi pugillo laverint manus. » Mais qu'est-ce que se laver les mains avec le poing ? Cela ne peut vouloir dire autre chose que frotter rudement l'une des mains avec l'autre, qui aura été préalablement fermée, « facto pugno. » Cette expression pittoresque décrit donc un des rites prescrits pour l'ablution des mains. Elle est du moins destinée à faire ressortir le zèle avec lequel les Pharisiens accomplissaient cette opération : aussi pourrait-on la traduire avec la version syriaque et divers exégètes par « sedulo, studiose », et par « intense » avec la version éthiopienne. — Il est à remarquer que, dans ce passage et dans toute la discusssion suivante, il ne s'agit pas des soins de propreté, mais d'ablutions purement cérémonielles, imposées au peuple par les Docteurs, et analogues à celles que les Mahométans pratiquent encore cinq fois le jour. — 2º *Les ablutions après les sorties et les visites. A foro,* scil. « venientes » ou « redeuntes », comme on lit dans plusieurs versions. Sur les places publiques et dans les rues, où l'on rencontre toute sorte de personnes, ceux dont on décrit la conduite avaient pu, sans s'en douter, être mis en contact avec des objets légalement impurs, et contracter par là-même quelque souillure. Il leur fallait de nouvelles ablutions pour se purifier. Le mot *baptizentur* désigne-t-il ici un bain complet ou un simple lavement des mains ? Il est assez difficile de le déterminer. Cependant nous admettrions volontiers, avec Meyer, Bisping et d'autres, la première opinion. On obtient ainsi une gradation ascendante, qui semble avoir été intentionnelle de la part de S. Marc. Avant leurs repas, ils se lavent simplement les mains ; s'ils viennent du dehors, ils se plongent tout entiers dans l'eau. Olshausen et Bleek font un contre-sens évident quand ils traduisent comme s'il y avait : τὰ ἀπὸ ἀγορᾶς, ἐὰν μὴ βαπτίσωνται, οὐκ ἐσθίουσι, ils ne mangent pas les mets qui proviennent du marché sans

5. Les Pharisiens donc et les Scribes l'interrogeaient : Pourquoi vos disciples ne suivent-ils pas la tradition des anciens, mais mangent le pain avec des mains impures?

6. Et il leur répondit : Isaïe a bien prophétisé de vous, hypocrites, ainsi qu'il est écrit : Ce peuple m'honore des lèvres, mais leur cœur est loin de moi ;

7. Et ils me rendent un culte vain, enseignant des doctrines et des ordonnances humaines.

5. Et interrogant eum Pharisæi, et scribæ : Quare discipuli tui non ambulant juxta traditionem seniorum, sed communibus manibus manducant panem?

6. At ille respondens, dixit eis : Bene prophetavit Isaias de vobis hypocritis, sicut scriptum est : Populus hic labiis me honorat, cor autem eorum longe est a me :

Isaï. 29, 13.

7. In vanum autem me colunt, docentes doctrinas, et præcepta hominum.

---

les avoir lavés. Le Codex Sinaïl. porte la curieuse variante ῥαντίσωνται, « aspergantur », au lieu de βαπτίσωνται. — 3° Ablutions des ustensiles servant aux repas. *Calicum,* ποτηρίων, les coupes dans lesquelles on buvait. — *Urceorum,* les amphores et les aiguières placées sur la table. Voyez A. Rich, Dict. des Antiquités, s. v. Urceus. Le mot grec correspondant, ξεστῶν (ξεστής au nomin.) est un des latinismes de S. Marc, Cfr. Préface. § IV, 3. Il dérive par une légère transposition (*sex* étant changé en *xes*; Cfr. Xystus et Sixtus) de « sextarius », nom d'une mesure romaine servant à la fois pour les liquides et les substances sèches, et contenant la sixième partie du « congius » le quart du « modius », à peu près trois quarts de litre. Voyez Ant. Rich, l. c. au mot Sextarius. — *Æramentorum,* χαλκίων. C'étaient les grands vases d'airain, de grès ou d'argile placés dans la salle du festin, et renfermant les provisions de vin et d'eau qui servaient à remplir les « sextarii » devenus vides. Cfr. Joan. II, 6. — *Lectorum,* κλινῶν, les « triclinia » ou divans sur lesquels on se couchait à demi pour prendre les repas. Ces divers objets ayant pu être profanés, quoique à l'insu de tous, par le contact de quelque personne impure, les Pharisiens, conformément à leurs principes, ne permettaient pas qu'on en fît usage sans les sanctifier auparavant par des ablutions.

5. — Après avoir indiqué l'occasion du conflit, ỳ. 2, et donné quelques détails nécessaires à ses lecteurs pour la claire intelligence du récit, ỳỳ. 3 et 4, S. Marc revient aux ennemis du Sauveur, et à leur interpellation. — *Interrogabant;* dans le grec, ἐπερωτῶσιν, au présent. — *Non ambulant,* οὐ περιπατοῦσι, mot pittoresque. « Id est, non instituunt vitam, ex Hebræorum idiotismo, apud quos

הלך, ambulare, idem valet quod vivere, et via dicitur vitæ genus quod aliquis tanquam

viam sequatur. » Rosenmüller, Schol. in N. Test. h. l.

6 et 7. — *At ille respondens.* « Pharisæorum superfluum latratum, dit énergiquement S. Jérôme, furca rationis (Christus) obtundit ». La réponse de Jésus est plus qu'une défense : c'est une vigoureuse attaque qui rendra muets les Pharisiens et les Scribes. Quoiqu'elle soit au fond la même dans S. Matthieu et dans S. Marc, les arguments n'y sont pas reproduits dans un ordre identique. D'après le premier Évangéliste, Notre-Seigneur, ripostant à ses ennemis par une contre-question, leur reproche d'abord de violer les commandements de Dieu les plus graves, spécialement le quatrième, sous prétexte d'observer leurs vaines traditions. Puis, généralisant la question, il leur montre à l'aide du texte d'Isaïe toute la grandeur de leur hypocrisie. Dans le second Évangile nous retrouvons ces deux parties : seulement, la seconde, qui est plus générale, se présente à la première place; le fait particulier relatif au Corban ne vient qu'ensuite. Il serait donc difficile de dire quel fut l'ordre suivi réellement par Jésus. — *Bene prophetavit...* Cette terrible prophétie qu'Isaïe, XXIV, 13, adressait directement à ses contemporains, devait trouver plus tard dans la conduite des Pharisiens un second accomplissement voulu par l'Esprit-Saint. Elle décrit en termes très vifs l'horreur qu'inspire à Dieu un culte purement extérieur, l'honneur que lui procurent des hommages sincères Voyez l'Évangile selon S. Matth. p. 304.u— *In vanum.* La traduction littérale de ce mot en hébreu serait : Un « tohou » est leur culte (תהו désigne le vide, le chaos). Mais Isaïe ne l'a pas écrit dans ce passage : il exprime du moins fort bien la pensée divine. — *Doctrinas et præcepta.* La conjonction *et* n'est pas dans le grec, où on lit simplement: διδασκαλίας ἐντάλματα ἀνθρώπων. Les deux der-

8. Relinquentes enim mandatum Dei, tenetis traditionem hominum, baptismata urceorum, et calicum : et alia similia his facitis multa.

8. Car, abandonnant le commandement de Dieu, vous gardez la tradition des hommes, les lavages des vases et des coupes, et vous faites beaucoup d'autres choses semblables.

9. Et dicebat illis : Bene irritum facitis præceptum Dei, ut traditionem vestram servetis.

9. Et il leur disait : Vous rendez entièrement vain le précepte de Dieu, pour garder votre tradition.

10. Moyses enim dixit : Honora patrem tuum, et matrem tuam. Et : Qui maledixerit patri, vel matri, morte moriatur.

10. Car Moïse a dit : Honore ton père et ta mère, et : Que celui qui parlera mal à son père ou à sa mère meure de mort.

Exod. 20, 12; *Deut.* 5, 16; *Ephes.* 6, 2; *Exod.* 21, 17; *Lev.* 20, 9; *Prov.* 20, 20.

---

niers mots sont une apposition à διδασκαλίας, et la phrase revient à ceci : « Docentes doctrinas quæ sunt præcepta hominum. »

8. — La particule *enim* montre que Jésus passe maintenant à la preuve de sa précédente assertion. — *Relinquentes... tenetis.* Belle antithèse, exprimée avec plus de force encore dans le texte original : ἀφέντες... κρατεῖτε. « Lâchant » les divins préceptes, vous vous cramponnez à des observances tout humaines. — *Baptismata urceorum...* Ces mots, et tous ceux qui les suivent jusqu'à la fin du verset, ont été omis par quelques-uns des meilleurs manuscrits. On les regarde néanmoins comme authentiques. Tandis qu'il serait difficile de comprendre pourquoi ils eussent été insérés dans le récit de S. Marc, il est assez probable que des copistes peu intelligents les auront supprimés, parce que le premier Evangile ne les contient pas. — Touchante réflexion morale du Vén. Bède : « C'était une coutume superstitieuse de revenir sans cesse à se laver, une fois que l'on était propre, et de ne point manger avant d'avoir fait des purifications. Mais il est nécessaire pour ceux qui désirent participer souvent au pain descendu du ciel de purifier souvent leurs œuvres par les larmes, les aumônes et les autres fruits de justice. Il faut ainsi purifier, sous l'action incessante des bonnes œuvres et des bonnes pensées, les souillures qu'ont pu faire contracter les préoccupations du siècle. C'est en vain que les Juifs se lavent les mains et qu'ils se purifient à l'extérieur, tant qu'ils se refusent à venir se purifier à la fontaine du Sauveur, et c'est en vain qu'ils observent la purification des vases, lorsqu'ils négligent de purifier de leurs véritables souillures leurs corps et leurs cœurs. »

9. — *Et dicebat illis.* S. Marc emploie volontiers cette petite formule de transition pour marquer des pauses dans les discours de Jésus. Elle équivaut à nos alinéas de l'Occident. — *Bene irritum...* Le Sauveur répète pour la troisième fois la même pensée. Cfr. les ỷ. 7 et 8. Ici il y a gradation ascendante : maintenant en effet il ne s'agit plus d'une simple négligence des commandements divins, mais de leur violation absolue. L'adverbe καλῶς, que Jésus prononce pour la seconde fois dans l'intervalle de quelques lignes (Cfr. ỷ. 6), est pris dans un sens ironique. Comparez II Cor. xi, 4. — *Ut traditionem... servetis.* Les commentateurs hérétiques se sont parfois appuyés sur ce passage pour attaquer les définitions de l'Eglise catholique relatives à la tradition, et pour prétendre que la Bible doit être notre seule règle de foi. Mais ils ont fait par là-même un grossier contre-sens. En effet, 1° Jésus ne parle pas ici de la tradition en général, ni de la tradition en tant qu'elle remonte à Dieu, mais de traditions abusives, inventées par les hommes. 2° Il ne parle pas de traditions concernant le dogme et la morale, ou du moins s'y rattachant, mais de coutumes purement disciplinaires, qui sont opposées à la morale. 3° La tradition, telle que l'entend l'Eglise romaine, n'est autre chose que la parole divine développée, expliquée. Du reste, nous mettons nos adversaires au défi de citer une seule de nos traditions catholiques qui soit opposée le moins du monde à la parole de Dieu.

10. — *Moyses enim dixit.* Jésus va démontrer, ỷỷ. 10-14, par un frappant exemple emprunté à la casuistique juive, et rapproché des commandements de Dieu, la justesse de l'accusation qu'il a lancée à trois reprises contre ses ennemis. On verra quels étaient les résultats immoraux produits par la substitution des coutumes pharisaïques à la Thora. Les textes cités par Jésus sont empruntés à l'Exode, xx, 12, et au Deutéronome, v, 16 :

11. Vous au contraire vous dites : Si un homme dit à son père ou à sa mère, Tout corban (c'est-à-dire don) que je fais vous profitera, *il satisfait à la loi.*

12. Et vous n'exigez pas qu'il fasse rien de plus pour son père et sa mère,

13. Abolissant le commandement de Dieu par votre tradition, que vous avez établie; et vous faites beaucoup de choses semblables.

14. Et appelant de nouveau la foule, il leur disait : Ecoutez-moi tous et comprenez.

11. Vos autem dicitis : Si dixerit homo patri, aut matri, Corban (quod est donum) quodcumque ex me, tibi profuerit :

12. Et ultra non dimittitis eum quidquam facere patri suo, aut matri,

13. Rescindentes verbum Dei per traditionem vestram, quam tradidistis : et similia hujusmodi multa facitis.

14. Et advocans iterum turbam, dicebat illis : Audite me omnes, et intelligite.

Matth. 15, 10.

---

ils concernent le quatrième précepte du Décalogue, qu'ils proposent d'abord d'une manière positive, *Honora...,* puis négativement, *Qui maledixerit...*

11 et 12. — *Vos autem.* Vous, par opposition à Moïse, c'est-à-dire par opposition à Dieu dont Moïse était le représentant. — *Si dixerit homo... Corban.* S. Marc a seul conservé ce mot hébreu, qui apparaît souvent dans les livres du Lévitique et des Nombres, mais qu'on ne rencontre que deux fois dans l'Ancien Testament en dehors du Pentateuque (Ezech. xx, 28 ; xl, 43). Les Rabbins l'emploient très fréquemment. Il servait à désigner toute sorte d'offrandes religieuses et même, d'après l'historien Josèphe, Ant. iv, 4, 4, les personnes qui se dévouaient au service du Seigneur. — *Quod est donum.* L'Evangéliste indique entre parenthèses à ses lecteurs non juifs la signification de קרבן. Josèphe, dans l'endroit que nous venons de citer, en donnait une interprétation identique : δῶρὸν δὲ τοῦτο (le mot Corban) σημαίνει κατὰ Ἑλλήνων γλώττην. — *Tibi profuerit.* Les difficultés grammaticales que présente le texte grec et leurs solutions sont ici à peu près les mêmes que pour le passage parallèle de S. Matthieu, xv, 5 et 6. Nous pouvons suppléer ἐστὶ ou ἔστω après κορβᾶν et traduire : C'est Corban, ou bien, Que ce soit Corban, tout ce avec quoi je pourrais te secourir! Nous pouvons admettre aussi une aposiopèse qui laisserait la phrase en suspens : Vous dites : Si quelqu'un dit à son père ou à sa mère, Tout ce que j'offrirai en Corban vous profitera..., et vous ne lui permettez plus de faire quoi que ce soit pour son père ou sa mère. Nous avons démontré, dans notre commentaire sur S. Matthieu, p. 303, que la première de ces deux interprétations est la plus

vraisemblable. — S. Ambroise stigmatise en ces termes des chrétiens de son temps qui voulaient faire passer le Corban pharisaïque dans l'Eglise du Christ : « Dicis te, quod eras parentibus collaturus, Ecclesiæ velle conferre. Non quærit donum Deus de fame parentum. Multi, ut prædicentur ab hominibus, Ecclesiæ conferunt quæ suis auferunt, quum misericordia a domestico progredi debeat officio. » Enarrat. in Luc. xviii.

13. — *Rescindentes verbum Dei.* Il n'était pas possible d'alléguer un plus frappant exemple du renversement de la Loi divine par les traditions des hommes. Aussi Jésus peut-il répéter victorieusement, pour la quatrième fois, son assertion du ꝟ. 7, non sans appuyer sur les mots *traditionem vestram, quam tradidistis.* En ajoutant : *Et similia...,* il montre qu'il a signalé seulement un trait en faveur de sa thèse, mais que, s'il eût voulu multiplier les faits semblables, il n'aurait eu que l'embarras du choix, tant la morale pharisaïque en multipliait sur tous les points de la conduite pratique.

14. — *Advocans iterum turbam.* La Recepta grecque porte πάντα τὸν ὄχλον, toute la foule; mais des témoins sérieux ont la variante πάλιν τὸν ὄχλον, qu'a suivie la Vulgate. A l'arrivée des Pharisiens et des Scribes, la foule qui entourait Jésus s'était respectueusement écartée. Jésus, après avoir réduit ses adversaires au silence, la rappelle auprès de lui pour lui donner une instruction importante. « Il lui présente la substance du débat dans une de ces formules à forme tranchante, quelquefois paradoxale et plus ou moins figurée, au moyen desquelles il savait si bien éveiller la réflexion ». Reuss, Histoire évangél. p. 379.

15. — *Nihil est extra hominem...* Principe d'une importance extrême pour la vie spiri-

15. Nihil est extra hominem introiens in eum, quod possit eum coinquinare, sed quæ de homine procedunt, illa sunt quæ communicant hominem.

16. Si quis habet aures audiendi, audiat.

17. Et cum introisset in domum a turba, interrogabant eum discipuli ejus parabolam.

18. Et ait illis : Sic et vos imprudentes estis? Non intelligitis, quia

15. Il n'y a rien au dehors de l'homme qui, en entrant en lui, puisse le souiller; mais ce qui sort de l'homme, voilà ce qui souille l'homme.

16. Si quelqu'un a des oreilles pour entendre, qu'il entende!

17. Et lorsqu'il fut entré dans une maison loin de la foule, ses disciples l'interrogèrent sur cette parabole.

18. Et il leur dit : Ainsi, vous aussi, vous êtes inintelligents? Ne

tuelle, et montrant à l'homme, d'une part ce qui le rend impur, de l'autre ce qui est incapable de le souiller. Jésus l'expose sous la forme d'une antithèse frappante et d'une image familière. — 1° En général, et à moins de circonstances extraordinaires, les choses dont l'homme fait sa nourriture n'ont aucune influence sur sa condition morale. Peu importe qu'il absorbe tel ou tel mets, tel ou tel breuvage ; il importe moins encore qu'il se mette à table sans s'être auparavant lavé les mains. Ce sont là des faits qui se passent en dehors de son âme : ils ne sauraient donc le rendre impur et profane. — 2° *Sed quæ de homine...* Il n'en est pas de même de ce qui sort de l'homme : cela (*illa sunt* avec emphase), faisant partie de ce qu'il y a de plus intime, peut contribuer à le souiller. Pour le moment, le Sauveur se contente de promulguer cette profonde vérité : il en fera dans quelques instants l'exégèse à ses disciples, ℣℣. 18-23. S. Matthieu l'exprime à peu près dans les mêmes termes, mais avec une légère nuance qui la rend plus claire et plus saillante. Au lieu des notions générales « introiens in eum, de homine procedunt », il a ces mots qui développent l'image : « Quod intrat in os, quod procedit ex ore. » Voyez le commentaire, p. 305. Mais de même que, dans le premier Évangile, « os » était pris successivement en deux sens distincts, d'abord au propre, puis au figuré, de même, dans S. Marc, la locution « entrer dans l'homme » exprime un fait réel, tandis que « sortir de l'homme » doit se prendre au moral. Le Sauveur joue sur cette variété d'acceptions. — Le verbe *communicant* a la même signification que *coinquinant*. Cfr. le ℣. 2 et l'explication. Du reste, c'est le même mot qui est répété à deux reprises dans le texte grec : κοινῶσαι, τὰ κοινοῦντα. — Il est peu probable que le ℣. 15 ne soit, comme on l'a dit, que le sommaire, en quelque sorte le texte, d'un long discours prononcé dans cette circonstance par Notre-Seigneur.

16. — *Si quis habet aures...* Ce verset est omis dans plusieurs manuscrits importants (B, L, Sinaït. Et quelques minuscules). Néanmoins, il est trop appuyé partout ailleurs pour n'être qu'une interpolation. La formule qu'il contient, souvent répétée par Jésus, est destinée à attirer la réflexion des auditeurs sur le grand principe qu'ils venaient d'entendre. Elle équivaut aux paroles « Audite me omnes et intelligite », qui avaient précédé la mention de ce principe, ℣. 14.

17. — *Quum introisset in domum.* S. Marc a seul conservé ce détail : il omet néanmoins un dialogue intéressant qui, d'après le premier Évangéliste, xv, 12-14, eut lieu entre Jésus et les siens, immédiatement après qu'ils se furent séparés de la foule. — *Interrogabant eum discipuli.* Toujours d'après S. Matthieu, xv, 15, ce fut S. Pierre qui adressa cette demande à Notre-Seigneur au nom du collège apostolique. Ici, comme en d'autres occasions du même genre (voyez la note de vi, 50), le prince des Apôtres supprimait modestement son nom dans les récits qu'il faisait de la Vie de Jésus aux Romains et à S. Marc lui-même. Mais S. Matthieu, témoin oculaire, a pris soin de le noter. — *Parabolam.* Le mot parabole est employé dans un sens large, pour désigner, selon la définition donnée en cet endroit par Théophylacte, une sentence obscure et énigmatique, telle qu'était la parole du ℣. 15. La bonté avec laquelle Jésus avait daigné expliquer autrefois à ses disciples les paraboles du royaume des cieux (Cfr. iv, 10 et ss.) leur fait justement espérer qu'il viendra encore, dans le cas présent, au secours de leur intelligence.

18 et 19. — La réponse du divin Maître commence par un reproche que nous avons déjà rencontré en des circonstances analogues. Cfr. iv, 13. — *Sic et vos.* Même vous! Vous, qui auriez dû comprendre sans peine ce qui concerne l'homme intérieur! — *Imprudentes;* dans le grec, ἀσύνετοί, « sine intellectu ». — Jésus, reprenant ensuite son apho-

comprenez-vous pas que tout ce qui est extérieur, en entrant dans l'homme, ne peut le souiller;

19. Parce que cela n'entre pas dans son cœur, mais va au ventre et descend au lieu secret qui purifie tous les aliments?

20. Mais, disait-il, ce qui sort de l'homme, voilà ce qui souille l'homme.

21. Car, de l'intérieur du cœur des hommes sortent les mauvaises pensées, les adultères, les fornications, les homicides,

omne intrinsecus introiens in hominem, non potest eum communicare:

19. Quia non intrat in cor ejus, sed in ventrem vadit, et in secessum exit purgans omnes escas?

20. Dicebat autem, quoniam quæ de homine exeunt, illa communicant hominem.

21. Ab intus enim de corde hominum malæ cogitationes procedunt, adulteria, fornicationes, homicidia,

Genes. 6, 5.

---

risme, considère isolément les deux parties qui le composent, et en explique les expressions les plus difficiles. Ire partie, ṽṽ. 18 et 19. Comment un mets, un breuvage, choses tout extérieures à l'homme, pourraient-ils salir son âme, avec laquelle ils n'ont aucun rapport? — *Non intrat in cor ejus.* Manger et boire sont des phénomènes purement physiques. C'est dans l'estomac, non dans le cœur, que pénètre la nourriture. Là, elle est soumise à des opérations dans lesquelles l'homme moral ne joue pas le moindre rôle. Après que ses parties assimilables ont été absorbées, ses éléments les plus grossiers sont rejetés par la nature (*secessus*, le lieu secret; ἀφέδρων, « latrina, cloaca »). Par là, continue le Sauveur, le reste des aliments est purifié et peut entrer sans inconvénients dans l'organisation humaine. Ainsi donc, la nutrition est un phénomène physiologique, étranger à la religion: on mange et l'on digère, cela ne touche en rien à la partie spirituelle de l'homme. — Quelle étonnante simplicité de langage! Mais en même temps, quelle clarté jetée sur la question du pur et de l'impur! Cependant, « quelques-uns ont abusé des paroles...: Ce n'est pas ce qui entre dans le corps qui souille l'âme, prétendant que mal à propos l'Eglise avait interdit l'usage de la viande en certains temps, et prescrit des jeûnes et des abstinences particulières en d'autres. Mais elle n'a jamais fait ces défenses dans la croyance que ces créatures fussent mauvaises : elle les défend dans la vue de faire pratiquer à ses enfants la vertu de pénitence et de mortification... Elle est fort convaincue que toute créature de Dieu est bonne en elle-même, et qu'on peut en user avec action de grâces. Cfr. I Tim. iv, 4. Mais, aussitôt qu'une autorité légitime en a interdit l'usage, la chose devient par là défendue : la désobéissance et l'intempérance de celui qui en use contre les lois souillent son âme, et la

rendent coupable aux yeux du Créateur et de Jésus-Christ, chef de l'Eglise. » Calmet. A ce point de vue, le protestant Stier a raison de dire que « ce qu'on mange ou qu'on boit n'est pas une chose complètement indifférente, car cela aussi provient du cœur et agit dans le cœur. » Reden des H. Jesu, h. l.

20. — *Dicebat autem...* Jésus développe dans les ṽṽ. 20-24 la seconde moitié de son aphorisme. Cfr. ṽ. 15. Il est étrange que l'Evangéliste, qui emploie si volontiers le langage direct là où les autres synoptiques usent du discours indirect, se contente ici de raconter les paroles du Sauveur au lieu de les citer. Cependant l'on pourrait, conformément à plusieurs éditions du texte grec, placer deux points après « autem », et regarder la conjonction *quoniam* (ὅτι) comme récitative. Alors le verbe « dicebat » serait une de ces transitions propres à S. Marc dont nous avons rencontré un récent exemple (ṽ. 9), et le discours redeviendrait direct. Telle est, croyons-nous, la véritable interprétation.

21 et 22. — *Ab intus enim de corde...* Pléonasme, pour mieux marquer l'opposition qui existe entre les deux parties de l'aphorisme commenté par Jésus. Le cœur est donc vraiment le laboratoire où se prépare tout ce qu'il y a de bon et de mauvais dans l'homme envisagé comme être moral. C'est ce que les Egyptiens exprimaient ingénieusement sur leurs fresques funéraires. Les hommes, jugés par Osiris après leur mort, y sont représentés par le cœur qui les animait autrefois, placé et pesé dans une balance, comme la source de leurs mérites et de leurs démérites. Les mystiques et les exégètes anciens appuyaient sur ces mots du Sauveur une profonde réflexion. Dans la vie pratique, disaient-ils, on oublie qu'on porte en soi le germe de tous les crimes : nous rejetons trop souvent nos tentations sur le démon, pas assez sur notre propre cœur. « Arguuntur de hac sen-

22. Furta, avaritiæ, nequitiæ, dolus, impudicitiæ, oculus malus, blasphemia, superbia, stultitia.

23. Omnia hæc mala ab intus procedunt, et communicant hominem.

24. Et inde surgens abiit in fines Tyri et Sidonis : et ingressus domum, neminem voluit scire, et non potuit latere.

Matth. 15, 21.

22. Les larcins, l'avarice, les méchancetés, la fraude, les impudicités, l'œil méchant, les blasphèmes, l'orgueil, la folie.

23. Toutes ces choses mauvaises viennent du dedans et souillent l'homme.

24. Et s'éloignant de là, il s'en alla sur les confins de Tyr et de Sidon ; et, entrant dans une maison, il voulut que personne ne le sût et il ne put rester caché.

tentia qui cogitationes malas immitti a diabolo putant, non ex propria nasci voluntate. Diabolus enim incentator et adjutor malarum cogitationum esse potest, auctor autem esse non potest. » Bède. Cfr. Schegg. Evang. nach Markus, t. I, pp. 214 et 215. — Dans l'énumération de S. Marc, qui est plus complète que celle de S. Matthieu, le Sauveur signale treize formes particulières du mal, comme ayant leur foyer au cœur de l'homme : les sept premières sont nommées au pluriel et désignent des actes, les six autres sont nommées au singulier (dans le texte grec) et paraissent représenter surtout des dispositions. Il ne règne pas d'ordre systématique proprement dit dans cette nomenclature. — *Avaritiæ.* L'expression grecque πλεονεξία a une signification plus étendue. Elle indique tous les moyens par lesquels l'homme attire à soi la créature, aux dépens du culte qu'il doit rendre à Dieu. — *Oculus malus.* Le mauvais œil, רע עין, est bien connu dans tout l'Orient, et même dans l'Europe occidentale où l'on redoute tant ses effets. Cfr. Prov. XXIII, 6; XXVIII, 22; Matth. XX, 15. Il représente ici l'envie. — *Stultitia,* ἀφροσύνη, l'opposé de la σωφροσύνη, ou sagesse. « Causa cur insipientia extremo loco ponatur : quæ etiam reliqua omnia facit incurabiliora. » Bengel.

23. — Après cette énumération, Jésus répète la même pensée sous une forme générale: « Tous les maux que je viens de nommer proviennent évidemment de l'intérieur de l'homme ; évidemment aussi ils souillent l'homme. » Par conséquent, la vérité qu'il voulait démontrer est maintenant prouvée d'une manière rigoureuse. — La leçon qui se dégage de tout ce passage est bien claire. La nature humaine est foncièrement dépravée. De cette source délétère sortent des péchés sans nombre ; c'est donc l'homme intérieur qu'il faut régénérer. Des pratiques purement extérieures, telles que les ablutions auxquelles les Pharisiens attachaient tant d'importance,

sont tout à fait insuffisantes pour obtenir ce résultat.

2ᵉ SECTION. — MINISTÈRE DE JÉSUS DANS LA GALILÉE OCCIDENTALE ET SEPTENTRIONALE. VII, 24-IX, 49.

1. — La Chananéenne. VII, 24-30. — Parall. Matth. XV, 21-28.

Le récit de S. Matthieu est un peu plus complet: nous trouvons néanmoins dans celui de S. Marc quelques-uns de ces coups de pinceau caractéristiques auxquels il nous a depuis longtemps accoutumés.

24. — *Inde surgens abiit.* Hébraïsme. קום (surgere), dit Gesenius, « sexcenties præmittitur verbis eundi, proficiscendi ». Thesaurus, t. III, p. 1203. Ce prompt départ de Notre-Seigneur n'est pas une fuite proprement dite loin d'adversaires qu'il sait avoir exaspérés (Cfr. Matth. XV, 12), car son grand cœur ne craignait pas les hommes ; c'est toutefois une sage retraite, dont il profitera pour achever l'instruction de ses Apôtres. Il ne veut pas avancer l'heure que la divine Providence a fixée pour sa Passion et pour sa mort. — *In fines Tyri et Sidonis.* Tout d'abord, le Sauveur ne franchit pas les limites du territoire de ces deux villes. Voyez l'Evang. selon S. Matth. p. 309. La maison dans laquelle il s'installa semble avoir été bâtie à peu de distance de la frontière. Tyr et Sidon, ces antiques villes rivales, célèbres par leurs malheurs autant que par leur gloire, jouissaient alors d'une certaine splendeur. Leur population était païenne en grande majorité. — *Neminem voluit scire* est une traduction littérale du grec οὐδένα ἤθελε γνῶναι. La phrase est amphibologique et peut signifier indifféremment : Il ne voulut connaître personne, ou bien: Il voulut n'être reconnu de personne. Le contexte montre qu'il faut adopter le premier de ces deux sens. L'intention de Jésus était donc, comme l'on dit, de garder l'incognito; néanmoins, *non potuit latere,* à la façon d'un parfum qui ne tarde pas à trahir sa présence.

25. Car, aussitôt qu'elle eut ouï dire qu'il était là, une femme dont la fille avait en elle un esprit immonde, entra et se jeta à ses pieds.

26. Or c'était une femme d'entre les Gentils, syro-phénicienne de nation, et elle le priait de chasser de sa fille le démon.

27. Il lui dit : Laissez d'abord les enfants se rassasier, car il n'est pas bon de prendre le pain des enfants et de le jeter aux chiens.

25. Mulier enim statim ut audivit de eo, cujus filia habebat spiritum immundum, intravit, et procidit ad pedes ejus.

26. Erat enim mulier Gentilis, syrophœnissa genere. Et rogabat eum ut dæmonium ejiceret de filia ejus.

27. Qui dixit illi : Sine prius saturari filios ; non est enim bonum sumere panem filiorum, et mittere canibus.

Ces derniers mots prouvent que la volonté du Sauveur n'était pas absolue dans cette circonstance. Tout revient à dire qu'il agissait à la façon d'un voyageur qui cherche à éviter la publicité. — Les détails contenus dans la seconde moitié de ce verset sont spéciaux à S. Marc.

25. — *Mulier enim...* L'évangéliste passe à un fait particulier, destiné à démontrer la justesse de son assertion préalable, « Non potuit latere. » — *Statim ut audivit de eo :* dès que cette femme eut appris la présence de Jésus dans ces parages. Il y avait longtemps que le bruit des miracles du Sauveur s'était répandu en Phénicie. Cfr. III, 8 ; Luc. VI, 17. — *Cujus filia.* Dans le grec : ἧς... τὸ θυγάτριον αὐτῆς, avec deux pronoms. C'est un hébraïsme (אשר בתה) qu'on rencontre assez souvent dans les écrits du Nouveau Testament. Cfr. Winer, Gramm. pp. 133 et suiv. Notons aussi le diminutif θυγάτριον. — *Intravit et procidit...* Description pittoresque de toutes les démarches de cette pauvre mère.

26. — *Erat... mulier gentilis.* L'équivalent de « gentilis » dans le texte primitif est Ἑλληνίς, « Græca ». Et pourtant la suite du verset prouve que la suppliante n'était nullement grecque d'origine. Mais il faut se souvenir que, pour les Juifs, le mot Ἑλλην servait à désigner tous les païens, sans distinction de nationalité. Cfr. Bretschneider, Lex. man. s. v. Le nom de Franc a eu un sort analogue dans la Palestine moderne : après avoir représenté d'abord uniquement les Français, il est devenu plus tard synonyme d'Occidental en général. — *Syrophœnissa genere.* Païenne au point de vue de la religion, la femme que nous avons vue se prosterner aux pieds de Jésus était « chananéenne » de race : tel est en effet le sens de Συροφοίνισσα (d'anciens manuscrits portent Συραφοινίκισσα et Συροφοινίκισσα). Cfr. Matth. XV, 22 : « mulier chananæa. » Mais l'expression de S. Marc est d'une exactitude plus parfaite. Bien que les habitants de Tyr et de Sidon appartins-

sent à la grande famille chananéenne (voir Gen. X, 15-19), leur vrai nom n'en était pas moins « Phéniciens ». Or, au temps de Jésus, la Phénicie faisait partie intégrante de la province romaine de Syrie : de là les deux mots réunis Syro-Phéniciens, pour distinguer ses habitants des Carthaginois, qu'on appelait parfois Λιβυφοίνικες, Phéniciens d'Afrique. S. Matthieu a employé l'expression plus communément en usage chez les Juifs, S. Marc s'est servi du nom gréco-romain. Cfr. Juven. Sat. VIII, 159 et 160. — *Rogabat eum.* S. Matthieu a conservé les termes mêmes de cette pressante demande : « Ayez pitié de moi, Seigneur, fils de David ; ma fille est cruellement tourmentée par le démon. » Il note ensuite, XV, 23-25, divers incidents que notre Évangéliste a omis pour aller droit au cœur de l'épisode.

27. — *Qui dixit illi.* Dans sa réponse, Jésus affecte un langage sévère, afin d'éprouver la foi de la Chananéenne. — *Sine prius saturari filios.* Nous ne lisons ces paroles que dans la rédaction de S. Marc. Elles expriment une idée importante, le droit qu'avaient les Juifs, fils de Dieu plus que tous les autres peuples, de recevoir avant les païens les bienfaits qui accompagnent l'Évangile. Voyez notre commentaire sur S. Matth. pp. 45 et s. Néanmoins, par πρῶτον, « prius », le Sauveur indiquait délicatement que les Gentils auraient bientôt leur tour. Cfr. Théophyl. et le Vén. Bède, h. l. Son refus d'exaucer la prière de la suppliante recevait par là même un certain adoucissement. — *Non est enim bonum...* Vérité d'autant plus évidente que Jésus s'adressait à une mère de famille. La Chananéenne aurait-elle jamais consenti à priver sa fille de nourriture, pour rassasier les chiens à ses dépens ? La comparaison contenue dans les mots *filiorum* et *canibus* (d'après le grec, « catellis », les petits chiens) sert à mieux exprimer la distance qui séparait les Juifs des païens au point de vue des bienfaits divins. D'ailleurs, « c'est pour faire éclater la

28. At illa respondit, et dixit illi : Utique, Domine, nam et catelli comedunt sub mensa de micis puerorum.

29. Et ait illi : Propter hunc sermonem vade, exiit dæmonium a filia tua.

30. Et cum abiisset domum suam, invenit puellam jacentem supra lectum et dæmonium exiisse.

31. Et iterum exiens de finibus Tyri, venit per Sidonem ad mare

28. Mais elle lui répondit : C'est vrai, Seigneur, cependant les petits chiens aussi mangent sous la table les miettes des enfants.

29. Et il lui dit : A cause de cette parole, allez, le démon est sorti de votre fille.

30. Et s'en étant allée en sa maison, elle trouva sa fille couchée sur le lit et le démon était sorti.

31. Et quittant de nouveau les confins de Tyr, il vint par Sidon à

---

foi constante de cette femme que le Seigneur diffère et ne l'exauce pas tout de suite. Il veut aussi nous apprendre à ne pas laisser tomber tout d'abord notre prière, mais à insister pour obtenir ». Théophylacte.

28. — « Or, elle supporta tout sans peine. dit de son côté S. Jean Chrysostôme, et, de sa voix pleine de respect, elle ne fit que confirmer la parole du Sauveur. C'est par révérence pour Jésus qu'elle se range dans l'espèce des chiens, comme si elle disait : Je regarde comme un bienfait même d'être placée au nombre des chiens, et de manger non à une table étrangère, mais à la table de mon maître. » Cfr. Caten. D. Thom. h. l. — *Comedunt sub mensa*. Tour pittoresque donné à la pensée dans le second Evangile. Nous lisions dans S. Matthieu : « Edunt de micis quæ cadunt de mensa dominorum suorum. » — *De micis puerorum :* autre détail non moins dramatique, et spécial à S. Marc. Il nous montre les enfants de la famille émiettant une partie de leur pain pour les petits chiens qui attendent cette bonne aubaine sous la table.

29 et 30. — *Propter hunc sermonem*. A cause de cette réflexion pleine de foi, d'humilité et de sagesse, Jésus consent à franchir les limites qu'il s'était prescrites relativement aux païens, et il accorda aussitôt à la suppliante le miracle qu'elle implorait de sa bonté. « Il lui avait montré pendant quelques instants, comme autrefois Joseph à ses frères, un visage sévère ; mais, comme Joseph, il ne put garder longtemps cet aspect. » Trench, Notes on the Miracles of our Lord, 9º éd., p. 356. Quelle joie dans le cœur de cette mère affligée, quand elle entendit la promesse du Sauveur : Le démon a quitté ta fille ! Quelle joie plus grande encore quand elle trouva la malade guérie ! La description de S. Marc, *puellam jacentem supra lectum,* est toute graphique : la jeune fille qui, auparavant, était sans cesse en proie à des convulsions produites par l'esprit mauvais, est à présent

tranquillement étendue sur son lit, et jouit d'un repos bienfaisant. — C'était la troisième des guérisons opérées à distance par Notre-Seigneur : les deux autres avaient été accomplies en faveur du fils d'un intendant royal, Joan. IV, 45, et du serviteur d'un centurion, Luc. VII, 6. — *Et dæmonium exiisse.* Il y a une inversion dans la Recepta : εὗρε τὸ δαιμόνιον ἐξεληλυθός, καὶ τὴν θυγατέρα βεβλημένην ἐπὶ τῆς κλίνης. Mais les manuscrits B. D. Sin. et les versions copte et syriaque ont la même leçon que la Vulgate. Ici, la description représente les choses telles que la mère les trouva à son retour ; là, elle suit l'ordre réel des faits. — Voyez, dans les Homélies Clémentines, II, 19, diverses légendes relatives à la vie subséquente de la Chananéenne.

2. — Guérison d'un sourd-muet. VII, 31-37.

31. — *Et iterum exiens.* Ce verset décrit en abrégé l'un des voyages les plus considérables de Notre-Seigneur Jésus-Christ. Tandis que S. Matthieu n'en parle qu'en termes fort vagues, « quum transisset inde Jesus, venit secus mare Galilææ », xv, 29, la note de S. Marc indique très-clairement l'itinéraire suivi par Jésus. — *De finibus Tyri :* tel fut le point de départ. Les mots *per Sidonem* désignent la première partie du trajet. Après avoir, selon toute vraisemblance, franchi la frontière juive et traversé une partie du territoire de Tyr, le Sauveur se dirigea tout droit vers le Nord, du côté de Sidon. Il est peu probable que Jésus soit entré dans cette cité païenne : il ne faut donc pas prendre trop à la lettre la locution « per Sidonem ». Elle peut fort bien signifier : A travers le pays qui dépendait de Sidon. Il est vrai que la Recepta grecque a une variante d'une certaine gravité : ἐξελθὼν ἐκ τῶν ὁρίων Τύρου καὶ Σιδῶνος. « Mais, dit fort bien D. Calmet, le Copte, l'Arabe, l'Ethiopien et plusieurs manuscrits (B. D. L. Δ, etc.) sont semblables à la Vulgate. L'on n'a mis : les confins de Tyr et de Sidon, au lieu de : les confins de Tyr par

la mer de Galilée, en passant au milieu de la Décapole.

32. Et on lui amena un sourd-muet, et on le pria de lui imposer les mains.

33. Et, le prenant à l'écart, hors de la foule, il lui mit ses doigts dans

Galilææ inter medios fines Decapoleos.

32. Et adducunt ei surdum et mutum, et deprecabantur eum, ut imponat illi manum.

Matth. 9, 32.

33. Et apprehendens eum de turba seorsum, misit digitos suos in auri-

---

Sidon, que pour éviter la prétendue incongruité que l'on concevait à ce que Jésus se rendit de Tyr par Sidon à la mer de Galilée, à laquelle il semblait tourner le dos. » La leçon du grec imprimé est donc une fausse correction. — L'adverbe *iterum* retombe sur *venit*... *ad mare Galilææ*, et non sur « exiens », car l'Evangéliste n'a signalé aucun voyage antérieur de Jésus vers Tyr et vers Sidon, tandis qu'il a mentionné à plusieurs reprises ses courses auprès du lac de Tibériade. — *Inter medios fines Decapoleos.* La Décapole étant située à l'Orient du Jourdain (voyez l'Evangile selon S. Matth. p. 95), pour gagner la mer de Galilée à travers son territoire, quand on se trouvait aux alentours de Sidon, on n'avait pas le choix entre plusieurs itinéraires. Il fallait se diriger d'abord vers l'Est à travers le massif du Liban méridional, franchir la gorge profonde de la Cœlésyrie ou Syrie creuse, et arriver dans l'Antiliban auprès des sources du Jourdain. De là on devait marcher directement au Sud, en passant par Césarée de Philippe et Bethsaïda-Julias. Voyez la planche XV de l'Atlas géogr. de M. Ancessi, les cartes de Kiepert et de Van de Velde. Le voyage dura sans doute quelques semaines. Dans ces contrées solitaires et pittoresques, Jésus et ses disciples purent jouir du calme et du repos qu'ils avaient en vain cherchés quelque temps auparavant. Cfr. vi, 31 et ss.

32. — *Et adducunt ei.* Sur la rive orientale du lac (Cfr. Matth. xv, 29, 39 et le commentaire), le Sauveur opéra de nombreux prodiges : « Une foule nombreuse s'approcha de lui, lisons-nous dans le premier Evangile, ayant avec elle des muets, des aveugles, des boiteux, des infirmes et beaucoup d'autres malades; et on les jeta à ses pieds et il les guérit. » Au lieu de noter toutes ces guérisons miraculeuses, S. Marc a préféré en relever une seule, qui avait eu du reste un caractère particulier. Ce récit, qui lui appartient en propre (℣℣. 32-37), abonde en détails dramatiques. — *Surdum et mutum.* La Recepta dit : χωφὸν μογίλαλον, un sourd parlant avec peine, (de μόγις, ægre. difficulter, et λάλος, loquens), d'où Vatable, Calmet, Maldonat, M. Schegg, etc., concluent, et ce semble

à bon droit, que l'infirme n'était ni sourd de naissance, ni totalement muet, mais qu'il avait perdu de bonne heure, par suite de quelque accident, l'usage de l'ouïe et en grande partie celui de la parole. Cfr. ℣. 35. La Peschito le nomme un אֶלֵּם, « balbutiens ». Nous devons dire cependant que les LXX traduisent au moins une fois (Is. xxxv, 5) l'hébreu אִלֵּם, « mutus », par μογιλάλος. Rien ne prouve que le malade fût possédé du démon, comme l'ont conjecturé Théophylacte et Euthymius. — *Deprecabantur.* Le verbe grec est au présent, παρακαλοῦσιν. C'est ici l'une des rares circonstances où l'Evangile nous montre des amis intercédant pour leurs amis auprès du divin Maître. Cfr. ii, 3-5; viii, 22-26. — *Ut imponat illi manum.* « Manus illi a Christo imponi postulabant, aut quod scirent eum manuum impositione alios multos ægrotos curavisse, aut quia vetus erat prophetarum et sanctorum virorum consuetudo ut impositis sanarent manibus. » Maldonat. C'était une demande indirecte, mais évidente, de guérison.

33. — *Apprehendens eum... seorsum.* Telle est bien la signification classique du grec ἀπολαβόμενος αὐτὸν : Elsner et Wetstein le prouvent par de nombreux exemples. Mais pourquoi Jésus, avant de guérir ce malheureux, le tira-t-il du milieu de la foule pour le conduire à l'écart? On a essayé de justifier cet acte par cent raisons différentes. Nous pensons que le Sauveur se proposait simplement d'exciter la foi de l'infirme, selon sa coutume, et, d'un autre côté, d'éviter l'enthousiasme de la multitude. Il n'opérait que rarement ses prodiges sous les yeux des masses populaires. — Mais les autres circonstances qui accompagnèrent cette guérison sont bien plus extraordinaires encore. Après avoir isolé le sourd-muet, *misit digitos suos in auriculas ejus*, c'est-à-dire qu'il mit l'index de sa main droite dans l'oreille gauche, l'index de sa main gauche dans l'oreille droite; puis, *expuens, tetigit linguam ejus*, c'est-à-dire qu'ayant humecté son doigt avec un peu de salive, il en toucha la langue de l'infirme. C'étaient là évidemment des gestes symboliques. « Quia ergo qui surdi sunt videntur re aliqua obturatas habere aures,

culas ejus, et expuens, tetigit linguam ejus :

34. Et suspiciens in cœlum, ingemuit, et ait illi : Ephpheta, quod est, adaperire.

35. Et statim apertæ sunt aures ejus, et solutum est vinculum linguæ ejus, et loquebatur recte.

les oreilles et toucha sa langue avec de la salive ;

34. Et levant les yeux au ciel, il soupira et lui dit : Éphpheta, c'est-à-dire, Ouvrez-vous.

35. Et aussitôt ses oreilles furent ouvertes et le lien de sa langue fut rompu, et il parlait distinctement.

---

mittit digitum in aures surdi, quasi clausas et obturatas terebraturus, aut impedimentum quod in illis erat ablaturus digito. Et quia qui muti sunt videntur ligatam nimia siccitate habere linguam palatoque adhærentem, ideoque loqui non posse, sicut Propheta ille dixit : Lingua mea adhæsit faucibus meis (Ps. xxi, 16)..., mittit salivam in os muti quasi linguam humectaturus ». Maldonat. Cfr. Cornel. a Lap. Jansenius, Fr. Luc. C'est sur le sens de l'ouïe que le Sauveur agit en premier lieu, car la surdité était, comme dans tous les cas semblables, le mal principal. L'infirme ne parlait indistinctement que parce qu'il n'entendait pas. Mais pourquoi Jésus fait-il tant de cérémonies, au lieu d'opérer la guérison par une simple parole, ainsi que cela avait lieu la plupart du temps ? C'est son secret. Nous pouvons néanmoins dire encore avec le sage Maldonat, auquel nous aimons à faire des emprunts : « Videtur voluisse Christus non semper æqualiter suam divinitatem potentiamque declarare, quod non semper, etiamsi nos causa lateat, convenire judicaret. Aliquando solo verbo dæmones ejicit, mortuos exsuscitat, ostendens se omnino esse Deum; aliquando tactu, saliva, luto sanat ægrotos, accommodans quodammodo potentiam suam ad modum agendi causarum naturalium, et ad sensum et consuetudinem hominum. »

34. — Suspiciens in cœlum. S. Marc n'a pas omis le moindre détail : il reproduit la scène sous nos yeux. — Avec quelle spontanéité le regard de Jésus devait se diriger vers le ciel ! Cfr. Joan. xvii, 1. Mais ce geste était surtout familier au divin Maître quand il était sur le point d'accomplir quelque grand prodige. Cfr. Matth. xiv, 19 et parall.; Joan. x, 41, 42. Il montrait ainsi que des liens intimes l'unissaient au Père céleste. C'était une muette, mais pressante prière de notre Médiateur. — Ingemuit. Ce gémissement exprimait, suivant la belle pensée de Victor d'Antioche (Cramer, Catena græc. Patr. h.l.), le sentiment de vive pitié qu'excitait dans le cœur de Jésus la vue de la profonde misère qu'avaient apportée à l'humanité déchue l'envie du démon et la faute de nos premiers parents. Le pauvre sourd-muet était en effet

un type vivant de toutes les infirmités physiques et morales auxquelles l'homme est en butte sur cette terre. — Ephpheta. Nous avons déjà vu, v, 14, notre Évangéliste citer les paroles du Sauveur dans la langue araméenne. C'est là une des particularités de sa narration graphique et vivante. Cfr. xii, 3. Le mot qu'il a exprimé en grec par ἐφφαθά se prononçait alors ethphathach (אתפתח). C'est l'impératif de la forme ethpaal. Il y a eu, conformément au génie de la langue grecque, assimilation du ה (le premier th changé en φ), et apocope du ח (ch) final. On pourrait aussi rapprocher ἐφφαθά du niphal hébreu הפתח, ippátach. — La traduction ajoutée pour les lecteurs non juifs de l'Évangile, adaperire, est tout à fait littérale. — Quand le prêtre catholique confère le baptême solennel, il adresse cette même parole au cathécumène, dont il humecte les narines et les oreilles avec un peu de salive. Ce double emprunt fait à la conduite du Sauveur a pour but d'indiquer qu'avant la régénération opérée par le sacrement de baptême, l'homme est sourd et muet relativement aux choses de la foi. De là cette allocution de S. Ambroise à de nouveaux baptisés : « Aperite igitur aures, et bonum odorem vitæ æternæ inhalatum vobis munere sacramentorum carpite, quod vobis significavimus, quum apertionis celebrantes mysterium diceremus Epheta, quod est, Adaperire ». De Init. 1.

35. — Et statim. La parole de Jésus produit immédiatement son effet. Les oreilles s'ouvrent, raconte S. Marc dans son style imagé, le lien qui avait jusqu'alors retenu la langue captive se brise en un clin d'œil, et le muet de tout à l'heure parle parfaitement. « Le Créateur de la nature avait fourni ce qui manquait à la nature. » Victor d'Antioche. — Des mots loquebatur recte, les exégètes dont nous avons cité plus haut les noms (voir la note du ỳ. 32) concluent à juste titre que l'infirme n'était ni sourd ni muet de naissance. « Nam hujusmodi nihil queat loqui, etiam omni linguæ impedimento sublato ; non enim loquitur homo quod non didicerit. » Luc de Bruges. Quoique tout fût possible à Jésus, nous n'avons aucune raison spéciale de supposer que, par un nouveau prodige, il

36. Et il leur defendit d'en rien dire à personne; mais plus il le leur défendait, plus ils le publiaient.

37. Et ils l'admiraient d'autant plus, disant : Il a bien fait toutes choses, il a fait entendre les sourds et parler les muets.

36. Et præcepit illis ne cui dicerent. Quanto autem eis præcipiebat, tanto magis plus prædicabant.

37. Et eo amplius admirabantur, dicentes : Bene omnia fecit : et surdos fecit audire, et mutos loqui.

CHAPITRE VIII

Seconde multiplication des pains (ÿÿ. 1-9). — Le signe du ciel et le levain des Pharisiens (ÿÿ. 10-21). — Guérison d'un aveugle à Bethsaïda (ÿÿ. 22-26). — Glorieuse confession de S. Pierre (ÿÿ. 27-30). — Nécessité de la croix pour le Christ et pour les chrétiens (ÿÿ. 31-39).

1. En ces jours-là encore, comme la foule était grande et n'avait pas de quoi manger, il appela ses disciples et leur dit :

Matth. 15, 32.

1. In diebus illis iterum cum turba multa esset, nec haberent quod manducarent, convocatis discipulis, ait illis :

---

ait subitement communiqué au sourd-muet la connaissance de la langue araméenne.

36. — *Et præcepit illis...* Ce pronom au pluriel désigne tous les témoins du miracle, par conséquent l'infirme, ses amis qui l'avaient conduit à Jésus et les disciples. Les défenses de ce genre étaient presque toujours violées : au reste, ceux qu'elles concernaient, emportés par l'enthousiasme et la reconnaissance, ne se croyaient guère obligés au secret. Dans la circonstance présente, comme dans beaucoup d'autres, il arriva donc le contraire de ce que le Sauveur avait prescrit. L'Evangéliste emploie, pour exprimer ce fait, des termes à la fois énergiques et populaires : *Quanto eis præcipiebat...* Le double comparatif *tanto magis plus*, μᾶλλον περισσότερον, est surtout à noter. Cfr. II Cor. VII, 13; Phil. I, 23, et Winer, Grammat. p. 214.

37. — *Et eo amplius admirabantur.* Tous ceux qui entendaient le récit de cette cure merveilleuse étaient saisis de l'admiration la plus vive; ὑπερπερισσῶς ἐξεπλήσσοντο, dit le texte grec avec plus de force encore que la Vulgate. L'adverbe ὑπερπερισσῶς, qu'on ne trouve pas ailleurs dans le Nouveau Testament, signifie « supra modum, valde abundanter. » — La surprise arrachait aux foules une exclamation touchante, *Bene omnia fecit*, qui contient « une belle apologie du Sauveur contre les accusations et les murmures des

Pharisiens, un éloge qui ne convient proprement qu'à Dieu seul. » Calmet. OPERA DOMINI UNIVERSA VALDE BONA, Eccli. XXXIX, 21; CUNCTA QUÆ FECERAT ERANT VALDE BONA, Gen. I, 31, est-il dit du Dieu Créateur. — Les paroles *surdos fecit audire...* (ou mieux « facit » au temps présent, ποῖεῖ) sont une réminiscence de la célèbre prophétie d'Isaïe, XXXV, 5 et 6, dont elles chantent l'accomplissement parfait : « Alors (à l'époque du Messie) les yeux des aveugles s'ouvriront et les oreilles des sourds seront ouvertes... et la langue des muets sera déliée. »

3. — Seconde multiplication des pains.
VIII, 1-9. — Parall. Matth. XV, 32-38.

Les narrations de S. Matthieu et de S. Marc se suivent ici presque mot pour mot. Néanmoins celle de notre Evangéliste est un peu plus longue, parce qu'elle contient quelques détails particuliers, dont voici les principaux : ÿ. 1, « Nec haberent quod manducarent »; ÿ. 3, « quidam enim ex eis de longe venerunt »; ÿ. 7, « et ipsos (pisciculos) benedixit. »

CHAP. VIII. — *In diebus illis.* C'est-à-dire, d'après les antécédents (Cfr. VII, 31), durant le séjour que Notre-Seigneur Jésus-Christ fit auprès du lac de Tibériade après son retour des régions phéniciennes. — L'adverbe *iterum* nous reporte à la première multiplica-

2. Misereor super turbam : quia ecce jam triduo sustinent me, nec habent quod manducent :

3. Et si dimisero eos jejunos in domum suam, deficient in via : quidam enim ex eis de longe venerunt :

4. Et responderunt ei discipuli sui : Unde illos quis poterit hic saturare panibus in solitudine?

5. Et interrogavit eos : Quot panes habetis? Qui dixerunt : Septem.

6. Et præcepit turbæ discumbere super terram. Et accipiens septem panes, gratias agens fregit, et dabat discipulis suis ut apponerent, et apposuerunt turbæ.

2. J'ai pitié de cette foule, car voilà déjà trois jours qu'ils sont avec moi, et ils n'ont pas de quoi manger.

3. Et si je les renvoie à jeun dans leurs maisons, ils tomberont de défaillance en chemin, car quelques-uns d'entre eux sont venus de loin.

4. Ses disciples lui répondirent : Comment quelqu'un pourra-t-il les rassasier de pain, ici dans le désert?

5. Et il leur demanda : Combien de pains avez-vous? Et ils lui dirent : Sept.

6. Et il commanda à la foule de s'asseoir à terre. Et, prenant les sept pains et rendant grâces, il les rompit et les donna à ses disciples pour les distribuer, et ils les distribuèrent à la foule.

---

tion des pains, opérée quelques mois auparavant aux environs de Bethsaïda-Julias, vi, 35-43. Il est vrai que cet adverbe manque dans la Recepta, où on lit παμπόλλου ὄχλου ὄντος au lieu de πάλιν πολλοῦ...; mais les meilleurs manuscrits (B. D. G. L. M. Δ, etc.) ont la même leçon que la Vulgate. — *Turba multa.* Cette foule nombreuse avait été attirée par les miracles récents du Sauveur. Cfr. Matth. xv, 30, 31. — *Nec haberent...* Ces verbes au pluriel après un sujet au singulier forment une « constructio ad synesin ». Cfr. Beelen, Gramm. p. 214. Le peuple manquait de vivres parce que, rassemblé depuis déjà trois jours (ỹ. 2) auprès de Jésus, il avait consommé toutes les provisions dont il s'était muni.

2. — *Misereor super turbam.* Le verbe grec σπλαγχνίζομαι désigne toujours une très vive émotion. Presque toutes les fois que nous l'entendons prononcer par le bon Pasteur, nous apprenons aussitôt après que les pauvres brebis qui excitaient sa compassion reçurent de lui quelque merveilleux secours. Cfr. 1, 44 ; Matth. ix, 37; xiv, 14 ; xx, 34 ; etc. — *Sustinent me.* Dans le grec, προσμένουσί μοι, « manent apud me. »

3. — *Et si dimisero...* D'après S. Matthieu, xv, 31, Jésus aurait dit avec plus de force : « Dimittere eos jejunos nolo. » C'était une hypothèse à laquelle son divin cœur ne voulait pas même s'arrêter un instant. Pouvait-il exposer ce bon peuple qui, par amour pour lui, avait oublié ses nécessités matérielles, à faire une longue route à jeun, avant d'atteindre un domicile qui était lointain pour

plusieurs? Sans compter que, dans cette foule, il y avait des femmes et des enfants. Cfr. Matth. xv, 48. — Ce court préambule nous montre que les deux multiplications des pains eurent lieu dans des circonstances à peu près identiques. Sur la distinction réelle des deux miracles, voyez l'Evangile selon S. Matthieu, p. 313, et Dehaut, l'Evangile expliqué, médité, défendu, t. III, pp. 51 et 52.

4. — *Responderunt ei discipuli.* Au lieu de la réponse pleine de foi qu'on aimerait à entendre sortir de la bouche des Apôtres, Jésus en reçoit une qui fait justement dire à Victor d'Antioche : « Discipuli vidêbantur adhuc intellectu defici, Domini potentiæ post priora miracula minime fidentes. » Hélas! tant d'autres hommes semblent n'acquérir aucune expérience au contact journalier des choses divines! Du reste, le Sauveur leur reprochera bientôt, ỹ. 17, d'avoir l'intelligence encore aveugle. — *In solitudine* : plus clairement, « in deserto », ἐπ' ἐρημίας, loin de tout lieu habité. Cfr. vi, 32 et l'explication.

5 et 6. — Sans tenir compte de la réponse des Douze, Jésus se contente de leur demander s'ils ont quelques pains à leur disposition. Il agissait ainsi, dit S. Remi, in Matth. xv, 34, « ut, dum illi responderent septem, que pauciores essent, eo magis miraculum diffamaretur et notius fieret. » Le même auteur remarque, à propos des mots *discumbere super terram* : « In superiori refectione supra fœnum discubuisse dicuntur, hic vero super terram. » Cette nuance a sa valeur pour la distinction des deux faits. — *Dabat,*

7. Ils avaient encore quelques petits poissons ; il les bénit aussi et les fit distribuer.

8. Et ils mangèrent et furent rassasiés ; et ils emportèrent ce qui restait des fragments, sept corbeilles.

9. Et ceux qui mangèrent étaient environ quatre mille, et il les renvoya.

10. Et aussitôt, montant dans une barque avec ses disciples, il vint dans le pays de Dalmanutha.

7. Et habebant pisciculos paucos : et ipsos benedixit, et jussit apponi.

8. Et manducaverunt, et saturati sunt, et sustulerunt quod superaverat. de fragmentis, septem sportas.

9. Erant autem qui manducaverant, quasi quatuor millia : et dimisit eos.

10. Et statim ascendens navim cum discipulis suis, venit in partes Dalmanutha.

à l'imparfait, comme précédemment. Cfr. vi, 41, et la note correspondante.

7. — *Pisciculos... benedixit et jussit...* D'après le grec : « et quum benedixisset, jussit et eos apponi. » Cette bénédiction est désignée dans le texte primitif par le verbe εὐλογέω ; celle du pain, ỹ. 6, par εὐχαριστέω. Ces deux expressions sont d'ailleurs identiques. Cfr. Matth. xxvi, 26 ; Luc. xxii, 47.

8 et 9. — Détails qui servent à montrer la grandeur du prodige. — *Sportas.* S. Marc, comme S. Matthieu, donne ici aux corbeilles le nom de σπυρίδες. Lors de la première multiplication des pains, il les avait désignées par celui de κόφινοι. Voyez l'Evang. selon S. Matthieu, p. 314. A. Rich, dans son Dictionn. des Antiq. rom. et grecq. p. 598, donne un spécimen de la « sporta » — *Dimisit eos.* Les pasteurs des âmes, ainsi que le font observer ici les moralistes, ne doivent renvoyer leurs peuples qu'après leur avoir fourni, à l'exemple de Jésus, une nourriture substantielle et abondante. Autrement, combien seraient saisis de défaillance sur le long et pénible chemin de la vie, et ne pourraient parvenir au salut ! — D'après S. Augustin, Serm. lxxxi, et S. Hilaire, in Matth. xv, les convives du premier de ces festins miraculeux représenteraient les Juifs, tandis que ceux du second seraient la figure des Gentils. « Sicut illa turba quam primo pavit, écrit S. Hilaire, Judaicæ credentium convenit turbæ, ita hæc populo gentium comparatur ». Ce sont les mots « de longe venerunt », viii, 3, qui ont suggéré cette ingénieuse distinction, les païens, pour venir à Jésus, ayant besoin de faire au moral une route plus longue que les Juifs.

4. — Le signe du ciel et le levain des Pharisiens. viii, 40-21. — Parall. Matth. xvi, 4-42.

10. — *Ascendens navim.* Dans le grec, τὸ πλοῖον avec l'article : la barque qui était habituellement à la disposition de Jésus. Le Sauveur se hâte de sortir aussitôt après son

miracle (*statim*), pour ne pas fournir au peuple l'occasion de nouvelles tentatives enthousiastes, procédant de fausses idées messianiques. Cfr. Joan. vi, 14 et 15. — *Venit in partes* (εἰς τὰ μέρη, c'est le בלך hébreu, « tractus ») *Dalmanutha.* Au lieu de ce nom propre, qu'on ne rencontre nulle part dans l'Ancien Testament, ni dans les écrits de Josèphe, S. Matthieu, xv, 39 (voyez le commentaire), mentionnait celui de Magedan d'après la Vulgate, de Magdala d'après le texte grec. C'est sans doute pour rendre la concorde plus facile que plusieurs Pères latins et divers manuscrits grecs ont également écrit, dans le présent passage de S. Marc, les uns « Magedan », les autres Μαγδαλά. Mais Δαλμανουθά est certainement la leçon authentique. Où placer la localité ainsi désignée ? Comment établir l'accord entre nos deux Evangélistes ? Relativement au premier point, nous citerons trois opinions principales. Il y a d'abord celle du Dr américain Thomson, qui, dans son intéressant ouvrage : The Land and the Book, Londr. 4876, p. 393, essaie d'identifier Dalmanoutha avec un village en ruines, nommé Dalhamia ou Dalmamia, et situé sur le rivage oriental du lac de Gennésareth. Ce sentiment, ou plutôt cette conjecture, car ce n'est pas autre chose, a le grave inconvénient de rendre toute harmonie impossible entre S. Matthieu et S. Marc, puisque Magdala s'élevait certainement à l'ouest du lac. Lightfoot, Opera, II, 414, suppose, mais sans le moindre fondement, que Δαλμανουθά est la forme grécisée de צלמון, *Tsalmon*, nom d'une ville bâtie, d'après le Talmud, aux environs de Tibériade. Reste l'opinion, généralement admise de nos jours, qui consiste à faire de Dalmanoutha un village situé à peu de distance de Magdala, dans la plaine de Gennésareth, et dont le nom s'est perdu depuis l'époque de Jésus. Le Dr Tristram décrit ainsi son emplacement probable : « Juste avant d'atteindre Medjel (Magdala) nous traversâmes une petite vallée ouverte, Ain-el-Ba-

11. Et exierunt Pharisæi, et cœperunt conquirere cum eo, quærentes ab illo signum de cœlo, tentantes eum.

Matth. 16, 1; *Luc.* 11, 54.

12. Et ingemiscens spiritu, ait : Quid generatio ista signum quærit? Amen dico vobis, si dabitur generationi isti signum.

11. Et des Pharisiens vinrent et commencèrent à disputer avec lui, lui demandant un prodige dans le ciel, pour le tenter.

12. Et, gémissant du fond du cœur, il dit : Pourquoi cette génération demande-t-elle un prodige? En vérité je vous le dis : aucun prodige ne sera accordé à cette génération.

---

ridêh, ornée de riches champs de blé et de quelques jardins égarés parmi les ruines d'un village. Nous vîmes aussi, à proximité de plusieurs sources abondantes, des fondations considérables, paraissant assez anciennes. Elles appartiennent vraisemblablement au Dalmanoutha du Nouveau Testament. » Land of Israel, p. 413, 3e édit. Cfr. Smith, Diction. of the Bible et Kitto, Cyclop. of the Bible, s. v. Dalmanutha. D'après cette hypothèse, la conciliation est aisée : le premier évangéliste aura mentionné la ville principale, près de laquelle Jésus vint débarquer; le second, avec sa précision accoutumée, la localité moins connue dont le Sauveur foula tout d'abord le sol après être sorti de son embarcation. En somme, comme le disait déjà S. Augustin, de Cons. Evang. l. II, c. 5, c'est la même région qu'ils auront désignée sous deux noms différents.

11. — *Exierunt Pharisæi.* Ces adversaires implacables ne laissent pas de repos à Jésus : dès qu'ils le savent en un endroit, ils y accourent pour lui tendre des pièges. S. Matthieu nous apprend qu'ils se présentaient cette fois accompagnés des Sadducéens qui, bien qu'appartenant à un parti opposé au leur, s'étaient néanmoins ligués avec eux contre l'ennemi commun. — *Cœperunt conquirere*, c'est-à-dire à discuter, car tel est le sens dérivé de συζητεῖν. « Nos antiquissimus disputandi erat per interrogationes. Hinc factum est ut συζητεῖν dicatur disputare » Rosenmüller, Scholia in h. l. — L'objet de la discussion est clairement indiqué : *Quærentes signum de cœlo.* En quoi consistait ce signe du ciel qui, suivant les traditions juives, devait inaugurer le règne du Messie? On ne saurait le dire au juste. En ce que Jésus fît pleuvoir la manne, répond le Vén. Bède; en ce qu'il arrêtât le soleil ou la lune, fît tomber la grêle et changeât l'état de l'atmosphère, écrit Théophylacte. Voyez l'Evangile selon S. Matthieu, p. 346. Quoi qu'il en soit, ce signe opéré par le Sauveur devait être, selon la pensée des Pharisiens, une légitimation pé-

remptoire de son caractère messianique. Ou plutôt, il n'eût rien légitimé à leurs yeux, comme le montre une réflexion significative de l'Evangéliste : *tentantes eum.* Leur but secret était d'humilier, de confondre Notre-Seigneur, nullement de s'assurer de la divinité de sa mission. N'avaient-ils pas déjà toutes les preuves désirables? Cette tentation, par son objet, rappelle celle du désert. Cfr. Matthieu IV, 1 et ss. De nouveau l'on presse Jésus de recourir à des prodiges éblouissants pour montrer qu'il est le Christ attendu.

12. — *Ingemiscens spiritu.* La première réponse du divin Maître est un profond soupir qu'arrache à son Cœur sacré l'incrédulité des Pharisiens. Précieux détail, dont nous sommes redevables à S. Marc. Le verbe composé ἀναστενάξας, qu'on ne trouve qu'en cet endroit du Nouveau Testament, signifie d'après toute sa force : « Ab imo pectore suspiria ducens. » — *Quid generatio ista...* Nouveau trait particulier à notre Evangile. Il est vrai qu'ensuite S. Marc abrégera notablement l'épisode, ne citant que le sommaire des paroles de Jésus, sans mentionner le « signe de Jonas », et le blâme énergique tiré des pronostics du beau et du mauvais temps. Cfr. Matth. xvi, 2-4 et le commentaire. Mais nous savons qu'il aime mieux dépeindre les situations que citer au long les discours. « Ista » est emphatique. Cette génération infidèle, en faveur de laquelle Jésus a déjà fait tant de miracles! — *Quærit*; dans le grec, ἐπιζητεῖ: elle cherche un nouveau prodige, en sus (ἐπι) de tous ceux qu'elle a reçus. — *Amen dico vobis.* C'est un serment, comme l'indique cette grave formule, que le Sauveur va maintenant prononcer. Il atteste, au nom de la véracité divine, qu'il ne donnera pas aux Pharisiens le signe éclatant qu'ils désirent. *Si dabitur* est une tournure tout hébraïque. Voyez Winer, Grammat., p. 444; Beelen, Gramm. græcitatis N. T., p. 501. En effet, les Hébreux emploient à chaque instant la conjonction אִם, « si », au lieu de לֹא, « non ». Cfr. Gen. xxi, 23 ; xxiv, 37 ; Deut. i, 35 ; III Reg.

13. Et, les renvoyant, il monta de nouveau dans une barque, et passa de l'autre côté de la mer.

14. Or ils avaient oublié de prendre des pains, et ils n'avaient qu'un seul pain avec eux dans la barque.

15. Et il leur donnait un ordre, disant : Gardez-vous avec soin du levain des Pharisiens et du levain d'Hérode.

16. Et, réfléchissant, ils se di-

---

13. Et dimittens eos, ascendit iterum navim, et abiit trans fretum.

14. Et obliti sunt panes sumere : et nisi unum panem non habebant secum in navi.

Matth. 16, 5.

15. Et præcipiebat eis, dicens : Videte, et cavete a fermento Pharisæorum, et fermento Herodis.

16. Et cogitabant ad alterutrum,

1, 51; Is. xiv, 24; Ps. xciv (hébr. xcv), 11. C'est un moyen de renforcer la négation. Dans les constructions de ce genre, il y a une aposiopèse. On sous-entend : « Hoc mihi faciat Deus et hoc addat », ou quelque idée semblable, en avant de la phrase. Voyez Gesenius, Thesaurus, p. 108, et Fr. Luc, Comm. h. l. Ainsi donc, comme le dit Euthymius, εἰ δοθήσεται a été mis ἀντὶ τοῦ Οὐ δοθήσεται. Aussi la version syriaque traduit-elle simplement par la négation. — *Signum*, le signe spécial qu'ils désiraient. Jésus n'abaissera pas sa puissance miraculeuse pour produire des actions d'éclat.

13. — *Dimittens eos.* « Le Seigneur renvoie les Pharisiens comme incorrigibles ; il faut insister là où il y a espoir de guérison, mais ne pas s'arrêter là où le mal est irrémédiable. » Théophylacte. — *Abiit trans fretum.* Sur la rive orientale, ou mieux encore au N.-E. du lac, puisque nous trouverons bientôt, ꙟ. 22, Jésus à Bethsaïda-Julias. C'est une des prudentes « retraites » du Sauveur. Voyez l'Évang. selon S. Matth. p. 317 et s.

14. — *Obliti sunt.* Scil. « discipuli ». Cfr. ꙟ. 10. Cet oubli était providentiel, car il allait servir à donner aux Apôtres une notion plus vraie de la toute-puissance de Jésus. Il se conçoit du reste sans peine au moment d'un départ précipité. — *Nisi panem unum...* S. Marc est seul à faire cette restriction, qui dénote sa parfaite exactitude, en même temps qu'elle rappelle la source précieuse à laquelle il avait puisé tant de détails particuliers.

15. — Tandis que la barque flottait sur les eaux du lac, Jésus fit une grave recommandation à ses disciples. *Videte et cavete,* leur dit-il en appuyant sur ces deux verbes, *a fermento Pharisæorum, et fermento Herodis.* Par cette expression figurée, il désignait, ajoute S. Matthieu, xvi, 12, la doctrine et les idées perverses des sectaires. En effet, « fermentum hanc vim habet, ut si farinæ mixtum fuerit, quod parvum videbatur crescat in majus, et ad saporem suum universam conspersionem trahat : ita et doctrina hæretica, si vel modicam scin-

tillam in tuum pectus jecerit, in brevi ingens flamma succrescit et totam hominis possessionem ad se trahit. » A ce commentaire vigoureusement tracé, on reconnaît le grand S. Jérôme (In Matth. xvi). Voyez l'Évang. selon S. Matthieu, p. 318. C'est à cause de ces qualités pénétrantes et envahissantes du levain que les hommes doivent, surtout lorsqu'il s'agit du domaine moral, veiller avec le plus grand soin sur son action. Il faut voir d'abord, puis prendre garde : ὁρᾶτε, βλέπετε, dit le texte grec sans employer la conjonction καί, ce qui rend la pensée plus rapide. La locution βλέπειν ἀπὸ, que nous trouvons ici au lieu du προσέχειν ἀπὸ de S. Matthieu, est bien traduite par « cavere ab, sedulo cavere. » Les Juifs, quand ils faisaient disparaître le levain de leurs maisons la veille de la Pâque, devaient prendre les précautions les plus minutieuses pour n'en pas laisser une seule parcelle ; Cfr. Ex. xii, 15 ; Buxtorf, Synagog. Jud. c. xii : c'est avec un zèle semblable que les Apôtres devaient repousser loin d'eux le levain pharisaïque ou hérodien. Notons ici une nouvelle nuance dans les récits évangéliques. Matthæus dicit : A fermento Pharisæorum et Sadducæorum. Marcus vero : Pharisæorum et Herodis. Lucas vero (cap. xiii) : Pharisæorum solum. Tres ergo illi Evangelistæ Pharisæos nominarunt, quasi principales ; Matthæus vero et Marcus sibi secundarios diviserunt : congrue autem Marcus posuit Herodis, quasi relictis a Matthæo Herodianis in supplementum narrationis ipsius. » S. Jean Chrysost. ap. Caten. Peut-être serait-il plus exact de dire que, les principes d'Hérode et ceux de la secte Sadducéenne étant à peu près les mêmes, les expressions « fermentum Herodis » et « fermentum Sadducæorum » ne différaient guère l'une de l'autre. Cfr. Patrizi, In Marc. Comment. p. 90.

16. — *Cogitabant ad alterutrum.* Cette réflexion du Maître causa une vive agitation parmi les disciples. Les voilà tout troublés parce que, l'idée du levain réveillant dans

dicentes : Quia panes non habemus.

17. Quo cognito, ait illis Jesus : Quid cogitatis, quia panes non habetis? nondum cognoscitis, nec intelligitis? adhuc cæcatum habetis cor vestrum?

18. Oculos habentes non videtis? et aures habentes non auditis? Nec recordamini?

Sup. 6, 41; *Joan.* 6, 1.

19. Quando quinque panes fregi in quinque millia : quot cophinos fragmentorum plenos sustulistis? Dicunt ei : Duodecim.

20. Quando et septem panes in quatuor millia, quot sportas fragmentorum tulistis? Et dicunt ei : Septem.

21. Et dicebat eis : Quomodo nondum intelligitis?

22. Et veniunt Bethsaidam, et

saient l'un à l'autre : C'est que nous n'avons pas de pain.

17. Jésus l'ayant connu, leur dit : Pourquoi pensez-vous que vous n'avez point de pain? N'avez-vous encore ni sens, ni intelligence? avez-vous encore le cœur aveuglé?

18. Ayant des yeux, ne voyez-vous point? ayant des oreilles, n'entendez-vous point? et n'avez-vous point de souvenir?

19. Quand je rompis cinq pains pour cinq mille hommes, combien de corbeilles pleines de fragments remportâtes-vous? Ils lui dirent : Douze.

20. Et quand je rompis sept pains pour quatre mille hommes, combien de corbeilles de fragments remportâtes-vous? Ils lui dirent : Sept.

21. Et il leur dit : Comment ne comprenez-vous pas encore?

22. Et ils vinrent à Bethsaïda, et

---

leur esprit celle du pain, ils se rappellent qu'ils n'ont pas pris de provisions! Ils se préoccupent d'un morceau de pain, à côté de Celui qui a pu, de rien, nourrir de nombreuses multitudes!

17-21. — *Quo cognito.* Ce manque de foi méritait un blâme : Jésus le leur adresse à l'instant. Le récit de S. Marc est, ici encore, plus vivant et plus complet que celui de S. Matthieu. Il se compose d'une longue série de questions (huit ou neuf, selon qu'on place une virgule ou un point d'interrogation à la fin du ɣ. 18) qui se succèdent coup sur coup avec une grande rapidité. D'abord, les pauvres disciples demeurent tout à fait muets. Puis, vers la fin, ɣɣ. 19 et 20, les demandes sont suivies d'une réponse ; c'est un vrai dialogue qui s'engage entre Jésus et les Douze sur les événements antérieurs. Enfin l'interrogatoire se termine au ɣ. 21 par une dernière question qui revient au point de départ : Comment se fait-il que vous ne compreniez pas encore? « Mais alors ils comprirent, ajoute S. Matthieu, XVI, 12, que Jésus ne parlait point d'un levain matériel. » — La gradation contenue dans les ɣɣ. 17 et 18 est vraiment remarquable. *Nondum cognoscitis?* en grec οὔπω νοεῖτε; Νοέω signifie proprement « mente agito, in animum verso, cogito. » *Nec intelligitis?* οὐδὲ συνίετε; la traduction est cette fois plus exacte, car συνίημι a le sens de « perspi-

cio, percipio, intelligo. » Ce second verbe dit quelque chose de plus que le premier. L'erreur singulière des Apôtres provient donc d'abord de ce qu'ils n'ont pas suffisamment réfléchi à la puissance du Sauveur : ce manque de réflexion les a empêchés de comprendre. Du reste, comment auraient-ils compris? Leur cœur était endurci, leurs yeux aveuglés, leurs oreilles sourdes : en un mot, toutes les grandes ouvertures par lesquelles la connaissance entre habituellement dans un homme étaient obstruées chez eux. Bien plus, ils avaient même perdu la mémoire des plus récents prodiges de leur Maître! Etait-il donc étonnant que les choses les plus évidentes leur échappassent? — Sur la tournure *fregi in quinque millia*, ɣ. 19, calquée sur le grec, comp. Beelen, Gramm. p. 214.

5. — Guérison d'un aveugle à Bethsaïda.
VIII, 22-26.

22. — *Et veniunt Bethsaidam.* Le P. Patrizi et plusieurs autres commentateurs supposent qu'il s'agit ici de la Bethsaïda occidentale ; mais, des versets 10 et 13 de ce chapitre, il ressort très-clairement que Jésus et les siens avaient franchi le lac de l'Ouest au Nord-Est et ne pouvaient se trouver alors qu'à Bethsaïda-Julias. Voyez VI, 45 et l'explication. La leçon εἰς Βηθανίαν des manuscrits D et *a* est une faute manifeste. — S. Marc a

on lui amena un aveugle, et on le pria de le toucher.

23. Prenant la main de l'aveugle, il le conduisit hors du bourg, et, lui ayant imposé les mains, lui demanda s'il voyait quelque chose.

24. Il regarda et dit : Je vois des hommes comme des arbres marchant.

25. Il mit de nouveau les mains sur ses yeux, et il commença à voir et il fut guéri, de sorte qu'il voyait clairement toutes choses.

adducunt ei cæcum, et rogabant eum ut illum tangeret.

23. Et apprehensa manu cæci, eduxit eum extra vicum, et expuens in oculos ejus, impositis manibus suis, interrogavit eum si quid videret.

24. Et aspiciens, ait : Video homines velut arbores ambulantes.

25. Deinde iterum imposuit manus super oculos ejus : et cœpit videre, et restitutus est ita ut clare videret omnia.

---

seul raconté la guérison miraculeuse que le Sauveur opéra en ce lieu. Elle rappelle vivement à l'esprit, par tous ses détails, une autre cure analogue que Jésus avait récemment accompli et dont le récit était déjà propre à S. Marc. Cfr. vii, 31-37. L'aveugle, comme le sourd-muet, sera conduit à l'écart par le Thaumaturge et guéri d'une manière lente et graduelle. Les motifs qui inspirèrent à Jésus cette méthode extraordinaire furent sans doute les mêmes dans les deux cas : défaut de foi suffisante dans le patient, désir d'éviter l'enthousiasme populaire. Cfr. Théophylacte, Euthymius, Luc de Bruges, in h. l. — *Adducunt ei cæcum*. A la façon orientale, le narrateur rapproche les uns des autres, sans aucune indication, des verbes qui n'ont pas le même sujet, laissant au lecteur le soin d'établir les distinctions nécessaires. C'est Jésus qui arrive à Bethsaïda suivi des siens ; c'est le peuple qui amène l'infirme. — *Ut illum tangeret*. Cfr. vii, 30, et le commentaire. « Scientes, écrit le V. Bède, quia tactus Domini, sicut leprosum mundare, ita etiam cæcum illuminare valeret. »

23. — *Apprehensa manu cæci*. Détail pittoresque, comme tous les suivants. La gradation qui forme le caractère principal de ce miracle est nettement accentuée dans le récit : Jésus prend familièrement la main de l'aveugle, il le conduit hors du bourg, il lui fait une onction sur les yeux avec de la salive, il lui impose les mains une première fois, il lui demande ce qu'il ressent, il lui fait une seconde imposition des mains. Alors seulement la guérison est complète. Qu'on aime à se représenter par la pensée ce beau tableau : Notre-Seigneur se faisant, selon les expressions de S. Jean Chrysostôme, « la route et le guide du pauvre aveugle », puis, à sa suite, les disciples et les amis de l'infirme, l'accompagnant en silence !

24. — *Aspiciens*, ἀναβλέψας, regardant en

haut : geste bien naturel dans la circonstance. L'aveugle lève la tête et les yeux afin d'expérimenter s'il pourrait voir quelque chose. — Ses paroles sont plus naturelles encore : Je vois les hommes *velut arbores ambulantes*! Il voyait, mais imparfaitement. A ses yeux encore à demi voilés, les figures qui s'agitaient alentour apparaissaient vagues et confuses. Elles ressemblaient à des arbres quant à la taille ; mais leur mouvement lui montrait que c'étaient des hommes. « Ceux dont la vue est encore obscure distinguent quelques formes de corps qui se détachent sur les ombres, mais ils ne peuvent pas saisir les contours : c'est ainsi que, pendant la nuit ou dans le lointain, les arbres apparaissent indéterminés, en sorte que l'on ne sait pas si c'est un arbre ou un homme. » V. Bède. Il suit de cette comparaison, selon la juste remarque de F. Luc, que cet homme n'avait pas toujours été frappé de cécité : autrement, il lui aurait été bien difficile de tenir un pareil langage et d'établir aussitôt un rapprochement entre des formes qui lui eussent été jusqu'alors inconnues. — Au lieu de la leçon Βλέπω τοὺς ἀνθρώπους, ὡς δένδρα περιπατοῦντας, identique à celle de la Vulgate, Tischendorf et d'autres critiques adoptent une variante que soutiennent d'importants manuscrits : Βλέπω τοὺς ἀνθρώπους, ὅτι ὡς δένδρα ὁρῶ περιπατοῦντας, je vois les hommes, car je vois comme des arbres qui marchent.

25. — Quand Jésus eût imposé une seconde fois ses mains divines sur les yeux de l'aveugle, la vue redevint parfaite en un moment ; καὶ διέβλεψεν, disent les meilleurs manuscrits grecs, suivis par les versions copte et éthiopienne. Διαβλέπειν signifie en effet « voir bien et fixement ». Le manuscrit D a ἤρξατο ἀναβλέψαι, comme la Vulgate. La Recepta porte : καὶ ἐποίησεν αὐτὸν ἀναβλέψαι, « et fecit (Jesus) eum aspicere ». — La fin du verset montre jusqu'à quel point la guérison était

26. Et misit illum in domum suam, dicens : Vade in domum tuam : et si in vicum introieris, nemini dixeris.

27. Et egressus est Jesus, et discipuli ejus, in castella Cæsareæ Philippi, et in via interrogabat discipulos suos, dicens eis : Quem me dicunt esse homines ?

Matth. 16, 13 ; *Luc.* 9, 18.

28. Qui responderunt illi, dicen-

26. Et il le renvoya dans sa maison, disant : Va dans ta maison, et si tu entres dans le bourg, ne dis rien à personne.

27. Et Jésus s'en alla avec ses disciples dans les villages de Césarée de Philippe, et en chemin il interrogeait ses disciples, disant : Qui dit-on que je suis ?

28. Ils lui répondirent : Jean-

---

complète : *ita ut clare videret omnia.* L'adverbe τηλαυγῶς, de τῆλε et αὐγή, clarté qui vient de loin, est très expressif. La locution entière ἀνέβλεψε τηλαυγῶς, (comparez τηλαυγεστέρον ὁρᾶν de Diod. de Sicile, 1, 50) signifie donc littéralement « eminus et dilucide vidit. »

26. — Le miracle une fois accompli, Jésus recommande à l'aveugle, comme il avait auparavant recommandé au sourd-muet, VII, 36, de garder le silence sur le miracle dont il venait d'être l'objet. — *In domum suam.* Sa maison, qu'il lui dit de gagner à l'instant, était située en dehors de Bethsaïda, puisqu'il pouvait y arriver, d'après le contexte, sans entrer dans cette ville. — *Si in vicum introieris.* La Recepta grecque et de nombreux manuscrits ont une leçon notablement différente : Μηδὲ εἰς τὴν κώμην εἰσέλθῃς, « ne introeas in vicum ». D'autres témoins, omettant ces mots, disent simplement : μηδένι εἴπῃς εἰς τὴν κώμην, « nemini dixeris in vicum (scil. intrans) ». Voir plusieurs autres variantes dans Tischendorf, Nov. Test. h. l. — La défense de Jésus fut-elle observée cette fois ? L'Évangéliste ne le dit pas. Il est probable que non, « ex communiter contingentibus. »

6. Confession de S. Pierre. VIII, 27-30. Parall. Matth. XVI, 13-20 ; Luc. IX, 18-21.

Nous sommes arrivés à l'un des points culminants de l'histoire évangélique. De graves incidents vont se multiplier dans l'espace de quelques jours : la confession de S. Pierre, l'annonce de la Passion, le mystère de la Transfiguration. A mesure que sa fin approche, le Sauveur prépare de plus en plus ses Apôtres à leur rôle futur. Dans le premier des trois faits que nous venons de citer, il se propose de sonder leurs propres sentiments sur son caractère et sa dignité. Il trouvera ses disciples pleins de foi !

27. — *Egressus est Jesus.* Il sortit de Bethsaïda, ⋎. 12, pour aller plus au Nord en remontant le cours du Jourdain. Après avoir traversé une contrée qui s'est toujours fait remarquer par son aspect calme et solitaire,

il arriva *in castella Cæsareæ Philippi,* c'est-à-dire sur le territoire et auprès des villages qui dépendaient de la riche Césarée. Voyez R. Riess, Bibel-Atlas, pl. IV, et l'Evangile selon S. Matth. p. 320. Cette ville, alors surnommée « de Philippe » en l'honneur du tétrarque, fils d'Hérode-le-Grand et frère d'Antipas, qui l'avait embellie, a mérité, par sa situation ravissante, qu'un illustre voyageur contemporain l'appelât le Tivoli syrien. Cfr. Stanley, Sinai and Palestine, p. 397, 2e édit. « Et de fait, écrit un autre voyageur, dans les rochers, les cavernes, les cascades, la beauté naturelle du paysage, il y a vraiment de quoi rappeler le Tibur romain. Derrière le village, en face d'une large grotte creusée par la nature, une rivière s'élance du sein de la terre : c'est la source supérieure du Jourdain. Des inscriptions et des niches sculptées dans le rocher parlent des antiques hommages rendus en ces lieux à Baal et à Pan. » Tristram, Land of Israel, p. 581. Sur ce terrain qui appartint longtemps aux faux dieux, Jésus fera proclamer sa divinité par les siens. — *In via interrogabat.* « In via » est un trait propre à S. Marc. La scène grandiose qui va suivre ne se passa donc point pendant une halte, mais tandis que le Sauveur s'avançait avec les Douze sur la route de Césarée. — *Quem me dicunt esse...?* Il y a plus d'emphase dans la question telle que l'a conservée S. Matthieu, XVI, 13 ; « Quem dicunt homines esse Filium hominis? » S. Luc, IX, 18, écrit, à peu près comme notre Evangéliste : « Quem me dicunt esse turbæ? » Jamais encore Jésus n'avait demandé aux Apôtres d'une façon si catégorique et si solennelle ce qu'on pensait de sa personne.

28. — *Qui responderunt...* La réponse des Douze nous fait connaître les bruits qui avaient cours dans le peuple au sujet de Notre-Seigneur. La divergence des opinions était grande ! — 1o *Joannem Baptistam.* Nous avons vu que c'était le sentiment bien arrêté d'Hérode Antipas, VI, 14 et 16. — 2o *Alii Eliam.* On pensait que ce prophète, enlevé mystérieu-

Baptiste; d'autres, Elie; d'autres,
Comme un des prophètes.

29. Alors il leur dit : Mais vous,
qui dites-vous que je suis? Pierre
répondant, lui dit : Vous êtes le
Christ.

tes : Joannem Baptistam, alii Eliam,
alii vero quasi unum de prophetis.

29. Tunc dicit illis : Vos vero
quem me esse dicitis? Respondens
Petrus, ait ei : Tu es Christus.

---

sement sur un char de feu, était revenu ici-
bas sous les traits de Jésus. — 3° *Quasi unum
ex prophetis*. Ceux qui craignaient de trop
s'engager en s'arrêtant à un nom précis avaient
du moins recours à cette hypothèse générale.
Voyez vi, 15, où nous avons déjà trouvé la
seconde et la troisième opinion mentionnées
à côté de celle d'Antipas. S. Matthieu en
ajoute une quatrième : « Alii Jeremiam ».
« Frappés de l'éloquence toute divine du
Sauveur, de sa sagesse, de ses vertus, de son
zèle, des œuvres merveilleuses qu'il semait
partout sur ses pas, les Juifs étaient bien
forcés de reconnaître que ce n'était pas un
homme ordinaire, que c'était un prophète
suscité de Dieu ; mais, dominés par l'autorité
des Scribes et des Pharisiens, aveuglés par
leurs préjugés..., ils avaient peine à reconnaître le Messie libérateur dans l'humble fils
du charpentier, qui ne prêchait que le mé-
pris des richesses,... se dérobait obstinément
aux ovations et aux honneurs. » Dehaut, l'É-
vangile expliqué, défendu, 5e édit. t. III, p. 69.
29. — *Dixit illis*, ou mieux peut-être, d'a-
près les manuscrits B, C, L, Δ, et la version
copte, « interrogabat eos ». — *Vos vero*. Il
interroge, lui qui sait toutes choses ; mais ne
fallait-il pas que ses disciples les plus intimes
exprimassent sur lui de meilleures idées que
la foule? (Pensée de Victor d'Antioche). C'est
leur sentiment personnel qu'il désire leur
entendre formuler maintenant d'une manière
explicite. — *Respondens Petrus*. « Discipulos
(Jesus) interrogat... Quid igitur os Aposto-
lorum Petrus? Ut qui ubique ferveret, cunctis
interrogatis, ipse respondet ». Victor d'Antioche. Hâtons-nous d'ajouter que cet empressement du prince des Apôtres n'avait
alors rien de naturel : il provenait de sa foi,
de son amour, et de l'inspiration divine. Cfr.
Matth. xvi, 17. — *Tu es Christus*. Voilà la
glorieuse « confession » de S. Pierre : elle
est prompte, précise, vigoureuse. Vous êtes
le Christ, le Messie promis à nos pères,
ὁ Χριστός, « ille Christus » par excellence. Et
pourtant, il y manque quelque chose; du
moins dans les rédactions de S. Marc et de
S. Luc : ce sont les paroles si importantes
par lesquelles le fils de Jona compléta sa profession de foi : ὁ υἱὸς τοῦ Θεοῦ τοῦ ζῶντος.
Voyez l'Evangile selon S. Matthieu, p. 322.
Mais nous avons à signaler ici une omission
autrement étonnante de la part de S. Marc.

Comment se fait-il que l' « interpres Petri »
ait totalement passé sous silence la promesse
solennelle par laquelle Jésus, répondant à son
apôtre, récompensa sa foi en lui conférant
la plus haute dignité qui ait jamais existé,
en l'établissant Chef visible de l'Eglise? Cfr.
Matth. xvi, 18 et 19. Cette étrange réserve de
notre Evangéliste avait déjà frappé les Pères et
les exégètes des premiers siècles. Ils ont aussi
trouvé la vraie réponse : « Marcus, quum ad
illum historiæ locum venisset, ubi Jesus interrogavit quem se esse homines dicerent,
ipsique sui discipuli quam de se opinionem
haberent, subjunxissetque Petrus : Tanquam
de Christo, nihil illi respondentem Jesum aut
dicentem describit... Non enim interfuit Marcus iis quæ a Christo dicta sunt, ac ne Petrus
quidem quæ ad ipsum ac de ipso dicta sunt
ab Jesu, proprio testimonio proferre æquum
putavit. Hæc sane Petrus merito tacenda ju-
dicavit, quare etiam Marcus ea præteriit ».
Euseb. Dem. Evang. l. iii, c. 5. « Hunc locum
Matthæus... accuratius exponit. Marcus namque, ne quid in Petri magistri sui gratiam
dicere videatur, compendio contentus, exac-
tiorem historiæ explanationem prætermittit ».
Victor d'Antioche. Ou encore : « Ce que le
Seigneur répondit à la confession de Pierre,
et la manière dont il le proclama bienheureux,
toutes ces choses sont omises par S. Marc,
qui ne voulait point paraître les dire par
complaisance pour S. Pierre, son maître. »
Théophylacte, h. l. Cfr. S. Jean Chrysost.
Hom. in Matth. xvi, 24; Patrizi, de Evangel.
lib: I, c. ii, n. 63. Les protestants eux-mêmes
admettent généralement ces raisons. Aussi
n'est-ce pas sans surprise que nous avons
trouvé dans le commentaire sur S. Marc publié récemment par M. Cook (Speaker's Bible,
New Testam. vol. I, p. 251, Londr. 1878)
cette singulière réflexion : « Il est remarquable que l'Evangile... qui met le moins en
relief la confession de S. Pierre est celui qui
fut écrit à Rome, pour des lecteurs romains. »
Nous répondrons au chanoine anglican par
les paroles suivantes du pieux et savant Docteur Reischl : « Que S. Pierre ait pu se passer
d'un témoignage écrit, favorable à sa primauté, et cela précisément dans son Evangile et auprès de lecteurs romains, c'est un
fait qui prouve combien grande et puissante
était la réalité de cette primauté, et avec
quelle solidité elle s'était établie dans la

30. Et comminatus est eis, ne cui dicerent de illo.

31. Et cœpit docere eos, quoniam oportet filium hominis pati multa, et reprobari a senioribus, et a summis sacerdotibus, et scribis, et occidi : et post tres dies resurgere.

32. Et palam verbum loquebatur. Et apprehendens eum Petrus, cœpit increpare eum.

30. Et il leur défendit avec menace de le dire à personne.

31. Et il commença à leur enseigner qu'il fallait que le Fils de l'homme souffrît beaucoup, qu'il fût repoussé par les anciens et par les princes des prêtres et les scribes, qu'il fût mis à mort, et qu'après trois jours il ressuscitât.

32. Et il parlait ouvertement. Et Pierre, le prenant à part, commençait à le reprendre.

---

conscience de l'Eglise. » Die heilig. Schrift. des N. Testam., 1866, p. 188.

30. — *Et comminatus est* : mot expressif, destiné à montrer l'insistance avec laquelle Jésus appuya sur cet ordre. — *Ne cui dicerent de illo,* ou plus clairement, d'après S. Matthieu, « ut nemini dicerent quia ipse esset Jesus Christus ». Au reste, quelques manuscrits contiennent ces dernières paroles. L'interdiction devait durer jusqu'après la Résurrection du Sauveur. Sur ses motifs, voyez l'Evang. selon S. Matth., p. 228.

7. — La croix du Christ et des chrétiens. VIII, 31-39.

1. *La croix pour le Christ.* VIII, 31-33. — Parall. Matth. XVI, 21-23; Luc. IX, 22.

31. — *Et cœpit docere eos.* Les deux verbes semblent avoir été choisis à dessein par l'Evangéliste. D'une part en effet Jésus « commençait » vraiment à parler aux siens de sa Passion et de sa mort, en ce sens que c'était la première nouvelle claire et officielle qu'il leur en donnait ; de l'autre, « l'enseignement » qu'il va leur fournir sur ce point sera complet. Il retracera dans les termes les plus précis : 1° la nécessité où était le Christ de souffrir et de mourir pour le salut des hommes, *oportet,* nécessité inhérente à son rôle tel qu'il avait été prédit depuis longtemps par les Prophètes ; 2° le tableau général de la Passion, *pati multa;* 3° le tableau détaillé de cette même Passion, et en particulier deux scènes spéciales : *a.* les outrages (*reprobari*) que Jésus recevra du Sanhédrin juif, nettement désigné par ses trois chambres, *senioribus,* la chambre des notables, *summis sacerdotibus,* la chambre des princes des prêtres, *scribis,* la chambre des Docteurs ; *b.* la douloureuse consommation de ce drame inique, *et occidi;* 4° l'issue glorieuse de la Passion, *post tres dies resurgere* (plus clairement, d'après S. Matthieu, « le troisième jour » ; S. Marc emploie une locution familière aux Hébreux. Cfr. Deut. XIV, 28 ; XXVI, 12 ; I Reg. XX, 12 ;

V, 19 ; III Reg. XX, 29 ; Esth. IV, 16). Voilà le vrai Christ des Prophètes, Cfr. Is. LIII, mis en contraste avec la fausse représentation que s'en faisait le vulgaire, que s'en faisaient même les Apôtres, comme le montrera l'incident qui va suivre.

32. — *Et palam verbum loquebatur.* Ouvertement, sans réticence et sans mystère (φανερῶς καὶ ἀπαρακαλύπτως, c'est ainsi qu'Euthymius explique le grec παῤῥησία) : allusion aux indications énigmatiques et obscures que Jésus avait autrefois données sur sa Passion. Cfr. Joan. II, 19 ; III, 12-16 ; VI, 47-54 ; Matth. IX, 15. « Verbum ν, τὸν λόγον avec l'article, « verbum hoc, hunc sermonem. » Ce détail est omis par les deux autres Synoptiques. — *Apprehendens eum.* S. Matthieu emploie la même expression, προσλαβόμενος, qui signifie : prendre quelqu'un par la main ou par les vêtements pour l'entretenir en particulier. — *Petrus cœpit increpare.* S. Pierre ne peut supporter l'idée qu'un sort si humiliant, si funeste, soit réservé à son Maître. Ne consultant que son bon cœur et sa vivacité naturelle (« rursus existens fervidus... sumit audaciam disputandi » S. Jean Chrys.), il ose réprimander le Sauveur au sujet des choses qu'il venait de leur prédire : « Absit a te, Domine, s'écrie-t-il, non erit hoc tibi ! » Matth. XVI, 22. Qu'était devenue sa noble foi de tout-à-l'heure ? Mais, disent les anciens interprètes, son amour ardent l'excuse jusqu'à un certain point : « hoc autem amantis affectu et optantis dixit. » V. Bède. Au reste, jusqu'alors « non revelationem acceperat de passione Domini. Nam, quod Christus sit Filius Dei didicerat quidem, at nondum quid esset mysterium crucis et resurrectionis. » Cramer, Catena græc. Patr. h. l. Voilà pourquoi « ce même Pierre qui avait si bien reconnu la vérité en confessant la grandeur du Sauveur du monde, ne la peut plus souffrir dans ce qu'il déclare de sa bassesse. » Bossuet, Panégyrique de S. Pierre, Œuvres, Edit. de Versailles, t. XVI, p. 237.

33. Il se retourna, et, regardant ses disciples, il réprimanda Pierre, disant : Retire-toi de moi, Satan, car tu n'as pas le goût de ce qui est de Dieu, mais de ce qui est des hommes.

34. Et il appela la foule avec ses disciples et leur dit : Si quelqu'un veut me suivre, qu'il se renonce lui-même, qu'il porte sa croix et me suive.

35. Car celui qui voudra sauver sa vie la perdra, et celui qui perdra sa

33. Qui conversus, et videns discipulos suos, comminatus est Petro, dicens : Vade retro me, Satana, quoniam non sapis quæ Dei sunt, sed quæ sunt hominum.

34. Et convocata turba cum discipulis suis, dixit eis : Si quis vult me sequi, deneget semetipsum ; et tollat crucem suam, et sequatur me.

Matth. 10, 38 *et* 16, 24; *Luc.* 9, 23 *et* 14, 27.

35. Qui enim voluerit animam suam salvam facere, perdet eam :

---

33. — *Qui conversus et videns...* Jésus s'arrête tout-à-coup (Cfr. ℣. 27, « in via »). Puis, se retournant vers les Douze, qui marchaient sans doute respectueusement derrière lui, il jette sur eux un de ces regards pénétrants que S. Marc aime tant à noter. Il ne contemple pas seulement le coupable, mais la troupe entière des disciples; car ils partageaient tous assurément les idées de S. Pierre, et ils étaient prêts à répéter son assertion. Néanmoins, ses paroles de blâme (*comminatus est*) ne retombent directement que sur Simon. — *Vade retro me...* Comme Jésus traite sévèrement celui qui voudrait le détourner de sa Passion et de sa mort ! « Voyez quelle opposition. Là (Matth. XVI, 17-19) il dit : Barjona, fils de la colombe ; ici, Satan. Là il dit : Tu es une pierre sur laquelle je veux bâtir ; ici : tu es une pierre de scandale pour faire tomber. » Bossuet, l. c., p. 238. Mais quelle opposition aussi dans la conduite de l'Apôtre ! Là il avait pensé, compris, goûté les choses de Dieu ; ici il avait parlé comme un homme naturel, auquel la souffrance fait horreur ; il avait dit au Christ qu'il n'était pas bon de pâtir et de mourir pour la rédemption de l'humanité.

b. *La croix pour les chrétiens.* VIII, 34-39. — Parall. Matth. XVI, 24-28; Luc. IX, 23-27.

34. — « Postquam discipulis mysterium suæ passionis et resurrectionis ostendit, hortatur eos una cum turba ad sequendum suæ passionis exemplum. » Ces paroles de Théophylacte expriment très bien la transition qui existe entre les deux paragraphes. — *Convocata turba.* Trait propre à S. Marc. S. Luc paraît toutefois supposer que Jésus avait alors d'autres auditeurs que les disciples. Cfr. VIII, 34. Une foule nombreuse avait donc rejoint le Sauveur jusque dans ces parages lointains. Elle était demeurée à l'écart durant toute la scène qui précède : le divin Maître l'appelle pour lui faire entendre un des plus

grands principes du Christianisme. — *Si quis*; dans le grec, ὅστις, « quicumque. » Les manuscrits B, D, L, Δ, et Origène ont εἴ τις, comme l'Itala et la Vulgate. — *Me sequi*, ὀπίσω μου ἀκολουθεῖν. Dans S. Matthieu, nous lisons : ὀπίσω μου ἐλθεῖν, et dans S. Luc : ὀπίσω μου ἔρχεσθαι. Nous citons ces légères variantes, comme un modèle de l'indépendance des écrivains évangéliques. — *Deneget semetipsum* exprime un renoncement entier à ce que l'homme a de plus cher, le moi. L'égoïsme, le culte de la personnalité propre, est donc un vice tout-à-fait anti-chrétien. — *Tollat crucem suam.* S. Marc n'avait pas encore mentionné le nom alors infamant, mais désormais glorieux de la croix. Toute l'assistance dût frémir en entendant ce langage si opposé aux idées de la chair et du monde ! Mais elle aurait été vivement consolée, si elle avait pu comprendre le sens des mots *sequatur me.* Nous, qui le comprenons tout entier, suivons avec amour le divin Crucifié. — Voyez l'explication détaillée de ce verset et des suivants dans l'Évangile selon S. Matth. pp. 330-332. Les deux Évangélistes citent en des termes à peu près identiques les paroles de Notre-Seigneur Jésus-Christ.

35. — *Qui enim...* A propos des trois « enim » qu'on trouve au début des versets 35, 36 et 38, le P. Patrizi, In Marc. Comment., p. 96, fait une réflexion très exacte : « Animadvertamus necesse est particulæ *enim*, ter in hac oratione positæ, non eam vim esse ac si sententiæ omnes ita inter se colligentur ut posterior sententia sententiæ proxime superioris causam rationemque præbeat, neque ergo sollicitos esse oportere de illarum connexu exponendo ac demonstrando; sed tria argumenta a Christo afferri, quibus, quod de se sequendo præcipit, nobis persuadeat. » Le ℣. 35 contient le premier de ces trois arguments. On peut le résumer ainsi : Il faut suivre Jésus, dût-on pour cela perdre la vie ; car, la perdre, c'est la gagner. On la

qui autem perdiderit animam suam propter me et Evangelium, salvam faciet eam.

Luc. 17, 33; Joan. 12, 25.

36. Quid enim proderit homini, si lucretur mundum totum, et detrimentum animæ suæ faciat?

37. Aut quid dabit homo commutationis pro anima sua?

38. Qui enim me confusus fuerit, et verba mea, in generatione ista adultera et peccatrice : et Filius hominis confundetur eum, cum venerit in gloria Patris sui cum angelis sanctis.

Matth. 10, 33; Luc. 9, 26 et 12, 9.

39. Et dicebat illis : Amen dico

vie à cause de moi et de l'Evangile la sauvera.

36. En effet, que servirait à l'homme de gagner le monde entier et de perdre son âme?

37. Ou que donnera l'homme en échange de son âme?

38. Car celui qui aura rougi de moi et de mes paroles, au milieu de cette génération adultère et pécheresse, le Fils de l'homme aussi rougira de lui, lorsqu'il viendra dans la gloire de son Père avec les Anges saints.

39. Et il leur disait : Je vous dis

---

perdra dans le temps, mais on la gagnera pour l'éternité. Notre-Seigneur joue, on le voit, sur le double sens du substantif ψυχή, âme et vie. Perdre sa vie pour moi, dit-il, c'est sauver son âme ! — Les mots *et Evangelium* sont propres à S. Marc. — *Salvam faciet, σώσει*, est une expression plus claire que le εὑρήσει, « inveniet », de S. Matthieu.

36 et 37. — Second argument : Suivre Jésus, malgré l'attrait du monde et de ses faux biens. — Dans le verset qui précède, l'idée de perdre était opposée à celle de sauver ; ici, nous voyons en regard l'un de l'autre un bénéfice et un détriment. Le profit consiste dans l'acquisition du monde entier, par hypothèse ; le détriment, dans la damnation éternelle. Y a-t-il équilibre entre ces deux choses? Les biens du monde sont-ils assez précieux pour que l'on consente à se damner en vue de les acquérir? Assurément non, comme l'indique le ỷ. 37. Supposé qu'un mondain ait sacrifié le bonheur céleste en échange des jouissances d'ici-bas, avec quoi pourra-t-il le racheter? Vous avez une maison ; vous la vendez, et vous en recevez le prix (ἄλλαγμα) : il vous sera loisible ensuite de la racheter en livrant une rançon (ἀντάλλαγμα, *commutatio* ; littéralement, le contre-prix). Pour l'âme il n'y a pas de rançon possible après cette vie.

38. — Troisième argument : Suivre Jésus, en foulant aux pieds tout respect humain. La rédaction de S. Matthieu ne mentionne pas ici cette pensée : mais on la trouve dans S. Luc, IX, 26. — *Confusus fuerit* et *confundetur* sont de fausses formes moyennes pour « erubuerit, erubescet. » Le traducteur a servilement copié le texte grec ἐπαισχυνθῇ με, ἐπαισχυνθήσεται αὐτόν, et traité « confundor » comme si c'eût été un verbe déponent.

Quelques manuscrits latins ont essayé de corriger cette faute en écrivant « confessus fuerit, confitebor. » Comp. H. Rœnsch, Itala u. Vulgata, 2º édit. p. 440. — Jésus suppose donc, et hélas! il ne suppose pas à tort, qu'il y aura des hommes qui rougiront de lui et de sa doctrine par respect humain. Comment traitera-t-il ces lâches? Leur appliquant la peine du talion, il rougira d'eux à son tour. Mais, tandis qu'ils auront refusé de le reconnaître *in generatione ista*, c'est-à-dire dans ce monde corrompu, dont ils auront redouté les vains jugements, lui il les reniera au jour du jugement dernier, en face de Dieu son Père et de toute la cour céleste. — « Generatio », de même que son équivalent hébreu רור, désigne ici une époque quelconque et tous ceux qui y vivent. Cfr. Gesenius, Thesaurus. s. v. Victor d'Antioche donne une excellente interprétation des épithètes *adultera et peccatrix* : « Sicut adultera dicitur quæ cum alio viro fuerit, ita et anima, quæ verum sponsum Deum deseruit, nec mandata ejus custodivit, adultera utique et peccatrix appellatur ». Comparez du reste Is. LIV, 5; Jerem. XXXI, 32; Mal. II, 11; Hebr. XII, 8, etc. — La fin du verset fait allusion au second et glorieux avènement du Christ. — *Filius hominis*, au lieu du simple « Ego » que l'on attend d'après la construction de la première partie de la phrase, est emphatique et majestueux.

39. — Dans le grec, ce verset ouvre le chapitre suivant. La division adoptée dans notre version latine est préférable, parce qu'elle correspond mieux à la liaison des pensées. — *Et dicebat illis*. Nous avons vu plus haut, Cfr. VII, 9, 20, que cette formule annonce habituellement, dans le second Evan-

en vérité qu'il y en a, parmi ceux ici présents, qui ne goûteront pas la mort avant d'avoir vu le royaume de Dieu venant dans sa puissance.

vobis, quia sunt quidam de hic stantibus, qui non gustabunt mortem, donec videant regnum Dei veniens in virtute.

Matth. 16, 28; *Luc.* 9, 27.

CHAPITRE IX

Le miracle de la Transfiguration (⚥⚥. 1-7). — L'avènement d'Elie (⚥⚥. 8-12). — Guérison d'un lunatique (⚥⚥. 13-28). — Jésus prédit sa Passion et sa mort pour la seconde fois (⚥⚥. 29-31). — Il donne à ses Apôtres des leçons d'humilité (⚥⚥. 32-36) et de tolérance (⚥⚥. 37-40). — Malheur à ceux qui scandalisent leurs frères (⚥⚥. 41-47). — Le sel mystique (⚥⚥. 48-49).

1. Six jours après, Jésus prit Pierre, Jacques et Jean, et les conduisit seuls à l'écart sur une mon-

1. Et post dies sex assumit Jesus Petrum, et Jacobum, et Joannem, et ducit illos in montem excelsum

---

gile, une pause et une transition. De l'avènement qu'il vient d'annoncer, mais qui n'aura lieu qu'à la fin des temps, le Sauveur passe tout à coup à un avènement d'un autre genre, que plusieurs de ceux auxquels il parlait alors devaient contempler de leurs propres yeux. Il le désigne d'une manière assez énigmatique : *Regnum Dei veniens* (mieux « venisse », ἐληλυθυῖαν) *in virtute.* Le royaume de Dieu manifesté avec puissance : qu'est-ce à dire? Plaçons avec S. Matthieu le concret au lieu de l'abstrait, « le Fils de l'homme venant dans son royaume », et la pensée paraîtra déjà plus claire. Où trouver maintenant, dans une période assez rapprochée pour justifier l'assertion *quidam de hic stantibus...,* une manifestation éclatante de Jésus en tant que Roi messianique? Nous répondons, pour les motifs exposés dans notre commentaire sur S. Matthieu, pp. 332 et 333, que la ruine de Jérusalem et de l'Etat juif semble répondre seule aux conditions fixées par Notre-Seigneur lui-même, et que c'est elle sans doute que le divin Prophète avait en vue quand il prononça ces graves paroles.

8. — La Transfiguration. ix, 1-12.

2. *Le miracle.* ix, 1-7. — Parall. Matth. xvii, 1-8; Luc. ix, 28-36.

Assurément, comme nous venons de le dire, c'est un évènement distinct de la Transfiguration que Notre-Seigneur avait promis de faire contempler avant leur mort à quelques-uns de ses auditeurs; néanmoins, nous ne prétendons pas dire qu'il n'existe aucune

connexion entre la promesse de Jésus et le grand mystère sur lequel l'ordre chronologique appelle maintenant notre attention dans les trois premiers Evangiles. La Transfiguration devait en effet prouver à ses heureux témoins que le Sauveur était vraiment Roi, qu'il avait le droit de parler de sa gloire et de sa puissance : en ce sens elle était donc un prélude et un gage des manifestations éclatantes dont nous entendions naguère la prédiction. C'est pourquoi S. Basile le Grand l'appelle τὰ προοίμια τῆς εὐδόξου αὐτοῦ (Ἰησοῦ) παρουσίας. Hom. in Is. xliv. Cfr. Théodoret, Ep. cxlv; S. Anselm. Hom. iv. — Sur le but et le motif de la Transfiguration, voyez l'Evang. selon S. Matth., p. 333.

CHAP. ix. — 1. — *Post dies sex.* Six jours après les événements racontés en dernier lieu, viii, 27-39. Tout porte à croire que Jésus et les siens passèrent ce temps dans le voisinage de Césarée : rien du moins, dans le récit sacré, n'indique un changement de lieux. — *Assumit Petrum...* Ne voulant pas, dans ses mystérieux desseins, faire assister tous les Apôtres à son triomphe momentané, le Sauveur prend du moins avec lui « les trois sommets du Sacré-Collège » (Théophylacte), Pierre, le futur Chef de l'Eglise, et les deux fils du Tonnerre. — *Ducit illos.* Dans le grec, ἀναφέρει, il les conduit en haut, mot qui semble indiquer, de concert avec l'adjectif *excelsum,* une ascension longue et pénible. — *In montem.* Etait-ce le Thabor? était-ce l'Hermon? Nous avons discuté dans notre commentaire sur S. Matthieu, p. 334,

seorsum solos, et transfiguratus est coram ipsis.

Matth. 17, 1; Luc. 9, 28.

2. Et vestimenta ejus facta sunt splendentia, et candida nimis velut nix, qualia fullo non potest super terram candida facere.

3. Et apparuit illis Elias cum Moyse; et erant loquentes cum Jesu.

4. Et respondens Petrus, ait Jesu : Rabbi, bonum est nos hic esse; et faciamus tria tabernacula, tibi unum, et Moysi unum, et Eliæ unum.

5. Non enim sciebat quid diceret : erant enim timore exterriti.

tagne élevée, et fut transfiguré devant eux.

2. Ses vêtements devinrent resplendissants et blancs comme la neige, tels qu'un foulon sur la terre ne peut les faire de cette blancheur.

3. Et Elie leur apparut avec Moïse, et ils parlaient avec Jésus.

4. Et Pierre, prenant la parole, dit à Jésus : Maître, il est bon pour nous d'être ici; faisons trois tentes, une pour vous, une pour Moïse et une pour Elie.

5. Car il ne savait ce qu'il disait, parce qu'ils étaient saisis de crainte.

---

les raisons qui parlent pour et contre chacune de ces montagnes, et nous nous sommes décidé en faveur de l'Hermon. Telle était déjà l'opinion de D. Calmet, Comment. littér. sur S. Marc, h. l., peut-être même celle d'Eusèbe (In Psalm. LXXXVIII). Le sentiment traditionnel a fait donner chez les grecs le nom de Θαβώριον à la fête de la Transfiguration. — *Transfiguratus est.* Les Pères et les théologiens ont bien déterminé le sens de cette expression, qui, d'après la signification littérale du grec, semblerait indiquer une sorte de métamorphose, μετεμορφώθη. « Nemo putet pristinam formam eum amisisse; non substantia tollitur, sed gloria commutatur. » S. Jérôme, in Matth. XVII. « Transfiguratus est non mutatione lineamentorum, sed qualitate gloriæ. Erat enim et apparebat Jesus ejusdem non mutatæ figuræ, sed mutatæ qualitatis. » Cajetan, Comm. h. l.

2. — *Et vestimenta ejus.* Au rayonnement divin de la physionomie du Sauveur, se joignit celui de ses vêtements, qui devinrent *candida nimis.* Pour donner à ses lecteurs une idée de cette blancheur merveilleuse, S. Marc emploie deux comparaisons qui lui sont propres, car c'est par une erreur de traduction que la première, *sicut nix,* a passé dans le texte latin de S. Matthieu (Voyez le commentaire, p. 336). — La seconde comparaison, *qualia fullo non potest...,* est empruntée à l'art humain, de même que la précédente l'avait été à la nature, à la neige étincelante qui blanchissait le sommet de l'Hermon. Certes, dès l'antiquité, l'habileté des hommes, qui progresse si vite toutes les fois qu'il s'agit de rehausser le bien-être matériel, était allée très loin sous le rapport auquel S. Marc fait allusion. Les « candidati » de Rome et d'Athènes portaient des toges d'une blancheur éblouissante. Et pourtant,

cela n'était rien à côté de la splendeur céleste qui avait subitement envahi tout l'extérieur de Jésus.

3. — *Elias cum Moyse.* Les deux héros de la théocratie juive viennent saluer, dans ce moment glorieux, le Législateur et le Prophète de la Loi nouvelle, montrant ainsi l'alliance qui existe entre les deux Testaments. Ce fut sans doute par une sorte d'intuition surnaturelle que les trois Apôtres les reconnurent aussitôt. — *Erant loquentes cum Jesu.* Cette construction semble indiquer que l'entretien eut une certaine durée. S. Luc nous en fait connaître l'étonnant objet, IX, 31.

4. — *Respondens Petrus.* C'est S. Pierre, vif, ardent et saintement empressé comme toujours, qui songe le premier à prendre la parole. — *Rabbi.* Tandis que les deux autres synoptiques emploient l'équivalent grec de ce titre, S. Marc cite à sa manière le mot hébreu, רבי. On en trouvera l'étymologie et l'histoire dans S. Matthieu, p. 440. — *Bonum est...* « Videt hoc Petrus, et humana sapiens tanquam homo, Domine, bonum est, inquit, nos hic esse. Tædium patiebatur a turba, invenerat solitudinem montis; ibi habebat Christum, panem mentis. Utquid inde discederet ad labores et dolores, habens in Deum sanctos amores et ideo bonos mores? Bene sibi volebat esse, unde et adjunxit: Si vis faciamus hic tria tabernacula. » S. Aug. Serm. LXXVIII. Le V. Bède fait ici un beau rapprochement : « Si tantum transfigurata Christi humanitas duorumque societas sanctorum ad punctum visa delectat, ut eos ne discedant... Petrus sistere velit; quanta erit felicitas, visioni deitatis inter angelorum choros adesse perpetuo? » Il fera meilleur encore au ciel que sur le Thabor ou l'Hermon.

5. — *Non enim sciebat...* S. Marc relève, de concert avec S. Luc, ce trait intéressant.

6. Et il se forma une nuée qui les couvrit de son ombre, et une voix vint de la nuée disant : Celui-ci est mon Fils bien-aimé, écoutez-le.

7. Et aussitôt, regardant autour d'eux, ils ne virent plus personne, si ce n'est Jésus seul avec eux.

8. Et lorsqu'ils descendaient de la montagne, il leur défendit de raconter à personne ce qu'ils avaient vu, jusqu'à ce que le Fils de l'homme fût ressuscité d'entre les morts.

6. Et facta est nubes obumbrans eos ; et venit vox de nube, dicens : Hic est filius meus charissimus : audite illum.

7. Et statim circumspicientes, neminem amplius viderunt, nisi Jesum tantum secum.

8. Et descendentibus illis de monte, præcepit illis ne cuiquam quæ vidissent narrarent : nisi cum Filius hominis a mortuis resurrexerit.

Matth. 17, 9.

S. Pierre oubliait qu'il n'est pas possible de prolonger ici-bas de tels moments d'une manière perpétuelle, que cette vie doit être consacrée à la lutte et non aux saintes délices. Son extase l'avait transporté dans des régions sublimes où il ne songeait plus aux conditions de l'existence présente. « In spiritu enim homo constitutus, telle est à ce sujet la profonde réflexion de Tertullien, Adv. Marc. iv, 22, præsertim quum gloriam Dei conspicit,... necesse est excidat sensu, obumbratus scilicet virtute divina. » — *Erant enim timore exterriti.* Ce second détail est propre à notre Évangéliste. C'est un fait d'une grande vérité psychologique, quoique, de prime-abord, il semble contredit par ce qui précède. Mais le paradoxe n'est qu'apparent. Une joie surnaturelle et une frayeur religieuse se concilient fort bien ensemble. S. Pierre et ses deux compagnons, quoique si heureux sur la sainte montagne, pouvaient être en même temps en proie à un sentiment de vif effroi en face du divin qui les enveloppait. C'étaient tout à la fois le bonheur et la crainte qui les avaient mis hors d'eux-mêmes. Le mot grec ἔκφοβοι, traduit par « timore exterriti », est d'une grande énergie.

6. — *Et facta est nubes...* Telle fut la réponse donnée à S. Pierre ; une tente toute divine, consistant en une nuée lumineuse, Cfr. Matth. xviii, 4, enveloppa soudain Jésus et ses deux interlocuteurs. Puis, Dieu le Père, qui cachait sous ce voile l'éclat de sa sainte présence, fit entendre de solennelles paroles, par lesquelles il saluait Notre-Seigneur comme son Fils bien-aimé, *Hic est Filius meus,* et l'établissait Législateur souverain de la Nouvelle Alliance, *Ipsum audite.* C'est à lui et à lui seul que l'on doit obéir désormais. La loi mosaïque a fait son temps : Celui qu'elle figurait est arrivé. Les Prophètes, représentés par Élie, ont fait leur temps : Celui qu'ils annonçaient a fait son apparition. « Tradidit igitur Pater Filio discipulos novos, ostensis prius

cum illo Moyse et Elia in claritatis prærogativa, atque ita dimissis, quasi jam et officio et honore dispunctis. » Tertull. l. c. C'est donc le Christ, Fils de Dieu, qu'il faut écouter exclusivement et à tout jamais.

7. — *Et statim circumspicientes.* — Voir dans S. Matthieu, xvii, 6 et 7, quelques détails graphiques omis par S. Marc. L'adverbe ἐξάπινα autorise à croire que la Théophanie n'avait duré plus que peu d'instants. Lorsque, n'entendant plus la voix et devenant plus hardis, les trois Apôtres jetèrent autour d'eux un regard furtif, ils n'aperçurent plus que Jésus auprès d'eux sur la montagne, « sueta forma, sueto amictu » (Witsius) ; la Transfiguration avait pris fin. — Voyez dans Rohault de Fleury, Études iconograph. et archéolog., t. II, pp. 68 et ss., quelques notes intéressantes sur ce mystère considéré dans ses rapports avec l'art antique.

b. *Entretien qui se rattache au miracle.* ix, 8-12.
Parall. Matth. xvii, 9-13.

8. — *Descendentibus illis.* L'entretien que le Sauveur eut avec les trois disciples privilégiés, aussitôt après sa Transfiguration, comprend deux points principaux. Jésus commença par enjoindre aux témoins du mystère de garder le plus profond silence sur ce qu'ils avaient vu et entendu, ÿÿ. 8 et 9 ; il répondit ensuite à une question qu'ils lui adressèrent au sujet de l'avènement d'Élie, ÿÿ. 10-12. — 1. Le silence. *Ne cuiquam... narrarent.* A personne absolument, pas même aux autres Apôtres qu'ils allaient bientôt rejoindre au pied de la montagne. L'interdiction devait durer autant que la vie mortelle de Notre-Seigneur. Seule, sa résurrection d'entre les morts pourrait lever le scellé placé sur les lèvres de Pierre, de Jacques et de Jean. Cet ordre n'a rien d'étonnant, après les défenses semblables que Jésus avait fréquemment formulées depuis le début de son ministère public. Ou plutôt, il avait cette fois une raison

9. Et verbum continuerunt apud se, conquirentes quid esset : Cum a mortuis resurrexerit.

10. Et interrogabant eum, dicentes : Quid ergo dicunt pharisæi et scribæ quia Eliam oportet venire primum ?

Malac. 4, 5.

11. Qui respondens, ait illis : Elias, cum venerit primo, restituet omnia : et quomodo scriptum est in Filium hominis, ut multa patiatur et contemnatur.

Isai. 53, 3.

12. Sed dico vobis quia et Elias

9. Et ils gardèrent le secret en eux-mêmes, se demandant ce que voulait dire : Lorsqu'il sera ressuscité d'entre les morts.

10. Et ils l'interrogeaient, disant : Pourquoi donc les Pharisiens et les Scribes disent-ils qu'il faut qu'Elie vienne auparavant ?

11. Et il leur répondit : Elie, lorsqu'il viendra premièrement, rétablira toutes choses, et, comme il est écrit du Fils de l'homme, il faut qu'il souffre beaucoup et soit méprisé.

12. Mais je vous dis qu'Elie est

---

d'être toute particulière : « Quo enim de ipso (Jesu) majora dicerentur, eo creditu difficiliora tunc apud plerosque forent, et scandalum ex cruce vehementius offendisset. » Victor d'Antioche.

9. — *Verbum continuerunt.* Dans le grec, τὸν λόγον ἐκράτησαν; littéralement, ils tinrent ferme cette parole. Cela veut-il dire qu'ils obéirent fidèlement à l'injonction de leur Maître ? ou bien, d'après une autre interprétation, qu'ils furent vivement frappés des derniers mots prononcés par le Sauveur, et qu'ils en firent le thème de leurs réflexions ? Ce second sens nous paraît plus en rapport avec le contexte. — *Apud se,* que la ponctuation actuelle de la Recepta et de la Vulgate rattache au verbe « continuerunt », retombe plutôt sur *conquirentes;* les trois Apôtres discutaient donc entre eux sur la signification (*quid esset*) de la phrase *Cum a mortuis resurrexerit.* S. Marc a seul signalé l'espèce de perplexité dans laquelle les amis de Jésus furent jetés par cette parole du Sauveur. Sans doute ils n'ignoraient pas ce qu'était la résurrection en général, puisqu'elle faisait partie du symbole de foi chez les Juifs comme chez les chrétiens ; mais la Résurrection personnelle de Jésus les troublait. En effet, pour ressusciter il faut mourir ; or, la mort de leur Maître était opposée à leurs vieux préjugés. — Au lieu de la leçon ὅταν ἐκ νεκρῶν ἀναστῇ, que notre traducteur latin semble avoir lue dans son manuscrit, la Recepta porte simplement τὸ ἐκ νεκρῶν ἀναστῆναι.

10. — 2. L'avènement d'Elie. *Interrogabant eum.* Si les disciples n'osent questionner Jésus sur le mystère, si obscur pour eux, de sa Résurrection, ils lui proposent du moins une difficulté que la récente apparition d'Elie

avait fait naître dans leur esprit. Peut-être se figuraient-ils que les deux points n'étaient pas sans connexion intime, et, qu'en provoquant des explications sur l'un, ils feraient jaillir en même temps la lumière sur l'autre. — *Quid ergo dicunt...* La Vulgate a lu τί οὖν. Ὅτι du texte imprimé équivaut à τί ὅτι. Divers critiques adoptent la variante ὅ τι, qui a le sens de διὰ τί. — *Pharisæi* n'est pas dans le grec. — *Eliam... venire primum.* « Auparavant », c'est-à-dire avant le Messie, en qualité de Précurseur, ainsi que l'avait annoncé le prophète Malachie, IV, 5. Sur ce retour d'Elie, qui a toujours vivement intéressé les Juifs, à tel point que « vouloir citer tous les passages rabbiniques où il en est question serait une tâche infinie » (Lightfoot), voyez l'Évangile selon S. Matthieu, p. 340.

11 et 12. — *Qui respondens.* La réponse du Sauveur est exprimée d'une manière un peu obscure dans le second Evangile. La rédaction plus nette de S. Matthieu fait disparaître toute difficulté. Un premier point est clair : c'est qu'Elie viendra d'abord, et, qu'une fois de retour sur cette terre dont il a si mystérieusement disparu, il préparera les hommes à recevoir le Messie. *Primo* représente l'époque du second avènement de Notre-Seigneur Jésus-Christ ; *restituet* (mieux « restituit », car le verbe grec est au présent), les travaux d'Elie pour amener les Juifs à la vraie foi. Ainsi, Jésus donne raison aux Scribes ; seulement, il explique et rectifie leur dire en appliquant à la fin des temps ce qu'ils s'attendaient à voir bientôt accompli. Théophylacte, h. l. — *Et quomodo scriptum est...* C'est ici que la pensée devient énigmatique, à cause de la construction un peu lourde et enchevêtrée de la phrase. On a proposé, pour l'améliorer, plusieurs changements dans la ponc-

déjà venu, et ils lui ont fait tout ce qu'ils ont voulu, ainsi qu'il est écrit de lui.

13. Et, venant vers ses disciples, il vit une grande foule autour d'eux, et des Scribes disputant avec eux.

14. Et aussitôt tout le peuple, voyant Jésus, fut stupéfait, et ils

venit (et fecerunt illi quæcumque voluerunt) sicut scriptum est de eo.

Matth. 17, 12.

13. Et veniens ad discipulos suos, vidit turbam magnam circa eos, et Scribas conquirentes cum illis.

14. Et confestim omnis populus videns Jesum, stupefactus est, et

---

tuation. Par exemple, une coupure et un point d'interrogation après *Filium hominis :* « Qu'est-il écrit du Fils de l'homme ? Qu'il souffrira beaucoup... » Ou bien un simple point d'interrogation à la fin du verset : « Pourquoi est-il écrit du Fils de l'homme qu'il aura beaucoup à souffrir ? » Nous préférerions une virgule après *contemnetur*, de manière à établir une corrélation étroite entre le ⨍. 12 et la fin du ⨍. 11 : « De même qu'il est écrit au sujet du Fils de l'homme qu'il aura beaucoup à souffrir et qu'il sera avili (dans le grec ἐξουδενωθῇ, réduit à rien), de même, je vous dis qu'Elie est venu... comme il est écrit à son sujet. » Il nous semble que l'équilibre des mots et des idées demande cette traduction. A l'apparition future du véritable Elie, Jésus oppose l'arrivée déjà ancienne de l'Elie figuratif, Jean-Baptiste ; des souffrances subies par son Précurseur, il rapproche ses propres souffrances. De part et d'autre il montre, planant au-dessus des destinées humaines, la volonté de Dieu exprimée dans les Saintes Ecritures. De la sorte, il existe entre toutes les parties de la phrase un lien qui les unit, un contrepoids qui les soutient, et l'obscurité se trouve amoindrie. De plus, nous nous rapprochons ainsi du texte de S. Matthieu, XVII, 12 : « Je vous le dis : Elie est déjà venu et ils ne l'ont pas connu, et ils ont fait contre lui tout ce qu'ils ont voulu. C'est ainsi que le Fils de l'homme doit souffrir par eux. » — *Fecerunt illi...* Jésus désignait ainsi les persécutions endurées par S. Jean. Cfr. VI, 17 et ss. Le prophète Elie n'avait pas moins souffert. Cfr. III Reg. XIX.

9. — Guérison d'un lunatique. IX, 13-28. Parall. Matth. XVII, 14-20 ; Luc. IX, 37-44.

13. — *Veniens ad discipulos...* Au pied de l'Hermon, une scène bien différente de celle de la Transfiguration attendait Jésus et ses disciples. Les trois Synoptiques sont unanimes pour la rapprocher du glorieux mystère que nous venons d'étudier ; mais c'est incontestablement S. Marc qui l'a décrite de la manière la plus complète. Il se surpasse lui-même au point de vue des détails pittoresques. Raphaël n'a eu en quelque sorte qu'à le copier pour produire le chef-d'œuvre dont nous

parlions dans notre commentaire sur S. Matthieu, p. 342. — Dès les premiers mots, la situation est admirablement dépeinte : nous voyons les neuf Apôtres, timides et embarrassés ; autour d'eux, *turbam magnam* qui prend parti pour eux ou contre eux ; puis *Scribas conquirentes cum illis* (scil. discipulis). Le contexte nous apprendra l'objet du litige. Les disciples n'avaient pu guérir un jeune possédé, qu'on leur avait conduit en l'absence de leur Maître. Cet échec avait comblé d'une joie maligne les Scribes qui en avaient été témoins : profitant de cette occasion unique, ceux-ci avaient attaqué devant toute l'assistance non seulement les Apôtres impuissants, mais aussi Jésus lui-même, comme si la défaite des soldats eût prouvé contre le général. Mais, voici que le Sauveur apparaît tout à coup à quelque distance, pour venger son honneur attaqué.

14. — *Et confestim...* Nouveau tableau propre à S. Marc et tracé d'une main magistrale. Mais les divers traits qui le composent ne sont-ils pas contradictoires ? La foule voit Jésus, elle a peur, et pourtant elle accourt au-devant de lui pour le saluer ! La frayeur dût être grande ; la Vulgate a deux mots pour l'exprimer : *stupefactus est et expaverunt*. Le texte grec n'a qu'un seul verbe, ἐξεθαμβήθη ; il est vrai que c'est une expression d'une grande énergie, qui désigne une terreur extrême (On a remarqué que S. Marc seul l'emploie dans son Evangile). Pourquoi d'abord le peuple, en apercevant Jésus, fut-il saisi d'un effroi si violent ? « Il en est qui disent que son visage conservait un reflet de la Transfiguration », écrivait Théophylacte. Corneille de Lapierre est plus catégorique, et n'hésite pas à accepter ce que son devancier grec n'osait donner que comme un dire incertain : « Quod viderent in vultu Jesu paulo ante transfigurato reliquos adhuc aliquos splendoris radios, sicut Mosi post Dei colloquium in vultu adhæserunt radii e quasi corona lucis. » Oui, voilà bien ce qui dût effrayer le peuple quand il reconnut Jésus : il restait sur la physionomie du Sauveur quelques traces de la gloire divine qui l'avait récemment illuminé, et c'est ce reflet extraordinaire, imposant, qui inspirait à la foule une

expaverunt, et accurentes saluta-bant eum.

15. Et interrogavit eos : Quid inter vos conquiritis?

16. Et respondens unus de turba, dixit : Magister, attuli filium meum ad te, habentem spiritum mutum :

Luc. 9, 38.

17. Qui ubicumque eum apprehenderit, allidit illum, et spumat, et stridet dentibus, et arescit : et dixi discipulis tuis ut ejicerent illum, et non potuerunt.

18. Qui respondens eis, dixit : O generatio incredula, quamdiu apud vos ero? quamdiu vos patiar? afferte illum ad me.

19. Et attulerunt eum. Et cum vi-

---

furent saisis de crainte, et accoururent le saluer.

15. Et il les interrogea : De quoi disputez-vous ensemble?

16. Et quelqu'un de la foule lui répondit : Maître, je vous ai amené mon fils possédé d'un esprit muet,

17. Qui le jette à terre, partout où il s'empare de lui, et il écume, et il grince des dents, et se dessèche. Et j'ai dit à vos disciples de le chasser et ils ne l'ont pas pu.

18. Il dit, s'adressant à eux : O race incrédule, jusques à quand serai-je avec vous? jusques à quand vous supporterai-je? Amenez-le moi.

19. Et ils l'amenèrent. Et lors-

---

frayeur surnaturelle. Mais, en face de Jésus, le sentiment de la crainte ne pouvait être de longue durée : ses divins attraits, sa bonté, dominèrent promptement toute autre impression. Aussi voyons-nous la multitude accourir bientôt au-devant de lui et le saluer avec une aimable familiarité, tout heureuse qu'il arrivât si à propos pour tirer les siens d'embarras. Voilà le paradoxe éclairci.

15. — *Interrogavit eos.* Le grec porte : ἐπερώτησε τοὺς γραμματεῖς, il interrogea les Scribes. Mais les meilleurs manuscrits et plusieurs versions anciennes favorisent la leçon de la Vulgate. — Au lieu de *inter vos*, on lit encore dans le grec imprimé πρὸς αὐτούς, « contra eos (discipulos) ». D'après notre version latine, Jésus se serait adressé en général à toute l'assemblée. Suivant le « textus receptus », il aurait pris les Scribes à partie, leur montrant que ce n'était plus avec ses disciples, mais avec lui-même, qu'ils avaient à discuter.

16. — *Respondens unus de turba.* Tandis que tous les autres demeurent silencieux, un homme sort de la foule et s'avance jusqu'auprès de Jésus. S. Matthieu, XVII, 14, décrit fort bien le pathétique de son attitude et de sa prière : « Genibus provolutus ante eum, dicens : Domine, miserere filio meo. » — *Attuli... ad te.* Ce pauvre père était du moins venu avec l'intention de présenter son fils au Sauveur ; mais, n'ayant pas trouvé le divin Thaumaturge, il avait eu recours à ses disciples. — *Habentem spiritum mutum.* Locution tout orientale, pour dire que l'enfant était au pouvoir d'un démon qui le rendait sourd (℣. 24) et muet.

17. — *Qui ubicumque...* Bien que la pos-

session fût habituelle, elle présentait néanmoins des alternatives étranges de calme relatif et de crises horribles. Ces crises sont vigoureusement décrites par notre Evangéliste. — *Allidit eum.* Le verbe ῥήσσει désigne plutôt de violentes convulsions, car le sens primitif de ῥήγνυμι est « à déchirer. » Il signifie pourtant aussi « in terram prosternere, allidere. » Cfr. Bretschneider, Lexic. man., t. II, p. 378. De là cette traduction d'Euthymius : καταβάλλει εἰς γῆν. — Les deux traits suivants : *spumat, stridet dentibus*, dénotent aussi d'affreux paroxysmes. — *Arescit*, c'est-à-dire « obrigescit » (ξηραίνεται). Les crises se terminaient dans un état de complète prostration, durant lequel les membres du démoniaque devenaient raides comme le fer.

18. — *O generatio incredula.* C'est à l'assemblée tout entière, c'est-à-dire au père, à la foule, aux Scribes, et même aux disciples jusqu'à un certain point, que Jésus adressait ce reproche. Voyez l'Evang. selon S. Matthieu, p. 342. — *Quamdiu.* Excellente traduction de l'ἕως πότε grec, qui équivaut à l'hébreu עַד־מָה ou עַד־מָתַי. La peine la plus grande que Jésus ait éprouvée sur la terre semble avoir été celle qui provenait de l'incrédulité des hommes : de même que les joies les plus vives de son Cœur semblent avoir eu pour cause la foi des vrais croyants.

19. — Quand, sur l'ordre du Sauveur, on eût approché l'enfant, le démon manifesta sa rage par un accès suprême, que le Thaumaturge toléra pendant quelques instants, pour mieux faire éclater la vertu divine qui agissait en lui. — Il est assez difficile de déterminer le sujet du verbe *vidisset.* Est-ce Jésus qui regarda l'enfant, et qui fit frémir ainsi le

qu'il eut vu Jésus, l'esprit aussitôt le tourmenta et, jeté contre terre, il se roulait en écumant.

20. Et Jésus interrogea son père : Combien y a-t-il de temps que cela lui arrive? Et il dit : Depuis l'enfance.

21. Souvent l'esprit l'a jeté dans le feu et dans l'eau pour le faire périr. Mais, si vous pouvez quelque chose, ayez pitié de nous et secourez-nous.

22. Et Jésus lui dit : Si tu peux croire, tout est possible à celui qui croit.

23. Et aussitôt le père de l'enfant s'écriant, dit avec larmes : Je crois, Seigneur; aidez mon incrédulité.

disset eum, statim spiritus conturbavit illum : et elisus in terram volutabatur spumans.

20. Et interrogavit patrem ejus[c] Quantum temporis est ex quo ei hoc accidit? At ille ait : Ab infantia :

21. Et frequenter eum in ignem, et in aquas misit, ut eum perderet; sed si quid potes, adjuva nos, misertus nostri.

22. Jesus autem ait illi : Si potes crédere, omnia possibilia sunt credenti.

23. Et continuo exclamans pater pueri, cum lacrymis aiebat : Credo, Domine; adjuva incredulitatem meam.

---

démon? Est-ce l'enfant qui regarda Jésus, et qui, uni étroitement à l'esprit mauvais, lui communiqua l'impression de crainte dont il avait été aussitôt saisi? La locution grecque, ἰδὼν αὐτὸν, est tout aussi ambiguë. Le second sentiment nous parait plus naturel. Cfr. Belen, Grammat. p. 484. — Le verbe ἐσπάραξεν, traduit par *conturbavit*, signifie plutôt « discerpsit. » L'enfant fut donc repris de convulsions et de spasmes. — *Volutabatur...* Trait douloureusement pittoresque.

20 et 21. — *Et interrogavit patrem.* Cependant Jésus, plein d'un calme divin, noue avec le père du jeune démoniaque un touchant dialogue, ɤɤ. 20-23, que S. Marc nous a seul conservé. — *Quantum temporis...* Comme un médecin dans un cas semblable, Notre-Seigneur se fait renseigner (point pour lui-même assurément, mais pour l'assistance) sur la durée de ce mal affreux. — *Ab infantia,* répond le père, παιδιόθεν, indiquant par là que la maladie, ainsi que sa cause, était tout à fait invétérée. Puis, trait bien naturel, pour exciter davantage la pitié de Jésus, il ajoute quelques détails sur le malheureux état de son pauvre enfant : *Frequenter eum...* Cfr. ɤ. 47. — *Ut eum perderet.* Tel était, dans la pensée du suppliant, le but (ἴνα) que se proposait le démon en maltraitant ainsi son fils : il voulait lui donner la mort. — *Sed, si quid potes...* On croit entendre, en lisant ces paroles, l'accent de détresse avec lequel elles durent être prononcées. Mais pourquoi le père ne s'écrie-t-il pas comme le centurion : Dis seulement une parole, et mon fils sera guéri? Ὁρᾷς, répond Euthymius, πῶς οὐκ εἶχε πίστιν

ἀδίστακτον. En effet, c'est une foi vacillante qu'exprime une telle restriction : « Si vous pouvez quelque chose. » Le père croyait jusqu'à un certain point en la puissance de Jésus, puisqu'il lui avait conduit son fils ; mais sa foi, déjà imparfaite en elle-même, était devenue plus faible encore après les efforts impuissants des Apôtres pour chasser le démon. — *Misertus nostri.* De même qu'autrefois la Chananéenne, Matth. xv, 25, le père fait sienne l'infirmité de son enfant.

22. — *Si potes credere.* La Recepta grecque porte, d'une manière à peu près semblable, τὸ εἰ δύνῃ πιστεῦσαι. Mais, dans la Recepta comme dans la Vulgate, les verbes πιστεῦσαι, « credere », sont probablement de trop; car les meilleurs manuscrits (B, C, L, Δ, Sinaït.) et plusieurs versions ont simplement : τὸ εἰ δύνῃ, c'est-à-dire : Quant à ce que vous dites là, « Si tu peux », tout est possible à celui qui croit. Au reste cette variante change peu de chose à la pensée. Jésus, on le voit, saisit au vol la fâcheuse réflexion du suppliant, et il s'en sert avec autant d'habileté que de bonté pour raviver dans ce cœur désolé la foi sans laquelle le miracle n'eût pas été produit. La question est ainsi ramenée à son véritable point de vue : il ne s'agit pas de la puissance du Thaumaturge, sur laquelle le moindre doute n'est pas permis, mais de la foi de quiconque y a recours.

23. — La description devient de plus en plus pathétique. — *Continuo exclamans.* Effet instantané de la parole du Sauveur. Allant droit au cœur du père, elle y enfanta une grande foi, ou du moins un grand désir de

24. Et cum videret Jesus concurrentem turbam, comminatus est spiritui immundo, dicens illi : Surde et mute spiritus, ego præcipio tibi, exi ab eo; et amplius ne introeas in eum.

25. Et exclamans, et multum discerpens eum, exiit ab eo, et factus est sicut mortuus, ita ut multi dicerent : Quia mortuus est.

26. Jesus autem tenens manum ejus, elevavit eum, et surrexit.

27. Et cum introisset in domum, discipuli ejus secreto interrogabant eum : Quare nos non potuimus ejicere eum?

28. Et dixit illis : Hoc genus in nullo potest exire, nisi in oratione, et jejunio.

24. Et Jésus, voyant la foule accourir, menaça l'esprit immonde, lui disant : Esprit sourd et muet, je te le commande, sors de cet enfant et n'y rentre plus.

25. Et poussant un grand cri, et l'agitant violemment, il sortit de l'enfant, qui devint comme mort, de sorte que beaucoup disaient : Il est mort.

26. Mais Jésus, prenant sa main, le souleva et il se dressa.

27. Et lorsque Jésus fut entré dans la maison, ses disciples l'interrogèrent en secret : Pourquoi n'avons-nous pas pu le chasser, nous?

28. Et il leur dit : Cette sorte *d'esprits* ne peut se chasser que par la prière et le jeûne.

---

foi. — *Credo, Domine.* Je crois déjà, j'ai une entière bonne volonté pour croire, et cependant, *adjuva incredulitatem meam*, parce que je sens que ma foi n'est pas assez vive encore. Il appelle incrédulité ce qu'il comprend n'être qu'un commencement de foi, une foi appelée à se développer. Belle prière, qui rappelle celle des disciples : « Domine, adauge nobis fidem. »

24. — *Cum videret… concurrentem turbam.* Dans le grec, ὅτι ἐπισυντρέχει ὄχλος. Le verbe, doublement composé, indique des foules grossissantes qui viennent s'ajouter à celle qui environnait déjà Notre-Seigneur, ỷ. 13. Le Sauveur se hâte d'accomplir le miracle pour échapper à tous ces regards curieux. Cfr. vii, 33; viii, 23, et les notes correspondantes. — *Surde et mute spiritus.* C'est-à-dire, esprit qui rend sourd et muet. — *Ego præcipio tibi.* Il y a une emphase visible dans cet ἐγώ mis en tête de la phrase : Moi, à qui tu ne résisteras point comme à mes disciples. L'ordre est majestueux, digne du Messie. — *Et amplius ne introeas…* C'est une guérison perpétuelle que le Seigneur effectue : il interdit à tout jamais au démon d'entrer dans ce corps qu'il avait si longtemps regardé comme sa propriété.

25 et 26. — *Exclamans, multum discerpens…* Quelle abondance de détails vivants et intéressants d'un bout à l'autre du récit! S. Pierre avait tout vu, tout retenu, tout raconté à son disciple. — Le démon, obligé d'obéir à la voix de Jésus, lance ce trait du Parthe en se retirant. Il convulsionne une

dernière fois sa victime et l'étend comme morte aux pieds de Jésus. Peine inutile! Notre-Seigneur n'a qu'un geste à faire, *tenens manum ejus elevavit*, et l'infirme recouvre ses sens et la pleine possession de tout son être. — C'est peut-être à cette cure merveilleuse que Lucien fait une allusion ironique, lorsqu'il écrit dans son Philopseudes, xvi : Πάντες ἴσασιν τὸν Σύρον τὸν ἐκ τῆς Παλαιστίνης, τὸν ἐπὶ τούτων σοφιστὴν, ὅσους παραλαβὼν καταπίπτοντας πρὸς τὴν σελήνην (Cfr. Matth. xvii, 14) καὶ τὼ ὀφθαλμὼ διαστρέφοντας καὶ ἀφροῦ πιμπλαμένους τὸ στόμα ὅμως ἀνίστησι καὶ ἀποπέμπει ἀρτίους· ἐπὶ μισθῷ μεγάλῳ ἀπαλλάξας τῶν δεινῶν.

27. — *Cum introisset in domum.* Détail propre à S. Marc. La question des Apôtres au divin Maître fut donc posée « secreto », comme le dit S. Matthieu. — *Quare nos non potuimus?* Ils n'avaient pas dépassé leur mandat, puisque Jésus leur avait donné quelque temps auparavant, vi, 7, « potestatem spirituum immundorum » : quel pouvait bien être la cause secrète de leur récente défaite?

28. — *Et dixit illis.* Notre Évangéliste ne donne que la substance de la réponse du Sauveur. Voyez S. Matthieu, xvii, 19-20 et le commentaire. C'est seulement après avoir dit à ses disciples que leur impuissance provenait de l'imperfection de leur foi, et après leur avoir révélé par un frappant exemple la vertu incomparable d'une foi ferme, que Jésus ajouta : *Hoc genus…* Cette race, c'est-à-dire, d'après l'opinion commune, la classe particulière dont faisait partie, dans la hiérarchie infernale, le démon expulsé par Notre-Sei-

29. Etant partis de là, ils traver-
sèrent la Galilée, et il voulait que
personne ne le sût.

30. Car il enseignait ses disciples
et leur disait : Le Fils de l'homme
sera livré entre les mains des hommes, et ils le mettront à mort, et
il ressuscitera le troisième jour
après sa mort.

31. Mais ils ne comprenaient pas
cette parole, et ils craignaient de
l'interroger.

32. Et ils vinrent à Capharnaüm.
Lorsqu'ils furent dans la maison, il
leur demanda : Que discutiez-vous
en chemin ?

29. Et inde profecti prætergredie-
bantur Galilæam ; nec volebat quemquam scire.

30. Docebat autem discipulos suos
et dicebat illis : Quoniam Filius hominis tradetur in manus hominum,
et occident eum, et occisus tertia
die resurget.

Matth. 17, 21 ; Luc. 9, 22, 24.

31. At illi ignorabant verbum, et
timebant interrogare eum.

32. Et venerunt Capharnaum. Qui
cum domi essent, interrogabat eos :
Quid in via tractabatis ?

---

gneur. C'était un « de pessimis et obstina-
tissimis dæmonibus. » Tirin. — *In oratione
et jejunio.* Par le jeûne, la chair est soumise
à l'esprit ; par la prière, l'esprit est soumis
à Dieu, et, de la sorte, l'homme devient pour
ainsi dire un ange, supérieur à la chair et au
démon (Pensée d'Eusèbe d'Émèse). Mais, pour
prier, comme pour mortifier sa chair, il faut
avoir une foi vive. Que le prêtre ait donc
cette foi, qu'il réduise son corps en servitude,
qu'il soit un homme d'oraison, et il sera plus
fort que tous les démons qu'il gémit de voir
ravager son troupeau.

**10. — La Passion prédite pour la seconde
fois.** ix, 29-31. — Parall. Matth. xvii, 21-22 ; Luc.
ii, 44-45.

29. — *Et inde profecti.* L'adverbe « inde »
désigne, selon l'opinion qu'on s'est formée
touchant la montagne de la Transfiguration,
les environs du Thabor ou ceux de l'Hermon.
Cfr. ix, 1 et le commentaire. — *Prætergre-
diebantur Galilæam.* Le texte grec emploie ici
une expression délicate, παρεπορεύοντο, qui
semblerait indiquer une marche clandestine
à travers des chemins écartés, comme si
Jésus eût voulu, pendant ce voyage, demeurer seul avec ses disciples les plus intimes,
afin d'achever librement leur formation apostolique. Du reste, les mots suivants, *nec volebat quemquam scire,* montrent clairement
que le Sauveur évitait avec soin tout concours de la foule. Cfr. vii, 14. On ne trouve
ces deux traits que dans le second Évangile.

30. — *Docebat... et dicebat.* De cette répétition emphatique et de l'emploi de l'imparfait,
nous pouvons conclure que Jésus revenait fréquemment, durant la période actuelle de sa
vie, sur le grave sujet de sa Passion et de
sa mort. — *Filius hominis tradetur.* Dans le

grec, παραδίδοται au présent, tant le fait est
proche et certain.

31. — *At illi ignorabant verbum.* Ils comprirent cependant d'une certaine manière,
puisque, d'après S. Matthieu, xvii. 22, le
premier effet de cette nouvelle prédiction fut
de les attrister profondément. Ce qu'ils ignoraient, c'était le mode, la cause, le but des
souffrances du Messie. Aveuglés par leurs
fausses idées christologiques, ils ne voyaient
pas pourquoi Jésus devait mourir avant d'établir son royaume. Cfr. le Vén. Bède et Luc de
Bruges, h. l. — *Timebant interrogare.* D'une
part, ils redoutaient d'avoir trop de détails
sur des événements si douloureux ; d'autre
part, se rappelant les reproches qu'avait atti-
rés à S. Pierre une réflexion malheureuse sur
le même sujet (Cfr. viii, 31-33), ils craignaient peut-être aussi d'affliger leur Maître
en le questionnant. Ce verset contient une
belle analyse psychologique des sentiments
des Apôtres.

11. — Quelques graves leçons. ix, 32-49.

Les trois synoptiques placent, peu de temps
après le mystère de la Transfiguration,
quelques-unes des leçons importantes par
lesquelles Jésus complétait alors l'éducation
des Douze. Malgré la ressemblance générale
de leurs récits, ils diffèrent d'une manière
assez notable pour les détails. S. Marc tient
le milieu entre S. Matthieu et S. Luc, se rap-
prochant tantôt de l'un, tantôt de l'autre,
tout en gardant son indépendance et son originalité accoutumées.

a. *Leçon d'humilité.* ix, 32-36. — Parall. Matth.
xviii, 1-5 ; Luc. ix, 46-48.

32. — *Venerunt Capharnaum.* S. Marc
passe sous silence le miracle du didrachme,

33. At illi tacebant; siquidem in via inter se disputaverant, quis eorum major esset.

Matth. 18, 1; *Luc.* 9, 64.

34. Et residens vocavit duodecim, et ait illis : Si quis vult primus esse, erit omnium novissimus, et omnium minister.

35. Et accipiens puerum, statuit eum in medio eorum : quem cum complexus esset, ait illis :

36. Quisquis unum ex hujusmodi pueris receperit in nomine meo, me recipit : et quicumque me susceperit, non me suscipit, sed eum qui misit me.

37. Respondit illi Joannes, dicens :

33. Mais ils se taisaient, parce qu'en chemin ils avaient disputé ensemble qui d'entre eux était le plus grand.

34. Et, s'asseyant, il appela les Douze et leur dit : Si quelqu'un veut être le premier, il sera le dernier de tous et le serviteur de tous.

35. Et, prenant un enfant, il le mit au milieu d'eux et, après l'avoir embrassé, il leur dit :

36. Quiconque reçoit en mon nom un petit enfant comme celui-ci, me reçoit, et quiconque me reçoit, ne reçoit pas moi, mais celui qui m'a envoyé.

37. Jean, prenant la parole, lui

---

qui eut lieu aussitôt après le retour de Jésus dans cette ville. Cfr. Matth. xvii, 24-27. Il nous montre immédiatement le Sauveur et ses Apôtres retirés dans la maison qui leur servait d'habitation à Capharnaüm (*domi*, détail spécial ; dans le grec, ἐν τῇ οἰκίᾳ, avec l'article). Tout à coup, Notre-Seigneur adresse aux Douze cette question inattendue : *Quid in via tractabatis?* Il les avait laissés seuls durant une partie du trajet, marchant en avant, tout uni à son divin Père. Maintenant il faut qu'ils lui rendent compte de la discussion bruyante qui s'était élevée entre eux à un moment donné. — Sur la petite divergence qui existe ici entre les narrations des deux premiers Evangélistes, voyez l'Evangile selon S. Matthieu, p. 350.

33. — *Tacebant.* Ce seul mot constitue un tableau complet, où nous voyons, à l'avant-scène, les Apôtres confus, embarrassés. — *Siquidem in via...* Note du narrateur, qui contient la raison du silence des Douze. Il n'est pas étonnant qu'ils n'aient rien eu à répondre à leur Maître : comment eussent-ils osé lui avouer que la discussion avait roulé sur un point d'orgueil et d'ambition? Lequel d'entre nous, s'étaient-ils demandé, a droit à la première place dans le royaume messianique?

34. — *Et residens.* Trait graphique. Du reste, ce verset et le suivant contiennent un grand nombre, dont plusieurs sont propres à S. Marc. Jésus s'assied, il appelle les Douze auprès de lui, il prend par la main un petit enfant, le place au milieu du groupe formé par les Apôtres, puis le serre doucement entre ses bras. Gracieuse et touchante scène! — *Si quis vult...* « Dominus curat desiderium gloriæ humilitate sanare. » Bède. Les pre-

mières paroles du divin Maître énoncent un grand principe, qui dirime aussitôt la question que les disciples s'étaient posée. Quelle profondeur dans cette pensée! Mais en même temps quel paradoxe! La vraie grandeur consiste dans l'humilité ; c'est en s'abaissant au-dessous des autres qu'on monte aux premiers rangs. C'est le rebours des croyances mondaines ; mais Jésus n'avait-il pas pour mission de lutter contre le monde?

35. — *Accipiens puerum.* Pour rendre la leçon plus forte et plus insinuante, le Sauveur a recours aux actes selon sa coutume. Voyez dans l'Evang. selon S. Matthieu, p. 354, les différentes opinions émises au sujet de cet heureux petit enfant (παιδίον), qui reçut les caresses du Seigneur. — *Complexus.* Le verbe grec si expressif ἐναγκαλισάμενος ne se rencontre qu'ici et x, 16. Il signifie proprement « in ulnas capio » (de ἐν et ἀγκάλη, ulna).

36. — S. Matthieu, xviii, 3-5, expose d'une manière plus complète la pensée de Jésus. S. Marc, à son ordinaire, resserre le langage pour appuyer davantage sur les faits. — *Unum ex hujusmodi pueris.* Par ces mots, le Sauveur montrait qu'il voulait parler non seulement au propre, mais encore au figuré, c'est-à-dire qu'indépendamment des petits enfants, il pensait aussi et surtout aux âmes simples dont ils sont l'emblème. — *Et quicumque...* Sublime gradation, qui promet aux amis des enfants et des humbles la plus parfaite récompense qu'on puisse envier ici-bas. « Vide quantum valet humilitas, Patris namque et Filii inhabitationem meretur, et etiam Spiritus Sancti ». Théophylacte. Cfr. Matth. x, 40 et le commentaire. — *Non me suscipit;* c'est-à-dire « non me tantum suscipit, sed etiam eum... »

dit : Maître, nous avons vu quelqu'un, qui ne nous suit pas, chasser les démons en votre nom, et nous l'en avons empêché.

38. Et Jésus leur dit : Ne l'en empêchez pas; car il n'y a personne qui fasse un miracle en mon nom et puisse aussitôt mal parler de moi.

39. Qui n'est pas contre vous est pour vous.

Magister, vidimus quemdam in nomine tuo ejicientem dæmonia, qui non sequitur nos, et prohibuimus eum.

Luc. 9, 49.

38. Jesus autem ait : Nolite prohibere eum : nemo est enim qui faciat virtutem in nomine meo, et possit cito male loqui de me.

I Cor. 12, 3.

39. Qui enim non est adversum vos, pro vobis est.

---

b. *Leçon de tolérance.* IX, 37-40. — Parall. Luc. IX, 49-50.

37. — *Respondit illi Joannes.* Les mots « in nomine meo », que le Sauveur venait de prononcer. semblent avoir rappelé à S. Jean un incident extraordinaire qui avait eu lieu probablement dans l'un des derniers voyages, et sur lequel il désirait interroger son Maître. L'interrompant donc familièrement, il prit la parole pour exposer son cas de conscience. — *Vidimus quemdam,* un homme quelconque, le premier venu, qui n'avait reçu de Jésus aucune mission spéciale. — *Ejicientem dæmonia.* Cet homme accomplissait ainsi un miracle qui paraissait être un privilège réservé aux Apôtres. C'est là un fait d'une grande importance ; il suppose que l'influence de Notre-Seigneur Jésus-Christ avait pris des proportions énormes, puisque des hommes qui ne comptaient point parmi ses disciples proprement dits s'étaient mis, de leur propre mouvement, à exorciser les démoniaques en usant de son nom sacré. — *Qui non sequitur nos.* « Nos » et non pas « te ». L'exorciste n'était pas Apôtre : S. Jean n'a pas d'autre blâme à lui adresser. — *Prohibuimus eum.* Quelques anciens manuscrits (B, D, L, Δ) emploient l'imparfait, ἐκωλύομεν, « nous l'empêchions, nous voulions l'empêcher. » L'aoriste, qu'on trouve dans la plupart des témoins, indique que la prohibition des Douze produisit son effet. Le texte grec ajoute encore à la fin du verset : ὅτι οὐκ ἀκολουθεῖ ἡμῖν. — Que penser de cette conduite des Apôtres? On le voit, elle inquiétait l'âme délicate de S. Jean. Provenait-elle d'un sentiment d'envie ou d'égoïsme, comme on l'a maintes fois répété de nos jours? Nous avons de la peine à le croire. Nous aimons mieux, avec S. Jean Chrysostôme et d'autres anciens exégètes, l'attribuer au zèle dont ils étaient animés envers leur Maître, à la crainte qu'ils éprouvaient de voir profaner son nom par des gens sans aveu. Il est vrai que ce zèle était un peu exagéré, ainsi que Jésus va le leur démontrer.

38. — *Nolite prohibere eum.* Lui, et tous ceux qui pourraient agir comme lui avec une entière bonne foi. Quand on vint annoncer à Moïse que plusieurs Hébreux s'étaient mis à prophétiser, bien loin de céder aux instances de Josué qui lui disait : « Domine mi Moyses, prohibe eos », il s'écria tout au contraire : « Quid æmularis pro me? Quis tribuat ut omnis populus prophetet ? » Num. XI, 27-29. C'est une leçon analogue que Jésus donne à ses disciples. — Il appuie sa réponse sur trois motifs. Premier motif : *Nemo est enim...* Quiconque emploie son nom divin pour accomplir des prodiges ne saurait être dans des dispositions hostiles à son égard : c'est au fond un disciple et un ami. Avant de juger la conduite d'un tel homme et de la condamner, il est juste d'attendre quelque temps, car les présomptions sont en sa faveur. — Celui dont parlait S. Jean chassait seulement les démons. Jésus, étendant la pensée, applique le cas à toute sorte de miracles, *faciat virtutem.* — *Cito male loqui :* dans le grec, ταχὺ κακολογῆσαι. Il est impossible qu'immédiatement après avoir fait un miracle au nom de Jésus, on se mette à le calomnier, à le blasphémer. Ce serait être en même temps ami et ennemi.

39. — *Qui enim non est...* Second motif : à l'égard de Jésus, la neutralité n'est pas possible. L'homme en question avait prouvé qu'il n'était pas contraire au Sauveur, il lui était donc favorable. Pourquoi le repousserait-on? — *Adversum vos, pro vobis.* La Recepta porte καθ' ἡμῶν, ὑπὲρ ἡμῶν, contre nous, pour nous ; mais la leçon de la Vulgate, soutenue par un grand nombre de manuscrits (A, D, E, F, G, H, K, M, L, V, etc.), est probablement authentique. — S. Matthieu place sur les lèvres du Sauveur, mais dans une autre occasion, il lui était XII, 30 (voyez le commentaire), une sentence qui semble, à première vue, en complète opposition avec celle-ci. Néanmoins la contradiction n'est qu'apparente. « On sait, dit fort bien D. Calmet, que ces sortes de proverbes populaires peuvent s'appliquer à différents sujets,

40. Quisquis enim potum dederit vobis calicem aquæ in nomine meo, quia Christi estis : amen dico vobis, non perdet mercedem suam.

Matth. 10, 42.

41. Et quisquis scandalizaverit unum ex his pusillis credentibus in me : bonum est ei magis si circumdaretur mola asinaria collo ejus, et in mare mitteretur.

Matth. 18, 6; *Luc.* 17, 2.

42. Et si scandalizaverit te manus tua, abscide illam : bonum est tibi debilem introire in vitam, quam duas manus habentem ire in gehennam, in ignem inextinguibilem :

Matth. 5, 30 *et* 18, 8.

43. Ubi vermis eorum non moritur, et ignis non extinguitur.

40. Quiconque vous donnera un verre d'eau en mon nom, parce que vous êtes au Christ, je vous le dis en vérité, il ne perdra pas sa récompense.

41. Et quiconque scandalisera un de ces petits qui croient en moi, mieux vaudrait pour lui qu'on mît une meule de moulin autour de son cou, et qu'on le jetât dans la mer.

42. Et si ta main te scandalise, coupe-la; il vaut mieux pour toi entrer dans la vie n'ayant qu'une main que d'aller, ayant deux mains, dans la géhenne, dans le feu inextinguible,

43. Où leur ver ne meurt pas et leur feu ne s'éteint pas.

---

et sont susceptibles de différents sens suivant les circonstances où on les emploie. » Cfr. S. August., de Cons. Evang. l. IV, c. v.

40. — Troisième motif de tolérance, sous forme d'argument « a minori ad majus ». Si le plus petit service que l'on rend au nom de Jésus-Christ, par exemple un verre d'eau donné à un missionnnaire altéré, prouve qu'on aime le divin Maître et, à ce titre, mérite une récompense, à plus forte raison l'action de produire de grandes choses par la vertu et en l'honneur de ce nom sacré. Cfr. Matth. x, 42. — *Quia Christi estis.* Tournure calquée sur le texte grec. L'expression εἶναι τινός signifie « addictum esse alicui. » C'est le seul endroit des Evangiles où les chrétiens soient ainsi désignés.

c. Leçon concernant le scandale. ix, 41-49. — Parall. Matth. xviii, 6-9; Luc. xvii, 1-2.

41. — Jésus vient de promettre les plus magnifiques récompenses, ỹỹ. 36 et 40, à quiconque témoignerait de la bienveillance aux petits enfants de son royaume ; par contraste, il menace maintenant des châtiments les plus terribles tous ceux qui les porteraient au mal. — *Scandalizaverit.* Le verbe grec σκανδαλίζω, sur lequel a été calquée l'expression latine correspondante « scandalizo », est tout à fait inconnu des classiques. Les traducteurs grecs de l'Ancien Testament ne l'ont que très rarement employé : on le trouve donc surtout dans les écrits du Nouveau Testament, d'où il a passé dans le langage chrétien. Sa racine probable est σκάζω, « claudico ». Il désigne tout ce qui peut être pour une âme

une occasion de chute et de ruine spirituelle. Cfr. Bretschneider, Lex. man. t. II, p. 406. — *Unum ex his pusillis.* Le pronom « his » manque dans le texte grec. — *Credentibus in me...* Mots emphatiques, qui portent l'idée principale. Ces « tout petits » croient en Jésus : la foi qu'ils ont en Lui les grandit, leur communique une valeur inappréciable, parce qu'elle établit entre eux et Lui la communion la plus intime. Les scandaliser est donc un crime énorme, qui sera sévèrement châtié. — *Circumdaretur mola asinaria.* Sur ce supplice voyez l'Evangile selon S. Matthieu, p. 253. La Vulgate a lu μύλος ὀνικός (« Et quæ pumiceas versat asella molas », Ovide, Fast. vi, 308); mais la vraie leçon du texte grec de S. Marc paraît avoir été λίθος μυλικός, pierre molaire. — « Nusquam legimus Christum, alia peccata persequentem, tam grandi verborum ambitu, tam vehementibus acribusque dicendi formulis, tam severis sententiis ad exaggerandam amplificandamque orationem usum esse sicut in hoc capite, quum demonstrare studuit quam graviter peccent qui aliis scandalo sunt. » Patrizi, In Marc. Comment. p. 122.

42-47. — *Si scandalizaverit.* « Après avoir enseigné plus haut (ỹ. 42) qu'il ne faut pas scandaliser ceux qui croient en son nom, le Seigneur nous dit ici avec quel soin nous devons éviter ceux qui s'efforcent de nous scandaliser. » Ces lignes du Vén. Bède marquent fort bien la liaison des deux versets. — Les trois organes mentionnés par le Sauveur, *manus tua, pes tuus, oculus tuus*, figurent, suivant la juste interprétation des Pères,

44. Et si ton pied te scandalise, coupe-le; il vaut mieux pour toi entrer boiteux dans la vie éternelle que d'être jeté, ayant deux pieds, dans la géhenne du feu inextinguible,

45. Où leur ver ne meurt pas et leur feu ne s'éteint pas.

46. Que si ton œil te scandalise, arrache-le; il vaut mieux pour toi entrer borgne dans le royaume de Dieu que d'être jeté, ayant deux yeux, dans la géhenne du feu,

47. Où leur ver ne meurt pas et leur feu ne s'éteint pas.

44. Et si pes tuus te scandalizat, amputa illum : bonum est tibi claudum introire in vitam æternam, quam duos pedes habentem mitti in gehennam ignis inextinguibilis :

45. Ubi vermis eorum non moritur, et ignis non extinguitur.

Isai. 66, 24.

46. Quod si oculus tuus scandalizat te, ejice eum : bonum est tibi luscum introire in regnum Dei, quam duos oculos habentem mitti in gehennam ignis :

47. Ubi vermis eorum non moritur, et ignis non extinguitur

---

les occasions plus ou moins prochaines qui peuvent nous porter au mal. L'image est d'autant plus exacte que ce sont en réalité ces membres qui sont pour nous les principaux auxiliaires de l'iniquité. Notre main agit pour le mal, notre pied nous conduit dans les sentiers du péché, notre œil contemple et convoite les choses mauvaises. — Le remède au scandale est énergiquement indiqué : *abscide, amputa* (le grec répète deux fois la même expression ἀπόκοψον), *ejice*. Il faut retrancher sans pitié, tailler dans le vif; on ne se sauvera qu'à ce prix. — *Bonum est* est un hébraïsme pour « melius est ». — *Debilem* a le sens de « nautilum », manchot. -- *In vitam* du ẏ. 42 est expliqué par une épithète au ẏ. 44; *in vitam æternam*, et ces deux expressions sont synonymes de *regnum Dei*, ẏ. 46, qui désigne le royaume messianique envisagé dans sa glorieuse consommation. — *In gehennam.* Nous avons expliqué ailleurs (Évang. selon S. Matth. p. 143 et s.) le sens et l'origine de cette locution. Elle représente l'enfer avec ses effroyables tourments, et surtout avec son feu éternel qui brûlera les damnés sans les consumer. De là, à trois reprises, ẏẏ. 42, 44 et 46, l'association des mots *in ignem inextinguibilem, ignis inextinguibilis, ignis,* à « gehennam ». — *Ubi vermis eorum...* Ces autres mots, répétés également par trois fois (c'est par erreur que les manuscrits B, C, L, Δ, Sinaït. et plusieurs versions ne les écrivent qu'au ẏ. 47), donnent une couleur spéciale à la rédaction de S. Marc. Nous avons dans tout ce passage (ẏẏ. 42-47) une sorte de poésie avec son parallélisme, son rhythme parfaitement cadencé, ses couplets (un pour chacun des membres humains signalés par Jésus) et son refrain terrible. Il y a tout lieu

de croire que telle fut vraiment la forme originale des paroles de Notre-Seigneur. Ce que nous venons d'appeler un refrain a été presque littéralement emprunté au prophète Isaïe, LXVI, 24. Le fils d'Amos, contemplant en esprit le châtiment des ennemis de Jéhova, et les voyant semblables aux morts qui jonchent un champ de bataille, s'écriait : « Et quand on sortira, on verra les cadavres des hommes qui m'ont offensé. Leur ver ne mourra pas, et leur feu ne s'éteindra pas, et leur vue dégoûtera toute chair. » Du reste on rencontre des images analogues dans les livres de Judith, XVI, 20, 21, et de l'Ecclésiastique, VII, 19, qui nous montrent aussi les pécheurs éternellement rongés par un ver impérissable, éternellement brûlés par un feu inextinguible. Ce sont là des supplices qui représentent d'une manière concrète et frappante les souffrances endurées sans fin ni trève par les damnés. Le premier doit se prendre au propre, puisqu'il existe dans l'enfer un feu réel qui ne s'éteindra jamais; le second est un symbole du remords qui torturera les pécheurs. « Vermem conscientiam vocat mordentem animam quod non sit operata bonum. » S. Jean Chrysost. in Caten. Cfr. Maldonat, h. l. Voir un autre sentiment dans S. Augustin, de Civit. Dei, l. XXI, c. 9. Ces comparaisons, un peu obscures pour nous, étaient très claires pour des Juifs; car la vallée d'Hinnom ou Géhenne, avec ses cadavres lentement dévorés par les vers ou brûlés sur les bûchers, était un emblème expressif de l'enfer. — Le pronom *eorum,* qui ne retombe directement sur aucun des mots précédents, désigne évidemment les damnés, d'après le contexte. Αὐτῶν· τίνων; δηλαδὴ τῶν ἀπερχόμενων εἰς τὴν γέενναν. Victor d'Antioche. — « Quem non

48. Omnis enim igne salietur, et omnis victima sale salietur.
Lev. 2, 13.

48. Car tous seront salés par le feu, et toute victime sera salée par le sel.

---

terreat ista repetitio et illius pœnæ comminatio tam vehemens ore divino ? » S. Aug. l. c. cap. VIII.

48. — Ce verset et le suivant, qui appartiennent en propre à S. Marc, sont difficiles parmi les difficiles. « Hujus obscuritas loci, écrivait Maldonat, magnam interpretationum peperit varietatem... (On en pourrait compter aujourd'hui plus de trente). Duabus in rebus obscuritas cernitur, et qua occasione, et quo sensu hæc a Christo sint dicta ». Examinons successivement ces deux points. — 1º La liaison des pensées. On a nié parfois l'existence d'un enchaînement réel entre ces deux versets et les précédents. La tradition, oubliant les circonstances auxquelles se rapportait cette parole de Jésus, l'aurait placée au premier endroit venu ; ou du moins la transition n'existerait que dans l'esprit du rédacteur. Voir E. Reuss, *Histoire évangélique*, p. 429. Nous rejetons bien loin de nous ces procédés rationalistes et nous affirmons que ni la tradition ni le rédacteur ne se sont trompés en cet endroit. Il y a une liaison entre les idées, puisqu'il y a un *enim* au commencement du *y.* 48. Jésus veut donc confirmer la doctrine si importante, mais d'une observance si pénible, qu'il a prêchée en dernier lieu, *yy.* 42-47. Il se propose d'expliquer pourquoi un chrétien doit se séparer courageusement de tout objet capable de le porter au mal, plutôt que de s'exposer aux supplices de l'enfer. — 2º Le sens. Chaque mot a besoin d'être interprété à part. *Omnis* (« quisque, quivis » traduirait plus correctement le πᾶς du texte grec) est une expression assez vague. Pour la déterminer, on a restreint parfois son application aux personnes désignées par « eorum » dans les *yy.* 43, 45 et 47, c'est-à-dire aux damnés (Jansénius, Rosenmüller, Meyer, Schegg, etc.). Selon d'autres, elle indiquerait au moins tous les chrétiens (Klostermann, etc.). La plupart des exégètes laissent à « omnis » sa signification la plus générale, la plus absolue : Chacun sans exception, tous sans exception. Nous préférons la première de ces interprétations. — *Igne.* De quel feu s'agit-il ? Du feu de l'enfer, dont Jésus a récemment parlé ? ou d'un feu métaphorique, qui symboliserait la mortification, le retranchement spirituel ? Du feu de l'enfer, croyons-nous, puisque tel a été le sens du mot « ignis » dans tout le passage qui précède, et que rien ne nécessite un changement. — *Salietur.* On a souvent fait ressortir les propriétés communes du sel

et du feu. « Salis natura est per se ignea », disait déjà Pline l'Ancien, *Hist. Nat.* XXXI. Le sel pénètre à travers les corps comme une flamme subtile ; le feu mord à la façon du sel. Néanmoins les effets produits par ces deux agents diffèrent notablement, car le feu dévore et détruit, tandis que le sel fixe et conserve. Mais c'est précisément sur cette seconde idée que le Sauveur voulait appuyer ici. Il venait de mentionner les flammes éternelles qui tortureront les damnés dans l'enfer ; il explique en passant comment ces malheureux brûleront toujours, sans être consumés. Le feu infernal aura pour eux la nature du sel et les rendra incorruptibles. « Igne quasi salietur, id est igne uretur seu cruciabitur, simul et servabitur incorruptus. » Luc de Bruges. De même Jansénius, Corn. de Lapierre, Lightfoot, Patrizi, etc. Nous ne pensons pas que le verbe « salietur » ait en cet endroit le sens de « purifier », que lui attribuent divers exégètes. — *Et omnis victima...* Tout ce second hémistiche est omis par les manuscrits B, L, Δ, Sinaït. et quelques minuscules ; mais son authenticité n'est pas douteuse, car elle a d'innombrables témoins pour garants. La particule « et » correspondrait-elle à ce que les grammairiens appellent le « Vav (ו) exæquationis » ou faut-il la prendre dans son acception stricte ? Dans le premier cas, elle serait synonyme de « sicut », et, conséquemment, il y aurait un rapport de dépendance entre la seconde et la première moitié de notre verset, sous forme de comparaison ; dans l'autre hypothèse, les deux hémistiches seraient simplement coordonnés l'un à l'autre, et Jésus énoncerait une nouvelle pensée par manière de contraste. Bien que le premier sentiment soit adopté par des exégètes de renom (Maldonat par exemple), nous aurions de la peine à le suivre, car il nous paraît inconciliable avec l'emploi du futur *sale salietur*. La comparaison, pour être exacte, exigerait que le verbe fût au présent : « Omnis igne salietur, sicut omnis victima sale salitur. » Il est certain du moins que, dans les derniers mots du *y.* 48, Jésus-Christ fait allusion à une antique ordonnance relative aux sacrifices lévitiques. « Quidquid obtuleris sacrificii, sale condies, nec auferes sal fœderis Dei tui de sacrificio tuo ; in omni oblatione tua offeres sal ». Levit. II, 13 ; Cfr. Ezech. XLIII, 24. Sans les quelques pincées de sel qui leur servaient pour ainsi dire de condiment, les sacrifices, quels qu'ils fussent, auraient donc été insuppor-

49. Le sel est bon ; mais, si le sel est affadi, avec quoi l'assaisonnerez-vous ? Ayez du sel en vous, et ayez la paix entre vous.	49. Bonum est sal : quod si sal insulsum fuerit, in quo illud condietis? Habete in vobis sal, et pacem habete inter vos.

Matth. 5, 13; *Luc.* 14, 34.

CHAPITRE X

Jésus va dans la province de Pérée (ỹ. 4). — Il proclame l'indissolubilité du mariage chrétien (ỹỹ. 2-42). — Il bénit les petits enfants (ỹỹ. 43-46). — Épisode du jeune homme riche (ỹỹ. 47-22). — Les richesses et le royaume des cieux (ỹỹ. 23-27). — Récompenses promises à ceux qui renoncent à tout pour Jésus (ỹỹ. 28-34). — Troisième prédiction de la Passion (ỹỹ. 32-34). — Ambition des fils de Zébédée (ỹỹ. 35-45). — L'aveugle de Jéricho (ỹỹ. 46-52).

1. Partant de là, il vint aux confins de la Judée, au-delà du Jour-	1. Et inde exurgens venit in fines Judææ ultra Jordauem : et conve-

---

tables à Jéhova : grâce à elles, ils lui devenaient agréables. De là, pour l'expression « sale salietur », le sens métaphorique de « trouver grâce auprès de Dieu ». Quant aux victimes dont Jésus veut parler ici, et au sujet desquelles il affirme qu'elles seront salées avec du sel, par opposition aux malheureux damnés qui seront salés dans le feu, ce sont, d'après le contexte, les chrétiens généreux qui n'hésitent pas à faire les rudes sacrifices recommandés plus haut, ỹỹ. 42,44 et 46. La sentence énigmatique du Sauveur reviendrait donc aux deux phrases suivantes : « Unusquisque damnatorum ipso igne salietur, ita ut inconsumptibilis fiat; at is qui vera est Deo victima, condietur sale gratiæ ad incorruptionem gloriæ. » Lightfoot. Voir dans le commentaire de M. Schegg, t. II, pp. 33-37, une brillante défense de cette interprétation. D'après une autre explication, qui a été fréquemment adoptée, voici quel serait le sens général de ce verset : Pour l'humanité coupable et dégénérée il est une loi que chacun de ses membres doit subir : il faut qu'ils passent tous par le feu. Mais mieux vaut passer par le feu du sacrifice volontaire que par les flammes éternelles de l'enfer. Fritzsche et Meyer citent une longue nomenclature d'autres opinions plus ou moins acceptables.

49. — *Bonum est sal.* Ce sel mystique, dont le Sauveur vient de signaler l'heureux effet, est excellent sans doute, tout aussi bien que le sel naturel. Mais s'il devient *insulsum*, littéralement, « sans sel », c'est-à-dire fade et sans saveur, sa vertu a disparu tout en-

tière, et on ne saurait trouver de condiment capable de la lui rendre. Cfr. Matth. v, 43; Luc. xiv, 34, où l'on trouve la même idée avec une nuance. Donc, ajoute Notre-Seigneur Jésus-Christ s'adressant à ses Apôtres. *habete in vobis sal,* ayez-en toujours une abondante provision dans vos cœurs ; laissez agir sa force en vous, sans lui permettre de jamais s'affadir. — Puis, le divin Maître, revenant au fait qui avait servi de point de départ à l'entretien, ỹỹ. 32 et 33, conclut par cette exhortation pressante : *Pacem habete inter vos;* plus énergiquement en grec : εἰρηνεύετε ἐν ἀλλήλοις. Cette parole finale était d'autant plus expressive que, dans l'Orient ancien et moderne, le sel, sur lequel avait roulé la dernière partie de l'allocution, a toujours été regardé comme un symbole de paix et d'alliance. Cfr. Num. xviii, 49; II Paral. xiii, 5; Bisping, das Evang. nach Markus, 2° édit., p. 78. — Notre Évangéliste termine par ce grave discours le séjour de Jésus en Galilée. Il passe sous silence plusieurs paraboles et sentences pleines d'intérêt rapportées par S. Matthieu, xviii, 40-35.

3° SECTION. — JÉSUS EN PÉRÉE ET SUR LE CHEMIN DE JÉRUSALEM. X, 4-52.

1. — Le Christianisme et la famille. x, 4-16.

Le séjour de Notre-Seigneur Jésus-Christ dans la province de Pérée fut marqué par de graves instructions, dont la première, relative à la famille dans le Christianisme, se subdivise en deux parties : 4° le mariage chrétien, 2° les petits enfants.

niunt iterum turbæ ad eum; et sicut consueverat, iterum docebat illos.

'*Matth.* 19, 1.

2. Et accedentes Pharisæi interrogabant cum : Si licet viro uxorem dimittere? tentantes eum.

3. At ille respondens, dixit eis : Quid vobis præcepit Moyses?

4. Qui dixerunt : Moyses permisit libellum repudii scribere, et dimittere.

Deut. 24, 1.

dain, et la foule s'assembla de nouveau autour de lui, et, selon sa coutume, il les instruisait de nouveau.

2. Et les Pharisiens, s'avançant, lui demandèrent pour le tenter : Est-il permis à un homme de renvoyer sa femme?

3. Et il leur répondit : Que vous a ordonné Moïse?

4. Ils dirent : Moïse a permis d'écrire un libelle de répudiation et de la renvoyer.

---

a. *Le mariage chrétien.* x, 1-12. — Parall. Matth. xix, 1-12.

CHAP. X. — 1. — Ce verset décrit brièvement l'arrivée du Sauveur en Pérée et l'excellent accueil qu'il y reçut. — *Inde exurgens.* « Inde », c'est-à-dire de Capharnaüm, d'après ix, 42. Jésus quittait alors probablement la Galilée d'une manière définitive. — *Venit in fines Judææ.* Ces mots indiquent le terme du voyage : le divin Maître se proposait de gagner la Judée et Jérusalem. Cfr. y. 22. Toutefois, au lieu de s'y rendre à travers la Samarie, il prit le chemin de la Pérée, *ultra Jordanem*; ou mieux, d'après la Recepta grecque, διὰ τοῦ πέραν τοῦ Ἰορδάνου, « per regionem trans Jordanem »; ou encore, suivant une variante fortement appuyée, καὶ πέραν τοῦ Ἰορδάνου, « et trans Jordanem ». Cette dernière leçon mentionnerait un double but du voyage, le but final qui était la Judée, le but accessoire qui était de séjourner quelque temps en Pérée. — *Conveniunt iterum turbæ.* Cfr. ix, 24. Le narrateur passe sous silence la première partie du voyage. Il nous montre immédiatement Jésus à l'œuvre sur un nouveau terrain, où sa réputation l'avait d'ailleurs devancé depuis longtemps. Cfr. iii, 7 et 8. — *Sicut consueverat, docebat.* S. Marc mentionne seul cette particularité. Le céleste Docteur, après avoir suspendu pour un temps son enseignement public, Cfr. ix, 29, reprit pour ce bon peuple le cours de ses leçons, prenant soin de les corroborer, comme l'observe S. Matthieu, xix, 2, par de nombreux miracles.

2. — *Accedentes Pharisæi.* « Ils s'approchent et ne le quittent point, pour que les foules ne puissent pas s'attacher à sa foi; et, en venant continuellement vers lui, ils s'efforcent de jeter le doute sur sa personne et de le couvrir de confusion par leurs questions. Celle qu'ils lui proposent ici s'ouvre sur un précipice des deux côtés; elle est posée de telle sorte qu'ils puissent, quelle que soit sa

réponse, l'accuser de se montrer en contradiction avec Moïse. Mais le Christ, qui est la sagesse même, leur fait une réponse qui échappe à leurs filets ». Théophylacte. — *Si licet* pour « Licet-ne »? — *Dimittere*, ἀπολῦσαι. Le contexte prouve que les Pharisiens n'entendaient point parler d'une simple séparation « quoad torum et mensam », qui du reste était inconnue des Juifs, mais d'un divorce proprement dit, autorisant un nouveau mariage. Ils ajoutèrent, d'après S. Matthieu, « quacumque ex causa »; paroles insidieuses que S. Marc a omises parce qu'elles faisaient allusion à des controverses toute judaïques, que ses lecteurs d'origine païenne auraient difficilement comprises. Voyez l'Evangile selon S. Matth. pp. 368 et 369.

3. — *At ille respondens.* La réponse du Sauveur, bien qu'elle soit la même dans les deux synoptiques, n'est pas tout à fait présentée par eux de la même manière. Suivant le récit du premier Evangile, Jésus aurait considéré le mariage d'abord dans le paradis terrestre, puis dans la législation mosaïque. Cet ordre est renversé dans l'exposé de S. Marc. Nous avons déjà signalé une interversion semblable à propos de la discussion sur le pur et l'impur, vii, 6 et ss. — *Præcepit,* scil. « de divortio ».

4. — *Moyses permisit.* La construction primitive du texte grec fut, selon toute vraisemblance, ἐπέτρεψε Μῶσης, avec le verbe mis en avant d'une manière emphatique. Les Pharisiens s'expriment ici avec une parfaite exactitude. « Permisit » : en effet, le divorce n'est nulle part commandé dans la Loi, il est simplement permis et toléré. Voir une nuance dans S. Matthieu, xix, 7 et 8. — *Libellum repudii.* Cfr. Deut. xxiv, 1-4. On nommait ainsi, en hébreu ספר כריתות, la pièce officielle, écrite devant témoins, qui servait à régulariser les divorces chez les Juifs. Voyez notre commentaire sur S. Matthieu, p. 447. — *Et dimittere,* sous-entendu « uxorem ».

5. Jésus leur répondit : C'est à cause de la dureté de votre cœur qu'il vous a écrit ce précepte.

6. Mais, au commencement de la création, Dieu les créa mâle et femelle.

7. C'est pourquoi l'homme laissera son père et sa mère et s'attachera à sa femme ;

8. Et ils seront deux en une seule chair ; ainsi, ils ne sont plus deux, mais une seule chair.

9. Donc, ce que Dieu a uni, que l'homme ne le sépare point.

10. Et, dans la maison, ses dis-

5. Quibus respondens Jesus, ait : Ad duritiam cordis vestri scripsit vobis præceptum istud.

6. Ab initio autem creaturæ, masculum et feminam fecit eos Deus.

Genes. 1, 27.

7. Propter hoc relinquet homo patrem suum, et matrem, et adhærebit ad uxorem suam :

Gen. 2, 24; Matth. 19, 5; I Cor. 7, 10; Ephes. 5, 31.

8. Et erunt duo in carne una. Itaque jam non sunt duo, sed una caro.

I Cor. 6, 16.

9. Quod ergo Deus conjunxit, homo non separet.

10. Et in domo iterum discipuli

Pauvres femmes, qui étaient ainsi à la merci du caprice des hommes !

5. — Les Pharisiens ont prétendu dirimer la question par l'autorité de Moïse : dans une vigoureuseuse riposte, ⅴⅴ. 5-9, Jésus en appelle à l'autorité de Dieu lui-même. Son argumentation est présentée par S. Marc avec une grande clarté : il en ressort nettement qu'en toute hypothèse le mariage chrétien est indissoluble. — *Ad duritiam cordis vestri...* Réplique de Notre-Seigneur à l'allégation du nom de Moïse. L'autorisation accordée par ce grand Législateur ne reposait pas sur un droit primitif ; c'était une simple tolérance accordée pour un temps à la faiblesse humaine. La préposition « ad » (πρός) signifie : à cause de, en raison de. Le substantif σκληροκαρδία (« duritia cordis » de la Vulgate) traduit à plusieurs repri ses dans la version des LXX la locution עָרְלַת לֵב, dont le sens littéral est « peau du cœur ». Cfr. Deut. x, 46 ; Jerem. iv, 4. C'est là une figure très expressive, le cœur étant censé enveloppé dans une peau épaisse qui lui enlève toute sensibilité. — Voir, sur cette première partie de la réplique du Sauveur, un beau raisonnement de S. Augustin, contr. Faust., lib. XIX, c. xxvi.

6. — Jésus passe à la vraie preuve de sa thèse. Elle consiste en un fait biblique remontant jusqu'à l'apparition de l'homme sur la terre, et démontrant de la façon la plus nette que la monogamie absolue était dans les plans du Créateur. — *Creaturæ* (κτίσεως) a le sens de « creationis ». — *Deus* est probablement un glossème, car ce mot manque dans les plus anciens manuscrits. Le sujet serait alors ὁ κτιστής sous-entendu.

7. — Jésus continue à ramener ses adversaires à la loi primordiale du mariage. — *Propter hoc :* c'est-à-dire, vu les conditions dans

lesquelles Dieu a créé les premiers humains, parce qu'il les a créés « masculum et feminam », ainsi que nous lisions au précédent verset. — *Relinquet homo...* Dans la Genèse, II, 24, ces paroles sont prononcées par Adam ; S. Matthieu, xix, 4, les attribue au Dieu Créateur ; S. Marc à Notre-Seigneur Jésus-Christ. Ce sont là trois nuances également exactes. Adam parlait comme un prophète inspiré de Dieu, le Christ comme une personne divine.

8 et 9. — *Duo in carne una.* Dans le grec, οἱ δύο (avec l'article) εἰς σάρκα μίαν (in carnem unam). Ceux qui avaient été deux avant le mariage ne formeront désormais plus qu'une seule et même chair. — *Itaque jam non sunt duo...* De l'argumentation qui précède, Jésus est en droit de conclure que le lien du mariage est le plus étroit de tous les liens. Il n'unit pas trois ou quatre êtres, ou davantage, mais deux seulement, qui s'harmonisent, se complètent et se suffisent. C'est aussi, ajoute-t-il, le lien le plus indissoluble : *Quod Deus conjunxit...* Que l'homme n'aille donc point porter une main sacrilège sur une institution toute divine ! Entre les mots Dieu et homme il existe une frappante antithèse : le Créateur et la créature, le Maître tout-puissant et l'humble serviteur. Comment l'homme oserait-il essayer de renverser un état de choses voulu par Dieu ? Ainsi donc, dans le royaume messianique, dans l'Église chrétienne, le mariage est ramené par Jésus à sa perfection primitive ; le divorce y est supprimé « quacumque ex causa » ; la femme est relevée, ennoblie. — Voir dans l'Évangile selon S. Matthieu, pp. 369 et ss., une explication détaillée de ce passage.

10. — *Et in domo iterum.* Détail propre à S. Marc. La scène qui précède avait été pu-

ejus de eodem interrogaverunt eum.

11. Et ait illis : Quicumque dimiserit uxorem suam, et aliam duxerit, adulterium committit super eam.

12. Et si uxor dimiserit virum
suum, et alii nupserit, mœchatur.

ciples l'interrogèrent encore sur le
même sujet.

11. Et il leur dit : Quiconque renvoie sa femme et en épouse une
autre, commet un adultère à l'égard
de celle-là.

12. Et si une femme quitte son
mari et en épouse un autre, elle
commet l'adultère.

---

blique : en voici une autre tout intime, qui
se passe entre le Maître et ses disciples, dans
la maison qui leur servait alors de résidence
temporaire. Plusieurs fois déjà notre Évangéliste a mentionné des entretiens confiden-
tiels de Jésus avec les siens sur des points
importants de la morale chrétienne. Cfr.
IX, 28 et 29; 33-37. C'est à quoi semble
faire allusion l'adverbe « iterum ». — *De
eodem*. Sur le point litigieux qui avait été
l'objet de la discussion du Sauveur avec les
Pharisiens.

11. — *Et ait*. Interrogé par les Apôtres,
Jésus se borne à reproduire sa décision antérieure sous une forme nouvelle et plus énergique. — *Quicumque dimiserit...* S. Marc, de
même que S. Luc, omet la fameuse clause
« nisi ob fornicationem », que nous avons
rencontrée dans le premier Évangile (v, 32;
XIX, 9) et dont le protestantisme a si souvent
abusé. Cette omission prouve que le langage
du Sauveur, même tel qu'on le lit dans
S. Matthieu, doit s'entendre d'une manière
absolue. Autrement, comment expliquer l'oubli d'une restriction si importante? — *Adulterium committit super eam*. Le pronom désigne-t-il la femme légitime, injustement
renvoyée, *uxorem suam*, ou bien la personne
à laquelle on se sera uni par des liens criminels, *aliam*? Les exégètes sont partagés à ce
sujet. La première opinion nous paraît plus
probable. Quoi qu'il en soit, l'union contractée
dans les circonstances indiquées par Jésus
n'est pas un mariage; le divin Maître lui
inflige le nom infamant d'adultère.

12. — *Et si una...* C'est la réciproque du
verset 11. Mais il est à noter que S. Matthieu
ne dit rien de semblable. Bien que, d'après
son Évangile, Notre-Seigneur Jésus-Christ
ait signalé jusqu'à neuf reprises le cas d'un
mari qui divorce avec sa femme, nulle part
nous ne le voyons supposer qu'une femme
puisse congédier son mari. Dans le passage
parallèle à celui que nous expliquons, Matth.
XIX, 9, on lit simplement : « Et qui dimissam
duxerit, mœchatur. » C'est que, chez les Juifs,
le droit du divorce n'existait que pour les
hommes; la coutume, d'accord en cela avec
le texte de la loi, n'accordait aucune initia-

tive aux femmes sous ce rapport. Cfr. Jos.
Ant. xv, 7, 16. Or S. Matthieu écrivait spécialement pour des Juifs. Au contraire, les
païens convertis (Grecs et surtout Romains)
auxquels était destiné le second Évangile
reconnaissaient aux femmes aussi bien qu'aux
hommes la faculté d'intenter des procès en
séparation de corps et de biens (voyez à ce
sujet l'intéressante dissertation de Danz,
Uxor maritum repudians, ap. Meuschen, Nov.
Testam. ex Talmude illustratum, pp. 680
et ss.), et nous savons qu'elles en usaient
avec une liberté presque effrénée, à tel point
que Sénèque reprochait à ses contemporaines
« de compter les années, non plus par les
consuls, mais par le nombre des maris qu'elles
avaient eus. » De Benef. III, 16. Cfr. Martial :
VI, 7. De là cette particularité de S. Marc.
Est-ce à dire toutefois qu'il ait de lui-même
modifié les paroles du Sauveur, afin de leur
donner plus d'à-propos auprès de ses lecteurs?
Divers auteurs l'ont pensé; mais il nous répugne de croire que les Évangélistes aient
pris de telles libertés. D'ailleurs, pourquoi
Jésus, qui ne pensait pas moins aux abus du
paganisme qu'à ceux du Judaïsme, n'aurait-
il pas prononcé à la suite les unes des autres
les trois sentences que nous lisons dans les
deux récits réunis? Seulement, S. Matthieu
aura laissé la troisième, qui n'avait pas d'application chez ses lecteurs : S. Marc l'a citée
parce qu'elle n'en avait que trop chez les
siens; mais en même temps il omet la seconde
qui est implicitement contenue dans la première. De cette manière, tous les coupables,
et l'on n'en conçoit précisément que de trois
sortes, auront été anathématisés par Jésus :
1o le mari qui contracte une nouvelle union
sous prétexte de divorce; 2o la femme qui se
remarie dans les mêmes conditions; 3o quiconque s'arrogerait le droit d'épouser l'un des
conjoints. — S. Jérôme, Epist. xxx, cite un
résultat heureux, quoique isolé, de la loi nouvelle que promulguait Notre-Seigneur : « Fa-
biola, nobilis matrona, hanc Christi legem
secuta, publicam Romæ pœnitentiam egit
quod, dimisso viro adultero, alteri nupsisset. »

---

13. Et offerebant illi parvulos ut tangeret illos. Discipuli autem comminabantur offerentibus.

14. Quos cum videret Jesus, indigne tulit, et ait illis : Sinite parvulos venire ad me, et ne prohibueritis eos : talium enim est regnum Dei.

15. Amen dico vobis : Quisquis non receperit regnum Dei velut parvulus, non intrabit in illud.

16. Et complexans eos, et imponens manus super illos, benedicebat eos.

13. Et on lui présentait de petits enfants pour qu'il les touchât. Mais les disciples menaçaient ceux qui les présentaient.

14. Jésus, en les voyant, s'indigna et leur dit : Laissez les petits enfants venir à moi et ne les empêchez pas ; car le royaume de Dieu est à ceux qui leur ressemblent.

15. En vérité je vous le dis : Quiconque ne recevra pas le royaume de Dieu comme un enfant, n'y entrera pas.

16. Et, les embrassant et leur imposant les mains, il les bénissait.

---

b. *Les enfants.* x, 13-16. — Parall. Matth. xix, 13-15; Luc. xviii, 15-17.

13. — *Offerebant illi parvulos.* « Après nous avoir montré plus haut la malice des Pharisiens qui tendaient des embûches au Sauveur, l'Évangéliste nous fait voir la foi du peuple, qui croyait que, par la seule imposition de ses mains, Jésus porterait bonheur aux enfants. » Théophylacte. — *Ut tangeret illos.* De même S. Luc. Les expressions employées par S. Matthieu, « ut manus eis imponeret et oraret », supposent une bénédiction proprement dite. Que le prêtre enseigne aux mères chrétiennes à imiter l'exemple de ces mères juives, et à conduire leurs petits enfants à Jésus! Mieux encore, qu'il use de son influence pour les conduire lui-même au Sauveur! — *Discipuli comminabantur.* Peut-être les Apôtres étaient-ils choqués d'avoir été dérangés au milieu de l'entretien si important qu'ils avaient en ce moment avec leur Maître; ou du moins ils croyaient, en agissant ainsi, sauvegarder la dignité de Notre-Seigneur.

14. — *Jesus indigne tulit.* Trait propre à S. Marc. Le verbe grec ἠγανάκτησε, de ἄγαν et ἄχτος, extrêmement affecté, suppose une vive émotion, un profond mécontentement. Jésus éprouva donc une sorte d'indignation quand il vit ses disciples traiter avec rudesse les petits enfants et leurs mères. — *Sinite parvulos...* Ravissante parole, que le catholicisme a si bien comprise! La conjonction *et* est probablement apocryphe. Sans elle, le langage est plus rapide, l'antithèse mieux marquée, conformément au genre de S. Marc, — *Talium enim est...* Le royaume des cieux est pour ainsi dire la propriété des enfants, et non-seulement des enfants, mais de tous ceux qui leur ressemblent par les dispositions morales.

15. — Jésus commente dans ce verset la dernière partie du précédent : « Talium enim... » Cette profonde pensée, « quiconque ne reçoit pas le royaume de Dieu comme un petit enfant n'y entrera point », avait déjà été prononcée par le divin Maître en une autre circonstance, Matth. xviii, 3; il la rappelle aux Douze, qui semblaient l'avoir oubliée. — *Receperit regnum Dei.* Figure expressive. Le royaume messianique y est décrit comme un objet qui arrive au-devant de nous, qui se présente à nous pour que nous le recevions. Et quel devra être notre accueil? Les mots *sicut parvulus* nous le disent. Il faudra qu'il soit accompagné de la foi, de la simplicité, de l'humilité, de l'innocence qui brillent dans les petits enfants. Voyez Joan. iii, 3, où Jésus insiste sur la nécessité d'une nouvelle naissance pour quiconque veut mériter le royaume des cieux. — *Non intrabit in illud.* L'image change brusquement, d'une manière assez étrange. On « entre » dans le royaume qu'on avait auparavant « reçu ». Mais l'idée reste claire, quoique la forme soit tout orientale.

16. — Voici un touchant tableau, dont nous devons à S. Marc les deux plus beaux détails. — *Complexans eos*, ἐναγχαλισάμενος. Deux fois seulement il est fait mention des caresses de Jésus, et ce sont toujours des enfants qui les reçoivent, et c'est notre Évangéliste qui les signale. Cfr. ix, 35. Il manquerait quelque chose à l'Évangile si ces faits délicats n'eussent été racontés. — *Imponens manus super illos.* Ne dirait-on pas que c'est ici l'ordination des petits enfants, opérée en vue du royaume des cieux? Le bon Pasteur traite avec la plus suave bonté les agnelets de son troupeau! — *Benedicebat.* Le texte grec flotte entre ηὐλόγει, εὐλόγει et κατευλόγει. Le présent est plus pittoresque;

17. Et cum egressus esset in viam, procurrens quidam genu flexo ante eum, rogabat eum : Magister bone, quid faciam ut vitam æternam percipiam?

Matth. 19, 16; Luc. 18, 18.

18. Jesus autem dixit ei : Quid me dicis bonum? Nemo bonus, nisi unus Deus.

19. Præcepta nosti : Ne adulteres, Ne occidas, Ne fureris, Ne falsum testimonium dixeris, Ne fraudem feceris, Honora patrem tuum et matrem.

Exod. 20, 13.

17. Et comme il s'en allait dans le chemin, quelqu'un accourant, et fléchissant devant lui le genou, lui demanda : Bon Maître, que ferai-je pour acquérir la vie éternelle?

18. Mais Jésus lui dit : Pourquoi m'appelez-vous bon? Personne n'est bon si ce n'est Dieu seul.

19. Vous connaissez les commandements : Ne commets point d'adultère, ne tue pas, ne dérobe pas, ne dis pas de faux témoignage, ne fais point de fraude, honore ton père et ta mère.

---

le verbe composé a plus de force et marque mieux la tendresse du Sauveur pour ses aimables favoris.

2. — Le Christianisme et les richesses.
x, 17-30.

Autre enseignement de la plus grande importance. Il se compose de deux leçons successivement données sur un même point. Il y eut d'abord la leçon des faits, ỳỳ. 17-22, puis la leçon des paroles, ỳỳ. 23-31.

a. *Leçon des faits.* x, 17-22. Parall. Matth. xix, 16-22; Luc. xviii, 18-22.

17. — *Cum egressus esset:* plus littéralement, d'après le grec, Tandis qu'il sortait, au moment même où il se mettait en route. Jésus quittait alors la maison mentionnée plus haut, ỳ. 10, ou du moins l'endroit où il avait béni les petits enfants. — *Procurrens quidam genuflexo.* Si S. Marc laisse dans l'ombre la condition de ce personnage, que les deux autres synoptiques ont mieux caractérisée (Cfr. Matth. xix, 20, « adolescens »; Luc. xviii, 18, « princeps »), il décrit tous ses gestes de la façon la plus pittoresque. Il nous le montre d'abord courant au plus vite pour atteindre Jésus, puis, quand il l'eut rejoint, se prosternant à ses pieds comme on faisait parfois devant les Rabbins les plus vénérés. Le premier acte prouvait le zèle de ce jeune homme, l'ardeur de ses désirs; le second témoignait de sa profonde estime pour le Sauveur. — *Magister bone.* Le suppliant dut appuyer sur l'épithète « bone », comme le montre la réponse de Jésus. — *Quid faciam...* Désireux d'acquérir la vie éternelle comme un précieux héritage (κληρονομήσω, *percipiam*), et pressentant que la justice vulgaire que lui enseignaient les Docteurs juifs était insuffisante pour cela, il vient demander au Sau-

veur quelque œuvre spéciale, au moyen de laquelle il pourra se fixer dans le port bienheureux du salut. « Je suis étonné de cet homme, qui, au moment où tous viennent au Seigneur pour des guérisons corporelles, lui demande la vie éternelle! » Théophylacte.

18. — *Quid me dicis bonum?* Voyez une variante dans S. Matthieu, xix, 16 et 17. Le jeune homme avait donné à Jésus le titre de bon Maître d'une manière superficielle et par simple déférence : Jésus prend au contraire l'adjectif ἀγαθός dans le sens absolu, et il assure qu'ainsi compris il ne saurait convenir qu'à Dieu. Ainsi donc, il ne récuse pas l'épithète qu'on lui adresse, il ne nie pas davantage sa divinité; mais, se mettant au point de vue de celui qui l'interrogeait, il répond en tant que Fils de l'homme, essayant de le conduire doucement au bien idéal par cette brusque transition. Cfr. S. August., contr. Maxim., iii, 23; S. Ambr. de Fide, ii, 1.

19. — Après avoir fait subir au demandeur cette première épreuve, Jésus répond directement à sa question. Mais il se contente de le renvoyer aux dix commandements de Dieu, *præcepta nosti.* En effet, si Dieu seul est bon, il ne doit y avoir qu'une seule chose bonne et parfaite, qui consiste à accomplir en tous points sa sainte volonté. La liste des préceptes divins est plus complète dans la rédaction de S. Marc que dans les deux autres Evangiles. Mais les mots *ne fraudem feceris* (dans le grec, μὴ ἀποστερήσῃς), ajoutés par lui, créent une certaine difficulté, car l'on n'est pas bien sûr de leur signification. Serait-ce une répétition, sous une autre forme, du cinquième commandement, *ne fureris?* Non, car ἀποστερέω n'est pas un synonyme de κλέπτω. N'est-ce pas une formule abrégée, pour exprimer cette ordonnance spéciale de la Loi : οὐκ ἀποστερήσεις μισθὸν

20. Mais il lui répondit : Maître, j'ai observé toutes ces choses dès ma jeunesse.

21. Or Jésus, l'ayant regardé, l'aima et lui dit : Une seule chose te manque ; va, vends tout ce que tu as et donne-le aux pauvres, et tu auras un trésor dans le ciel ; ensuite viens, suis-moi.

22. Contristé par cette parole, il s'en alla chagrin, car il possédait de grands biens.

20. At ille respondens, ait illi : Magister, hæc omnia observavi a juventute mea.

21. Jesus autem intuitus eum, dilexit eum, et dixit ei : Unum tibi deest ; vade, quæcumque habes vende, et da pauperibus, et habebis thesaurum in cœlo ; et veni, sequere me.

22. Qui contristatus in verbo, abiit mœrens : erat enim habens multas possessiones.

πένητος, Deut. xxiv, 14 ? Meyer et d'autres l'ont pensé, sans autre motif que la ressemblance extérieure. Selon Bengel, Wetstein, Olshausen, de Wette, etc., Jésus aurait résumé par ces mots les deux derniers commandements du Décalogue, Ex. xx, 17. Le verbe ἀποστερέω signifiant « priver » quelqu'un de ce qui lui appartient, nous préférons admettre que le Sauveur l'emploie en cet endroit pour récapituler les quatre préceptes qu'il venait de mentionner, et dont la violation supposait un tort d'un genre ou d'un autre causé au prochain.

20. — *Magister.* Cette fois, le jeune homme n'ose plus dire Bon Maître ; il a supprimé l'épithète. — *Hæc omnia observavi.* En tenant ce langage, il parlait en toute sincérité, comme un vieux Rabbin qui, sur le point de mourir, s'écriait : Apportez le livre de la Loi, et voyez s'il contient quelque précepte que je n'aie point observé ! Néanmoins, il se faisait illusion d'une certaine manière. « Il avait bien gardé les pratiques extérieures de la loi, mais il n'en avait pas observé l'esprit. » Dehaut, l'Evangile expliqué, 5e édit. t. III, p. 419. Aussi n'avait-il pas trouvé la paix de l'âme. C'est pourquoi il demandait encore à Jésus, d'après S. Matthieu, xix, 20 : « Quid adhuc mihi deest ? »

21. — *Intuitus eum, dilexit eum.* Deux traits admirables, propres à S. Marc. Ἐμβλέψας, de ἐν et βλέπω, regarder dedans, désigne un regard prolongé, scrutateur. Cfr. ɣ. 27 ; Joan. I, 36. 44, Luc. xxii, 61. Ἠγάπησεν a été fort bien traduit par « dilexit » ; car il ne signifie ni « amplexus est » (Origène), ni « benigne affatus est » (Grotius, Kuinœl, Fritzsche), ni « misertus est », d'après l'analogie de l'hébreu רהם. Il faut lui laisser ici sa signification accoutumée d'aimer. Jésus, plongeant son divin regard jusqu'au fond du cœur de ce bon jeune homme, y contempla de nobles qualités, et il daigna concevoir pour lui une vive affection. Touchant passage, qui nous montre le Sauveur semblable à nous,

s'attachant à ce qui est aimable et pur. Quel bonheur d'être ainsi aimé par Jésus ! Toutefois, avant que le sceau fût mis à cette sainte amitié, il fallait que celui qui en était l'objet s'en montrât digne par sa générosité. De là l'épreuve que lui impose aussitôt Notre-Seigneur. — *Quæcumque habes vende...* Allez, vendez tout sans exception, et donnez aux pauvres le prix que vous en aurez retiré. — Après *sequere me,* la Recepta ajoute : ἄρας τόν σταυρόν, « sumpta cruce », mots importants, qui conviennent parfaitement à la situation et qui sont sans doute authentiques, bien qu'ils manquent aussi dans quelques anciens manuscrits (B, C, Sinait.).

22. — *Contristatus in verbo,* στυγνάσας ἐπὶ τῷ λόγῳ. Cette parole du Maître, si ardemment désirée, produisit un résultat désastreux, que S. Marc décrit avec son énergie accoutumée. Le verbe στυγνάζω se dit en effet d'un ciel qui s'assombrit, d'une nuit obscure. Cfr. Sap. xvii, 5 ; Matth. xvi, 3 ; Plin. Hist. Nat. ii, 6. Il nous fait donc assister à la transformation qui se manifesta aussitôt sur le visage du jeune homme. Nous devons dire pourtant que, selon d'autres auteurs, στυγνάζω signifierait « être effrayé » (Hésychius traduit ἐστυγνεν par κατεπλάγη. Cfr. Is. xlvii, 19 ; Ezech. xxvii, 35 ; xxviii, 19 ; Dan. ii, 11, dans la version des LXX) ; dans ce cas, l'Evangéliste décrirait un effet moral et non un jeu de physionomie. — *Abiit mœrens.* Hélas ! pour lui se réalisait le célèbre

Video meliora proboque, deteriora sequor.

Il y avait en lui deux tendances ; les biens temporels et les biens éternels le tiraient en sens contraires. Il eut la lâcheté de sacrifier l'amitié du Sauveur et ses désirs de perfection à l'attrait qui l'entraînait vers les richesses périssables. Dante stigmatise cette conduite par le nom de « gran rifiuto ». Quelques mois plus tard, nous verrons au contraire à Jérusalem de nombreux chrétiens vendre d'eux-mêmes leurs biens et en appor-

23. Et circumspiciens Jesus, ait discipulis suis : Quam difficile qui pecunias habent, in regnum Dei introibunt!

24. Discipuli autem obstupescebant in verbis ejus. At Jesus rursus respondens ait illis : Filioli, quam difficile est, confidentes in pecuniis, in regnum Dei introire!

25. Facilius est camelum per foramen acus transire, quam divitem intrare in regnum Dei.

26. Qui magis admirabantur, dicentes ad semetipsos : Et quis potest salvus fieri?

23. Et Jésus, regardant autour de lui, dit à ses disciples : Combien difficilement ceux qui ont des richesses entreront dans le royaume de Dieu!

24. Or ses disciples étaient stupéfaits de ses paroles. Mais Jésus, parlant de nouveau, leur dit : Mes petits enfants, qu'il est difficile à ceux qui se confient dans les richesses d'entrer dans le royaume de Dieu!

25. Il est plus facile à un chameau de passer par le trou d'une aiguille qu'à un riche d'entrer dans le royaume de Dieu.

26. Ils étaient encore plus étonnés, se disant l'un à l'autre : Et qui peut être sauvé?

---

ter le prix aux Apôtres, pour mener ensuite une vie toute dégagée des préoccupations terrestres. Cfr. Act. IV, 34-37.

b. *La leçon en paroles.* X, 23-31. — Parall. Matth. XIX, 23-30; Luc. XVIII, 24-30.

23. — *Circumspiciens Jesus.* Trait spécial à S. Marc. Jésus agit comme s'il voulait étudier l'impression produite sur les Apôtres par ce fâcheux départ. Mais il est plus exact de dire qu'il se proposait, par ce geste solennel, d'ajouter à l'effet des paroles qu'il allait prononcer. — *Quam difficile...* Le triste exemple du jeune homme riche ne démontrait que trop parfaitement la vérité de cette grave sentence. « Non toutefois, dit fort bien Théophylacte, que les richesses soient mauvaises en elles-mêmes ; ce sont ceux qui les possèdent qui sont mauvais! » — *Pecunias.* Le mot grec χρήματα serait mieux traduit par « divitias ». De même au verset suivant. — Par *regnum Dei,* il faut entendre ici le ciel, où le royaume messianique atteindra sa bienheureuse et glorieuse consommation.

24. — *Discipuli obstupescebant.* Ἐθαμβοῦντο, « attoniti stupore percellebantur : unum de verbis significantioribus quibus Marcus interdum utitur. » Patrizi, in Marc. Comm. p. 136. Cfr. I, 12, 43. Il y avait de quoi être vivement frappé: Jésus ne paraissait-il pas exclure formellement du ciel toute une catégorie d'hommes, à cause de leur position sociale ? — *Jesus... respondens.* C'est à ce sentiment des Douze que le Maître répond. Modifiant sa parole pour l'adoucir et en mieux marquer le véritable sens, il ne dit plus : « Qui pecunias

habent », il dit : *Confidentes in pecuniis,* désignant ainsi non pas les riches en tant qu'ils sont riches, mais les riches en tant qu'ils mettent leur fin dans leurs richesses. Il faut noter aussi l'appellation de tendresse *Filioli,* τεκνία (nous lisons ainsi d'après plusieurs manuscrits), par laquelle le Sauveur essaie de calmer l'effroi qu'il venait de causer à ses amis. — Tous les détails contenus dans ce verset appartiennent en propre à S. Marc.

25. — *Facilius est camelum...* Sur ce proverbe oriental, voyez l'Évang. selon S. Matthieu, p. 384. Nous prenons la figure à la lettre, sans vouloir des interprétations plus ou moins ingénieuses, mais certainement fausses, auxquelles on a recours sous prétexte de la rendre plus acceptable. Elle exprime une impossibilité réelle. — Jésus venait d'adoucir sa pensée : il la renforce maintenant à l'aide d'une image vigoureuse. Il est si peu de riches en effet qui ne mettent pas leur confiance dans leurs richesses! C'est donc à bon droit que le Seigneur semble désespérer de jamais rencontrer dans les hommes favorisés des biens de ce monde l'héroïsme moral que réclame le détachement chrétien. — « L'œil d'une aiguille, dit un proverbe persan, est assez large pour deux amis; le monde entier est trop étroit pour deux ennemis. » C'est une image analogue pour exprimer une idée toute différente.

26. — *Qui magis admirabantur,* περισσῶς ἐξεπλήσσοντο. On conçoit sans peine ce surcroît d'étonnement et de frayeur après les dernières paroles de Jésus. — *Dicentes ad semetipsos,* πρὸς ἑαυτούς, les uns aux autres. —

27. Et Jésus, les regardant, dit :
C'est impossible aux hommes, mais
non pas à Dieu ; car tout est possible
à Dieu.

28. Et Pierre commença à lui
dire : Voici que nous avons tout
quitté, et nous vous avons suivi.

29. Jésus répondit : En vérité je
vous le dis, personne ne quittera sa
maison, ou ses frères, ou ses sœurs,
ou son père, ou sa mère, ou ses fils,
ou ses champs à cause de moi et
à cause de l'Evangile,

30. Sans recevoir maintenant, et
en ce temps même, cent fois autant,
maisons, et frères, et sœurs, et
mères, et fils, et champs, avec des

27. Et intuens illos Jesus, ait :
Apud homines impossibile est, sed
non apud Deum : omnia enim possibilia sunt apud Deum.

28. Et cœpit ei Petrus dicere :
Ecce nos dimisimus omnia, et secuti
sumus te.

Matth. 19, 27; *Luc.* 18, 28.

29. Respondens Jesus, ait : Amen
dico vobis : Nemo est, qui reliquerit
domum, aut fratres, aut sorores, aut
patrem, aut matrem, aut filios, aut
agros propter me, et propter evangelium,

30. Qui non accipiat centies tantum, nunc in tempore hoc; domos,
et fratres, et sorores, et matres, et
filios, et agros, cum persecutioni-

Et quis... Sur l'emploi de la conjonction καὶ
en tête d'une phrase interrogative, voyez
Winer, Grammat., p. 387. « Mais alors, mais
dans ce cas, qui pourra bien être sauvé ? »
27. — *Et intuens illos.* Dans le grec, ἐμβλέψας, comme au ẙ. 21. C'est le troisième regard
de Jésus mentionné dans l'intervalle de quelques lignes. Quelle vie et quel pittoresque
dans ce second Evangile ! — *Apud homines...*
Le Sauveur, au moyen de cette distinction,
explique de quel genre d'impossibilité il a
voulu parler. S. Marc présente l'antithèse
avec plus de force que les deux autres synoptiques. — *Omnia enim. possibilia.* « Quod
non ita intelligendum est quasi cupidi et
superbi in regnum cœlorum sint intraturi
cùm cupiditate et superbia ; sed possibile est
Deo ut a cupiditate et superbia ad caritatem
et humilitatem convertantur. » Théophylacte.
Avec l'appoint des divins secours, tout devient possible à l'homme de bonne volonté.
28. — *Ecce nos reliquimus omnia,* s'écrie
tout à coup S. Pierre. Nous du moins, dit-il
avec emphase, nous ne sommes pas « confidentes in divitiis. » La preuve, c'est que
nous avons tout laissé pour vous suivre. En
réalité, les Apôtres, sur un mot de Jésus,
avaient renoncé à tout, et s'étaient mis généreusement à sa suite. Deux points sur lesquels
ils avaient fait complètement le contraire du
pauvre jeune homme dont il était question
naguère.
29. — *Respondens Jesus.* Le bon Maître
n'oublie pas les sacrifices qui ont été faits
pour lui, et il saura dédommager leurs auteurs
par de magnifiques récompenses. Le ẙ. 29
donne la liste des principaux objets qu'un
chrétien peut abandonner pour l'amour de

Jésus et de son Evangile ; le ẙ. 30 celle des
récompenses qui leur seront distribuées soit
en ce monde, soit en l'autre, par la main du
Dieu rémunérateur. Dans la Recepta grecque,
après μητέρα (matrem), on lit ἢ γυναῖκα, « vel
uxorem », de même que dans la rédaction
de S. Matthieu. Les manuscrits B, D, Δ, Sinaït., etc., omettent ces mots comme la Vulgate. — *Et propter Evangelium* est un trait
propre à notre Evangéliste. Notons en passant, à propos de l'expression εὐαγγελίον, que
S. Matthieu et S. Marc sont seuls à l'employer, celui-là quatre fois, IV, 23 ; IX, 35 ;
XXIV, 14 ; XXVI, 13, celui-ci beaucoup plus
souvent : I, 4, 14, 15 ; VIII, 35 ; X, 29 ; XIII, 40 ;
XIV, 9 ; XVI, 15.
30. — *Centies tantum,* ἑκατονταπλασίονα.
Chiffre rond, pour désigner à la façon orientale l'étendue et la richesse de la rétribution
promise par Notre-Seigneur. — *Nunc, in tempore hoc.* Même dès cette vie. Ces mots sont
emphatiques et propres à S. Marc. On ne
trouve également que dans son récit la répétition de la nomenclature *domos et fratres,* etc.
Cette nomenclature subit pourtant dans le
ẙ. 30 de légères modifications. Par exemple,
le substantif γυναῖκας, « uxores », a été omis
pour une raison de convenance facile à comprendre. « Patres » est de même supprimé,
on ignore pourquoi. *Matres* est au pluriel, et
justement ; car si la nature ne nous donne
qu'une mère, la charité chrétienne nous en
fournit un grand nombre. — Un saint abbé,
dont Cassien nous a conservé les paroles,
Collat. XXIV, c. 26, admirait l'accomplissement de toutes ces promesses du Sauveur.
« Quòd ita esse, disait-il à ses religieux, etiam
vestris experimentis probare potuistis, qui

bus, et in sæculo futuro vitam æternam.

31. Multi autem erunt primi novissimi, et novissimi primi.

Matth. 19, 30.

32. Erant autem in via ascendentes Jerosolymam : et præcedebat illos Jesus, et stupebant; et sequentes timebant. Et assumens iterum

persécutions, et, dans le siècle futur, la vie éternelle.

31. Mais beaucoup de premiers seront les derniers et beaucoup de derniers les premiers.

32. Or ils étaient en chemin et montaient à Jérusalem. Jésus marchait devant eux, et ils étaient étonnés et ils le suivaient pleins de

---

singulis patribus matribusque ac domibus derelictis, quamlibet mundi partem fueritis ingressi, patres, matres, fratresque innumeros, domos quoque et agros, servosque fidelissimos absque ullo sollicitudinis labore conquiritis, qui vos ut proprios dominos submisse suscipiunt, amplectuntur, fovent, venerantur officiis. » Et cette réalisation n'a pas seulement lieu dans les communautés religieuses, mais partout où le vrai Christianisme est mis en pratique. Ainsi donc, Jésus annonce qu'il dédommagera même dès ce monde, par toutes sortes de grâces et de consolations, des privations embrassées en son honneur. — *Cum persecutionibus.* « S. Marc ajoute une chose remarquable, qui n'a point été exprimée par les autres Évangélistes. C'est qu'ils recevront le centuple AVEC DES PERSÉCUTIONS. Est-ce donc que les persécutions font partie des promesses de Jésus-Christ, et des récompenses qu'il promet à ses serviteurs? Oui sans doute. Les persécutions, les peines, les travaux sont la joie et le partage des chrétiens; c'est le gage assuré de leur bonheur futur. Jésus-Christ partage ses amis comme il s'est partagé lui-même... Et ceux qui ont l'avantage d'être à lui n'ont garde de se plaindre de leur sort; ils l'estiment infiniment plus que si on leur offrait tous les plaisirs du monde... Il n'appartient qu'aux vrais chrétiens de souffrir volontiers les maux temporels dans l'espérance des biens éternels. Christianorum est pati mala temporalia, et bona sperare sempiterna, dit S. Augustin. » D. Calmet. Les écrits du Nouveau Testament sont remplis de cette idée. Cfr. Matth. v, 44; Rom. v, 3; II Cor. xii, 40; Philip. i, 29; II Thess. i, 4; II Tim. iii, 44 et 42; Hebr. xii, 6; Jac. i, 2, 4; I Petr. i, 6, etc. — *Et in sæculo futuro,* par opposition à « nunc in tempore hoc. » Ces locutions sont mises en corrélation, de même que les mots équivalents des Rabbins, עוֹלָם הַזֶּה, ce siècle-ci, et עוֹלָם הַבָּא, le siècle à venir.

34. — *Multi autem...* Dans l'Évangile selon S. Matthieu, xix, 30-xx, 46 (voyez le commentaire, pp. 384 et ss.), ce gnome énigmatique sert tout à la fois d'ouverture et de finale à une parabole qui le développe et

l'explique. C'est un « caveant consules » adressé aux Apôtres et à tous les chrétiens. Même après les plus saints commencements, même après avoir donné des preuves du plus généreux dévouement à la cause du Christ, on peut s'arrêter en chemin, comme le jeune homme de notre Évangile, comme Judas; tandis que les Madeleine et les Saul gagnent les premières couronnes et les premiers trônes du paradis.

3. — **La Passion prédite pour la troisième fois. x, 32-34.** — Parall. Matth. xx, 47-49; Luc. xviii, 31-34.

32. — *Erant autem in via.* Plus haut, ỳ. 47, l'Évangéliste nous montrait Notre-Seigneur se dirigeant vers la route, « in viam »; maintenant, Jésus et les siens sont « in via ». Quelle parfaite exactitude dans les détails les plus minutieux! — *Ascendentes Jerosolymam.* Voyez, sur cette expression, l'Évangile selon S. Matth., p. 394. — Les mots suivants, *et præcedebat illos..., et stupebant,* sont vraiment dramatiques. Nous devons à S. Marc ce magnifique tableau. A l'avant-scène on aperçoit le divin Maître, qui marche le premier, à quelque distance des siens. Il sait qu'il se dirige vers le Calvaire; mais c'est pour cela même qu'il se hâte avec une sainte impatience, « faisant voir, dit justement Théophylacte, qu'il va au-devant de sa Passion, et qu'il ne redoute pas d'endurer la mort pour notre salut ». Ce trait est donc un commentaire plastique de la parole : « Baptismo habeo baptizari, et quomodo coarctor usquedum perficiatur! » Luc. xii, 50. Derrière ce glorieux capitaine, qui choisit vaillamment le poste d'honneur, nous voyons la troupe timide de ses soldats. « Stupebant », ἐθαμβοῦντο : ils étaient stupéfaits de son courage. En effet, ils ne l'ignoraient pas d'après les scènes dont ils avaient été naguère témoins dans la capitale juive (Cfr. Joan. vii; 44 et ss.; viii, 59; ix, 4 et ss.), aller à Jérusalem dans les circonstances présentes, c'était s'offrir librement à toute sorte de dangers. Aussi est-il ajouté que *sequentes timebant.* Ils redoutaient pour lui et pour eux-mêmes les conséquences d'une pareille dé-

crainte. Et, prenant encore les Douze, il commença à leur dire ce qui devait lui arriver.

33. Voilà que nous montons à Jérusalem, et le Fils de l'homme sera livré aux princes des prêtres, aux scribes et aux anciens, et ils le condamneront à mort et le livreront aux Gentils;

34. Et ils se joueront de lui, ils cracheront sur lui, ils le flagelleront et ils le tueront; et le troisième jour il ressuscitera.

35. Alors Jacques et Jean, fils de Zébédée, s'approchèrent de lui, disant : Maître, nous voulons que tout ce que nous vous demanderons vous le fassiez pour nous.

36. Et il leur dit : Que voulez-vous que je fasse pour vous?

duodecim, cœpit illis dicere quæ essent ei eventura.

Luc. 18, 31.

33. Quia ecce ascendimus Jerosolymam, et Filius hominis tradetur principibus sacerdotum, et scribis, et senioribus, et damnabunt eum morte, et tradent eum gentibus :

34. Et illudent ei, et conspuent eum, et flagellabunt eum, et interficient eum, et tertia die resurget.

35. Et accedunt ad eum Jacobus et Joannes, filii Zebedæi, dicentes : Magister, volumus ut quodcumque petierimus, facias nobis.

Matth. 20, 20.

36. At ille dixit eis : Quid vultis ut faciam vobis?

---

marche. De là une sorte d'hésitation bien naturelle. Néanmoins, ils suivaient leur divin Maître : ce n'est qu'à Gethsémani que leur courage devait entièrement faiblir pour un temps. D'après la variante des manuscrits B, C, L, Γ, Sin., οἱ δὲ ἀκολουθοῦντες ἐφοβοῦντο (au lieu de καὶ ἀκολουθοῦντες...), il semblerait que les disciples qui accompagnaient Jésus formassent en ce moment comme deux groupes distincts, l'un plus courageux, le suivant de plus près, l'autre tout à fait à l'arrière, à moitié décidé à l'abandonner. Mais cette leçon n'est pas assez autorisée pour que nous la préférions à celle de la Recepta. — *Assumens iterum duodecim.* Le Sauveur s'arrête tout à coup pour rallier la troupe intimidée de ses Apôtres. Les groupant autour de lui, « il se mit à leur prédire ce qui devait lui arriver. » C'était pour la troisième fois qu'il entrait devant eux dans ces tristes détails. La première prédiction de ce genre avait eu lieu après la Confession de S. Pierre, VIII, 34 ; la seconde, après la Transfiguration, IX, 30-32.

33 et 34. — *Ecce ascendimus...* Les termes de la prophétie diffèrent à peine de ceux que nous lisions dans S. Matthieu (voyez le commentaire, p. 394 et s.). Seulement, notre Évangéliste mentionne d'une manière complète les Chambres du Sanhédrin, *principibus sacerdotum, scribis, senioribus;* puis, dans l'énumération des humiliations que Jésus devait endurer avant sa mort, il signale un détail spécial, *et conspuent eum.* En revanche, S. Matthieu précisait mieux la nature du supplice final : « crucifigendum » au lieu

du vague *interficient eum.* — Toute la Passion est dans ces quelques lignes.

4. — Ambition des fils de Zébédée. x, 35-45.
Parall. Matth. xx, 20-28.

35. — *Et accedunt ad eum.* Surprenant épisode, surtout après cette prédiction si claire de Jésus. S. Marc, dans la description qu'il en fait, a plusieurs traits originaux. Tout d'abord, son entrée en scène diffère de celle du premier Évangile. Dans S. Matthieu, c'était Salomé qui se présentait à Jésus accompagnée de ses deux fils, et qui formulait elle-même leur étrange désir : ici, il n'est question que de Jacques et de Jean. C'est donc le récit de S. Matthieu qui est le plus complet. — *Volumus.* Demande bien audacieuse ; il est vrai que le θέλομεν ἵνα... du texte grec peut se traduire par le conditionnel : Nous voudrions ! — *Quodcumque petierimus facias.* Les deux frères, n'osant pas sans doute formuler directement leur désir, essayent d'en obtenir l'accomplissement en se faisant tout d'abord octroyer cette sorte de blanc-seing universel.

36. — *Quid vultis...?* Jésus, bien qu'il pénétrât les secrets desseins de leur cœur, veut que leur demande soit proférée ouvertement. Ils recevront par là-même une humiliation salutaire, qui les préparera à mieux goûter la leçon qui viendra plus loin. — La construction de la phrase grecque est assez extraordinaire dans certains manuscrits : τί θέλετε με ποιήσω ὑμῖν; Griesbach et Lachmann adoptent cette leçon.

37. — *Da nobis ut... sedeamus.* Le Sauveur,

37. Et dixerunt : Da nobis ut unus ad dexteram tuam, et alius ad sinistram tuam sedeamus in gloria tua.

38. Jesus autem ait eis : Nescitis quid petatis; potestis bibere calicem quem ego bibo, aut baptismo, quo ego baptizor, baptizari?

39. At illi dixerunt ei : Possumus. Jesus autem ait eis : Calicem quidem, quem ego bibo, bibetis; et baptismo, quo ego baptizor, baptizabimini :

40. Sedere autem ad dexteram meam, vel ad sinistram, non est meum dare vobis, sed quibus paratum est.

41. Et audientes decem cœperunt indignari de Jacobo et Joanne.

37. Ils dirent : Accordez-nous d'être assis l'un à votre droite, l'autre à votre gauche, dans votre gloire.

38. Mais Jésus leur dit : Vous ne savez ce que vous demandez. Pouvez-vous boire le calice que je bois, ou être baptisés du baptême dont je suis baptisé?

39. Et ils lui dirent : Nous le pouvons. Mais Jésus leur dit : Vous boirez à la vérité le calice que je bois, et vous serez baptisés du baptême dont je suis baptisé;

40. Toutefois, d'être assis à ma droite ou à ma gauche, il ne m'appartient pas de vous l'accorder à vous, mais à ceux à qui c'est réservé.

41. Et les dix *autres,* entendant cela, commencèrent à s'indigner contre Jacques et Jean.

---

d'après la rédaction de S. Matthieu, xix, 28, avait promis aux Apôtres, peu d'instants auparavant, qu'ils siégeraient un jour dans le ciel sur douze trônes glorieux. Ce fut sans doute cette image qui enflamma l'ambition des fils de Salomé, et qui leur suggéra la pensée de demander pour eux-mêmes les trônes situés immédiatement à gauche et à droite de celui que Jésus occuperait, c'est-à-dire les deux premières places. — *In gloria tua.* Dans S. Matthieu, « in regno tuo ». Ces deux expressions désignent l'époque à laquelle Notre-Seigneur, après avoir triomphé de ses ennemis, jouirait de sa puissance et de sa gloire, selon tous les préjugés du Judaïsme de ces temps.

38. — *Nescitis quid petatis.* « C'est comme si Jésus leur disait : Vous parlez d'honneur, tandis que je vous entretiens de fatigues et de combats. Ce n'est pas maintenant le temps des récompenses, mais celui du sacrifice, des luttes et des périls. » S. Jean Chrys., Hom. lxvi in Matth. — *Potestis...* Un prince n'élève personne au rang de premier ministre sans s'être assuré de ses dispositions, sans exiger de lui un dévouement spécial, sans avoir mis ses forces et son courage à l'épreuve. De là cette question de Jésus. — *Bibere calicem, baptismo baptizari :* figures énergiques, pour désigner la Passion du Sauveur. La seconde est ici une particularité de S. Marc. Elles apparaissent du reste en plusieurs autres endroits dans les discours de Notre-Seigneur. Cfr.

xiv, 36; Luc. xii, 50; Joan. xviii, 11, etc. Elles ont l'une et l'autre leurs analogies dans l'Ancien Testament. Comparez Ps. lvii, 2, 3, 16; cxxiii, 4, pour la métaphore du baptême, et, pour celle du calice, les passages cités dans l'Evang. selon S. Matth. p. 393. — *Quem ego bibo, quo ego baptizor.* Le pronom « ego » est emphatique. L'emploi du temps présent, qui relève si bien la proximité, la certitude de la Passion, est propre à S. Marc.

39. — *Possumus.* Cette brève réponse, qui dut être prononcée avec un accent énergique, sortait directement du cœur des deux frères. La suite de leur vie prouve combien ils étaient sincères en la prononçant. — *Calicem quidem...* L'épreuve qu'ils se croient capables de soutenir, ils la soutiendront : ils goûteront l'amertume du calice de Jésus, ils auront part à son baptême de sang, en un mot, ils auront beaucoup à souffrir pour leur Maître. Cela leur est accordé.

40. — *Sedere autem...* Quant au reste, le Sauveur les renvoie à son divin Père, et à ses décrets éternels. — Le pronom *vobis* n'a pas d'équivalent dans le texte grec. De là cette traduction, qui est adoptée par plusieurs interprètes : « Non est meum dare nisi quibus paratum est. » Sur le sens de ces paroles, voyez S. Matthieu, p. 393. Le P. Patrizi, in Marc. Comment., p. 442, propose l'interversion suivante, qui enlève tout semblant de difficulté : « Est meum dare, non vobis, sed quibus paratum est ».

42. Mais Jésus, les appelant, leur dit : Vous savez que ceux qu'on voit gouverner les nations les dominent, et que leurs princes ont puissance sur elles.

43. Il n'en est pas ainsi parmi vous ; mais quiconque voudra devenir le plus grand, sera votre serviteur.

44. Et quiconque voudra être le premier parmi vous, sera le serviteur de tous.

45. Car le Fils de l'homme n'est pas venu pour être servi, mais pour servir et donner sa vie pour la rédemption d'un grand nombre.

42. Jesus autem vocans eos, ait illis : Scitis quia hi, qui videntur principari gentibus, dominantur eis : et principes eorum potestatem habent ipsorum.

Luc. 22, 25.

43. Non ita est autem in vobis, sed quicumque voluerit fieri major, erit vester minister :

44. Et quicumque voluerit in vobis primus esse, erit omnium servus.

45. Nam et Filius hominis non venit ut ministraretur ei, sed ut ministraret, et daret animam suam redemptionem pro multis.

---

41 et 42. — *Cœperunt indignari.* S. Matthieu paraît supposer que l'indignation des disciples éclata complétement, « indignati sunt » ; S. Marc dit avec une nuance qu'elle commençait seulement à se manifester, quand Jésus la réprima en réunissant les Douze autour de lui pour leur donner à tous une grave leçon. — *Scitis quia...* Voyez l'Evangile selon S. Matth., p. 394 et s. Nous n'avons à noter ici qu'une expression spéciale à notre Evangéliste, *qui videntur principari gentibus.* Pourquoi ce « videntur principari » (οἱ δοκοῦντες ἄρχειν), au lieu de « principantur » (οἱ ἄρχοντες), qui serait beaucoup plus clair? De nombreux auteurs pensent que δοκοῦντες est destiné à exprimer quelque idée particulière ; mais il est assez difficile de dire laquelle. Il existe à ce sujet plusieurs interprétations : Ceux qui s'imaginent qu'ils gouvernent les nations ; Ceux qui s'arrogent le droit de gouverner... ; Ceux qui paraissent gouverner... (par opposition au gouvernement divin qui est le seul véritable) ; Ceux qui sont reconnus comme les gouvernements des nations (voyez Winer, Grammat., p. 540) ; Ceux qui ont l'honneur de gouverner... Les partisans de cette dernière traduction s'appuient, entre autres raisons, sur l'analogie qui existe entre δοκεῖν, les mots sanscrits « daç », briller, « daças », gloire, et les mots latins « decet, decus, dignus », etc. Nous préférons, avec D. Calmet et d'autres commentateurs, regarder le verbe δοκεῖν en cet endroit comme un pur pléonasme, dont on trouve d'assez fréquents exemples soit dans le Nouveau Testament (voir en particulier I Cor. XI, 16 ; Matth. III, 8 ; Luc. XXII, 24) ; soit chez les auteurs profanes. Cfr. Rosenmüller, Scholia in h. l.

43 et 44. — *Non ita est in vobis.* « Est »,

au temps présent, est emphatique (les manuscrits B, D, Sinait. etc. corroborent cette leçon de la Vulgate ; la Recepta emploie le futur ἔσται). La règle imposée par Jésus entrait donc immédiatement en vigueur pour les Douze, qui formaient un abrégé de l'Eglise chrétienne. — Après cette proposition générale, qui proscrit dans le royaume messianique l'ambition et l'abus du pouvoir, le Sauveur développe sa pensée au moyen de deux propositions particulières, qui correspondent à celles du ÿ. 42. Il y a suivi un parallélisme parfait dans l'expression. Remarquez la gradation ascendante que forment les mots *major* et *primus, minister* et *servus, vester* et *omnium,* accouplés deux à deux. « I ergo tu, s'écrie S. Bernard méditant sur ces paroles de Jésus, et tibi usurpare aude aut dominans apostolatum, aut apostolicus dominatum. Plane ab alterutro prohiberis. Si utrumque habere vis, perdes utrumque... Forma apostolica hæc est : dominatio interdicitur, indicitur ministratio », De considerat., lib. II, c. VI, n. 40 et 11.

45. — *Nam et Filius hominis...* « Ut discipuli id facerent quod eos hortatus erat, Christus animos ipsis addidit, de se ea narrans unde exemplum sumerent. » Patrizi. Le Fils de l'homme qui, par sa nature, était si élevé au-dessus des autres hommes, a daigné se faire le serviteur de tous. Ainsi donc ses disciples ne doivent pas hésiter à l'imiter. — *Animam suam redemptionem.* L'homme déchu, esclave de Satan, « venumdatus sub peccato », n'avait rien pour se racheter : Jésus a donné sa vie en guise de rançon! Telle est l'idée contenue dans la belle expression λύτρον du texte grec.

46. Et veniunt Jericho, et proficiscente eo de Jericho, et discipulis ejus, et plurima multitudine, filius Timæi, Bartimæus, cæcus, sedebat juxta viam mendicans.

Matth. 20, 29; *Luc.* 18, 25.

47. Qui, cum audisset quia Jesus Nazarenus est, cæpit clamare et dicere : Jesu, fili David, miserere mei !

48. Et comminabantur ei multi ut taceret. At ille multo magis clamabat : Fili David, miserere mei !

49. Et stans Jesus præcepit illum vocari. Et vocant cæcum, dicentes

46. Ils vinrent ensuite à Jéricho, et, lorsqu'il partit de Jéricho avec ses disciples et une grande multitude, le fils de Timée, Bartimée l'aveugle, était assis sur le bord du chemin, mendiant.

47. Ayant entendu que c'était Jésus de Nazareth, il se mit à crier et à dire : Jésus fils de David, ayez pitié de moi.

48. Et plusieurs le menaçaient pour qu'il se tût; mais il criait beaucoup plus fort : Jésus, fils de David, ayez pitié de moi.

49. Et Jésus, s'arrêtant, ordonna qu'on l'appelât. Et on appela l'a-

---

5. — **L'aveugle de Jéricho.** x, 46-52. — Parall. Matth. xx, 29-34; Luc. xviii, 35-43.

46. — *Veniunt Jericho.* Quittant la Pérée, Jésus et les siens franchirent le Jourdain, puis la plaine alors si fertile de Jéricho : après quelques heures de marche, ils arrivaient dans la ville du même nom. Voyez le Bibel-Atlas de R. Riess. pl. IV; l'Atlas de géographie biblique de M. Ancessi, pl. XVI. C'était l'avant-dernière station de leur voyage. Jéricho était à cette époque, soit pour la richesse, soit pour la population, la seconde ville de Palestine. — *Proficiscente eo...* De même S. Matthieu; au contraire, d'après S. Luc, « quum appropinquaret Jericho ». C'est une première contradiction apparente. Une seconde divergence consiste en ce que S. Matthieu mentionne expressément deux aveugles, tandis que S. Marc, conforme cette fois à S. Luc, n'en signale qu'un seul. Voir la solution de ces difficultés dans l'Évang. selon S. Matth., p. 397. — *Et plurima multitudine.* Le triomphe de Jésus commence dès sa sortie de Jéricho; mais c'est à Jérusalem qu'aura lieu l'ovation principale. — *Filius Timæi Bartimæus.* Seul, notre Évangéliste a conservé le nom de cet aveugle; peut-être, ainsi qu'on l'a conjecturé, parce que Bartimée eut plus tard des relations avec la chrétienté romaine, pour laquelle était écrit le second Évangile. « Filius Timæi » est la traduction de « Bartimæus », et Bartimée est un de ces noms patronymiques, alors très fréquents chez les Juifs, dont le Nouveau Testament contient plus d'un exemple : Barjona, Barthélemi, Barnabé. Son orthographe hébraïque était בַּר־טִמַּאי (ou, d'après la version syriaque, בַּר־טִימֵי), *Bar-Timaï*. Il se compose d'un mot araméen, *Bar*, qui signifie fils, et d'un nom grec, Τιμαῖος, que Platon a rendu

célèbre : c'est là une combinaison assez étrange. — *Juxta viam mendicans.* Προσαιτῶν est bien traduit par « mendicans ». La préposition πρὸς, ajoutée au verbe αἰτέω, désigne l'habitude de demander (« in petendo versor »), par conséquent la mendicité. A l'approche de la Pâque juive, les chemins qui conduisaient à Jérusalem étaient couverts d'indigents qui demandaient l'aumône aux pèlerins.

47. — *Fili David.* Nous avons vu en maint endroit que telle était la dénomination habituelle et populaire du Messie. Bartimée croyait donc depuis quelque temps déjà que Jésus était le Christ. Sa foi sera bientôt récompensée. — *Miserere mei.* Ce « Kyrie eleison » du pauvre aveugle de Jéricho était un nouvel hommage adressé à Notre-Seigneur, auquel il reconnaissait le pouvoir d'accomplir des miracles. C'est d'ailleurs, dans les écrits inspirés (Cfr. les Psaumes, passim ; Job, XIX, 824 ; Is. XXXIII, 2 ; Eccli. XXXVI, 1, 14 ; Tob. VIII, 10; Judith, VII, 20) comme chez les auteurs profanes (Cfr. Hom. Od. v, 44 et ss.; Virg. Æn. XII, 930 et ss., etc.), le cri bien naturel de tous les malheureux.

48-50. — Les synoptiques ont tous fort bien décrit le petit drame auquel donna lieu ce miracle de Jésus. Après les scènes des ꝟ. 46 et 47, en voici de nouvelles, entre lesquelles il existe un contraste frappant : la conduite de la foule, d'abord si peu compatissante, *comminabantur ei...*; la conduite de l'aveugle, *ille multo magis clamabat* : il ne se laisse pas intimider; la conduite de Jésus, *Stans... præcepit illum vocari* : c'est toujours le « bon Maître », qu'on n'implore jamais en vain. — Tous les détails qui suivent, jusqu'à la fin du ꝟ. 50, appartiennent en propre à S. Marc. Ce ne sont pas les moins

veugle en lui disant : Aie bon courage ! lève-toi, il t'appelle.

50. Il rejeta son manteau, s'élança et vint à Jésus.

51. Et Jésus lui demanda : Que veux-tu que je te fasse? Mais l'aveugle lui dit : Maître, que je voie!

52. Et Jésus lui dit : Va, ta foi t'a guéri. Et aussitôt il vit, et il le suivait dans le chemin.

ei : Animæquior esto; surge, vocat te.

50. Qui, projecto vestimento suo, exiliens, venit ad eum.

51. Et respondens Jesus dixit illi: Qui tibi vis faciam? Cæcus autem dixit ei : Rabboni, ut videam.

52. Jesus autem ait illi : Vade, fides tua te salvum fecit. Et confestim vidit, et sequebatur eum in via.

CHAPITRE XI

Entrée triomphale de Jésus à Jérusalem (ỹỹ. 1-11). — Le figuier maudit (ỹỹ. 12-14). — Expulsion des vendeurs (ỹỹ. 15-19). — La puissance irrésistible de la foi (ỹỹ. 20-26). — Jésus refuse de faire connaître aux Sanhédristes la source de ses pouvoirs (ỹỹ. 27-33).

1. Et comme ils approchaient de Jérusalem et de Béthanie, près du

1. Et cum appropinquarent Jerosolymæ et Bethaniæ ad montem

intéressants. Le premier, *vorant cæcum dicentes...*, est d'une grande vérité psychologique. Quand la foule s'aperçut que Jésus témoignait un commencement de bienveillance pour Bartimée, elle se mit aussitôt, « regis ad exemplar », à manifester une sympathie qu'elle était bien loin d'éprouver quelques instants auparavant. Ceux qui rebutaient rudement l'aveugle, le pressent maintenant d'accourir : Θάρσει (« confide », *animæquior esto*), ἔγειρε, φωνεῖ σε ! Remarquez la rapidité du langage. — Les traits suivants sont d'un pittoresque achevé. *Projecto vestimento*. L'infirme ne se fait pas appeler deux fois; mais, son large manteau oriental gênant ses mouvements, il commence par le jeter loin de lui (Cfr. Hom. Iliad. II, 183) ; puis il se précipite tout joyeux du côté de Jésus : *exiliens*. La Vulgate a suivi la leçon des manuscrits B, L, D, Δ, Sinait., ἀναπηδήσας. Le texte imprimé porte ἀναστάς.

51. — *Quid tibi vis faciam?* Question bien surprenante en apparence. « Numquid qui lumen reddere poterat, quid vellet cæcus ignorabat? Ad hoc ergo requirit, ut petatur; ad hoc requirit, ut cor ad orationem excitetur. » V. Bède. — *Rabboni*. Tandis que les deux autres Évangélistes traduisent ce titre par Κύριε (*Domine*), S. Marc le cite en hébreu, tel qu'il fut prononcé. Cfr. Joan. xx, 16. « Rabboni » est un augmentatif de Rabbi. Voyez l'Évangile selon S. Matthieu, p. 440.

52. — *Jesus autem ait...* S. Matthieu, sans mentionner les paroles du Sauveur, raconte que la guérison fut opérée par l'imposition de ses mains divines. — *Confestim vidit.* Avec quel amour et quelle reconnaissance le miraculé ne dût-il pas diriger son premier regard sur Jésus! Mais il fit plus encore; s'associant à la foule qui entourait Notre-Seigneur, il suivit son bienfaiteur jusqu'à Jérusalem. L'Évangile de Nicodème, ch. vi, nous le montre quelques jours plus tard, prenant courageusement la défense de Jésus au prétoire. « Et un autre Juif s'avança et dit : J'étais aveugle de naissance; j'entendais parler et je ne voyais personne. Et Jésus ayant passé, je m'adressai à lui en criant à haute voix : Fils de David, prends pitié de moi! Et il eut pitié de moi, et il posa sa main sur mes yeux, et aussitôt je recouvrai la vue. » Brunet, Les Évangiles apocryphes, 2e éd. p. 240.

DEUXIÈME PARTIE

LES DERNIERS JOURS ET LA PASSION DE JÉSUS.
XI-XV.

I. — **Entrée triomphale de Jésus à Jérusalem.** XI, 1-11. — Parall. Matth. XXI, 1-11; Luc. XIX, 29-44; Joan. XII, 12-19.

Triomphe d'autant plus intéressant à étudier qu'il est unique dans la vie de Notre-Seigneur. Sur son caractère spécial, voyez

Olivarum, mittit duos ex discipulis suis,

Matth. 21, 1; Luc. 19, 29.

2. Et ait illis : Ite in castellum, quod contra vos est, et statim introeuntes illuc, invenietis pullum ligatum, super quem nemo adhuc hominum sedit; solvite illum, et adducite.

3. Et si quis vobis dixerit : Quid

mont des Oliviers, il envoya deux de ses disciples,

2. Et il leur dit : Allez à ce village qui est devant vous et, dès que vous y serez entrés, vous trouverez lié un ânon sur lequel aucun homme ne s'est encore assis. Déliez-le et amenez-le.

3. Et, si quelqu'un vous dit : Que

---

l'Evangile selon S. Matthieu, p. 398. Théophylacte en détermine fort bien le but : « Ut (Judæi), si velint, valeant gloriam ejus (Jesu) agnoscere, et per prophetias de eo completas scirent quod est verus Deus; si vero noluerint, majus fieret eis judicium, quia tot claris miraculis non crediderunt. » — Le récit de S. Marc est de nouveau remarquable en cet endroit par sa vie et sa fraîcheur.

1. — *Quum appropinquarent*; dans le grec, ἐγγίζουσιν au présent. Notre Evangéliste, de même que S. Matthieu, abandonne ici l'ordre réel des faits, pour suivre l'ordre logique : il place, lui aussi, l'entrée solennelle de Jésus à Jérusalem immédiatement après le départ de Jéricho, qui avait été déjà, nous l'avons vu, une marche triomphale. Cfr. x, 46. S. Jean nous dira clairement, xii, 1-19, qu'avant de pénétrer dans la capitale juive, le Sauveur s'arrêta pendant au moins une nuit, probablement même pendant un jour et deux nuits, chez ses amis de Béthanie, Lazare, Marthe et Marie. C'est de leur maison hospitalière que nous le voyons en ce moment sortir pour son triomphe. — *Jerosolymæ et Bethaniæ*. Ce n'est pas sans surprise qu'on lit ici le nom de Jérusalem avant celui de Béthanie; car, le voyageur qui va de Jéricho à la ville sainte rencontre nécessairement Béthanie sur sa route avant d'arriver au terme de son voyage. Il faudrait donc, d'après la topographie, « Bethaniæ et Jerosolymæ ». S. Marc se serait-il rendu coupable d'une erreur géographique? Pas le moins du monde. Mais, suivant de nouveau l'ordre des idées, il signale d'abord, comme point principal, le but vers lequel se dirigeait Notre-Seigneur; ensuite, il mentionne la station intermédiaire, près de laquelle se firent les premiers préparatifs du triomphe. Le texte grec cite trois localités au lieu de deux : εἰς Ἱερουσαλὴμ, εἰς Βηθφαγῆ καὶ Βηθανίαν. Cette leçon, qui est vraisemblablement authentique, justifie ce que nous venons de dire : elle nous montre Jérusalem nettement désigné comme le but final du voyage de Jésus; puis elle détermine, en citant les noms de Bethphagé et de Béthanie, l'endroit précis où commença l'ovation. Ces

deux villages étaient situés à peu de distance l'un de l'autre, et seulement à une demiheure de Jérusalem, du côté de l'Orient. Voyez l'Atlas géogr. de M. Ancessi, pl. XVIII; le Bibel-Atlas de R. Riess, pl. IV.

2. — *Castellum quod contra vos est*, τὴν κώμην τὴν κατέναντι ὑμῶν. D'après le récit de S. Matthieu, ce hameau, qui se dressait en face de Jésus et de ses deux envoyés, ne différait vraisemblablement pas de Bethphagé. — *Invenietis pullum ligatum*. Le premier Synoptique faisait dire à Jésus : « Invenietis asinam alligatam et pullum cum ea » : S. Marc, S. Luc et S. Jean parlent seulement de l'ânon. Où se trouve la vérité? des deux côtés à la fois. En effet, dit S. Augustin, « ubi utrumque factum potest intelligi, nulla repugnantia est; nec si alius unum, alius alium commemoraret; quanto minus moveri oportet, si alius unum, alius utrumque commemorat? » De Cons. Evang. l. II, c. LXVI. Néanmoins, la relation de S. Matthieu, étant la plus complète, est par là même la plus exacte. Dans les trois autres Evangiles, il n'est pas question de l'ânesse, parce que ce ne fut pas elle, mais l'ânon, qui servit de monture à Jésus : S. Matthieu la mentionne, en partie parce que Notre-Seigneur avait commandé qu'on l'amenât, en partie afin de rendre plus évidente la réalisation de la prophétie de Zacharie, qu'il cite un peu plus bas. — *Super quem nemo...* S. Luc note aussi ce détail, qui avait bien son importance; car, soit chez les Juifs, Cfr. Num. xix, 2; Deut. xxi, 3; I Reg. vi, 7, soit chez les païens (voyez Ovide, Metam. iii, 12) on employait de préférence à des usages sacrés les animaux qui n'avaient encore rendu aucun service profane. Il convenait que la pacifique monture du Christ, au jour de son triomphe, n'eut jamais porté d'autre cavalier. — *Adducite mihi*. La Recepta dit pareillement ἀγάγετε. Mais d'importants manuscrits (B, C, L, Δ, Sinaït.) portent φέρετε, et telle nous semble avoir été la leçon originale. S. Marc use volontiers du verbe φέρω dans le sens de conduire, amener. Cfr. i, 32; vii, 32; viii, 22; ix, 17, etc.

3. — *Quid facitis?* De même S. Luc

faites-vous? dites que le Seigneur en a besoin, et aussitôt il le laissera amener ici.

4. Et, s'en étant allés, ils trouvèrent l'ânon lié dehors devant la porte entre deux chemins et ils le délièrent.

5. Et quelques-uns de ceux qui étaient là leur dirent : Que faites-vous en déliant cet ânon?

6. Ils leur répondirent comme Jésus le leur avait prescrit, et on le leur laissa.

7. Et ils amenèrent à Jésus l'ânon sur lequel ils mirent leurs vêtements, et il s'assit dessus.

facitis? dicite, quia Domino necessarius est : et continuo illum dimittet huc.

4. Et abeuntes invenerunt pullum ligatum ante januam foris in bivio : et solvunt eum.

5. Et quidam de illic stantibus dicebant illis : Quid facitis solventes pullum?

6. Qui dixerunt eis sicut præceperat illis Jesus, et dimiserunt eis.

7. Et duxerunt pullum ad Jesum; et imponunt illi vestimenta sua, et sedit super eum.

Joan. 13, 14.

« Quare solvitis ? » Ce langage direct est beaucoup plus vivant que le « Si quis vobis aliquid dixerit » de S. Matthieu. — *Domino necessarius est*. En tant que Messie, Jésus était le souverain Seigneur et Maître de toutes choses : il jouissait du droit de réquisition, dont il usait ici pour la première fois. — *Et continuo illum dimittet*. Par ces mots, le Sauveur prédit qu'au seul nom de « Dominus » (ὁ κύριος avec l'article) le propriétaire de l'animal se prêtera aussitôt au dessein des Apôtres. Quelques auteurs, déroutés par l'adverbe εὐθέως, donnent à tort une autre signification à ce passage. Suivant eux, les mots « et continuo... » ne contiendraient pas une prédiction de Jésus, mais la suite de la communication qu'il chargeait ses envoyés d'adresser au maître supposé récalcitrant de l'ânon : « Dites que le Seigneur en a besoin, et qu'il le renverra bientôt là-bas. » Cette interprétation nous paraît manquer de grandeur, surtout dans la circonstance où se trouvait Jésus. — M. E. Reuss, bien que rationaliste à ses heures, fait ici une remarque très-juste, qu'on nous permettra de citer : « Le récit de la mission des deux disciples doit faire sur le lecteur l'impression d'un double miracle, d'après l'intention même des narrateurs. Jésus sait, sans l'avoir vu, qu'un âne se trouve attaché à une porte, à l'entrée même du village ; il voit que cet âne n'a jamais encore servi de monture à qui que ce soit ; il prédit, non-seulement que le propriétaire trouvera à redire à ce qu'on le détache, ce qui était bien naturel, mais que cette seule parole : Le Seigneur en a besoin, suffira pour lever toute difficulté. Si l'on voulait dire que Jésus avait pris d'avance ses mesures, et retenu l'âne de concert avec le propriétaire, cela reviendrait

à l'accuser d'avoir joué la comédie devant ses disciples, qui auraient sans doute raconté le fait dans des termes très-différents s'ils avaient eu connaissance d'un pareil arrangement préalable. Mais ils nous le représentent comme voyant à distance et comme exerçant une influence surnaturelle sur la volonté d'autrui. » Histoire évangélique, p. 549. Voyez dans Stanley, Sinai and Palestine, 2e éd., p. 190, une curieuse légende musulmane touchant l'ânon qui servit au triomphe de Jésus.

4-5. — Description très-détaillée et très-précise, qui nous permet de suivre dans leur mission les deux ambassadeurs de Jésus, et d'assister à l'accomplissement intégral des prédictions que nous venons d'entendre. Les traits si minutieux et si pittoresques du ꝟ. 4, *ligatum ante januam foris in bivio*, appartiennent en propre à S. Marc, d'où l'on a parfois conclu que S. Pierre, la source ordinaire de notre Évangéliste, était l'un des envoyés. On discute sur le sens du mot grec ἀμφόδου, qui peut désigner tout aussi bien l'« ambitus » des Latins, c'est-à-dire un chemin de ronde qui tourne autour d'une maison, d'une propriété, que le « bivium », ou croisée de plusieurs chemins. L'article (ἐπὶ τοῦ ἀμφόδου) paraît favoriser la première interprétation. — *Quidam de illis stantibus*. Autre trait propre à S. Marc. De même, au ꝟ. 6, *dimiserunt eis* (scil. pullum); la leçon du texte grec diffère légèrement, καὶ ἀφῆκαν αὐτούς, « et dimiserunt eos », ils laissèrent aller les deux Apôtres avec l'ânon. Ces hommes aussi, qu'ils fussent ou ne fussent pas les disciples de Jésus, le regardaient donc comme un roi puissant, qui avait le droit de tout commander, de tout exiger.

7. — *Et duxerunt*. Ici, comme au ꝟ. 2,

8. Multi autem vestimenta sua straverunt in via : alii autem frondes cædebant de arboribus, et sternebant in via.

9. Et qui præibant, et qui sequebantur, clamabant, dicentes : Hosanna :

Psal. 117, 26; *Matth.* 21, 9; *Luc.* 19, 38.

10. Benedictus qui venit in nomine Domini : benedictum quod venit regnum patris nostri David : Hosanna in excelsis.

11. Et introivit Jerosolymam in templum : et circumspectis omni-

8. Et plusieurs étendirent leurs vêtements sur le chemin, et d'autres coupaient des branches d'arbres et les jetaient sur le chemin.

9. Et ceux qui marchaient devant et ceux qui suivaient disaient : Hosanna !

10. Béni soit celui qui vient au nom du Seigneur ! béni soit le règne de notre père David qui arrive ! Hosanna au plus haut des cieux !

11. Et il entra à Jérusalem dans le temple, et, après avoir regardé

---

nous abandonnons la Recepta (ἤγαγον), pour adopter la leçon φέρουσι de plusieurs manuscrits anciens. — *Imponunt illi vestimenta sua.* C'était une housse improvisée. Les amples manteaux à couleur éclatante que les Orientaux portent ordinairement par-dessus leur tunique convenaient parfaitement pour ce dessein.

8. — *Multi autem vestimenta...* L'exemple des deux disciples est bientôt imité par la foule. De même que les disciples, par honneur pour Jésus, s'étaient servi de leurs vêtements pour orner la monture de son triomphe, de même la foule emploie les siens pour tapisser le chemin par lequel il devait passer. Ainsi avaient fait antérieurementt les Juifs de Suze pour le célèbre Mardochée, Targ. Esth. VIII, 15 ; ainsi avaient fait les soldats persans pour Xerxès au moment où ce prince allait franchir l'Hellespont. Herod. VII, 54. Voyez d'autres traits analogues dans l'explication du premier Evangile, p. 402. — *Alii autem frondes cædebant.* Il est à remarquer qu'au lieu du mot κλάδοι, employé dans le passage parallèle de S. Matthieu, XXI, 8, nous trouvons ici une expression spéciale, στοιβάδες, qui ne désigne pas simplement des branches, mais les parties les plus feuillues et les plus tendres des rameaux, par conséquent les parties les plus en rapport avec la destination qu'on avait en vue. Hésychius en donne la définition suivante : στιβάς (ou στοιβάς) ἀπὸ ῥάβδων ἢ χλωρῶν χόρτων στρῶσις καὶ φύλλων. Voyez Grimm, Lexic. N. T. s. v. στοιβάς. — *De arboribus.* Quelques manuscrits portent ἐκ τῶν ἀγρῶν, « de agris » ; de même les versions copte et syriaque. Les champs qui environnaient Jérusalem étaient remplis d'oliviers, de palmiers, de dattiers et autres arbres semblables. C'est donc au fond la même idée. — « Multitudo, donec corrupta non fuit, cognovit quod congruum erat : propter quod

honoravit Jesum unusquisque secundum propriam virtutem. » S. Jérôme, in Matth. XXI.

9. — *Qui præibant et qui sequebantur.* Le cortège entoure Jésus de toutes parts. Comme un triomphateur, le divin Maître s'avance au milieu de cette procession glorieuse, — *Clamabant, Hosanna.* Sur ce mot hébreu, voyez l'Evangile selon S. Matthieu, p. 403. Contre sa coutume, S. Marc n'en donne pas la traduction ; mais les chrétiens de Rome en devaient connaître la signification, car Hosanna, de même que les expressions analogues Amen, Alleluia, s'était introduit de bonne heure dans la liturgie de l'Eglise du Christ.

10. — *Benedictus qui venit...* Souhait d'heureuse bienvenue, adressé à Jésus au moyen de paroles inspirées. Cfr. Ps. CXVII, 26. — A ce souhait qui concernait la personne du Messie, S. Marc en ajoute un autre, qu'on trouve seulement dans sa rédaction, et qui était relatif au royaume du Christ : *Benedictum quod venit regnum...* ! La manière dont le peuple caractérisait ce royaume est significative. *Patris nostri David* : c'était le royaume de David continué, restauré, transfiguré par le plus illustre de ses descendants. Voilà le pendant de la parole de l'Ange : « Dabit illi Dominus sedem David patris ejus, et regnabit in domo Jacob in æternum. » Luc. I, 32. Voilà Jésus ouvertement acclamé par la multitude comme le Roi-Messie ! — *Hosanna in excelsis.* Gloire à Dieu qui trône au plus haut des cieux ! Du Messie, la foule remonte à celui qui l'envoie, pour le remercier de ce que les temps si ardemment désirés sont enfin accomplis.

11. — *Et introivit Jerosolymam.* S. Marc ne dit rien d'une scène touchante que nous trouverons dans S. Luc, XIX, 41-44 ; il ne dit rien non plus de l'émoi que l'entrée solennelle de Jésus suscita dans Jérusalem, Matth. XXI, 40 et 41. Il préfère, et ce trait a une

S. BIBLE. S. MARC. — 11

toutes choses, comme c'était déjà l'heure du soir, il s'en alla à Béthanie avec les Douze.

12. Et le lendemain, lorsqu'ils sortaient de Béthanie, il eut faim.

13. Et voyant de loin un figuier qui avait des feuilles, il alla voir s'il y trouverait quelque chose et, s'en

bus, cum jam vespera esset hora, exiit in Bethaniam cum duodecim.

Matth. 21, 10.

12. Et alia die, cum exirent a Bethania, esuriit.

13. Cumque vidisset a longe ficum habentem folia, venit si quid forte inveniret in ea. Et cum venisset ad

---

signification profonde, conduire immédiatement la procession triomphale à son terme, *in templum*. C'est donc droit au temple que Jésus se fit escorter par le peuple. On ne le mène pas sur une place publique comme un tribun vulgaire, ni à un palais comme un roi ordinaire; on le mène au temple de Jéhova. C'est là en effet sa résidence en tant que Messie. Comme ce détail nous fait bien voir la nature toute religieuse de l'ovation qu'on venait de lui décerner! S. Marc nous l'a seul conservé. — *Circumspectis omnibus.* Autre trait caractéristique et spécial. On en a parfois mécompris la portée, par exemple le Vén. Bède, qui suppose que le Sauveur, en jetant ainsi les yeux de tous côtés, voulait voir « si quis eum hospitio susciperet! » Non, le véritable sens est à la fois et plus simple et plus noble. Ce regard provient de l'œil du Maître! Arrivé à son palais messianique, Jésus inspecte toutes choses à la façon d'un roi : il contemple les désordres qu'il reviendra châtier le lendemain. — *Cum jam vespera esset...* La marche triomphale et l'inspection du Sauveur avaient rempli une grande partie de la journée. — *Exiit in Bethaniam.* Pourquoi Jésus ne passa-t-il point la nuit à Jérusalem, au milieu de ce bon peuple? On le conçoit sans peine. Il n'avait pas que des amis dans la capitale juive; il y avait aussi des ennemis nombreux, puissants, acharnés à sa perte. Le séjour de la ville sainte n'eut donc pas été sûr pour lui. C'est pourquoi nous le verrons chaque soir chercher un refuge à Béthanie, jusqu'à la nuit du Jeudi saint.

II. — Le Juge messianique.

x, 42-xiii, 37.

1. — Le figuier maudit. x, 12-14. — Parall. Matth. xii, 18-19.

12. — *Alia die.* C'est-à-dire le lundi de la Semaine Sainte, l'entrée triomphale de Jésus à Jérusalem ayant eu lieu un dimanche, d'après l'opinion commune des exégètes. La chronologie de S. Marc est ici d'une précieuse clarté. Il distingue très nettement trois séjours de Notre-Seigneur Jésus-Christ dans le temple, durant cette grande et dernière semaine : 1° le séjour qui suivit immédiatement l'entrée triomphale, ꝟꝟ. 1-11 ; 2° le séjour du lundi saint, qui fut marqué par l'expulsion des vendeurs, ꝟꝟ. 12-19 ; 3° le séjour du mardi saint, durant lequel Jésus lutta si vigoureusement contre ses adversaires, ꝟꝟ. 20 et ss. — *Cum exirent.* Le Sauveur, en compagnie des douze Apôtres, sortait de Béthanie pour retourner à Jérusalem. — *Esuriit.* Sur la nature de cette faim matinale de Jésus, voyez l'Evangile selon S. Matth. p. 407. Divers hérétiques ont prétendu qu'elle n'exista pas en réalité, mais que Notre-Seigneur la simula pour donner plus commodément une leçon à ses disciples. Nous admettons qu'elle fut tout à la fois véritable, naturelle et providentielle.

13. — *Cumque vidisset a longe.* Μακρόθεν est une particularité de S. Marc. Dans cette région, si fertile en figuiers que Bethphagé (« la maison des figues ») en tirait son nom, Jésus aperçut donc à quelque distance un de ces arbres tout couvert de feuilles, bien que la saison fût encore peu avancée. Il était peut être d'une espèce plus précoce, ou bien il jouissait d'une meilleure exposition que les autres. — *Venit si quid forte inveniret* (scil. fructuum). L'adverbe « forte » ne rend pas parfaitement la nuance exprimée par ἄρα du texte grec. Mieux vaudrait « si itaque » : la présence de feuilles sur ce figuier, tandis que les arbres voisins n'avaient pas encore bourgeonné, était un fait dont on pouvait conclure qu'il portait probablement des fruits. — Mais pourquoi l'Evangéliste, après avoir constaté que Jésus ne trouva pas la moindre figue, ajoute-t-il aussitôt : *Non enim erat tempus ficorum?* Cette note exégétique, qui est propre à S. Marc, a jeté les interprètes dans une grande perplexité, parce qu'elle semble taxer d'inconséquence la conduite de Notre-Seigneur. Aussi a-t-on recouru aux subterfuges les plus singuliers pour lui trouver un sens acceptable. Heinsius et plusieurs autres commentateurs, par le simple changement d'un accent, οὗ au lieu de οὐ, obtiennent cette traduction : Là où Jésus se trouvait, c'était le temps des figues. S. Marc se serait donc proposé de rappeler à ses lecteurs que, grâce au climat tempéré de la Judée, Jésus pouvait chercher déjà des figues mûres. D'autres

eam, nihil invenit præter folia : non enim erat tempus ficorum.

Matth. 21, 19.

14. Et respondens dixit ei : Jam non amplius in æternum ex te fructum quisquam manducet. Et audiebant discipuli ejus.

15. Et veniunt Jerosolymam. Et cum introisset in templum, cœpit

étant approché, il n'y trouva rien que des feuilles, car ce n'était pas le temps des figues.

14. Et il lui dit : Que jamais plus personne ne mange de toi aucun fruit! Et ses disciples l'entendaient.

15. Et ils vinrent à Jérusalem. Et, lorsqu'il fut entré dans le temple,

---

(Majus, etc.) essayent d'échapper à la difficulté en plaçant un point d'interrogation après συκῶν : « Nonne enim erat tempus ficorum ? » D'autres encore (Deyling, Kuinœl, Wetstein) donnent à la négation οὐ la signification de οὔπω, « nondum », et à καιρός celle de « tempus colligendi fructus », d'où il suit, disent-ils, que la démarche du Sauveur était très naturelle, la récolte n'ayant pas encore eu lieu, les arbres n'étant pas encore dépouillés de leurs fruits. Hammond, Paulus, Olshausen, etc., traduisent de leur côté καιρός par καιρός εὔφορος : « Ce n'était pas une année favorable pour les figues. » Quelques interprètes trouvent plus commode de dire que ce passage est apocryphe. Nous ne parlons pas des rationalistes, qui se tirent non moins aisément d'affaire en le déclarant illogique (de Wette), inexplicable (Holtzmann), contradictoire (Strauss, Hilgenfeld). On peut cependant lui trouver un sens très raisonnable sans qu'il soit besoin d'avoir recours à toutes ces mesures plus ou moins outrées. En faisant remarquer que « ce n'était pas la saison des figues », car il faut maintenir aux mots οὐ γὰρ ἦν καιρὸς σύκων leur signification obvie, S. Marc voulait indiquer que la démarche du Sauveur (« venit si quid forte inveniret ») n'était pas fondée sur l'époque de l'année où l'on se trouvait alors, mais sur quelque autre circonstance propre à l'arbre en question. Cette circonstance a été mentionnée plus haut : « Ficum habentem folia ». Le figuier émettant ses fruits avant ses feuilles, une plante de cette espèce qui attirait l'attention des passants par la précocité de son feuillage, les invitait par là-même à venir chercher sur lui un fruit rafraîchissant.

14. — *Respondens dixit ei.* Jésus traite cet arbre trompeur comme un être doué d'intelligence ; bien plus, en le maudissant, il le traite en être moral, libre et responsable. Il y a là évidemment un symbole. En effet, dit Eusèbe d'Emèse (cité par Westcott), « Dominus, qui nunquam sine ratione aliquid agit, quando sine ratione agere videtur, alicujus magnæ rei significatio est. » Dans ce fait extraordinaire, qui n'a pas son parallèle dans la vie du Sauveur, nous devons donc voir,

suivant l'heureuse expression du Vén. Bède, une parabole de choses ; autrement, il n'aurait pas de raison d'être, et serait incompréhensible pour nous. « Non erat illius pomi tempus, sicut Evangelista testatur, et tamen esuriens poma quæsivit Christus. Christus nesciebat quod rusticus sciebat ? Quum ergo esuriens poma quæsivit in arbore, significavit se aliquid esurire, et aliquid ALIUD quærere. Arborem illam maledixit, et aruit. Quæ culpa arboris infecunditas ? » S. Aug. Serm. XCVIII. Voici maintenant, d'après le même Père, la chose signifiée : « Illorum est culpa sterilitas, quorum fecunditas est voluntas. Erant ergo JUDÆI, habentes verba Legis, et facta non habentes, pleni foliis et fructus non ferentes. » Voyez l'Evang. selon S. Matthieu, pp. 408 et 409. Jéhova ne disait-il pas déjà, par l'intermédiaire du prophète Michée, VII, 1 et 2, en parlant du peuple théocratique : « Væ mihi, quia factus sum sicut qui colligit in autumno racemos vindemiæ. Non est botrus ad comedendum ; præcoquas ficus desideravit anima mea. Periit sanctus de terra, et rectus in hominibus non est. » — *Jam non amplius in æternum...* Accumulation emphatique, exprimée avec plus de force encore dans le texte grec : μηκέτι ἐκ σοῦ εἰς τὸν αἰῶνα οὐδεὶς καρπὸν φάγοι. Cette forme de la sentence est spéciale à S. Marc. Nous lisions dans S. Matthieu : « Numquam ex te fructus nascatur in sempiternum. » — *Et audiebant discipuli.* Ce trait est également propre au second Evangile. Il a pour but de préparer la suite du récit, vv. 20 et 21.

2. — Expulsion des marchands. XI, 15-19.
Parall. Matth. XXI, 12-17 ; Luc. XIX, 45-48.

15. — *Et veniunt Jerosolymam.* Quittant le figuier maudit, Jésus poursuit sa marche vers Jérusalem, passant ainsi du type à l'antitype, du symbole à la chose signifiée. A peine arrivé dans le temple, nous le voyons accomplir un nouvel acte judiciaire, non moins terrible que le précédent. Par un coup éclatant d'autorité, il rend à la maison de Dieu le calme, le silence, l'honneur dont on l'avait dépouillée par d'étonnants abus. Un mot de topographie ne sera pas déplacé ce

il commença à chasser ceux qui vendaient et achetaient dans le temple, et il renversa les tables des changeurs et les sièges de ceux qui vendaient des colombes.

16. Et il ne permettait pas qu'on transportât aucun objet à travers le temple.

17. Et il les enseignait, disant : N'est-il pas écrit : Ma maison sera appelée maison de prière pour toutes

ejicere vendentes, et ementes in templo : et mensas numulariorum, et cathedras vendentium columbas evertit.

16. Et non sinebat ut quisquam transferret vas per templum.

17. Et docebat, dicens eis : Nonne scriptum est : Quia domus mea, domus orationis vocabitur omnibus

---

cet endroit. Ce que nous appelons le Temple de Jérusalem était loin de ressembler à nos églises actuelles. Il se composait de parties très distinctes, dont la principale, qui formait le sanctuaire proprement dit (ὁ ναός), n'était accessible qu'aux seuls prêtres. Autour de ce ναός il y avait plusieurs cours, que des clôtures de divers genre séparaient les unes des autres : c'étaient 1° le parvis des prêtres, où l'on offrait les sacrifices, 2° la cour dite d'Israël ; 3° ce qu'on appelait la cour des femmes ; enfin 4°, en communication avec les rues avoisinantes, la cour des Gentils, où les païens eux-mêmes pouvaient pénétrer. Voyez l'Atlas archéolog. de M. Ancessi, pl. IX et X. C'est dans cette cour, entourée de magnifiques galeries, la plus extérieure et la plus vaste de toutes, qu'eut lieu la scène qui va suivre. — *Cœpit ejicere vendentes...* En soi, l'existence d'un marché à l'entrée du temple, pour faciliter aux personnes pieuses, et plus spécialement aux pèlerins venus de loin, l'emplette des objets nécessaires pour les sacrifices qu'ils voulaient offrir au Seigneur, n'avait rien que de légitime et même de louable. C'est donc l'abus, et non la chose même, que Jésus réprouve par ses actes et par ses paroles. Or l'abus était manifeste, palpable. Au lieu d'un marché pacifique, on avait un bruyant bazar, une foire perpétuelle ; de plus, les pèlerins étaient odieusement rançonnés par les marchands, qui étaient souvent des prêtres, ou du moins les commis des prêtres. On en vint jusqu'à vendre une colombe au prix exhorbitant d'un denier d'or. Cfr. M. Keritot, 1, 7. Voir J. Derenbourg, Essai sur l'Histoire et la géographie de Palestine d'après les Thalmuds, etc. p. 467. — *Mensas numulariorum, cathedras vendentium...* Pour tous ces détails, nous renvoyons à l'Évangile selon S. Matthieu, p. 405.

16. — *Et non sinebat...* Voici encore un trait des plus intéressants, qui est propre à S. Marc. Cette interdiction du Sauveur suppose un autre genre de liberté que les Juifs de son temps s'étaient permise à l'égard du temple. Après avoir transformé les cours intérieures en un lieu de trafic, ils en avaient fait encore un passage public et profane, qu'ils traversaient sans gêne, chargés de toute sorte d'objets (*vas* correspond ici à l'hébreu כְּלִי, qui désigne d'une manière générale les ustensiles de ménage, les instruments de travail, etc.), pour s'épargner un détour dans les rues de la ville. — *Per templum,* διὰ τοῦ ἱεροῦ. Ce second abus concernait donc pareillement le ἱερόν, c'est-à-dire les cours, et non le ναός. — « Les Rabbins, dit fort bien .). Calmet, nous étaient avec emphase les règles que l'on devait observer dans le Temple ; mais il paraît par l'Évangile que les lois étaient fort mal gardées... Ils disent donc qu'il n'est pas permis d'y entrer, pas même dans le parvis des Gentils, avec son bâton, ses souliers, sa bourse, ou ses pieds crottés, ou avec de l'argent dans un mouchoir, ou avec une besace, ou d'y cracher, ou d'en faire un lieu passager, etc... Tout cela est fort beau dans la spéculation ; mais il en faudrait montrer la pratique ». Welstein et Lightfoot citent tout au long dans leurs Recueils les décrets talmudiques auxquels fait allusion le savant exégète de Lorraine. Megilla, f. 28, 1, nous lisons l'ordonnance suivante : « Synagogam jam devastatam ne faciat quis (viam) compendiariam ». Et Josèphe ne dit-il pas, dans les mêmes termes que S. Marc : « Ne vas quidem aliquod portari licet in templo. » C. Ap. 11, 8.

17. — Le verbe *docebat*, mis à l'imparfait, a fait croire à plusieurs exégètes que les paroles attribuées à Notre-Seigneur seraient simplement le résumé d'un discours qu'il aurait prononcé après l'expulsion des vendeurs. Opinion assez peu vraisemblable. — *Nonne scriptum est...?* Le Sauveur justifie par deux paroles inspirées, Is. LVI, 7 et Jer. VII, 11, l'action de zèle à laquelle il venait de se livrer. Le temple était une maison de prière ; mais on l'avait honteusement changé en un antre de brigands : Jésus, en vertu de ses droits messianiques, l'a purifié, lui a rendu

gentibus? Vos autem fecistis eam speluncam latronum.

Isaï. 56, 7; *Jerem.* 7, 11.

18. Quo audito, principes sacerdotum et Scribæ quærebant quomodo eum perderent : timebant enim eum, quoniam universa turba admirabatur super doctrina ejus.

19. Et cum vespera facta esset, egrediebatur de civitate.

20. Et cum mane transirent, viderunt ficum aridam factam a radicibus.

21. Et recordatus Petrus, dixit ei : Rabbi, ecce ficus, cui maledixisti, aruit.

Matth. 21, 21.

22. Et respondens Jesus ait illis : Habete fidem Dei.

les nations? Or vous en avez fait une caverne de voleurs.

18. Les princes des prêtres et les Scribes l'ayant entendu, cherchaient comment ils le perdraient; car ils le craignaient, parce que tout le peuple était dans l'admiration au sujet de sa doctrine.

19. Et, le soir étant venu, il sortait de la ville.

20. Et comme ils passaient le matin, ils virent le figuier desséché jusqu'aux racines.

21. Et Pierre, se souvenant, lui dit : Maître, voilà que le figuier que vous avez maudit s'est desséché.

22. Et Jésus leur dit : Ayez foi en Dieu.

---

sa destination première. — *Omnibus gentibus.* S. Marc a seul cité ces mots du texte d'Isaïe. Ils convenaient d'autant mieux, que la scène se passait dans une cour ouverte aux païens aussi bien qu'aux Juifs.

18. — Ce verset décrit l'impression que produisit sur les hiérarques juifs la nouvelle de ce qui avait eu lieu dans le temple. Leur haine contre Jésus ne connut plus de bornes, quand ils apprirent que leur adversaire était venu agir en maître et en réformateur sur leur propre terrain. « Odio habuerunt corripientem... et loquentem perfecte abominati sunt ». Am. v, 10. — *Timebant eum.* Une seule chose les empêcha d'exécuter sans délai les projets homicides qu'ils avaient depuis longtemps formés à son égard : c'était la crainte que le peuple, charmé par ses divines leçons et visiblement passionné pour lui, ne s'insurgeât contre quiconque tenterait de lui faire quelque mal. Cfr. Luc. xix, 48. De là leur grand embarras et leurs délibérations pour savoir *quomodo eum perderent.*

19. — *Cum vespera facta esset egrediebatur.* L'emploi de l'imparfait semble insinuer que l'Evangéliste veut parler ici d'un fait qui se passa non-seulement le soir du lundi saint, mais encore les deux jours suivants. Telle est même la seule interprétation permise si nous lisons avec Tischendorf ὅταν, « quoties », au lieu de ὅτι.

3. — La puissance de la foi. xi, 20-26. Parall. Matth. xxi, 20-22.

C'est ici le second acte du petit drame relatif au figuier maudit (₮₮. 12-14). S. Mat-

thieu avait réuni tous les détails de l'épisode, comme s'ils s'étaient immédiatement succédé.

20. — *Cum mane transirent.* C'était le matin du mardi saint. Cfr. ₮. 12 et le commentaire. Jésus et les Douze revenaient de Béthanie à Jérusalem. Cfr. ₮. 27. — *Viderunt ficum aridam factam.* La veille au soir, en se rendant de la capitale à leur tranquille retraite, les Apôtres n'avaient pas remarqué le merveilleux effet de la parole de Jésus, soit qu'il fit déjà nuit, soit qu'ils eussent passé par un autre chemin. Deux ou trois routes distinctes conduisent aujourd'hui de Jérusalem à Béthanie. Voyez le Bibel-Atlas de R. Riess, pl. IV. — *A radicibus* : détail pittoresque, spécial à S. Marc, pour signifier que le figuier était totalement desséché.

21. — *Et recordatus Petrus.* Autre détail spécial, que notre évangéliste tenait assurément de S. Pierre lui-même. S. Matthieu, bien que témoin oculaire du fait, attribue d'une manière générale la réflexion qui suit à tous les Apôtres, xx, 20. S. Pierre donc, à la vue de cet arbre dont les feuilles, si fraîches la veille, retombaient tristement le long des rameaux, se souvint de la malédiction que Jésus avait lancée contre lui, et il se hâta, en termes vifs et naïfs tout ensemble, d'attirer l'attention du Sauveur sur ce prodige. — *Ecce* est une exclamation de surprise, d'admiration.

22. — *Respondens Jesus.* Notre-Seigneur profite de cette réflexion pour donner aux siens une leçon importante sur la puissance irrésistible de la foi, surtout de la foi dans la prière. S. Marc nous communique cette leçon

23. En vérité je vous le dis, quiconque dira à cette montagne : Ote-toi et jette-toi dans la mer! et n'hésitera point dans son cœur, mais croira que tout ce qu'il aura dit doit se faire, cela se fera pour lui.

24. C'est pourquoi je vous dis : Quoi que ce soit que vous demandiez en priant, croyez que vous le recevrez, et vous l'obtiendrez.

25. Et, lorsque vous vous disposerez à prier, pardonnez, si vous avez quelque chose contre quelqu'un, afin que votre Père qui est aux cieux vous pardonne aussi vos péchés.

26. Que si vous ne pardonnez pas, votre Père qui est aux cieux ne vous pardonnera pas non plus vos péchés.

23. Amen dico vobis, quia quicumque dixerit huic monti : Tollere, et mittere in mare; et non hæsitaverit in corde suo, sed crediderit quia quodcumque dixerit fiat, fiet ei.

24. Propterea dico vobis, omnia quæcumque orantes petitis, credite quia accipietis, et evenient vobis.
Matth. 7, 2, 23.

25. Et cum stabitis ad orandum, dimittite si quid habetis adversus aliquem : ut et Pater vester, qui in cœlis est, dimittat vobis peccata vestra.
Luc. 11, 6; Matth. 6, 14 et 18, 35.

26. Quod si vos non dimiseritis, nec Pater vester, qui in cœlis est, dimittet vobis peccata vestra.

---

avec plus d'ampleur et d'une manière plus complète que S. Matthieu. — *Habete fidem Dei.* De même en grec: πίστιν Θεοῦ pour πίστιν ἐπὶ Θεόν, la foi en Dieu. C'est ce qu'on appelle le génitif de l'objet. Voir Beelen, Grammat. græcit. N. T. p. 188. Cfr. Act. III, 16 ; Rom. III, 22 ; Gal. II, 20 ; III, 22, etc.

23. — *Amen dico vobis.* Notre-Seigneur commence par garantir au nom de l'éternelle vérité l'exactitude du fait qu'il va signaler. — *Quicumque dixerit...* Ce fait est assurément bien extraordinaire! Un chrétien quelconque qui dit à une montagne : Jette-toi dans la mer, et qui voit son ordre immédiatement obéi! Une condition est pourtant exigée : *Non hæsitaverit in corde suo, sed crediderit.* S. Jacques semble commenter cette promesse quand, parlant de la prière, il écrit, I, 6 : « Postulet in fide nihil hæsitans : qui enim hæsitat similis est fluctui maris, qui a vento movetur et circumfertur. » L'idée d'hésitation, de défiance, est très-bien rendue dans le texte grec par le verbe διακρίνω, dont la signification primitive indique des jugements portés en divers sens, un va et vient perpétuel de l'esprit qui ne sait se fixer. Voyez Bretschneider, Lexic. man. N. T. t. I, p. 227.

24. — *Propterea dico vobis...* Διὰ τοῦτο, en conséquence de la promesse que je viens de faire. — *Quæcumque orantes...* Si vous pouvez être certains d'obtenir par une prière pleine de foi la puissance d'accomplir les miracles les plus étonnants, à plus forte raison obtiendrez-vous toutes les autres choses que vous demanderez au Seigneur. — *Accipietis.* La Vulgate a lu λήψεσθε au futur. Le verbe est au présent dans la Recepta, λαμβάνετε.

Nous préférons avec Tischendorf et Lachmann l'aoriste ἐλάβετε, qu'on trouve dans les manuscrits B, C, L, Δ, Sinaït. Cette leçon est très-expressive : la prière du chrétien est à peine formulée qu'elle est déjà exaucée.

25. — Souvent il arrive que, malgré une foi très-vive, on n'obtient pas les grâces demandées au Seigneur. C'est qu'on n'est pas en règle avec ses frères, qu'on nourrit au fond du cœur quelque sentiment peu charitable. Telle est la liaison des idées. — S. Marc mentionne seul en cet endroit les pensées contenues dans les vv. 25 et 26; S. Matthieu les passe sous silence, sans doute parce qu'il les avait déjà citées dans le Discours sur la Montagne, VI, 14 et 15. Elles durent revenir plus d'une fois sur les lèvres du Sauveur. — *Cum stabitis ad orandum.* Les Juifs se tenaient habituellement debout pour prier. Cfr. I Reg. I, 26; Matth. VI, 5; Luc. XVIII, 11. De là le nom de מעמדות, « stations », qui servait souvent chez eux à désigner les prières; et que notre langage liturgique leur a emprunté. Parfois néanmoins ils priaient à genoux, III Reg. VIII, 54; Dan. VI, 10, ou prosternés, Jos. VII, 6 ; III Reg. XVIII, 42. — *Dimittite*, ἀφίετε. Belle expression pour indiquer le pardon généreusement accordé.

26. — *Si vos non dimiseritis...* C'est la même idée, présentée sous une forme négative. « Tremenda sententia ! » s'écrie la Glose. — Tischendorf et plusieurs autres critiques omettent ce verset, parce qu'il manque dans plusieurs manuscrits anciens (B, L, S, Δ, Sinaït. et quelques minuscules). Néanmoins son authenticité ne nous paraît pas douteuse.

27. Et veniunt rursus Jerosolymam. Et cum ambularet in templo, accedunt ad eum summi Sacerdotes, et Scribæ, et Seniores.

28. Et dicunt ei : In qua potestate
hæc facis? et quis dedit tibi hanc
potestatem, ut ista facias?

Luc. 20, 2.

29. Jesus autem respondens, ait
illis : Interrogabo vos et ego unum
verbum, et respondete mihi : et dicam vobis in qua potestate hæc faciam :

30. Baptismus Joannis de cœlo
erat, an ex hominibus ? Respondete
mihi.

31. At illi cogitabant secum, dicentes : Si dixerimus: De cœlo, di-
cet : Quare ergo non credidistis ei?

27. Et ils vinrent de nouveau à
Jérusalem, et, comme il marchait
dans le temple, des princes des
prêtres, des Scribes et des anciens
s'approchèrent de lui,

28. Et lui dirent : Par quelle puissance faites-vous ces choses? et qui
vous a donné cette puissance pour
les faire ?

29. Jésus leur répondit : Je vous
ferai moi aussi une question; répon-
dez-moi, et je vous dirai par quelle
puissance je fais ces choses :

30. Le baptême de Jean était-il
du ciel ou des hommes? Répondez-
moi.

31. Mais ils pensaient en eux-
mêmes et disaient : Si nous répondons : Du ciel, il dira : Pourquoi
donc n'y avez-vous pas cru?

---

4. — Le Christ victorieux de ses ennemis.
xi, 27-xii, 40.

a. *D'où viennent les pouvoirs de Jésus.* xi, 27-33.
Parall. Matth. xxi, 23-27; Luc. xx, 1-8.

27. — *Veniunt rursus Jerosolymam.* « Rursus » fait allusion aux deux entrées des jours
précédents, ℣℣. 11 et 15. Nous sommes encore dans la matinée du mardi de la Semaine
Sainte. Cfr. ℣. 20. — *Cum ambularet in templo.*
Ce détail pittoresque est propre à S. Marc. Il
nous montre Jésus, entouré des siens, se pro-
menant sous les vastes galeries de la cour des
Gentils, et se mêlant aux groupes du peuple;
S. Matthieu, xxi, 23, ajoute que le Sauveur
ne tarda pas à prendre la parole pour enseigner la foule. — *Summi sacerdotes, et Scribæ
et Seniores.* Dans cette nomenclature, nous
reconnaissons les noms des trois Chambres
qui formaient le Sanhédrin. Ceux qui s'approchent en ce moment de Jésus viennent
donc à lui avec un mandat officiel, comme
délégués de la Cour suprême des Juifs. Leur
but est manifeste : ils veulent engager avec
leur ennemi un combat à mort, trouver une
occasion de l'arrêter et de le perdre, malgré
sa popularité. La narration claire et rapide
de S. Marc nous permet d'assister aux diverses péripéties de cette lutte.

28. — *Dicunt ei.* La bataille s'engage par
une escarmouche livrée sur le terrain des
pouvoirs de Notre-Seigneur : *In qua potestate...* « Qui êtes-vous donc pour faire des
choses semblables? Est-ce que vous vous
établissez docteur? Vous consacrez-vous

prince des prêtres? » Théophylacte. — *Hæc
facis; ista facias.* Les pronoms « hæc » et
« ista » désignent les divers actes que le
Sauveur s'était permis d'accomplir dans le
temple depuis la journée du dimanche, spécialement l'expulsion des vendeurs. — Au
lieu de la conjonction *et* qui unit les deux
phrases interrogatives, nous préférerions *aut*
(ἤ), d'après plusieurs manuscrits et versions.
Voyez Tischendorf, N. T. græc. En effet, c'est
une double question que les Sanhédristes po-
sent ici à Jésus : 1° Avez-vous des titres per-
sonnels qui vous permettent d'agir comme
vous le faites? Etes-vous prophète, par exemple? 2° A défaut de titres semblables, qui vous
a conféré un pouvoir légal?

29 et 30. — Les délégués du Grand-Con-
seil pensaient bien que Jésus serait incapable
de fournir une réponse satisfaisante à ces
demandes, qu'ils lui adressaient avec une certaine apparence de droit. Avec quelle noble
simplicité il déjoue leurs manœuvres ! — *Interrogabo vos et ego.* On prétend lui faire subir un interrogatoire; c'est lui au contraire
qui va en imposer un aux orgueilleux personnages qu'il a en face de lui. — *Baptismus Joannis...* Jésus aurait pu demander d'une manière générale : D'où provenait la mission de
Jean? Il préféra mentionner la cérémonie qui
résumait si bien le ministère du Précurseur,
qui avait même valu à Jean son surnom célèbre de Baptiste. Cfr. I, 4.

31 et 32. — *Illi cogitabant secum;* mieux
« inter se », πρὸς ἑαυτούς. La réponse était

32. Et si nous répondons : Des hommes, nous craignons le peuple. Car tous regardaient Jean comme étant vraiment prophète.

33. Ils répondirent donc à Jésus : Nous ne savons. Et Jésus leur dit : Ni moi non plus je ne vous dis pas par quelle puissance je fais ces choses.

32. Si dixerimus : Ex hominibus, timemus populum. Omnes enim habebant Joannem quia vere propheta esset.

33. Et respondentes dicunt Jesu : Nescimus. Et respondens Jesus ait illis : Neque ego dico vobis in qua potestate hæc faciam.

CHAPITRE XII

Parabole des vignerons homicides (℣℣. 1-12). — Dieu et César (℣℣. 13-17). — La résurrection des morts (℣℣. 18-27). — Quel est le premier commandement (℣℣. 28-34). — Le Messie, fils de David (℣℣. 35-37). — « Cavete a Scribis. » (℣℣. 38-40). — Le denier de la veuve (℣℣. 41-44.

1. Et il commença à leur parler en paraboles : Un homme planta une vigne, et l'entoura d'une haie,

1. Et cœpit illis in parabolis loqui : Vineam pastinavit homo, et circumdedit sepem, et fodit lacum,

donc bien difficile, puisqu'elle exigeait une consultation en règle ! Elle était aisée en soi ; mais, d'une part, la conduite antérieure des Sanhédristes à l'égard de Jean-Baptiste, de l'autre la crainte de blesser la foule en parlant d'une manière défavorable de celui qu'elle vénérait comme un saint, plaçait nos Docteurs dans une cruelle perplexité. — Au lieu de *timemus populum*, le texte grec porte ἐφοβοῦντο τὸν λαόν, « timebant populum », changement de personnes qui donne à la pensée un tour vif et saisissant. S. Marc fait donc la réponse au nom des conseillers juifs, « idque elegantissime fecisse videtur, quoniam haud facile quisquam sibi ipse aperte timorem adscribere consuevit ». Rinck, Lucubr. crit. p. 306. Il arrive plusieurs fois aux écrivains sacrés de passer ainsi du langage direct à l'indirect. Cfr. II, 10 ; Matth. IX, 6 ; Luc. V, 24.

33. — *Nescimus*. Les Sanhédristes mentent pour cacher leur embarras ; mais ils perdent par là-même le droit d'avoir une réponse de Notre Seigneur. S'ils sont incapables de porter un jugement sur le ministère de S. Jean, ils sont incapables aussi de juger la mission de Jésus. En outre, ce que le Sauveur a fait n'a pas besoin de justification ; la nature de ses œuvres montre qu'elles proviennent d'une source divine. Au reste, dit un ancien, « obligés d'instruire celui qui cherche la vérité, nous pouvons renverser par un raisonnement vigoureux quiconque essaie de nous tendre un piège. » C'est précisément ce que nous avons vu faire à Jésus : d'un seul coup, il a déchiré le filet du sophisme.

b. *Parabole des vignerons homicides*. XI, 1-12. Parall. Matth. XXI, 33-46 ; Luc. XX, 9-19.

CHAP. XII. — 1. — *Cœpit... in parabolis loqui*. « Postquam Dominus prudenti interrogatione tentatorum ora concluserat, eorum malitiam parabolice demonstrat », Glossa. Jésus relève ainsi le gant jeté par ses adversaires et se fait agresseur à son tour. — S. Matthieu, XX, 28-XXII, 14, a conservé trois paraboles qui furent prononcées par Notre Seigneur dans cette circonstance mémorable : S. Marc n'en mentionne qu'une seule, celle des vignerons. Mais c'est bien la plus significative et la plus énergique. Du reste, en employant l'expression « in parabolis », il montre suffisamment que, selon sa coutume, il cite en abrégé les paroles de Jésus. — *Vineam pastinavit homo*... Tous les détails de cette description sont empruntés d'un côté aux écrits de l'Ancien Testament, de l'autre aux usages viticoles de la Palestine. Voyez l'Evangile selon S. Matthieu, pp. 415 et 416. La plantation de la vigne spirituelle de Jéhova avait eu lieu sous Josué, quand la nation théocratique fut établie par

et ædificavit turrim, et locavit eam agricolis, et peregre profectus est.

Isai. 5, 1; Jer. 2, 21; Matth. 21, 33; Luc. 20, 8.

2. Et misit ad agricolas in tempore servum, ut ab agricolis acciperet de fructu vineæ.

3. Qui apprehensum eum ceciderunt, et dimiserunt vacuum.

4. Et iterum misit ad illos alium servum : et illum in capite vulneraverunt, et contumeliis affecerunt.

et creusa un pressoir, et bâtit une tour, puis il la loua à des vignerons et partit pour un voyage.

2. Et, quand ce fut le temps, il envoya aux vignerons un serviteur pour recevoir d'eux *sa part* du fruit de la vigne.

3. Ils le saisirent, le battirent et le renvoyèrent vide.

4. Il leur envoya de nouveau un autre serviteur, et ils le blessèrent à la tête et ils l'accablèrent d'outrages.

---

son souverain Maître dans la terre de Chanaan. Là, le Seigneur entoura son peuple de soins multiples, analogues aux opérations par lesquelles un vigneron protége et cultive un vignoble. Puis, après en avoir confié la direction aux chefs suprêmes qui le représentaient, *peregre profectus est*. « Ce n'est pas qu'il ait changé de lieu, dit fort bien le Vén. Bède expliquant ce passage, mais il parut s'en aller, pour laisser aux vignerons toute liberté dans leur travail. » N'oublions pas que c'est sur ces vignerons et sur leur conduite que repose l'idée même de la parabole.

2. — *Misit... in tempore :* c'est-à-dire au temps de la vendange. « Quum tempus fructuum appropinquasset », dit S. Matthieu. — *Servum.* Les serviteurs envoyés successivement par Dieu auprès des vignerons, pour revendiquer ses droits de propriétaire, représentent les Prophètes de l'Ancien Testament, qui furent en effet chargés plus d'une fois de ramener dans la droite voie les prêtres oublieux de leurs devoirs les plus sacrés. — *Ut acciperet de fructu.* On voit par ce détail que les agriculteurs de la parabole étaient ce que nous nommons en France des métayers, et qu'ils payaient leurs redevances en nature, non en argent. Voyez dans Pline, Ep. ix, 37, des détails intéressants sur ce genre de location.

3. — *Apprehensum eum ceciderunt:* ἔδειραν du texte grec signifierait, d'après l'acception primitive de ce verbe, « pellem detraxerunt »; mais il faut donner ici à δέρω le sens dérivé que la Vulgate a très justement adopté. Cfr. Bretschneider, Lexic. man. s. v. Il s'agit en tout cas d'une injure insigne. — *Dimiserunt vacuum :* à vide au point de vue des fruits qu'il était venu chercher.

4. — *Et iterum misit...* D'après le premier Evangile, le maître de la vigne envoya successivement deux groupes de nombreux serviteurs. Cfr. Matth. xxi, 34, 36. Suivant le récit de S. Marc et de S. Luc, les ambassades

furent plus fréquentes et se composèrent seulement de serviteurs isolés, qui vinrent l'un après l'autre réclamer aux vignerons la part du propriétaire. Cette description est à la fois plus pittoresque, plus naturelle et plus conforme à la réalité des faits. — *In capite vulneraverunt.* L'expression grecque ἐκεφαλαίωσαν, ainsi traduite par la Vulgate, a donné lieu à une discussion assez vive entre les exégètes, qui aujourd'hui même ne peuvent s'accorder pour en fixer le véritable sens. La difficulté vient de ce que le verbe κεφαλαιόω, dérivé de κεφάλαιον, « summarium », et non de κεφαλή, « caput », a, chez les classiques et même dans les livres grecs de l'Ancien Testament, la signification bien arrêtée de « in summam redigo, summatim dico ». (Cfr. Thucyd. iii, 67, 5; Plat. Rep. ix; Eccli. xxxv, 8), et nulle part celle que lui attribue notre version latine. Aussi, les anciens commentateurs grecs l'interprètent-ils autrement que la Vulgate. Théophylacte en donne cette paraphrase, συνετέλεσαν καὶ ἐκορύφωσαν τὴν ὕβριν, « omni eum contumeliæ genere quasi in summam quamdam redacto affecerunt », admise avec de légères modifications par plusieurs exégètes contemporains. Voyez les savantes notes de Fritzsche et de M. Schegg, h. l. Néanmoins, nous n'hésitons pas à accepter avec la plupart des interprètes des temps modernes la traduction de la Vulgate. Elle a en sa faveur : 1° plusieurs versions antiques, telles que l'arabe, l'arménienne (le syriaque, רלש, « percussit, vulneravit », s'en écarte à peine); 2° plusieurs analogies frappantes que Kuinœl a fort bien résumées dans la note suivante : « Sicut γναθόω, a γνάθος, est, auctore Hesychio, εἰς γνάθους τύπτω, cædo in malas, et γαστρίζω est γαστέρα τύπτω (on pourrait ajouter : et γυιόω, a γυῖον, membrum, est membra enervo),... ita quoque κεφαλαιοῦν... omnino per analogiam significare potest vulnerare caput. » S. Marc aura donc employé ce verbe dans un sens extraordinaire, mais facile à

5. Et il en envoya encore un autre, et ils le tuèrent; puis plusieurs autres, et ils meurtrirent les uns et tuèrent les autres.

6. Or, ayant encore un fils unique qui lui était très cher, il le leur envoya à la fin, disant : Ils respecteront mon fils.

7. Mais les vignerons se dirent l'un à l'autre: Celui-ci est l'héritier; venez, tuons-le, et l'héritage sera à nous.

8. Et ils le prirent et le tuèrent et le jetèrent hors de la vigne.

9. Que fera donc le maître de la

5. Et rursum alium misit, et illum occiderunt: et plures alios; quosdam cædentes, alios vero occidentes.

6. Adhuc ergo unum habens filium charissimum, et illum misit ad eos novissimum, dicens : Quia reverebuntur filium meum.

7. Coloni autem dixerunt ad invicem : Hic est hæres; venite, occidamus eum; et nostra erit hæreditas.

8. Et apprehendentes eum, occiderunt : et ejecerunt extra vineam.

9. Quid ergo faciet Dominus vi-

---

découvrir. — La Vulgate n'a pas tenu compte du participe λιθοβολήσαντες qu'on lit dans la Recepta immédiatement avant ἐκεφαλαίωσαν; mais ce mot, qui manque aussi dans les manuscrits B, D, L, Δ, Sinaït., dans l'Itala et d'autres versions, pourrait bien être apocryphe.

5. — *Alium... occiderunt*. Le premier ambassadeur avait été simplement battu, le second avait subi de mauvais traitements d'une nature plus grave et plus injurieuse, le troisième est mis à mort : il y a gradation dans les outrages. — *Et plures alios*, scil. « misit et male acceperunt, quosdam cædentes... » La phrase est elliptique. Comme il eût été trop long de signaler un à un tous les serviteurs envoyés par le maître de la vigne à ses vignerons, la parabole abrège et résume, en disant que de nombreuses et fréquentes ambassades se succédèrent de la même manière, mais sans plus de succès. Quelle longue série de prophètes Dieu n'envoya-t-il pas à son peuple et aux hiérarques pour les convertir! Mais ils furent pour la plupart affreusement traités. Citons seulement les plus célèbres : Elie injurié par Jézabel, III Reg. XIX, 2 (Cfr. XVIII, 13); Michée emprisonné par Achab, III Reg. XXII, 24-27; Elisée menacé par Joram, IV Reg. VI, 31; Zacharie lapidé sur les ordres de Joas, II Paral. XXIV, 21; Jérémie lapidé par ses compatriotes en Egypte; Isaïe scié avec une scie de bois d'après la tradition juive, etc., etc.

6. — *Adhuc ergo... habens*... Cette manière touchante et délicate d'introduire sur la scène le fils du maître de la vigne est propre à S. Marc. Tous les mots portent : *unum*, *filium*, *carissimum* : ce n'est plus un serviteur, mais un fils et ce fils est unique, et par conséquent bien-aimé. A plusieurs reprises, I, 11; IX, 6, nous avons entendu la voix de Dieu

appeler Notre-Seigneur Jésus-Christ son υἱὸς ἀγαπητός. — *Misit ad eos*: il l'envoya sans hésiter, quoiqu'il sût d'avance quel sort lui était réservé; mais il l'envoya *novissimum*, comme le dernier de tous ses ambassadeurs. Cfr. Hebr. I, 2. Après l'avertissement porté par Jésus aux Juifs, il n'y en aura plus d'autre : les coupables seront simplement condamnés et punis. — *Quia* est récitatif. Le P. Patrizi appelle fort bien ces six premiers versets la partie historique de la parabole, c'est-à-dire la partie qui s'était déjà réalisée au moment où Notre-Seigneur parlait aux Pharisiens; les ÿÿ. 7-9 contiennent au contraire la partie prophétique.

7. — Dès qu'ils aperçurent le fils de leur maître venant au-devant d'eux, les vignerons formèrent un horrible projet, qui devait mettre le comble à leurs atrocités antérieures. — *Hic est hæres*. Ils agissent, on le voit, en pleine connaissance de cause. Ils savent que celui qui vient à eux comme un messager de pardon est le fils et l'héritier; mais c'est là pour eux un nouveau motif de lui donner la mort. Ils espèrent, les insensés, que l'héritage leur appartiendra ensuite pleinement.

8. — *Apprehendentes... occiderunt*. Le verset précédent nous avait fait entendre le langage cynique et barbare des vignerons; celui-ci nous les montre à l'œuvre et réalisant leur affreux dessein. Ce tableau est vraiment tragique. — *Ejecerunt extra vineam*. D'après les deux autres récits, les bourreaux avaient entraîné leur victime hors de la vigne avant de lui porter le coup fatal; ici, c'est son cadavre qu'ils jettent par-dessus la haie que le propriétaire avait si soigneusement plantée. C'est une légère variante, ou bien la figure appelée « Hysteron-proteron. »

9. — *Quid ergo faciet...* Jésus adressa cette question à ses adversaires, afin de leur

neæ? Veniet et perdet colonos, et dabit vineam aliis.

vigne? Il viendra et fera périr les vignerons et donnera la vigne à d'autres.

10. Nec scripturam hanc legistis : Lapidem, quem reprobaverunt ædificantes, hic factus est in caput anguli :

Psal. 117, 22; *Isai.* 28, 16; *Matth.* 21, 42; *Act.* 4, 11; *Rom.* 9, 33; *I Pet.* 2, 7.

12. N'avez-vous pas lu cette parole de l'Ecriture : La pierre qu'ont rejetée ceux qui bâtissaient est devenue le sommet de l'angle :

11. A Domino factum est istud, et est mirabile in oculis nostris?

11. Ç'a été fait par le Seigneur et c'est admirable à nos yeux?

12. Et quærebant eum tenere : et timuerunt turbam; cognoverunt enim quoniam ad eos parabolam hanc dixerit. Et relicto eo abierunt.

12. Et ils cherchaient à se saisir de lui, mais ils craignirent le peuple; car ils reconnaissaient qu'il avait dit cette parole pour eux. Et le laissant, ils s'en allèrent.

13. Et mittunt ad eum quosdam ex Pharisæis et Herodianis, ut eum caperent in verbo.

Matth. 22, 15; *Luc.* 20, 20.

13. Et ils lui envoyèrent quelques-uns des Pharisiens et des Hérodiens pour le surprendre dans ses paroles.

---

faire formuler eux-mêmes leur sentence. Cfr. Matth. XXI, 40, 41. Les paroles qui suivent, *veniet et perdet...*, furent donc proférées par les Sanhédristes. Elles contiennent une menace terrible, annonçant d'un côté que la vigne sera violemment enlevée aux vignerons perfides, de l'autre que ces misérables seront personnellement l'objet des justes vengeances du propriétaire : deux points qui ne tardèrent pas à se réaliser.

10 et 11. — Application de la parabole, à l'aide d'un texte biblique qui rend la pensée de Jésus tout à la fois plus solennelle et plus transparente. Voyez les détails dans l'évangile selon S. Matth. p. 418 et s. — *Scripturam hanc*, τὴν γραφὴν ταύτην, ce passage écrit dans nos saints Livres. Les hiérarques avaient très bien répondu ; mais ils ignoraient peut-être, ou du moins ils affectaient d'ignorer qu'ils étaient eux-mêmes les vignerons de la parabole, menacés, à cause de leur conduite indigne, des châtiments les plus graves du Seigneur. Le Sauveur, par ce texte bien connu d'un Psaume que tout le monde regardait comme messianique, leur montre que c'est eux qu'il a eus en vue dans son allégorie. — *In caput anguli.* Jésus est la pierre angulaire qui unit deux murs séparés : « Angulus duas parietes copulat de diverso venientes. Quid tam diversum quam circumcisio et præputium, habens unum parietem de Judæa, alterum parietem de gentibus? Sed angulari lapide copulantur ». S. August. Serm. LXXXVIII, 11.

12. — Description de l'effet produit sur les hiérarques par ces dernières paroles de Jésus.

Ce fut comme de l'huile jetée sur du feu. Comprenant alors que la parabole des vignerons les désignait, les condamnait (*ad eos* est un hellénisme pour « de eis »), ils devinrent furieux, exaspérés. Aussi auraient-ils exécuté sans retard les noirs complots qu'ils avaient depuis longtemps tramés contre Jésus, si un puissant obstacle ne les eût arrêtés pour la seconde fois : *et* (pour « sed ») *timuerunt turbam*. Cfr. XI, 18 ; Luc. XX, 19. Ils remirent donc à une occasion plus propice la satisfaction de leur vengeance. En attendant, ils s'en vont, sans avoir appris ce qu'ils voulaient savoir (Cfr. XI, 27 et ss.), et après avoir appris ce qu'ils auraient préféré ne pas connaître.

c. *Dieu et César.* XII, 13-17. — Parall. Matth. XXII, 15-22; Luc. XX, 20-26.

13. — *Mittunt ad eum...* Quoique éconduits honteusement, et quoique incapables d'en venir sur l'heure aux voies de fait à l'égard de leur ennemi, les Sanhédristes essaient pourtant encore, par des questions captieuses, d'amoindrir son autorité devant le peuple. Ne pouvant plus se présenter en personne après les scènes humiliantes que nous venons de lire, ils se font remplacer par une députation, composée de Pharisiens choisis parmi leurs disciples (Cfr. Matth. XXII, 16) et d'un certain nombre d'Hérodiens. Voyez sur ces derniers la note de III, 6, et l'Évangile selon S. Matth., p. 426. — *Ut eum caperent...* ; dans le grec, ἵνα αὐτὸν ἀγρεύσωσι, expression qui fait image, car elle signifie littéralement : afin qu'ils lui fissent la chasse.

14. Ils vinrent et lui dirent : Maître, nous savons que vous êtes véridique, et ne ménagez qui que ce soit; car vous ne regardez point au visage des hommes, mais vous enseignez la voie de Dieu dans la vérité. Est-il permis de payer le tribut à César, ou ne le paierons-nous pas?

15. Jésus, connaissant leur fourberie, leur dit : Pourquoi me tentez-vous? Apportez-moi un denier, que je voie.

16. Ils le lui apportèrent. Et il leur dit : De qui est cette image et cette inscription? Ils lui dirent : De César.

14. Qui venientes dicunt ei : Magister, scimus quia verax es, et non curas quemquam; nec enim vide in faciem hominum, sed in veritat viam Dei doces. Licet dari tributum Cæsari, an non dabimus?

15. Qui sciens versutiam illorum ait illis : Quid me tentatis? Affert mihi denarium, ut videam.

16. At illi attulerunt ei. Et ai illis : Cujus est imago hæc, et ins criptio? Dicunt ei : Cæsaris.

Cfr. lo Dictionnaire grec de Henri Etienne, s. v. ἀγρεύω. S. Matthieu emploie une figure analogue, παγιδεύσωσι.

14. — *Scimus quia verax es...* Nicodème, l'un des membres les plus illustres du grand Conseil, avait autrefois adressé à Notre-Seigneur des compliments analogues à ceux-ci. Cfr. Joan. III, 2; mais il parlait en toute sincérité. Actuellement au contraire, nous n'entendons que des flatteries hypocrites. « Mellitis enim verbis Jesum interrogabant, et circumdabant eum sicut apes mel portantes in ore, aculeum in tergo. » Pseudo-Hieron., ap. Caten. D. Thom. — Après ce préambule insinuant, ou plutôt insidieux, vient la question plus insidieuse encore: *Licet dari...?* On avait précédemment tendu des pièges au Sauveur sur le domaine religieux ; cette fois on essaie de l'embarrasser sur le terrain dangereux de la politique. La demande est reproduite d'une manière incomplète dans la Vulgate. Le grec porte : Ἔξεστι κῆνσον Καίσαρι δοῦναι, ἢ οὔ; δῶμεν, ἢ μὴ δῶμεν; « Licetne censum Cæsari dare, an-non? Dabimus, an non dabimus? » Il y eut donc deux interrogations successives, la première générale et théorique : Est-il permis de payer le tribut à l'empereur romain? la seconde particulière et pratique : Nous, peuple théocratique, nous acquitterons-nous de cet impôt? Cette rédaction est propre à S. Marc. Les Pharisiens, ennemis de Rome, et les Hérodiens, chauds partisans de l'empire, se présentent donc à Jésus comme s'ils avaient discuté sur ce point délicat sans pouvoir s'accorder, et comme s'ils venaient l'établir arbitre de leur querelle, prêts à s'en rapporter à sa décision. Mais en réalité, dit Théophylacte, « cette parole était tout artifice,

et elle avait un précipice de chaque côté; car si Jésus répondait : Il faut payer le cens à César, on excitait contre lui le peuple, en lui présentant comme voulant le réduire e servitude; s'il disait au contraire que cel n'était pas permis, on l'accusait de souleve le peuple contre César », et les Hérodien étaient là pour le livrer aux autorités romaines.

15. — *Sciens versutiam illorum.* Le gre dit « hypocrisim » : c'était là en effet l'œuvr d'une hypocrisie consommée. S. Matthieu e S. Luc emploient d'autres expressions, πονη ρίαν, « nequitiam », et πανουργίαν, « dolum Ces petites variantes sont intéressantes à étu dier. — *Quid me tentatis?* Jésus prouve, pa cette parole, qu'il n'est pas dupe de leur ma lice. — *Afferte mihi denarium.* Le verb φέρετε paraît supposer que les Pharisiens ten tateurs n'avaient pas sur eux le denier de mandé : d'aussi saints personnages auraien sans doute craint de se profaner en portan habituellement dans leur bourse une pièce de monnaie couverte de symboles et de titres païens. Mais ils n'avaient qu'à faire quelques pas pour aller la demander à l'un des chan geurs du temple.

16. — *Cujus est imago hæc?* Les traits gra vés sur la monnaie que Jésus tenait alors dans ses mains divines sont bien connus des anti quaires et des numismates. On en trouverai difficilement de plus beaux, mais on en trou verait difficilement aussi de plus cruels parmi les nombreuses effigies qui nous restent des empereurs romains. — *Et inscriptio.* Cette inscription était conçue dans le style pom peux de l'épigraphie latine : « Tiberius Cæsar Divi Augusti filius, Augustus, Imperator, etc. »

17. Respondens autem Jesus dixit illis : Reddite igitur quæ sunt Cæsaris, Cæsari : et quæ sunt Dei, Deo. Et mirabantur super eo.

Rom. 13, 7.

18. Et venerunt ad eum Sadducæi, qui dicunt resurrectionem non esse : et interrogabant eum dicentes :

Matth. 22, 23; Luc. 20, 27.

19. Magister, Moyses nobis scripsit, ut si cujus frater mortuus fuerit, et dimiserit uxorem, et filios non reliquerit, accipiat frater ejus uxorem ipsius, et resuscitet semen fratri suo.

Deut. 25, 5.

17. Et il leur répondit : Rendez donc à César ce qui est de César, et à Dieu ce qui est de Dieu. Et ils étaient dans l'admiration à son égard.

18. Alors vinrent à lui les Sadducéens, qui disent qu'il n'y a pas de résurrection, et ils l'interrogeaient, disant :

19. Maître, Moïse a écrit pour nous : Si le frère de quelqu'un meurt et quitte ainsi sa femme et ne laisse point de fils, que son frère reçoive sa femme et suscite une postérité à son frère.

---

17. — *Reddite igitur...* Il est probable qu'il faut lire avec un grand nombre de manuscrits qui font autorité : Τὰ καίσαρος ἀπόδοτε καίσαρι, « quæ sunt Cæsaris reddite Cæsari ». Cette construction rend la phrase plus énergique. La pensée de Jésus est extrêmement claire. Ce denier vient de Rome, veut-il dire, qu'il retourne à Rome! Sa présence en Judée prouve les droits du gouvernement romain sur la Judée ; soyez donc les fidèles sujets de César. La réponse de Notre-Seigneur, présentée sous cette forme, était non-seulement d'une vérité indiscutable, mais les plus fougueux Zélotes n'y pouvaient rien trouver à reprendre. Si les Juifs eussent suivi le conseil qu'elle contenait, ils auraient évité une affreuse guerre avec Rome, la ruine de Jérusalem, du temple et de leur nation. — *Et quæ sunt Dei, Deo.* Si César peut exiger qu'on lui rende ce qui lui appartient, à plus forte raison Dieu a-t-il droit que l'homme, marqué à son image et à sa ressemblance, n'oublie pas ses devoirs envers lui. — Que de lumière dans ces quelques paroles de Jésus! Combien de rapports délicats elles pourraient régler, si des politiques anti-chrétiens voulaient se laisser régler? — Notons que chacun des deux partis qui étaient venus tenter Jésus reçoit ici la leçon qui lui convient. Les Pharisiens refusaient à César ce qui lui était dû ; les Hérodiens donnaient bien peu de chose à Dieu : aux uns et aux autres d'importants devoirs sont ainsi rappelés. — *Mirabantur super eo.* Jésus avait parlé comme un nouveau Salomon : chacun admire donc justement sa sagesse.

§. La résurrection des morts. XII, 18-27. — Parall. Matth. XXII, 23-33; Luc. XX, 27-40.

S. Marc raconte cet épisode à peu près dans les mêmes termes que S. Matthieu.

Nous renvoyons donc le lecteur, pour l'explication détaillée, à notre commentaire sur le premier Evangile, pp. 429 et ss.

18. — *Sadducæi;* dans le grec, σαδδουκαῖοι sans article, par conséquent : « des Sadducéens » ; ce qui est conforme au récit de S. Luc, où nous lisons : « quidam sadducæorum ». Naturellement, ce n'est qu'une députation du parti sadducéen que nous trouvons en ce moment aux prises avec Jésus. Sur cette secte puissante, placée, dans le Judaïsme d'alors, aux antipodes de celle des Pharisiens, voyez l'Evang. selon S. Matth., p. 74. — *Dicunt resurrectionem non esse.* Les Sadducéens étaient en effet les matérialistes du temps et du pays. — *Interrogabant.* Le verbe est à l'aoriste (ἐπηρώτησαν) dans la Recepta où, par contre, nous lisons ἔρχονται au présent, au lieu du prétérit *venerunt.*

19. — Les Pharisiens avaient posé deux questions au Sauveur, l'une dogmatique, XI, 28, l'autre politique, XII, 14 : les Sadducéens ramènent la discussion sur le terrain du dogme. Le piège qu'à leur tour ils viennent tendre au Sauveur est d'abord habilement masqué par eux derrière un ordre de Moïse, ỳ. 19, puis dissimulé plus habilement encore sous un cas de conscience qu'ils inventent pour la circonstance et qu'ils proposent avec beaucoup d'esprit, ỳỳ. 20-23. — *Si cujus frater.* De même S. Luc. S. Matthieu dit plus simplement : « Si quis mortuus fuerit. » — *Dimiserit uxorem.* Mieux vaudrait « reliquerit » (καταλίπη). — *Resuscitet semen fratri suo.* S. Marc et S. Luc emploient le verbe composé ἐξαναστήσῃ, qui est plus expressif que le ἀναστήσει du premier Evangile.

20-22. — Après avoir rappelé à Jésus la « loi du Lévirat » telle que l'avait décrétée Moïse (Cfr. Michaelis, Mosaisches Recht, II, 98), les Sadducéens démontrent d'une manière

20. Or il y avait sept frères ; le premier prit une femme et mourut sans laisser d'enfants ;

21. Et le second l'épousa et mourut, et il ne laissa pas non plus d'enfants. Et le troisième pareillement.

22. Et les sept l'ont épousée pareillement et n'ont point laissé de postérité ; la femme est morte aussi la dernière de tous.

23. A la résurrection donc, lorsqu'ils ressusciteront, duquel d'entre eux sera-t-elle la femme ? Car tous les sept l'ont eue pour femme.

24. Et Jésus leur répondit : N'êtes-vous pas sur ce point dans l'erreur, ne comprenant ni les Ecritures ni la puissance de Dieu ?

25. Car, lorsqu'ils ressusciteront d'entre les morts, ils n'épouseront pas et ne seront pas épousés ; mais ils seront comme les anges dans les cieux.

20. Septem ergo fratres erant : et primus accepit uxorem, et mortuus est non relicto semine.

21. Et secundus accepit eam, et mortuus est ; et nec iste reliquit semen. Et tertius similiter.

22. Et acceperunt eam similiter septem : et non reliquerunt semen. Novissima omnium defuncta est et mulier.

23. In resurrectione ergo, cum resurrexerint, cujus de his erit uxor ? septem enim habuerunt eam uxorem.

24. Et respondens Jesus, ait illis : Nonne ideo erratis, non scientes Scripturas, neque virtutem Dei ?

25. Cum enim a mortuis resurrexerint, neque nubent neque nubentur, sed sunt sicut angeli in cœlis.

---

piquante qu'elle est, suivant eux, tout à fait inconciliable avec le dogme de la résurrection. — *Septem fratres erant*. Cette anecdote est racontée par S. Marc avec beaucoup de vie et de rapidité : les détails reçoivent en outre dans sa narration quelques développements plus complets que dans les deux autres Evangiles. La particule *ergo* est omise par divers manuscrits qui font autorité.

23. — *In resurrectione*, c'est-à-dire dans l'autre vie. — *Quum resurrexerint*. Ces mots font défaut dans plusieurs témoins importants (B, C, D, c, Sinaït.) ; et ils semblent en effet inutiles après « in resurrectione » : nous croyons néanmoins à leur authenticité, cette répétition étant parfaitement dans le genre de S. Marc. « Resurrexerint » a pour sujet « septem fratres » et « mulier ». — *Cujus de his erit uxor ?* Les sept frères auront en effet des droits égaux sur la femme en question.

24. — *Respondens Jesus*. Les Sadducéens frivoles avaient pensé créer à Jésus une difficulté inextricable par cette « deductio ad absurdum » qui terminait étrangement leur cas de conscience. Mais ce sont eux, et non pas lui, qui vont se trouver humiliés. — *Nonne ideo erratis...?* Tournure propre à S. Marc. C'est une interrogation à la façon des Hébreux, destinée à exprimer une forte affirmation. Sans répondre directement à la question que lui avaient posée ses adver-

saires, Notre-Seigneur ne craint pas de leur dire qu'ils sont tombés dans une erreur vraiment énorme, et cela par suite de leur profonde ignorance : d'une part ils ne connaissent pas les Saintes Ecritures, d'autre part ils ne se font pas une idée exacte de la toute-puissance de Dieu. — *Non scientes* est une construction anormale, calquée sur le grec pour « quia nescitis ».

25. — Revenant sur son assertion du ℣. 24 Jésus en démontre la vérité par deux raisonnements qui correspondent à chacune des deux parties qu'elle renfermait. — *Cum enim a mortuis...* C'est le premier raisonnement il développe les mots « non scientes virtutem Dei. » — *Neque nubent...* Ici-bas, le mariage a été institué en vue de perpétuer la famille humaine, qui, sans lui, ne tarderait pas à s'éteindre ; mais au ciel, où il n'y aura pas de vides créés par la mort, cette institution n'aura aucune raison d'être. Les Sadducéens se trompent donc en prenant les faits de la vie présente pour criterium de ce qui aura lieu dans la vie future, comme si Dieu ne pouvait rien changer à l'état actuel des hommes. — *Erunt sicut angeli*. Ces paroles contiennent l'une des rares révélations positives qui nous ont été faites sur notre manière d'être dans l'autre vie. Nous ne pourrions souhaiter rien de plus honorable.

26 et 27. — *De mortuis autem...* Second

26. De mortuis autem quod resurgant, non legistis in libro Moysi, super rubum, quomodo dixerit illi Deus, inquiens : Ego sum Deus Abraham, et Deus Isaac, et Deus Jacob?

Exod. 3, 6; Matth. 22, 32.

27. Non est Deus mortuorum, sed vivorum. Vos ergo multum erratis.

28 Et accessit unus de Scribis, qui audierat illos conquirentes, et videns quoniam bene illis responderit, interrogavit eum quod esset primum omnium mandatum.

Matth. 22, 35.

29. Jesus autem respondit ei :

26. Quant à ce que les morts ressuscitent, n'avez-vous pas lu dans le livre de Moïse, à l'endroit du Buisson, comment Dieu lui parla, disant : Je suis le Dieu d'Abraham, le Dieu d'Isaac et le Dieu de Jacob?

27. Il n'est pas le Dieu des morts, mais des vivants. Vous êtes donc grandement dans l'erreur.

28. Alors, un des Scribes, qui les avait entendus discuter, s'approcha, et voyant qu'il leur avait bien répondu, il lui demanda quel était le premier de tous les commandements.

29. Et Jésus lui répondit : Voici

---

raisonnement, et preuve que les Sadducéens ignorent les Ecritures. S'ils connaissaient mieux la Bible, ne sauraient-ils pas qu'elle renferme des textes très-frappants en faveur de la résurrection, notamment celui où le Seigneur s'appelle le Dieu des trois illustres fondateurs de la nation juive? Jéhova, voulant prendre un titre glorieux, se serait-il bien nommé le Dieu de quelques ossements réduits en poussière depuis plusieurs siècles? C'est ce qu'il faudrait dire dans le cas où les Sadducéens auraient raison. Mais non, ils se trompent au contraire grossièrement, *vos ergo multum erratis !* Jésus le leur répète à la fin de son argumentation. Ils s'étaient appuyés sur le nom et sur l'autorité de Moïse pour embarrasser le Sauveur : celui-ci invoque le même nom et la même autorité pour les réfuter et les confondre. — L'expression *super rubum*, ἐπὶ τοῦ βάτου, commune à S. Marc et à S. Luc, a été souvent mal comprise. Elle ne désigne pas le lieu célèbre auprès duquel Jéhova apparut à Moïse, mais l'endroit de l'Exode où se trouve le texte cité par Notre-Seigneur. Il faut donc la rattacher à « legistis », et non à « dixerit ». Les anciens, n'ayant pas encore de divisions en chapitres et en versets, ne pouvaient renvoyer l'auditeur ou le lecteur à tel ou tel passage des livres qu'ils citaient, que par une indication tirée du sujet, d'une de ses circonstances principales, etc. C'est ainsi que les Juifs donnaient au chap. III de l'Exode, à Ezéchiel, I, 45-28, à II Reg. I, 47-27, les noms du Buisson, de Charriot, d'Arc. Comparez Rom. XI. 2, où S. Paul emploie les mots ἐν Ἡλίᾳ pour désigner la section des Saints Livres relative à Elie. Les chapitres du Coran sont souvent indiqués de la même manière,

comme aussi certaines parties des poésies d'Homère.

c. *Quel est le premier commandement?* XII, 28-34. Parall. Matth. XXII, 34-40.

Le récit de S. Marc est ici beaucoup plus complet que celui de S. Matthieu. Il abonde en traits nouveaux, tellement nouveaux parfois qu'on a crié à la contradiction dans le camp rationaliste. Nous apprécierons plus bas cette accusation. 28. — *Accessit unus de Scribis...* Détails pittoresques. Ce Scribe, mêlé à la foule, avait assisté, sinon à toutes les discussions que Jésus venait de soutenir contre ses adversaires, du moins à celle qui s'était livrée en dernier lieu, ΥΫ. 48-27. Charmé des réponses du jeune Docteur, il s'avance respectueusement jusqu'à lui et lui pose à son tour une question délicate, vivement débattue dans les écoles juives (voyez l'Evang. selon S. Matth. p. 433): *Quod esset primum omnium mandatum.* « Omnium » est au neutre d'après le texte grec, πρώτη πάντων ἐντολή (πασῶν qu'on trouve dans quelques manuscrits est une correction arbitraire); la traduction littérale de ce passage serait donc : le premier commandement de toutes choses. Les classiques grecs et latins employaient souvent πᾶς, « omnis », d'une façon analogue, pour donner plus de force au superlatif. Cfr. Winer, Grammatik, p. 460; Beelen, Gramm. græcit. N. T. p. 479; Fritzsche et Schegg, h. l.

29 et 30. — A l'interrogation du docteur, Jésus répond de la manière la plus simple, par une citation de la Bible. Vous me demandez quel est le premier commandement. Pour vous le dire, je n'ai qu'à vous rappeler une parole de Moïse : *Audi, Israel; Domi-*

quel est le premier de tous les commandements : Ecoute, Israël; ton Dieu est le Dieu unique;

30. Et tu aimeras le Seigneur ton Dieu de tout ton cœur, et de toute ton âme, et de tout ton esprit, et de toute ta force. C'est le premier commandement.

31. Et le second lui est semblable: Tu aimeras ton prochain comme toi-même. Il n'y a pas d'autre commandement plus grand que ceux-là.

32. Et le Scribe lui dit : Bon Maître, vous avez dit en toute vérité qu'il n'y a qu'un seul Dieu et qu'il n'y en a pas d'autre que lui;

33. Et qu'on doit l'aimer de tout son cœur, et de toute son intelligence, et de toute son âme, et de toute sa force; et aimer son prochain comme soi-même, c'est plus grand que tous les holocaustes et les sacrifices.

Quia primum mandatum est : Audi, Israel; Dominus Deus tuus, Deus unus est :

Deut. 6, 4.

30. Et diliges Dominum Deum tuum ex toto corde tuo, et ex tota anima tua, et ex tota mente tua, et ex tota virtute tua. Hoc est primum mandatum.

31. Secundum autem simile est illi : Diliges proximum tuum tanquam teipsum. Majus horum aliud mandatum non est.

Levit. 19, 18; *Matth.* 22, 39; *Rom.* 13, 9; *Galat.* 5, 14; *Jac.* 2, 8.

32. Et ait illi scriba : Bene, Magister, in veritate dixisti, quia unus est Deus, et non est alius præter eum.

33. Et ut diligatur ex toto corde, et ex toto intellectu, et ex tota anima, et ex tota fortitudine; et diligere proximum tanquam seipsum, majus est omnibus holocautomatibus, et sacrificiis.

---

nus tuus... Ces paroles d'introduction, que S. Marc a seul conservées, sont célèbres dans le Judaïsme, où elles sont devenues comme l'expression populaire et condensée de la foi d'Israël. On les nomme le *Schema* (שמע, écoute) : c'est par elles que commence la prière du matin et du soir, et les Juifs aiment à les répéter en guise d'exclamation : *Schema Israel!* Cfr. Vitringa, Synag. 11, 3, 15; Buxtorf, Synag. c. IX; Schwab, Traité des Berachoth, p. 177. — *Et diliges...* S'il n'y a qu'un seul Dieu, nous devons l'aimer sans partage, de toutes les puissances de notre âme. C'est ce qu'exprime énergiquement la longue nomenclature *ex toto corde tuo*, etc. Dans le passage du Deutéronome cité par Jésus, on ne lit que trois substantifs : מאד, נפש, לבב, cœur, âme et force. Les Septante traduisent exactement le second et le troisième (ψυχή et δύναμις); ils rendent le premier par διάνοια, esprit, pensée. Notre-Seigneur, d'après S. Marc, fondit ensemble le texte et la version, en ajoutant un quatrième substantif emprunté à cette dernière : καρδία, ψυχή, ἰσχύς (synonyme de δύναμις) et διάνοια. S. Matthieu omet ἰσχύς. — Tout, dans l'homme, doit donc aimer Dieu : le cœur d'abord, puisque c'est l'organe de l'amour; mais aussi l'âme et l'es-

prit, c'est-à-dire les facultés intellectuelles; mais aussi la force, c'est-à-dire l'ensemble de nos énergies et de nos puissances. Voyez Théophylacte, h. l.

31. — *Secundum autem...* Il y a ici plusieurs variantes, peu importantes du reste, dans le texte grec : καὶ δευτέρα ὁμοία αὕτη (Recepta), δευτέρα ὁμοία αὐτῇ (divers manuscrits suivis par Lachmann), δευτέρα αὕτη (d'autres manuscrits suivis par Tischendorf). — On n'a demandé au Sauveur qu'un seul commandement, et voici qu'il en mentionne deux! Mais il existe entre le précepte de l'amour de Dieu et celui de la charité fraternelle une telle cohésion, qu'ils ne forment en réalité qu'un seul et même commandement, qui est l'alpha et l'oméga de la Loi.

32 et 33. — *Bene, magister.* Le Scribe avait admiré les réponses antérieures de Jésus; celle-ci ne le frappe moins par sa vérité, par sa bonté. Il adresse donc tout d'abord à Notre-Seigneur un éloge public. Puis, non content d'approuver hautement sa décision, il la répète avec emphase, *quia unus est Deus... et ut diligatur...*, en y ajoutant une conclusion, *majus est omnibus...*, qui montre qu'il en a très-bien saisi le sens et la portée. Lui aussi, il cite librement le texte du Deu-

34. Jesus autem videns quod sapienter respondisset, dixit illi : non es longe a regno Dei. Et nemo jam audebat eum interrogare.

35. Et respondens Jesus dicebat, docens in templo : Quomodo dicunt Scribæ Christum filium esse David?

34. Et Jésus, voyant qu'il avait sagement répondu, lui dit : Tu n'es pas loin du royaume de Dieu. Et personne n'osait plus l'interroger.

35. Et Jésus, prenant la parole et enseignant dans le temple, disait : Comment les Scribes disent-ils que le Christ est fils de David ?

---

téronome, car il insère dans la série des facultés humaines qui doivent aimer Dieu la σύνεσις (*intellectus*), de même que Jésus y avait inséré la διάνοια.

34. — *Jesus videns quod...* Dans le grec, Ἰησοῦς ἰδὼν αὐτὸν, ὅτι..., « videns eum, quod... »: construction fréquemment employée par les classiques. — *Sapienter*. Le mot grec correspondant, νουνεχῶς, ne se rencontre pas ailleurs dans le Nouveau Testament. C'est une abréviation pour νοῦν ἐχόντως. — Dans la parole adressée au Scribe par Notre-Seigneur, *Non es longe a regno Dei*, de Wette et d'autres interprètes veulent voir une litote, mais à tort ; en effet, ce Docteur de la Loi, bien qu'il eût manifesté des sentiments très sympathiques à la personne de Jésus, ne croyait pas encore en son caractère messianique et divin, ce qui était nécessaire pour faire partie du Royaume de Dieu. Néanmoins la scène qui précède a suffisamment montré qu'il était sur le seuil de l'Eglise, et qu'il n'avait plus qu'un pas à faire pour devenir un citoyen du Royaume des cieux. De là cette parole encourageante, par laquelle Jésus le presse d'acquérir ce qui lui manque et de devenir un chrétien complet. « Si non procul es, intra ; alias præstiterit procul fuisse. » — Arrivons maintenant à la difficulté que nous avons annoncée au début de cet épisode. S. Matthieu et S. Marc ne se contredisent-ils pas ? D'après le premier Evangile, le Scribe nous est ouvertement présenté comme un ennemi de Jésus : « Les Pharisiens, apprenant que Jésus avait réduit les Sadducéens au silence, se réunirent, et l'un d'eux, Docteur de la Loi, l'interrogea POUR LE TENTER. » Matth. XXII, 34 et 35. Dans le second Evangile au contraire, non seulement ce Scribe ne paraît avoir eu aucune intention hostile, mais il admire Notre-Seigneur, ℣. 28, il le comble d'éloges, ℣. 32, et mérite d'en être loué à son tour ? N'est-ce pas le oui et le non sur un même point ? Assurément, pour quiconque cherche et veut trouver quand même des contradictions dans les récits évangéliques, les variantes que nous venons de signaler en fourniront une qu'on peut faire valoir sans beaucoup de peine ; mais nous nions qu'elle existe pour les esprits sérieux, impartiaux, non imbus de préjugés dogmatiques. On concilie aisément les deux récits en disant que les Evangélistes envisagent l'incident à deux points de vue distincts. Ce qui a frappé surtout S. Matthieu, c'est le motif qui conduisit le Scribe auprès de Jésus : de fait, il se présentait pour tendre un piège à Notre-Seigneur ; nous le voyons agir tout d'abord comme le champion des Pharisiens, quoiqu'il ne partageât ni toute leur haine contre Jésus, ni toutes leurs idées étroites en fait de religion. C'est précisément ce côté recommandable du Docteur, son impartialité, le courage avec lequel il reconnut la vérité, que S. Marc a voulu mettre en relief. De là les couleurs différentes des deux narrations. Mais, en réunissant ces traits épars, on obtient un tableau très unique, où tout s'accorde parfaitement. — *Nemo jam audebat...* Tel fut le résultat des nombreuses attaques dirigées coup sur coup contre le Sauveur par ses ennemis. Elles aboutirent pour eux à un échec complet. Naguère si audacieux, les voilà maintenant intimidés, réduits au silence. Qui aurait osé désormais se mesurer avec Celui qui avait ainsi triomphé des prêtres et des rabbins ?

f. *Le Messie et David.* XII, 35-37. — Parall. Matth. XXII, 41-46 ; Luc. XX, 41-44.

35. — *Respondens Jesus.* Tous les adversaires de Jésus se taisent. Pour lui, il prend la parole afin de rendre leur défaite plus complète. Il les humilie d'abord en leur posant un problème qu'ils sont incapables de résoudre, ℣℣. 35-37 ; puis, il met le peuple en garde contre ces guides hypocrites, ℣℣. 38-40. — *Docens in templo.* La scène continue donc de se passer sous les galeries du temple (ἐν τῷ ἱερῷ), par conséquent en face de la foule, que les discussions précédentes avaient attirée auprès de Jésus et de ses ennemis. Ce trait est propre à S. Marc. — *Quomodo dicunt Scribæ...* C'est-à-dire : « Quomodo consistere potest quod dicunt Scribæ, scilicet, Christum esse filium David? » Remarquez la différence qui existe ici entre les récits du premier et du second Evangile. Contre l'ordinaire, c'est S. Matthieu qui est le plus pittoresque, le plus complet ; il décrit l'incident sous la forme d'un dialogue qui eut lieu

36. Car David lui-même a dit, *inspiré* par l'Esprit-Saint : Le Seigneur a dit à mon Seigneur : Assieds-toi à ma droite, jusqu'à ce que j'aie fait de tes ennemis l'escabeau de tes pieds.

37. David lui-même l'appelle donc Seigneur; et comment est-il son fils? Et une grande foule l'écoutait avec plaisir.

38. Et il leur disait dans ses enseignements : Gardez-vous des Scribes, qui veulent marcher avec de longues robes, et être salués dans les places publiques,

39. Et s'asseoir sur les premiers

36. Ipse enim David dicit in Spiritu sancto : Dixit Dominus Domino meo: Sede a dextris meis, donec ponam inimicos tuos scabellum pedum tuorum.

Psal. 109, 1; Matth. 22, 44; Luc. 20, 42.

37. Ipse ergo David dicit eum Dominum, et unde est filius ejus? Et multa turba eum libenter audivit.

38. Et dicebat eis in doctrina sua : Cavete a Scribis, qui volunt in stolis ambulare, et salutari in foro,

Matth. 23, 5; Luc. 11, 43 et 20, 46.

39. Et in primis cathedris sedere

---

entre Jésus et les Pharisiens. S. Marc abrège, et présente le fait comme si c'eût été une simple question adressée au peuple par Notre-Seigneur touchant l'enseignement des Scribes. La narration de S. Luc tient le milieu entre les deux autres.

36. — *Ipse enim David.* Le pronom « ipse » est emphatique. De même au verset suivant. David, parlant dans le Ps. cixe (cxe d'après l'hébr.) comme un prophète inspiré, et donnant au Messie le titre de Mon Seigneur, ne contredit-il pas l'assertion des Scribes? Est-il possible en effet qu'on soit en même temps le fils et le Seigneur de quelqu'un? Telle est l'objection proposée par Jésus. Voyez l'explication détaillée dans l'Evangile selon S. Matthieu, p. 435.

37. — *Unde est filius ejus?* M. Renan ose affirmer que Notre-Seigneur Jésus-Christ, par cette argumentation, répudie pour ce qui le concerne toute prétention à une origine davidienne. Un autre rationaliste, M. Colani, a été ou plus clairvoyant, ou plus sincère, quand il a dit : « Ce raisonnement de Jésus n'est pas un argument frivole et des plus subtils, destiné à jeter les Scribes à leur tour dans l'embarras, comme ils ont essayé de l'y jeter à plusieurs reprises. Ce n'est pas un tour de sophiste. S'appuyant sur un passage d'un psaume, qu'il interprète comme les Scribes eux-mêmes, il déclare que le Messie doit être infiniment plus grand qu'un David, qu'un roi temporel. » Jésus-Christ et les croyances messianiques de son temps, p. 105. En effet, infiniment plus grand, puisqu'il est vraiment Fils de Dieu. Telle est la clef de l'énigme : David appelle le Christ son Seigneur, bien qu'il dût être son fils d'après la nature humaine, parce qu'il devait participer en même temps à la nature divine. Ainsi

donc, les Scribes n'ont pas tort, et le prophète royal a raison. — *Et multa turba eum libenter audivit.* Beau trait, que nous ne trouvons que dans le second Evangile. « Multa turba »; dans le grec, ὁ πολὺς ὄχλος, avec l'article, la foule extrêmement nombreuse qui s'était groupée autour de Jésus. Le peuple, qui a si facilement le sens du vrai et du divin, etait donc charmé par l'éloquence du Sauveur, suspendu à ses lèvres, comme l'on dit. Les Pharisiens s'étaient pourtant proposé de le rendre hostile à Jésus; c'est le contraire qui est arrivé.

g. *Cavete a Scribis.* xii, 38-40. — Parall. Matth. xxiii, 1-36; Luc. xx, 45-47.

38 et 39. — « Après avoir réfuté les Scribes et les Pharisiens, Jésus brûle, ainsi qu'avec du feu, ces modèles arides. » S. Jérôme, in Matth. Feu brûlant, en vérité, qui réduit en cendres le masque de la sainteté pharisaïque. Mais S. Marc n'a conservé qu'un court extrait du long discours, tout parsemé d'anathèmes, que nous avons lu dans S. Matthieu (voyez le Commentaire, pp. 436 et ss.). Le réquisitoire de Jésus contre les Pharisiens avait moins d'importance pour les lecteurs du second Evangile que pour ceux du premier. Néanmoins, les quelques lignes citées par notre Evangéliste résument fort bien la pensée du Sauveur, en nous présentant les vices les plus saillants et les plus caractéristiques de la secte orgueilleuse, avare, hypocrite. — *In doctrina sua.* De même en grec : ἐν τῇ διδαχῇ αὐτοῦ. C'est-à-dire « dum doceret », ou bien « in sermone suo ». Cfr. iv, 2. — *Cavete a scribis.* C'est le mot d'ordre. Défiez-vous de vos Docteurs! Prenez garde à leurs mauvais exemples, qui pourraient vous entraîner au mal! Les détails qui suivent justi-

in synagogis, et primos discubitus in cœnis;

40. Qui devorant domos viduarum sub obtentu prolixæ orationis : hi accipient prolixius judicium.

41. Et sedens Jesus contra gazophylacium, aspiciebat quomodo turba jactaret æs in gazophylacium, et multi divites jactabant multa.

Luc. 24, 1.

42. Cum venisset autem vidua

sièges dans les synagogues, et aux premières places dans les festins;

40. Qui dévorent les maisons des veuves sous prétexte de prières prolongées. Ils subiront un jugement plus prolongé.

41. Et Jésus, s'étant assis vis-à-vis du tronc, regardait de quelle manière le peuple y jetait de l'argent, et plusieurs riches y en jetaient beaucoup.

42. Mais une pauvre veuve, étant

---

fient cette recommandation de Jésus, donnent la raison de cet ostracisme. — *Qui volunt...* Le Sauveur attaque d'abord l'orgueil pharisaïque. Quatre traits pittoresques nous montrent les Scribes superbes en quête de toute sorte d'honneurs. — *In stolis ambulare.* La « stola » (στολή des Grecs) était une sorte de robe longue et flottante, qu'on portait autrefois aussi bien en Occident qu'en Orient. Les Pharisiens aimaient à donner à ce vêtement de vastes dimensions, pour mieux attirer par là l'attention du public. — *Salutari in foro.* Ces vaniteux personnages voulaient que tout le monde s'inclinât profondément devant eux. Ils avaient même porté des décrets dans ce but. — Il leur fallait aussi les premiers fauteuils dans les synagogues, les premiers divans dans les festins, c'est-à-dire les places les plus honorables dans les assemblées soit sacrées, soit profanes. — Remarquez, à la fin du ŷ. 39, un changement dans la construction. Au lieu d'un verbe à l'infinitif, « discumbere », nous avons un substantif à l'accusatif, *discubitus,* qui dépend également de « volunt ». C'est ce qu'on appelle « oratio variata ». Dans le texte grec, ce changement avait eu lieu dès le ŷ. 38 : καὶ ἀσπασμοὺς ἐν ταῖς ἀγοραῖς, καὶ πρωτοκαθεδρίας ἐν ταῖς συναγωγαῖς...
40. — Jésus flétrit en second lieu l'avarice des Scribes. — *Devorant domos viduarum.* Crime déjà bien révoltant en lui-même, mais aggravé encore par une circonstance qui y ajoutait la malice d'un sacrilège, *sub obtentu prolixæ orationis.* — *Prolixius judicium.* Jeu de mots à la façon orientale. Dieu, s'il est permis de parler ainsi, sera prolixe dans son jugement à l'égard des Scribes, de même qu'ils auront fait semblant de l'être dans leurs prières impures.

5. — Le denier de la veuve. XII, 41-44.
Parall. Luc. XXI, 1-4.

Épisode pacifique qui termine une journée de luttes ardentes, perle des plus gracieuses

du S. Évangile. Ce trait contraste d'une manière frappante avec les dernières paroles du Sauveur, ŷ. 40. Jésus vient de nous montrer de prétendus hommes de Dieu qui dévoraient avidement les ressources des veuves. Nous voyons ici une veuve réduite à la dernière pauvreté et donnant quand même tout son avoir pour la gloire du culte divin.
41. — L'Évangéliste décrit d'abord la situation. Quel vivant tableau il trace par quelques mots! Le temple et ses cours, Jésus assis sous le portique, la multitude bigarrée des pèlerins qui vient jeter ses aumônes dans les troncs : c'est tout un monde que S. Marc place ainsi sous nos yeux. — *Sedens.* Son discours terminé, Notre-Seigneur s'était donc retiré du milieu de la foule et était venu se reposer sur un des bancs placés dans la cour des païens. — *Contra gazophylacium.* Ce nom, formé du mot persan grécisé γάζα, trésor, et de φυλάσσειν, garder, servait à désigner tantôt le trésor du temple, Cfr. Jos. Ant. XIX, 6, 1, tantôt les troncs destinés aux offrandes, qui se trouvaient dans les divers parvis. Il a ici cette seconde signification. C'est en face de l'un de ces troncs que Jésus était alors assis. — *Aspiciebat,* ἐθεώρει, il regardait avec attention, il examinait la scène qu'il avait sous les yeux. — *Quomodo turba jactaret...* Les Juifs étrangers, venus en grand nombre à Jérusalem pour la Pâque, apportaient tour à tour leurs aumônes volontaires. — *Multi divites jactabant multa.* Il y a dans ces mots une emphase visible. On croirait voir ces riches faisant tomber avec ostentation leurs généreuses offrandes dans le tronc.
42. — Mais quelle antithèse! Voici qu'au milieu de la foule s'avance *vidua una pauper,* qui, elle aussi, veut donner quelque chose pour le temple. « Una » et « pauper » sont évidemment opposés à « multi divites » du ŷ. 41. Les mots suivants, *misit duo minuta,* sont de même opposés à « jactabant multa ». Mais qu'est-ce qu'un « minutum »? ou mieux,

venue, y mit deux petites pièces valant le quart d'un as.

43. Et, appelant ses disciples, il leur dit : Je vous dis en vérité que cette pauvre veuve a plus mis que tous ceux qui ont mis dans le tronc.

44. Car tous ont mis de ce qui abondait chez eux ; mais elle a mis de son indigence, tout ce qu'elle avait, tout ce qui lui restait pour vivre.

una pauper, misit duo minuta, quod est quadrans.

43. Et convocans discipulos suos, ait illis : Amen dico vobis, quoniam vidua hæc pauper plus omnibus misit, qui miserunt in gazophylacium.

44. Omnes enim ex eo quod abundabat illis miserunt : hæc vero de penuria sua omnia quæ habuit misit, totum victum suum.

CHAPITRE XIII

Jésus prophétise la destruction du temple de Jérusalem (vv. 1-4). — Partant de là, il décrit les divers évènements qui précèderont soit la ruine de Jérusalem, soit la fin du monde (vv. 5-31). — Exhortation à la vigilance (vv. 32-37).

1. Et, comme il sortait du temple, un de ses disciples lui dit : Maître,

1. Et cum egrederetur de templo, ait illi unus ex discipulis suis : Ma-

---

qu'est-ce qu'un λεπτὸν, puisque telle est l'expression employée dans le texte grec? S. Marc l'explique à ses lecteurs romains, en disant que deux lepta équivalaient au *quadrans* latin. Or le « quadrans » était, comme son nom l'indique, le quart d'un as, et l'as ne valant que six centimes environ, les deux lepta offerts par la veuve ne faisaient guère plus d'un liard. Voyez Ant. Rich. Dict. des antiq. grecq. et lat. aux mots As et Quadrans.

43. — *Convocans discipulos*. Jésus ne veut point laisser passer ce bel exemple sans en tirer une leçon pour ses disciples. C'est dans ce but qu'il les appelle auprès de lui. — *Vidua hæc... plus omnibus misit.* « Plus misisse dicitur vidua, non si muneris per se magnitudinem, sed si viduæ, si pauperis inopiam caritatemque consideres : quia viduæ et pauperi plus duo minuta erant, quam diviti permulta ; et majoris erat caritatis viduam duo illa, quibus vitam suam sustentatura erat, dare minuta, quam divitem grandem pecuniam in Dei thesaurum inferre. » Maldonat. C'est donc par comparaison et d'une manière relative que Jésus attribue à l'obole de la veuve une valeur supérieure aux riches offrandes des autres donateurs. — *Qui miserunt.* Il vaut mieux lire « mittunt » au présent, d'après les meilleurs manuscrits. En effet, les assistants continuaient d'apporter

leurs aumônes sous les yeux de Jésus et des Apôtres.

44. — *Omnes enim...* Le Sauveur explique maintenant son étonnante assertion. Les autres ont donné de leur abondance, de leur superflu : cette pauvre veuve a donné au contraire de son indigence. Aux autres il est donc resté plus ou moins : à cette veuve il n'est absolument rien resté. — *Omnia quæ habuit misit :* elle ne s'est pas même réservé un lepton ! — *Totum victum suum* est une apposition emphatique à « omnia quæ habuit ». Le grec porte ὅλον τὸν βίον αὐτῆς, littéralement : toute sa vie. — Une grande leçon se dégage de ce gracieux épisode, par lequel se termine si suavement le ministère public de Notre-Seigneur Jésus-Christ : « Non quantum se ex quanto ». Beaucoup d'âmes l'ont comprise. Du haut du ciel, comme autrefois de la cour du temple, Jésus voit et bénit ces humbles ouvrières, ces enfants pauvres, qui donnent en faveur des bonnes œuvres « totum victum suum. »

6. — **Le Discours eschatologique. XIII, 1-37.**
Parall. Matth. xxiv, 1-51 ; Luc. xxi, 5-36.

8. *Occasion du Discours.* XIII, 1-4.

C'est dans le second Évangile que cette petite Préface est le plus complète et le plus dramatique.

gister, aspice quales lapides, et quales structuræ.

Matth. 24, 1.

2. Et respondens Jesus, ait illi : Vides has omnes magnas ædificationes? Non relinquetur lapis super lapidem, qui non destruatur.

Luc. 19, 44 et 21, 6.

3. Et cum sederet in monte Olivarum contra templum, interrogabant eum separatim Petrus, et Jacobus, et Joannes, et Andreas :

4. Dic nobis, quando ista fient? et

voyez quelles pierres et quelles structures !

2. Et Jésus lui répondit : Vous voyez toutes ces grandes constructions? Il ne sera pas laissé pierre sur pierre qui ne soit renversée.

3. Et, comme il était assis sur le mont des Oliviers en face du temple, Pierre, Jacques, Jean et André l'interrogèrent en particulier :

4. Dites-nous quand cela arrivera,

CHAP. XIII. — 1. — *Cum egrederetur de templo*. Le soir venu (ces choses se passaient encore dans la journée du mardi saint), Jésus quitta le temple comme aux deux jours précédents, pour se retirer à Béthanie. Mais il y avait alors cela de remarquable, qu'il le quittait pour n'y plus revenir. Le prophète Ezéchiel, à la fin d'une vision terrible, xi, 22 et 23, raconte comment il vit Jéhova abandonner le temple et la cité de Jérusalem devenus indignes de lui : « Et elevaverunt Cherubim alas suas et rotæ cum eis; et gloria Dei Israel erat super ea. Et ascendit gloria Domini de medio civitatis, stetitque super montem qui est ad orientem urbis. » De même, en cet instant, le Messie répudie son palais, sa capitale et son peuple. — *Ait... unus ex discipulis*. S. Marc, plus précis que les deux autres synoptiques, attribue la réflexion qui suit à un seul des Apôtres. — *Magister, aspice...* Jésus et les siens descendaient probablement alors les degrés qui conduisaient à la vallée du Cédron. C'est de ce côté que les murs du temple présentaient l'aspect le plus imposant. On y voit encore plusieurs de ces pierres gigantesques (*quales lapides*) qui excitaient l'admiration des disciples. L'historien Josèphe n'exagère nullement quand il dit que la plupart des blocs qui entrèrent dans la construction du temple mesuraient 25 coudées de longueur, sur 8 de hauteur, et 12 de largeur. Cfr. Bell. Jud. v, 6, 8 ; Ant. xv, 11, 3. Aussi, en plusieurs endroits, les béliers romains durent-ils battre les murs six jours durant pour y faire quelques brèches légères.

2. — Le disciple qui avait pris la parole semblait sous-entendre : De pareilles constructions défient les ravages du temps! Jésus le détrompe en lui révélant leur triste destinée. — *Has omnes magnas ædificationes* est emphatique et correspond à « quales lapides et quales structuræ » du ꙮ. 1. — *Non relinquetur* : dans le grec, οὐ μὴ ἀφεθῇ avec une double négation, et le subjonctif aoriste : deux

circonstances qui fortifient la pensée. Cfr. Winer, Grammat., p. 449. — *Qui non destruetur*. Le grec, ὃς οὐ μὴ καταλυθῇ (de nouveau deux négations et le conjonct. aor.), serait mieux traduit par « qui ne soit désagrégée, séparée des autres pierres ». Quarante ans s'étaient à peine écoulés depuis cette prédiction, qu'elle était déjà en grande partie réalisée. Le vent des jugements divins avait passé sur le temple de Jérusalem, comme sur les palais de Thèbes et de Ninive. Qu'en reste-t-il aujourd'hui? Rien, absolument rien; car, à vrai dire, les pierres énormes qui attirent encore l'attention des pèlerins ne faisaient point partie du temple : elles formaient ou des murs d'enclos ou des substructions destinées à soutenir les terrasses.

3. — *Cum sederet in monte Olivarum*. Jésus et ses disciples gravirent probablement en silence les flancs de la montagne des Oliviers, livrés les uns et les autres à de pénibles réflexions. Arrivés au sommet de la colline, à mi-chemin entre Jérusalem et Béthanie, ils s'arrêtent pour prendre un peu de repos, et Jésus s'assied sur le gazon. — *Contra templum*. Trait graphique, propre à S. Marc, et servant de trait d'union pour amener la question des Apôtres. Les derniers rayons du soleil couchant devaient en ce moment couvrir d'or le temple et ses dépendances, leur communiquant une nouvelle beauté. — *Petrus, Jacobus, et Joannes et Andreas*. « Unus Marcus narrat hos fuisse qui Christum interrogarunt. Nota Petri mentionem. » Patrizi, In Marc. Comm., p. 174. C'étaient les quatre premiers Apôtres attachés à Jésus d'une manière définitive. Cfr. i, 16-20. S. André nous apparaît ici à côté des trois disciples les plus intimes : d'où l'on a conclu parfois que c'était lui peut-être qui avait attiré l'attention de Jésus sur le temple, ꙮ. 4. — *Separatim* : relativement aux autres membres du Collége apostolique, qui étaient restés à l'écart.

4. — *Dic nobis...* La question est plus com-

et quel signe il y aura quand toutes ces choses commenceront à s'accomplir ?

5. Et Jésus, leur répondant, commença par dire : Prenez garde que personne ne vous séduise.

6. Car beaucoup viendront en mon nom, disant que c'est moi; et ils séduiront plusieurs.

7. Et, lorsque vous entendrez parler de guerres et de bruits de guerres, ne craignez point; car il faut que ces choses arrivent, mais ce ne sera pas encore la fin.

quod signum erit, quando hæc omnia incipient consummari ?

5. Et respondens Jesus cœpit dicere illis : Videte ne quis vos seducat :

Ephes. 5, 6; II *Thes.* 2, 3.

6. Multi enim venient in nomine meo dicentes, quia ego sum; et multos seducent.

7. Cum audieritis autem bella, et opiniones bellorum, ne timueritis : oportet enim hæc fieri : sed nondum finis.

---

plète et plus claire dans le premier Evangile. Elle avait trait à trois points distincts : 1° l'époque de la destruction du temple (c'est le *quando ista fient* de S. Marc) ; 2° les signes du second avènement du Messie ; 3° les pronostics de la fin du monde. Le *hæc omnia* de notre Evangéliste réunit ces deux derniers points.

b. Première partie du Discours : La prophétie. XIII, 5-31.

Nous avons noté à différentes reprises que S. Marc est par excellence l'Evangéliste de l'action, et que, s'il cite volontiers les paroles détachées du Sauveur, il s'arrête rarement à exposer ses instructions de longue haleine. Le Discours eschatologique est une de ces rares exceptions : il était trop important pour être passé complètement sous silence. Mais S. Marc, sans en rien retrancher d'essentiel, l'abrège d'une manière notable, comme il avait fait pour les paraboles du royaume messianique. Il suit généralement de très près la rédaction de S. Matthieu : il est néanmoins souvent original, donnant de temps à autre de ces détails graphiques et précis auxquels il nous a accoutumés. Nous serons fidèle à signaler les plus intéressants. Pour le fond des choses nous renvoyons le lecteur à notre commentaire sur S. Matthieu, pp. 456 et ss. Rappelons seulement que toutes les idées de ce discours sont groupées par Notre-Seigneur autour de deux grands faits, la destruction de Jérusalem et le second avènement du Messie.

1° Pronostics de la ruine de Jérusalem et de la fin du monde. XIII, 5-13.

5. — *Cœpit.* L'un des mots favoris de S. Marc. — *Videte.* Ce grave avertissement, que nous entendons dès le début du discours,

retentira de temps à autre comme une de ses notes dominantes. Cfr. ꝟ. 9, 23, 33. A chaque instant reviendront aussi les conseils analogues : Veillez, supportez, priez! — *Ne quis vos seducat.* Grand danger, qui menace tous les hommes, durant toute leur vie et de mille manières. Il faut donc« prendre garde », si l'on veut y échapper.

6. — *Multi enim...* La particule « enim » montre que le Sauveur va développer son exhortation pressante du ꝟ. 5. Il attire l'attention de ses disciples sur divers signes qui leur annonceront en premier lieu la proximité de la ruine de Jérusalem, puis, à la fin des temps, celle du jugement général. — *Venient in nomine meo...* Premier signe, l'apparition d'un grand nombre de pseudo-messies. — *Multos seducent.* Ces faux Christs ne réussirent que trop à séduire les Juifs avant et pendant la guerre avec Rome. Josèphe raconte que plusieurs d'entre eux entraînèrent à leur suite dans le désert d'immenses multitudes auxquelles ils avaient promis de faire voir des prodiges éclatants. Bien plus, à l'heure où le temple brûlait, six mille personnes de tout âge et de toute condition y pénétrèrent sur la parole d'un faux prophète et périrent affreusement dans les flammes. La fin du monde ne trouvera pas les imposteurs moins nombreux, ni les foules moins crédules.

7. — *Cum audieritis...* Second signe, les guerres rapprochées et lointaines. *Bella* indique en effet des combats qui auront lieu à proximité; *opiniones bellorum,* ἀκοὰς πολέμων, des bruits de guerre, c'est-à-dire des combats livrés à distance. — *Ne timueritis.* De même que les chrétiens ne devront pas se laisser séduire par l'erreur, de même ils devront veiller à ne pas se laisser égarer par la peur, qui est si souvent une mauvaise conseillère et

8. Exurget enim gens contra gentem, et regnum super regnum, et erunt terræ motus per loca, et fames. Initium dolorum hæc.

9. Videte autem vosmetipsos. Tradent enim vos in consiliis, et in synagogis vapulabitis, et ante præsides et reges stabitis propter me, in testimonium illis.

10. Et in omnes gentes primum oportet prædicari Evangelium.

11. Et cum duxerint vos traden-

8. Car on verra se soulever nation contre nation et royaume contre royaume, et il y aura des tremblements de terre en divers lieux et des famines. Ce sera le commencement des douleurs.

9. Or prenez garde à vous-mêmes; car on vous traduira devant les tribunaux, et vous serez battus dans les synagogues, et vous paraîtrez devant les gouverneurs et les rois à cause de moi, en témoignage devant eux.

10. Et il faut auparavant que l'Evangile soit prêché dans toutes les nations.

11. Et, lorsqu'on vous conduira

---

qui a causé tant d'apostasies. — *Nondum finis.* Ces premiers signes ne seront que des préliminaires, annonçant des dangers plus terribles.

8. — *Exurget gens...* Troisième signe : les peuples, les empires, soulevés les uns contre les autres, et occupés à s'entre-détruire. « Quum videris regna se invicem turbantia, disaient de même les Rabbins, tunc exspecta vestigia Messiæ. » Beresch. Rabb. sect. LI. Cfr. Lightfoot, Hor. hebr. h. l. — *Terræ motus per loca.* Quatrième signe, d'effroyables tremblements de terre, arrivant en divers lieux. — *Et fames.* Cinquième signe. Le texte grec en ajoute un sixième, καὶ ταραχαί (et des troubles, des révolutions), mentionné seulement par S. Marc, si tant est que ces deux mots soient authentiques, car ils sont omis par des manuscrits qui font autorité (B, D, L, Sinaït.) Le grec répète le verbe ἔσονται avant λιμοί, ce qui est d'un bel effet : « et erunt terræ motus.... et erunt fames. » — *Initium dolorum hæc.* Que sera donc la douleur elle-même, si les malheurs signalés jusqu'ici n'en sont que le prélude? Ces maux préalables, d'après la traduction littérale du mot grec ὠδίνων, seront à la catastrophe finale ce que sont les souffrances qui précèdent l'enfantement à celles qui l'accompagnent. Jésus ne pouvait pas choisir une comparaison plus énergique. Du reste, les prophètes avaient souvent employé la même image.

9. — *Videte vosmetipsos.* Trait propre à S. Marc. Cet ὑμεῖς ἑαυτούς est emphatique : Prenez garde à vous, pour ne point chanceler dans la foi, car la chair est faible, et elle aura beaucoup à endurer! — *Tradent enim vos...* Voici maintenant le tableau des épreuves qui attendent les chrétiens aux deux époques

indiquées. « Tradent » ; on les livrera comme des criminels à toute sorte de tribunaux : tribunaux juifs et ecclésiastiques, *in conciliis* (συνέδρια, les Sanhédrins de divers degrés. Voyez l'Évang. selon S. Matth. p. 142 et suiv.) *et in synagogis* ; tribunaux civils et païens, *ante præsides et reges.* S. Matthieu ne mentionne pas ici tous ces détails ; mais il les avait rapportés ailleurs, dans l'Instruction pastorale de Jésus à ses disciples, x, 17, 18. — Les verbes *vapulabitis, stabitis* sont dramatiques. — *In testimonium illis :* non pas εἰς κατηγορίαν καὶ ἔλεγχον αὐτῶν, comme le veut Euthymius, mais plutôt « ad attestandum illis nomen meum », d'après le ỹ. suivant. Par tous ces mauvais traitements supportés avec courage, vous prouverez la divinité de mon œuvre. La persécution contribuera ainsi à la propagation de l'Evangile.

10. — *Et in omnes gentes...* Autre passage spécial à S. Marc. Les mots εἰς πάντα τὰ ἔθνη sont mis en avant d'une manière emphatique. — *Primum :* c'est-à-dire avant la « fin » dont il a été question au ỹ. 7. Et en effet, « avant la destruction du temple, S. Paul seul avait porté l'Evangile dans une grande partie de l'empire romain. Les autres Apôtres avaient travaillé à proportion. L'Apôtre S. Pierre adresse sa première Epître aux fidèles du Pont, de la Galatie, de la Cappadoce, de l'Asie, de la Bithynie. S. Paul écrit aux Romains que la réputation de leur foi est répandue par tout le monde. » Calmet, h. l. Et depuis, quels immenses progrès n'a pas faits l'Evangile!

11. — Nouvelle pensée propre à S. Marc. Les autres Synoptiques la placent ailleurs. Cfr. Matth. x, 19; Luc. xII, 11; xxII, 14; preuve que Jésus l'exprima plusieurs fois en

pour vous livrer, ne préméditez pas ce que vous direz; mais dites ce qui vous sera donné à l'heure même, car ce n'est pas vous qui parlez, mais l'Esprit-Saint.

12. Alors le frère livrera le frère à la mort, et le père le fils, et les enfants s'élèveront contre les parents et les mettront à mort.

13. Et vous serez haïs de tous à cause de mon nom; mais celui qui restera ferme jusqu'à la fin, celui-là sera sauvé.

14. Or, quand vous verrez l'abomination de la désolation s'élevant là où elle ne doit pas être (que ce-

tes, nolite præcogitare quid loquamini : sed quod datum vobis fuerit in illa hora, id loquimini ; non enim vos estis loquentes, sed Spiritus Sanctus.

Matth. 10, 19; Luc. 12, 11 et 21, 14.

12. Tradet autem frater fratrem in mortem, et pater filium : et consurgent filii in parentes, et morte afficient eos.

13. Et eritis odio omnibus propter nomen meum. Qui autem sustinuerit in finem, hic salvus erit.

14. Cum autem videritis abominationem desolationis, stantem ubi non debet (qui legit, intelligat), tunc

---

différentes circonstances. Elle contient en effet une grande consolation pour le disciple persécuté, la promesse d'une assistance toute spéciale de l'Esprit-Saint. — Après *loquamini*, on lit dans la Recepta μηδὲ μελητᾶτε, expression très classique chez les Grecs pour désigner la préparation laborieuse d'un discours. — *Datum* est synonyme de « inspiratum ». — *In illa hora*, c'est-à-dire quand vous serez arrivés devant vos juges. — Le présent *estis* est pittoresque : Jésus suppose par anticipation que la situation qu'il vient de décrire est déjà réalisée, et il contemple ses disciples improvisant de sublimes apologies sous la dictée de l'Esprit-Saint. Quel encouragement pour eux dans cette promesse !

12. — Ce passage a été également omis par S. Matthieu. — *Tradet autem frater...* Le Sauveur prédit maintenant aux siens une peine plus cruelle encore que la précédente, les persécutions et la trahison de la part de leurs proches. Les liens les plus sacrés de la nature cesseront d'exister, ou plutôt ils seront une cause de plus grande haine, de poursuites plus acharnées.

13. — *Eritis odio omnibus...* Ces paroles résument le sort des chrétiens aux deux grandes époques de crise prophétisées par Jésus : ils seront de la part de tous ceux qui ne partageront par leur foi, amis et ennemis, l'objet d'une profonde inimitié. — *Qui autem sustinuerit...* Conclusion de ce premier tableau. De toutes parts, soit avant la ruine de Jérusalem, soit avant la fin du monde, il surgira pour les disciples du Christ des dangers redoutables, qui menaceront leur salut éternel. Que faire pour ne pas succomber? Une seule chose, tenir ferme, persévérer jusqu'au bout. Le verbe grec ὑπομένω, traduit ici par

« sustinere », dans l'Évang. selon S. Matth. xxiv, 13, par « perseverare », est très expressif : il signifie littéralement « je reste dessous », et suppose qu'on demeure debout malgré toute sorte de difficultés provenant du dehors. On ne le rencontre que trois fois dans les Évangiles. — *Hic* est emphatique. Celui-là et pas un autre.

2° Pronostics qui concernent spécialement la ruine de Jérusalem. xiii, 14-20.

En cet endroit, le récit de S. Marc diffère à peine de celui du premier Évangile, xxiv, 15-22.

14. — Sur les mots *abominationem desolationis*, voyez l'Évangile selon S. Matthieu, pp. 460 et 461. Dans le texte grec, ils sont précédés de l'article, τὸ βδέλυγμα τῆς ἐρημώσεως, ce qui paraît supposer que Notre-Seigneur parlait d'une chose connue et attendue en Palestine. Et en effet, aucun Juif n'ignorait la prophétie de Daniel. « Abomination de la désolation » était donc un terme technique pour désigner d'affreux malheurs qui devaient fondre sur la ville sainte et plus spécialement sur le lieu saint. Βδέλυγμα (de βδελύσσω, provoquer le dégoût, surtout par une mauvaise odeur) n'apparaît que six fois dans les écrits du Nouveau Testament : ici, dans le passage parallèle de S. Matth. xxiv, 15 ; Luc. xvi, 15; Apoc. xvii, 4 et 5 ; xxi, 27. Les LXX appliquent ce substantif aux idoles et à tout ce qui se rattache au culte païen. Cfr. III Reg. xi, 5, 33 ; IV Reg. xvi, 3 ; xxi, 2, etc. — Immédiatement après cette locution obscure, on lit dans la Recepta : τὸ ῥηθὲν ὑπὸ Δανιὴλ τοῦ προφήτου. Mais c'est là probablement une glose apocryphe, ou du moins empruntée à la rédaction de S. Matthieu. — *Stantem ubi*

qui in Judæa sunt, fugiant in montes;

Dan. 9, 27; Matth. 24, 15; Luc. 21, 20.

15. Et qui super tectum, ne descendat in domum, nec introeat ut tollat
quid de domo sua :

16. Et qui in agro erit, non revertatur retro tollere vestimentum
suum.

17. Væ autem prægnantibus, et
nutrientibus in illis diebus.

18. Orate vero ut hieme non fiant.

19. Erunt enim dies illi tribulationes tales, quales non fuerunt ab
initio creaturæ, quam condidit Deus,
usque nunc, neque fient.

lui qui lit comprenne !), alors que
ceux qui sont dans la Judée fuient
vers les montagnes ;

15. Et que celui qui est sur le
toit ne descende pas dans la maison
et n'entre pas pour emporter quelque chose de sa maison.

16. Et que celui qui sera dans le
champ ne retourne pas en arrière
pour prendre son vêtement.

17. Mais malheur aux femmes
enceintes et à celles qui nourriront
en ces jours-là !

18. Priez donc pour que ces choses
n'arrivent point en hiver.

19. Car ces jours seront des tribu-
lations telles qu'il n'y en a point eu
depuis le commencement des créatures que Dieu a formées, jusqu'à
présent, et qu'il n'y en aura jamais.

---

non debet. C'est-à-dire, d'après S. Matthieu,
« in loco sancto », dans le temple, que son caractère sacré devrait préserver de toute profanation.— *Qui legit intelligat.* Avertissement
pressant, glissé selon toute vraisemblance
par l'Evangéliste au milieu des paroles de
Notre-Seigneur. Voyez l'Evang. selon S. Matth.
p. 464 ; Patrizi, de Evangeliis, lib. I, c. 1, n° 31.
— *Tunc* : immédiatement après l'apparition
de l'affreux malheur prédit par Daniel, il faudra fuir sans hésiter. — *Qui in Judæa... in
montes.* De toutes les provinces juives, c'est
la Judée qui eut le plus à souffrir, soit de la
part des Romains, soit de la part des Zélotes,
durant l'horrible guerre qui se termina par
la ruine de l'Etat juif. De là cet avis spécial
à l'adresse des chrétiens qui y avaient établi
leur résidence.
15 et 16. — Deux images très pittoresques,
pour montrer avec quelle rapidité chacun
devra quitter la Judée, aussitôt qu'aura paru
« l'abomination de la désolation. » Assurément, il ne faut pas les prendre à la lettre ;
ce sont de vives hyperboles pour dire : Fuyez
au plus vite! S. Marc, sans rien ajouter à
l'idée, est plus complet, plus explicite dans
l'expression. S. Matthieu, pour le premier
exemple, dit seulement : « Qui in tecto, non
descendat tollere aliquid de domo sua. »
Notre Evangéliste, fidèle à son genre dramatique, distingue deux actes, descendre du
toit, *nec descendat in domum,* et entrer dans
la maison, *nec introeat.* De même pour le
second exemple. S. Matthieu : « Non revertatur tollere »; S. Marc : *Non revertatur re-*

tro (εἰς τὰ ὀπίσω, c'est-à-dire des champs à la
ville) *tollere...*
17 et 18. — Autres détails pittoresques,
destinés à faire ressortir l'étendue des malheurs qui menaçent Jérusalem, et la nécessite de prendre une prompte fuite si l'on désire
y échapper. — *Væ* n'est pas une malédiction
en cet endroit, mais plutôt une exclamation de
profonde sympathie : Pauvres mères, qui ne
pourrez fuir assez vite! — *Orate vero...* Après
ces deux premiers empêchements qui devaient
retarder la fuite, à savoir le désir d'emporter
quelque chose et l'embarras des petits enfants, Jésus touche à un troisième empêche-
ment, celui qui peut venir du temps. En
hiver le terrain est détrempé, les rivières
débordent, et ce sont là, en Orient surtout,
de sérieux obstacles à une marche rapide. —
Le sujet de *fiant* est sous-entendu dans la
Vulgate. C'est-à-dire, les malheurs qui obli-
geront les chrétiens de s'expatrier. Dans le
grec, on lit après γένηται les mots ἡ φυγὴ ὑμῶν,
« fuga vestra ». Mais ils sont omis par d'importants manuscrits (B, D, L, Sinait., etc.).
— S. Marc ne fait pas mention du sabbat
(Cfr. Matth. XXIV, 20), parce que cette circonstance avait peu d'intérêt pour ses lecteurs romains.
19. — *Erunt... enim dies illi tribulationes
tales.* Expression très énergique, propre à
S. Marc. Elle signifie quel caractère spécial
des jours dont parle Jésus sera la peine et la
tribulation. La construction régulière serait :
« Erunt in diebus illis tribulationes tales... »
— *Quales non fuerunt...* Voyez l'Evangile

20. Et, si le Seigneur n'avait abrégé ces jours, aucune chair n'aurait été sauvée; mais à cause des élus qu'il a choisis il a abrégé ces jours.

21. Et alors, si quelqu'un vous dit : Voici que le Christ est ici, le voici là ! ne le croyez point.

22. Car il s'élèvera de faux christs et de faux prophètes, et ils feront des signes et des prodiges pour séduire, si faire se peut, même les élus.

23. Vous donc, prenez garde; voilà que je vous ai tout prédit.

24. Or, en ces jours-là, après cette tribulation, le soleil sera obscurci et la lune ne donnera plus sa lumière.

25. Et les étoiles du ciel tombe-

20. Et nisi breviasset Dominus dies, non fuisset salva omnis caro : sed propter electos, quos elegit, breviavit dies.

21. Et tunc si quis vobis dixerit : Ecce hic est Christus, ecce illic, ne credideritis.

Matth. 24, 23; *Luc.* 28.

22. Exurgent enim pseudochristi, et pseudoprophetæ, et dabunt signa, et portenta ad seducendos, si fieri potest, etiam electos.

23. Vos ergo videte : ecce prædixi vobis omnia.

24. Sed in illis diebus, post tribulationem illam, sol contenebrabitur. et luna non dabit splendorem suum :

Isai. 13, 10; *Ezech.* 32, 7; *Joel.* 2, 10.

25. Et stellæ cœli erunt deciden-

---

selon S. Matth., p. 463. Cfr. Tacite, Hist. v, 13. — *Creaturæ quam condidit,* κτίσεως ἧς ἔκτισεν (ἧς au génitif, au lieu de ἥν, en vertu de l'attraction): répétition à la manière de S. Marc.

20. — *Nisi breviasset Dominus...* Le verbe κολοβόω, que le Nouveau Testament n'emploie qu'ici et dans le passage parallèle de S. Matthieu (XXIV, 22), a le sens de « amputare ». Cfr. II Reg. IV, 12, dans la traduction des Septante. Mais, comme le verbe hébreu קָצַר, « falce amputare » (Ps. CII hébr.), il se dit au moral du temps qu'on abrège. — *Non fuisset salva omnis caro.* C'est le לֹא־כָל hébreu, « non omnis » pour « multa. » Si Dieu, dans sa pitié, n'eût abrégé le temps du siège de Jérusalem, aucun Juif n'aurait survécu à tant d'horreurs et de misères. Cette « abréviation » miséricordieuse (*breviavit dies*) se manifesta de deux manières, d'une part dans les mesures actives et vigoureuses des assiégeants, d'autre part dans la folle confiance et les guerres intestines des assiégés. Elle eut lieu *propter electos,* en vue des chrétiens que Dieu voulait sauver. — *Quos elegit.* Nouvelle répétition, semblable à celle du ✟. 19.

3o Pronostics qui concernent spécialement la fin du monde. XIII, 21-31.

21 et 22. — *Et tunc...* Ce « tunc » nous transporte subitement à la fin des temps, vers l'époque du second avènement du Christ. Telle est, depuis l'ère patristique, l'interprétation la plus suivie. « Il ne faut pas prendre ce mot ALORS dans le sens que cela doive arriver tout de suite, mais dans le sens que la réalisation de cette prophétie succédera à

celle de la ruine de Jérusalem ». Théophylacte. En apparence, Jésus range donc sur un même plan des événements qui devaient être séparés par un long intervalle. — *Pseudochristi et pseudoprophetæ...* C'est la prédiction du ✟. 6, développée et appliquée d'une manière spéciale aux derniers jours du monde. — *Dabunt signa.* Ces faux Christs et ces faux prophètes opèreront, avec l'appui de Satan leur maître, des prodiges aussi nombreux qu'éclatants, Dieu le permettant ainsi pour éprouver les justes. — *Ad seducendos.* Dans le texte original, le verbe est composé, ἀποπλανᾷν, séduire totalement. S. Matthieu emploie le verbe simple, πλανῆσαι.

23. — *Vos ergo videte.* Répétition emphatique d'une exhortation que Jésus a déjà adressée deux fois aux disciples depuis le commencement de son discours (Cfr. ✟✟. 5 et 9). S. Marc est seul à le signaler. L'adjectif *omnia,* également emphatique, après *prædixi,* lui appartient aussi en propre.

24 et 25. — La particule *sed* introduit de nouveaux détails, dont l'ensemble forme une tragédie terrible qui doit se réaliser aux derniers jours du monde, *in diebus illis.* — Les mots *post tribulationem illam* ne désignent plus l'abomination de la désolation (✟✟. 14 et 19), mais les malheurs décrits plus bas, ✟✟. 21 et 22, et propres à la fin des temps. Cfr. Matth. XXIV, 29. — *Sol contenebrabitur...* Nous interprétons littéralement ces divers phénomènes (voir notre commentaire sur S. Matthieu, p. 466), que deux des Apôtres auxquels s'adressait alors Notre-Seigneur, S. Pierre et S. Jean, ont mentionnés dans leurs

tes, et virtutes, quæ in cœlis sunt, movebuntur.

26. Et tunc videbunt Filium hominis venientem in nubibus cum virtute multa, et gloria.

27. Et tunc mittet angelos suos, et congregabit electos suos a quatuor ventis, a summo terræ, usque ad summum cœli.

Matth. 24, 31.

28. A ficu autem discite parabolam. Cum jam ramus ejus tener fuerit, et nata fuerint folia, cognoscitis quia in proximo sit æstas :

29. Sic et vos cum videritis hæc fieri, scitote quod in proximo sit in ostiis.

30. Amen dico vobis, quoniam non transibit generatio hæc, donec omnia ista fiant.

ront, et les vertus qui sont dans le ciel seront ébranlées.

26. Et alors on verra le Fils de l'homme venant dans les nuées avec une grande puissance et une grande gloire.

27. Et alors il enverra ses anges et il rassemblera ses élus des quatre vents, de l'extrémité de la terre jusqu'à l'extrémité du ciel.

28. Apprenez du figuier une parabole : Lorsque ses rameaux sont encore tendres et que ses feuilles viennent de naître, vous connaissez que l'été est proche.

29. Ainsi, quand vous verrez ces choses arriver, sachez que c'est proche, que c'est à la porte.

30. En vérité, je vous dis que cette génération ne passera pas avant que toutes ces choses arrivent.

écrits comme devant se réaliser à la fin du monde. Cfr. II Petr. 4-13 ; Apoc. xx, xxi. — *Virtutes quæ in cœlis sunt* (Matth. « cœlorum », d'après Is. xxxiv, 4) *movebuntur.* Les astres, sortant de leur orbite accoutumée, erreront çà et là : il n'y aura donc plus d'harmonie dans leur marche, d'où résultera un ébranlement universel, σαλευθήσονται. — Sur la construction *erunt decidentes*, voyez Beelen, Gramm. p. 380.

26. — *Et tunc.* Cette expression, réitérée trois fois presque coup sur coup, Cfr. ỹỹ. 24 et 27, marque solennellement le rhythme dans cette prophétie qui est cadencée à la façon des oracles de l'Ancien Testament. — *Videbunt Filium hominis.* Sans mentionner, comme l'a fait S. Matthieu, le signe du Messie faisant d'abord dans le ciel son apparition subite, S. Marc introduit immédiatement sur la scène le Christ lui-même, qui se présentera tout environné de puissance et de gloire, ainsi qu'il convient au Fils de Dieu, au Roi théocratique.

27. — *Congregabit electos*, « cum tuba et voce magna », ajoute S. Matthieu. Le Christ réunira ses élus à la manière dont les Hébreux étaient autrefois convoqués aux saintes assemblées. Cfr. Ex. xix, 43, 46, 49 ; Levit. xxiii, 24 ; Ps. lxxx, 3-5. — *A summo terræ usque ad summum cœli.* Expression qui diffère un peu de celle que nous lisons dans le premier Evangile (« a summis cœlorum usque ad terminos eorum »), bien que le sens soit

le même de part et d'autre. La locution de S. Marc suppose, d'après les idées populaires des anciens, une terre aplatie, dont les extrémités étaient de toutes parts entourées, encadrées en quelque sorte, par les rebords inférieurs de la calotte des cieux. Elle signifie : d'un bout de la terre à l'autre.

28. — *Ab arbore fici discite...* Deux fois déjà le figuier avait donné aux disciples de graves enseignements. Cfr. xi, 43 et ss. ; Luc. xiii, 6-9. Voici qu'il est établi leur docteur (ἀπὸ τῆς συκῆς μάθετε) à un nouveau point de vue. — *Ramus* est collectif et désigne l'ensemble des rameaux.

29. — *Sic et vos...* De même que l'homme naturel est sensible aux signes variés des temps et des saisons, de même il faut que le chrétien sache reconnaître aux pronostics indiqués par le Sauveur (*cum videritis hæc fieri*) l'approche de la grande crise qui mettra fin au monde présent. — *In proximo sit in ostiis.* « Ecce judex ante januam assistit », écrit S. Jacques employant la même figure, et faisant peut-être allusion aux paroles de Jésus. Jac. v, 9.

30. — Conclusion solennelle de toute la prophétie qui précède (ỹỹ. 5-30). Notre-Seigneur, revenant sur les deux grandes idées autour desquelles a roulé la première partie de son discours, c'est-à-dire, d'une part sur la ruine de Jérusalem et ses signes avant-coureurs, de l'autre sur la fin du monde et ses divers préludes, annonce que tout se pas-

31. Le ciel et la terre passeront; mais mes paroles ne passseront pas.

32. Mais, quant à ce jour ou à cette heure, personne ne sait rien : ni les anges dans le ciel, ni le Fils, mais le Père seul.

33. Prenez garde, veillez et priez; car vous ne savez quand ce temps viendra.

31. Cœlum et terra transibunt, verba autem mea non transibunt.

32. De die autem illo vel hora nemo scit, neque angeli in cœlo, neque Filius, nisi Pater.

33. Videte, vigilate, et orate : nescitis enim quando tempus sit.

Matth. 24, 42.

---

sera comme il l'a prédit. Les mots *generatio hæc* désignent donc soit les Juifs contemporains de Jésus, soit la race humaine en général, selon qu'on envisage l'une ou l'autre de ces deux catastrophes. Voyez l'Evang. suivant S. Matthieu, pp. 468 et 469.

31. — Comme si la formule « amen dico vobis » ne suffisait pas pour garantir la vérité parfaite de son assertion, Jésus y ajoute une antithèse frappante. Il met en regard le ciel, la terre, ces objets qui paraissent si stables dans leur existence, et ses paroles qui avaient déjà cessé de retentir sur la cime du mont des Oliviers. Et pourtant le ciel et la terre passeront, mais ses paroles ne passeront pas! Quelle noble et fière assurance dans un tel langage! Qui eût osé le tenir, si ce n'est le Fils de Dieu?

c. Seconde partie du Discours : La parénèse.

XIII, 32-37.

C'est ici surtout que S. Marc abrège ci condense. Il n'a que six versets pour exprimer ce qui occupe un chapitre et demi dans le premier Evangile. Cfr. Matth. XXIV, 36- XXV, 46.

32. — *De die autem illo vel hora.* C'est-à-dire l'époque précise de la fin du monde. Après avoir affirmé d'une manière générale que personne ici-bas ne connaît ce jour et cette heure terribles, *nemo scit,* Jésus spécifie davantage, et signale deux sortes d'êtres qui, par suite de leur nature sublime et de leurs rapports intimes avec Dieu, sembleraient devoir posséder sur ce point des connaissances particulières : ce sont, d'un côté, *Angeli in cœlo,* de l'autre, *Filius,* le Fils de l'homme, le Messie. Or, des Anges et du Fils de l'homme il assure qu'eux aussi ils ignorent le jour et l'heure du jugement dernier. On conçoit que les mots οὐδὲ ὁ υἱός, propres à S. Marc, aient créé quelque difficulté au point de vue théologique. Les hérétiques anciens et modernes (autrefois les Ariens et les « Agnoetæ », aujourd'hui les protestants) en ont abusé pour imposer à la science du Christ des limites plus ou moins étroites. Mais il y a longtemps que les Pères, par des distinctions aussi claires que solides, en ont indiqué le véritable

sens. Citons quelques-unes de leurs paroles : « Quomodo Filius nescire potest quod Pater novit, quum in Patre Filius sit? Sed cur NOLIT DICERE ostendit alio loco (Act. I, 7) ». S. Ambr., In Luc. XVII, 34. De même S. Augustin, In Psalm. XXXVI : « Quia Dominus noster Jesus Christus magister nobis missus est, etiam Filium hominis dixit nescire illum diem, quia in magisterio ejus non erat UT PER EUM SCIRETUR A NOBIS. Neque enim aliquid scit Pater quod Filius nescit, quum ipsa scientia Patris illa scit quæ sapientia ejus est : est autem Sapientia ejus, Filius ejus, Verbum ejus. Sed sicut quia nobis scire non proderat quod quidem ille noverat, qui nos docere venerat, non tamen hoc quod nobis nosse non proderat; non solum sicut magister aliquid docuit sed sicut magister aliquid non docuit ». Cfr. de Trin. XII, 3; S. Hil. de Trin. IX, et les commentaires de Jansenius, de Maldonat, de Patrizi, h. l. Nous citerons encore l'excellente interprétation de Fr. Luc : « Filium hominis, id est, se quatenus est homo, nescire dicit (Jesus), diem illum, non simpliciter sed suo modo... Nulli creaturæ revelat illum diem Deus, quem naturali intellectu impossibile est assequi, sed anima Christi, quæ creatura est utique, eum videt in natura Dei cui unita est. Quia igitur hoc singulare est, nullique creaturæ commune, quod Christus Filius hominis sit etiam Filius Dei, et ex eo solo novit Filius hominis quod unitus est Filio Dei, ignoraturus alioqui cum cæteris creaturis, etiam subtilissimis... In quem sensum D. Gregorius, l. VIII, ep. 42, dicit Christum nosse quidem hunc diem in natura humanitatis, sed non ex natura humanitatis ». Comm., h. l. Voyez aussi Bossuet, Médit. sur l'Evangile, Dern. Semaine, 77º et 78º jour. — *Nisi Pater.* « Par ce secret impénétrable, dit fort bien D. Calmet, Jésus veut nous contenir dans une vigilance et une attention continuelles, et réprimer en nous la vaine curiosité et les recherches inutiles au salut ».

33. — *Videte* (c'est-à-dire « attendite »), *vigilate et orate.* L'exhortation devient pressante et rapide. Le troisième verbe, προσεύχεσθε, manque dans quelques manuscrits

34. Sicut homo, qui peregre profectus reliquit domum suam, et dedit servis suis potestatem cujusque operis, et janitori præcepit ut vigilet.

35. Vigilate ergo (nescitis enim quando dominus domus veniat : sero, an media nocte, an galli cantu, an mane),

36. Ne cum venerit repente, inveniat vos dormientes.

37. Quod autem vobis dico, omnibus dico : Vigilate.

34. Comme un homme qui, s'en allant au loin, laisse sa maison et donne pouvoir à ses serviteurs, à chacun suivant sa fonction, et commande au portier de veiller.

35. Veillez donc (car vous ne savez pas quand viendra le maître de la maison, le soir ou au milieu de la nuit ou au chant du coq ou le matin),

36. Afin que, lorsqu'il viendra subitement, il ne vous trouve pas endormis.

37. Or ce que je vous dis, je le dis à tous : Veillez.

(B, D, a, c, k) ; il a néanmoins des garanties suffisantes d'authenticité. L'idée qu'il exprime est très-naturelle. Incapable d'être assez attentif par lui-même, à cause de l'insouciance et de la légèreté qui lui sont propres, l'homme doit demander du secours au Seigneur pour n'être pas surpris par l'arrivée soudaine du dernier jugement (*tempus*; dans le grec, ὁ καιρός avec l'article).

34. — *Sicut homo...* Cette petite parabole, par laquelle Notre-Seigneur corrobore son exhortation, diffère un peu de celle que nous lisons dans le passage parallèle du premier Évangile, xxiv, 45 et ss. Là, le personnage principal était un majordome, c'est-à-dire le premier de tous les serviteurs ; ici c'est un *janitor*, le dernier des esclaves. Là, Jésus recommandait par-dessus tout la fidélité dans la vigilance ; ici il exhorte à la vigilance « simpliciter ». Le Sauveur eut donc recours dans cette circonstance à plusieurs similitudes, parmi lesquelles chaque Évangéliste a fait son choix. Ainsi s'expliquent leurs divergences. — *Qui peregre profectus est.* Cfr. xii, 1 et le commentaire. Allusion manifeste au prochain « départ » de Jésus. — *Potestatem cujusque operis.* La Vulgate a lu ἐξουσίαν ἑκάστου τοῦ ἔργου ; mais la vraie leçon est certainement celle de la Recepta : δοὺς τοῖς δούλοις αὐτοῦ τὴν ἐξουσίαν, καὶ ἑκάστῳ τὸ ἔργον αὐτοῦ... « Ayant donné le commandement à ses serviteurs, à chacun son emploi », il recommanda spécialement au portier de veiller. — La phrase demeure inachevée à la fin du verset. On peut suppléer : De même, moi aussi, je vous ordonne de veiller. Ou bien, à la

façon de la traduction anglaise : « Le Fils de l'homme est comme un homme... »

35 et 36. — Application de la parabole. — *Vigilate ergo.* Jésus répète son mot d'ordre avec emphase. Il répète de même avec quelques développements (Cfr. ɣ. 33) le motif pour lequel ses disciples devront veiller sans cesse dans l'attente de son second avènement : *Nescitis enim...* — *Sero, an media nocte...* Ce sont les noms techniques des quatre divisions de la nuit chez les Romains. La Mischna, Tamid. i, 1, 2, raconte que, pour obliger à une vigilance perpétuelle les Lévites qui montaient la garde dans le Temple pendant la nuit, un prêtre venait de temps en temps, mais à des heures variées et à l'improviste, frapper à la porte du lieu saint, qu'on devait aussitôt lui ouvrir. C'est ainsi que fait le Fils de Dieu. — *Cum venerit repente.* C'est sur cet adverbe (ἐξαίφνης) que repose l'idée principale.

37. — *Omnibus dico.* « Non solum enim illis dixit quibus tunc audientibus loquebatur, sed etiam illis qui fuerunt post illos ante nos, et ad nos ipsos, et qui erunt post nos, usque ad novissimum ejus adventum. » S. Aug. Ep. lxxx. — *Vigilate.* Dans la rédaction de S. Marc, le discours eschatologique se termine par cette parole vigoureusement accentuée. Les premiers chrétiens, afin de s'exciter plus vivement à mettre en pratique la recommandation de Jésus, aimaient à prendre des noms qui la leur rappelassent sans cesse. De là ces VIGILIUS, ces GREGORIUS (Γρηγορεῖτε) si souvent mentionnés dans les inscriptions des Catacombes.

CHAPITRE XIV

Complot du Sanhédrin contre Jésus (ɣɣ. 1 et 2). — Le repas et l'onction de Béthanie (ɣɣ. 3-9). — Le honteux marché de Judas (ɣɣ. 10-11). — Préparatifs du festin pascal (ɣɣ. 12-16). — Cène légale (ɣɣ. 17-21). — Cène eucharistique (ɣɣ. 22-25). — Trois prédictions (ɣɣ. 26-31). — Gethsémani (ɣɣ. 32-42). — L'arrestation (ɣɣ. 43-52). — Jésus devant le Sanhédrin (ɣɣ. 53-65). — Le reniement de S. Pierre (ɣɣ. 66-72).

1. Or, deux jours après, c'était la Pâque et les Azymes; et les princes des prêtres et les Scribes cherchaient comment ils se saisiraient de lui par ruse et le feraient mourir.

2. Mais ils disaient : Pas au jour

1. Erat autem Pascha et Azyma post biduum : et quærebant summi sacerdotes, et Scribæ, quomodo eum dolo tenerent, et occiderent.

Matth. 26, 1; *Luc.* 22, 1.

2. Dicebant autem : Non in die

III. — « Christus patiens ». XIV-XV.

« Nunc aspergamus librum nostrum de sanguine, et limina domorum, et funem coccineum circumdemus domui orationis nostræ, et coccum in manu nostra... De Christi enim occisione narrat Evangelista. » Pseudo-Hieron. ap. Caten. S. Thom. h. l.

1.— Complot du Sanhédrin. XIV, 1-2. — Parall. Matth. XXVI, 3-5; Luc. XXII, 1-2.

CHAP. XIV. — 1. — *Erat autem Pascha et Azyma.* Dans le grec, τὸ πάσχα καὶ τὰ ἄζυμα, avec un double article, pour marquer la fête par excellence du Judaïsme, la grande solennité nationale et religieuse des Hébreux. Sur l'origine des mots Pâque et Azymes, voyez l'Évangile selon S. Matthieu, p. 494 et 501. On s'est parfois demandé pour quel motif S. Marc a réuni ces deux noms, alors que l'un ou l'autre eût parfaitement suffi. Plusieurs interprètes, restreignant le sens de « Pascha » de manière à ne lui faire désigner ici que l'agneau pascal, ont supposé que l'Evangéliste avait surtout en vue le repas légal du 14 nisan, qui se trouverait ainsi désigné par ses deux mets principaux, l'agneau et les pains azymes. Mais cette raison nous paraît peu convaincante, puisque, dans ce passage, il est question de la solennité considérée dans son ensemble, et pas seulement de la Cène. Peut-être la formule « Pascha et Azyma » (פסח והמצות) était-elle parfois employée à l'époque de Notre-Seigneur pour dénommer la Pâque. Mais il nous semble plus probable que S. Marc n'a voulu associer ces deux noms techniques qu'afin de montrer à ses lecteurs d'origine païenne qu'ils indiquent une seule et même fête. Cfr. Luc. XXII, 1. — *Post biduum...* C'est-à-dire le

surlendemain. Ce qui va suivre se passait donc le 12 nisan, le mardi de la Semaine Sainte.—*Quærebant summi sacerdotes...* S. Matthieu, dont la narration est plus complète, nous montre les Sanhédristes se réunissant en séance solennelle chez Caïphe, le prince des prêtres, et tenant une consultation en règle sur le sujet en question. S. Marc note du moins clairement le but de leurs efforts, *quomodo eum dolo tenerent...* Remarquons cet « eum » significatif. Jésus n'a pas été nommé depuis les premiers versets du chap. XIII. Mais on sait à qui les membres du grand Conseil pensent d'une manière continuelle depuis bientôt deux ans. — Nous avons fait remarquer en expliquant le passage parallèle de S. Matthieu, XXVI, 4, que le substantif « dolo » ne retombe que sur « tenerent », et pas sur « occiderent ». La principale difficulté consistait en effet à se saisir de la personne de Jésus. Une fois arrêté, les Sanhédristes sauront bien se défaire de lui, soit juridiquement, soit au besoin en recourant au poignard d'un sicaire.

2. — *Dicebant autem.* La Recepta porte aussi ἔλεγον δέ; mais les manuscrits B, C, D, L, Sinait. ont ἔλεγον γάρ, « dicebant enim. » — *Non in die festo*; ou mieux, d'après le grec (μὴ ἐν τῇ ἑορτῇ), « non in festo », c'est-à-dire pendant les huit jours que durait la fête. Les Sanhédristes reculaient ainsi d'une grande semaine et au-delà l'arrestation de Jésus. — *Ne forte tumultus fieret...* « Ex communiter contingentibus » (Cfr. l'Evang. selon S. Matth. p. 493), et vu les dispositions favorables du peuple pour Jésus, un soulèvement était fort à craindre si l'on ne procédait avec la plus grande prudence dans cette affaire délicate. C'est pourquoi les membres du grand Con-

festo, ne forte tumultus fieret in populo.

3. Et cum esset Bethaniæ in domo
Simonis leprosi, et recumberet; venit mulier habens alabastrum unguenti nardi spicati pretiosi, et fracto alabastro, effudit super caput
ejus.

Matth. 26, 6; Joan. 12, 1.

4. Erant autem quidam indigne
ferentes intra semetipsos, et dicentes : Ut quid perditio ista unguenti
facta est?

5. Poterat enim unguentum istud

de fête, de peur qu'il ne s'élève
quelque tumulte dans le peuple.

3. Et pendant qu'il était à Béthanie, dans la maison de Simon le
lépreux, et qu'il était à table, il
vint une femme ayant un vase d'al-
bâtre plein d'un parfum précieux
de nard pur, et elle le répandit
sur sa tête en brisant le vase.

4. Et il y en avait qui s'indi-
gnaient en eux-mêmes et disaient :
Pourquoi a-t-on fait cette perte de
parfum ?

5. Car ce parfum pouvait se

---

seil, malgré leur désir de se débarrasser au plus vite de leur ennemi, sont unanimes pour retarder de quelques jours l'exécution de leurs noirs projets de vengeance. Sur le motif qui annula bientôt cette résolution, voyez notre commentaire sur S. Matthieu, XXVI, 5.

2. — Le repas et l'onction de Béthanie.
XIV, 3-9. — Parall. Matth. XXVI, 6-13; Joan. XII, 1-11.

3. — *Cum esset Bethaniæ.* « Ce souper que Jésus prit à Béthanie chez Simon le Lépreux se fit six jours avant la Pâque...S. Jean l'a rapporté en son lieu, XII, 1 ; mais les autres évangélistes l'ont mis ici par récapitulation, pour faire connaître la cause de la trahison de Judas ». D. Calmet. Compar. Patrizi, In Marc. Comm., p. 190. — *Simonis leprosi.* Personnage inconnu, qui était évidemment un disciple de Notre-Seigneur. — *Venit mulier.* C'était celle qui avait eu le bonheur de s'entendre dire par Jésus quelque temps auparavant : « Maria optimam partem elegit quæ non auferetur ab ea ». Luc. X, 42. — *Alabastrum unguenti nardi spicati pretiosi.* S. Marc, de même que S. Jean, a nettement indiqué la nature du parfum répandu par Marie sur la tête du Sauveur. Le nard, mentionné à deux reprises dans le Cantique des Cantiques, I, 12; IV, 13, 14, était une huile aromatique, fabriquée avec les racines, les feuilles ou l'épi de la plante du même nom (Nardostachys jatamansi, de la famile des Valérianées, De Candolle), qui croît, ou plutôt que l'on cultive en grand dans les Indes. Dioscorides, lib. 1, c. LXXII, περὶ ναρδίνου μύρου, en fait ressortir la grande valeur. Ce parfum était si estimé des anciens, qu'Horace, on le sait, allait jusqu'à promettre à Virgile un tonneau entier de bon vin pour une petite fiole (« parvus onyx ») de nard. Cfr. Carm. IV, XII, 16 et 17. De là l'épithète de « pretiosi », qui sera d'ailleurs justifiée plus tard par une réflexion des dis-

ciples, ỹ. 5. L'autre épithète, « spicati », semblerait désigner un nard extrait de l'épi du Nardostachys; mais tel n'est certainement pas le sens du mot grec correspondant, πιστικῆς, que la Vulgate traduit par « pistici » dans le passage parallèle du quatrième Evangile. On explique ce mot de trois manières, selon les racines diverses qu'on lui attribue. 1º Les uns le font venir de Pista, ville de Perse : les « nardus pisticus » serait donc du nard de Pista. 2º Selon d'autres, πιστικος dériverait de πίνω, boire : il s'agirait alors de nard potable, par conséquent liquide. De fait, nous savons que les anciens auteurs qu'on mélangeait parfois le nard aux liqueurs en guise d'épices. 3º Suivant l'opinion qui a toujours été la plus communément suivie, la vraie racine serait πίστις, « fides », et l'adjectif ainsi formé signifierait fidèle, authentique, par opposition à frelaté. Ce sentiment, qu'adoptait Théophylacte (ἀδόλου καὶ μετὰ πίστεως κατασκευασθείσης), nous semble le meilleur des trois, d'autant mieux que la fraude allait grand train sur cette matière précieuse, comme nous le raconte Pline l'Ancien, Hist. Nat. XII, 26, en parlant du « Pseudonardus ». —*Fracto alabastro.* Détail pittoresque, propre à S. Marc. Le goulot étroit du vase n'aurait point permis au parfum de s'échapper assez vite : Marie le brise sans hésiter, sacrifiant tout ensemble le contenant et le contenu dans sa sainte prodigalité.

4. — *Quidam indigne ferentes.* A l'instigation de Judas, Cfr. Joan. XII, 4, plusieurs disciples se permirent de blâmer, non seulement au fond de leur cœur, *intra semetipsos,* comme disent la Recepta grecque et la Vulgate, mais, suivant une variante qui est probablement authentique, (ἀγανακτοῦντες πρὸς ἑαυτούς καὶ λέγοντες, ou bien: καὶ ἔλεγον)ouvertement et à voix haute, la conduite de Marie.

5. —*Venundari plus quam trecentis denariis.* Ces Galiléens, positifs et pratiques comme le

vendre plus de trois cents deniers et être donné aux pauvres. Et ils se courrouçaient contre elle.

6. Mais Jésus dit : Laissez-la ; pourquoi lui faites-vous de la peine ? Elle a fait envers moi une bonne œuvre.

7. Car vous avez toujours des pauvres parmi vous, et, quand vous le voudrez, vous pourrez leur faire du bien ; mais moi, vous ne m'avez pas toujours.

8. Ce qu'elle a pu elle l'a fait ; elle a d'avance parfumé mon corps pour la sépulture.

9. En vérité je vous le dis : Partout où sera prêché cet Evangile, dans le monde entier, ce qu'elle a fait sera raconté aussi en mémoire d'elle.

10. Et Judas Iscariote, un des

venumdari pius quam trecentis denariis, et dari pauperibus. Et fremebant in eam.

6. Jesus autem dixit : Sinite eam ; quid illi molesti estis ? Bonum opus operata est in me :

7. Semper enim pauperes habetis vobiscum ; et cum volueritis, potestis illis benefacere : me autem non semper habetis.

8. Quod habuit hæc fecit : prævenit ungere corpus meum in sepulturam.

9. Amen dico vobis : Ubicumque prædicatum fuerit Evangelium istud in universo mundo, et quod fecit hæc narrabitur in memoriam ejus.

10. Et Judas Iscariotes, unus de

---

sont d'ordinaire les gens de la campagne, ont eu le temps déjà de calculer la valeur du parfum. On aurait pu, s'écrient-ils, le vendre 300 deniers et au delà, c'est-à-dire plus de 250 francs. Cfr. Cavedoni, Numismat. bibl. p. 105 et 106. — *Et dari pauperibus.* « L'amour des pauvres fut le prétexte dont on se servit pour condamner la piété de cette femme, qu'on appelait indiscrète. » Bossuet, Méditat. sur l'Evang. Dern. Semaine 8e jour. — *Et fremebant in eam,* καὶ ἐνεβριμῶντο αὐτῇ. Expression énergique, qui marque ordinairement une indignation extrême. Ce trait est propre à S. Marc.

6. — *Jesus autem...* Le Sauveur protesta avec bonté, mais aussi avec fermeté, contre cette conduite injuste de ses Apôtres. Du reste, comme le dit Bossuet, l. c., leurs insolents discours n'attaquaient pas seulement la femme dont ils accusaient la profusion, mais encore leur Maître, qui la souffrait. — *Bonum opus...* Jésus a rarement loué d'une manière si illimitée les hommages dont sa divine personne a été l'objet sur la terre.

7. — *Semper enim pauperes...* Dans le grec, τοὺς πτωχούς avec l'article, les pauvres. « Cogitantur tanquam species quæ non deficit. » Crombez, Comment. autographié. — *Cum volueritis, potestis...* S. Matthieu et S. Jean ont omis cette belle parenthèse, par laquelle Jésus exhorte indirectement les siens à la charité envers les pauvres. — *Me autem non semper habetis.* Allusion délicate à sa mort prochaine. — On l'a dit avec beaucoup de

justesse, ce verset contient les titres de noblesse de l'art chrétien, qui renouvelle par mille manières pour Notre-Seigneur Jésus-Christ l'acte généreux de la sœur de Lazare.

8. — *Quod habuit hæc fecit.* Ces paroles sont également propres à S. Marc. Quel éloge sous la forme la plus simple ! « Habuit » est synonyme de « potuit ». — *Prævenit ungere corpus meum...* Par cette onction respectueuse, Marie avait rendu d'avance au corps sacré de Jésus les honneurs funèbres. C'est ainsi qu'un acte qui n'avait en soi rien d'extraordinaire, était devenu, à cause des circonstances particulières où se trouvait Jésus, profondément significatif. Voyez le commentaire sur S. Matthieu, p. 496.

9. — *Ubicumque prædicatum fuerit...* Après avoir loué sans réserve l'action de Marie et après en avoir expliqué le sens prophétique, le Sauveur lui accorde, dès ici-bas, une grande récompense. La pieuse amie de Jésus, en rendant un hommage public à Celui dont elle et les siens avaient reçu tant de bienfaits, s'élevait à son insu un monument éternel de gloire.

3. — Le honteux marché de Judas. xiv, 10-11.
Parall. Matth. xxvi, 14-16 ; Luc. xxii, 3-6.

10. — *Judas... unus de duodecim.* Quelques manuscrits portent ὁ εἷς τῶν δώδεκα, avec l'article devant « unus », pour renforcer encore une parole déjà si expressive. C'était l'un des Douze, remarque S. Augustin, Tract. lxi in Joan., « numero, non merito ; specie, non

duodecim, abiit ad summos sacerdotes, ut proderet eum illis.

Matth. 26, 14.

11. Qui audientes gavisi sunt : et promiserunt ei pecuniam se daturos. Et quærebat quomodo illum opportune traderet.

12. Et primo die Azymorum, quando Pascha immolabant, dicunt ei discipuli : Quo vis eamus, et paremus tibi ut manduces Pascha?

Matth. 26, 17; *Luc.* 22, 7.

13. Et mittit duos ex discipulis

Douze, s'en alla vers les princes des prêtres pour le leur livrer.

11. En l'entendant, ils se réjouirent, et promirent qu'ils lui donneraient de l'argent. Et il cherchait à quel moment opportun il le livrerait.

12. Et le premier jour des Azymes, lorsqu'on immolait la Pâque, ses disciples lui dirent : Où voulez-vous que nous allions vous préparer ce qu'il faut pour que vous mangiez la Pâque?

13. Et il envoya deux de ses dis-

---

virtute ; commixtione corporali, non vinculo spirituali ; carnis adjunctione, non cordis socius unitate. » C'est pourquoi il ne rougit pas de livrer son Maître. Cet « explorator pastoris », cet « insidiator salvatoris », ce « venditor Redemptoris », comme l'appelle encore S. Augustin, ibid. Tr. LV, s'en va de lui-même, par le libre choix de son âme criminelle, tendre la main aux Sanhédristes et conclure avec eux le marché le plus infâme qui ait jamais eu lieu sur la terre. Quel contraste entre l'acte de Marie et la démarche de Judas! Et ce qui rend le contraste plus frappant, c'est que ce fut précisément l'action si noble et si affectueuse de Marie qui mit le comble à la haine de Judas. Sur les mobiles de cette trahison, voyez l'Evangile selon S. Matthieu, p. 497. La démarche du traître eut lieu, selon toute vraisemblance, le soir du Mardi saint, peu de temps après le complot du Sanhédrin (ỹ. 4).

11. — *Audientes gavisi sunt.* S. Matthieu n'avait pas mentionné ce trait caractéristique. On comprend sans peine que la proposition du Judas ait rempli le cœur des Sanhédristes d'une joie infernale. On l'a vu, ỹỹ. 1 et 2, ils étaient réellement inquiets sur l'issue d'une entreprise qu'ils croyaient hérissée de difficultés, même de dangers, et voici qu'un des amis les plus intimes de Jésus se chargeait de lever tout obstacle! — *Promiserunt ei pecuniam :* « triginta argenteos », dit S. Matthieu. C'est pour cette misérable somme que l'avare Judas vendit son Maître. — *Quærebat quomodo... opportune...* Devenu l'agent des Princes des prêtres, le traître guette le moment favorable de tomber sur sa proie. L'arrestation, en effet, ne pouvait guère avoir lieu à Béthanie, où Jésus comptait un si grand nombre d'amis dévoués.

4. — **La dernière cène.** XIV, 12-25.

a. *Préparatifs du festin pascal.* XIV, 12-16. Parall. Matth. XXVI, 17-19; Luc. XXII, 7-13.

Le récit de S. Marc est le plus vivant et le plus complet des trois : un seul détail y est omis, le nom des deux disciples chargés de préparer la cène.

12. — *Primo die Azymorum.* C'est-à-dire dans la journée et probablement dès le matin du 14 nisan, qui tombait un jeudi cette année-là. Voyez la note chronologique insérée dans notre Commentaire sur S. Matthieu, pp. 498-502. — *Quando pascha immolabant.* Le sujet est « Judæi », sous-entendu à la façon hébraïque. « Pascha » a évidemment le sens de victime pascale. Ce petit détail d'archéologie est omis par S. Matthieu : il eût été fort inutile pour ses lecteurs d'origine juive. Il corrobore étonnamment, ou plutôt il rend irréfutable, croyons-nous, l'opinion que nous avons adoptée relativement au jour où Notre-Seigneur célébra la dernière cène. Si Jésus mangea l'agneau pascal le même jour que ses coreligionnaires, il le mangea comme eux le soir du 14 nisan, et fut crucifié le 15. Du reste, les Quartodécimans, qui s'obstinèrent pendant assez longtemps à célébrer la Pâque chrétienne en ce même jour, et non le dimanche suivant avec le reste de l'Eglise, s'appuyaient sur des ordonnances spéciales de l'apôtre S. Jean : fait qui enlève une grande partie de leur valeur aux raisons que les partisans du système opposé tirent du quatrième Evangile. — *Quo vis eamus et paremus...?* Les Apôtres rappellent familièrement à leur Maître qu'il est temps de faire les préparatifs nécessaires pour la célébration de la cène légale, et ils lui demandent spécialement ses intentions touchant le choix d'un local convenable.

13. — *Mittit duos discipulos :* « Petrum et

ciples et leur dit : Allez dans la ville. Vous rencontrerez un homme portant une cruche d'eau ; suivez-le.

14. Et, quelque part qu'il entre, dites au propriétaire de la maison : Le Maître dit : Où est le lieu où je dois manger la Pâque avec mes disciples ?

15. Et il vous montrera un grand cénacle meublé ; et là préparez *tout* pour nous.

16. Ses disciples s'en allèrent et vinrent dans la ville, et ils trouvèrent tout comme il leur avait dit, et ils préparèrent la Pâque.

17. Et le soir étant venu, il alla avec les Douze.

suis, et dicit eis : Ite in civitatem : et occurret vobis homo lagenam aquæ bajulans, sequimini eum :

14. Et quocumque introierit, dicite domino domus, quia magister dicit : Ubi est refectio mea, ubi Pascha cum discipulis meis manducem ?

15. Et ipse vobis demonstrabit cœnaculum grande, stratum : et illic parate nobis.

16. Et abierunt discipuli ejus, et venerunt in civitatem : et invenerunt sicut dixerat illis, et paraverunt Pascha.

17. Vespere autem facto, venit cum duodecim.

Matth. 26, 20 ; *Luc.* 22, 14.

Joannem », dit S. Luc. Jésus les envoie à Jérusalem, *in civitatem*, où devaient avoir lieu l'immolation et la manducation de l'agneau pascal. — *Occurret vobis homo...* Ainsi qu'on l'admet communément, Jésus, au lieu de nommer directement le propriétaire de la maison où il désirait faire la Pâque, employa cette circonlocution mystérieuse afin de cacher à Judas jusqu'au soir le lieu de la réunion. Si le traître eût connu d'avance ce local, il n'eût pas manqué d'avertir les Sanhédristes pendant la journée, on serait venu arrêter Notre-Seigneur avant que « son heure » fût venue, avant qu'il eût laissé à son Eglise, dans la sainte Eucharistie, le gage de l'amour le plus parfait et la plus précieuse bénédiction. — *Lagenam aquæ bajulans.* Signe très distinctif, qui rendait cet homme facile à reconnaître, même au milieu de la foule nombreuse qui remplissait alors la capitale juive. Le mot grec traduit par « lagenam » signifie proprement « vas figulinum » (χεράμιον) : il s'agit donc d'une de ces grandes urnes en terre que les Orientaux portent gracieusement sur la tête. Ce serviteur devait-il se trouver là en vertu d'un arrangement concerté d'avance entre Jésus et le maître de la maison ? ou bien est-ce la Providence elle-même qui devait le placer sur le chemin des deux Apôtres pour leur servir de guide, de sorte que Jésus eût été vraiment prophète en tenant ce langage ? Les deux sentiments ont été soutenus ; le premier nous paraît néanmoins difficilement admissible. Les Evangélistes racontent visiblement un fait surnaturel.

14. — *Quocumque introierit.* Le langage de S. Luc est plus précis : « Sequimini eum

in domum in quam intrat. » — *Domino domus.* Ce devait être un disciple, assurément, ainsi qu'il ressort du contexte et surtout du mot *Magister.* — *Ubi est refectio mea.* Le mot grec χαταλύμα (il est accompagné de l'article, non toutefois du pronom μου, si ce n'est dans quelques manuscrits) signifie plutôt « diversorium » (Cfr. *Luc.* XXII, 11), lieu de repos, appartement où le voyageur se récrée quelques instants.

15. — *Et ipse vobis demonstrabit...* S. Matthieu a omis tous ces détails ; S. Luc les rapporte dans les mêmes termes que notre Evangéliste. Le cénacle, ou, d'après le grec (ἀνώγεον, de ἀνὰ τὴν γῆν selon les uns, plus probablement de ἄνω τῆς γῆς selon les autres), la chambre haute qui devait être cédée aux disciples, est décrite en deux mots par Jésus : *grande*, elle avait de grandes dimensions, ce qui suppose qu'elle faisait partie d'une maison riche et considérable ; *stratum*, ἐστρωμένον, elle était munie de tapis, de divans, par conséquent déjà préparée pour le repas, ainsi que l'ajoute une troisième épithète (ἕτοιμον) dans le texte original.

16. — *Abierunt, venerunt, invenerunt, paraverunt.* La narration est pittoresque et rapide. Elle est en même temps très circonstanciée, à la manière de S. Marc.

b. *La cène légale.* XIV, 17-21. — Parall. Matth. XXVI, 20-26 ; Luc. XXII, 14, 21-23 ; Joan. XIII, 1-30.

17. — *Vespere facto.* Le narrateur nous transporte tout à coup au soir du jeudi saint, et il nous montre Jésus faisant son entrée (*venit* est au présent, ἔρχεται) avec les Douze dans la salle du festin. Les deux Apôtres désignés pour faire les préparatifs de la Pâque

18. Et discumbentibus eis et manducantibus, ait Jesus : Amen dico vobis, quia unus ex vobis tradet me, qui manducat mecum.

Joan. 13, 21.

19. At illi cœperunt contristari, et dicere ei singulatim : Numquid ego ?

20. Qui ait illis : Unus ex duodecim, qui intingit mecum manum in catino.

21. Et Filius quidem hominis vadit, sicut scriptum est de eo ; væ autem homini illi, per quem Filius hominis tradetur ! Bonum erat ei, si non esset natus homo ille.

Psal. 40, 10; Act. 1, 16.

18. Et, pendant qu'ils étaient à table et mangeaient, Jésus dit : En vérité, je vous dis qu'un d'entre vous qui mange avec moi me trahira.

19. Et ils commencèrent à s'attrister et à lui dire chacun : Est-ce moi ?

20. Il leur dit : Un des Douze, qui met avec moi la main dans le plat.

21. Quant au Fils de l'homme, il s'en va, ainsi qu'il est écrit de lui : mais malheur à l'homme par qui le Fils de l'homme sera livré ; mieux vaudrait pour cet homme qu'il ne fût pas né.

---

avaient sans doute rejoint leur Maître dans l'après-midi.

18. — *Discumbentibus eis et manducantibus.* S. Marc condense dans ces quelques paroles les nombreuses cérémonies de la cène pascale, sur laquelle il n'avait pas à s'étendre. On en trouvera la description abrégée dans l'Évangile selon S. Matthieu, pp. 503 et ss. Sur la manière dont les Juifs célèbrent aujourd'hui la Pâque, voyez Stauben, Scènes de la vie juive en Alsace, Paris, 1860, pp. 98 et ss.; Coypel, le Judaïsme, Esquisse des mœurs juives, pp. 231 et ss. — Vers la fin du repas légal, Jésus, d'une voix émue, prédit tout-à-coup aux siens que l'un d'eux se disposait à le trahir. Les mots *qui manducat mecum* sont emphatiques. En tous lieux, mais surtout en Orient, l'action de prendre un repas en commun établit une certaine union entre les convives. Trahir quelqu'un avec qui l'on a mangé est donc une circonstance aggravante. Mais, sur les lèvres de Jésus et relativement à Judas, cette phrase était beaucoup plus significative encore ; car elle revenait à dire : Je vais être livré à mes ennemis par l'un de mes plus intimes amis.

19. — *Cœperunt dicere ei singulatim.* Cette dernière expression (εἷς καθ' εἷς pour καθ' ἕνα. Cfr. Joan. viii, 9 ; Rom. xii, 15) est très pittoresque. — Après *numquid ego*, la Recepta ajoute : καὶ ἄλλος, Μήτι ἐγώ; « Et alter, Numquid ego ? » Il n'est pas sûr que ces mots soient authentiques. — Mais pourquoi tous les Apôtres adressaient-ils cette question à Jésus? C'est que, répond délicatement Théophylacte, bien qu'ils se sentissent étrangers à la coupable intention dont avait parlé leur Maître, ils croyaient cependant beaucoup plus

à Celui qui connaît le cœur de tous, qu'ils ne croyaient à eux-mêmes.

20. — *Qui ait illis.* Jésus réitère sa triste prédiction, en la rendant encore plus précise. C'est ainsi qu'il dit *unus ex duodecim,* au lieu de « unus ex vobis », qu'on aurait pu appliquer aux disciples en général. — *Qui intingit...* Ces mots sont également plus expressifs que le simple « qui manducat mecum » du ⍰. 18. Nous avons montré, en expliquant le passage parallèle de S. Matthieu (xxvi, 23), qu'ils ne désignaient pas ouvertement Judas. Cfr. Patrizi, de Evangel., lib. II, Annot. clvii. L'équivalent du substantif *manum* manque dans la Recepta, bien que plusieurs anciens témoins aient τὴν χεῖρα, comme la Vulgate.

21. — *Filius quidem hominis... Væ autem...* Les particules μὲν et δὲ rattachent l'une à l'autre les deux pensées contenues dans ce verset, pour montrer le rapport qui existe entre elles. C'est comme s'il y avait : Sans doute il a été décrété, prophétisé, que le Fils de l'homme serait trahi par l'un des siens ; et pourtant, malheur à l'homme qui doit remplir l'office de traître ! — *Bonum erat ei.* « Jésus ne dit pas : Il vaudrait mieux absolument ; car, par rapport au conseil de Dieu, et au bien qui revient au monde de la trahison de Judas, il faut bien qu'il vaille mieux qu'il ait été ; mais la puissance de Dieu n'empêche ni n'excuse la malice de cet homme... Il vaudrait mieux pour cet homme qu'il n'eût jamais été, puisqu'il est né pour son supplice, et que son être ne lui sert de rien que pour rendre sa misère éternelle. » Bossuet, Médit. sur l'Évangile, Dern. semaine, 20e jour. Cette menace terrible était un dernier appel de Jésus au cœur de Judas. « Pœna prædicitur

22. Et pendant qu'ils mangeaient, Jésus prit du pain, et l'ayant béni, il le rompit et le leur donna et dit : Prenez, ceci est mon corps.

23. Et, ayant pris le calice et rendu grâces, il le leur donna et ils en burent tous.

24. Et il leur dit : Ceci est mon sang, le sang du nouveau Testament, qui sera répandu pour un grand nombre.

22. Et manducantibus illis, accepit Jesus panem : et benedicens fregit, et dedit eis, et ait : Sumite, hoc est corpus meum.

Matth. 26, 20; *I Cor.* 11, 24.

23. Et accepto calice, gratias agens dedit eis et biberunt ex illo omnes.

24. Et ait illis : Hic est sanguis meus novi Testamenti, qui pro multis effundetur.

---

ut, quem pudor non vicerat, corrigant denuntiata supplicia. » S. Jérôme. Mais elle demeura sans effet.

c. La cène eucharistique. xiv, 22-25. — Parall. Matth. xxvi, 26-29; Luc. xxii, 15-20; I Cor. xi, 23-25.

Pour l'explication détaillée, voyez l'Evangile selon S. Matthieu, pp. 506-510. Le récit de S. Marc ressemble en effet beaucoup à celui du premier synoptique.

22. — *Manducantibus illis.* Cet épisode commence de la même manière que le précédent. Cfr. ỳ. 48. L'Evangéliste a voulu montrer par là l'union étroite des deux cènes : la seconde fut comme la continuation de la première, qu'elle devait désormais remplacer. « Finitis Paschæ veteris solemniis, transit (Jesus) ad novum, ut scilicet pro carne agni ac sanguine, sui corporis sanguinisque sacramentum substitueret. » V. Bède. — *Accepit Jesus panem;* l'un des pains azymes qui étaient placés en face de lui sur la table. — *Benedicens fregit.* Cette cérémonie n'avait lieu d'ordinaire qu'au commencement du repas : en la renouvelant ici, Jésus indiquait qu'il passait à un second festin. — Après *sumite,* la Recepta ajoute φάγετε, mangez. Ce mot, que les plus anciennes versions et les meilleurs manuscrits ont omis, est probablement un emprunt fait à S. Matthieu. — *Hoc est corpus meum.* « Hoc », τοῦτό : Jésus ne dit pas Ce pain, mais Ceci, ce que je vous offre. « Corpus meum », τὸ σῶμά μου, mon propre corps, « scilicet substantiæ pars materialis et solida, quæ non solum ab anima, verum etiam a sanguine distinguitur. Sanguinis enim consecratio seorsum ac peculiaribus verbis perficitur. » Estius, Comm. in I Cor. xi, 24.

23 et 24. — Jésus transforme le vin en son sang de même qu'il avait changé le pain en son corps. Les mots *et biberunt ex illo omnes* sont propres à S. Marc. Ils sont placés en cet endroit par anticipation; car certainement le Sauveur ne fit pas circuler la coupe entre les mains des Apôtres avant de l'avoir consacrée. — *Hic est sanguis meus novi Testamenti.* La formule est plus précise dans le texte grec : Τοῦτό ἐστι τὸ αἷμά μου, τὸ τῆς καινῆς διαθήκης, ceci est mon propre sang, le propre (sang) de la Nouvelle Alliance. Les Apôtres comprirent de quelle alliance il s'agissait, car jusqu'alors il n'y en avait pas eu d'autre que celle du Sinaï. Les jours étaient venus où devait s'accomplir l'oracle célèbre de Jérémie, xxxi, 31 et ss. : « Dicit Dominus : Feriam domui Israel et domui Juda fœdus novum, non secundum pactum quod pepigi cum patribus eorum, in die qua apprehendi manum eorum, ut educerem eos de terra Ægypti. » — *Pro multis...* Hélas, s'écrie S. Jérôme, ce sang divin ne purifie pas tous les hommes! — « Chrétien, te voilà instruit; tu as vu toutes les paroles qui regardent l'établissement de ce mystère. Quelle simplicité! quelle netteté dans ces paroles! Il ne laisse rien à deviner, à gloser... Quelle simplicité encore un coup, quelle netteté, quelle force dans ces paroles! S'il avait voulu donner un signe, une ressemblance toute pure, il aurait bien su le dire... Quand il a proposé des similitudes, il a bien su tourner son langage d'une manière à le faire entendre, en sorte que personne n'en doutât jamais : Je suis la porte; Je suis la vigne... Quand il fait des comparaisons, des similitudes, les évangélistes ont bien su dire : Jésus dit cette parabole, il fit cette comparaison. Ici, sans rien préparer, sans rien tempérer, sans rien expliquer, ni devant, ni après, on nous dit tout court : Jésus dit : Ceci est mon corps; Ceci est mon sang; mon corps donné, mon sang répandu : voilà ce que je vous donne... O mon Sauveur, pour la troisième fois, quelle netteté, quelle précision, quelle force! Mais en même temps, quelle autorité et quelle puissance dans vos paroles!... Ceci est mon corps; c'est son corps : Ceci est mon sang; c'est son sang. Qui peut parler en cette sorte, sinon celui qui a tout en sa main?... Mon

25. Amen dico vobis, quia jam non bibam de hoc genimine vitis, usque in diem illum, cum illud bibam novum in regno Dei.

26. Et hymno dicto exierunt in montem Olivarum.

27. Et ait eis Jesus : Omnes scandalizabimini in me in nocte ista : quia scriptum est : Percutiam pastorem, et dispergentur oves.

Joan. 16, 32; Zach. 13, 7.

28. Sed postquam resurrexero, præcedam vos in Galilæam.

25. En vérité je vous dis que je ne boirai plus de ce fruit de la vigne, jusqu'au jour où je le boirai nouveau dans le royaume de Dieu.

26. Et, l'hymne dit, ils s'en allèrent sur la montagne des Oliviers.

27. Et Jésus leur dit : Tous, vous vous scandaliserez à mon sujet cette nuit, car il est écrit : Je frapperai le pasteur, et les brebis seront dispersées.

28. Mais, après que je serai ressuscité, je vous précèderai en Galilée.

âme, arrête-toi ici, sans discourir : crois aussi simplement, aussi fortement que ton Sauveur a parlé, avec autant de soumission qu'il fait paraître d'autorité et de puissance... Je me tais, je crois, j'adore : tout est fait, tout est dit. » Bossuet, loc. cit., 22ᵉ jour. Cfr. Patrizi, In Marc. Commment. p. 194; Perrone, Prælect. theolog., Taurini, 1866, t. VIII, pp. 103 et ss.

25. — *Jam non bibam...* Parole solennelle, qui ouvre un double horizon, le premier très-rapproché, le second très-lointain. Jésus ne boira plus de vin sur la terre ; c'est dire qu'il va bientôt mourir. Il en boira plus tard dans le ciel avec ses Apôtres, d'une manière mystique : c'est annoncer son triomphe et la consommation de son royaume dans les splendeurs de l'éternité. On le voit, le verbe *bibam* est pris successivement en deux acceptions distinctes : la première fois au propre, la seconde fois au figuré, pour désigner les délices du ciel. — Des mots « jam non bibam », faut-il conclure que Jésus, avant de faire passer à ses disciples la coupe qui contenait le vin transsubstantié, y avait le premier trempé ses lèvres, et, par analogie, qu'il avait de même communié sous les espèces du pain? De très-graves auteurs l'ont pensé, en particulier S. Jean Chrysostôme, Hom. LXXXII in Matth., S. Augustin, De Doctr. christ. II, 3; S. Jérôme, Epist. ad Hedib. quæst. II, S. Thomas d'Aquin, Summ. Theolog. III, q. 81, a. 1. « Ipse conviva et convivium, dit S. Jérôme, ipse comedens et qui comeditur. » Malgré le profond respect que nous avons pour ces grands savants et ces grands saints, nous nous permettons avec plusieurs exégètes et théologiens des divers temps, d'adopter l'opinion contraire. Il nous semble en effet que l'acte ainsi attribué au Sauveur répugne à l'idée de la communion, qui suppose l'union de deux êtres au moins. En outre, la phrase « Je ne goûterai plus du fruit de la vigne », non-seulement ne suppose pas d'une manière

nécessaire que Jésus ait bu à la coupe qu'il faisait circuler pour la dernière fois, mais elle devient au contraire plus claire, plus rigoureusement exacte, s'il s'abstint d'y toucher. Comme le père de famille, dont Notre-Seigneur jouait alors le rôle, buvait toujours le premier quelques gouttes des différentes coupes pascales, par ces paroles, le Sauveur s'excusait en quelque sorte de ne pas prendre sa part de ce calice . Buvez tous ; pour moi je ne boirai plus de vin ici-bas : cependant je partagerai avec vous la coupe délicieuse du paradis.

5. — **Trois prédictions.** xiv, 26-31. — Parall. Matth. xxvi, 30-35; Luc. xxii, 31-34; Joan. xiii, 36-38.

De ces trois prédictions, deux sont bien tristes, car elles ressemblent à celle que Jésus avait prononcée précédemment sur Judas, ỳ. 18 et ss.; l'autre est joyeuse et annonce la prochaine Résurrection du divin Maître.

26. — *Hymno dicto*, ὑμνήσαντες. Ces mots représentent ici la prière d'action de grâces après le repas, spécialement celle qu'on récitait à la fin de la cène légale et qui portait le nom de Hallel (הלל, louange). — *Exierunt in montem Olivarum*. Ce n'était pas vers le sommet de cette montagne que Jésus et les siens se dirigeaient alors, mais seulement vers sa base, à l'endroit où elle émerge du profond ravin où coule le Cédron. Cfr. ỳ. 32. Voir R. Riess, Bibel-Atlas, pl. VI.

27. — *Omnes scandalizabimini in me.* C'est la première des prédictions. Elle annonce aux onze Apôtres demeurés fidèles la honteuse attitude qu'ils prendront bientôt à l'égard de leur Maître. Ils ne le trahiront pas comme Judas; du moins ils l'abandonneront lâchement : ils s'enfuiront comme de timides brebis dès que leur Pasteur aura été frappé, ainsi qu'il était écrit dans la prophétie de Zacharie, xiii, 7.

28. — *Sed postquam resurrexero...* Seconde prédiction : Jésus ressuscitera, et, après son

29. Et Pierre lui dit : Quand tous seraient scandalisés à votre sujet, moi je ne le serai pas.

30. Et Jésus lui dit : En vérité je te dis qu'aujourd'hui, cette nuit même, avant que le coq ait chanté deux fois, tu me renieras trois fois.

31. Et il insistait davantage : Quand il me faudrait mourir avec vous, je ne vous renierai pas. Et tous disaient la même chose.

29. Petrus autem ait illi : Et si omnes scandalizati fuerint in te, sed non ego.

30. Et ait illi Jesus : Amen dico tibi, quia tu hodie in nocte hac, priusquam gallus vocem bis dederit, ter me es negaturus.

31. At ille amplius loquebatur : Et si oportuerit me simul commori tibi, non te negabo. Similiter autem et omnes dicebant.

---

triomphe, il ira attendre ses chers Apôtres en Galilée. Comme la bonté de Notre-Seigneur éclate dans ces paroles! « Ne enim putarent (discipuli) eum ipsorum infidelitate, quam prædicebat, adeo offensum iri, ut ipsis nulla spes superesset cum eo in gratiam redeundi, simul prædicit se in vitam reversum una cum ipsis futurum ». Patrizi, h. l.

29. — *Petrus autem...* Pierre ne peut supporter, pour ce qui le concerne, l'idée d'une si lâche désertion. Il proteste donc avec énergie de sa fidélité à toute épreuve. — *Et si omnes..., sed non ego!* Quelle vigueur dans ces paroles! Mais, en même temps, quelle présomption! « Et si » est pour « etiam si ».

30. — *Amen dico tibi.* Jésus connaît mieux son disciple que son disciple ne se connaît lui-même. Aussi annonce-t-il à Pierre, avec une douloureuse assurance, et c'est là notre troisième prédiction, qu'avant peu il l'aura renié trois fois. — *Quia tu.* Ce pronom est emphatique : Jésus l'oppose au « Non ego » du verset précédent. Oui, toi-même, toi en personne! — *Hodie in nocte hac.* Tout est nettement déterminé. « Hodie », car, chez les Juifs, les jours se comptaient du soir au soir, et la nuit du jeudi au vendredi était déjà assez avancée. — *Priusquam gallus vocem bis dederit.* « Bis » est un détail propre à S. Marc : notre Évangéliste le tenait sans doute de S. Pierre lui-même. Nous en verrons plus bas la réalisation parfaite. Cfr. ✝✝. 68 et 72. Jésus signale ce trait comme une circonstance aggravante ; car l'Apôtre, ainsi averti, aurait dû se tenir davantage sur ses gardes et revenir à résipiscence dès le premier chant du coq. Il ne le fit pas, soit par faiblesse, soit plutôt par inattention. — A cette prédiction, si simple et si claire, on a parfois opposé le texte suivant du Talmud (Bava Kama, cap. vii), d'après lequel, nous dit-on, il ne devait pas y avoir de coqs à Jérusalem : « Non alunt gallos Hierosolymis propter sacra, nec sacerdotes eos alunt per totam terram Israeliticam ». — « Etiam Israelitis, ajoute la Glose, prohibitum est gallos alere Hierosolymis propter

sacra; nam Israelitæ comederunt illic carnem sacrificiorum...: jam vero mos est gallis gallinaceis vertere stercoraria, atque inde forsan educere possent carnem reptilium, unde pollui possent sacra ista comedenda ». Cela étant, on a pris le mot ἀλέκτωρ dans un sens figuré, et on lui a fait désigner tantôt le « Buccinator » romain qui annonçait les heures au son du clairon, tantôt les gardes de nuit qui les proclamaient à haute voix pour les Juifs, comme cela se pratique encore dans plusieurs contrées. Mais ce sont là des subtilités inacceptables. « Aderant certe galli gallinacei Hierosolymis æque ac alibi, dit Lightfoot, Hor. hebr. in Evang. Matthæi, xxvi, 34. Et memorabilis est historia de gallo ex sententia Synedrii lapidato ob interfectum ab eo puerulum. Hieros. Erubin, f. 26, 1. » Cfr. Sepp, Leben Jesu, t. III, p. 477. On peut donc prouver par le Talmud même qu'il y avait des coqs à Jérusalem. Supposé que les habitants juifs eussent eu quelque scrupule à en élever, la garnison romaine ne se serait nullement gênée à cet égard. Au reste, la touchante comparaison dont Jésus s'était servi peu de jours auparavant afin de marquer la tendresse qu'il éprouvait pour Jérusalem, prouve suffisamment que les habitants de la capitale, auxquels il s'adressait alors, connaissaient les mœurs des Gallinacés, par conséquent que ces volatiles ne leur étaient pas étrangers.

31. — *At ille amplius loquebatur.* Bien loin d'avoir été ramené à des sentiments plus humbles par cette prophétie de son Maître, Pierre ose donner à Jésus un formel démenti, en protestant de plus en plus fort de son attachement inaltérable. « Amplius » : dans le grec, ἐκ περισσοῦ; littéralement, « ex abundanti ». L'adverbe μᾶλλον, qu'on lit dans la Recepta avant les mots ἐάν με δέη..., a été omis par d'importants manuscrits. Peut-être est-ce une note marginale, destinée d'abord à expliquer l'expression très rare ἐκ περισσοῦ, et insérée plus tard maladroitement dans le texte. — *Me simul commori tibi.* Le vaillant

32. Et veniunt in prædium, cui nomen Gethsemani. Et ait discipulis suis : Sedete hic donec orem.

Matth. 26, 36; *Luc.* 22, 40.

33. Et assumit Petrum, et Jacobum, et Joannem secum ; et cœpit pavere, et tædere.

34. Et ait illis : Tristis est anima mea usque ad mortem : sustinete hic, et vigilate.

35. Et cum processisset paululum, procidit super terram : et orabat, ut si fieri posset, transiret ab eo hora :

32. Et ils vinrent au lieu nommé Gethsémani. Et il dit à ses disciples : Asseyez-vous ici pendant que je prierai.

33. Et il prit avec lui Pierre, Jacques et Jean, et il commença à être saisi de frayeur et d'angoisse.

34. Et il leur dit : Mon âme est triste jusqu'à la mort ; demeurez ici et veillez.

35. Et s'étant avancé un peu, il tomba la face contre terre, et il priait pour que cette heure, s'il se pouvait, s'éloignât de lui.

---

apôtre est prêt, dit-il, à répandre pour Jésus jusqu'à la dernière goutte de son sang. Comment donc serait-il capable de le renier ? Hélas! « ecce avis sine pennis in altum volare nititur ; sed corpus aggravat animam, ut, timore humano mortis, timor Domini superetur. » Pseudo-Hieron., ap. Caten. D. Thom.

6. — Gethsémani. xiv, 32-42. — Parall. Matth. xxvi, 36-46; Luc. xxii, 39-46; Joan. xviii, 1.

Jésus, prêtre et victime dans l'institution du sacrifice non sanglant de l'autel, est encore prêtre et victime dans le sacrifice sanglant de Gethsémani et du Calvaire. Nous verrons la victime s'effrayer un moment et trembler, mais nous verrons aussi le prêtre l'immoler sans hésitation.

32. — *Et veniunt in prædium...* Notez l'emploi du temps présent, qui est propre à S. Marc: ἔρχονται, λέγει; de même au verset suivant, παραλαμβάνει. Voyez là description du jardin de Gethsémani dans l'Évangile selon S. Matthieu, p. 512. On a souvent établi d'ingénieuses comparaisons entre ce douloureux jardin et les ombrages du paradis terrestre. Ici un bonheur sans mélange, là d'affreuses angoisses ; mais ici le péché avec ses châtiments divers, et là la vie spirituelle rendue à l'humanité :

> Attulit mortem vetus hortus, unde
> Culpa prodiit : novus iste vitam
> Hortus en affert, ubi nocte Jesus
>   Permanet orans.
> (Hymn. Laud. pro Fest. Orat. D. N. J. C.)

33. — À peine entré avec ses trois disciples privilégiés dans la partie la plus reculée du jardin, Jésus *cœpit pavere et tædere*, ἐκθαμβεῖσθαι καὶ ἀδημονεῖν. Ce second verbe est commun aux deux premiers Évangélistes : il signifie « gravissime angi ». L'autre, propre à S. Marc, est beaucoup plus fort que le λυπεῖσθαι de S. Matthieu, et désigne un violent effroi. Cfr. IX, 15. Tel est le début de la

Passion proprement dite de Notre-Seigneur. Quelle horrible agonie ! « O Jésus ! ô Jésus ! Jésus que je n'oserais plus nommer innocent, puisque je vous vois chargé de plus de crimes que les plus grands malfaiteurs ; on va vous traiter selon vos mérites. Au jardin des Olives, votre Père vous abandonne à vous-même : vous y êtes tout seul, mais c'est assez pour votre supplice ; je vous y vois suer sang et eau... Baissez, baissez la tête ; vous avez voulu être caution, vous avez pris sur vous nos iniquités ; vous en porterez tout le poids ; vous paierez tout du long la dette, sans remise, sans miséricorde. » Bossuet, 1er Sermon pour le Vendredi-Saint, Exorde.

34. — *Tristis est anima mea...* « Je ne crains point de vous assurer qu'il y avait assez de douleur pour lui donner le coup de la mort... La seule douleur de nos crimes suffisait pour... épuiser sans ressource les forces du corps, en renverser l'économie, et rompre enfin tous les liens qui retiennent l'âme. Il serait donc mort, il serait mort très certainement par le seul effort de cette douleur, si une puissance divine ne l'eût soutenu pour le réserver à d'autres supplices. » Ibid. — *Sustinete*, μείνατε, c'est-à-dire « manete ». — *Et vigilate*. S. Matthieu ajoute « mecum ». Peut-être avons-nous ici la seule requête personnelle que Jésus ait jamais adressée à ses amis. Hélas! elle ne fut pas exaucée, comme nous l'apprend la suite du récit.

35. — *Cum processisset paululum.* Le divin agonisant cherche pour quelques instants une solitude complète, afin d'épancher librement son cœur devant son Père céleste. — *Orabat*, imparfait qui indique une prière prolongée. — *Ut, si fieri posset, transiret...* S. Marc a seul spécifié d'une manière indirecte l'objet de la supplication du Sauveur, avant d'en citer directement la formule. *Hora* doit s'entendre, comme on le voit par le contexte, des souffrances et de la mort réservées à

36. Et il dit : Abba, Père, tout vous est possible ; éloignez de moi ce calice ; cependant, non ce que je veux, mais ce que vous voulez !

37. Il revint, et les trouva dormant. Et il dit à Pierre : Simon, tu dors? Tu n'as pu veiller une heure?

38. Veillez, afin que vous n'entriez point en tentation. L'esprit sans doute est prompt, mais la chair est faible.

39. Et, s'en allant de nouveau, il pria disant les mêmes paroles.

40. Etant revenu, il les trouva encore dormant (car leurs yeux étaient appesantis), et ils ne savaient que lui répondre.

41. Et il vint une troisième fois

36. Et dixit : Abba Pater, omnia tibi possibilia sunt, transfer calicem hunc a me, sed non quod ego volo, sed quod tu.

37. Et venit, et invenit eos dormientes. Et ait Petro : Simon, dormis? non potuisti una hora vigilare?

38. Vigilate, et orate, ut non intretis in tentationem. Spiritus quidem promptus est, caro vero infirma.

39. Et iterum abiens oravit, eumdem sermonem dicens.

40. Et reversus, denuo invenit eos dormientes (erant enim oculi eorum gravati), et ignorabant quid responderent ei.

41. Et venit tertio, et ait illis :

Jésus. Cfr. Joan. XII, 24. Notre-Seigneur désirait donc, en tant qu'homme, que cette heure terrible passât sans l'atteindre.

36. — *Abba, Pater*. Le mot araméen Ἀββᾶ, אבא (אב, *Ab*, en hébreu), propre à notre Evangéliste, nous rappelle les locutions analogues Ephpheta, Talitha koumi, etc., que S. Marc s'était complu à insérer dans son récit telles que Jésus les avait prononcées. S. Paul l'emploie deux fois dans ses Epîtres, Cfr. Rom. VIII, 15; Gal. IV, 6, et il a soin, lui aussi, d'en donner immédiatement la traduction, ὁ πατήρ. C'est de là que sont venus les substantifs « Abbas », abbé. — *Omnia tibi possibilia sunt*. Il y a, s'il est permis de parler ainsi, un grand art dans cette prière du Sauveur. Après que le ciel vers lui une appellation de vive tendresse, Mon Père, elle rappelle à Dieu que tout lui est possible, qu'il sait atteindre ses fins de mille manières, qu'il peut, par conséquent éloigner du suppliant la coupe amère qui le menace : de là ces mots pressants, *transfer calicem...* Elle se termine pourtant par un acte d'entier abandon au bon plaisir du Père tout-puissant : *Non quod ego volo* (scil. fiat), *sed quod tu*. Sur l'importance dogmatique de ce passage, voyez l'Evangile selon S. Matthieu, p. 514.

37 et 38. — *Venit et invenit eos dormientes*. « Ils commencent à se séparer de Jésus dans la prière, ceux qui vont s'en séparer dans sa Passion : il prie, mais eux ils dorment. » S. Jérôme. C'était la réalisation de la parole d'Isaïe, LXIII, 3 : J'ai foulé seul le pressoir ; il n'y a personne pour le fouler avec moi. — *Ait Petro : Simon, dormis*. D'après S. Matthieu, le reproche de Jésus retombait simultanément sur les trois Apôtres : « Non potuistis...? »

Ici, il est adressé tout spécialement à S. Pierre, qui avait fait naguère si magnifiques promesses. Qu'est devenu son courage? Le nom de « Simon », que Jésus lui donne dans cette circonstance, est de mauvais augure. C'est le nom de l'homme faible et naturel, tandis que Pierre était l'appellation de l'homme surnaturel, du fondement inébranlable de l'Eglise du Christ. — *Spiritus promptus, caro infirma*. Comme l'a dit le Sage, « corpus quod corrumpitur aggravat animam et terrena inhabitatio deprimit sensum multa cogitantem. » Sap. IX, 15. Mais ce que les Saints Livres appellent la « chair » produit des effets encore plus fâcheux que le corps : c'est contre la σάρξ que viennent se briser les meilleures résolutions de notre esprit. Tel était le cas pour S. Pierre, S. Jacques et S. Jean.

39 et 40. — *Iterum abiens oravit...* Jésus, délaissé même par ses meilleurs amis, va se consoler, se réconforter de nouveau dans la prière. Puis, il revient auprès des trois Apôtres; mais cette fois encore il les trouve profondément endormis. Comme au moment de la Transfiguration, IX, 1, et Luc. IX, 32, ils étaient en proie à un sommeil extraordinaire; aussi leurs réponses étaient-elles confuses, embarrassées, ainsi qu'il arrive aux personnes qu'on vient subitement réveiller : *ignorabant quid responderent ei*. Ce dernier trait ne se trouve que dans le second Evangile.

41 et 42. — *Et venit tertio*. S. Marc ne mentionne pas en termes exprès la troisième prière de Jésus; mais il la suppose implicitement en disant que Notre-Seigneur rejoignait ses disciples pour la « troisième fois ». La tentation de Gethsémani, de même que celle du désert, Matth. IV, 4 et ss., se composa donc

Dormite jam, et requiescite. Sufficit : venit hora : ecce Filius hominis tradetur in manus peccatorum.

42. Surgite, eamus; ecce qui me tradet prope est.

43. Et, adhuc eo loquente, venit Judas Iscariotes, unus de duodecim, et cum eo turba multa, cum gladiis et lignis, a summis sacerdotibus, et Scribis, et senioribus.

Matth. 26, 47; *Luc.* 22, 47; *Joan.* 18, 3.

44. Dederat autem traditor ejus signum eis, dicens : Quemcumque osculatus fuero, ipse est; tenete eum, et ducite caute.

45. Et cum venisset, statim acce-

et leur dit : Dormez maintenant et reposez-vous. C'est assez, l'heure est venue; voilà que le Fils de l'homme sera livré aux mains des pécheurs.

42. Levez-vous, allons; voilà que celui qui me livrera est proche.

43. Tandis qu'il parlait encore, Judas Iscariote, l'un des Douze, vint, et avec lui une grande troupe, armée d'épées et de bâtons, *envoyée* par les princes des prêtres, les Scribes et les anciens.

44. Or le traître leur avait donné un signe, disant : Celui que je baiserai, c'est lui; saisissez-le et emmenez-le avec précaution.

45. Lorsqu'il fut venu, s'appro-

---

de trois assauts consécutifs, victorieusement repoussés par le Sauveur. — *Dormite jam et requiescite.* Jésus, n'ayant plus besoin de consolations humaines, accorda aux siens, par ces paroles, quelque temps de repos. Puis, quand approcha l'heure de la trahison, il les éveilla en disant : *Sufficit... surgite, eamus.* La Vulgate a très bien traduit le verbe grec ἀπέχει, qui est en effet, d'après Hésychius, synonyme de ἀπόχρη, ἐξαρκεῖ. Dans ce passage, il signifie donc : C'est assez de sommeil! vous avez suffisamment dormi! et non, comme le veulent quelques interprètes : « Elongata est » (scil. angustia mea), ou bien : Assez veillé! je n'ai plus besoin de vous. Entre ce mot, qui est une particularité de S. Marc, et « requiescite », il faut admettre une pause plus ou moins longue. — *Tradetur, qui me tradet.* Dans le texte grec, nous avons deux fois le présent au lieu du futur : παραδίδοται, ὁ παραδιδοὺς με. En effet, l'affreux mystère de la trahison de Judas était déjà en plein cours d'exécution. Bellini, fra Angelico, Carlo Dolci, Schidone, Murillo, le Pérugin ont admirablement reproduit cette scène douloureuse. Le Corrège y « a déployé toute la suavité de son pinceau » (Rio).

7. — L'arrestation. xiv, 43-52. — Parall. Matth. xxvi, 47-56; Luc. xxii, 47-53; Joan. xviii, 2-11.

43. — *Adhuc eo loquente.* Les trois synoptiques commencent par cette formule leur récit de l'arrestation du Sauveur. — *Venit Judas Iscariotes.* Depuis sa sortie du cénacle, Cfr. Joan. xiii, 30, le traître n'était pas resté inactif. Il était allé immédiatement auprès de ses nouveaux maîtres, auxquels il s'était si honteusement vendu, et il en avait obtenu la

nombreuse escorte avec laquelle nous le voyons en ce moment pénétrer dans le jardin de Gethsémani. — *Unus de duodecim.* La leçon du grec, εἷς ὧν τῶν δώδεκα, « quum esset unus de duodecim », fait mieux ressortir encore le caractère ignominieux de la trahison de Judas. Cfr. ⅴ. 10. — *A summis sacerdotibus...* C'est-à-dire « de la part » du grand Conseil. S. Marc nomme ici très distinctement les trois classes qui composaient le Sanhédrin. **44.** — *Dederat.* Dans le grec nous trouvons un plus-que-parfait sans augment, δεδώκει. Cfr. xv, 7 et 10. Voyez Winer, Grammat. des neutest. Sprachidioms, p. 67. Les classiques prennent parfois aussi cette liberté. — Le substantif σύσσημον, que la Vulgate traduit par *signum*, ne se rencontre que dans ce passage du Nouveau Testament. Judas ne prévoyait point que Jésus se présenterait de lui-même à ses ennemis : de là ce signe conventionnel, destiné à empêcher toute méprise. — *Ducite caute :* S. Marc a seul noté cette pressante recommandation du traître. Judas, on le voit, prend toutes les précautions nécessaires pour exécuter son contrat honteux. Connaissant par expérience la puissance de Jésus, craignant aussi quelque résistance de la part des disciples, il fait appel à toute l'attention et à toute l'énergie de sa bande sinistre.

45. — *Statim accedens ad eum.* Dès qu'il aperçoit Jésus, il va droit à lui (εὐθέως), et, d'après le texte grec, lui dit deux fois de suite avec une affectation hypocrite : Ῥαββί, Ῥαββί. Cependant, plusieurs témoins anciens ont χαῖρε, ῥαββί, comme la Vulgate et comme S. Matthieu. — *Osculatus est eum.* Cet infâme baiser, par lequel Judas espérait en vain

chant aussitôt de lui, il dit : Salut, Maître. Et il le baisa.

46. Et ils jetèrent les mains sur lui et ils le saisirent.

47. Or un de ceux qui étaient là, tirant une épée, frappa un serviteur du grand prêtre, et lui coupa l'oreille.

48. Et Jésus leur dit : Vous êtes venus comme pour un voleur avec des épées et des bâtons pour me prendre.

49. J'étais tous les jours parmi vous, enseignant dans le temple, et vous ne m'avez pas saisi ; mais c'est pour que les Ecritures s'accomplissent.

50. Alors ses disciples, l'abandonnant, s'enfuirent tous.

51. Or un jeune homme le suivait, couvert seulement d'un drap, et ils le saisirent.

---

dens ad eum, ait : Ave, Rabbi : et osculatus est eum.

46. At illi manus injecerunt in eum, et tenuerunt eum.

47. Unus autem quidam de circumstantibus educens gladium, percussit servum summi sacerdotis, et amputavit illi auriculam.

48. Et respondens Jesus, ait illis : Tanquam ad latronem existis cum gladiis et lignis comprehendere me ?

49. Quotidie eram apud vos in templo docens, et non me tenuistis. Sed ut impleantur Scripturæ.

Matth. **26, 55.**

51. Adolescens autem quidam sequebatur eum amictus sindone super nudo ; et tenuerunt eum.

---

tromper son Maître, a inspiré à divers peintres, notamment à Duccio, à Giordano, de nos jours à H. Flandrin et à Ary Scheffer, de beaux tableaux, dans lesquels ils se sont complu à faire contraster la physionomie si douce, si aimante et si divine de Jésus avec les traits vulgaires, cruels et sataniques de Judas. Le verbe grec κατεφίλησεν est très expressif. Cfr. Matth. XXVI, 49, et le commentaire ; Luc. VII, 36 et 45 ; XV, 20 ; Act. XX, 37.

46 et 47. — Ces versets racontent le fait même de l'arrestation du Sauveur et une tentative isolée de l'un des disciples pour délivrer Jésus. — *Manus injecerunt in eum.* Cette formule indique des procédés violents, qui étaient d'ailleurs parfaitement dans les mœurs des hommes qu'on avait donnés pour séides à Judas. On comprend qu'en voyant ces mains brutales saisir le corps sacré de son Maître bien-aimé, S. Pierre, car c'est lui qui est désigné par les mots *unus quidam de circumstantibus* (Cfr. Joan. XVIII, 10), n'ait pu réprimer un mouvement d'indignation, et qu'au risque de tout perdre en voulant tout sauver, il ait blessé d'un coup d'épée le serviteur du grand-prêtre (τὸν δοῦλον avec l'article), qui accompagnait Judas.

48 et 49. — *Jesus ait illis,* c'est-à-dire à la troupe de ses adversaires. S. Marc ne mentionne pas le reproche adressé par Jésus à son trop ardent défenseur. Cfr. Matth.

XXVI, 52-54. — *Tanquam ad latronem...* Le divin Maître relève avec force le caractère odieux de son arrestation : on est venu le surprendre comme un voleur, à la faveur des ténèbres de la nuit ! Il relève aussi l'inconséquence qui se manifeste dans la conduite des Sanhédristes : *Quotidie eram apud vos...* Mais il se soumet à tout, parce que c'est Dieu qui a permis ces choses, annoncées depuis longtemps dans les Livres sacrés : *Sed ut impleantur Scripturæ !* Cette dernière phrase est elliptique. Il est aisé de la compléter en ajoutant : « Hoc factum est ». Cfr. Matth. XXVI, 56.

50. — *Discipuli ejus...* La prophétie de Jésus relativement à Judas s'est accomplie ; celle qu'il faisait quelques instants après touchant ses onze autres disciples se réalise également. Ils prennent la fuite dès qu'ils voient que leur Maître renonce à résister. *Omnes* est emphatique. Tous, même S. Pierre, même S. Jacques et S. Jean !

51 et 52. — Voici un petit épisode des plus intéressants et propre au second Evangile. Indépendamment de l'intérêt que S. Marc porte d'une manière générale à tout ce qui est pittoresque, dramatique, il est aisé de découvrir, d'après le contexte, le motif spécial qui lui a fait insérer ce curieux détail dans sa narration. Luc de Bruges, et nos autres exégètes catholiques à sa suite, l'ont fort bien indiqué : « Narrat hanc de adolescente historiam

52. At ille rejecta sindone, nudus profugit ab eis.

53. Et adduxerunt Jesum ad summum sacerdotem : et convenerunt

52. Mais lui, rejetant le drap, s'enfuit nu d'au milieu d'eux.

53. Et ils amenèrent Jésus chez le grand-prêtre, et tous les prêtres

---

Marcus, ut doceat quanti periculi fuerit ea nocte Christum sequi, quamque ingens fuerit hostium Christi furor, quanta licentia et sævitia, quam immanis violentia, tumultuose absque pudore et modestia grassantium, qui adolescentulum miserum ac seminudum, e lecto ad strepitum accurrentem, incognitum sibi, eo solo quod Jesu favere videretur, illuc comprehenderent, ut vix eorum manus nudus effugerit. » Fr. Luc, h. l.— *Adolescens quidam*. Quel était ce jeune homme ? se demandent tout d'abord les exégètes. Et, n'ayant là-dessus aucune donnée certaine, ils donnent un libre cours à leur imagination. D'après Ewald, ce mystérieux νεανίσκος ne serait autre que Saul, le futur S. Paul. Plusieurs auteurs anglais contemporains, en particulier M. Plumptre, veulent que ce soit Lazare, l'ami de Jésus et le ressuscité de Béthanie. D'autres commentateurs opinent en faveur de quelque esclave attaché à la garde et à la culture du domaine de Gethsémani. Tel est le sentiment de M. Schegg et du P. Patrizi. « Ipsa res, écrit ce dernier, In Marc. Comm. p. 202, dubitare vetat, quin iste adolescens unus fuerit e custodis seu villici familia, qui, strepitu expergefactus, e strato quum prosiluisset, ita ut erat una sindone obvolutus, illuc festinato accurrerit ». Théophylacte croit que c'était le fils du propriétaire du cénacle : mais il lui fait faire un bien long chemin et en un costume étrange! Quelques Pères ont nommé divers Apôtres, par exemple, S. Jean (S. Chrysost. Hom. in Ps. xiii; S. Ambr. Enarrat. in Ps. xxxvi; S. Gregor. Moral. xiv, 24), ou S. Jacques-le-Mineur (S. Epiph. Hær. lxxxvii, 13). Mais, dit justement le P. Patrizi, l. c., « non putant eum (adolescentem) fuisse unum aliquem e duodecim discipulis, non animadvertunt hos omnes ea nocte cum Christo cœnasse unaque cum ipso in hortum venisse, uno excepto Juda, qui tamen et ipse tunc illuc advenerat; quare nemo eorum potuit esse amictus sindone super nudo. » D'après une opinion qui réunit aujourd'hui un assez grand nombre d'adhérents, notre jeune homme serait S. Marc en personne. En effet, nous dit-on, 1º il est seul à raconter ce trait; 2º il résidait à Jérusalem (voyez la Préface, I, 4); 3º les détails qu'il fournit sont tellement circonstanciés qu'ils ne peuvent guères venir que d'un témoin oculaire; 4º l'Evangéliste S. Jean se met plusieurs fois indirectement en scène, d'une manière tout-à-fait analogue à celle-ci. Nous trouvons ces raisons plus spécieuses que con-

vaincantes. Tout ce qu'on peut affirmer de certain, c'est que cet « adolescens » demourait dans le voisinage de Gethsémani. Peut-être était-il disciple de Jésus dans le sens large de cette expression : de là son intérêt pour le divin prisonnier. Mais peut-être aussi était-ce simplement la curiosité qui servit de mobile à une démarche d'où faillirent découler pour lui des conséquences si fâcheuses. — *Sequebatur*. Plusieurs manuscrits importants emploient le verbe composé συνηκολούθει, au lieu de ἠκολούθει. — *Amictus sindone*. Le mot « sindon », σινδών, désignait chez les anciens une grande pièce d'étoffe de lin ou de coton, qui servait tantôt de vêtement de dessous, tantôt de vêtement de dessus. Cfr. A. Rich, Dictionn. des Antiquités rom. et grecq. p. 586. Ici, il représente évidemment, d'après le Ꙩ. 52, une sorte de couverture de nuit dans laquelle le jeune homme s'était enveloppé avant de sortir pour reconnaître la cause du bruit qui l'avait réveillé. — *Super nudo*, scil. « corpore ». Il n'avait donc pas d'autre vêtement. — *Tenuerunt eum*. Le grec ajoute : οἱ νεανίσκοι, « adolescentes ». C'est l'équivalent du נערים hébreu, qui désigne parfois des soldats. Voir II Reg. ii, 14; comp. Act. v, 10. — *At ille rejecta sindone...* Se dégageant lestement, le héros de cette aventure lâcha son « sindon », qu'il laissa entre les mains des sbires; puis, *nudus profugit*, la pudeur le cédant à l'effroi.

8. — Jésus devant le Sanhédrin. xiv, 53-65. Parall. Matth. xxvi, 57-68; Luc. xxii, 54-65; Joan. xviii, 19-23.

53. — *Et adduxerunt Jesum.* « Narraverat Evangelista superius quomodo Dominus a ministris sacerdotum fuerat captus; nunc narrare incipit quomodo in domo principis sacerdotum morti adjudicatus fuit. » Gloss. — *Ad summum sacerdotem.* S. Luc dit avec plus de précision : « Eum duxerunt ad domum principis sacerdotum. » Le prince des prêtres était alors Caïphe. — *Et convenerunt.* Dans le grec, συνέρχονται, au présent, « conveniunt ». Après ce verbe, on lit le pronom αὐτῷ, qui peut se rapporter soit au grand-prêtre (« conveniunt apud eum »), soit à Jésus (« conveniunt cum eo », en même temps que lui). Mais comme il manque dans certains manuscrits (D, L, Δ, Sinait.), il est probablement apocryphe. Nous avons indiqué dans notre commentaire sur S. Matthieu, p. 520, le motif pour lequel le Sanhédrin (*sacerdotes,*

et les Scribes et les anciens s'assemblèrent.

54. Or Pierre le suivit de loin
jusque dans la cour du grand-prêtre, et il était assis près du feu avec
les serviteurs, et il se chauffait.

55. Mais les princes des prêtres
et tout le conseil cherchaient un témoignage contre Jésus pour le livrer à la mort, et ils n'en trouvaient
pas.

56. Car beaucoup disaient contre
lui de faux témoignages, mais leurs
témoignages ne s'accordaient pas.

57. Et quelques-uns se levant
portaient contre lui un faux témoignage, disant :

omnes sacerdotes, et Scribæ, et Seniores.

Matth. 26, 57; Luc. 22, 54; Joan. 18, 13,

45. Petrus autem a longe secutus
est eum, usque intro in atrium
summi sacerdotis : et sedebat cum
ministris ad ignem, et calefacie-
bat se.

55. Summi vero sacerdotes, et
omne consilium, quærebant adversus Jesum testimonium, ut eum
morti traderent, nec inveniebant.

Matth. 26, 59.

56. Multi enim testimonium falsum dicebant adversus eum : et convenientia testimonia non erant.

57. Et quidam surgentes, falsum
testimonium ferebant adversus eum,
dicentes :

---

et scribæ, et seniores) se réunit alors chez
Caïphe et non pas au Gazzith, qui était le
local ordinaire des assemblées officielles. —
La première partie d'une des récentes prophéties de Jésus est maintenant accomplie :
« Ecce ascendimus Jerosolymam, et Filius
hominis tradetur principibus sacerdotum et
scribis et senioribus ». x, 33.

54. — *Petrus autem...* Note destinée à préparer le récit d'événements ultérieurs. Cfr.
⁊⁊. 66-72. — *Sequebatur a longe.* « Timor
enim retrahit, sed caritas trahit », dit délicatement S. Jérôme : voilà pourquoi S. Pierre,
après avoir repris un peu de sang-froid à la
suite des incidents de Gethsémani, d'une part
se mit à suivre son Maître, mais, d'autre
part, ne le suivit que de loin, l'affection et la
crainte tirant chacune de leur côté. — *Usque
intro in atrium.* « Intro » est une petite particularité de S. Marc. — *Sedebat cum ministris ad ignem...* Il y a une légère interversion
des mots dans le texte grec : καὶ ἦν συγκαθή-
μενος μετὰ τῶν ὑπηρετῶν, καὶ θερμαινόμενος πρὸς
τὸ φῶς, il était assis avec les serviteurs et se
chauffait auprès du feu. Φῶς désigne plus
habituellement la lumière ; mais, par exten-
sion, ce substantif désigne aussi parfois le feu
(« quatenus lucet et collustrat », Bretschneider, *Lex. man.*). Cfr. Luc. xxii, 56; I Mach.
xii, 29; II Mach. i, 32; Xenoph. Hist. gr.
vi, 2, 17.

55. — *Summi vero sacerdotes...* Après cette
courte digression, l'Évangéliste nous ramène
à la scène principale, qui se passait dans l'intérieur du palais. — *Quærebant adversus Jesum testimonium...* La phrase exprime une

recherche anxieuse et pressante. A toute
force, les Sanhédristes voulaient un témoignage qui leur permît de décréter la mort
de leur ennemi avec une apparence de justice. Une base de condamnation était en effet
nécessaire : autrement, quel prétexte allé-
gueraient-ils à Pilate pour obtenir de lui l'exécution de la sentence? comment se justifie-
raient-ils devant le peuple, pour qui Jésus
était encore un favori?

56. — *Multi enim testimonium falsum...* Ce
verset explique les derniers mots (« nec inveniebant ») du précédent. Ce n'étaient donc
pas les témoignages qui manquaient contre
Jésus : à défaut de vrais, on en forgeait de
faux, et en grand nombre. Il fallait bien que
les divins oracles s'accomplissent : « Insur-
rexerunt in me testes iniqui, » Ps. xxvi, 12;
mais, comme l'ajoutait le poète sacré, « men-
tita est iniquitas sibi. » De là cette réflexion
de l'Évangéliste : *Convenientia* (dans le grec,
ἴσαι, « eadem, similia ») *testimonia non erant.*
Les témoignages étaient par là-même inva-
lidés, et des juges, même peu scrupuleux,
ne pouvaient en tirer parti.

57-59. — *Et quidam surgentes...* S. Marc
relève ici l'une, peut-être la principale,
des accusations mensongères lancées contre
Notre-Seigneur. Au lieu du vague « quidam »,
nous lisons dans S. Matthieu, « duo falsi
testes » : deux témoins seulement, juste le
nombre requis par la loi. — *Nos audivimus,*
s'écrient ces malheureux avec emphase ; nous
l'avons entendu de nos propres oreilles : circonstance qui accroît la force de leur témoignage, et que S. Marc a seul exposée. L'anti-

58. Quoniam nos audivimus eum dicentem : Ego dissolvam templum hoc manu factum, et per triduum aliud non manu factum œdificabo.

Joan. 2, 19.

59. Et non erat conveniens testimonium illorum.

60. Et exurgens summus sacerdos in medium, interrogavit Jesum, dicens : Non respondes quidquam ad ea quæ tibi objiciuntur ab his?

61. Ille autem tacebat, et nihil respondit. Rursum summus sacerdos interrogabat eum, et dixit ei : Tu es Christus Filius Dei benedicti?

62. Jesus autem dixit illi : Ego

58. Nous l'avons entendu dire : Je détruirai ce temple fait de main d'homme, et en trois jours j'en bâtirai un autre non fait de main d'homme.

59. Et leur témoignage ne concordait pas.

60. Et le grand prêtre, se levant au milieu, interrogea Jésus, disant : Tu ne réponds rien à ce qui est avancé par eux contre toi?

61. Mais il se taisait et ne répondit rien. Le grand prêtre l'interrogea de nouveau et lui dit : Es-tu le Christ, le fils du Dieu béni?

62. Et Jésus lui dit : Je le suis, et

---

thèse *templum hoc manu factum et aliud non manu factum* est une autre particularité de son récit. Cette déposition était capitale. « On sait combien le peuple juif était jaloux de la gloire du Temple. Pour avoir annoncé prophétiquement que Dieu réduirait un jour le Temple au même état que Silo et qu'il en ferait un désert, Jérémie (xxvi, 6, 19) avait failli être lapidé par les prêtres et par le peuple; et s'il échappa à une mort certaine, il le dût à l'intervention de puissants seigneurs attachés à la cour. L'accusation formulée contre Jésus par les deux témoins était donc de la plus haute gravité. » Lémann, Valeur de l'Assemblée qui prononça la peine de mort contre Jésus-Christ, Lyon, 1876, p. 76. Mais, ajoute notre Évangéliste (et lui seul encore a noté ce trait), *et non erat conveniens testimonium illorum*; plus énergiquement, d'après le grec, « et nequidem sic (καὶ οὐδέ οὕτως) erat conveniens... » Les deux témoins, comme cela s'est toujours pratiqué, avaient comparu l'un après l'autre devant le tribunal; le second, sans s'en douter, avait donc contredit sur quelque point important le rapport du premier. L'accusation tombait par conséquent d'elle-même.

60. — Et pourtant Caïphe ne veut pas qu'elle tombe tout à fait. De là cette démarche, inouïe de la part d'un juge suprême, que nous lui voyons faire actuellement. — *Exurgens... in medium.* Construction elliptique, pour « exurgens et veniens in medium. » Le grand-prêtre se lève, quitte sa place, et s'avance jusqu'auprès de l'accusé, qui se tenait debout au milieu de la salle. La seconde partie de ce trait si graphique est propre à S. Marc. — *Non respondes quidquam...* « Quanto Jesus tacebat ad indignos responsione sua falsos testes, et sacerdotes impios, tanto ma-

gis pontifex, furore superatus, eum ad respondendum provocat, ut ex qualibet occasione sermonis, locum inveniat accusandi. » V. Bède. L'interrogatoire des témoins n'a fourni aucun résultat : mais, en répondant à leurs dépositions, quelque fausses qu'elles fussent, Jésus se compromettra peut-être. C'est pour cela que Caïphe le presse de parler.

61. — *Ille autem tacebat et nihil respondit.* C'est là une des répétitions emphatiques et pittoresques qui sont à l'ordre du jour dans le second Évangile. Cfr. Préface, § VII. Le silence du Sauveur a inspiré à S. Jérôme une belle réflexion : « Le Christ qui se tait, dit-il, absout Adam qui s'excuse. » Cfr. Gen. III, 10 et ss. Qu'importe du reste aux bourreaux, dit quelque part Tacite, la défense de leur victime? — *Rursum summus sacerdos interrogabat.* La première question ayant été rendue vaine par le silence inattendu de l'accusé, Caïphe lui en adressa brusquement une autre : *Tu es Christus Filius Dei?* Cette fois, la demande était posée sur un terrain brûlant, et le souverain-prêtre, comme nous le voyons par le récit de S. Matthieu, xxvi, 63, avait pris ses précautions pour qu'elle ne demeurât pas sans réponse; il l'avait introduite en effet par une formule solennelle qui devait forcer Jésus de prendre la parole : « Adjuro te per Deum vivum, ut dicas nobis... » L'épithète *benedicti* est propre à S. Marc. Le substantif *Dei* manque dans le texte grec, où on lit simplement : ὁ υἱὸς τοῦ εὐλογητοῦ, le fils du Béni par excellence. Les Rabbins employaient de la même manière l'expression הברוך.

62. — *Ego sum,* répond clairement Jésus. Oui, je suis le Messie, le Fils de Dieu. Autrefois, il avait accepté la parole enflammée de S. Pierre : « Tu es le Christ fils du Dieu vi-

vous verrez le Fils de l'homme sié-
geant à la droite de la puissance de
Dieu, et venant sur les nuées du
ciel.

63, Et le grand-prêtre, déchirant
ses vêtements, dit : Qu'avons-nous
encore besoin de témoins?

64. Vous avez entendu le blas-
phême; que vous en semble? Tous
le condamnèrent comme digne de
mort.

65. Et quelques-uns commencèrent à cracher sur lui et à voiler

sum; et videbitis Filium hominis
sedentem a dextris virtutis Dei, et
venientem cum nubibus cœli.

Matth. 24, 30 *et* 26, 64.

63. Summus autem sacerdos, scin-
dens vestimenta sua, ait : Quid
adhuc desideramus testes?

64. Audistis blasphemiam : quid
vobis videtur? Qui omnes condemnaverunt eum esse reum mortis.

65. Et cœperunt quidam cons-
puere eum, et velare faciem ejus, et

---

vant », Matth. XVI, 16; naguère encore,
XI, 9 et 10, il agréait comme un hommage
légitime les Hosanna du peuple : mais ici il
y a quelque chose de plus. C'est lui-même
qui proclame bien haut, devant l'autorité suprême des Juifs en fait de religion, en réponse
à une question officielle, son caractère messianique et sa divine filiation. Ecoutons-le,
adorons-le ! — *Et videbitis Filium hominis...*
Le Sauveur complète et confirme son ἐγώ εἰμι
de tout à l'heure. L'avenir, dit-il à ses juges,
vous montrera que j'ai parlé selon la vérité.
Maintenant, je vous apparais sous un extérieur humilié, comme Fils de l'homme; mais
un jour vous me verrez trôner comme Fils de
Dieu à la droite de mon Père. Ainsi donc,
Jésus ne revendique pas seulement la dignité
messianique : il promet d'en exercer les fonctions. Voyez l'explication détaillée de ces
paroles dans l'Evang. selon S. Matthieu,
p. 520 et 521.

63 et 64. — Caïphe a atteint son but : il a
réussi à faire parler l'accusé, et à le faire
parler dans le sens désiré par toute l'assemblée. Désormais, il n'y a plus qu'à tirer parti
d'un aveu aussi formel, et ce sera chose facile : mais le président sait faire les choses
en acteur consommé. Une feinte colère lui avait
fait quitter précédemment son fauteuil, ⋆. 60;
un zèle non moins hypocrite pour la gloire
de Dieu le porte maintenant à déchirer ses
vêtements en signe de deuil, comme s'il venait d'entendre le plus effroyable blasphème.
Lorsque, quelques semaines plus tôt, il prononçait au sujet de Jésus cette parole célèbre :
« Expedit vobis ut unus moriatur homo pro
populo, et non tota gens pereat », Joan.
XI, 50 (Cfr. le ⋆. 54), il ne se doutait guère
qu'il était prophète; il ne se doutait pas davantage qu'il accomplissait une action prophétique quand il mettait en pièces le devant
de sa tunique, et c'était pourtant là un frappant symbole, comme l'ont enseigné les

Pères. « Déchire ton vêtement, ô Caïphe!
s'écrient MM. Lémann, résumant l'enseignement patristique, le jour ne se passera pas
que le voile du Temple ne soit déchiré aussi,
en signe, l'un et l'autre, que le sacerdoce
d'Aaron et le sacrifice de la loi de Moïse sont
abolis, pour faire place au sacerdoce éternel
du Pontife de la Nouvelle Alliance. » Valeur
de l'assemblée..., p. 83. Cfr. Origène, S. Jérôme, Théophylacte, Euthymius et S. Thomas, in Matth. XXVI, S. Léon-le-Grand, De
passione Domini, sermo VI. — *Vestimenta
sua*, τοὺς χιτῶνας : Ce mot est justement au
pluriel (Cfr. Matth. τὰ ἱμάτια), car, d'après le
précepte des Rabbins, ce n'était pas seulement le vêtement supérieur qu'on devait déchirer en pareil cas, mais tous les vêtements,
la chemise seule exceptée. Les riches portaient habituellement plusieurs tuniques su-
perposées. — *Audistis blasphemiam.* Au geste,
Caïphe joint la parole pour accabler l'accusé.
« A quoi bon un plus long interrogatoire?
Vous avez pu le constater par vous-mêmes,
c'est un blasphème manifeste qu'il vient de
prononcer. » — *Qui omnes condemnaverunt...*
La seconde partie de la prophétie de Jésus à
laquelle nous faisions allusion plus haut s'accomplissait tout aussi exactement que la première : « Et damnabunt eum morte », X, 33.
« Omnes », οἱ πάντες : tous les membres présents. Preuve que le Sanhédrin ne se trouvait
pas alors au complet, car Nicodème et Joseph
d'Arimathie n'auraient certainement pas voté
la mort de Jésus. Peut-être n'avaient-ils pas
été convoqués; ou du moins ils n'assistaient
pas à la séance.

65. — *Et cœperunt quidam...* Détails horribles, qui constituent au point de vue juri-
dique une véritable énormité. Tandis que
partout, sinon parfois chez les peuplades bar-
bares, les condamnés à mort sont respectés,
depuis leur sentence jusqu'à leur exécution,
comme une chose sacrée, Jésus se vit, sous les

colaphis eum cædere, et dicere ei : Prophetiza; et ministri alapis eum cædebant.

66. Et cum esset Petrus in atrio deorsum, venit una ex ancillis summi sacerdotis :

Matth. 26, 69; Luc. 22, 56; Joan. 18, 17.

67. Et cum vidisset Petrum calefacientem se, aspiciens illum, ait : Et tu cum Jesu Nazareno eras.

68. At ille negavit, dicens : Neque scio, neque novi quid dicas. Et exiit foras ante atrium, et gallus cantavit.

69. Rursus autem cum vidisset illum ancilla, cœpit dicere circumstantibus : Quia hic ex illis est.

Matth. 26, 71.

---

sa face et à le meurtrir de coups de poing et à lui dire : Prophétise! Et les serviteurs le meurtrissaient de soufflets.

66. Et tandis que Pierre était en bas dans la cour, une des servantes du grand-prêtre y vint.

67. Et, lorsqu'elle eut vu Pierre se chauffer, elle dit, en le regardant : Toi aussi, tu étais avec Jésus de Nazareth.

68. Mais il le nia, disant : Je ne sais ni ne connais ce que tu dis. Et il sortit devant la cour et le coq chanta.

69. La servante, l'ayant vu de nouveau, commença à dire à ceux qui étaient présents : Celui-ci est un d'entre eux.

---

yeux des Sanhédristes qui laissèrent faire, l'objet des traitements les plus indignes. La haine sauvage de la soldatesque chargée de garder Notre-Seigneur s'étale avec toute sa fureur dans la description vivante de S. Marc. Notons en particulier le trait *velare faciem ejus*, que S. Matthieu n'avait pas mentionné, et qui aide à mieux comprendre la suite de la scène : *Prophetiza!* Devine qui t'a frappé! A la fin du verset, au lieu de ῥαπίσμασιν αὐτὸν ἔβαλλον de la Recepta (*alapis eum cædebant*), on lit dans divers témoins anciens : ῥαπίσμασιν αὐτὸν ἔλαβον, et telle paraît être la leçon authentique. Cette expression équivaudrait au latin « *verberibus* (ici, « alapis ») *aliquem accipere*. » — Admirons l'adorable patience de Jésus devant ces outrages sanglants. Son amour pour nous le soutenait.

9. — **Le triple reniement de S. Pierre.** xiv, 66-72 — Parall. Matth. xxvi, 69-75; Luc. xxii, 55-62; Joan. xviii, 15-18; 25-27.

66. — *Cum esset Petrus...* L'Évangéliste revient maintenant sur ses pas (Cfr. ꝟ. 54), pour signaler une autre tragédie lugubre, qui se passait à peu près en même temps que la précédente, et qui réalisait aussi une prophétie antérieure de Jésus. Cfr. ꝟ. 30. — *In atrio deorsum.* S. Matthieu dit : « Foris in atrio. » Mais les deux descriptions sont exactes. « Atrium enim et foris erat, si ad interiorem ædium partem spectes, et deorsum, si ad superiorem, ad quam per scalas adscensus patebat. » Patrizi, h. l. Jésus était « intus et sursum »; S. Pierre « foris et deorsum. » —

Venit una ex ancillis... Sur la vraie manière de compter les trois reniements de S. Pierre, voyez l'Évangile selon S. Matthieu, p. 526.

67. — *Cum vidisset Petrum... aspiciens illum.* La servante aperçut d'abord S. Pierre qui se chauffait auprès du feu; puis, frappée dès ce simple coup d'œil de son visage morne, de sa contenance grave, qui contrastaient avec l'attitude des valets et des soldats, elle se mit à le contempler attentivement. S. Marc distingue très bien ces deux regards distincts, l'un rapide et à demi inconscient, ἰδοῦσα, l'autre attentif et prolongé, ἐμβλέψασα.

68. — *At ille negavit.* Ce second regard, et la question qui le suit suffirent pour troubler le timide Pierre, au point de lui arracher un premier reniement. — *Neque scio, neque novi.* Comme sa négation est accentuée! (Elle est spéciale à S. Marc sous cette forme). Cependant elle n'est encore qu'indirecte : l'Apôtre ne renie pas formellement son Maître, il affecte seulement de ne pas comprendre de quoi ni de qui il est question. — *Quid dicas;* dans le grec, τί σὺ λέγεις, « quid tu dicis », avec emphase sur le pronom σύ. — *Et gallus cantavit.* Trait propre à S. Marc.

69. — *Cum vidisset illum ancilla.* Dans le grec, ἡ παιδίσκη avec l'article, la servante. Néanmoins, cette manière de parler n'indique pas nécessairement que ce fût la même femme qu'au ꝟ. 66. Elle désigne la servante, quelle qu'elle fût, auprès de laquelle S. Pierre se trouva quand il se fût écarté du foyer. En effet, nous savons, d'après S. Matthieu et S. Jean, qu'il s'agit d'une « alia ancilla ». —

70. Mais il le nia de nouveau. Et peu après ceux qui étaient là dirent encore à Pierre : Tu es vraiment un d'entre eux, car tu es aussi Galiléen.

71. Et il commença à faire des imprécations et à jurer : Je ne connais pas cet homme que vous dites.

72. Et aussitôt le coq chanta de nouveau. Et Pierre se souvint de la parole que Jésus lui avait dite : Avant que le coq chante deux fois, tu me renieras trois fois. Et il se mit à pleurer.

70. At ille iterum negavit. Et post pusillum rursus qui astabant, dicebant Petro : Vere ex illis es; nam et Galilæus es.

Luc. 22, 59; *Joan.* 18, 25.

71. Ille autem cœpit anathematizare, et jurare : Quia nescio hominem istum, quem dicitis.

72. Et statim gallus iterum cantavit. Et recordatus est Petrus verbi quod dixerat ei Jesus : Priusquam gallus cantet bis, ter me negabis. Et cœpit flere.

Matth. 26, 75; *Joan.* 13, 38.

Hic ex illis est. « Ex illis » est dédaigneux. Il fait partie de leur bande! C'est-à-dire, c'est un des disciples de Jésus.

70. — *Iterum negavit.* L'imparfait ἠρνεῖτο du texte original indique une dénégation prolongée. — Après *Galilæus es*, on lit dans le texte grec : καὶ ἡ λαλιά σου ὁμοιάζει, « et lingua tua similis est (scil. linguæ Galilæorum) » ; et, en réalité, nous avons vu dans le premier Évangile (XXVI, 73 et le commentaire) que les habitants de la Galilée trahissaient leur origine par leur prononciation vicieuse. Cependant ces mots, qui manquent dans les meilleurs témoins, sont regardés à bon droit comme un glossème.

71. — Ce dernier reniement est le plus triste et le plus grave des trois. Pierre, pour rendre ses protestations plus énergiques, leur associa des anathèmes et des serments ; en outre, cette fois, il affirme très directement qu'il ne connaissait pas Jésus, ce Jésus à qui il disait naguère : « Tu es Christus, filius Dei vivi ». Il l'appelle *hominem istum*, prenant soin d'ajouter : *quem dicitis*, comme s'il n'eût jamais entendu parler de Jésus avant que les servantes et les valets de Caïphe le lui nommassent. Ces derniers mots sont une particularité de S. Marc.

72. — *Statim gallus...* L'adverbe « statim » est omis par la Recepta ; mais on le trouve dans les meilleurs manuscrits. — *Iterum* est propre à S. Marc, qui seul, nous l'avons vu, ɣ. 30, avait mentionné deux chants successifs du coq dans la prédiction de Jésus. — Le premier chant avait probablement passé inaperçu, mais le second produisit une réaction dans le cœur de S. Pierre : *recordatus est*, les paroles de son Maître lui revinrent subitement à la pensée, et alors, reconnaissant toute l'étendue de sa faute, ἐπιβαλὼν ἔκλαιε,

comme dit le texte grec. Quel est le sens exact de cette locution ? L'amphibologie du verbe ἐπιβάλλω est cause qu'elle a reçu peut-être plus de vingt interprétations différentes, parmi lesquelles il est assez difficile de choisir. La traduction de la Vulgate, *cœpit flere*, est également celle de plusieurs versions anciennes, telles que la Peschito syriaque, l'arménienne, la gothique, etc ; elle est adoptée par Suidas, Euthymius, etc., et l'on cite, à son appui, divers passages soit sacrés, soit profanes, où tel paraît être le sens de ἐπιβάλλω ; par exemple, Diog. Laert., VI, 2, 4, ἐπίβαλε τερετίζειν, « cantillare cœpit » ; II Mach. XII, 38, τῆς δὲ ἑβδόμαδος ἐπιβαλλούσης, Vulg. « cum septima dies superveniret ». De là sans doute la leçon καὶ ἤρξατο κλαίειν du manuscrit D. Théophylacte conserve au participe ἐπιβάλων sa signification habituelle, et traduit comme s'il y avait : ἐπιβάλων τὸ ἱμάτιον τῇ κεφαλῇ ἔκλαιε, ayant jeté son manteau sur sa tête, il pleura. D'autres donnent à la phrase le sens de « addens flebat », c'est-à-dire « repetitis vicibus flevit. » D'autres sous-entendent τὸν νοῦν après ἐπιβάλων : l'Évangéliste voudrait dire alors que S. Pierre « ayant fait attention » (à sa faute, ou bien au chant du coq) se mit à pleurer. D'assez nombreux auteurs modernes traduisent ἐπιβάλων par « étant aussitôt sorti » (se proripiens, celeriter abiens). Les passages parallèles de S. Matthieu (XXVI, 75) et de S. Luc (XXII, 62) : « EGRESSUS FORAS flevit amare », favorisent cette interprétation. Voir Bretschneider, Lexic. man. t. I, p. 381. — On a de remarquables compositions du Poussin, de Valentin, de Stella, sur les différentes scènes du reniement de S. Pierre. Carlo Dolci a immortalisé à sa manière les larmes du prince des Apôtres dans son tableau connu sous le nom de « S. Pierre pleurant ».

CHAPITRE XV

Jésus est livré aux Romains par le grand Conseil (ɤ. 1). — Il est interrogé par Pilate (ɤɤ. 2-5). — Jésus et Barabbas (ɤɤ. 6-15). — Scène du couronnement d'épines (ɤɤ. 16-19). — Le chemin de croix (ɤɤ. 20-22). — Crucifiement, agonie et mort de Jésus (ɤɤ. 23-37). — Ce qui suivit immédiatement la mort de Jésus (ɤɤ. 38-41). — Ensevelissement du Christ (ɤɤ. 42-47).

1. Et confestim mane consilium facientes summi sacerdotes, cum senioribus, et scribis, et universo concilio, vincientes Jesum duxerunt et tradiderunt Pilato.

Matth. 27, 1; Luc. 22, 66; Joan. 18, 28.

2. Et interrogavit eum Pilatus: Tu

1. Et, dès le matin, les princes des prêtres s'étant assemblés avec les anciens et les scribes et tout le conseil, ils lièrent Jésus, l'emmenèrent et le livrèrent à Pilate.

2. Et Pilate l'interrogea : Es-tu le

10. — Jésus jugé et condamné par Pilate.
xv, 1-15.

S. Marc abrège ici d'une manière notable. Il ne dit rien de la mort de Judas, rien de la femme de Pilate, rien d'Hérode, etc. Il va droit au tragique dénouement, auquel la conduite du Sanhédrin nous a déjà préparés.

a. *Jésus est livré aux Romains par les Juifs.* xv, 1. Parall. Matth. xxvii, 1-2; Luc. xxiii, 1; Joan. xviii, 28.

CHAP. XV. — 1. — *Confestim mane.* De même dans le texte grec, εὐθέως ἐπὶ τὸ πρωΐ. S. Matthieu dit simplement « mane facto. » « Utrumque hoc verbum (c'est-à-dire cette réunion de deux adverbes), dit fort bien Maldonat, eo pertinet, ut indicet Evangelista, quanta usi fuerint principes sacerdotum, Scribæ et Pharisæi diligentia, ut Christum condemnarent ». — *Consilium facientes,* ou mieux, d'après le grec (ποιήσαντες), « quum fecissent ». Cette séance, distincte de celle qui avait eu lieu pendant la nuit, xiv, 55 et ss., devait, d'une part, corriger ce qu'il y avait eu de défectueux, d'après la loi juive, dans une sentence nocturne (Voyez Matth. xxvii, 4 et le commentaire); d'autre part, permettre aux Sanhédristes de se concerter sur la manière dont ils accuseraient Jésus devant Pilate. — *Et universo concilio.* Expression évidemment emphatique, puisque les trois catégories du Sanhédrin ont été mentionnées auparavant. S. Marc seul a pris soin de noter que cette seconde assemblée fut plénière. (Au lieu de l'ablatif, il faudrait le nominatif, car le grec porte καὶ ὅλον τὸ συνέδριον, apposition à ἀρχιερεῖς). — *Duxerunt et tradiderunt Pilato.* « Comme les Juifs n'avaient plus alors

l'exercice de la justice vindicative, ni le droit de faire mourir un homme, mais seulement de lui faire son procès, et de le juger suivant leur loi, ils amènent eux-mêmes Jésus à Pilate, gouverneur de la province au nom des Romains, le priant, qu'étant jugé digne du dernier supplice selon leur loi, il lui plût de le condamner et de le faire exécuter. » D. Calmet, Comm. littéral sur S. Marc, h. l. Voyez l'Evang. selon S. Matth., p. 530. Le nom complet de Pilate, cet homme sinistre dont la mémoire restera à tout jamais associée au plus grand crime commis sur la terre, était « Pontius Pilatus »: Cfr. Matth. xxvii, 2. S. Marc ne mentionne que le « cognomen », qui était sans doute plus usité que le « nomen ». Il ne signale pas le titre de Pilate parce que c'était un point d'histoire romaine que ses lecteurs connaissaient parfaitement. — En conduisant le Sauveur au prétoire, les Sanhédristes réalisaient sans le savoir une partie de sa prophétie à laquelle nous avons déjà fait plusieurs fois allusion : « Tradent eum (sacerdotes et scribæ et seniores) gentibus », xiii, 33. Ils livraient Jésus aux Romains; mais leur tour viendra bientôt d'être livrés eux-mêmes par Dieu entre les mains de ces ennemis de leur nation.

b. *Jésus interrogé par Pilate.* xv, 2-5. — Parall. Matth. xxvii, 11-14; Luc. xxiii, 2-5; Joan. xviii, 29-38.

2. — *Tu es rex Judæorum?* « C'était la seule, ou au moins la principale des accusations qui pouvait intéresser Pilate; car, pour le blasphème, par exemple, qui avait été le seul motif de la condamnation prononcée par les prêtres, cela ne le regardait point. A son

roi des Juifs ? Et il lui répondit : Tu
le dis.

3. Et les princes des prêtres l'accusaient de beaucoup de choses.

4. Et Pilate l'interrogea de nouveau, disant : Tu ne réponds rien ?
Vois de combien de choses ils t'accusent.

5. Mais Jésus ne répondit plus
rien, de sorte que Pilate était étonné.

6. Or, au jour de la fête, il avait
coutume de leur délivrer un des
prisonniers, celui qu'ils demandaient.

7. Et il y en avait un qui se nommait Barabbas, qui était enchaîné

es Rex Judæorum ? At ille respondens, ait illi : Tu dicis.

3. Et accusabant eum summi sacerdotes in multis.

Matth. 27, 12; *Luc.* 23, 2.

4. Pilatus autem rursum interrogavit eum, dicens : Non respondes
quidquam ? vide in quantis te accusant.

Joan. 18, 33.

5. Jesus autem amplius nihil respondit, ita ut miraretur Pilatus.

6. Per diem autem festum solebat
dimittere illis unum ex vinctis,
quemcumque petissent.

7. Erat autem qui dicebatur Barabbas, qui cum seditiosis erat vin-

---

égard, il ne s'agissait que de savoir si Jésus
était un séditieux, et un homme qui cherchât
à se faire un parti, et à se faire déclarer roi ».
D. Calmet. En arrivant auprès de Pilate, les
Sanhédristes avaient donc accusé Jésus d'un
délit politique, d'un crime de lèse-majesté.
— *Tu dicis.* Ce que tu dis est vrai ; il en est
comme tu le dis. Cette manière de répondre
affirmativement à une question est, aujour-
d'hui encore, usitée en Syrie. Elle n'a pas le
sens ambigu que lui prête Théophylacte,
lorsqu'il la commente en ces termes, Enarrat.
in Evang. Matth. xxvii, 11 : « Jesus autem
dixit illi, Tu dicis, sapientissimo responso
dato. Neque enim dixit, Non sum, nec contra,
Ego sum ; sed medio quodam modo dixit, Tu
dicis. Hoc enim potest et sic intelligi : Sum
sicut dicis ; et sic : Ego quidem hoc non dico,
tu autem dicis. »

3. — *Accusabant eum... in multis.* Ce verbe
à l'imparfait, et le πολλά aimé de S. Marc,
sont également significatifs. S. Jean, xviii, 30,
et S. Luc, xxiii, 5, ont conservé quelques-
unes des accusations que les Sanhédristes
portaient contre Jésus. « At illi invalesce-
bant, lisons-nous dans le troisième Evangile,
dicentes : Commovet populum, docens per
universam Judæam, incipiens a Galilæa usque
huc. » — Les mots « ipse vero nihil respondit », qu'on lit à la fin du y. 3 dans plusieurs
manuscrits et quelques versions, sont probablement apocryphes ; car ils sont omis par
les meilleurs témoins.

4 et 5. — *Non respondes quidquam.* Pilate
qui déjà s'intéresse à l'accusé et voudrait lui
sauver la vie, le presse de se défendre, espérant bien qu'un homme en qui se manifeste
une telle dignité renversera sans peine les

allégations évidemment passionnées des Sanhédristes. Mais, *Jesus amplius nihil respondit,* se contentant du « Tu dicis » prononcé
quelques instants auparavant. Le Sauveur se
tait ; il est prêt à subir, par amour pour
nous, le sort qu'on lui destine ; il ne veut rien
faire pour écarter la coupe amère de sa Passion. — La leçon κατηγοροῦσιν, *accusant* de la
Vulgate, est favorisée par d'importants manuscrits, quoique la « Recepta » ait καταμαρ-
τυροῦσιν, « testimonium dicunt ».

c. *Jésus et Barabbas.* xv, 6-15. — Parall. Matth.
xxvii, 15-26 ; Luc. xxiii, 17-25 ; Joan. xviii,
39-xix, 1.

S. Marc raconte à peu près de la même
façon que S. Matthieu, quoique avec plusieurs
variantes intéressantes, cet épisode qui put
faire croire pendant quelques instants à Pilate qu'il réussirait à délivrer Jésus.

6 et 7. — Avant d'arriver à la scène principale, l'Evangéliste note deux faits préliminaires, destinés à orienter le lecteur sur la
suite de l'incident. Le premier fait, y. 6,
consiste en une coutume ayant force de loi,
d'après laquelle, à l'occasion de la Pâque
(*per diem festum ;* c'est à tort que les versions
syriaque et arabe traduisent κατ' ἑορτήν par
« unoquoque die festo »), le gouverneur romain devait mettre en liberté un prisonnier
juif, que le peuple se chargeait lui-même
d'indiquer. Voyez, sur cet usage, l'Evang.
selon S. Matthieu, p. 536. (*Solebat dimittere :*
le texte grec a seulement ἀπέλυεν, « dimitte-
bat » ; mais l'imparfait indique en réalité une
coutume). — Second détail préliminaire, y. 7.
Il y avait précisément alors dans la prison
du prétoire un « vinctus insignis » (Matth.) ;

ctus, qui in seditione fecerat homicidium.

8. Et cum ascendisset turba, cœpit rogare, sicut semper faciebat illis.

9. Pilatus autem respondit eis, et dixit : Vultis dimittam vobis regem Judæorum?

10. Sciebat enim quod per invidiam tradidissent eum summi sacerdotes.

11. Pontifices autem concitaverunt turbam, ut magis Barabbam dimitteret eis.

12. Pilatus autem iterum respon-

avec des séditieux et qui, dans une sédition, avait commis un homicide.

8. Et la foule, étant montée, commença à réclamer ce qu'il faisait toujours pour eux.

9. Et Pilate leur répondit : Voulez-vous que je vous délivre le roi des Juifs?

10. Car il savait que les princes des prêtres l'avaient livré par envie.

11. Mais les pontifes excitèrent la foule pour qu'il leur délivrât plutôt Barabbas.

12. Pilate leur parlant de nouveau

nommé Barabbas, dont S. Marc caractérise très-nettement la conduite criminelle, afin de mieux faire ressortir le contraste qui va suivre (ꙗ. 11). 1° *Cum seditiosis erat vinctus.* C'était un de ces nombreux sicaires qui s'insurgeaient fréquemment alors contre l'autorité romaine, surtout depuis que Pilate se faisait comme un plaisir de blesser les sentiments religieux et nationaux des Juifs. 2° *In seditione fecerat homicidium.* A la révolte il avait joint l'homicide. Ses mains étaient souillées de sang. Voilà l'homme qu'on va bientôt préférer à Jésus ! — Au lieu du singulier « fecerat », le texte grec emploie le pluriel : οἴτινες ἐν τῇ στάσει φόνον πεποιήκεισαν.

8. — Après ce petit préambule S. Marc reprend le fil du récit. — *Cum ascendisset turba.* La Vulgate a lu ἀναβάς, avec les manuscrits B, D, et plusieurs versions, au lieu de l'ἀναβοήσας du Text. recept., « quum clamasset ». La traduction éthiopienne réunit les deux leçons : « ascendit et clamavit ». Ἀναβάς indiquerait que la foule se rendit au prétoire de toutes les parties de la ville, ou bien gravit le Lithostrotos (Cfr. Joan. XIX, 13) qui servait de tribunal au gouverneur. — *Cœpit rogare sicut semper faciebat.* Construction elliptique, pour « cœpit rogare ut faceret sicut... » La foule réclame donc à grands cris l'exercice de son privilège accoutumé.

9 et 10. — *Vultis dimittam vobis...?* Cette demande du peuple coïncidait trop bien avec les désirs les plus intimes du gouverneur, pour qu'il hésitât un seul instant à l'exaucer. Saisissant ce moyen inattendu qui lui était offert de sauver Notre-Seigneur, il suggère aussitôt à la multitude l'idée de lui appliquer l'amnistie. Par les mots *regem Judæorum*, il espérait peut-être exciter davantage la pitié du peuple : Ne vous laissez-vous pas toucher

par l'état misérable de cet homme qui dit être votre roi ? On leur a donné parfois, mais à tort, un sens ironique. — *Sciebat enim.* Le cours même des débats avait révélé à Pilate que c'était par envie que les chefs du parti sacerdotal (leur mention en cet endroit est propre à S. Marc) voulaient à tout prix se défaire de Jésus. Voilà pourquoi, sans engager sa responsabilité, il essayait de s'appuyer sur la foule pour leur arracher leur victime. 11. — *Pontifices autem...* Les prêtres comprirent la manœuvre du « Procurator », et ils s'empressèrent de la déjouer en excitant eux-mêmes le peuple contre Jésus. L'interruption produite dans l'audience par l'arrivée du messager de la femme de Pilate (Cfr. Matth. XXVII, 19 et 20) leur accorda quelques minutes dont ils profitèrent habilement pour arriver à leurs fins sataniques. — *Concitaverunt.* L'expression correspondante du texte grec, ἀνέσεισαν, est d'une grande énergie. On ne la trouve qu'ici et dans S. Luc, XXIII, 5. Elle désigne des efforts vigoureux, opérés en vue d'agiter une réunion d'hommes en soulevant leurs plus mauvaises passions. — *Ut magis Barabbam...* « Magis », plutôt, de préférence. Les prêtres représentaient sans doute au peuple que Barabbas était, après tout, un valeureux champion de la nationalité juive contre l'oppression romaine, un zélote plein de patriotisme, et, qu'à ce titre, c'était à lui qu'on devait donner la préférence.

12-13. — *Quid ergo vultis...* Nous avons ici un exemple de la manière dont S. Marc abrège et condense les faits. Il passe sous silence, parce qu'elles étaient contenues « in nuce » dans les deux lignes qui précèdent (ꙗ. 11), une question de Pilate et une réponse de la foule. Nous trouvons l'une et l'autre dans le premier Évangile, XXVII. 21 : « Quem

leur dit : Que voulez-vous donc que je fasse au roi des Juifs ?

13. Et ils crièrent de nouveau : Crucifiez-le !

14. Mais Pilate leur disait : Pourtant, quel mal a-t-il fait ? Et ils criaient encore plus : Crucifiez-le !

15. Et Pilate, voulant satisfaire le peuple, leur remit Barabbas, et livra Jésus, déchiré de verges, pour être crucifié.

16. Or les soldats le conduisirent

dens, ait illis : Quid ergo vultis faciam regi Judæorum ?

Matth. 27, 22; *Luc.* 23, 14.

13. At illi iterum clamaverunt : Crucifige eum.

Joan. 18, 40.

14. Pilatus vero dicebat illis : Quid enim mali fecit ? At illi magis clamabant : Crucifige eum.

15. Pilatus autem volens populo satisfacere, dimisit illis Barabbam ; et tradidit Jesum, flagellis cæsum, ut crucifigeretur.

16. Milites autem duxerunt eum

---

vultis vobis de duobus dimitti ? At illi dixerunt, Barabbam. » Quoique déçu dans son espérance, Pilate cherche encore à sauver Jésus, en demandant au peuple : Que ferai-je donc au roi des Juifs ? ou, d'après une leçon très-accréditée : Que ferai-je à celui que vous dites être le roi des Juifs ? Il pensait obtenir, pour Jésus comme pour Barabbas, un vote d'élargissement. — *Crucifige eum*! Telle fut la barbare sentence prononcée par la foule. Elle choisit, pour son Messie, le plus atroce et le plus ignominieux des supplices romains. On voit jusqu'à quel point les prêtres avaient réussi à la fanatiser.

14. — *Quid enim mali fecit?* Tout entier aux moyens ingénieux, Pilate tâche d'attirer l'attention de la multitude sur l'innocence de celui dont elle demandait impitoyablement la mort. Mais une populace ameutée, avide de sang, s'inquiète bien de l'innocence de ceux qu'elle égorge ! « Judæi, insaniæ suæ satisfacientes, interrogationi præsidis non respondent. » — *At illi magis clamabant : Crucifige eum,* « ut impleretur illud Jeremiæ (cap. xii) : Facta est mihi hæreditas mea sicut leo in silva ; dederunt contra me vocem suam. » V. Bède. Pauvre peuple, que l'on égare aujourd'hui aussi facilement contre l'Église qu'on l'égarait alors contre Notre-Seigneur Jésus-Christ ! — S. Pierre reprochera plus tard aux Juifs, Act. iii, 13-15, leur conduite criminelle : « Jesum, quem vos quidem tradidistis, et negastis ante faciem Pilati, judicante illo dimitti. Vos autem Sanctum et Justum negastis, et petistis virum homicidam donari vobis : auctorem vero vitæ interfecistis. » Ces déicides ne se doutaient guère alors qu'eux-mêmes ou leurs enfants expieraient bientôt sur la croix le crucifiement de Jésus. Un grand nombre de Juifs en effet furent condamnés à ce supplice par les Romains, durant la guerre qui mit fin à la nation théocratique. Cfr. Jos. Bell. Jud. vi, 28.

15. — *Pilatus autem...* Pilate a fait preuve assurément de quelque justice dans la scène qui précède ; mais il n'a résisté que trop mollement à la foule, et maintenant il n'est plus maître de la situation. A Césarée déjà, comme le raconte Josèphe, Ant. iv, 3, 1, il avait appris dans une circonstance analogue jusqu'où pouvait aller l'obstination d'un attroupement israélite. Il cède donc lâchement aux deux volontés qui avaient été exprimées devant lui : il met Barabbas en liberté et condamne Jésus au supplice de la croix. « Ibis ad crucem », telle était, dans sa concision toute romaine, la sentence du juge en pareil cas. — Les mots *volens populo satisfacere* (sur la locution grecque τὸ ἱκανὸν ποιῆσαι, voyez les Lexiq.) montrent le but que se proposait le Procureur en décrétant ce supplice pour Jésus. Il voulait se débarrasser d'une foule devenue menaçante, relever par cette concession sa popularité depuis longtemps ébranlée. Il est vrai qu'il sacrifiait pour cela un innocent. Mais un gouverneur romain, et surtout un Pilate, n'y regardait pas de si près ! — *Flagellis cæsum* : voyez l'Évangile selon S. Matthieu, p. 544. Nous avons dit (ibid.) que, dans l'intention de Pilate, la flagellation devait être une sorte de compromis destiné à calmer les désirs sauvages du peuple et à épargner la vie de Jésus. Mais, cet expédient ayant échoué comme les autres, ce ne fut en réalité qu'une cruauté inutile. Il servit du moins à réaliser la prophétie de Jésus, « et flagellabunt eum », x, 33, et à nous mériter un surcroît de grâces. — On a, sur la flagellation du Christ, de beaux tableaux de Carrache, du Bassan, de Palmer (musée de Lyon), de Murillo, de Rubens, etc.

11. — **Jésus outragé au prétoire.** xv, 16-19. Parall. Matth. xxvii, 27-30; Joan. xix, 2-3.

16. — *Milites autem...* Le contexte indique qu'il s'agit des soldats romains. Cfr. Matth.

in atrium prætorii, et convocant totam cohortem,

Matth. 27, 27; *Joan.* 19, 2.

17. Et induunt eum purpura, et
imponunt ei plectentes spineam coronam.

18. Et cœperunt salutare eum :
Ave, Rex Judæorum.

19. Et percutiebant caput ejus
arundine : et conspuebant eum, et
ponentes genua, adorabant eum.

20. Et postquam illuserunt ei,
exuerunt illum purpura, et indue-
runt eum vestimentis suis : et educunt illum ut crucifigerent eum.

dans la cour du prétoire et convo-
quèrent toute la cohorte.

17. Ils le revêtirent de pourpre
et, tressant une couronne d'épines,
la mirent sur sa tête.

18. Et ils commencèrent à le saluer : Salut, roi des Juifs !

19. Et ils frappaient sa tête avec
un roseau, et ils crachaient sur lui,
et, fléchissant les genoux, ils l'ado-
raient.

20. Et après s'être joués de lui,
ils lui ôtèrent la pourpre et le revêtirent de ses vêtements pour le cru-
cifier.

---

xxvii, 27, « milites præsidis ». Quand Jésus
eut été condamné à mort par le Sanhédrin,
les valets du grand-prêtre se mirent à l'accabler d'outrages. Cfr. xiv, 65. La soldatesque
impériale agit de même à son égard, quand
Pilate eut ratifié la sentence du grand Conseil. — *In atrium prætorii.* Plus exactement,
d'après le texte grec, « in atrium, quod est
prætorium. » La scène à laquelle nous venons
d'assister s'était passée dans la cour extérieure du palais qui servait de résidence à
Pilate, et qui portait le nom de prétoire selon
la coutume romaine ; celle du couronnement
d'épines aura lieu dans la cour intérieure,
avec laquelle la caserne (castra prætoriana)
était sans doute en communication. — *Convocant totam cohortem.* La cohorte formait la
dixième partie de la légion, et comprenait de
cinq à six cents hommes. Cfr. Ant. Rich,
Dictionn. des antiq. rom. et grecq. pp. 476
et 358. Le « Procurator » de Judée avait six
cohortes à sa disposition : cinq d'entre elles
étaient stationnées à Césarée de Palestine ;
la sixième restait à Jérusalem. Cfr. Jahn,
Archæol. bibl. § 240.

17. — *Induunt eum purpura.* « Comme on
avait appelé Jésus le roi des Juifs, et que le
crime que lui avaient reproché les Scribes et
les prêtres était d'avoir voulu usurper le pouvoir sur le peuple d'Israël, les soldats en font
le sujet de leurs dérisions, et c'est pour cela
que, le dépouillant de ses habits, ils le revê-
tent de la pourpre, distinction des anciens
rois. » V. Bède. D'après la relation plus
exacte de S. Matthieu, xxvii, 28 (voyez le
commentaire), c'est d'une chlamyde, d'un de
leurs manteaux écarlates, que les soldats
revêtirent Notre-Seigneur. Les anciens auteurs
ne se piquent pas d'une parfaite exactitude
lorsqu'il s'agit des couleurs : ils confondent

souvent les nuances voisines. C'est pour cela
que S. Marc et S. Jean appellent « purpura,
vestis purpurea ». ce que S. Matthieu nomme
« coccinea ». Cfr. S. August., De cons. Evang.
l. III, c. ix. — *Spineam coronam.* La dérision
sera complète : au simulacre d'un vêtement
royal, on ajoute celui du diadème royal.

18. — *Ave, Rex Judæorum.* De même la
Recepta : Χαῖρε, βασιλεῦ τῶν Ἰουδαίων. Mais,
d'après de nombreux manuscrits (A, C, E, F,
G, etc.), la leçon authentique paraît avoir
été : Χαῖρε, ὁ βασιλεὺς τῶν Ἰουδαίων, Salut, toi
qui es le roi des Juifs. Cette seconde locution
est plus énergique, par conséquent plus outra-
geante.

19. — *Percutiebant caput ejus arundine.*
Nous savons par S. Matthieu, xxvii, 29, que
ce roseau avait d'abord été placé en guise de
sceptre dans la main droite du Sauveur. —
Conspuebant... adorabant. Remarquez ces imparfaits qui indiquent la répétition, la multiplication des insultes, chacun des soldats de
la cohorte voulant jouer son rôle dans cette
scène affreuse. Ainsi se réalisait une autre
partie de la prophétie de Jésus : « Illudent ei,
et conspuent eum (gentes), » x, 34. — La
dérision du Christ et le couronnement d'é-
pines ont inspiré des œuvres magistrales à
Schidone, au Guide, à Valentin, à Luini, à
Titien, à Rubens. L'attitude vraiment royale
de Jésus y a été en général bien reproduite.

12. — Le chemin de croix. xv, 20-22. — Parall.
Matth. xxvii, 31-33; Luc. xxiii, 26-32; Joan. xix, 16-17.

20. — Quoique déjà rassasié d'opprobres,
comme l'avait prédit Isaïe, Jésus n'a pas
encore vidé la coupe jusqu'à la lie. Il lui faut
encore gravir péniblement le Calvaire et y
subir par amour pour nous une mort cruelle.
C'est pourquoi *educunt illum* (milites) *ut cru-*

21. Et ils contraignirent un homme nommé Simon de Cyrène, père d'Alexandre et de Rufus, qui passait par là en revenant des champs, de porter sa croix.

21. Et angariaverunt prætereuntem quempiam, Simonem Cyrenæum, venientem de villa, patrem Alexandri, et Rufi, ut tolleret crucem ejus.

Matth. 27, 32 ; *Luc.* 23, 27.

22. Et ils le conduisirent au lieu

22. Et perducunt illum in Golgo-

---

cifigerent, afin que s'accomplît encore la prédiction du Sauveur : « Et interficient eum, » x, 34. « Educunt », ils le font sortir d'abord du prétoire, puis de la ville ; car, chez les anciens, les exécutions avaient lieu en dehors de l'enceinte des cités. Cfr. Matth. xxvii, 32 et l'explication. C'est aussi en vertu d'une coutume soit romaine, soit orientale, que nous voyons le supplice suivre d'aussi près la sentence.

21. — *Et angariaverunt...* Voir, sur ce mot, l'Evangile selon S. Matthieu, p. 422, et Beelen, Gramm. græcitatis N. T. p. 20. Il a ici la signification générale de réquisitionner. — *Simonem Cyrenæum.* Ce surnom de Cyrénéen indique-t-il que Simon habitait la Cyrénaïque, et qu'il ne se trouvait en ce moment à Jérusalem qu'à l'occasion de la Pâque ? ou bien signifie-t-il que le porte-croix de Jésus était simplement originaire de cette province, et que son domicile actuel était depuis un certain temps fixé dans la capitale juive ? Le détail qui suit, *venientem de villa* (ἀπ' ἀγροῦ), commun à S. Marc et à S. Luc, rend la seconde opinion très vraisemblable. En effet, il paraît supposer ou que Simon possédait aux environs de Jérusalem une propriété de laquelle il revenait en ce moment, ou, d'après le sens plus ordinaire du mot ἀγρός, qu'il avait sa résidence accoutumée à la campagne, à quelque distance de la ville. Le vague *prætereuntem quempiam* montre qu'il n'était pas connu des lecteurs de S. Marc ; mais, d'un autre côté, les mots *patrem Alexandri et Rufi,* propres à notre Evangéliste, annoncent que les deux fils du Cyrénéen étaient non seulement des chrétiens, mais des chrétiens célèbres dans l'Eglise de Rome, pour laquelle était spécialement composé le second Evangile. Il est même probable qu'Alexandre et Rufus étaient eux-mêmes alors, ou du moins avaient été autrefois domiciliés à Rome ; car, parmi les salutations personnelles qui terminent l'Epître de S. Paul aux Romains, nous trouvons la suivante, xvi, 13 : « Salutate Rufum, electum in Domino, et matrem ejus, et meam ». Or, on admet communément que le Rufus de S. Paul et celui de S. Marc sont identiques. Cette opinion se rencontre déjà dans l'écrit apocryphe intitulé « Acta Andreæ et Petri ». Rien ne prouve au contraire qu'il faille confon-

dre l'autre fils de Simon avec le personnage du même nom mentionné d'une manière peu honorable en divers endroits du Nouveau Testament. Cfr. Act. xix, 33 ; l Tim. i, 20 ; II Tim. iv, 14. Détail curieux : de ces trois noms que nous trouvons dans une famille juive contemporaine de Notre-Seigneur, le premier seul (Simon) était juif. Le second (Alexandre) était grec, le troisième (Rufus) était latin. Ce simple fait suffit pour montrer jusqu'à quel point le Judaïsme tendait à se désagréger, pour devenir cosmopolite. — *Ut tolleret crucem ejus.* « Tout vice, écrit Plutarque, porte son propre tourment, de même que tout criminel porte sa propre croix. » De sera numinis vindicta, ix. Cfr. Artemid. Oneirocrit. ii, 61. Aussi Notre-Seigneur porta-t-il lui-même pendant un certain temps sa croix sur ses épaules. Si les soldats l'en déchargèrent avant la fin du pénible trajet, ce fut assurément parce que, épuisé de fatigue et de douleur, il n'avait plus la force de traîner son pesant fardeau. C'est pour cela qu'au moment où le convoi sortait de la ville (« exeuntes », Matth. xxvii, 32) par la « Porta judiciaria » de la tradition, les bourreaux, rencontrant Simon le Cyrénéen, l'obligèrent de porter la croix à la place de Jésus. Du reste, le but principal était atteint, puisque le divin « Cruciarius » avait eu l'humiliation de traverser, avec l'instrument de son supplice sur le dos, les rues alors si populeuses de Jérusalem, et de recevoir mille outrages.

22. — *Perducunt illum.* Dans le grec, φέρουσιν αὐτόν. Quoique la signification habituelle de φέρω soit « porter », ce verbe s'emploie souvent aussi dans le sens de « adduco ». Peut-être indiquerait-il ici, comme l'ont pensé divers auteurs, la faiblesse de Jésus, de sorte que les soldats furent forcés de le soutenir tandis qu'il gravissait le Calvaire. Comparez le ⍩. 20, où l'Evangéliste s'était servi de ἐξάγω. — *In Golgotha locum.* Sur le nom et l'emplacement du Golgotha, voyez l'Evangile selon S. Matthieu, p. 545. — « Ce serait un beau problème résolu, de retrouver à Jérusalem le chemin que Jésus a parcouru, arrosé de son sang pendant sa Passion. Malheureusement les traditions relatives à la Voie douloureuse sont presque modernes ; c'est-à-dire que les stations désignées aujour-

tha locum, quod est interpretatum Calvariæ locus.

23. Et dabant ei bibere myrrhatum vinum : et non accepit.

24. Et crucifigentes eum, divise-

appelé Golgotha, ce qui est interprêté : Lieu du calvaire.

23. Et ils lui donnèrent à boire du vin mêlé de myrrhe, et il ne le prit pas.

24. Et, l'ayant crucifié, ils se par-

---

d'hui n'ont été définitivement arrêtées qu'au moyen âge. Les seuls points fixes sont le prétoire, qui certainement était situé dans la tour Antonia, le Calvaire et le tombeau : tout le reste est conjectural. Les transformations profondes et successives qu'a subies la Ville sainte rendent presque impossible de reconnaître exactement la ligne parcourue ; on se perd dans un dédale de constructions modernes qui empêchent de l'aborder. Au point de vue de la foi une approximation est tout à fait suffisante. » Rohault de Fleury, Mémoire sur les Instruments de la Passion, p. 280 et s. La « Via crucis », telle que les pèlerins la suivent à Jérusalem depuis plusieurs siècles, a une longueur d'environ 1200 pas. Sa direction générale est de l'Est à l'Ouest, entre la porte S. Etienne et le couvent latin. (Voir R. Riess, Bibel-Atlas, pl. vi ; V. Ancessi, Atlas géograph. pl. xvii). De ces quatorze stations, les neuf premières sont dans la rue, les cinq autres dans l'Eglise du Saint-Sépulcre. « Il y a, dit un auteur protestant, quelque chose qui impressionne vivement dans cette rue sombre, avec ses passerelles voûtées, ses taches d'ombre et de lumière, et ses pierres vénérées autour desquelles on aperçoit toujours quelques petits groupes de pèlerins. » J. Porter, Handbook for Travellers in Syria and Palestine, 2e édit., p. 208. La partie de la Voie douloureuse qui monte au Saint-Sépulcre d'une manière assez abrupte a un cachet tout à fait pittoresque. Voyez Rohault de Fleury, l. c,, p. 280-286 ; de Vogüé, Le temple de Jérusalem, p. 125 et ss. ; Sepp, Jerusalem u. das h. Land, t. I, p. 461 et ss. ; Schegg, Pilgerbuch, t. I, p. 306 et ss. ; Gratz, Théâtre des Evénements racontés dans les Saintes Ecritures, t. I, pp. 375 et ss. ; Mgr Mislin, les Saints Lieux, 2e édit. t. II, p. 206 et ss. — Parmi les chefs-d'œuvre presque innombrables qu'a produits la représentation intégrale ou partielle du Chemin de la Croix, bornons-nous à signaler un tableau de Titien, « image saisissante du Christ portant sa croix et ayant autour du cou une corde tirée par un Juif ignoble » (Rio) et le « Spasimo » de Raphaël. « Le mélange de souffrance et de pitié dans le regard du Christ, quand il s'affaisse sous sa croix, et qu'il dit aux filles de Jérusalem de ne pas pleurer sur lui, donne à cette partie du tableau une force d'attraction qui

semble avoir été calculée pour provoquer un élan d'amour ou de contrition » (Rio).

13. — Crucifiement, agonie et mort de Jésus. xv, 23-37. — Parall. Matth. xxvii, 34-50 ; Luc. xxiii, 33-46 ; Joan. xxiii, 18-30.

23. — Ce verset raconte l'un des préliminaires du supplice de Jésus. Quand l'auguste victime fut arrivée chancelante sur le Golgotha, en vertu d'un ancien usage juif on lui offrit, tout à la fois pour la fortifier et pour la rendre moins sensible aux horribles souffrances du crucifiement, un breuvage que S. Matthieu (xxvii, 34, voyez le commentaire) appelle « vinum (ὄξον) fello mistum », mais que S. Marc désigne plus exactement par les mots *myrrhatum vinum*, c'est-à-dire un mélange de vin et de myrrhe. On sait que les anciens recherchaient ce mélange à cause de son goût aromatique très prononcé, Cfr. Pline, Hist. nat. xiv, 15 ; mais, de plus, ils le regardaient comme un puissant narcotique (Cfr. Dioscorid. 1, 77), et c'est pour ce motif que, d'après l'opinion généralement suivie, des personnes dévouées l'offrirent à Jésus. — *Non accepit.* Le Christ, en effet, devait mourir vivant, et non pas endormi ! Néanmoins, comme le dit S. Matthieu, Jésus consentit à prendre quelques gouttes du vin myrrhé.

24. — *Crucifigentes eum.* Quelles souffrances dans ce seul mot ! « Mes Frères, je vous en conjure, soulagez ici mon esprit ; méditez vous-mêmes Jésus crucifié, et épargnez-moi la peine de vous décrire ce qu'aussi bien les paroles ne sont pas capables de vous faire entendre : contemplez ce que souffre un homme qui a tous les membres brisés et rompus par une suspension violente ; qui, ayant les mains et les pieds percés, ne se soutient plus que sur ses blessures, et tire ses mains déchirées de tout le poids de son corps entièrement abattu par la perte du sang ; qui, parmi ses excès de peine, ne semble élevé si haut, que pour découvrir de loin un peuple infini, qui se moque, qui remue la tête, qui fait un sujet de risée d'une extrémité si déplorable ». Bossuet, 4e sermon pour le Vendredi saint, Edit. de Versailles, t. III, p. 488. Cfr. l'intéressant ouvrage de Chr. G. Richter, Dissertationes quatuor medicæ, Gœtting. 1775.—Pour toutes les questions relatives à la croix et au

tagèrent ses vêtements, tirant au sort ce que chacun en emporterait.

25. Or, c'était la troisième heure lorsqu'ils le crucifièrent.

26. Et le titre de sa condamnation était ainsi écrit : Roi des Juifs.

27. Et ils crucifièrent avec lui deux voleurs, l'un à sa droite, l'autre à sa gauche.

28. Ainsi fut accompli l'Écriture qui dit : Il a été rangé parmi les criminels.

runt vestimenta ejus, mittentes sortem super eis, quis quid tolleret.

Matth. 27, 35; *Luc.* 23, 34; *Joan.* 19, 23.

25. Erat autem hora tertia : et crucifixerunt eum.

26. Et erat titulus causæ ejus inscriptus : REX JUDÆORUM.

27. Et cum eo crucifigunt duos latrones; unum a dextris, et alium a sinistris ejus.

28. Et impleta est scriptura, quæ dicit : Et cum iniquis reputatus est.

Isai. 53, 12.

---

crucifiement, nous renvoyons le lecteur à notre commentaire sur S. Matthieu, pp. 546-548. Au point de vue artistique, on pourrait remplir un volume si l'on voulait décrire tout ce que le crucifiement de Jésus a produit de remarquable en fait de tableaux, de gravures et de sculptures. Avec la crèche, c'est la croix qui a le plus inspiré les grands maîtres de tous les temps. Les œuvres de Duccio, de Bernardino Luini, de Cavallini, de Lorenzetti, d'Avanzi, de Ferrari, de Véronèse, du Pérugin, de Rubens, de fra Angelico, nous plaisent entre toutes. — *Diviserunt* (scil. milites) *vestimenta ejus*... Valentin et Lebrun ont bien reproduit cette scène. Les licteurs ou soldats qui remplissaient l'office de bourreaux avaient droit aux vêtements des suppliciés. Les dés à jouer, que tout guerrier romain portait habituellement sur lui, servirent à déterminer le lot de chacun des quatre exécuteurs. — Sur la locution *quis quid tolleret*, voyez Beelen, Gramm. p. 539.

25. — *Erat autem hora tertia*. Trait propre à S. Marc. La troisième heure des anciens équivaut environ à 9 h. du matin. Comme d'après S. Jean, XIX, 14, Jésus se trouvait encore au prétoire vers la sixième heure, on a souvent pensé, à la suite de S. Jérôme, que l'adjectif « tertia » de notre texte devait être une erreur de copiste pour « sexta »; mais nous verrons plus tard que S. Jean avait adopté une numération spéciale. Il n'y a donc rien à changer. — *Et crucifixerunt* est pour « quum crucifixerunt. »

26. — *Titulus causæ ejus*... « Titulus », ἡ ἐπιγραφή, tels étaient bien les mots techniques de la Grèce et de Rome pour désigner la planchette sur laquelle on écrivait le motif de la condamnation des crucifiés, et qu'on attachait au sommet de la croix. Voyez Matth. XXVII, 37 et le commentaire. — *Rex Judæorum*. Des quatre inscriptions qui nous ont été conservées dans les SS. Évangiles, celle de S. Marc est notablement la plus courte. Elle

indique seulement la nature du crime imputé à Jésus. Peut-être était-ce l'inscription latine.

27 et 28. — *Cum eo crucifigunt*... C'était, on le devine aisément, pour humilier davantage Notre-Seigneur Jésus-Christ qu'on avait crucifié auprès de lui deux scélérats de la pire espèce. En les plaçant l'un à sa droite, l'autre à sa gauche, comme des assesseurs, on jouait encore sur son titre de roi; car, dans cette situation, ils semblaient se tenir à côté de son trône à la façon de deux premiers ministres. « Ces deux larrons, dit Théophylacte, étaient la figure des deux peuples, le peuple juif et le peuple païen, tous les deux coupables, mais celui-ci pénitent, celui-là blasphémateur jusqu'à la fin. » — *Et impleta est Scriptura*... On a douté parfois de l'authenticité de ce ɣ. 28, soit parce qu'il est omis par d'importants manuscrits (A, B, C, D, X, Sinait. etc.), soit parce qu'il n'est guère dans le genre de S. Marc de mentionner l'accomplissement des anciens oracles. Mais, à ces allégations, nous répondrons, d'une part que la grande majorité des manuscrits, des versions et des Pères citent le passage incriminé, d'autre part que notre Évangéliste, tout à fait au début de son récit, I, 2 et ss., a déjà signalé à propos du Précurseur la réalisation des prophéties de l'Ancien Testament. Nous avons donc des preuves largement suffisantes pour maintenir que le ɣ. 28 est authentique. Il forme une des particularités de S. Marc, et nous tenons à la lui conserver. — *Et cum iniquis*... Cette prophétie est extraite d'Isaïe, LIII, 12. « Les anciens Juifs et le paraphraste chaldéen l'entendent du Messie. S. Philippe, dans les Actes, VIII, 32, 33, lui en fait aussi l'application. Et Jésus-Christ lui-même dans S. Luc, XXII, 37, avait averti qu'il fallait qu'on en vît l'application dans sa personne. » D. Calmet, h. l.

29-32. — S. Marc passe au récit navrant des outrages dont les Juifs n'eurent pas honte

29. Et prætereuntes blasphemabant eum, moventes capita sua, et dicentes : Vah, qui destruis templum Dei, et in tribus diebus reædificas :

Joan. 2, 19.

30. Salvum fac temetipsum, descendens de cruce.

31. Similiter et summi sacerdotes illudentes, ad alterutrum cum Scribis dicebant : Alios salvos fecit, seipsum non potest salvum facere.

32. Christus Rex Israel descendat nunc de cruce, ut videamus, et credamus. Et qui cum eo crucifixi erant, convitiabantur eis.

33. Et facta hora sexta, tenebræ factæ sunt per totam terram usque in horam nonam.

34. Et hora nona exclamavit Jesus voce magna, dicens : Eloi, Eloi, lamma sabacthani! quod est interpretatum : Deus meus, Deus meus, ut quid dereliquisti me?

Psal. 21, 2; Matth. 27, 46.

29. Et les passants le blasphèmaient, branlant la tête et disant : Vah! toi qui détruis le temple de Dieu et le rebâtis en trois jours,

30. Sauve-toi toi-même en descendant de la croix!

31. Et pareillement les princes des prêtres, se moquant, avec les Scribes, se disaient l'un à l'autre : Il a sauvé les autres et il ne peut se sauver lui-même;

32. Que le Christ, roi d'Israël, descende maintenant de la croix, pour que nous voyions et croyions. Ceux qui avaient été crucifiés avec lui l'outrageaient aussi.

33. Et, la sixième heure venue, les ténèbres s'étendirent sur toute la terre jusqu'à la neuvième heure.

34. Et, à la neuvième heure, Jésus cria d'une voix forte, disant : Eloï, Eloï, lamma sabacthani? Ce qui est interprété : Mon Dieu, mon Dieu, pourquoi m'avez-vous délaissé?

---

d'abreuver le divin Crucifié. Les détails qu'il donne à ce sujet diffèrent à peine de ceux que nous avons lus dans S. Matthieu. Il distingue, lui aussi, trois classes d'insulteurs : les passants, ℣℣. 29 et 30, les Sanhédristes, ℣℣. 31 et 32ᵃ, et les voleurs 32ᵇ. Il abrège un peu, selon sa coutume : mais il a aussi plusieurs petits traits originaux, par exemple, le pittoresque *ad alterutrum* du ℣. 31, et les mots *ut videamus* du ℣. 32. — Cette affreuse scène montre jusqu'à quel point allait la haine des ennemis de Jésus : elle est du reste très conforme aux mœurs de l'Orient, où l'on ne craint pas d'insulter les condamnés à mort jusque sur le gibet où ils agonisent.

33. — *Tenebræ factæ sunt*. Trois heures déjà s'étaient écoulées depuis que Jésus avait été attaché à la croix. Cfr. ℣. 25. Vers midi (*hora sexta*), le ciel se voila tout à coup d'une manière mystérieuse et surnaturelle (voyez l'Evangile selon S. Matthieu, p. 552), comme pour n'être pas témoin des souffrances et de la mort du Christ. Ces ténèbres, qui enveloppèrent non seulement la ville déicide, mais la Palestine entière et probablement une partie considérable du vieux monde, *totam terram*,

persévérèrent jusqu'au dernier soupir de Jésus.

34. — *Hora nona*. A trois heures de l'après-midi. C'est alors qu'on offrait dans le temple le sacrifice du soir. A ce moment suprême, l'agonie de Jésus expirant atteignit son plus haut degré. Délaissé de son Père céleste, de même qu'il était délaissé des hommes, Notre-Seigneur prononça d'une voix forte ce texte des Psaumes : *Eloï, Eloï, lamma sabacthani!* Cfr. Matth. XXVII, 46 et l'explication. Dans le premier Evangile, nous lisions « Eli » (אלי) au lieu de « Eloï » (אלהי). S. Marc a conservé la forme araméenne, qui fut vraisemblablement celle dont le divin Maître se servit. Quelles angoisses dans cette exclamation déchirante! « C'est un prodige inouï qu'un Dieu persécute un Dieu, qu'un Dieu abandonne un Dieu, qu'un Dieu délaissé se plaigne, et qu'un Dieu délaissant soit inexorable : c'est ce qui se voit sur la croix. La sainte âme de mon Sauveur est remplie de la sainte horreur d'un Dieu tonnant; et comme elle se veut rejeter entre les bras de ce Dieu pour y chercher son soutien, elle voit qu'il tourne la face,... qu'il la livre tout entière en

35. Et quelques-uns de ceux qui l'entouraient, en l'entendant, dirent : Voilà qu'il appelle Elie.

36. Et l'un d'eux courut, remplit de vinaigre une éponge, la mit au bout d'un roseau et lui donna à boire, disant : Laissez, voyons si Elie viendra le délivrer.

37. Mais Jésus ayant jeté un grand cri expira.

38. Et le voile du temple se déchira en deux, depuis le haut jusqu'en bas.

39. Le centurion qui était debout

35. Et quidam de circumstantibus audientes dicebant : Ecce Eliam vocat.

36. Currens autem unus, et implens spongiam aceto, circumponensque calamo, potum dabat ei, dicens : Sinite, videamus si veniat Elias ad deponendum eum.

37. Jesus autem emissa voce magna expiravit.

38. Et velum templi scissum est in duo, a summo usque deorsum.

39. Videns autem centurio, qui

---

proie aux fureurs de sa justice irritée. Où sera votre recours, ô Jésus? Poussé à bout par les hommes avec la dernière violence, vous vous jetez entre les bras de votre Père; et vous vous sentez repoussé, et vous voyez que c'est lui-même qui vous persécute..., lui-même qui vous accable par le poids intolérable de ses vengeances ». Bossuet, Troisième sermon pour le Vendredi saint, 2ᵈ point.

35 et 36. — *Ecce Eliam vocat.* Notre Evangéliste raconte presque dans les mêmes termes que S. Matthieu l'incident auquel donna lieu le cri de détresse poussé par Jésus. Le dernier trait, *sinite, videamus*, a néanmoins reçu dans sa narration une forme spéciale. En effet, tandis que c'est à une personne animée d'un certain sentiment de compassion à l'égard de Jésus qu'il fait dire : Laissez! voyons si Elie viendra l'aider à descendre, S. Matthieu prête cette réflexion à toute l'assistance : « Cæteri vero dicebant : Sine, videamus... » Mais qui donc prononça en réalité cette parole? « Intelligimus et illum et cæteros hoc dixisse », répond fort bien S. Augustin, De cons. Evang. l. II, c. 47. En combinant les deux récits, on obtient un tableau vivant de la surexcitation créée au pied de la croix par le cri du Sauveur. — Notons encore, d'un côté l'expression *ad deponendum eum* (καθελεῖν αὐτόν), plus pittoresque que le « liberans eum » du premier Evangile; d'un autre côté, les quatre participes δραμών, γεμίσας, περιθείς, λέγων, qui, dans les meilleures éditions du texte grec, se suivent sans liaison d'aucun genre, ce qui rend la description aussi rapide que dût l'être le fait lui-même. C'est bien là le style de S. Marc.

37. — *Emissa voce magna, expiravit.* Ce cri poussé d'une voix forte était le cri d'un vainqueur plutôt que celui d'un agonisant. Jésus expira donc dans la plénitude de sa liberté, et non comme une victime de la sentence terrible qui a condamné tous les hommes à

la mort. — « Avant de mourir, Prudhon peignit le Christ mourant (galeries du Louvre), ce beau Christ qui ne ressemble à aucun autre, qui est éclairé d'une lumière fantastique, et dont la sublime figure se perd dans les ombres d'une tristesse infinie ». Ch. Blanc. Autre beau tableau de Lebrun. Fresque de Flandrin à Saint-Germain-des-Prés : les yeux de Jésus ne sont pas encore fermés, mais déjà la mort les envahit; agonie très-émouvante.

14. — **Ce qui suivit immédiatement la mort du Christ.** xv, 38-41. — Parall. Matth. xxvii, 51-56; Luc. xxiii, 47-49.

38. — « Postquam narravit Evangelista passionem et mortem Christi, nunc prosequitur de his quæ post mortem Domini contigerunt », Gloss. ord. S. Marc, comme S. Matthieu, mentionne trois sortes d'incidents; mais il abrège considérablement le premier car, se contentant de parler du voile du temple, il ne dit rien du tremblement de terre, des rochers fendus, des morts ressuscités. — Premier fait : *Velum templi scissum est.* Ce fut là certainement un éclatant prodige et un profond symbole. Voyez l'Evang. selon S. Matth. p. 554. Grâce à la mort de Jésus, il n'y a désormais plus de barrière entre Dieu et les hommes. La porte du royaume des cieux est largement ouverte. Le καταπέτασμα qui séparait les deux parties du temple nommées Saint et Saint des Saints était un voile magnifique : il était composé en grande partie de pourpre et d'or; des Chérubins brodés le recouvraient presque en entier.

39. — *Videns autem centurio.* C'est le second fait. S. Marc, dans la relation qu'il en donne, a plusieurs particularités intéressantes. D'abord, il emploie pour désigner le centurion un mot latin grécisé, κεντυρίων, tandis que les deux autres synoptiques se

ex adverso stabat, quia sic clamans expirasset, ait : Vere hic homo Filius Dei erat.

40. Erant autem et mulieres de longe aspicientes; inter quas erat Maria Magdalene, et Maria Jacobi minoris et Joseph mater, et Salome :

Matth. 27, 55.

41. Et cum esset in Galilæa, sequebantur eum, et ministrabant ei, et aliæ multæ quæ simul cum eo ascenderant Jerosolymam.

Luc. 8, 2.

42. Et cum jam sero esset factum, (quia erat parasceve, quod est ante sabbatum),

Matth. 27, 57; Luc. 23, 50; Joan. 19, 38.

---

en face, voyant qu'il avait expiré en jetant un tel cri, dit : Vraiment cet homme était le Fils de Dieu.

40. Or il y avait aussi des femmes qui regardaient de loin; parmi elles étaient Marie Madeleine, et Marie mère de Jacques le Mineur et de Joseph, et Salomé,

41. Qui, lorsqu'il était en Galilée, le servaient et le suivaient, et beaucoup d'autres qui étaient montées avec lui à Jérusalem.

42. Et, comme le soir était déjà venu (c'était en effet le jour de la Préparation, c'est-à-dire la veille du sabbat),

---

servent de l'expression classique ἑκατόνταρχος : de même aux ℣℣. 44 et 45 (Voir la Préface, § IV, 3). En second lieu, il est seul à noter un trait pittoresque, *qui ex adverso stabat* (ὁ παρεστηκὼς ἐξ ἐναντίας αὐτοῦ, littéral. « stans ex adverso ejus » scil. Jesu), d'où il ressort que le centurion avait parfaitement vu et entendu. En troisième lieu, il signale explicitement le dernier cri du Sauveur comme la cause de l'étonnement du Centenier, *quia sic clamans expirasset*. Cet homme de guerre, qui avait sans doute assisté à un grand nombre d'agonies, ne se souvenait pas d'avoir jamais été témoin d'un pareil fait. Dans ce cri, d'autant plus extraordinaire que les « cruciarii » mouraient presque toujours d'épuisement, il vit donc quelque chose de surnaturel : puis, l'associant à la conduite si noble de Jésus, à sa patience, aux ténèbres mystérieuses, etc., il en vint jusqu'à formuler ce jugement intérieur : *Vere hic homo Filius Dei erat*. C'est la seconde conversion opérée par le Christ mourant : la première avait été celle du bon larron.

40 et 41. — Troisième fait. *Erant autem et mulieres.* « Et » a le sens de « etiam » : Avec le Centurion, il y avait encore des femmes... — *De longe aspicientes.* Ces mots font tableau, de même que « ex adverso stabat » au verset précédent. — Comme S. Matthieu, S. Marc signale à part trois des saintes amies de Jésus, les plus connues sans doute et les plus dévouées. Mais il y a quelque chose de spécial dans sa mention des deux dernières. 1° Au nom de Jacques, fils de Marie, il ajoute l'épithète *minoris* (τοῦ μικροῦ, le petit), pour le distinguer de l'Apôtre S. Jacques dit le Majeur. D'où provenait ce surnom ? Suivant les uns de la taille, suivant d'autres de la jeu-

nesse relative du fils de Marie ; on a dit aussi qu'il se l'était lui-même imposé par modestie. 2° S. Marc désigne la mère des enfants de Zébédée par son nom de *Salome*. Cfr. Matth XXVII, 56. — *In Galilæa sequebantur eum...* L'Evangéliste condense dans ces quelques paroles une longue série de services généreux et dévoués. Cfr. Luc. VIII, 1-3. Remarquez l'emploi de l'imparfait, ἠκολούθουν, διηκόνουν. — *Quæ simul cum eo ascenderant...* Ces saintes femmes n'ont pas voulu se séparer de leur Maître : elles l'ont suivi jusqu'à la mort.

15. — **La sépulture de Jésus.** xv, 42-47. — Parall. Matth. xxvii, 57-61 ; Luc. xxiii, 50-56 ; Joan. xix, 38-42.

S. Marc est ici plus complet que S. Matthieu. Il a plusieurs détails intéressants qui lui sont propres.

42. — Nous trouvons dans ce verset deux circonstances de temps, relatives, la première, *sero*, à l'heure du jour vers laquelle se passèrent les faits qui vont être racontés, la seconde, *erat parasceve*, au jour lui-même. C'était un jour de « Parascève », παρασκευή, c'est-à-dire de Préparation ; or, comme l'indique ensuite S. Marc pour ses lecteurs non-juifs, ce mot technique παρασκευή équivaut (*quod est*, ὅ ἐστι) à προσάββατον, avant-sabbat, par conséquent, à « veille du sabbat ». C'est donc le vendredi qu'on désignait ainsi dans le Judaïsme. Cfr. Matth. xxvii, 62. Mais, comme le sabbat approchait (comp. Luc. xxiii, 54 et le commentaire) lorsqu'on procéda à l'ensevelissement du Sauveur, et comme, d'un autre côté, les jours commençaient chez les Juifs au coucher du soleil, la vague formule *cum jam sero factum esset* doit indiquer les dernières heures du vendredi, de

43. Joseph d'Arimathie, noble décurion, qui attendait, lui aussi, le royaume de Dieu, vint et entra hardiment chez Pilate et lui demanda le corps de Jésus.

44. Et Pilate s'étonnait qu'il fût mort si tôt. Ayant fait venir le centurion, il lui demanda s'il était déjà mort.

45. Et, lorsqu'il fut instruit par le centurion, il donna le corps à Joseph.

43. Venit Joseph ab Arimathæa, nobilis decurio. qui et ipse erat expectans regnum Dei, et audacter introivit ad Pilatum, et petiit corpus Jesu.

43. Pilatus autem mirabatur si jam obiisset. Et accersito centurione, interrogavit eum si jam mortuus esset.

45. Et cum cognovisset a centurione, donavit corpus Joseph.

---

trois à six heures environ. — Ces renseignements de l'Évangéliste ont pour but d'expliquer pourquoi Joseph d'Arimathie et les autres amis de Jésus se hâtèrent de l'ensevelir. Une grande diligence était nécessaire, puisqu'on ne pouvait disposer que d'un temps peu considérable avant l'ouverture du repos sacré.

43. — *Joseph ab Arimathæa.* On ajoute au nom de Joseph celui de sa patrie, pour le distinguer de ses homonymes évangéliques. Sur la situation probable d'Arimathie, voyez l'Évangile selon S. Matth. p. 557 et s. — *Nobilis decurio.* Dans le grec, εὐσχήμων βουλευτής. L'adjectif εὐσχήμων (de εὖ et σχῆμα) signifie au propre « forma pulcher, decorus », au figuré « honestus », puis, « nobilis, spectabilis », et telle est ici sa vraie signification. Cfr. Bretschneider, Lexic. man., s. v. Quant au substantif βουλευτής, littéral. « consiliarius », il a été différemment interprété. Lightfoot, Hor. hebr. pp. 569 et ss., supposant que Joseph d'Arimathie était prêtre, le traduit par « conseiller du temple »; Érasme, Casaubon, Michaelis (Begræbniss. u. Auferstehungsgesch. Christi, p. 44) et Grotius, par « conseiller municipal », avec cette différence que le conseil municipal dont Joseph aurait fait partie était celui de Jérusalem d'après Grotius, celui d'Arimathie suivant Érasme. Mais on admet communément et plus justement (Cfr. Luc. XXIII, 50, 51 et l'explication) que βουλευτής signifie dans le Nouveau Testament « assessor synedrii magni ». Joseph était donc l'un des 70 membres du sanhédrin juif. — *Qui et ipse...*, ὃς καὶ αὐτὸς, expression emphatique. Lui aussi, comme S. Siméon, comme Ste Anne, comme tant d'autres Juifs pleins de foi, « il attendait le royaume de Dieu », c'est-à-dire l'avènement du Messie et de son règne mystique. Remarquez la construction *erat expectans* (calquée sur le grec ἦν προσδεχόμενος), qui marque une attente anxieuse, constante et fidèle. Cfr. Beelen, Gramm. p. 380. Mais, voici que les pieux désirs de Joseph ont été satisfaits : le royaume de Dieu est arrivé

pour lui. A en croire une tradition vénérable, ce « nobilis decurio », devenu plus tard missionnaire, aurait évangélisé la grande Bretagne, et construit à Glastonbury, comté de Somerset, le premier oratoire chrétien de l'Angleterre. Cfr. Dugdale, Monasticon, I, 1 ; Hearne, Hist. and Antiq. of Glastonbury; Acta SS. Martyr. II, 507 et ss. ; Giry, Vie des Saints, III, 328-334. Une autre tradition, qui présente moins de garanties, le range parmi les 72 disciples. Cfr. Assemani, Biblioth. Orient. III, 1, 319 et ss. — *Audacter introivit.* Excellente traduction du grec τολμήσας εἰσῆλθε (littéral. ayant osé il entra). Ces mots sont significatifs à divers titres : d'abord, parce qu'il fallait en soi un courage réel pour faire alors ouvertement une démarche favorable à Jésus ; en second lieu parce que, jusqu'à cet instant, Joseph était demeuré disciple secret du divin Maître « propter metum Judæorum », Joan. XIX, 38. Mais la croix du Sauveur l'a transformé en héros ! Sa timidité antérieure disparaît complètement, et il s'approche sans crainte de Pilate pour lui demander le corps de Jésus.

44 et 45. — *Pilatus mirabatur...* Détail propre à S. Marc. Les « cruciarii » demeuraient ordinairement un jour et demi, deux jours, parfois même trois jours sur la croix avant d'expirer. Aucun organe essentiel n'étant lésé en eux, la vie ne les quittait qu'avec lenteur. De là cet étonnement de Pilate ; de là aussi l'enquête qu'il fit faire auprès du centurion de garde. — *Donavit corpus.* Ἐδωρήσατο signifie proprement « donner en présent, donner d'une manière gratuite. » Il n'était pas rare que les magistrats romains ne consentissent que moyennant une somme considérable à livrer aux parents ou aux amis les corps des suppliciés, pour qu'on leur accordât une sépulture honorable (Cfr. Cic. Verr. V, 45; Justin. IX, 4, 6) : Pilate se montra généreux et ne demanda rien. C'est sans doute ce que notre Évangéliste a voulu exprimer par le verbe δωρέω. Si, après ce verbe, nous

46. Joseph autem mercatus sindonem, et deponens eum, involvit sindone, et posuit eum in monumento, quod erat excisum de petra, et advolvit lapidem ad ostium monumenti.

47. Maria autem Magdalene, et Maria Joseph, aspiciebant ubi poneretur.

46. Et Joseph, ayant acheté un linceul, le détacha *de la croix* et l'enveloppa du linceul, et le déposa dans un tombeau qui était taillé dans le roc, et roula une pierre à l'entrée du tombeau.

47. Or, Marie-Maleleine et Marie, mère de Joseph, regardaient où on le mettrait.

CHAPITRE XVI

Les saintes femmes au sépulcre (℣℣. 1-8). — Jésus apparaît à Marie-Madeleine (℣℣. 9-11), à deux disciples (℣℣. 12-13), aux Apôtres réunis (℣. 14). — Les dernières paroles de Jésus (℣℣. 15-18). — Ascension de Notre-Seigneur Jésus-Christ (℣. 19). — Résumé de la prédication apostolique (℣. 20).

1. Et cum transisset sabbatum, Maria Magdalene, et Maria Jacobi,

1. Et, lorsque le sabbat fut passé, Marie Madeleine, et Marie mère de

---

lisons avec les manuscrits B, D, L, etc., τὸ πτῶμα, « cadaver », au lieu de τὸ σῶμα, nous obtenons une petite nuance caractéristique, qui serait tout à fait dans le genre de S. Marc. Joseph demanda le corps sacré (τὸ σῶμα) de Jésus, ℣. 43 ; Pilate lui fit donner le cadavre du supplicié. Ces mots expriment très bien la différence des sentiments qui animaient Joseph et Pilate à l'égard de Notre-Seigneur.

46. — Après avoir raconté les préliminaires de la sépulture de Jésus, l'Evangéliste passe au fait même de l'ensevelissement. — *Mercatus* est une particularité de S. Marc. C'est au sortir du prétoire que Joseph alla acheter le *sindon*, c'est-à-dire une grande pièce d'étoffe destinée à servir de linceul à Jésus. — *Deponens*, καθελών : expression classique pour indiquer l'action de descendre de la croix les corps des « cruciarii ». Cfr. Bretschneider, Lexic. man. s. v. καθαιρέω. — *Posuit eum in monumento*, « suo novo », ajoute S. Matthieu, XXVII, 60 (voyez le commentaire). Ainsi s'accomplissait un oracle célèbre d'Isaïe, LIII, 9 (du moins d'après la traduction probable de l'hébreu. Cfr. le commentaire de M. Trochon, p. 251). — Les grands maîtres ont souvent pris ce verset pour thème de leurs magnifiques développements. 1° Descente de croix : Schidone, frà Bartholomeo, Andrea del Sarto, Raphaël, Jouvenet, Lesueur, Bourdon, B. Luini, Antonio Razzi, Giotto, frà Angelico, Rubens, etc. 2° Le Christ porté au tombeau : Schidone, Titien. 3° L'ensevelissement : le Bassan, Rosso, Van der Werff, Pinturicchio, Raphaël, etc.

47. — L'épisode de la sépulture se termine, dans les deux premiers Evangiles, comme celui du crucifiement. Cfr. ℣℣. 40 et 41 ; Matth. XXVII, 55, 56, 61. De part et d'autre nous voyons, à l'arrière-scène du tableau, les saintes femmes debout, et pourtant attentives à ce qui se passait autour d'elles (*aspiciebant*, ἐθεώρουν) : elles ne quitteront le Calvaire que lorsque les restes précieux de Jésus auront été mis dans le sépulcre, et encore ne sera-ce qu'avec l'intention de revenir au plus tôt. C'est pour cela qu'elles regardaient *ubi poneretur*. Le grec flotte entre le présent τίθεται et le parfait τέθειται.

TROISIÈME PARTIE

VIE GLORIEUSE DE NOTRE-SEIGNEUR JÉSUS-CHRIST. XVI.

Le ministère public et la Passion du Sauveur, tel est, à vrai dire, le fond de sa vie messianique. Aussi les Evangélistes passent-ils très rapidement sur ses mystères glorieux. Ils les signalent néanmoins, et S. Marc le fait avec son originalité ordinaire. Bien plus, il partage avec S. Luc le mérite d'avoir mentionné l'Ascension de Jésus à la suite de sa Résurrection.

Jacques, et Salomé achetèrent des parfums pour venir embaumer Jésus.

2. Et *parties* de grand matin le premier jour après le sabbat, elles arrivèrent au sépulcre le soleil étant déjà levé.

3. Et elles disaient entre elles : Qui nous ôtera la pierre de l'entrée du sépulcre?

4. Et en regardant, elles virent la pierre ôtée; or elle était fort grande.

et Salome emerunt aromata, ut venientes ungerent Jesum.

Matth. 28, 1; *Luc.* 24, 1; *Joan.* 20, 1.

2. Et valde mane una sabbatorum, veniunt ad monumentum, orto jam sole.

3. Et dicebant ad invicem : Quis revolvet nobis lapidem ab ostio monumenti?

4. Et respicientes viderunt revolutum lapidem. Erat quippe magnus valde.

---

1. — Le Christ ressuscité. xvi, 1-44.

2. *Les saintes femmes au sépulcre.* xvi, 1-8. Parall. Matth. xxviii, 1-10; Luc. xxiv, 1-8.

CHAP. XVI. — 1. — « Post sabbati tristitiam, felix irradiat dies, quæ primatum in diebus tenet, luce prima in eo lucescente, et Domino in eo cum triumpho resurgente. » Pseudo-Hieron. h. l. Les détails de ce premier verset sont propres à notre Evangéliste. Ils consistent en une date, en un fait, en un but. — 1º La date : *Cum transisset sabbatum;* c'était donc le samedi soir après le coucher du soleil, puisque, à ce moment, le sabbat et son repos obligatoire cessaient. — 2º Le fait: les trois saintes femmes que nous avions vues la veille auprès de la croix de Jésus expirant, xv, 40, achètent des baumes et des parfums précieux, *aromata.* Elles le pouvaient alors; car, aussitôt que le sabbat avait pris fin, les magasins, fermés pendant les vingt-quatre heures précédentes, s'ouvraient afin que chacun pût faire ses achats pour les besoins du soir et du lendemain matin. — *Maria Jacobi* est la même que « Maria Joseph » de la fin du chap. xv (ẙ. 47). D'abord désignée, xv, 40, par les noms réunis de ses deux fils, elle l'est ensuite alternativement par les noms séparés de l'un et de l'autre. — 3º Le but : *ut ungerent Jesum.* L'ensevelissement du Sauveur avait eu lieu à la hâte et d'une manière imparfaite à cause de l'approche du sabbat (Cfr. xv, 42). Les pieuses amies de Jésus se proposent de le compléter.

2. — La formule *una sabbatorum* équivaut à « prima die post sabbatum », et indique par conséquent le dimanche. Voyez l'Evang. selon S. Matth. p. 563. — *Veniunt* au présent : trait graphique. Le verbe est à l'aoriste dans les deux autres synoptiques. — *Orto jam sole.* S. Marc ayant dit une ligne plus haut qu'il était *valde mane*, λίαν πρωΐ, quand les saintes femmes vinrent auprès du sépulcre, divers interprètes anciens et modernes ont donné à ἀνατείλαντος le

sens du présent ἀνατέλλοντος (« oriente jam sole », S. August.), afin de mettre ainsi l'Evangéliste tout à fait d'accord avec lui-même. Mais la grammaire s'oppose à une telle traduction. La conciliation se fait sans peine si l'on admet que, parties de chez elles avant le lever du soleil, les deux Marie et Salomé arrivèrent au tombeau de Jésus quand cet astre commençait à paraître. Du reste, à cette époque de l'année, en Orient surtout, l'heure du lever du soleil peut s'appeler matinale. Comparez Joan. xx, 1 et l'explication.

3 et 4. — *Dicebant ad invicem.* Chemin faisant, Marie Madeleine et ses compagnes ont un sujet d'anxiété. Se rappelant qu'une grosse et lourde pierre avait été roulée à l'entrée de la grotte sépulcrale, xv, 46, elles se demandent : *Quis revolvet nobis lapidem...?* Elles craignent, à cette heure peu avancée du jour, de ne rencontrer personne qui puisse leur rendre ce bon office. On le voit, elles sont dans une ignorance absolue de ce qui s'était passé l'avant-veille auprès du sépulcre. Elles ne savent rien des gardes, ni des sceaux apposés sur la pierre. Cfr. Matth. xxvii, 62-66. — *Respicientes*, ἀναβλέψασαι : l'expression a été très heureusement choisie, car elle signifie « voir de bas en haut ». Or le sépulcre était précisément sur une éminence, et les saintes femmes arrivaient par en bas. Ce trait est donc tout à fait pittoresque. D'ailleurs, tous les détails contenus dans ces deux versets sont de nouvelles particularités du second Evangile. — *Erat quippe magnus valde.* Ces mots viendraient peut-être mieux à la suite du ẙ. 3, et c'est là en effet que les placent le Cod. D et plusieurs manuscrits latins. Dans leur situation actuelle, qui est probablement la bonne, ils expliquent comment les saintes femmes purent remarquer de loin que la pierre avait été roulée en avant du tombeau.

5. — *Introeuntes in monumentum.* Les sépulcres juifs des environs de Jérusalem, du

5. Et introeuntes in monumentum, viderunt juvenem sedentem in dextris, coopertum stola candida, et obstupuerunt.   *Joan.* 20, 12.

6. Qui dicit illis : Nolite expavescere : Jesum quæritis Nazarenum, crucifixum ; surrexit, non est hic, ecce locus ubi posuerunt eum.
        Matth. 28, 5; *Luc.* 24, 4.

7. Sed ite, dicite discipulis ejus, et Petro, quia præcedit vos in Galilæam : ibi eum videbitis, sicut dixit vobis.   *Supr.* 14, 28.

5. Et, entrant dans le sépulcre, elles virent un jeune homme assis à droite, vêtu d'une robe blanche, et elles furent stupéfaites.

6. Il leur dit : N'ayez pas peur. Vous cherchez Jésus de Nazareth, qui a été crucifié ; il est ressuscité, il n'est pas ici. Voici le lieu où ils l'avaient mis.

7. Mais allez, dites à ses disciples et à Pierre qu'il vous a précédés en Galilée. Là vous le verrez, comme il vous l'a dit.

---

moins les plus considérables, consistaient en des chambres plus ou moins profondes, creusées dans le roc. Comp. Jahn, Archæol. bibl. § 207; Burder, Oriental Customs, n° 1046. Les saintes femmes purent donc pénétrer dans le tombeau où avait reposé Jésus. — *Viderunt juvenem.* Ce jeune homme était évidemment un ange, d'après l'ensemble du récit ; mais S. Marc a surtout voulu décrire sa forme, son apparition extérieure. De là le nom de νεανίσκος qu'il lui donne. Etait-ce le même ange qui, selon le récit de S. Matthieu, XXVIII, 2-4, avait roulé en avant la pierre du sépulcre, et fait fuir les gardiens postés par le Sanhédrin? Tout porte à le croire. Il est vrai que l'auteur du premier Evangile nous le montre assis à l'entrée du tombeau et invitant les saintes femmes à entrer, tandis que, d'après S. Marc, Madeleine et ses compagnes le trouvèrent dans l'intérieur du sépulcre. Il est également vrai que S. Luc, XXIV, 4 et ss., parle non d'un seul ange, mais de deux anges qui seraient apparus aux saintes femmes. Toutefois, ce sont là de simples nuances, qui n'impliquent nullement une contradiction réelle. Pour concilier les trois narrations, il suffit de rappeler, comme nous l'avons fait en des circonstances analogues, qu'aucun des Evangélistes n'a voulu tout raconter, mais que chacun d'eux s'est contenté de noter les circonstances parvenues à sa connaissance, ou qui entraient le mieux dans son plan. Sans doute, tous les faits qu'ils exposent ont eu lieu tels qu'ils les exposent, mais successivement. De là ce principe que nous avons déjà mentionné : « Distingue tempora et concordabit Scriptura. » Voyez le commentaire de Théophylacte, h. l., et S. Augustin, de Cons. Evang. l. III, c. 24. — *Sedentem in dextris* : à droite par rapport aux visiteuses; ou, mieux encore, à droite d'une manière absolue, c'est-à-dire au Sud, d'après la manière des Juifs. On sait que, dans la langue hébraïque, le mot droite équivaut à Midi,

gauche à Septentrion. — *Coopertum stola candida.* Sur la « stola » des anciens, voyez XII, 38 et l'explication. — *Obstupuerunt.* Dans le grec, ἐξεθαμβήθησαν, expression énergique, qui désigne une terreur extrême.

6 et 7. — *Qui dicit illis.* On trouvera l'explication des paroles de l'Ange dans l'Evangile selon S. Matth., p. 564 et s. Elles sont encore plus rapides et plus entrecoupées ici que dans la narration du premier Evangéliste. Du reste, ces « asyndeta » sont très naturels dans la circonstance. S. Marc ajoute deux détails spéciaux. 1° Non seulement il mentionne la croix du divin Ressuscité, *crucifixum*, dont le souvenir est actuellement si glorieux pour Jésus, si consolant pour nous (« Radix amara crucis evanuit, flos vitæ cum fructibus surrexit in gloria », Gloss.), mais il donne au Sauveur l'humble nom de *Nazarenum*. Cfr. Act. XXII, 8, où Notre-Seigneur, parlant de sa gloire céleste, s'appelle lui-même Jésus de Nazareth. — 2° *Et Petro* est un autre trait caractéristique du second Evangile. Voyez la Préface, § IV. Mais pourquoi S. Pierre est-il signalé à part entre les disciples? Peut-être à cause de sa dignité; mais plus encore, ainsi que le disait déjà Victor d'Antioche, en signe du pardon complet que le Sauveur lui avait accordé. Aussi comme ces deux mots, « et Petro », durent consoler le cœur désolé du prince des Apôtres! — *Sicut dixit vobis.* Variante qui prouve l'indépendance des Evangélistes. Selon S. Matthieu, l'ange aurait dit : « Ecce prædixi vobis ». La prophétie de Jésus, à laquelle il est fait allusion en cet endroit, avait été prononcée à l'issue de la Cène, XIV, 28. — Notons encore, au commencement du ꝟ. 7, la particule ἀλλὰ (*sed*), par laquelle l'ange s'interrompt tout à coup pour passer à un autre sujet. C'est une transition usitée dans la plupart des langues. Cfr. Winer, Grammat. p. 392.

8. — Les saintes femmes se hâtent d'obéir. S. Marc, à propos de leur départ, note plu-

8. Et, sortant du sépulcre, elles s'enfuirent ; car le tremblement et la peur les avait saisies, et elles ne dirent rien à personne, à cause de leur crainte.

9. Or *Jésus*, ressuscité le matin du premier jour après le sabbat, apparut premièrement à Marie Madeleine, de laquelle il avait chassé sept démons.

10. Et elle alla l'annoncer à ceux qui avaient été avec lui et qui se lamentaient et pleuraient.

8. At illæ exeuntes, fugerunt de monumento : invaserat enim eas tremor et pavor : et nemini quidquam dixerunt, timebant enim.

9. Surgens autem mane, prima sabbati, apparuit primo Mariæ Magdalene, de qua ejecerat septem dæmonia.

Joan. 20, 16.

10. Illa vadens nuntiavit his qui cum eo fuerant, lugentibus, et flentibus.

---

sieurs circonstances particulières. D'abord, trait pittoresque, il nous montre ce départ se transformant aussitôt en une vraie fuite, *fugerunt de monumento; ταχὺ ἔφυγον*, dit la Recepta d'une manière encore plus expressive, elles s'enfuirent au plus vite. Pourquoi fuyaient-elles ainsi ? Le contexte l'indique : *invaserat* (dans le grec, εἶχε, « habebat, possidebat ») *enim eas tremor et pavor*. Ce dernier mot est représenté dans le texte grec par ἔκστασις, d'où il suit que les amies de Jésus étaient hors d'elles-mêmes d'épouvante. De là leur fuite précipitée, pour échapper au domaine du surnaturel. Voyez dans S. Matthieu, XXVIII, 8, une nuance non moins intéressante. — *Nemini quidquam dixerunt*. Ces mots ne signifient point que les saintes femmes négligèrent d'exécuter les ordres de l'Ange, puisque nous savons, d'après le premier Evangile, qu' « elles allèrent en courant porter la nouvelle aux disciples. » Ils veulent dire, ainsi que l'admettent de concert la plupart des exégètes anciens et modernes, qu'elles gardèrent, le long du chemin, toujours par suite de la frayeur qui les animait, un silence complet sur les événements extraordinaires dont elles venaient d'être témoins. Cfr. Euthymius, Fr. Luc, Grotius, etc., h. l.

b. *Jésus apparaît à Marie-Madeleine.* XVI, 9-11.
Parall. Joan. XX, 11-18.

(Sur l'authenticité des versets 9-20, voyez la Préface, § III).

Après avoir signalé le fait de la Résurrection, S. Marc le prouve par une exposition sommaire des principales apparitions du divin Ressuscité. Sa narration, quoique extrêmement concise, abonde néanmoins en particularités intéressantes. On peut même dire que la plupart des détails qu'il mentionne lui sont propres.

9. — *Surgens autem*. Le grec porte ἀναστάς, « quum resurrexisset ». — *Prima sabbati*. S. Marc, fidèle jusqu'au bout à ses habitudes

de précision, répète la date qu'il avait indiquée déjà au ϒ. 2. Du reste, cette date ajoute ici quelque chose à la narration ; car, plus haut elle ne se rapportait qu'à la visite des saintes femmes, tandis qu'elle indique maintenant d'une manière stricte le jour de la Résurrection du Christ. — *Apparuit primo Mariæ Magdalenæ*. Des témoignages irrécusables, par exemple ceux de l'Ange, du sépulcre vide, avaient démontré déjà que Jésus était vraiment ressuscité d'entre les morts ; mais on ne l'avait pas encore vu lui-même. C'est Marie Madeleine qui eut la première le bonheur de le contempler après son triomphe (voyez dans S. Jean, XX, 14 et ss., les détails de cette apparition). Les mots *de qua ejecerat septem dæmonia* (Cfr. Luc. VIII, 2 et le commentaire) sont emphatiques, comme « et Petro » du ϒ. 7. Ils ont pour but de mettre en relief la bonté, la condescendance généreuse de Notre-Seigneur. Voyez Bède, Fr. Luc, h. l. — Les mots ἐφάνη πρῶτον de S. Marc peuvent se concilier sans peine avec la pieuse croyance, déjà partagée par S. Ambroise (Lib. de Virginib.), S. Anselme (Lib. VI de Excell. Virgin.), S. Bonaventure (Medit. de vita Christi), Maldonat, Suarez, etc., d'après laquelle c'est à sa sainte Mère que Jésus aurait tout d'abord apparu après sa Résurrection.

10. — *Illa vadens, πορευθεῖσα*. Ceux qui nient l'authenticité de ce passage répètent à tour de rôle que le verbe πορεύω, employé de nouveau dans les ϒϒ. 12 et 15, ne se retrouve nulle part ailleurs dans le second Evangile. Il est aisé de répondre que S. Marc se sert souvent des composés de πορεύω, et que c'est là du reste une expression si commune, qu'il n'est pas permis d'attacher une importance quelconque à son omission ou à son emploi. — *His qui cum eo fuerant*. Cette formule, qui désigne tous les disciples et plus spécialement les Apôtres, est, il est vrai, nouvelle dans le récit évangélique ; mais elle existe dans les Actes,

11. Et illi audientes quia viveret, et visus esset ab ea, non crediderunt.

12. Post hæc autem duobus ex his ambulantibus ostensus est in alia effigie, euntibus in villam :

Luc. 24, 13.

13. Et illi euntes nuntiaverunt cæteris : nec illis crediderunt.

11. Et ceux-ci, entendant dire qu'il vivait et qu'il avait été vu par elle, ne le crurent pas.

12. Ensuite il se montra sous une autre forme à deux d'entre eux, pendant qu'ils marchaient et allaient à la campagne.

13. Et ceux-ci allèrent l'annoncer aux autres qui ne les crurent pas non plus.

---

xx, 18, et n'a rien non plus de bien particulier. D'ailleurs, l'idée de disciples, de compagnons, est en plusieurs endroits exprimée dans notre Evangile par la locution analogue οἱ μετ' αὐτοῦ. Cfr. I, 36 ; II, 25 ; v, 40. — *Lugentibus et flentibus.* Belle répétition, qui peint au vif la désolation extrême dans laquelle les disciples étaient plongés depuis la mort de leur Maître.

11. — *Visus esset ab ea.* Nouvelle objection à propos du verbe ἐθεάθη (Cfr. ℣. 14), qui est relativement rare dans les Evangiles. Nous répondons avec M. Cook, Holy Bible, N. T., t. I, p. 297, que « les mots rares sont adaptés aux rares évènements ; que celui-ci, qui est très solennel, convient parfaitement à la circonstance présente. » — *Non crediderunt.* Et pourtant, M. E. Renan, Les Apôtres, p. 13, affirme audacieusement « que la gloire de la résurrection appartient à Marie de Magdala. Après Jésus, c'est Marie qui a le plus fait pour la fondation du Christianisme. Sa grande affirmation de femme : Il est ressuscité ! a été la base de la foi de l'humanité. » Or il se trouve au contraire, et l'Evangile le dit de la façon la plus formelle, Cfr. Luc. xxiv, 11, que les Apôtres refusèrent les premiers d'ajouter foi au témoignage de Madeleine ! Ils ne crurent que lorsqu'ils eurent eux-mêmes contemplé de leur propres yeux le Sauveur ressuscité.

c. *Apparition à deux disciples.* xvi, 12-13.
Parall. Luc. xxiv, 13-35.

12. — Dans cette seconde apparition notée par S. Marc, on reconnaît sans peine celle que S. Luc raconte « in extenso » dans son xxivᵉ chapitre. C'est ainsi que les Evangélistes se confirment et se complètent mutuellement. — « L'expression Après ces choses (μετὰ ταῦτα, *post hæc* de la Vulg.), dit M. Alford, New Test. for english Readers, t. I, p. 288, ne se rencontre nulle part dans S. Marc, quoiqu'il eût de nombreuses occasions de l'employer ». Nos réflexions précédentes ont montré que ce raisonnement ne prouve absolument rien. — *Duobus ex his*, scil. « qui cum eo fuerunt », ℣. 10. Nous savons toute-

fois par S. Luc que ce n'étaient pas des Apôtres. — *Ostensus est.* Au ℣. 9, nous lisions « apparuit », ἐφάνη ; ici nous avons le verbe ἐφανερώθη, littéralement, « manifestatus est », qui semble avoir été choisi à dessein pour indiquer que Jésus ne fut pas immédiatement reconnu par les deux disciples. Cfr. Luc. xxiv, 16, 31. S. Marc l'avait déjà employé plus haut, iv, 22, bien que les autres synoptiques ne s'en servent jamais. — *In alia effigie.* « Effigies » représente ici, comme son équivalent grec μορφή, l'apparence extérieure, physique. Cfr. Phil. ii, 7. Cette apparence était « autre », vraisemblablement parce qu'elle avait quelque chose de transfiguré, de plus céleste, depuis la Résurrection, ce qui faisait qu'on ne reconnaissait pas toujours immédiatement Notre-Seigneur. Mais il est possible aussi que ce mot fasse allusion à l'apparition précédente : en effet, tandis que Jésus s'était présenté à Marie-Madeleine sous la figure d'un jardinier, Joan. xx, 15, il se présente maintenant aux disciples sous celle d'un voyageur. — L'objection tirée de ce que l'adjectif ἕτερος n'apparaît pas ailleurs dans le récit de S. Marc n'a pas la moindre force probante. — *Euntibus in villam.* Dans le grec, « euntibus rus » (εἰς ἀγρόν), la campagne par opposition à la ville. Cfr. xv, 26 et le commentaire.

13. — *Et illi euntes*; mieux « redeuntes » (ἀπελθόντες). Les deux disciples reprirent le chemin de Jérusalem aussitôt après l'apparition, se hâtant d'en porter la bonne nouvelle aux autres amis de Jésus. Mais ceux-ci persistèrent dans leur incrédulité, *nec illis crediderunt.* Ce nouveau témoignage les laissa aussi froids que celui de Madeleine, ℣. 11. — Toutefois, l'épisode des deux pèlerins d'Emmaüs se termine d'une manière bien différente dans le troisième Evangile, xxiv, 33-35 : « Surgentes eadem hora, regressi sunt in Jerusalem, et invenerunt congregatos undecim et illos qui cum illis erant, dicentes : Quod surrexit Dominus vere et apparuit Simoni. Et ipsi narrabant quæ gesta erat in via, et quomodo cognoverunt eum in fractione panis. » Ainsi donc, là on accueille les deux messagers avec des sourires d'incrédulité, ici

14. Enfin il apparut aux Onze lorsqu'ils étaient à table, et il leur reprocha leur incrédulité et leur dureté de cœur, parce qu'ils n'avaient pas cru ceux qui avaient vu qu'il était ressuscité.

15. Et il leur dit : Allez dans le monde entier, prêchez l'Evangile à toute créature.

14. Novissime recumbentibus illis undecim apparuit : et exprobravit incredulitatem eorum, et duritiam cordis; quia iis, qui viderant eum resurrexisse, non crediderunt.

15. Et dixit eis : Euntes in mundum universum prædicate Evangelium omni creaturæ.

---

on leur annonce que Jésus est vraiment ressuscité. Des narrations aussi divergentes peuvent-elles se concilier ? Quand on lit, dans les quatre Evangiles, l'histoire détaillée des incidents qui eurent lieu le jour de la Résurrection, on est frappé de voir que les disciples, durant cette journée mémorable, furent agités par deux sentiments très distincts, qui les emportaient tour à tour en sens divers, la joie et l'incrédulité. Un moment, ils croient que leur Maître a triomphé de la mort et du tombeau; puis, l'instant d'après, le doute les saisit et ils refusent de s'en rapporter à ceux qui l'ont vu et entendu. S. Luc a noté un de ces éclairs de foi, S. Marc au contraire l'autre sentiment, qui avait presque aussitôt repris le dessus. Voyez Bède, Théophylacte, Fr. Luc, et la Synopsis criticorum, h. l.

d. *Apparition aux Apôtres.* XVI, 14. — Parall. Luc. XXIV, 36-43; Joan. XX, 19-25

14. — Il y a une gradation manifeste dans les trois apparitions de Jésus dont S. Marc a conservé le souvenir : le Sauveur se montre d'abord à une femme, puis à deux disciples, puis aux onze Apôtres. — *Novissime* n'est pas une traduction exacte, car, dans le texte grec, il n'y a point ὕστατον, mais ὕστερον, « postea ». Cet adverbe n'introduit donc pas nécessairement la dernière de toutes les manifestations du Christ ressuscité, c'est-à-dire celle qui eut lieu le jour de l'Ascension, comme l'ont pensé S. Augustin, De Cons. Evang. l. VII, c. XXV, S. Grégoire-le-Grand, Hom. in Evang. XXIX, et le Vén. Bède, h. l. Nous croyons, avec la plupart des exégètes, qu'il s'agit encore du jour de la Résurrection et de l'apparition faite en présence des Apôtres dans le Cénacle, à la manière racontée par S. Luc et par S. Jean. — *Recumbentibus illis undecim,* ἀνακειμένοις αὐτοῖς τοῖς ἕνδεκα. Le pronom « illis » est emphatique, de même que αὐτοῖς du texte grec. Les Onze, ou plus exactement les Dix, puisque S. Thomas était absent, Joan. XX, 24 et ss., étaient donc à table quand Jésus se montra subitement à eux. Cfr. Luc. XXIV, 41 et ss. — *Apparuit.* Dans le texte original, ἐφανερώθη, comme au ỷ. 12. — *Exprobravit incredulitatem...* Le verbe

ὠνείδισε est très expressif et désigne de sérieux reproches, qui étaient d'ailleurs justement mérités. Cfr. les ỷỷ. 11 et 13. S. Marc, en signalant ainsi à plusieurs reprises l'incrédulité des Apôtres par rapport au grand fait de la Résurrection du Sauveur, confirme énergiquement la réalité de ce fait. « Son récit prouve que les témoins du miracle n'étaient pas des enthousiastes qui crurent aussitôt ce qu'ils désiraient être vrai ». Westcott, Introd. to the Study of the Gosp., 5e éd. p. 334. « Après ce verset, on lisait autrefois dans certains exemplaires, surtout dans les grecs, ces paroles : Mais ils lui répondirent. Ce siècle est formé d'iniquité et d'incrédulité, qui nous empêche, par le moyen des esprits impurs, de parvenir à la vraie vertu de Dieu. C'est pourquoi, commencez enfin à découvrir votre justice. On voit aisément que ces paroles sont une addition tirée de quelques livres apocryphes, et venue originairement des Montanistes, ou de quelques autres hérétiques qui admettaient dans le monde un mauvais principe, cause nécessaire du mal ». D. Calmet, Comment. littér. sur S. Marc, p. 462. Cfr. S. Jérôme, Contr. Pelag. II, 6.

2. — **Le Christ montant au ciel.** XVI, 15-20.

a. *Ordres donnés aux Apôtres.* XVI, 15-18.

15. — *Et dixit eis.* « Non tunc quum illis recumbentibus apparuit, et eorum exprobravit incredulitatem, sed postea ». Maldonat. A la façon des anciens historiens lorsqu'ils voulaient abréger, S. Marc réunit, sans tenir compte des intervalles ni des événements intermédiaires, parce qu'ils n'entraient pas dans son plan, deux faits qui furent en réalité séparés par un temps plus ou moins notable. D'après divers auteurs, les paroles qui vont suivre auraient été prononcées lors de la grande apparition que Jésus fit à ses disciples en Galilée. (Cfr. Matth. XXVIII, 16-20). Nous croyons, avec d'autres interprètes assez nombreux, qu'elles le furent plutôt dans les derniers moments qui précédèrent l'Ascension de Notre-Seigneur. Elles se composent d'un ordre intimé, ỷỷ. 15 et 16, et de pouvoirs

16. Qui crediderit, et baptizatus fuerit, salvus erit; qui vero non crediderit, condemnabitur.

17. Signa autem eos qui crediderint hæc sequentur : In nomine meo dæmonia ejicient: linguis loquentur novis;

Act. 16, 18; Id. 2, 4 et 10, 46.

18. Serpentes tollent : et si mortiferum quid biberint, non eis noce-

16. Celui qui croira et sera baptisé sera sauvé; mais celui qui ne croira pas sera condamné.

17. Ces signes accompagneront ceux qui auront cru : en mon nom ils chasseront les démons, ils parleront des langues nouvelles ;

18. Ils prendront les serpents et, s'ils boivent quelque poison mortel,

---

considérables accordés aux disciples, ẙẙ. 47 et 18, par le divin Maître. L'ordre est d'abord solennellement exprimé, ẙ. 15. — *Euntes in mundum universum...* Cfr. Matth. XXVIII, 19 et le commentaire. Désormais plus de restrictions ! Toutes les barrières de nationalités tombent devant la prédication évangélique. Ce n'est plus seulement en Judée que les Apôtres doivent annoncer la bonne nouvelle, mais dans l'univers entier; ce n'est plus seulement à leurs coreligionnaires qu'ils doivent s'adresser en vue de les convertir, mais *omni creaturæ*, πάσῃ τῇ κτίσει, littéralement, « omni creationi ». Les Rabbins employaient de la même manière l'expression identique כל־בריאה, pour désigner tout le genre humain. Cfr. Lightfoot, Hor. hebr. h. l. Le mot κτίσις, qu'on trouve plusieurs fois dans S. Marc, n'est pas usité dans les autres Evangiles.

16. — Cet ordre si formel : Prêchez ! est maintenant motivé. La prédication excitera la foi, et la foi procurera le salut. Cfr. Rom. x, 14 et ss. — La nécessité de la foi et du Baptême en vue du salut éternel est nettement marquée dans ce passage : *Qui crediderit et baptizatus fuerit...* « Jésus n'a pas dit: Celui qui se contentera de croire; il n'a pas dit non plus : Celui qui se contentera de se faire baptiser; mais il a uni les deux choses, car l'une sans l'autre ne saurait suffire pour sauver l'homme. » Euthymius. Voyez les théologiens, aux traités de la foi et du baptême. — *Qui non crediderit condemnabitur.* C'est le contraire du premier hémistiche. Il est à noter que Jésus n'ajoute pas « et non baptizatus fuerit », bien que le parallélisme semblât exiger ces mots; mais ils eussent été superflus, car il est évident que ceux qui refuseront de croire à l'Evangile ne consentiront jamais à se laisser baptiser. — Voyez dans Maldonat un aperçu des nombreuses erreurs théologiques qui sont nées de ce verset mal compris.

17 et 18. — Pouvoirs accordés aux disciples par Notre-Seigneur Jésus-Christ. — Ces pouvoirs qu'il nomme des signes, *signa*, σημεῖα,

ne diffèrent point de ce que S. Paul appelle χαρίσματα, ni des « gratiæ gratis datæ » des théologiens. Ils avaient pour but de procurer le bien général de l'Eglise, et tout d'abord de confirmer la prédication de l'Evangile. Ils formaient donc, à ce point de vue, les lettres de créance des Apôtres, quoiqu'ils ne fussent pas exclusivement restreints au cercle apostolique, puisque Jésus promet de les étendre sans exception à toutes les âmes fidèles, *eos qui crediderint.* — *Sequentur.* Le verbe grec παρακολουθήσει, bien que S. Marc ne l'emploie pas ailleurs, rend admirablement l'idée que l'écrivain sacré voulait exprimer. On ne saurait donc l'objecter comme un indice du caractère apocryphe de ce passage. — Les miracles que les amis de Jésus pourront faire par la vertu toute-puissante ou par l'invocation de son nom (*in nomine meo* domine la liste entière jusqu'à la fin du ẙ. 18) ne pouvaient être tous signalés: les cinq qui reçoivent ici une mention spéciale servent donc simplement d'exemples. Ce sont du reste les principaux, et ceux qui devaient être le plus fréquemment accomplis. — 1o *Dæmonia ejicient.* Les Apôtres avaient usé déjà de ce grand pouvoir, que leur Maître leur avait communiqué depuis assez longtemps. Cfr. III, 15 ; Luc, x, 17, 18. Le livre des Actes nous les montre plusieurs fois encore occupés à chasser victorieusement les démons, v, 16 ; VIII, 7 ; XVI, 18, etc. Et, au second siècle, c'était un fait si commun parmi les fidèles, que Tertullien pouvait écrire, Ad Scapulam, c. II : « Dæmones de hominibus expellimus, sicut plurimis notum est ». Cfr. De spectaculis, XXVI, et S. Irénée, v, 6. — *Linguis loquentur novis.* Ce prodige devait se réaliser quelques jours seulement après l'Ascension. Cfr. Act. II, 4 et ss. Il devint ensuite très-fréquent dans la primitive Eglise (Cfr. I Cor. XII-XIV): S. François-Xavier le renouvela d'une manière étonnante. L'adjectif καιναί a ici le sens d' « étrangères, inconnues ». — 3o *Serpentes tollent*, scil. « manibus », comme S. Paul à Malte, Act. XXVIII, 3. D'après S. Luc, x, 49, ce pouvoir avait aussi

il ne leur nuira point; ils imposeront les mains sur les malades et ils seront guéris.

19. Et le Seigneur Jésus, après qu'il leur eut parlé, fut élevé dans le ciel, et il est assis à la droite de Dieu.

20. Et eux, étant partis, prêchèrent partout, le Seigneur agissant avec eux et confirmant leur parole par des prodiges qui l'accompagnaient.

bit : super ægros manus imponent, et bene habebunt.

Act. 28, 5; Id. 28, 8.

19. Et Dominus quidem Jesus, postquam locutus est eis, assumptus est in cœlum, et sedet a dextris Dei.

Luc. 24, 51.

20. Illi autem profecti prædicaverunt ubique, Domino cooperante, et sermonem confirmante, sequentibus signis.

été conféré précédemment aux Douze. — 4° *Si mortiferum quid biberint...* Grâce au privilège concédé par Jésus à ses disciples, ceux-ci n'auront à redouter ni le venin des vipères, ainsi qu'il vient d'être dit, ni les autres poisons quels qu'ils soient. Le nom sacré du Seigneur sera pour eux un puissant antidote. La tradition raconte que S. Jean l'Evangéliste et plusieurs autres saints personnages échappèrent ainsi à une mort certaine. — 5° *Super ægros....* Dans le grec, ἐπὶ ἀῤῥώστους, sur les infirmes, les invalides. Une simple imposition des mains, et, comme résultat, le prompt et entier rétablissement de la santé, *bene habebunt* (l'expression καλῶς ἔχειν est aimée de S. Marc, qui en fait usage jusqu'à six fois)! Pour l'accomplissement de cette promesse, voyez Act. v, 45; xix, 42, etc., et S. Irénée, ii, 32, 4. Elle aussi, elle avait été faite antérieurement aux Apôtres. Cfr. Matth. x, 4 et parall.

b. *L'Ascension de Notre-Seigneur Jésus-Christ.* xvi, 19-20; — Parall. Luc. xxiv, 50-53.

Tableau d'une grandiose simplicité, qui termine admirablement le second Evangile. 49. — *Dominus quidem Jesus.* Ce début est solennel. Le titre de Seigneur, Κύριος, ainsi appliqué au divin Maître, n'est pas, comme on l'a dit, « étranger à la diction de S. Marc » (Alford), car notre Evangéliste l'emploie d'une manière analogue en deux autres endroits, ii, 28 et xi, 3. — *Assumptus est* (ἀνελήφθη) scil. « a Patre. » Ailleurs, Eph. iv, 40, I Petr. iii, 22, on montre le Christ s'élevant au ciel par sa propre vertu : ici et dans les Actes, i, 2, 44, 22 (Cfr. I Tim. iii, 46) son Ascension est représentée comme quelque chose de passif. Cette différence provient des points de vue divers auxquels se sont placés les écrivains sacrés : ici c'est la nature humaine de Jésus, là sa nature divine qui est surtout envisagée. Venu sur la terre d'une manière mystérieuse et toute céleste, c'est encore d'une manière mystérieuse et céleste que le

Sauveur quitte la terre pour retourner vers son Père. — *Sedet a dextris Dei.* Belle métaphore, pour exprimer que Jésus participe à la toute-puissance de Dieu. Cfr. Act. vii, 55; Rom. viii, 34; Eph. i, 20-23. Ainsi donc, comme le dit Sedulius, Carm. lib. v.

> Æthereas evectus abit sublimis in auras,
> Et dextram subit ipse Patris, mundumque gubernat.

20. — *Illi autem profecti.* Le pronom « illi » désigne les Apôtres. Cfr. ⊽⊽. 44, 45, 49. La particule « autem » (δὲ) correspond à « quidem » (μὲν) du verset précédent. La vie de Jésus parmi les hommes a pris fin avec l'Ascension; aussitôt commence, sans la moindre interruption, la vie de son Eglise : c'est par cette grande pensée que S. Marc achève son récit. Voilà pourquoi ses dernières lignes sont consacrées à décrire, avec cette rapidité, ce pittoresque, cette concision, que nous avons si souvent admirés dans sa rédaction, le ministère des Apôtres succédant à celui du Christ, l'Eglise chrétienne s'établissant dans le monde entier. — *Prædicaverunt ubique.* Dociles aux ordres de leur Maître, les ouvriers évangéliques se répandent partout. « Et quidem, pouvait déjà dire S. Paul, en leur appliquant un texte des Psaumes (xviii, 5), in omnem terram exivit sonus eorum, et in fines orbis terræ verba eorum. » Rom. x, 48. — *Domino cooperante.* Si les disciples n'oublient pas les prescriptions de Jésus, Jésus de son côté n'oublie pas ses promesses. Il a dit : « Ecce ego vobiscum sum omnibus diebus usque ad cosummationem sæculi », Matth. xxviii, 20, et voici qu'en effet, d'après l'énergique parole de S. Marc, il se fait le collaborateur (συνεργοῦντος) de ses prédicateurs. Et il manifeste sa collaboration divine par les prodiges qui se multiplient sous les pas des Apôtres, et qui communiquent à leur prédication une efficacité toute divine. L'histoire de l'Eglise est là pour le prouver. — Dans le texte grec, nous trouvons à la fin du second Evangile, comme à la fin du premier, un Ἀμὴν apocryphe et inutile.

TABLE DE L'ÉVANGILE SELON S. MARC

PRÉFACE

TEXTE, TRADUCTION, COMMENTAIRES.

FIN DE L'EVANGILE SELON S. MARC

LES PROVERBES. — Introduction critique, traduction française et Commentaires par M. l'abbé H. LESÈTRE, du clergé de Paris.
> Prix, pour les *souscripteurs,*   net **3.70** — *Vendu séparément,*   net **5.40**

L'ECCLÉSIASTE. — Introduction critique et Commentaires par M. l'abbé A. MOTAIS, prêtre de l'Oratoire de Rennes, professeur d'Ecriture Sainte au grand séminaire.
> Prix, pour les *souscripteurs,*   net **2.40** — *Vendu séparément,*   net **3.60**

LE CANTIQUE DES CANTIQUES

> *(En préparation)*

LA SAGESSE et L'ECCLÉSIASTIQUE. — Introduction critique, traduction et Commentaires par M. l'abbé H. LESÈTRE, du clergé de Paris.
> Prix, pour les *souscripteurs,*   — *Vendu séparément,*   (Sous presse)

LES QUATRE GRANDS PROPHÈTES. — Introduction critique, traduction et Commentaires par M. l'abbé TROCHON, du clergé de Paris, docteur en théologie.
> ISAIE : Prix, pour les *souscript.* net **4.40** — *Vendu séparément,*   net **6.60**
> JÉRÉMIE et BARUCH :   — **6.60** —   —   — **9.40**
> ÉZÉCHIEL et DANIEL :   —   —   —   (Sous presse)

LES DOUZE PETITS PROPHÈTES. — Introduction critique, traduction et Commentaires par M. l'abbé FILLION.
> *(En préparation).*

LES DEUX LIVRES DES MACHABÉES. — Introduction critique, traduction et Commentaires par M. l'abbé GILLET.
> *(En préparation)*

LES QUATRE ÉVANGILES. — Introduction critique et Commentaires par M. l'abbé FILLION, prêtre de Saint-Sulpice, professeur d'Ecriture Sainte au Grand Séminaire de Lyon. Traduction par M. l'abbé BAYLE.
> **L'ÉVANGILE SELON S. MATTHIEU**
> Prix, pour les *souscripteurs,*   net **9.00** — *Vendu séparément,*   net **13.00**
> **L'ÉVANGILE SELON S. MARC.**   (Sous presse)
> **L'ÉVANGILE SELON S. LUC.**   (En préparation)
> **L'ÉVANGILE SELON S. JEAN.**   (En préparation)

LES ACTES DES APOTRES

> *(En préparation)*

LES ÉPITRES DE S. PAUL. — Introduction critique et Commentaires par M. l'abbé P. DRACH, docteur en Théologie, traduction par M. l'abbé BAYLE.
> Prix, pour les *souscripteurs,*   net **11.40** — *Vendu séparément,*   net **17.10**

LES ÉPITRES CATHOLIQUES DE S. JACQUES, S. PIERRE, S. JEAN, S. JUDE. Introduction critique et Commentaires par M. l'abbé DRACH, traduction de M. l'abbé BAYLE.
> Prix, pour les *souscripteurs,*   net **3.20** — *Vendu séparément,*   net **4.50**

L'APOCALYPSE DE S. JEAN. — Introduction critique et Commentaires par M. l'abbé DRACH, traduction de M. l'abbé BAYLE.
> Prix, pour les *souscripteurs,*   net **2.20** — *Vendu séparément,*   net **3.30**

ATLAS GÉOGRAPHIQUE et ARCHÉOLOGIQUE, pour l'étude de l'*Ancien et du Nouveau Testament:* 20 *cartes géographiques,* imprimées en plusieurs couleurs, et 20 *planches archéologiques,* teintées, avec *Dictionnaire* pour chaque partie. — Par M. l'abbé ANCESSI :
> In-4, *broché,*   net **12.00**   *relié,*   net **15.00**

ATLAS BIBLIQUE — *partie géographique seule du précédent,* 20 *cartes* et *Dictionnaire.*
> broché,   net **7.50**

P. LETHIELLEUX, ÉDITEUR, A PARIS

VOLUME NOUVEAU DE « LA SAINTE BIBLE » (20 Juillet 1879)

L'ÉVANGILE SELON SAINT MARC

Prix de ce volume, pour les souscripteurs, net **3.60** *séparément,* net **5.00**

N. B. — On est prié, pour éviter des frais de poste et d'écritures, de nous
envoyer ce prix à la réception du volume.

VOLUMES ANTÉRIEUREMENT PARUS

POUR PARAITRE PROCHAINEMENT

*Les trois derniers livres des Rois. — La Sagesse et l'Ecclésiastique. — Les Livres
des Machabées. — Ezéchiel et Daniel. — Les Paralipomènes. — L'Évangile selon
saint Luc, etc.*

AVIS

1° Nous accueillerons avec reconnaissance les notes qu'on voudra bien nous transmettre
soit pour l'amélioration, soit pour la correction des travaux.
2° Nous prions instamment le souscripteur *qui change de domicile,* de nous faire connaître
sa nouvelle résidence.

1765. — Paris, imprimerie Laloux fils et Guillot, 7, rue des Canettes.

www.ingramcontent.com/pod-product-compliance
Lightning Source LLC
Chambersburg PA
CBHW070810270326
41927CB00010B/2376